将孩子培养成真正的人是父母的首要职责，只有让孩子懂得品格的力量，我们才是称职的父母。

——美国著名教育家　威廉·贝内特

打动心灵 塑造思想 培育美德 造就卓越

美德书

大全集

The Book of Virtues

胡雪丹　李卫荣等　编译

中国书店

图书在版编目(CIP)数据

美德书大全集／胡雪丹，李卫荣等编译. —北京：中国书店，2011.4

ISBN 978-7-5149-0044-6

I.①美… Ⅱ.①胡…②李… Ⅲ.①品德教育－儿童读物 Ⅳ.① G611

中国版本图书馆 CIP 数据核字（2011）第 038769 号

书　　名：美德书大全集
标准书号：ISBN 978-7-5149-0044-6
编　　译：胡雪丹　李卫荣　杨培珍　金逸勤　杨国俊　池　洁　严　进　许苏豫
责任编辑：靳　诺
封面设计：李艾红
文字编辑：龚雪莲　袭村野
美术编辑：吴秀侠
出版发行：中国书店
地　　址：北京市西城区琉璃厂东街 115 号
邮　　编：100050
电　　话：发行部 010－58815875
经　　销：全国新华书店
开本印刷：北京中印联印务有限公司
　　　　　1020mm × 1200mm　　　1/10　　印张：44　　字数：730千字
　　　　　2011 年 6 月第 1 版　　2013 年 3 月第 2 次印刷
定　　价：29.80 元

Preface

前　言

　　一直以来，孩子的道德教育始终是幼教工作研究的重点，是学校教育和家庭教育的中心任务。即使在许多市场经济非常发达的国家，这也是儿童教育最关心的问题。如何对孩子进行道德教育，已是一个摆在全人类面前的刻不容缓的重大课题。关注孩子的道德品格的培养，也因此变得比以往任何时候都更为迫切和突出。

　　孩子的道德品格的培养，包含了对孩子未来生存的责任和对孩子教育的洞见，在这里，对于孩子道德文化的教育就显得尤为重要了。古希腊哲学家柏拉图曾说："开一个好头对于做任何事情都是最重要的，尤其是那些尚处于年轻和稚嫩阶段的事物，因为这时正是个性形成的时候，此时留下的印象也最深刻……年轻时形成的观念是很难消除和改变的，因此，年轻人成长时首次听到的故事应该是美德的典范，没有哪种训练能比这更高贵了！"对于尚处于年轻和稚嫩阶段的少年儿童来说，他们最需要的是心智的健全、善良的心地和良好品格的养成。因此，应趁他们年少时，先在他们的心里种下关于美德、关于善的种子，在他们的脑海中确立起良好道德的概念。这样，在将来他们才会更容易赢得他人的尊重，得到更多的收获，拥有更多的机遇，最终走向成功。因为法国著名思想家、文学家罗曼·罗兰说过，"99%的努力和1%的灵感，对于成功是不够的，你还必须要有200%的道德品质作保证。"由此可见，在幼年时期对孩子进行道德文化教育，对他们进行美德培养，是多么的重要。

　　美德是一种修养，不是与生俱来的，而是通过后天的学习和感悟养成的。我们知道，所有外在的东西，如相貌的美丑、财富的多寡、家庭背景的殷实与否，等等，并不是衡量一个人真正价值的标准；只有美德，才是凸显我们价值的永远的商标。美德包含很多方面，不同时代和社会有不同的具体内容。古希腊奴隶主把智慧、勇敢、节制与正义这四德作为主要美德；中世纪基督教提倡信仰、希望和仁爱三种基本美德；中国古代儒家提出孝、悌、忠、信四种美德；在社会主义社会，爱祖国、爱人民、爱劳动、爱科学、爱社会主义的"五爱"是每个公民应当具备的基本美德，同时肯定勤劳、勇敢、节俭、诚实等历代劳动人民的传统美德。美德是获取美好事物的希望和能力，它不仅是人们行为的道德规范，更是做人的基本条件。

　　古希腊哲学家亚里士多德曾说："幼年时形成的良好习惯可以改变一生。"而美德大都包含在良好的习惯之内。对于将心灵与思想导向真善美的道德教育来说，好的榜样是至关重要的。有结论指出，在孩子的成长过程中，生活中各种榜样的道德力量对孩子的影响最为深远，最具决定性作用。20世纪90年代，由美国著名教育家、前教育部部长威廉·贝内特主持编写的《美德书》的问世，在美国及至全球引起了空前的

轰动，得到了全世界的广泛承认和赞美，是上世纪末最成功的品德教育经典之一。

　　人类的历史长河中有许多散发着睿智光芒的美德故事，本书参考有关文集，将这些美德故事进行了重新整理和加工，去粗取精，将其中最精彩、最古老、最令人感动及最能启发人思考的辑合在一起，从自律、同情、责任、友谊、工作、勇气、毅力、诚实、忠诚等方面，对人类最优秀的品德进行了深入探讨。书中所收录的所有童话、故事、寓言、文论等都堪称"美德的典范"，对于帮助"孩子的道德教育"这一人类伟大事业的发展具有不可忽视的推动作用。在这本书里，古今中外上百位智慧先哲、旷世文豪、国家领袖等以孩子们喜闻乐见的方式，以生动精练的语言，将一则则优美而富有哲理的美德故事娓娓道来；圣经故事、古希腊罗马神话传说、伊索寓言、安徒生童话等人类美德的智慧宝典，苏格拉底、柏拉图、亚里士多德、培根、莎士比亚、雨果、泰戈尔、纪伯伦、华盛顿、爱因斯坦等圣贤、伟人的思想精华都在这里汇集。

　　古罗马诗人贺拉斯说，真正有效的道德教育绝不是生硬抽象的说教，而是使人心灵感动且让人愉快的"寓教于乐"。孩子的道德教育更应如此，更应该让他们在阅读的快乐中不知不觉地形成道德感、道德意识和道德理想。本书是一部可以陪伴孩子终生的精神读物，特别适合于孩子和家长一起阅读。从一个又一个精彩的篇章中，孩子们可以认识到什么才是真正的人间美德，领略到美德的真谛；在同家长一起幸福而又愉悦的阅读中，孩子们不仅可以受到潜移默化的教育，还可以在不经意间结识诸多思想文化巨匠，汲取他们的思想文化精髓——让孩子在成长的早期，就开始与站在人类文明顶端的人物对话，从小培养珍贵恒久、卓越一生的美德，这样的经历，无疑可以为孩子的高起点、大发展奠定基础，使孩子受益终生。

　　每则故事都生动感人、潜藏智慧，闪耀着人性的光辉和哲理的光芒。真心希望孩子们在用心品读这些美德故事的同时，能借伟人的心灵之光，照亮自己的人生之路！

C o n t e n t s

目 录

第一章　自律

第二章 同情

目 录

第三章　责任

第四章　友谊

目 录

第五章 工作

美德书大全集

第六章　勇气

目 录

第七章 毅力

第八章　诚实

第九章　忠诚

第一章

自 律

　　自律，就是自己给自己制订"纪律"。自己就是自己的老师、训练员、教练兼"训练者"。这是一种奇特的关系，是自我悖谬的，很多人处理得不好。在这个世界上，由于不能控制脾气、欲望、热情和冲动，造成了许多的不愉快和个人的不幸。"哦，要是我当时能控制住我自己就好了！"成了我们耳熟能详的哀叹声。

　　"现代哲学之父"笛卡尔有一次谈及"良好的感觉"时说道："每个人都认为自己拥有足够多的良好的感觉，就连那些在其他方面从不言满足的人在这方面也没有更多的追求。"而自律则恰恰相反，几乎所有的人都希望自己能够更加自律，希望自律能给他们的生活和发展带来更多的控制力。就像笛卡尔所说的：这种欲望本身就是良好的感觉的一个意味深远的标志。我们确实都希望自己能够管好自己，但这说明了什么呢？

　　这个问题从一开始就是西方哲学问题，或者说接近于西方哲学。柏拉图将灵魂分成三个部分，即理智、情感和欲望，并且说正确的行为源于这些要素的和谐和控制。圣·奥古斯丁试图通过在他著名的《爱的秩序》中对各种各样形式的爱的罗列来理解灵魂：对上帝的爱，对邻居的爱，对自己的爱，对物品的爱。西格蒙德·弗洛伊德将心理分为本我、自我和超我。我们发现威廉·莎士比亚在不朽的著作，如《李尔王》、《麦克白》、《奥赛罗》和《哈姆雷特》中考察了灵魂的冲突和被称作心灵的冲突的善与恶的斗争。说到底，这就是有关内心的平衡和秩序的问题。安东尼在《朱利叶斯·恺撒》中这样评论布鲁图："他是他们中最高尚的罗马人。他的生活很平和，他兼有多种品质，面对他，自然也忍不住要站出来，对世人说：'这就是人类！'"

　　然而，心灵的正确的秩序，并不专属于高深的哲学和戏剧领域。它存在于我们日常生活中成功完成的每一个行为，我们是否正控制着自己的脾气、欲望，是否控制住了只想成天坐在电视机前的倾向。正如亚里士多德指出的，我们的习惯使得一切变得不同。我们要用学解数学题和学打棒球的方法，即通过实践使我们的心灵变得有秩序。

　　当然，很多人觉得练习就像是难以吞服的药片。如果练习容易的话，如今我们就不会有产值达数百万的减肥和运动产业了。能够给我们提供帮助的人和事很多，如训练员、临床医学家、辅助小组、多步训练以及其他各种方法，可是最终还是实践让我们学会自制。

　　与亚里士多德同时代的德摩斯梯尼的事例说明了这一点。德摩斯梯尼很有雄心壮志

美德书大全集

成为一名雄辩家，可是先天的不足使他的梦想很难实现。强烈的意愿是至关重要的，可是只有意愿远远不够。据普鲁塔克所说："他含着鹅卵石说话，克服了口齿不清和口吃，使他的演说听起来如此独特。"如果遇到比现在试图克服的困难更大的挑战，你就会将克服原来的困难所需的力量提升。他用了相似的方法来训练他的声音。"他气喘吁吁地跑步或者上陡坡时，高声朗读和背诵讲稿或者诗歌，以此训练自己。"为了使自己连续两三个月不间断地学习，德摩斯梯尼剃去了一半的头发，这样就不好意思外出了，尽管他曾经那么渴望外出。这样，与他无法见面的大众就以否定的形式对他提供了帮助。

好孩子和坏孩子

——罗伯特·路易斯·斯蒂文森

孩子们，你们个子真小，
骨头是那么脆弱。
如果想要变得高大又挺拔，
就必须沉着走好每一步。

你们必须保持头脑伶俐，安静乖巧，
吃饭不要太挑剔；
尽管要经历所有的困惑，
一定要始终保持天真与诚实。

快乐的心和快乐的脸，
在杂草丛生的地方也能快乐玩耍——
古代的国王和圣人，
就是那样茁壮成长的。

那些刻薄又无拘束，
饮食无度的孩子，
他们永远不会得到荣誉——
他们的人生截然不同！

残酷的孩子，哭喊的婴儿，
都长成傻瓜和笨人吧，
随着年龄的增长，
被他们的晚辈所憎恶。

请

——艾丽西娅·阿斯平沃尔

《韦氏词典》将礼貌定义为"行为中的道德"。

这个由一位生于世纪之交的读者讲述的故事提醒我们：应该始终保持良好的礼貌。

有一个字叫"请"，住在一个小男孩的嘴巴里。"请"也住在所有人的嘴巴里，尽管人们时常忘记它们在那里。

现在，为了让所有的"请"健壮又快乐，就必须经常把它们拿到嘴巴外头来，它们才能呼吸新鲜空气。你知道，它们就像鱼缸里的小鱼，时不时得透出水面来呼吸。

我现在要说的那个"请"就住在一个叫迪克的男孩的嘴巴里，但是只有在隔了很长一段时间后它才有机会出来。因为迪克是一个粗鲁无礼的小男孩；他几乎从不记得要说"请"。

"给我一些面包！""我要水！""把那本书拿给我！"——这就是他要东西的方式。

对这点他的爸爸妈妈感觉很糟糕。那个"请"就日复一日地坐在男孩的嘴巴里，希望有机会能出去。它一天比一天虚弱。

迪克有个哥哥叫约翰。约翰快10岁了，他十分有礼貌。所以他的"请"有充足的新鲜空气，既健壮又快乐。

一天吃早饭的时候，迪克的"请"觉得它一定要一些新鲜空气，所以必须要逃出去。于是它跑了出来——跑出了迪克的嘴巴。深深地呼吸了一口气，然后它爬过了桌子，跳进了约翰的嘴巴里。

先前住在约翰嘴巴里的"请"十分生气。

"出去！"它喊道，"你不属于这里！这是我住的嘴巴！"

"我知道。"迪克的"请"回答道，"我住在那边那个弟弟的嘴巴里。但是，唉！我在那里不开心。他从不用我，我从未呼吸到一口新鲜空气！我想你也许愿意让我在这儿待上一两天——直到我恢复体力。"

"是的，当然。"另一个"请"和善地说，"我理解你，就待在这儿吧！我的小主人用我的时候，我们一起出去。他很善良，我敢肯定他不介意说两次'请'。就住这儿吧，只要你愿意，住多久都可以。"

那天中午吃饭的时候，约翰想要一些黄油。他这样说道：

"爸爸，请——请把黄油递给我，好吗？"

"当然。"爸爸说，"可你为什么这样客气呢？"

约翰没有回答。他转向他的妈妈，说道："妈妈，请——请给我一块松饼好吗？"

妈妈笑了。"我可以给你松饼，亲爱的，可是你为什么说两次'请'呢？"

"我也不知道。"约翰回答，"不知为什么，那两个字就像是自己跳出来的。凯蒂，请——请给我一杯水！"

这时，约翰几乎被吓到了。

"好吧，好吧。"爸爸说，"这并无坏处。这个世界上'请'永远都不嫌多。"

在此之前，小迪克一直呼来喊去："给我个鸡蛋！我要牛奶！给我把勺子！"用他一直以来粗鲁无礼的方式。但此时他停止叫喊，聆听他的哥哥讲话。他想，试着像约翰一样说话应该很有趣，所以他也开始学着那样说。

"妈妈，唔——唔——唔——可以给我一块松饼吗？"

他尝试着说"请"，但是他怎么说不出来呢？他绝不会想到他自己的"请"住进了约翰的嘴巴里。因此他又试了一次，向他的妈妈要黄油。

"妈妈，唔——唔——唔——可以把黄油递给我吗？"这就是他说的。

这样的情况持续了一天，所有的人都想知道这两个男孩怎么了。夜晚来临的时候，他俩都累了，迪克很生气。他们的妈妈很早就让他们上床了。

第二天早晨，他们刚坐下吃早饭，迪克的"请"就回到了它原来的家。之前那天它呼吸到了许多新鲜空气，现在它感到健壮又快乐。就在之后的那一瞬间，它又一次呼吸到了空气，因为迪克说：

"爸爸，请帮我切一下桔子。"为什么那个字那么容易地就滑了出来？它听起来就像是约翰说的那么动听——今天早上约翰只说一个"请"字了。从那时起，小迪克就像他的哥哥那样有礼貌了。

丽贝卡

她为了乐趣而砰砰关门，最后得到了惨痛的教训。

——西莱尔·巴洛克

亚里士多德应该会喜欢下面及后面那首诗。第一首讲述了无节制，第二首则描述了不足。

使行为得当的窍门就是让两者达到平衡。(摘自亚里士多德的《尼各马科伦理学》。)

> 人人都讨厌这样的行为，
> 一个小女孩总是"砰"的把门关上。
> 她是富有的银行家的小女儿，
> 住在贝斯沃特市的格林宫殿。
> (她叫丽贝卡·欧凡德)
> 她会像何比利那样，
> 故意"砰"的把门关上，
> 来吓唬雅各布叔叔。
> 其实她的心并不坏，
> 只是既粗鲁又野蛮，
> 她是一个惹人厌的小孩。
>
> 正巧亚伯拉罕的大理石半身雕像
> 就立在门的上方，
> 这只可怜的小羔羊，
> 精心策划地把门"砰"的一下关上，
> 它掉了下来！正好砸到了她！
> 她就这样死掉了。

葬礼上的演说词很长，
之后还有庄严的灵歌，
既提到了她的美德，这是真的，
又详述了她的罪恶，
描绘了一个仅仅为了乐趣，
而砰砰关门的小孩
惨痛的结局。

来自各地的小孩，
听到这可怕的故事，
都有很深刻的印象，他们在心中发誓：
他们再也不会像以前那样——
把门"砰"的关上。

高德弗里·戈登·古斯塔夫斯·高尔

——威廉姆·布莱迪·兰德

高德弗里·戈登·古斯塔夫斯·高尔——
你肯定听过这个名字——
他就是那个从来不关门的小男孩！

风微微地吹，风呼呼地刮，
吹得牙也疼了，喉咙也痛了，
可他还是不关门。

他的爸爸请求他，妈妈哀求他：
"高德弗里·戈登·古斯塔夫斯·高尔，
我们真的希望你能把门关上！"

他们恨得直绞手，恨得直扯头发，
可是高德弗里·戈登·古斯塔夫斯·高尔
就像诺尔岛上的浮标，什么也听不到。

他走在路上，人们对他吼道：
"高德弗里·戈登·古斯塔夫斯·高尔，
你为什么不想着把门关上？"

他们准备了一块门板，有帆又有桨，
说是要把古斯塔夫斯·高尔
送上去新加坡苦修的航程。

他请求宽恕，说道："我再也不会了！
请不要把我放在门板上送去新加坡，
以后我会关门了。"

"你会？"爸爸妈妈说道，"那就先不要去了！
但是提醒你最好遵守你的诺言！因为你从不关门，
把我们折磨得够呛，
高德弗里·戈登·古斯塔夫斯·高尔！"

可爱的孩子

——艾米莉·鲍尔森

我们遇见了彬彬有礼的孩子(这样的孩子人见人爱)。

活泼得像只小羔羊，
忙碌得像只小蜜蜂——
这就是人们喜欢看到的
那类小姑娘。

谦逊得如同紫罗兰，
像蔷薇花蕾般甜美——
这就是人们喜欢遇到的
那类小姑娘。

明亮如钻石，
纯洁如珍珠——
所有人见到这样的小姑娘
都会很开心。

快乐如同知更鸟，
温和如同鸽子般——
这就是人们喜爱的
那类小姑娘。

飞翔吧，去寻找她，
我心目中的天籁，
因为我就要选这样一个小姑娘
作为我的爱人。

约翰、汤姆和詹姆士

我们遇到了三个行为恶劣的小孩(没人喜欢他们)。

> 约翰是个坏男孩，殴打一只可怜的猫；
> 汤姆把一块石头放在了一个瞎子的帽子里；
> 詹姆士就是那个忽视祈祷的小男孩；
> 他们都长得很丑陋，不过没有人会介意。

有一个小女孩

我们遇到了一个小孩，和大多数小孩一样，有时彬彬有礼，有时却蛮不讲理。在生活中，我们必须面对这样一个艰难而不可避免的事实：如果我们不能控制自己的言行，最终会有某个人以一种我们不喜欢的方式来帮我们控制它。有人说这首诗是亨利·沃兹渥斯·朗费罗写的。

> 有一个小女孩，
> 在她额头的正中间，
> 有一绺儿小卷发。
> 她好的时候
> 非常非常的好，
> 坏的时候
> 真的让人很讨厌。
>
> 有一天她上了楼，
> 爸爸妈妈正在厨房里忙着准备饭菜，
> 没有注意到她，
> 她倒立着
> 就在她有脚轮的小床上，
> 接着便用脚后跟喝彩。
>
> 她的妈妈听到了声响，
> 以为是一群小男孩
> 在阁楼上玩打仗游戏。
> 可当她爬上楼梯时，
> 发现杰迈玛正在那儿，
> 她一把揪住了她，狠狠地打了她的小屁股。

❧ 我自己 ❧

——约瑟夫·雅各布改写

有时候运气让我们幸免于难，我们应当把这个当做警告。只是安慰地叹一口气是不够的；如果我们够聪明的话，就会改正我们的言行举止。正如这个古老的童话提醒我们的那样，自律是在面对灾祸时学习到的。

有一个北方的小村庄，它离所有的城镇和村庄都十分遥远。在那里有一所小房子，不久以前住着一个可怜的寡妇和她的小儿子——一个6岁大的小男孩。

房子的门正对着山坡，周围都是沼泽地、巨大的石头和泥坑；无论朝哪儿看，都没有房子，也没有一丝生命的迹象。他们最近的邻居就是住在下面峡谷里的精灵，和小径边长长的草丛里的鬼火。

这个寡妇能讲许多故事，有人们在橡树上互相叫喊的故事，有关于闪烁的光在黑夜中的窗台上舞动的故事。尽管她很孤独，她还是在这个小房子里住了许多年，可能是因为住在这里她不需要支付房租。

她不喜欢熬夜到很晚，当火烧得不旺的时候，没有人能看清周围有什么。所以，吃完晚饭之后她就烧一堆旺火，睡到床上去。因此要是真的发生什么可怕的事情，她总是可以把她的脑袋藏进被褥里。

可是她的儿子可不愿意那么早睡觉，所以当她叫他上床时，他会装作没听见，继续在火堆边玩耍。

从他出生那天起，他的坏脾气就让人无法忍受，他的妈妈不喜欢经常向他发脾气。事实上，她越是试图让他听她的话，他就越是不在意她说的任何事，所以往往他只顾着做自己的事，妈妈让他做的事情就会不了了之。

但是有一个夜晚，就在冬天快结束时，寡妇不能下决心一个人先睡，而把孩子留在火边玩。因为风用力地摇动着门，玻璃窗被吹得哗啦哗啦地响。她心里很清楚，在这样的夜晚，精灵一定会出来四处游荡，一定会害人。所以她设法哄小男孩马上进屋上床睡觉。

"在这样的夜晚，留在床上是最安全的！"她说。但是，他是不会听的。

然后她威胁他说"要打他"，但那也没用。

她越是恳求、责骂，他摇头摇得越厉害；最后她终于失去了耐性，哭喊道，精灵肯定会来抓走他。小男孩只是笑着说他倒是希望他们会来，因为他想要找一个精灵来玩玩。

听到这些，他妈妈突然大哭起来，绝望地上床睡觉去了，她能肯定，在小男孩说过这些话之后一些可怕的事即将发生。她淘气的小儿子坐在火堆边的凳子上，并没有因为妈妈的哭喊而回屋。

但是过了没一会儿，他就不是一个人坐在那里了。他听到旁边的烟囱里传来一阵声响，降落在他身旁的是一个很小的女孩，是你所能想象到的最小的那种。她不到9英寸高，有着一头银丝般的头发，眼睛就像草那么绿，脸蛋就像6月的玫瑰那么红。

小男孩惊讶地看着她。

"噢！"他说，"他们管你叫什么？"

"我自己。"她小声说道，声音尖尖的，但很甜美，她也看着他。"那么他们管你叫什么呢？"

第一章 自律

"也是我自己。"他谨慎地回答道。说着他们便开始一起玩耍起来。

她向他展示了一些不错的本领。她用灰做出了看起来很逼真的动物，它们还会动；做的树有绿油油的叶子，在小房子上方微微摆动；房子里有男人和女人，他们只有1英寸高，当她在他们身上呼气的时候，他们就开始得体地走动和交谈起来。

可是火越燃越弱，光变得暗淡了，小男孩用一根木棒搅动着煤，让它们燃起来，一个又红又烫的煤渣飞了出来，它会落在哪里呢？很不巧地掉在了小精灵的小脚丫上！

她因此尖声长叫，男孩扔掉了木棒，用手堵上耳朵。

但是那叫声变得更尖了，就像世界上所有的风一起挤过一个小钥匙孔！

烟囱里又发出一阵声响，但是这次小男孩没有等着看那是什么东西，他逃上了床，躲在毯子下面，他很害怕，瑟瑟发抖，听接下来会发生什么。

烟囱里传来一阵刺耳的声音：

"谁在这里，发生什么了？"

"是我自己。"小精灵呜咽着，"我的脚被烫伤了，好痛，噢！"

"谁干的？"那个声音生气地说。这次它听起来更近了，男孩从毯子底下偷看，他看见一张白色的脸从烟囱口看过来。

"也是我自己！"小精灵又一次说道。

"那么如果是你自己干的。"精灵妈妈尖声喊道，"这样慌乱有什么用？"——说着她伸出了一条细长的手臂，揪着小精灵的耳朵粗鲁地摇晃。她拉着小精灵进入了烟囱，消失了。

小男孩躺着，很长一段时间都没睡着。他仔细地听着，生怕精灵妈妈最后会回来。第二天晚上吃完晚饭，小男孩的妈妈惊讶地发现只要她喜欢，他随时都愿意上床。

"最后他还是变好了！"她自言自语道。然而，他却在想，如果下次还有精灵来找他，他可不会像这次这样轻易就和他们玩耍了。

致不停扭动的小姑娘

——劳拉·E.理查兹

这首诗歌让我们学会安静地坐着。

不要再扭来扭去了，亲爱的！
我敢肯定你所有的关节都很痛，亲爱的！
它扭动，它轻摇，它扭曲，它摆动，
就像铺满石子的海岸上的一条鳗。
噢！你想你会有什么感觉呢，亲爱的！

如果你真的变成了一条鳗，亲爱的！
没有手臂来保护你不受伤害，
没有脚趾头，没有脚后跟，亲爱的，
没有脚趾头，没有脚后跟。

你想你该做些什么呢，亲爱的！
在蔚蓝的海水深处，亲爱的！
那里的大虾小虾，
蜷曲着身体，
会用鼻子来碰你，亲爱的，
会用鼻子来碰你。

螃蟹会钳你，亲爱的，
龙虾会夹你，亲爱的。
或许鲨鱼会在黑暗中来到你身边，
一不小心你就滑进了它的嘴里，亲爱的！
一不小心你就滑进了它的嘴里。

那么设法安静地坐在你的椅子上，亲爱的！
对你父母来说没有比这更好的事了，亲爱的！
因为我们真的不会喜欢邀请一条鳗
和我们同食同宿，亲爱的！
和我们同食同宿。

吉 姆

他甩掉了他的保姆，最后被一只狮子吃掉了。

——西莱尔·巴洛克

我们有时会遇到这样的孩子：他们从妈妈身边偷偷溜走，飞奔到街上；或者在拥挤的棒球场甩掉爸爸，尖叫着猛冲到杂货店的走廊。他们几乎不愿跟着应该跟着的大人，因而随便走开。这首诗讲述了这种孩子的悲惨遭遇。

有一个男孩叫吉姆，
朋友们对他很好。
给他茶、蛋糕和果酱，
美味的火腿片
还有粉红色的巧克力，
还给他骑小三轮车，
不停地讲故事给他听，
甚至还带他去动物园——
但是就是在那里
可怕的命运
降临到他头上，
现在让我来讲给你们听。

第一章 自律

你们知道——至少你们应该知道，
因为我曾告诉过你们——
不允许孩子在人群中
离开他们的保姆。
可这就是吉姆特殊的癖好，
只要可以
他就会跑掉，
就在这不幸的一天
他抽开保姆的手跑掉了！
他还没跑出一码——随着一声巨响
一只狮子跳了出来，张着大嘴巴，
饥饿地扑向小男孩
一口咬住了他的脚。

现在想想那是一种什么样的感觉：
先是你的脚趾头，然后是脚后跟，
慢慢地，
你的胫骨、脚踝、小腿和膝盖，
慢慢地吃，一点一点地。
怪不得吉姆憎恶它！
怪不得他大叫："救命！"
正直的看守听到他的叫喊，
尽管他长得很胖，他还是跑过来
帮助这个小男孩。
"庞托！"他边跑边命令它，
（庞托是那头狮子的名字）
"庞托！"他生气地皱着眉头大喊道，
"让他走，先生！放下，先生！放下他！"
狮子突然停了下来，
让它的美食掉落在地上，
不情愿地跑回了它的笼子，
失望地咆哮着。
看守弯下腰来看吉姆，
他的眼神很暗淡。
狮子已经吃到了他的头，
可怜的男孩已经死了！

保姆通知了吉姆的父母，
我无法表达他们是多么的不安。
他的妈妈，擦干了眼泪，
说："好吧——我对这并不感到意外，
他不会照着我们告诉他的做！"
他的爸爸，是个自制的人，

他让附近所有的孩子都来看看
吉姆悲惨的结局，
让他们千万要和保姆在一起
以免发生不幸的事。

决 斗

——尤金·菲尔德

这首诗歌让我们看到了打斗带来的不幸后果。

方格布狗和印花布猫
并排坐在桌子上；
已经十二点半了（你想到了什么？）
狗和猫都没合一下眼！
老式荷兰钟和中国盘子
似乎能肯定将会发生什么，
接下来会有一场可怕的口角。
（当时我不在场，我只是复述了中国盘子向我讲述的情况！）

方格布狗"汪汪汪！"
印花布猫"喵喵喵！"
一个小时左右空气都一片混浊，
因为狗和猫互相撕咬。
老式荷兰钟躲在壁炉里
用手遮着它的脸，
因为它一直害怕爆发家庭战争！
（请注意：老式荷兰钟说的这些都是真的，我只是照实告诉你而已！）

中国盘子看起来很悲伤，
悲叹道："噢，天哪！我们该做些什么！"
方格布狗和印花布猫
滚到这里摔到那里，
动用了所有的牙齿和爪子，
以你见过的最糟糕的方式——
噢！真是猫飞狗跳！
（不要觉得我夸张了——这都是中国盘子告诉我的！）

第二天早上，在原先的位置
人们没有看到狗和猫。
有人直到今天还认为

是小偷偷走了它们俩!

但是事实是:

它们把对方吃掉了!

你现在有什么想法呢?

(老式荷兰钟这样告诉我的,我所知道的也正是这样。)

就让小狗去乱叫乱咬吧

——艾萨克·沃茨

就让小狗去乱叫乱咬吧,

因为上帝让它们这样;

就让熊和狮子去咆哮打架吧,

因为这也是它们的本性。

但是,孩子们,你一定不要让

这样狂暴的感情上升,

你的小手并不是用来

让对方哭鼻子的。

国王和他的鹰

——詹姆斯·鲍德温改写

托马斯·杰斐逊就关于控制情绪给了我们简单却有效的建议:做任何事情前先数到 10,如果十分生气地话,数到 100。成吉思汗(1162~1227)建立的蒙古国从东欧一直延伸到日本海,在他的这个故事中,我们可以用到杰斐逊的方法。

成吉思汗是一个伟大的国王和战士。

他带领军队征服了许多地方。无论在哪个国家,人们都会谈论他英勇的事迹,他们说自从亚历山大大帝之后,就没有出现过像成吉思汗那样的国王了。

一天早上,他打完仗回家,骑着马来到树林里活动筋骨。许多朋友也随着他一起来了,他们愉快地骑马出门,带着弓和箭。在他们后面是牵着猎犬的仆人。

这是一支欢快的狩猎队伍,树林回响着他们的叫声和笑声,他们期望能在晚上带许多猎物回家。

在国王的臂膀上,坐着他最爱的鹰。在那个时候,鹰是被训练用来帮助狩猎的。一听到主人的命令,它们就立即飞上天空,四处寻找猎物。如果它们看见鹿或者野兔,会快得像箭一样朝着猎物猛扑下来。

那一整天成吉思汗和他的猎人们骑遍了整个树林，但是并没有找到他们预期的那样多的猎物。

晚上他们准备回家了。国王经常骑马穿过林子，所以他知道所有的路。队伍的其他人都挑选了最近的路，而他选了一条山谷里的远路。

那天很暖和，国王很渴。他的猎鹰离开了他的手腕飞走了。它自己一定能找到回家的路。

国王缓缓向前骑。他曾经在这条路附近见过一泉清水。要是现在能找到它就好了！但是夏日炎热的天气烤干了山里所有的小溪。

最后，令他欣喜的是他看见在一块岩石的边缘滴下一些水来。他知道上面一定有清泉，在湿润的季节，一束湍急的水流总会在此飞流直下。但是现在，它每次就滴一滴。

国王跳下马，从他的猎包里掏出一只杯子。他端着它，为了接那滴得万分缓慢的水滴。

要填满杯子需要很长的时间，国王实在太渴了，几乎不能再等了。最后杯子总算快满了，他把杯子放到唇边，准备喝掉。

突然，天空中传来一阵呼呼声，杯子被撞了下来，水全泼在了地上。

国王抬起头看到底是谁干的。原来是他的猎鹰。

那只鹰来回飞了几次，然后落在了泉边的岩石堆上。

国王捡起了杯子，又一次地端着它去接滴落的水滴。

这次他没等那么久，当杯子半满时，他就把它举到嘴边。但是还没碰到他的嘴唇，那只鹰又一次俯冲下来，撞翻了他手里的水杯。

国王开始有点儿生气了。他又试了一次，第三次那只鹰还是不让他喝水。

现在国王真的很生气。

"你怎么敢这样做？"他喊道，"如果你在我手上，我就拧断你的脖子！"

然后他又一次去接水。但是在他喝之前，他拔出他的剑。

"现在，鹰，"他说道，"最后一次机会。"

他还没说完，鹰就俯冲下来，撞飞了他手中的杯子。国王正等着这一刻，就在那只鹰飞过时，他将剑快速一挥，鹰正好被刺中了。

可怜的鹰躺在主人的脚边，留着血，快要死了。

"这是你应得的报应。"成吉思汗说道。

可是在寻找杯子时，他发现它掉在了两块崖石中间——一个他够不到的地方。

"无论如何，我都要喝到那泉水。"他自言自语着。

说着，他开始爬通向水源的陡峭的堤岸。这是极其困难的，他爬得越高就越觉得渴。

最后他到了那地方。那里确实有一池子水，但是躺在那里，几乎填满整个池子的是什么呢？是一条巨大的毒性极强的死蛇。

国王停了下来。他忘记了他的渴，他想到的只有那只躺在下面的死去的可怜的鹰。

"那只鹰救了我的命！"他哭了，"我该怎么报答它？它是我最好的朋友，我却杀了它。"

他爬下了堤岸，轻轻地抱起鹰，把它放进了猎包。他爬上马，飞快地骑回了家。他对自己说：

"今天我学到了令人伤心的一课，那就是不要在生气时冲动地做事。"

生 气

——查尔斯·拉姆和玛丽·拉姆

在合适的时间和场合，
生气也许会被认为是一种优雅。
生气一定有生气的理由，
不会持续超过一分钟。
如果持续更长的时间，
那就是有恶意了。
这就是我们所看到的，
毒蛇和蜜蜂的差别。
如果你激怒了蜜蜂，
它会很快地叮你一下，
让你受点小疼痛，
但它绝不会再叮你一次。
在草丛或者障碍物后面，
埋伏着大毒蛇，
它被毒液胀得鼓鼓的，
怀揣它珍爱的怒气；
在它的领域里，
无论寒冬还是炎夏，
无论你是善意相待还是恶意相加，
只要你走到那个地方，
可恶的毒蛇总会咬向你。

脏孩子吉姆

——简·泰勒

为什么我们要保持清洁？除了一些非常有益的现实原因之外，弗朗西斯·培根给了我们提示："保持清洁是对上帝、社会乃至我们自己应有的尊重。"

有个小孩叫吉姆，
他的这个传闻，
一定是他一生的耻辱，
人们从来没有看见他，
有过一双干净的手，
还有他的脸也从没干净过。

他的朋友很受伤，
因为看他那么脏，
他们时常把他弄得干净又清爽；
可是一切都徒然，
他又会弄得很脏，
根本不能忍受看见他。

听见他们的抱怨，
他一点也不难过，
他从不检查自己脏兮兮的衣裳；
他懒惰的思想，
也不会感到一丝快乐，
即使穿上整洁又卫生的衣裳。

那些懒惰又差劲的人，
就像这个小男孩，
喜欢肮脏，肯定是这样。
但是好孩子看起来，
得体又清爽，
即使他们贫穷没银两。

清 洗

亲爱的上帝，有时我的头发变得十分
凌乱，蓬乱又混乱；
每当妈妈帮我整理，
我都会觉得她很烦。
我的手被各种污垢弄得黑黑的，
没人在的时候，
我绝不会去洗，我觉得
为了讨人喜欢反而伤到了自己。

请让我觉得清洁
是一种美德。
冰冷的水只会保佑你，
绝不会伤害你。
请告诉我怎么才能
做好日常小事，长大后
成为一个绅士。
那就是清洗，因为我需要。

～ 小孩子的餐桌礼节 ～

这首诗歌教我们学会如何吃饭。

我要轻轻地坐下，
吃之前先谢谢上帝，
耐心等待开始吃饭，
直到有人告诉我可以端起我的小盘子。
我不发脾气，不抱怨，也不噘起小嘴巴，
不到处挪动椅子和盘子，
我不玩餐刀、餐叉或餐巾纸，
我也不唱歌。
我不说没用的话，
因为人们看护，而不是听从小孩；
我不谈论我的食物，
即使觉得不好吃也不发牢骚；
我不能说，"面包太老了"，
"茶水太烫了"，"咖啡太凉了"；
我不把嘴巴塞得满满的，
吃的时候也不说话；
咳嗽或者打喷嚏先把头转向没人的地方，
如果需要帮忙，要说"请"；
不把食物和手指上的污垢，
弄到桌布上，
吃完饭也要安静地坐着，
不能绕着桌子乱跑；
当人们告诉我可以离开时，我轻轻地
挪开我的椅子；
将心呈给上帝，
颂扬他伟大的爱。

～ 小小绅士 ～

孩子，请像绅士一样
吃饭。
仔细洗洗脸和手，
换好鞋子，还要洗洗你的头发，
这样的你清新、干净又整洁，
过来坐在你的座位上。

不要闲逛和迟到，
而让其他人等待，
不要没礼貌地乱指和乱摸，
不要吃得太多，喝得太多，
要更多食物前
先把之前的吃完。
不要把别人或许爱吃的食物
搅碎和捣烂，
那些闲着把食物捣碎的人总是造成浪费，
记得只要一片面包尝尝它的味道！
不要泼出你的牛奶还有茶，
不要无礼和吵闹，
不要只挑好吃的，
不管吃什么都要感到满足。
做所有你能做的，
让自己成为小小绅士。

我们的嘴唇和耳朵

这首诗歌让我们学会怎样与人交谈。

为了不从你的唇边滑出不该说的话，
你要仔细观察这五件事：
你在谈论谁，
在和谁说话，
你怎么说话，
在什么时候说话，
在什么场合说话。
为了不让你的耳朵听到别人的嘲笑，
关于下面的事情记得要保密：
个人情况，个人所有，
过去和现在的做事方法。

小弗雷德

这首诗歌告诉我们晚上就寝时该怎么做。

当有人

叫小弗雷德上床的时候，
他总是做得很得体：
他亲吻妈妈，
然后亲吻爸爸，
他祝他们都晚安。

他不像那些淘气的男孩，
发出吵闹声，
当有人让他睡觉时，
他轻轻地
直接走上楼梯，
睡前也不忘先祈祷。

一个不愿喝汤的男孩——奥古斯塔斯的故事

——海因里希·霍夫曼

　　在这首诗歌里，我们可以看到一个小孩不可避免的悲惨结局，因为他不吃对他有益的东西。

　　　　奥古斯塔斯是一个胖乎乎的男孩，
　　　　他有胖胖的、红红的脸蛋。
　　　　每个人看到他都会很开心，
　　　　圆鼓鼓的身体，亲切又健康。
　　　　大人要他吃什么喝什么他都很听话，
　　　　从不会让他的汤变凉。

　　　　可是有一天，寒冷冬天里的某一天，
　　　　他尖叫道——"把这汤拿走！
　　　　噢，把这讨厌的汤拿走！
　　　　今天我不要喝汤。"
　　　　第二天悲哀的故事就开始了；
　　　　奥古斯塔斯变得又细又瘦。
　　　　可是，尽管他觉得那么虚弱，
　　　　不听话的家伙还是大喊着——
　　　　"我说了，不要给我喝汤！
　　　　噢，把这讨厌的汤拿走！
　　　　今天我不要喝汤。"

　　　　第三天到了。噢，真是罪过！
　　　　他把自己弄得苍白又消瘦。

可是，当把汤放在桌子上时，
他尖叫道，用他能发出的最大的声音——
"我说了，不要给我喝汤！
噢，把这讨厌的汤拿走！
今天我不要喝汤。"

看看他，第四天了！
他还没有一个小糖果重，
就像一根细线一样，
第五天，他——死了！

秃　鹰

——西莱尔·巴洛克

这首诗歌可以贴在冰箱门上。

秃鹰喜欢在饭前饭后吃零食，
这就是为什么
它很少、很少
和你我的感觉一样好。
它目光呆滞，头发秃秃的，
脖子越来越细。
噢，这给我们上了多好的一课：
只在吃饭的时候才吃。

男孩和坚果

——伊索

一个控制欲望的很好、很现实的原因就是：如果我们想要的太多，到头来也许什么也得不到。

一个小男孩有一次在桌子上发现一罐坚果。
"我要吃点这里的坚果，"他想，"要是妈妈在这里的话，我敢肯定她会让我吃的。我要抓大大的一把。"所以他把手伸进了罐里，抓了满满的一把。
可是当他要把手拿出来时，他发现罐子的口太小了。他的手被牢牢地卡住了，可是他不想放下哪怕一颗坚果。

他试了一次又一次，但是他不能把那满满的一把全拿出来，最后他开始哭起来。

就在这时，他的妈妈走进了房间。"怎么了？"她问。

"我不能把这满满一把坚果全拿出来。"男孩呜咽着。

"孩子，别那么贪心。"妈妈回答说，"只拿两三颗，把手拿出来就不成问题了。"

"其实这是多么简单的道理。"男孩离开桌子的时候说道，"我本应该自己就能想到的啊！"

下金蛋的鹅

——伊索

这是一个经典的伊索寓言，说的是有人已经拥有很多，却依然贪心不足，当你想全部占为己有时，就会发生不幸的事，这些已经成为了箴言。

有一个人和他的妻子很幸运，得到了一只每天都下一个金蛋的鹅。尽管很幸运，可他们很快就觉得这样变富裕还是太慢，他们想，这鹅的肚子应该也是金子做的，于是决定把它杀死，可以马上得到所有的金子。可是当他们剖开它的肚子，才发现它和平常的鹅没什么两样。因此，他们既没有像预期的那样马上就变得富裕，也没有继续享受到日增一金的幸运。

想得到更多，到头来只会失去所有。

苍蝇和蜂蜜罐

——伊索

蜂蜜从罐子里溢了出来，
蜜掉落在窗台上，
聚成一堆堆，汇成一条条。
苍蝇被甜味吸引了，
开始贪婪地吃起了蜜，
它们把蜜涂满了脆弱的翅膀和脚丫。

它们使劲拍打翅膀，用力拽自己的脚，可都是徒劳，
它们气喘吁吁地试了一次又一次，
最后还是死在了芬芳的痛苦中。

个中道理：
噢，愚蠢的人啊！
为了短暂的快乐而毁掉了自己。

维尼格先生和他的运气

——詹姆斯·鲍德温改写

失控的欲望就像一张不能带你到达任何目的地的车票。英国哲学家约翰·洛克这样解释道："一个人，如果对自己没有控制力，不知道如何抵抗当前的快乐或痛苦，不懂得能让他处事得当的美德与勤勉的原则，就会有一事无成的危险。"维尼格先生正处在这样的危险中。

很久以前有个穷人，他的真实姓名已被人遗忘。他身材矮小，年岁已老，满脸皱纹，于是他的朋友们就称他为维尼格先生。

他的妻子也同样有着矮小的身材，老态龙钟。夫妻俩住在一间又小又旧的村舍中，屋前有一小块田地。

一天，维尼格太太在打扫时太卖力了，小屋破旧的门倒了。

她被吓住了，跑到田地里大叫："约翰，约翰！房子塌啦！我们没有地方住啦！"

维尼格先生赶过来，看着倒了的门。

然后他说："不要担心，亲爱的。戴上你的帽子，我们出去碰碰运气。"

于是，维尼格太太戴上帽子，维尼格先生把门板顶在头上，他们就出发了。

他们整天都在不停地走。夜里他们来到一片黑暗的森林，森林里有很多很高的树。

"这儿是个不错的落脚处。"维尼格先生说。

他爬上一棵树，把门板安置在一些树枝间。维尼格太太也爬了上来，他们俩就在门板上躺下了。

维尼格先生说："身下有间房比头上有间房好多了。"但是维尼格太太很快就睡着了，压根没听见他在说什么。

很快天就黑了，维尼格先生也睡着了。半夜的时候他被下面的声音吵醒了。

于是他坐起来，想知道发生了什么事。

"这是你的10个金币，杰克。"维尼格先生听见有人在说，"这是你的10个，比尔。剩下的就是我的了。"

维尼格先生向下看，只见3个人坐在地上，身旁亮着一个灯笼。

"强盗！"他惊恐地大叫起来，跳到一根更高的树枝上。

在这个过程中，他踢到了门板，于是门板轰隆一声掉了下去，维尼格太太也一起掉下去了。

强盗们被吓坏了，慌慌张张地拔腿就跑，跑进了黑暗的树林里。

"亲爱的，有没有受伤？"维尼格先生问他的妻子。

"没有！"她说，"但是谁会料到门板会在夜里掉下来？这儿有个漂亮的灯笼，一切都亮了，我们能看见我们在什么地方。"

维尼格先生从树上下来，捡起灯笼看。

但是那些散落一地的亮闪闪的是什么呢？

"金币！金币！"他大叫起来。他捡起一个，举到灯笼下。

"我们找到我们的好运气了！我们找到我们的好运气了！"维尼格太太叫了起来。她手舞足蹈，开心极了。

他们拾起所有的金币，总共50个，黄灿灿，亮闪闪，圆润润。

"我们真走运！"维尼格先生说。

"我们真走运！"维尼格太太也说。

然后他们坐下来，看着这些金币直到天亮。

"约翰，"维尼格太太说，"现在我要告诉你我们将要做什么。你先去镇上买头奶牛，我来挤奶和搅拌黄油，我们就什么也不缺了。"

"好计划。"维尼格先生应声道。

于是他就启程去镇上，留下他妻子在路边等他回来。

维尼格先生在镇上的街道来回走，想要找一头奶牛。过了一会儿，一个农夫过来了，牵着头漂亮肥硕的奶牛。

"哦，如果我得到那头奶牛，我将是这世界上最快乐的人。"维尼格先生说。

"这是头很棒的奶牛。"农夫说道。

"好的，我用这50个金币买下它。"维尼格先生说。

农夫笑着伸出手接过了钱："你得到它了。我总是很乐意为我的朋友们效劳。"

维尼格先生抓住奶牛的缰绳，牵着它在街上来回走："只要看看所有的人都是怎样在看我和我的奶牛的，就知道我是这个世界上最幸运的人了。"

但是在街道的尽头，他遇见一个人在吹奏风笛。他停下来听，"推多滴，推多滴……"

"这是我听过的最悦耳的音乐了。看看所有的孩子是怎样围着他，给他便士！如果我有了这些风笛，我将会是这世界上最快乐的人！"维尼格先生说。

"我把风笛卖给你。"风笛手说。

"真的吗？但是我没有钱，我用这头奶牛来换。"

"行。我总是很乐意为朋友效劳。"风笛手说。

维尼格先生拿上风笛，风笛手也牵着奶牛离开了。

"现在我们有音乐了。"维尼格先生说。但是无论他怎么努力，都吹不出一个旋律来。风笛发出来的声音只有极刺耳的吱吱声。

孩子们没有给维尼格先生便士，反而嘲笑他。天气很寒冷，在尝试吹奏风笛的过程中，他的手指冻得冰凉。他希望他之前没有把奶牛给换掉。

在启程回家时，他遇到了一个人，那人的手上戴着暖和的手套。维尼格先生说："如果我有这副漂亮的手套，我将会是这个世界上最快乐的人。"

"你想为这副手套出多少钱？"这个人问。

"我没有钱，但是我可以拿风笛跟你换。"维尼格先生回答。

"好吧，你得到这副手套了，因为我总是乐意为朋友效劳。"

维尼格先生给了他风笛，把手套戴到他几乎要冻僵的手上。"我多幸运啊！"维尼格先生想着，蹒跚着往家走。

他的手指很快就暖和了，但是路上很难走。在他到达一座陡峭的小山的山脚时，他已经很累了。

"我怎样到达山顶呢？"他说。

就在这时候，维尼格先生看到对面走来一个人，他手里拿着一根棍子作为手杖。

"朋友，"维尼格先生说，"如果我能得到您的棍子来帮我登到山顶，我将会是这个世界上最快乐的人。"

"你出多少钱？"

"我没有钱，但是我可以给你这副暖和的手套。"维尼格先生说。

"好吧，棍子归你了，我总是乐意为朋友效劳。"

维尼格先生的手现在很暖和了，于是他就把手套给了这个人，接过这根粗棍子。

他费力地向上爬："我多么幸运啊！"

到了山顶，他停下来休息。

当他在考虑他这一天的全部好运气时，他听见有人在叫他的名字。他抬起头，只看见一只绿色的鹦鹉停在树上。

"维尼格先生！维尼格先生！"鹦鹉叫道。

"什么事？"维尼格先生问。

"你是个傻瓜！你是个傻瓜！"鸟回答，"你去寻找你的好运气，并且找到了它。但是你后来把你的好运气换了头奶牛，又拿奶牛换了风笛，拿风笛换了手套，拿手套换了棍子，而这个棍子你在路边就能捡到。呵！呵！呵！你这个傻瓜！你这个傻瓜！"

维尼格先生非常生气，他用尽所有力气把棍子扔向鹦鹉。但是这只鸟只是一个劲儿地说："你是个傻瓜！你是个傻瓜！"棍子也挂在了树上，他再也取不到了。

维尼格先生慢慢地走，因为他有很多事情考虑。他的妻子就在路边等，她一看见他，就大叫："奶牛在哪里？奶牛在哪里？"

"我不知道奶牛在哪里。"维尼格先生说，然后告诉了她整个故事。

我听到她说了一些话，比那只鸟的话更让维尼格先生不喜欢。但是这是维尼格先生和维尼格太太之间的事，跟其他人都无关。

"跟昨天相比，我们并不差。"维尼格先生说，"我们回家去照看我们的小旧屋吧。"

然后他把门板顶在头上，沉重地向前走。维尼格太太跟在他的后面。

渔夫和他的妻子

——克利夫顿·约翰逊改写

古希腊有句格言："过多就等于没有。"这句格言不是说要完全的节制，而是提醒我们避免过度。正如下面这个古老的故事告诉我们的那样，我们应该明白这样一个道理：任何事情太过度，即使是好事情，也可能成为祸根。我们一定要把握好尺度。

从前，有个渔夫和他的妻子住在海边一间破旧的小屋里。有一天，渔夫坐在水边的岩石上，拿着渔竿和渔线钓鱼，一条鱼被他的鱼钩钩住了。这条鱼很大，牢牢地扯住了渔线，渔夫费尽力气才抓住了它。抓到了这样一条大鱼，渔夫感到非常高兴。鱼跟他说："求您不要杀了我。我不是一条真的鱼，我是个魔术师。把我放回水里，让我走吧。"听到这个，渔夫很吃惊。

"你不必说了，"渔夫说，"我不想跟一条会说话的鱼有任何关系。"

然后他把鱼从鱼钩上解下来，放进了水里。"现在想游多快就游多快吧。"鱼迅速潜入了水底。

渔夫回到他的小屋，告诉他妻子他是如何抓住了一条大鱼，这条鱼又是如何告诉他它是个魔术师，他听到这个又是如何放它走的。

"你没向它要任何东西吗？"妻子问。

"没有，"渔夫回答，"我应该要什么呢？"

"你应该要什么！"妻子大叫，"你的口气好像是我们已经拥有了一切我们想要的东西了！看看我们多可怜，住在这样黑暗的小屋里。你一定要回去告诉那条鱼，我们要一所舒

适的房子。"

　　渔夫不想接受这个差事，但是他妻子命令他去，他只好去了。当他到了海边，海水看起来都是黄绿色的。他站在他钓过鱼的石头上，说：

　　"哦，大海里的居民！

　　来听我说；

　　我的妻子艾丽丝，

　　我命中的劫难，

　　派我来向你讨一件礼物！"

　　鱼向他游过来，说："好，她想要什么？"

　　"啊，"渔夫回答，"我妻子说，我应该在放你走之前，向你要些东西。她再也不想住在我们的小屋里了，她想要所舒适的房子。"

　　"回家吧，"鱼说，"她已经在她想要的房子里了。"

　　渔夫回了家，发现他的妻子站在一所舒适的房子的门前。房子后面是院子，院子里到处是鸡鸭；院子后面是个花园，长着各种各样的花和水果。"我们将会生活得多么愉快呀！"渔夫说。

　　一两个星期内，一切都很好。然后渔夫的妻子说："我的丈夫，房子的空间不够，院子和花园应该比现在的大多了。我想要住在一座大的石头城堡里。去跟鱼说，叫它给我们一座城堡。"

　　"妻子啊，"渔夫说，"我不想再去找它了，因为它很可能会生气的。有这样好的房子，我们应该满足了。"

　　"废话！"渔夫的妻子说，"它会很愿意给我们一座城堡的，去试试。"

　　渔夫去了，但是他的心情很沉重。当他到了海边的时候，海水是深灰色的，看起来很忧郁。他站到水边的石头上，说：

　　"哦，大海里的居民！

　　来听我说；

　　我的妻子艾丽丝，

　　我命中的劫难，

　　派我来向你讨一件礼物！"

　　鱼向他游过来，说："好，她现在想要什么？"

　　"啊，"渔夫悲伤地回答，"我妻子想要住在一座石头城堡里。"

　　"回家吧，"鱼说，"她已经在城堡里了。"

　　渔夫离开了，发现他的妻子站在一座大城堡前。"看见了？"她说，"这个不错吧？"

　　他们进了城堡，很多仆人在那里，房间里备有漂亮的桌椅；城堡后面是个半英里长的公园，满是绵羊、山羊、兔子和鹿。

　　"现在，"渔夫说，"我们将会在这座漂亮的城堡里，快乐满足地度过我们的余生。"

　　"也许吧。"妻子回答道，"但是在我们作决定之前，还是要好好考虑，先睡觉吧。"然后他们就睡了。

　　第二天他们醒来的时候，已经是大白天了。妻子用手肘轻推渔夫，说："起床了，丈夫。勤快点，因为我们必须成为国王和王后。"

　　"妻子，妻子，"渔夫说，"为什么我们要成为国王和王后？即使我可以，我也不想成为国王。"

　　"随便，反正我要成为王后。"妻子说，"别说了，去跟鱼说我想要什么。"

　　渔夫去了，但是想到他妻子希望成为王后，他就很悲伤。在他大声呼喊时，海水浑

浊，翻着泡沫：

"哦，大海里的居民！

来听我说；

我的妻子艾丽丝，

我命中的劫难，

派我来向你讨一件礼物！"

鱼向他游过来，说："好，她现在想要什么？"

"唉！"渔夫回答，"她想成为王后。"

"回家吧，"鱼说，"她已经是王后了。"

渔夫回去了，不久到了一座宫殿前，看见宫殿前有一队士兵，从宫殿里传来鼓声和喇叭声。他进了宫殿，发现他的妻子坐在王座上，头戴金色王冠，身旁各站了6位美丽的少女。

"好了，妻子，"渔夫说，"你是王后了吧？"

"是的，"她回答，"我是王后。"

他看了她很久，然后说："妻子，当王后是件多么好的事啊！现在我们永远不需要其他任何东西了。"

"我不知道会怎样，"她说，"永远是个太长的时间。我现在是王后，这是事实，但是我已经厌倦了。我想我下次希望成为教皇。"

"哦，妻子，妻子！"渔夫叫起来，"你怎么能是教皇？所有基督教徒里，只能有一个教皇。"

"丈夫，"她说，"我今天就要成为教皇。"

"啊，妻子！"渔夫回答，"鱼不会让你成为教皇的，我也不想去这样要求它。"

"废话！"她说，"如果它能让我成为王后，它就能让我成为教皇。去试试看。"

于是渔夫去了。当他到了海边，风猛烈地吹，海浪狠狠地拍打在礁石上，天色黑暗，阴云密布。渔夫很害怕，但是他遵从他的妻子，叫道：

"哦，大海里的居民！

来听我说；

我的妻子艾丽丝，

我命中的劫难，

派我来向你讨一件礼物！"

鱼向他游过来，说："好，这次她想要什么？"

"啊，"渔夫回答，"她想成为教皇。"

"回家吧，"鱼命令说，"她已经是教皇了。"

于是渔夫回家了，发现他的妻子坐在100英尺高的王座上，两边有大小的蜡烛在燃烧。他的妻子头戴3个王冠，一个叠一个，周围摆放着各种象征着教会权力与荣耀的装饰物。

"妻子，"渔夫注视着这所有的壮观景象，说，"你是教皇了吗？"

"是的，"她回答，"我是教皇。"

"好了，妻子，"他说，"当教皇很好，你现在一定满足了吧，因为没什么比你更大了。"

"我考虑考虑再说吧。"她说。

他们上了床，但是渔夫的妻子怎么也睡不着，因为整夜她都在想她下面应该成为什么。最后，清晨到来，太阳升起来。"哈！"她叫起来，"要不是太阳的亮光来打扰我，我就睡着了。我能不能阻止太阳升起来？"她很生气，跟她丈夫说："去鱼那里，告诉他，我要成为太阳和月亮的主人。"

"唉，妻子，"渔夫说，"当教皇也不能使你满足吗？"

"是的，"她说，"我不舒服，不能忍受太阳和月亮没经我的允许就升起来。现在就去鱼那里！"

渔夫去了。当他靠近海边时，海面上起了可怕的风暴，树和岩石都在摇晃，天空变黑暗，闪电闪现，雷声轰隆，海上翻滚着山一样高的巨浪。渔夫开始颤抖，双膝下跪，几乎没有力气在狂风中站起来。他呼唤鱼：

"哦，大海里的居民！

来听我说；

我的妻子艾丽丝，

我命中的劫难，

派我来向你讨一件礼物！"

鱼向他游过来，说："好，她还想要什么？"

"啊，"渔夫说，"她想成为太阳和月亮的主人。"

"回你的小屋去吧。"鱼回答。

渔夫回去了。宫殿不在了，原来的位置上只有那间小黑屋——他之前的住处。一直到今天，渔夫和她的妻子仍住在那个小屋里。

青蛙与井

——伊索

谨慎的人会三思而后行。

两只青蛙同住在一片沼泽里。某个炎热的夏天，沼泽干涸了。青蛙喜欢住在尽可能潮湿的地方，于是它们离开沼泽，去寻找另一个住处。不久它们来到一口深井边，一只青蛙向井下看，跟同伴说："看起来是个挺凉爽的地方，我们跳进去在此定居吧。"但是另一只青蛙很明智，它回答道："朋友，不要这么快作决定。如果这口井也像沼泽一样干涸了，我们怎么出来呢？"

请三思而后行。

魔 线

人们总是想立即获得他们需要的东西(或是他们认为自己所需要的东西，以各种形式表现出来的"快乐")。具有讽刺意味的是，对于这种没耐心，只有学会等待，只有愿意接受逆境的考验，我们才能得到真正有价值的东西。本杰明·富兰克林告诉我们："有耐心的人，才能得到他想得到的东西。"以下这则法国故事验证了他的话。

从前有个寡妇，她的儿子叫彼得。他是个强壮能干的男孩，但是他不喜欢去上学，总

是一直做白日梦。

"彼得，这次你又在幻想什么了？"他的老师常这么问他。

"我在想，我长大了会做什么。"彼得回答。

"有点耐心。那还有很多时间。你知道，长大不完全是件有趣的事情。"老师说。

但是彼得发现，无论此刻他做什么，他都觉得没有意思。他总是向往着下面要做的事情。在冬天，他渴望夏天；在夏天，他又盼望着滑冰、坐雪橇，以及冬天暖和的炉火。在学校，他盼着一天快结束，他就可以回家。到了周日的晚上，他又叹气："如果是假期该多好。"他最喜欢的事，就是和他的朋友丽莎玩。她像任何男孩一样，是个好伙伴。而且，无论彼得多没耐心，她永远都不会生气。"等我长大了，我就娶丽莎。"彼得心里想。

彼得经常在森林里游荡，幻想未来。有时他躺在柔软的草地上，在温暖的阳光下，双手垫在头下，透过高高的树顶凝视天空。一个炎热的下午，在彼得开始犯困时，他听见有人在叫他的名字。他睁开眼睛，坐了起来。一位老妇人站在他面前，手中拿着一个银球，其中挂着一条金丝线。

"看看我这里有什么，彼得。"老妇人说着，把球给了他。

"这是什么？"彼得好奇地问，摸着这根精细的金线。

"这是你的生命线。"老妇人回答道，"不去碰它，时间就会正常地过去。但是，如果你希望时间过快点，你只要拉一点线，一小时就会像一秒钟那么快过去。可是我要警告你，线一旦被拉出，就不能再收回来了，它会像一阵烟一样消失。这个球是给你的。但是如果你接受了我这个礼物，你不可以告诉任何人，否则当天你就会死掉。现在，你要不要它？"

彼得很开心地抓住这个礼物。这正是他想要的。他看了看这个银球，它很轻且结实，由一整片银做成。唯一的瑕疵是一个小洞，金线就从洞里悬出。彼得把球放进口袋，跑回了家。确定了他妈妈不在家，他又看了一下。看起来，线在很慢地向球外移动，如此缓慢以至于肉眼几乎看不出来。他盼望把它拉快一点，但是他不敢，现在还不敢。

第二天在学校，彼得做着白日梦，想着应该如何处理这个魔线。老师批评他不专心学习。他想，要是到了放学回家的时间该多好。然后他感觉到了口袋里的银球。如果他拉一点线，这一天就结束了。他小心的拿住球，拉了一点。突然老师就宣布可以收拾书本，离开教室了。彼得大喜，一路跑回家。生活现在多轻松啊！他所有的麻烦都结束了。从那天起，他就开始每天把线拉一点点。

然而有一天，他忽然意识到，每天都拉一点点线有多愚蠢。如果他拉多一点，学校生涯就该完全结束了。然后他就可以开始学习做生意，他就可以娶丽莎。于是那天晚上，他就狠狠地拉了线。早晨醒来时，他发现自己在镇上一个木匠那里当学徒。他很热爱他的新生活，在屋顶和脚手架上爬上爬下，搬运大的横梁，锤打横梁，横梁还留有森林的味道。但是有时，当离发薪水的日子好像还远时，他就拉一点点线，然后一周就很快结束了，到了周五的夜晚，他的口袋里就有钱了。

丽莎也来到了镇上，和她的姊姊住在一起，跟她学做家事。彼得渐渐开始对他俩何时能结婚失去了耐心。住得这么近，但彼此的距离又是如此远，这样的日子很难过。于是彼得问丽莎，他们何时可以结婚。

"再过一年吧，"她说，"在此期间，我要学会做个能干的妻子。"

彼得的手指在口袋里触到了银球。

"好的，时间会很快过去的。"他狡黠地说。

那一晚，彼得辗转反侧，不能入睡。他从枕头下面拿出那个魔球。他先是犹豫了一会儿，后来是他的不耐烦占了上风，他拉了金线。早晨醒来时，他发现一年已经过完，丽莎

最终答应了嫁给他。现在彼得感到非常开心。

然而，在他们举行婚礼之前，彼得收到一封官方来信。他在惊恐中打开了信，信中说，他下周要去军营报到，服两年的兵役。他绝望地把信给丽莎看。

"嗯，"她说，"没什么，我们只要等就好了。你会看到，时间很快就过去了。我们要在一起生活，还有很多事要做准备。"

彼得勉强地笑笑，知道两年时间对他来说，相当于一辈子。

然而，当彼得在军营生活中安定下来，他开始觉得一切都不算太坏。他很喜欢和所有其他年轻人在一起，而且他们的任务也并不是很费力。他记起了老妇人的警告，要理智地使用魔线，于是有一阵他都管住了自己没去拉它。但是没多久他又开始烦躁不安，厌倦了军营生活的例行职责和严厉的纪律。他又开始拉线，让一周快一点过到周日，或者让时间快一点到他的假期。于是这两年很快就过去了，快得就像一场梦。

回到家里，彼得做出决定，除非有绝对的必要，否则不再拉线了。毕竟，就如每个人跟他说的，这是他生命里最好的一段时间。他不希望它过去得太快。但是，他还是小小地拉了一下线，让他的婚礼能快点到来。他很想告诉丽莎他的秘密，可是他知道，如果他说了，他就会死去。

在他婚礼那天，每个人都很开心，包括彼得。他迫不及待地要给丽莎看他为她建的房子。在婚礼的酒席上，他注视着他的妈妈，第一次注意到最近她的头发变得灰白，她看起来老得很快。彼得感到痛心，他为自己太频繁地拉线而内疚。从那以后，他更加节制拉线，只在有绝对必要时才会用它。

几个月之后，丽莎宣布她将有个孩子了。彼得大喜，几乎等不及了。当孩子出生以后，他觉得他不再需要其他任何东西了。但是一旦孩子生病或整晚无休止地啼哭，他就拉一点线，让宝宝再次健康快乐起来。

时期艰难，彼得的生意很差。新政府上台，用苛捐杂税压榨人民，不容忍有反对意见。任何一个麻烦制造者，不用任何审讯就直接送进监狱，仅靠传闻就能判刑。彼得一直以直言自己的想法而出名，很快他就被逮捕，投进了监狱。幸运的是，他带着他的魔球。他用力的猛拉线，监狱的高墙在他面前瓦解，敌人的尸体四散在他面前巨响如雷的大爆炸里。人们一直受到战争的威胁，但是战争就像夏季的风暴一样迅速结束了，之后留下筋疲力尽的和平。彼得发现他又回了家，跟家人在一起。但此时他已经是一个中年人了。

有一段时间，事情都很顺利，彼得生活得相对较满足。一天，他在看他的魔球时，惊讶地发现，金线变成了银线。他看着镜子，镜子中的他，头发开始变灰白，曾经没有皱纹的脸上有了沟壑。突然他就害怕了，决定要比之前更小心地使用魔球。丽莎又给他生了好多个孩子，他为自己是这个不断壮大的家族的一家之长而高兴。他严谨的态度常常使人以为他多少像个仁慈的统治者。他的神情带着一种威严，好像他手里掌握了别人的命运。他把魔球藏在了一个隐秘的地方，安全地逃过了孩子们好奇的眼睛；因为他知道，如果有人发现了这个球，那将是致命的。

孩子的数量在增长，房子就显得很拥挤了。他想扩建房子，但这需要钱。他还有别的担忧，他的妈妈看起来每天都更苍老更疲倦了。拉魔线也没用了，因为那只会催促他的妈妈更接近死亡。很快她就去世了。彼得站在她的坟墓旁，想知道生命是怎么过得这么快的，即使都没有拉魔线。

一天晚上，他躺在床上，忧虑使他久久无法入睡。他想，如果他所有的孩子都长大了并开始工作，他的生活会变得多容易啊。他用力地拉了下魔线。第二天醒来的时候他发现，孩子们都离开了家，去了不同的地方工作。只剩下他和妻子。他的头发现在几乎全

白，爬梯子和抬较重的横梁时，他的背和四肢经常疼。丽莎也老了，而且常常生病。

　　他不能忍受看着她受病痛的折磨，于是他越来越多地求助于拉魔线。但是，当一个问题解决了，另一个问题又来了。彼得想，也许他退休了，生活会安适些。那样的话，他就不用在通风的半完工的房子上忙碌，他就可以在丽莎生病的时候照顾她。可问题是，他的线不够了。他拿起魔球，看着它。令他感到惊讶的是，线已不再是银的而是惨淡的灰色，没有光泽。他打算去森林里走走，好好思考一下。

　　他在那片森林待了很久，小树苗都长成了高大的枞树，他之前认识的路如今很难找到了。最后他来到一块空地上，坐下来休息，没一会儿竟打起瞌睡来。有人喊着他的名字把他叫醒了："彼得！彼得！"

　　他抬起头，看见了那个很多年前见过的老妇人，就是她给了他有魔力的带金线的银球。她跟那时候一样，一点也没老。她冲着彼得笑。

　　"彼得，生活得好吗？"她问。

　　"我不能确定，"彼得说，"你的魔球很棒。我生命里从来没有过忍受或等待。但是一切都过得太快了。我感觉我还没有来得及去接受我身上所发生的一切，不管它是好是坏。现在只剩一点时间了，我不敢再拉线了，它只会让我死去。我认为你的礼物并没有带给我好运气。"

　　"你太忘恩负义了！"老妇人说，"你希望事情要怎样才不同？"

　　"或许，如果你给我一个不一样的球，我可以把线拉出来，也可以把线放回去，那么我就能将做得不好的事情复原。"

　　老妇人大笑："你的要求还真多！你以为上帝允许我们有两次生命吗？但是我可以满足你最后一个愿望，你这个愚蠢的总是一个劲儿要求的人。"

　　"什么？"彼得问。

　　"选吧。"老妇人说。彼得费力地想。

　　最后，他说："我想要再过一次我的人生。这次我不要你的魔球。我将经历好的和坏的事情，不减少它们的时间，至少我的生命不会像个白日梦，过得这样没意义。"

　　"就这样了，如你所想。"老妇人说，"把我的球还给我。"

　　她伸出手来，彼得把银球放到她手里。他坐回去，疲惫地闭上眼睛。

　　当他醒来的时候，他已经在自己的床上。他年轻的妈妈正弯下腰，轻轻摇着他。

　　"醒醒，彼得，上学要迟到了。你睡得跟个死人一样！"

　　他惊讶地看着她，然后松了一口气。

　　"我做了个可怕的梦，妈妈。我梦见我又病又老，我的生命像眨了下眼一样就过去了，一点记录都没有，甚至连记忆都没有。"

　　妈妈大笑起来，摇了摇头。

　　"那是永远也不会发生的。"她说，"记忆是我们都有的一样东西，即使我们年纪大了。现在快点穿衣服。丽莎在等你，你们上学要迟到了。"

　　当彼得和丽莎一起走向学校的时候，他注意到夏日的早晨很明亮，活在这样的早晨，感觉真好。很快他就能见到他的朋友和同学，甚至课程也不那样糟糕。实际上，他再也等不及过全新的生活了。

点金术

——根据纳撒尼尔·霍桑原著改写

这是一个讲述一位国王贪恋黄金的著名的希腊故事，改编自纳撒尼尔·霍桑《神奇的故事》中的同名短篇小说。一些学者认为神话中的迈达斯是古佛里吉亚国(现在的土耳其)的国王，统治时期大约在公元前8世纪。早期的希腊人认为佛里吉亚是一片富饶无比的土地。

很久很久以前，有一个非常富有的国王，名叫迈达斯。他是世界上拥有金子最多的人，尽管这样，他仍然觉得不够。每当他得到更多的金子来增加自己的财富时，他就感到无比快乐。他把金子藏在宫殿下的大地窖里，每天总要花上好多时间来把它们数一遍。

迈达斯国王有一个小女儿名叫金玛丽，他非常疼爱她，他说："她会成为世界上最富有的公主。"

可小金玛丽一点也不在乎那些。她喜爱自己的花园、花朵，还有金色的阳光，她觉得这些胜过父亲所有的财富。大多数时候，她是个可爱的小女孩，她的父亲一边忙着想出新办法来得到更多的金子，一边不断清点他已经拥有的财富，很少有时间给她讲故事，和她一起散步，而这正是所有的父亲应该做的事情。

有一天，迈达斯国王走进他的藏宝库。他锁上了重重大门，打开了自己那些装着金子的大柜子。他把金子堆在桌子上摆弄着，似乎很喜欢摸着它们的感觉。他让金子滑过手指，微笑着倾听叮当的声音，觉得那声音是世界上最动听的音乐。突然间，一个影子闪现在金堆上。他朝上看了看，只见一个陌生人正在笑吟吟地看着他。迈达斯国王吓了一跳，他确信自己已经锁好了门呀！看来他的财富并不安全！可那陌生人还是一直笑着。

"你有很多金子，迈达斯国王。"陌生人说。

"是的，"国王回答说，"但是这比起全世界的金子来还是微不足道。"

"怎么，你还不满足吗？"陌生人问道。

"满足？"国王说，"我当然不满足。我晚上经常睡不着，总在盘算新法子来得到更多的金子。我希望我摸到的所有东西都变成金子。"

"你真的希望这样吗，迈达斯国王？"

"当然，没有别的东西能让我更快乐。"

"那么我来让你美梦成真吧。明天清晨第一缕阳光投向你的窗户时，你就会点金术了。"

陌生人说完这些话就消失了。迈达斯国王揉了揉自己的眼睛。"我肯定做梦了，"他说道，"可那如果是真的我该多高兴呀！"

第二天清晨，当第一束微弱的光线照进他的卧室时，他伸出手摸了一下床单，什么都没变。"我知道那不可能是真的。"他叹着气说道。就在这时，第一缕太阳光线射进了窗户。迈达斯国王用手碰过的床单变成了十足的金子。"真的呀，真的呀！"他开心地叫道。

他跳下床，在房子里跑来跑去，到处乱摸。他穿的长袍，他的拖鞋、家具，统统变成金子了。他看着窗外女儿金玛丽的花园说："我要给她一个大惊喜。"走进花园，他摸遍了金玛丽所有的花朵，把它们都变成了金子。"她一定会很开心。"他想。

接着，他回到自己的房间等待早餐。他想拿起前一天晚上看过的书，可手指一碰，书就变成了坚硬的金子。"现在我不能读了，"他说，"不过它变成金子也不赖。"

　　就在这时，一个仆人捧着早餐走进了房间。"看起来很美味，"他说，"我先吃那个熟透的红桃子吧。"

　　他把桃子拿在手里，可还没来得及品尝它的味道，桃子就变成了一块金子。迈达斯国王把它放回了盘子。"桃子很美，可我吃不了！"他说道。他又从盘子里拿起一个面包圈，可那也变成了金子。他拿起一杯水，也变成了金子。"我该怎么办？"他叫道。"我又饿又渴，又不能吃金喝银！"

　　这时，门开了，小金玛丽走了进来，她哭得正厉害，手里拿着一束自己种的玫瑰花。"什么事，小女儿？"国王问道。

　　"父亲！你看我的玫瑰花怎么了？它们都变得又硬又丑了！"

　　"怎么会，它们都变成金玫瑰了，孩子。你不觉得它们比以前更漂亮了吗？"

　　"不，"她抽泣道，"它们闻起来不香，也不再长大了。我喜欢鲜活的玫瑰。"

　　"没关系，"国王说，"先吃早餐吧。"

　　可金玛丽发现她的父亲自己并不吃，而且看起来非常沮丧。"怎么了，亲爱的父亲？"她一边问着，一边跑向他。她用双臂抱住了父亲，国王亲了她一下。突然间，国王发出了一声恐惧而又痛苦的叫声。因为他一碰自己的女儿，女儿可爱的小脸就变成了闪闪发光的金子，她的眼睛看不见了，嘴唇不能亲他，她的小胳膊也抱不紧他。她不再是一个活泼可爱、笑意盈盈的小姑娘，她已经变成了一座小型的金子雕像。

　　迈达斯国王低下了头，悲伤地抽泣着。

　　"你快乐吗，迈达斯国王？"他听到一个声音这样问他。抬头一看，那个陌生人就站在自己的身边。

　　"快乐？你怎么会这么问？我是世界上最痛苦的人！"国王说。

　　"你会点金术呀，"陌生人说，"那还不够吗？"

　　迈达斯国王没有抬头也没有回答。

　　"你到底想要什么，是食物和一杯水，还是这些金块？"陌生人问道。

　　迈达斯国王回答不出。

　　"你到底要什么，国王——是一尊金子雕像，还是一个会跑会笑又爱你的小女儿？"

　　"哦，我要我的小金玛丽，我愿意放弃我所有的金子！"国王说，"我已经失去了所有值得拥有的东西。"

　　"你变得比以前明智了，迈达斯国王，"陌生人说，"去花园旁边的河里取些水洒在任何你希望变回原样的东西上。"陌生人说完就消失了。

　　迈达斯国王跳起来跑到河边。他跳进河水中，舀了一罐水又匆忙赶回了宫殿。他把水洒遍金玛丽的全身。这时，金玛丽的脸颊又恢复了生机。她再次睁开了眼睛。"怎么了，父亲？"她问道。"发生了什么事？"

　　迈达斯国王开心地叫了起来，连忙把女儿拥入怀中。

　　从此以后，除了太阳金色的光线和小金玛丽头发所焕发出的金色的光泽之外，迈达斯国王再也不在意什么金子了。

狐狸和乌鸦

——伊索

很大程度上来说，虚荣是一个有关自我控制，或者缺乏自我控制的问题。别人可能会试图满足我们的虚荣心，但是只有我们自己才是能够控制自我的人。

从前，一只黑色的乌鸦偷了一块肉。它逃到一棵树上，把肉衔在了嘴里。

一只狐狸看见了乌鸦，想吃那块肉。它抬头看着乌鸦说：

"你长得可真漂亮呀，我的朋友！你的羽毛比鸽子的还要美丽。你的外表那么美丽，声音一定也很动听吧？如果是那样的话，你一定是鸟中的皇后了。"

乌鸦听了狐狸的夸奖非常开心，它张开嘴巴准备展示自己的歌喉，这时，那块肉掉了下来。

狐狸叼了肉逃走了。

海滩上的克努特国王

——根据詹姆士·鲍尔德温原著改写

克努特二世，英国的第一位丹麦籍国王，于11世纪统治英国。在下面这个著名的故事里，我们可以发现他是一个非常懂得控制自满情绪的人。这个故事也给所有期望成为政治官员的人上了很好的一课。

很久以前，英国的统治者名叫克努特。正如很多领导者和有权力的人那样，克努特总是被赞扬他的人们所包围着。每当他走进一间房子，阿谀奉承之声便不绝于耳。

"您是有史以来最伟大的人！"有人这样说。

"哦，国王，没有人比您更加强大！"有人坚持说。

"陛下，没什么事是您做不成的！"有人笑着说。

"克努特大帝，您是所有帝王之首，"另一个人说道，"在这个世界上，没有什么人敢不服从您。"

克努特国王是个理智的人，他逐渐厌倦了听到这些愚蠢的言论。

有一天，他正在海岸上散步，官员和臣子们跟随着他，一如既往地奉承他。克努特国王决定给他们个教训。

"你们说我是世界上最伟大的人，对吗？"他问道。

"哦，国王，"他们叫道，"没有人比您更加强大，以后也不会有人比得上您，决不会！"

"你们也说过没有谁敢反抗我对吗？"克努特国王问道。

"千真万确！"他们说，"世界在您面前低头，对您俯首称臣。"

"我懂了，"国王回答道，"如果真是那样的话，把我的椅子拿过来，我们到海里去。"

"遵命，陛下！"他们争抢着把国王的椅子搬到了海边。

　　"再靠近海一点，"克努特号令道，"就放在那里，放在海水边。"他坐了下来，开始观察面前的海洋。"就要涨潮了。如果我发令的话，你们认为潮水会停止吗？"

　　官员们迷惑了，他们不敢说。"尽管发令吧，伟大的国王，它会服从的。"有一个官员这样说着，来使国王安心。

　　"好的，大海，"克努特叫道，"我命令你不要再前进！海浪，不要再继续翻滚！海浪，停止打旋！不要触碰我的双脚！"

　　"你怎么敢这样！"克努特喊道，"大海，不要再前进了！我已经命令你在我面前撤退，现在你必须服从！回去！"

　　又一波浪潮冲向前，在国王的脚边打旋，它们以这样的方式回答了国王的命令。潮水一如既往地涌了过来，越涨越高。

　　漫到了国王的椅子，他的脚湿了，王袍也湿了。官员们站在他身边，吓得要命，不知道他是不是疯了。

　　"好了，朋友们，"克努特说道，"看起来，我的权力并没有你们所期望的那么大。今天你们应该学到了些东西。现在你们也许会记住，拥有无限权力的只有一个国王，正是他统治着海洋，把大海握在他的手心里。我希望你们把赞美收起来留给他。"

　　官员和臣子们低下了头，看起来傻极了。有人说从那以后克努特取下了王冠，再也没有戴过。

奥斯曼底斯

　　　　　　　　　　　　　　　　　　——珀西·比希·雪莱

　　奥斯曼底斯是古埃及国王拉美西斯二世的希腊名字，他于公元前1290～前1223年在位。他因为组织建造了诸多宏伟建筑而闻名。在底比斯西部他的陵墓的广场上，矗立着一座为他所刻的巨型石雕头像。古希腊历史学家狄奥多罗斯描述的一座悼念的庙宇上面题着的几行字像极了雪莱的诗篇。只要铭记奥斯曼底斯的故事，我们就能控制我们的虚荣心，特别是当我们爬上成功的阶梯时。这首诗和克努特国王的故事形成了鲜明的对比。

> 我曾遇到一位旅行者，从古老的地域而来，
> 他说：有两只孤零零的巨大石腿
> 在荒漠上耸立……附近半埋着
> 一个残缺的头像，
> 眉头紧锁，嘴唇干瘪，
> 威严中透着冷酷和藐视一切的风采，
> 展现了雕塑者入微的观察。
> 还留在这些僵硬的东西上的
> 是艺术家的手法和帝王的思想。
> 雕像的石基上还残留着依稀可辨的字迹：
> "我是奥斯曼底斯，王中之王，
> 看看我的业绩，众暴君皆黯然失色！"

如今，一切已荡然消亡，

环绕着这巨大的遗迹，

只有孤寂的平沙伸向无边的远方。

法厄同

——根据托马斯·布尔芬奇原著改编

约瑟夫·康拉德说，年轻的感觉就是"经久永远，比大海、地球和人类都长久"，经历过年轻的我们都知道：不知什么原因，年轻人不能够意识到青春无敌其实是一种错觉。这里是奥维德讲述的一个伟大的故事。故事描述了年轻人的轻率，并且提醒我们：父母谨慎的调教是有必要的。

法厄同是太阳神阿波罗和美丽女子克丽曼的儿子。有一天，一个同学嘲笑他是神的儿子，法厄同又恼又羞地跑来见母亲。

"如果我的确是天神所生的，"他说，"请给我一些证据吧。"

"你自己去问你的父亲吧！"克丽曼回答，"这并不难办到，因为太阳神居住的地方离我们并不远。"

满怀着希望和骄傲，法厄同向日出的地方出发了。太阳的宫殿伫立在许多高大宏伟的廊柱上，镶满了金子和宝石，闪闪发光。天花板是由抛光的象牙制成的，而门是银子做的。在墙上，伍尔坎精心雕铸了地球、大海、天空与他们的居民。海里有仙女，一些在浪花中嬉戏，一些骑在鱼背上，而其他人则坐在岩石上晒干她们的海绿色的头发。地球有自己的神分管城镇、森林、河流及乡村。最上面雕刻着辉煌的天堂，在银门上是12个黄道的标志，每扇门上刻有6个。

克丽曼的儿子攀登上了陡峭的山崖，进入了他父亲的大厅。他走向太阳神的寝室，但是在远处就停了下来，因为灼热的光使他难以忍受。太阳神穿着紫色的袍子，坐在宝座上。因为镶着钻石而闪闪发光。在他的左右两侧，每隔一定的间隔，站着"日"、"月"、"年"还有"小时"。"春天"站在那儿，头上戴着加冕的花；"夏天"把衣服搁在一边，戴着用成熟的谷类的叶片做成的花冠；"秋天"的脚上粘着葡萄汁；而冰冷的"冬天"，她的头发因为披着霜而变硬了。

太阳神被这些仆人围绕着，双眼能看到世间的一切，他看见年轻人因为景色的新奇和光彩夺目而晕眩。

"你来这里干什么？"他问道。

"啊，大千世界的光源，"年轻人回答，"我恳求你，给我一些我的确是你的儿子的证据。"

听他说完后，父亲将头上的光环放到一边，命令年轻人上前来。

"你是我的儿子。"他拥抱着他说，"你母亲告诉你的一切都是真的。为了让你不再怀疑，说说你想要什么，我就会给你什么。我可以让水流湍急的冥河作为见证人，这是我们神最庄严的起誓。"

很多次法厄同看着太阳神驰骋过天空，他梦想驾驶他父亲的战车，策飞马沿着神圣的天路奔驰。现在他意识到他的梦是可以实现的。

"我希望替代你的位置一天,父亲!"他立刻喊道,"只要一天,我想要驾着你的战车给世界带去光明!"

太阳神立刻意识到他的诺言有多么愚蠢,他摇摇他光芒四射的头以示警告。"我说得太轻率了。"他说,"这将是我唯一不能答应你的请求,并且我恳求你收回它。你要求了一些不适合你的年龄和力量的事情,我的孩子。你的一部分是凡人,你要求了凡人能力以外的东西。由于你的无知,你才会渴望做甚至其他神都不会要求做的事情。除了我,无人可以驾驭燃烧着的代表日的战车。就连能够用右臂的强大力量投掷雷电的朱庇特也不会去尝试。

"旅程的第一部分十分陡峭。"太阳神继续说,"以至于清晨精神抖擞的马几乎都不能攀登。中间的那部分把我带向高处的天堂,向下看的时候连我都会感到惊慌,地球和海在我身下延展。最后一部分迅速下降,需要最小心地驾驶。特提斯——海神的妻子等待着迎接我,经常为我焦虑,以免我摔了个倒栽葱。此外,天堂一直带着星星们旋转。我必须一直保持警惕,以免向前横扫其他一切东西的这种运动把我也冲走。

"假定我借给你战车,你会做什么?当天球在你脚下旋转时,你还能继续沿着你的路线前进吗?或许你认为途中有森林和城市,神的住所,以及宫殿和庙宇。恰恰相反,你将奔驰于可怕的怪物之中。你经过金牛的角,它的前面是射手,它靠着狮子的下巴,在那里还有天蝎向一处伸展着手臂,巨蟹向另一处伸展着腿。你也会发现驾驭那些嘴和鼻孔冒火的马不是容易的。当它们想挣脱缰绳时,我也几乎不能驾驭它们。

"注意,我的儿子,为了不要让我成为送给你致命礼物的罪人,在还来得及的时候请收回你的请求。你想要你和我一脉相承的证明吗?我对你的担心就是证据。看我的脸——我希望你能看到我的心,在那儿你将看见一个父亲对儿子的关心。

"看看你的四周,你可以索要地球或者大海的任何财物。只要你要求,你就能拥有它!但是我恳求你放弃先前的要求。它是破坏,并非荣誉。如果你非要坚持,我就不得不答应。我发了誓,就必须遵守。但是我希望你有更明智的选择。"

他说完了,但是他的警告没有用,法厄同坚持他的要求。由于他竭尽全力坚持他的想法,太阳神最后把他引领到了放置崇高战车的地方。

它的车轮是金做的,它的轮辐是银做的。沿着轭的每种宝石都反射着太阳的光芒。当男孩满心钦佩地注视着战车时,黎明的光芒打开了东方紫色的门,展现出撒满玫瑰的道路。

当太阳神看见地球开始发热、月亮准备休息时,就吩咐"小时"套马。他们服从命令,从高高的马厩里牵出战马,用丰富的美味珍肴好好地喂了它们。然后太阳用有魔力的液体擦了他儿子的脸,让他能忍受火焰的亮度。他把光芒王冠放在他的头上,叹着气。

"如果你坚决要求这么做。"他说,"至少要留意我的建议。尽量少挥鞭子,紧紧握住缰绳。马不需要鞭策,但是你必须有力气勒住它们。不要走穿过天堂的五个圈的那条直路,应该向左拐弯。避开极北和极南的区域,在中间行走。你会看见能引导你的车迹。天空和地球都需要适合他们的热量,因此不要走得太高,否则会烧坏天堂的建筑;也不要走得太低,地球会着火的。中间的路才是最好最安全的。

"现在,我把你托付给命运之神,我希望他会做出比你自己更好的安排。夜晚即将离开西门,我们不能再延误了。拿上缰绳,或者听我的忠告,让我给世界带去光明,你就待在这儿,安全地看着,这样就更好了。"

但是就在他还在讲话时,男孩就跳进了战车,直直地站着,高兴地抓住了缰绳,对极不情愿的父亲道谢。马喷着鼻息,不耐烦地跺着地。栅栏放倒了,刹那间宇宙无限的平原敞露在他们面前。他们飞奔向前，穿过云，迎着东风疾驰而去。

马很快意识到他们拉的负荷比往常轻。就像没有压舱物的船在海上倾斜翻滚，战车像是空的一样四处猛晃。马朝前飞奔，离开了原来的道路。法厄同开始惊慌。他不知道把缰绳转向何方，即使他知道，他也没有力量拉动。就这样，大熊（星座）和小熊（星座）生平第一次感到酷热难当，如果有可能的话他们宁愿跳进水中。巨蛇（星座）本来盘绕在杆子上，在天堂的极冷的地方慵懒无害地待着，现在因为变得太热也在愤怒地翻腾。

浑身不自在的法厄同低头看看他下面广阔延伸的地球，顿时脸色苍白，两膝恐惧地发抖。尽管光闪耀在他的周围，他的眼睛却模糊了。他希望他从未碰过他父亲的马。他就像一个舵手，除了祈祷没有任何办法驾驶一艘在风暴中航行的船。天堂的路已有很多在他身后了，但有更多仍然横在前面。他发现自己头昏目眩，更不知道是抓住还是放开缰绳。他忘记了马的名字。他一看见散布在天堂的恐怖的影像就害怕。例如天蝎，两只大爪伸在前面，有毒的尾巴向后伸展。法厄同再也没有勇气了，缰绳从他的手上掉落下来。

当马感觉到背上缰绳松掉后，就猛冲向天空中未知的区域。它们在星星中奔跑，把战车猛拉到没有道路的地方，一会儿冲向高处的天堂，一会儿又几乎奔到了地球。月亮惊讶地看着她的兄长的战车在她自己的下面奔跑。云开始冒烟，山顶起了火。农田因为热浪而枯萎，即将丰收的庄稼消失在火光中。城市和它的城墙、塔楼都毁灭了，整个国家化为灰烬。

法厄同看着四处是火的世界，感受到了无法忍受的热度。空气就像快要爆炸的炉膛，充满烟灰。战车发出白热的光，不断从一个方向转到另一个方向。森林变成沙漠，河床干涸，大地爆裂开。大海缩小了，即将变成干涸的平原。海王星三次试图把自己的脑袋伸到海面上，但又三次被火似的热驱赶回来。

这时，地球在冒蒸汽的水中间，用手遮着脸，看着天堂，用颤抖的声音呼喊着朱庇特。

"啊，神的统治者。"她哭着说，"如果我应该受到这种对待，也应该是你的意愿让我死于火海，为什么不用你的雷电呢？至少可以让我在你的手下倒下。这是对我肥沃的报酬吗？是因为我给牛饲料，给人水果，给你的祭坛焚香吗？那我的兄弟大海做了什么，竟落得如此下场？看看你自己的天空，立柱都冒烟，如果它们倒塌，你的宫殿将倒塌。如果大海、地球和天堂都毁灭了，我们将陷入古老的混乱之中。救救那些还没被烧毁的东西吧！好好想想，把我们带离这糟糕的一刻！"

由于燥热与饥饿难当，地球说不动了。但是朱庇特听到了她的话，看到如果他不赶快帮忙的话，一切都将毁灭。他登上天堂最高的塔——他经常在那里把云撒在世界上——投掷强有力的雷。他挥舞手里的闪电，朝战车扔去。战车立即爆炸了。发狂的马挣脱了缰绳，车轮被炸得粉碎，残骸散落在星星间。

而法厄同的头发着火，像一颗流星一样坠落下去。他在离开天空之前早就死了。一个河神接住了他，为他冷却了燃烧着的骨架。

乔治·华盛顿的礼仪规范

19世纪末，人们在弗吉尼亚佛尔蒙山上的乔治·华盛顿的种植园发现了一本笔记本，题为"写作的形式"。笔记从1745年便开始有记录了，当时乔治大约14岁，在弗吉尼亚州的弗雷德里克斯堡上学。透过笔记中乔治的笔迹，我们看到了一个生活在18世纪的年轻人是如何培养良好品格的。笔记记录了大约110条"谈话的礼仪规范"。历史研究表明，年轻时代的乔治很可能是从一部更古老的法语文献的1664年版的英译本中抄下来这些规范的。其中大多数规范作为现代人的操行守则仍然具有积极意义。如果说这些准则使美国第一任总统受益匪浅的话，它们也能使其他人受益。下面是乔治·华盛顿的54条"礼仪规范"。

1.待人接物须心怀恭敬。

2.跟其他人讲话时，不要只发出仅让自己听见的嗡嗡声，不用手指敲打东西，或用脚踢什么东西。

3.其他人讲话时你不插嘴，其他人站着时你不坐下，其他人停下时你不走动。

4.不背对他人，尤其是在与人交谈时；不在他人阅读或者书写时摇动桌子；不靠在他人身上。

5.不做奉承者，不要和不喜欢与别人玩耍的人玩。

6.和别人在一起时，不要阅读书籍、信函和报纸；当你有必要做上述事情时，也一定要请求离开。没有事先得到允许，不要走近或翻看他人的书籍和信函；当他人写信时，也不凑近看。

7.保持令人愉快的表情，但在重大的事情上要严肃。

8.即使对你的对手也不要幸灾乐祸。

9.即使地位尊贵的人或者政府要员，在其年轻时，也应该尊重在年龄和其他品质等与其相当的人。

10.让别人先开口，特别当他人的职位高于我们时，我们决不应该首先开口。

11.与人谈话要简明扼要。

12.不在探病时像医生一样大谈病人的病情。

13.写信谈话时，根据对方身份地位给予不同的称谓。

14.不与长辈争辩，要用谦逊的态度向他人陈述自己的观点。

15.保证不公然教导与你从事同一领域并获得相似成就的人。这是傲慢自大的表现。

16.当一个人全力投入时，即使没有成功，也不应对其加以责备。

17.向他人提出建议或批评时，应该考虑公开还是私下进行，选择合适的时间和方式。此外，批评别人时态度要和蔼，不要表现出愤怒。

18.谈论重要话题时不开玩笑；如果你讲了一些诙谐幽默的话，不要自己一个人在一边笑。

19.当责备他人时，先审视自己是否有可责备之处，因为树立一个好的榜样远比责骂更重要。

20.不要用训斥的口吻对他人说话，也不要诅咒和辱骂他人。

21.不要轻易相信贬低他人的流言。

22.穿着端庄自然，打扮并不是为了得到他人的赞美。在穿着上与周围人保持同步。

穿着文明的适合时宜的衣服。

23.不炫耀，不要总是看自己修饰得是否好，鞋子是否合适，袜子是否整洁，衣服是否帅气。

24.如果你看重自己的名声的话，一定要和品德高尚的人交往。与其和品质恶劣的人交往，不如一个人独处。

25.说话不刻薄，不嫉妒他人，因为这是一种温顺的、值得称赞的性格；在处理与情感交织的事情时，记得要保持理智。

26.不要不怀好意地鼓动朋友去发现他人的秘密。

27.在与成年人和学者交谈时，不要谈及低级或肤浅的事情。也不要在无知者中提出很难的问题，谈论一些深奥的话题或者让人难以置信的事情。

28.在开心的时候或者餐桌上不要说死亡或者受伤之类的悲伤事情；有人提及时，如果你可以的话，尽量转移话题。不要把你的梦想告诉你亲密的朋友之外的人。

29.当没人乐意听时，不要说笑话。任何情况下都不要高声大笑。即使有原因也不嘲笑他人的不幸。

30.不以言语伤害他人，无论说的是玩笑还是实话。任何场合都不嘲笑他人。

31.不鲁莽冲撞，待人应礼貌友好；做第一个行礼、聆听和回答的人，在该发话时不沉默不语。

32.不诋毁他人，也不过度赞美他人。

33.不去你不知道自己是否受欢迎的地方。不随意向人提建议；有人向你征求意见时，要简短地说出来。

34.当有两方争论时，不要不假思索就随便加入任何一方；不固执己见，在无关紧要的事情上随大流。

35.不责备他人的缺点。只有父母、长辈和上级可以这样做。

36.不盯着他人身上的污迹看，并问他们是怎么来的。只跟朋友说的悄悄话不要在他人面前讲。

37.不说其他人听不懂的话，用你平时的语言，学着像一个有教养的人而不是粗俗的人那样说话。怀着崇高的心处理严肃的事情。

38.说话前先思考。发音清楚，语速适中，说话清晰有条理。

39.别人说话时注意聆听，不要打扰其他听众。如果发言者有些语塞，在他没有要求帮忙时，不要插嘴，直到发言结束前不要打断他。

40.在适合的时候谈事情，不在他人面前窃窃私语。

41.不要乐于比较；如果有同伴因为勇敢的行为受到表扬，不要以同样的话称赞另一个人。

42.没有知道事实真相的时候，不要轻易传播。在讲述你听说的事情时，不要总是说出你是听谁讲的。不要试图探听别人的秘密。

43.不对他人的事情好奇，也不接近正在谈论隐私的人。

44.量力而为，信守诺言。

45.传达信息时，不要感情用事或者轻举妄动，不管听者多么令人讨厌。

46.当长辈与人谈话时，只做聆听者，不要插嘴或嬉笑。

47.在争论过程中不应为说服对方而不让其陈述自己的观点。服从大多数人的判断，特别是裁判对争论的判定。

48.讲话不冗长乏味，不脱离主题，不重复相同的话题。

49.不在人后议论，因为那不是公正的。

50.无论发生什么，都不在餐桌上发怒；即使是有原因的，也不在用餐时有生气的表现；带着令人愉快的面容，特别是有陌生人在场时，良好的气氛能助人开胃。

51.不坐在餐桌的主座上；但是如果是你应该坐那个位置，或者房子的主人希望你坐在那儿，不要过于推辞，以免给他人带来不快。

52.当你谈到上帝时，保持严肃、尊重和敬爱，并尊从你的父母。

53.让你的娱乐有意义而不罪恶。

54.为了心中那称作良心的圣火不灭而努力。

招聘男孩

—— 弗兰克·克兰

这是本世纪早期的一则招聘启事。

兹招聘男孩一名：

他站得正，坐得直，行动直接，讲话爽快；

他指甲里没有脏东西，耳朵干净，鞋子擦亮，衣服整齐，头发梳得好，牙齿保护得好；

别人对他讲话时，他仔细倾听；他如果不明白就提问题，不问与他无关的问题；

他行动迅速且尽量少弄出噪音；

他可以在大街上吹口哨，但是不在应该保持安静的地方吹口哨；

他看起来很快乐，随时对人抱以微笑，从不愠怒；

他对每个男人礼貌，尊重每一位妇女和女孩；

他不吸香烟并且也不想学会；

他更渴望知道怎样说好英语，而不是用俚语交谈；

他从不欺侮其他男孩，也不允许其他男孩欺侮他；

当他不知道某件事时就说："我不知道。"当他犯错误时就说："对不起。"当他被要求做事时就说："我会试试的。"

他说话时正视你的眼睛，从不说假话；

他渴望读好书；

他宁愿在基督教青年会馆度过他的余暇时间，也不愿在后屋里赌博；

他不想以自作聪明或者以小聪明的方式吸引别人的注意；

他宁愿失业或者被学校开除，也不愿说谎或者成为恶棍；

其他男孩都喜欢他；

有女孩子在身边时他也能不受拘束；

他不为自己遗憾，也不会永远只考虑自己，谈论自己；

他对他的妈妈友善，跟妈妈比跟其他任何人都亲密；

当他来访时，你会感觉很舒服；

他不伪善，他不是自以为是的人，也不是个小伪君子，他就是一个健康、快乐、充满活力的男孩。

哪里都需要这个男孩。家庭需要他，学校需要他，公司需要他，男孩们需要他，女孩们需要他，全世界都需要他。

太阳神的牛

——安德鲁·兰格改写

富裕时期要求一种自律,艰难时期则要求另一些自律的品质。艰苦时期,人们趋于忽视社会和道德标准。《荷马史诗·奥德赛》中,奥德修斯(尤利西斯)手下的船员就缺乏渡过难关所需的自我控制力。

船破浪穿过锡拉岩礁的岩石和卡律布迪斯漩涡间海水咆哮的狭窄地带,进入广阔的大海。而此时船员都已身心疲惫,伏在桨上,渴求休息。

现在,一个可以休息的地方似乎近在咫尺了,因为船的前方出现了一个美丽的小岛,船员们好像都能够听到绵羊和奶牛在畜舍栏中的叫声。但是尤利西斯记起,在死神的土地上,盲人先知的鬼魂告诫他一件事:如果他的船员杀死并吃了在神圣岛屿上的太阳神的牛的话,他们所有人将会全部灭亡。所以尤利西斯告诉他的船员这个预言,吩咐他们划过小岛。欧律洛克斯听了很愤怒,说船员们已经很疲劳了,已经无力划船前行了,我们必须登上小岛,吃晚饭,然后在岸边美美地睡上一觉。听完欧律洛克斯说的,所有船员喊叫起来,声称今夜他们不会再前进。而尤利西斯又无法强迫他们继续前行,他只能让他们发誓不要碰太阳神的牛。船员们欣然发誓,因此他们就登上小岛,吃晚饭,睡觉。

夜里天空中刮起了风,顿时浓云密布,封住了海面和天空。整整一个月,疯狂的南风将波浪狠狠地摔打在海岸上。没有任何船只敢在这次暴风雨中冒险出行。与此同时,船员们已经吃光了船上储存的所有食物,喝完了所有的酒,因此他们不得已去捕捉海鸟和鱼,但是因为海浪依然疯狂地打击岸边的岩石,捉到手的猎物很少。尤利西斯独自一人来到岛的顶峰,向神祈祷。这时他发现一个躲避风雨的地方,然后他就在这里睡着了。

欧律洛克斯抓住尤利西斯不在的机会命令船员捕捉和宰杀太阳神神圣的牛群。当尤利西斯醒时,他们已经做完了这一切。尤利西斯回到船边的时候,闻到了烤肉的味道,知道发生了什么事情。他指责那些船员,但是牛已经死去,他们吃了六天才把牛肉吃完。这时风暴停息了,太阳升起来了,他们升起帆离开了小岛。但是他们最终还是受到了惩罚。当小岛离开他们的视线的时候,强大的雷雨云笼罩在他们的头顶上方,风吹断了桅杆,刚好压在舵手的头上,闪电击中船中央。狂风将船员卷入大海,他们的头冒出海面,就像是鸬鹚在海浪中漂浮。

尤利西斯紧紧地抓着绳索,当船稳定的时候,他走在甲板上,一个大浪将能卷起的东西全部带走,使得船舷与船身脱离。尤利西斯抓住仅有的时间用绳子将断了的桅杆绑在船身上,然后坐在船筏上,双脚浸在水里。

这时南风又开始了强势攻击,将小船筏击退到一块岩石下方,而这里是卡律布迪斯的漩涡。在这里尤利西斯差点被淹没,幸好他抓住了长在岩石上的一棵无花果树的树根,他吊在那里,脚尖抵着碎石,直到漩涡再度升起,带起木筏散落的木条。尤利西斯掉到了木条上,他坐在上面,用手划水前行,最终大风把他吹到了一个小岛的斜坡上。

大卫王和拔示巴

——耶西·莱曼·赫尔 伯特改写

在所有恶习中，人们发现贪欲是最难控制的。《圣经·撒母耳记》(下)中大卫和拔示巴的故事讲述的就是这个道理。

当大卫做上大王的时候，他带领着军队攻打以色列敌人。但是突然有一刻他对自己的王国忧心忡忡，于是留下他的大将约押带领着勇士们作战，而他自己回到了耶路撒冷的宫殿里。

一天傍晚，大约日落时分，大卫王在宫殿的屋顶上来回走，低头向附近的花园看去，看到一个十分美丽的女子。大卫王询问他的仆人那女子是谁？仆人告诉他："她的名字叫拔示巴，是乌利亚的妻子。"

乌利亚是大卫王军队的一名军官，是约押的部下。那个时候，乌利亚正在约旦东面沙漠附近的拉巴和亚扪人作战。

大卫王派人召来乌利亚的妻子拔示巴，并和她交谈。他喜欢她，非常希望将她娶过来成为自己众多妻子中的一个——因为在那个时候，一个男子有几个妻子并不被认为是不合情理之事。但是大卫王不能娶拔示巴，因为她的丈夫乌利亚还活着。这时一个邪恶的想法闪过大卫王的脑海，他想到一个计划将乌利亚杀死，这样他就可以将拔示巴接到自己的房子里。

大卫王给军队指挥官约押写了封信，信中他说："当有与亚扪的战争的时候，就将乌利亚派到战争最为激烈的地方，然后设法将他一个人留在那里，这样他就会被亚扪人杀死。"

约押执行了大卫王的命令。他将乌利亚和几位勇士派遣到城墙附近的一个地方，那里敌人容易出城攻击他们。城墙边发生了激烈的战斗，乌利亚和其他几个勇士都被杀害了。约押派一个信使向大卫王通报战争是如何进行的，尤其是他英勇的将领之一乌利亚是如何在格斗中被杀害的。

大卫王听到这些后，对信使说："你和约押说，不要为在战场上失去了的战士们伤心。刀剑下肯定会有人牺牲的。继续围城，向前压进，城池就会被我们占领。"

拔示巴一度为丈夫的死感到哀痛，之后，大卫王就将她接到自己的宫殿里，她成为了他的王妃。很快，他们的小孩出生了，大卫王很爱这个孩子。只有约押、大卫王本人，或许还有其他几个人知道是大卫王造成了乌利亚的牺牲；但其实上帝也知道这件事情，上帝为大卫王邪恶的做法感到很不高兴。

后来上帝派了一个叫内森的预言者去告诉大卫王，尽管人们不知道他的邪恶行为，但是上帝看到了，上帝一定会惩罚他的。因此内森来到大卫王那里，对他说：

"在一个城市里有两个人，一个富有，一个贫穷。富人有很多的牛羊，但是穷人只有一只他买来的小羊羔。小羊羔在他的家里和他的孩子们一起成长，喝他杯子里的水，躺在他的腿上，就像是他的一个小女儿。

"一天一个游客到富人家吃饭。富人没有杀他自己的羊来款待这位客人。反倒是抢了穷人的小羊羔，杀掉后煮成晚餐招待客人。"

大卫王听了这些，非常生气。他对内森说："做这种事情的人死罪难逃。富人应该给他的穷人邻居四只小羊羔。如此对待穷人是多么残忍，绝不能同情！"

内森对大卫王说："你就是这样一个人。上帝让你在索尔这个地方做大王，给你王国。你有雄伟的房子和很多王妃。那么，为什么你要在上帝的眼皮底下做出如此邪恶的事情呢？你借亚扪人的剑将乌利亚杀害，夺走他的妻子。为了偿还你的罪行，将会有一把剑刺

向你的房屋；你应该承受这一切，你的王妃们也将受罪，你的孩子们也要受罪，因为你做了这样邪恶的事。"

大卫王听了这些，他意识到了他是那样的邪恶，以前他却从没发现。他感到很是愧疚，于是对内森说："我触犯了上帝。"

大卫王对自己犯下的罪行表现得是那样的悲痛，于是内森对他说："上帝已经原谅了你的罪行，你将不会因为此事而被处以死刑。但是乌利亚妻子给你生的孩子必须死。"

不久，大卫王和拔示巴的孩子，大卫王深爱着的那个孩子，生病了。大卫王为孩子的生命向上帝祈祷。大卫王不吃不喝，面朝着地板痛苦地趴着。宫殿的贵族们都来了，劝他起来吃点东西，但他是不会听他们的话的。7天过去了，孩子的病情越来越严重，大卫王依然在悲痛中。接着孩子死了，贵族们不敢告诉大卫王，他们说："孩子活着的时候，大卫王就那样的悲痛了，一旦知道孩子死了，他将会怎样呢？"

但是大卫王看到人们带着悲哀的表情相互耳语，就问："孩子是不是已经死了？"

他们说："是的，大王，孩子已经死了。"

于是大卫王站了起来，洗了脸，穿上了皇袍。他先去了上帝的房间，拜了拜；然后来到自己的房间，坐在桌边吃东西。他的仆人们很是惊讶，但是大卫王对他们说："当孩子还活着的时候，我为他斋戒、祈祷、流泪，因为我希望向上帝祈祷，再加上上帝的仁慈，会挽救回孩子的生命。既然现在孩子死了，我的祈祷已经不能为他做什么了。我不可能让他复活。他不会再回来，而是我应该去他那里。"

后来，上帝给了大卫王和他的王妃拔示巴另外一个孩子，他们给他取名为所罗门。上帝很喜欢所罗门，他渐渐长大，成为一个充满智慧的人。

上帝原谅了大卫王的罪大恶极，之后大卫王写下了第五十一篇赞美诗，忏悔他的罪行，颂扬上帝的恩泽。诗的一些章节如下：

> 哦上帝，宽恕我吧，
> 用你爱的仁慈；
> 用你那无穷的温柔的宽容
> 抹去我的罪恶。
> 彻底地洗去我为人的不公，
> 净化我的罪恶。
> 因为我深知自己的罪行：
> 而它将永远存在。
> 我对你，就是对你犯下了罪，
> 当着你的面作出了罪恶的事情：
> ……
> 求你掩面不看我的罪，
> 请抹去我为人的所有的不公。
> 哦，上帝，为我塑造一颗洁净的心灵，
> 赐予我公正的灵魂吧。
> 不要让我远离你，
> 不要夺走我圣洁的灵魂。
> 让我重新感受被你救赎的喜悦，
> 给我自由的灵魂。
> 那么我会告诉那些犯错的人你是如此仁慈，

罪人都将会信仰你。

……

因为祭品不是你最想要的，否则我会祭拜你：

燔祭，并不能让你快乐。

悔改的灵魂才是对上帝的供奉，

哦！上帝，你在乎的是一颗悔改了的深感懊悔的心。

巨大的野心

——威廉·莎士比亚

　　莎士比亚在《麦克白》一剧中描写了没有节制的野心。场景是在麦克白尼斯湖口城堡的庭院里，麦克白和他的夫人正预谋杀害苏格兰国王邓肯，篡夺王位。就像麦克白自己说的那样，他这样做是害死自己的客人和亲人，谋取他的王位，然而即便这样也不能抑制他无法控制的野心。麦克白还在挣扎着是否这样做时，麦克白夫人在一旁煽风点火，要她的丈夫"鼓起他全部的勇气"。由此我们可以看到，要执行他们的计划，需要一定的自我控制力，只是，这是错误的自制，因为它完全受了巨大的野心的驱使。

　　麦克白：要是干了以后就结束的话，

那就快一点干；如果这次暗杀能够如愿以偿，

就可以攫取美满的结果，排除一切的后患；

要是这一刀砍下去就可以终结

这人世上、这时间大海的浅滩上的一切，

那么我也就顾不上来生了。

可是在这种事情上我们往往逃不过现世的审判；

我们树立下血的榜样，

教会别人杀人，

结果反而自己被别人所杀；

把毒药投入酒杯里的人，结果也会自己饮鸩而死，

这就是公平的报应。

他到这儿来是因为对我有双重信任：

第一，我是他的亲戚，是他的臣民，

按照这双重名分我绝对不能干这种伤天害理的事；

第二，他是我的主人，我应该保证他的安全，

怎么可以自己持刀行刺？

此外，这个邓肯秉性仁慈，

处理国政从来没有过失，

要是把他杀死了，

他生前的美德，

将会像天使一样吹响号角，

向世人昭告我的弑君重罪；

"怜悯"会像乘风而行的新生儿，
或像驾驭马车的天婴，
把这可憎的行为揭露在众人眼前，
使眼泪淹没叹息。
我根本不想实现自己的意图，
可是我跃跃欲试的野心，
却不顾一切地驱使着我冒这天下之大不韪。

(麦克白夫人上)

麦克白：啊！什么消息？

麦克白夫人：他快要吃好了。你为什么从大厅里跑了出来？

麦克白：他有没有问起我？

麦克白夫人：难道你不知道吗？

麦克白：这件事就到此为止吧！
他最近给了我极大的荣誉；
我也好不容易从众人那里得到了无上的美誉，
我的名声现在正如日中天，
不能这么快就把它丢弃。

麦克白夫人：难道你曾沉浸其中的愿望只是醉后的妄想吗？
它一直在休眠吗？
现在它醒来了，追悔自己曾经的放荡，
而吓得脸色这样苍白吗？
从这一刻起我要把你的爱情看做同样靠不住的东西。
你不敢让你在行为和勇气上跟你的欲望一致吗？
你宁愿像一只畏首畏尾的小猫，
顾全你视为生命的表面的奢华，
而不惜活得像一个懦夫，
让"我不敢"永远跟随在"我想要"的后面吗？

麦克白：求求你，不要说了！
只要是男子汉做的事，我都敢做，
没有人比我胆量更大。

麦克白夫人：那么当初是什么原因
使你把这企图告诉我的呢？
是男子汉就应当敢作敢为。
要是你敢做以前不敢做的事，
那才更是一个非一般男子汉。
那时候，无论时间和地点都不曾给你下手的方便，
可是你却居然决意要实现你的愿望；
现在你有了大好机会，
天时地利，一切都很适合，
你又失去勇气了。
我曾经给婴孩喂过奶，
知道

一个母亲是怎样恋爱自己的子女的。
不过要是我也像你一样，
曾经发下这样的毒誓，
我会在它看着我的脸微笑的时候，
从他的柔软的嫩嘴里拔出我的乳头，
把他的脑袋砸碎。

麦克白：假如我们失败了怎么办？

麦克白夫人：我们失败？
只要你鼓起全部勇气，
我们决不会失败！
邓肯赶了这一天辛苦的路程，
一定睡得很熟；
我再去陪他那两个侍卫饮酒作乐，
把他们灌醉。
等他们烂醉如泥、像死猪一样睡去以后，
我们不就可以把那毫无防卫的邓肯随意摆布了吗？
我们不是可以把这一件重大的谋杀罪案，
推在他的酒醉的侍卫身上吗？

麦克白：愿你所生育的全是男孩子，
因为你的无畏的精神，
只应该造就一些刚强的男性。
要是我们在那两个睡在他寝室里的侍卫身上涂抹一些血迹，
而且就用他们的刀子杀死邓肯，
人家会不会相信真是他们干下的事？

麦克白夫人：等他的死讯传出以后，我们就假意装出号啕痛哭的样子，
这样还有谁敢不相信？

麦克白：我的决心已定，
我要全力以赴去干这惊人的举动。
去，用最美妙的外表欺骗人们的耳目，
奸诈的心必须罩上虚伪的笑脸。

（退场）

一个人究竟要拥有多少土地？

——列夫·托尔斯泰

　　这个由列夫·托尔斯泰(1828～1910)创作的故事，写于1886年，他的基本动机就是要告诉我们：我们必需控制自己的欲望。

　　从前有个农夫，他叫帕霍姆，他辛勤又尽心地工作，可他没有自己的土地，所以他像其他农民一样穷。"农夫从孩童时期到入土一直在忙碌着。"他经常想，"可是死的时候

却依然没有任何自己的财产，就像活着的时候一样。要是我们有自己的土地，一切就不一样了。"

就在那时，在帕霍姆生活的村庄附近住着一个妇人，是一个拥有不算很多土地的地主，她大概有300英亩的地产。一个冬天，有消息传出那位妇人准备出售她的土地。帕霍姆听说他的一个邻居准备买下50英亩的土地，那个妇人同意先收取一半的现金，另一半可以在一年后支付。

"瞧瞧。"帕霍姆想，"那地都要准备卖了，可我却连一点都得不到。"他对他的妻子说："其他人都买了些地，我们也应当买个20英亩。没有自己的土地的话日子就没法过啊。"

所以他们商量着，看看怎样才能买地。他们有100卢布的存款。他们卖了一匹小马，一半他们养殖的蜜蜂，让其中一个儿子出外做苦力，农夫又提前拿了自己的工资。其他的钱就向他们的一个妹夫借，就这样他们凑了一半的钱。做完这些，帕霍姆选了一块40英亩的地，上面还有一小片树林。他去找了那位妇人，买下了那块地。

所以现在帕霍姆有了自己的土地。他向人借了种子，播种，收成很好。一年内他就还清了欠妇人和妹夫的钱。因此他成为了一个地主，播种、耕作自己的土地，在自己的土地上收割干草，坎自己的树，在自己的草场上饲养牛。每当他出去耕自己的地，或者看着自己成长中的稻谷，或者看着自己的草地时，他的心就会充满喜悦。那块地上长出的草，开出的花，在他看来和其他任何地上长出来的都不一样。以前他也会路过这块地，它看起来和其他土地没什么两样，但是现在它在他的眼里是那样的不同。

有一天，帕霍姆在家坐着，一个农民路过那个村庄，正好顺便拜访了帕霍姆。帕霍姆问他从哪里来，那个陌生人回答道，他来自比伏尔加河更遥远的地方，他曾在那里工作。一句接着一句，那个人说到在那里有很多土地要出售，很多人都为了买地搬向那里。他说那土地很棒，种在上面的黑麦长的像马一样高，又粗又密，镰刀砍五下才能割下一束。他说有个农夫没带任何东西去，除了他的双手，现在他拥有6匹马和两头母牛了。

帕霍姆的心充斥着渴望。"如果一个人能在其他地方生活得那样好的话，我又为什么要在这狭窄的小地方受苦受难呢？我要卖掉我这里的土地和家园，带上钱，我要在那片土地重新开始，一切都会是全新的。"他想。

所以帕霍姆卖了他的地和家，还有牲畜，赚了一笔，他把家搬到了新的定居地。农民告诉他的一切都是真的，帕霍姆比之前富裕了10倍。他买了许多耕地和牧场，他可以随心所欲地饲养尽可能多的牲畜。

刚开始，帕霍姆忙碌于建房和定居，倒是满心欢喜的，可是当他习惯这一切时他开始觉得即便是这里也不能够满足他了。他希望种植更多的小麦，可是他没有足够多的土地达成目的，所以他租了3年额外的土地。每一季的收成都很好，农作物长得不错，因此他开始存钱。他可以继续安乐地生活，但是他厌倦了每年都要向他人租用土地，还必须拼凑着付账。

帕霍姆想："要是都是我自己的土地，我就会不受约束，也不会有这一切的不愉快了。"

有一天，一个路过的土地经销商说他刚从遥远的巴什基尔回来，在那里他买了13000英亩的土地，一共只花了很少的钱。

"你要做的就是和那里的首领搞好关系。"他说，"我给了他们大概价值100卢布的晨衣和地毯，除了一盒茶叶之外，我还给那些喜欢喝酒的首领一些酒，结果我得到了土地，每英亩不到两便士。"

"那么，"帕霍姆想，"在那里我可以得到相当于现在10倍的土地。我一定要去试试。"所以帕霍姆留下他的家人照看家园，带着他的仆人踏上了旅程。路上他们在一个城镇上停

了下来，买了一盒茶叶，一些酒，还有其他的礼物，就像那个商人建议的一样。他们一直走，直到走出了300英里，第七天他们到了一个地方，那里巴什基尔人搭帐篷居住。

他们一看到帕霍姆就从帐篷里出来了，围着他们的来访者。他们请他喝茶还有马奶酒，杀了一头羊，用羊肉招待他。帕霍姆从车里拿出礼物分发给他们，并且告诉他们他是为了土地而来。巴什基尔人很高兴，告诉他必须和他们的首领讲这件事情。所以他们叫来了首领，跟他解释为什么帕霍姆会来这里。

首领听了一会儿，然后用头示意让他们安静，对帕霍姆说道：

"好吧，就这样吧。我们有的是土地，随便挑选一块你喜欢的吧。"

"那价钱呢？"帕霍姆问。

"我们的价钱一直这样：1000卢布一天。"

帕霍姆不太明白。"一天？用什么来衡量呢？有多少英亩？"

"我们不知道怎样计算。"首领说，"我们按天出售。一天之内尽你所能地走，圈下的土地就是你的了，价格是一天1000卢布。"

帕霍姆诧异了。

"但是一天之内你能走一大片广阔的土地啊。"他说。

首领笑了。

"那它就都是你的了！"他说。"但是有个条件：要是你不能在同一天回到你出发地的话，你的钱就没有了。"

"那我怎么才能标记我所走过的路呢？"

"哎呀，我们会去你看上的任何一个地点，并待在那里。你必须从那里出发圈你的地，随身带个铁锹。在任何一个你认为必要的地方做一个标记。在每个转角都凿一个洞，并且把草皮堆起来；然后我们会带着犁沿着一个个洞走。你可以尽可能将圈画大，只要你喜欢，但是在太阳落山前你必须回到你出发的地方。那么你走过的地方都将是你的。"

帕霍姆很是欣喜。他决定明天早点出发。他们交谈了一会儿，再喝了一些马奶酒，吃了一些羊肉，接着又喝了茶，夜就降临了。他们给了帕霍姆一张羽毛铺的床用来睡觉，晚上巴什基尔人各自回家，允诺第二天早上黎明的时候就集合，在日出前到达指定的地点。

帕霍姆躺在羽毛床上，但是怎么也睡不着。他一直在想着那片土地。

"我将划出一片多么广阔的土地啊！"他想。"我可以很容易地在一天内走35英里。现在昼长了，在一个35英里的圈里该有多少土地啊！我要把相对贫瘠的土地卖掉，或者租给农民们，给自己留最好的地，在上面耕种。我要买两个牛队，再雇佣两个劳力。大概划出35英亩的地作为耕地，其他的就用来放牧。"

四处望望，透过开着的门，他看见黎明到来了。

"现在该叫醒他们了。"他想，"我们应该出发了。"

他起床，叫醒他的仆人(他睡在了车里)，吩咐他上好马具。他们就出发去叫那些巴什基尔人了。

"现在该去大草原量土地了。"他说。

巴什基尔人起身集合，首领也来了。接着他们又开始喝起了马奶酒，给帕霍姆一些茶水，但是他已经等不及了。

"要是准备出发的话，那就动身吧。现在正是时候。"他说。

巴什基尔人准备好了，所有的人都出发了：一些人骑马，一些人坐车。帕霍姆和他的仆人驾着他自己的小马车，随身带着一个铁锹。他们到达大草原的时候，早晨的红已经开始燃起了。他们登上一个小丘，走下他们的马车和马，聚集在了一个地方。首领走向帕霍姆，伸开他的手臂指向草原。

"看见没？"他说，"所有这些，你眼睛所能看到的地方都是我们的。你可以拥有任何一块你想要的地方。"

帕霍姆的眼睛都放光了：这些都是未开垦的处女地啊，像人的手掌一样平坦，像罂粟的籽儿一样黑，在山谷里各种各样的草长得有胸口那么高。

首领摘下狐狸皮帽，将它放在地上说道：

"这个就是标记。就从这儿开始，再回到这儿。所有你圈出的地将都是你的。"

帕霍姆拿出钱放在帽子上。然后脱下外套，穿着无袖上衣。他解开腰带，将它紧紧系在腰上，在胸口放了一小包面包，将一瓶水系在腰带上，他整整靴子的上端，从仆人那里接过铁锹，站着准备出发。他想了会儿最好走哪条路——每一处都那么诱人。

"没问题。"他决定，"我将朝太阳升起的地方去。"

他将脸转向东方，伸展下身子，等待太阳出现在地平线上。

"我一定不能浪费时间。"他想，"天气凉快的时候走更容易些。"

太阳的光线刚刚闪耀在帕霍姆面前的地平线上，他就扛起铁锹，走向大草原。

帕霍姆开始走了，既不慢也不快。在走了1000码以后他停下了，挖了一个洞，将草皮一块块地堆起来，让它们更显眼些。他继续走，既然已经消除了僵硬感，他就加快了脚步。过了一会儿他又挖了第二个洞。

帕霍姆朝后看看。在阳光底下能清楚地看见小丘，上面有人，还有马车轮上闪闪发光的轮胎。粗粗地估计下，帕霍姆推断他已经走了3英里了。天开始热了；他脱下他的上衣，将它搭在肩上，继续向前走。现在天气相当热了；他看看太阳，该是早饭的时间了。

"转了第一个弯，一天内要转四次，现在转弯太早了。我正好脱掉我的靴子吧。"他自言自语道。

他坐下，脱下靴子，把它们系在腰带上，继续前进。现在走起来容易多了。

"我要再走3英里。"他想，"然后左转。这个地方太棒了，不要它将会是个遗憾。走得越远，这地看起来就越好。"

他径直走了一会儿，他四处看的时候，发现小丘几乎看不见了，上面的人看起来就像黑蚂蚁，他只能看到在太阳下那里有什么东西在闪光。

"啊。"帕霍姆想，"朝这个方向我已经走得够远了，现在该转弯了。而且我流了很多汗，也很渴。"

他停下，挖了一个大洞，堆起草皮。然后解开瓶子，喝了口水，接着猛地左转。他走啊走，草很高，天气非常热了。

帕霍姆开始越来越累。他看看太阳，已经是正午了。

"好吧。"他想，"我一定要休息会儿。"

他坐下，吃了些面包，喝了几口水。可是他没有躺下，心想要是躺下了他可能会睡着。坐了一小会儿以后，他又继续赶路。刚开始他走得很轻松：食物给他补充了体力，但是现在天气热得恐怖，他感到困了。他继续走，心想："受一小时的苦，享用终身。"

在这个方向他也走了很长的路，又该左转了，可是他发现了一个潮湿的山谷，"放弃这个山谷将会是个遗憾。"他想，"亚麻在那里将会长得很好。"所以他走过了山谷，在它的另一面挖了一个洞，然后才转弯。帕霍姆朝小丘看看。热浪使空气朦胧，小丘看起来似乎在颤抖，透过薄雾小丘上的人几乎看不见了。

"啊！"帕霍姆想，"之前我走过的每个边都太长了；我得让这条边短些。"他沿着第三条边走，加快了步伐。他看看太阳：太阳已经开始落下地平线，可是第三条边走了

还不到两英里。他离目的地还有 10 英里的路。

"不，"他想，"现在我必须沿着直线赶紧回去，尽管这样我的土地有一边会倾向一方。或许我走得太远了，可是这样我将拥有一大片的土地。"

帕霍姆抓紧时间挖了个洞，径直转向了小丘的方向。

帕霍姆朝小丘直直走去，可是现在他走得很困难。由于天气太热，他很疲惫，他光着的脚也擦伤了，他的腿也站不起来了。他渴望休息一下，可是要是他打算在日落前赶回去的话，休息是不可能的了。时间不等人，太阳越落越低。

"哦，天啊，"他想，"要是我不那么贪心就好了！要是我赶不到那里该怎么办呢？"

他朝小丘看看，又看看太阳。他离目的地依然很远，太阳已经接近地平线了。

帕霍姆继续走啊走，步伐非常艰难，可是他越走越快。他尽全力走，可是离目的地还是好远。他开始跑，扔掉了外套、靴子、瓶子，还有他的帽子，只留下了铁锹，他把它当做支撑物。

"我该怎么办。"他又一次想，"我拿得太多了，却毁了整件事。在太阳落山前我是到不了那儿了。"

这种恐惧使他更加喘不过气来了。帕霍姆继续跑，湿透的衬衫和裤子粘着他，他的嘴巴干坏了。他的胸部就像铁匠的风箱那样工作，他的心像锤子一样敲打，他的腿累垮了，就像不是他的一样。帕霍姆突然感觉到很可怕，唯恐自己会因过度疲劳而死掉。

尽管害怕死去，他还是不能停。"在跑了那么多路之后停下的话他们会说我是个傻瓜。"他想。他跑啊跑，越来越近，听到了那些巴什基尔人向他又叫又喊，他们的喊声更燃烧了他的心。他汇聚了自己最后的力量，继续向前跑。

太阳快落下地平线了，薄雾中它看起来很大，并且像血一样红。现在，是的，就是现在，它就要落下去了！太阳落得很低了，他也很接近他的目标了。帕霍姆已经可以看见小丘上的人们向他挥动手臂让他加快脚步。他能够看见地上的狐狸皮帽，还有上面的钱，首领坐在地上捧腹大笑。

"那儿有许多土地。"他想，"可是上帝会让我在上面生活吗？我失去了我的生活，我失去我的生活！我不会到达那个地方了！"

帕霍姆看看太阳，已经落到了地平面；一边已经消失在地平线以下了。用他所剩的所有力气帕霍姆奋力向前冲，他向前弯曲身子，腿几乎不能跟上上半身，就快摔下去了。就在他到达小丘的时候天突然暗了。他抬头看——太阳已经落山了！他哭喊着："我所有的劳动都付之东流了。"他想，他正打算停下来，突然听见那些巴什基尔人仍然在喊，记起对他来说，从下面看太阳似乎已经落下去了，他们在小丘上依然可以看见它。他深深地吸了一口气，向着小丘跑去。那里天还是亮的。他到达了丘顶，看到了帽子。在帽子前面坐着捧腹大笑的首领。帕霍姆大叫一声：他的腿一弯，他倒了下去，手勾到了帽子。

"啊，好家伙！"首领惊叫，"他得到了好多土地！"

帕霍姆的仆人跑上来，试图举起他，但是他看见他的嘴里流出血来。帕霍姆死了！

巴什基尔人遗憾地咂咂舌头。

仆人捡起铁锹，挖了一个足够长的坟墓让帕霍姆躺进去，将他埋葬了。从他的头到脚一共 6 英尺的土地就是他需要的一切。

泰伦斯，你这家伙真蠢

——A.E.霍斯曼

　　阿尔弗雷德·爱德华·霍斯曼(1859～1936)以其夸张的讽刺告诫人们要准备好面对一个
"不那么糟，却也不怎么好的世界"。用酗酒之类逃避现实的做法来面对这样一个世界，最终
得到的只不过是一种幻象(第二节中提到的"特林区的波顿酒厂"是英国的酿造中心)。霍斯
曼说，最佳的方法是"防患于未然"，这样才能使自己足够坚强，来应对生活中可能遭遇的
种种不公。他把密斯里达王作为一个典型加以介绍，密斯里达王是亚洲的古本都国的君主，
他每天都服用少量的毒药，以此来使自己对毒药产生免疫能力。这首诗有点玩世不恭，不过
其中还是蕴涵了不少真理。我们必须不断演练，让自己振作起来，应对生活中的各种可能。

　　　　　　"泰伦斯，你这家伙真蠢：
　　　　　　你吃起饭来可真快；
　　　　　　不会错，摆明了的，
　　　　　　看你喝啤酒的样子就知道了。
　　　　　　可是老天呀，你做的诗，
　　　　　　听了叫人肚子痛。
　　　　　　那头老母牛已经死了，
　　　　　　那长了犄角的头，倒能安稳的睡，
　　　　　　现在就轮到可怜的我们了，
　　　　　　要来听这折磨死老牛的诗。
　　　　　　真够朋友啊！做这种诗
　　　　　　使你的朋友们心情忧郁，
　　　　　　几欲发疯甚至英年早逝：
　　　　　　来，哼个曲子跳舞吧，伙伴。"

　　　　　　怎么了？要是你要跳舞，
　　　　　　有比诗歌更轻快的调子。
　　　　　　你说，啤酒花藤栽培场是什么意思？
　　　　　　波顿酒厂为什么要盖在特林区？
　　　　　　啊，许多英格兰贵族能酿造出
　　　　　　带劲的烈酒，远胜过缪斯女神，
　　　　　　麦酒比弥尔顿更能
　　　　　　阐明上帝是如何对待世人的。
　　　　　　啤酒，大伙，啤酒这东西
　　　　　　是给那些一动脑筋就头痛的人喝的：
　　　　　　盯着酒杯
　　　　　　只能看到歪曲的世界。
　　　　　　确实，酒醉时很愉快，
　　　　　　可悲的是醉不了多久。
　　　　　　我也去过拉德洛集市

领带都不知掉哪去了，
喝了好几斤的拉德洛啤酒，
被人扛到家附近：
那时候看到的世界真不错，
我自己也成了一个不错的小伙。
我昏睡在可爱的垃圾中，
开开心心直到酒醒。
于是我看到了清晨的天空。
唉，那些只不过是一场梦，
世界还是老样子，
我还是我，浑身湿透，
事到如今也没有别的事可做了，
只有从头再玩一遍。

这个世界没那么糟，
却也不怎么好，
只要日月还在轮转，
运气总是偶然的，而倒霉则是必然的。
我宁愿像个智者那样面对世界，
防患于未然。
的确，我卖的东西
没有啤酒这么带劲。
但那是我从刺手的荆棘中得来的，
在令人疲倦的境况中将它榨取出来的。
还是尝尝吧，虽然它带着酸味，
在痛苦的时候品尝味道更美。
它一定对你的心智有益，
当你的灵魂处境与我相同。
在黑暗阴沉的日子里，
我或许会成为你的朋友。

从前东方有位国王，
在那儿，国王们用膳时，
全都不假思索就吃下毒肉，喝下毒酒，
直到酒足饭饱。
这位国王在充满毒素的土地上，
搜集所有有毒的东西；
起初只吃一点儿，逐渐吃得越来越多，
他尝遍了所有致命的毒物。
人们举杯祝愿国王身体健康，国王端坐，
精神舒畅，面带微笑。
有人在他的肉里下砒霜，
惊愕地看着他吃得津津有味；

第一章 自律

有人把毒药投进他的酒杯，

颤抖地看他把酒饮尽。

人们惊恐万状，睁大了眼睛，面如死灰，

他们反而被自己下的毒害死。

我说的这个故事是我从别人那听来的，

这位国王就是密斯里达王，他的寿命很长很长。

柏拉图论自律

——选自《高尔吉亚》

　　从学术上看，柏拉图的著作《高尔吉亚》的主题似乎是谈论如何正确使用修辞。然而，就像所有的柏拉图主义的对话录一样，其真正的目的是告知人们该如何生活。在这个故事里，卡里克利斯认为过上好生活意味着无论什么时候你想要什么，就能有什么，想要多少就有多少，他大胆断言"其实其他人也都这么想，只是不愿意说出来"。简而言之，富人和名人的生活才是真正幸福的生活。苏格拉底反驳卡里克利斯，用了一个"漏水的木桶"的生动形象的比喻，暗指放纵的灵魂。他坚持认为生活秩序井然的人才是唯一真正幸福的人，是唯一能够过上好生活的人。

　　苏格拉底：每个人都是自己的主宰；或许你认为人没有必要管制自己，只需要统治别人，是不是？

　　卡里克利斯：你说自己管制自己是什么意思？

　　苏格拉底：可以这样简单解释：就是通常所说的，一个人应该有节制并且掌控好自己，控制好自己的喜怒哀乐。

　　卡里克利斯：你是多么无知！你指那些傻瓜——那些有节制的人？

　　苏格拉底：当然，任何人都知道那就是我的想法。

　　卡里克利斯：就是这样，苏格拉底。他们确实是傻瓜，因为如果一个人奴役于任何事物，他又怎么能幸福？相反，我明白地告诉你，真正活着的人，应当最大限度地张扬自己的欲望，不要压抑它们；当欲望膨胀到极点时，他要有勇气和智慧来满足它们，满足自己所有的渴望。我断言，这就是天赋的正义和高尚。然而，大多数的人都不能得到这样的生活；他们谴责强人是因为他们对自己的软弱感到羞愧，想以此来掩藏自己的软弱，因此他们说放纵是可耻的。正如我先前所说的那样，他们束缚高尚的天性，不能满足自己的快感，因为自己的怯懦而颂扬所谓的节制和公正。打个比方，如果一个人生来就是国王的儿子，或者他有能力得到帝权、政权或者君权，让他这样一个本可以自由享受生活、人生一帆风顺的人受制于习俗、理性或者他人的意见，难道还有什么比这更加可耻和罪恶的吗？他不应该处于这样一个痛苦的境地，正义和节欲的名声让他不能给朋友比给敌人的恩惠更多，尽管他是城邦的统治者。不，苏格拉底，你曾说过应该信仰真理，而真理是这样的：如果奢侈，放纵和特许是合法得来的，那么他们就是优点，就是幸福——其他的都不值一提，那些违背天性的所谓的公约，都只是人们愚蠢的说法，毫无价值可言。

　　苏格拉底：卡里克利斯，在辩论的时候你提到了有种崇高的自由。你认为你所说的

53

就是世界上其他人所想的，只是他们不愿意说出来。我必须请求你坚持你的观点，那么人类生活的真正的准则就会得到明示。那么，告诉我你有没有说过，合理成长的人应当是这样的：他的情感不应该受到控制，我们应该让它们增长到极限并以某种方法来满足它们，这就是美德？

卡里克利斯：是的，我说过。

苏格拉底：那么那些毫无欲望的人就不是真正幸福的人？

卡里克利斯：是的，要是那样的话，石头和死人就是最幸福的了。

苏格拉底：但肯定的是，你所谓的生活糟透了……下面我说个故事作为比喻，你看看你能在多大程度上接受它代表节欲和放纵这两种生活：从前有两个人，他们都有许多木桶。其中一个人的木桶装得满满的，一个桶里装着酒，一个装着蜂蜜，一个装着牛奶，剩下的装了其他的液体。那里的溪流很小，那个人很辛苦很困难才能取到溪水，但是一旦他的木桶都满了，他就不需要再往里头装水了，不必再为它们烦恼和担忧。另一个人，同样地可以取到溪水，当然也是费了好大的力气，可是他的桶是漏的，他必须夜以继日地往里头灌水，如果他停一下，就会在痛苦中挣扎。这就是他们各自的生活：现在，你还会说放纵的生活比节欲的生活更幸福吗？我还是没能说服你事实正好相反吗？

卡里克利斯：你还是不能使我信服，苏格拉底，因为那个得到自我满足的人已经不再有乐趣了。正如我刚才所说的，这是一种石头般乏味的生活；一旦装满后既没有喜悦也没有悲哀，可是快乐取决于还有多少空间可以装填。

苏格拉底：但是你往里头灌注的越多，浪费就越大。而且这些洞也会越变越大。

卡里克利斯：当然。

苏格拉底：你现在描述的生活不是死人的生活，也不是石头般乏味的生活，而是一个贪婪者的生活。你的意思是他必须不断地感到饥饿，不停地吃下去，是吗？

卡里克利斯：是的。

苏格拉底：他必须不断地感到干渴，不停地喝水，是吗？

卡里克利斯：是的，我就是这个意思。他必须拥有自己该有的一切欲望，而且能够在欲望满足的过程中得到幸福……

苏格拉底：那么，听我概述这个辩论：令人愉快的就是好的吗？两者并不一样。卡里克利斯和我都赞成那个说法。为了好的才去追求令人愉快的吗？还是说为了令人愉快的才去追求好的？人们是为了好的才去追求令人愉快的。因为令人愉快的事物的存在我们才感到愉快，因为有美好事物的存在我们才感到美好。固然是如此的。只要在我们和美好的事物中存在一些美德，我们就是好的，那些美好事物就是好的。卡里克利斯，那是我所深信的。但是每一样事物的美德，无论是肉体还是心灵，器具还是生物，都是以最佳的方式被赋予的，并不是偶然获得的，而是他们被赋予的秩序、真理和艺术相互作用的结果。难道我说的不对吗？我坚信我是正确的。世间万物的美德不都是秩序和安排的结果吗？当然是。事物本身具有的合理秩序就是使它变美好的原因。这就是我的观点。难道不是生活秩序井然的人优于那些生活无序的人吗？当然是。人有了秩序生活就秩序井然吗？当然。秩序井然就有节制了吗？确实如此。有节制的人就是好吗？我无法给出其他答案，亲爱的卡里克利斯，你有吗？

卡里克利斯：继续，我的朋友！

苏格拉底：那么我继续补充，如果有节制的心灵是美好的，那么与此相反的心灵，即愚蠢的、放纵的就是丑恶的。这非常合理。无论是对神灵还是人类，有节制的人都不做正确的事情吗？当然他会做正确的事情，因为他不做正确的事情他就不是有节制的人了。对他人，他会做正义的事；对上帝，他会做神圣的事；他，做正义以及神圣的事的人，就一定是正义并且神圣的吗？很正确。难道他没有胆量吗？一个有节制的人的职责不是去

从事或避免他不该做的，而是去做他该做的，无论是对事，对人，对快乐还是痛苦，只要是该做的，他都耐心地忍受；所以，卡里克利斯，正如我们所描述的，这个有节制的人，也是公正、勇敢而且神圣的，是个完美的好人，无论他做什么，都会做得适当，做得完美；他做得这么好，就必然会幸福，并且受到祝福。而那些做坏事的邪恶的人是悲惨的：这个后者就是你一直在称赞的——那些放纵而不节制的人。这是我的立场，这些事物我确信是真实的。如果是真实的，我进一步确认渴望快乐的人必须追求并且培养有节制的好习惯，尽快远离放纵；他最好管好自己的生活免得受到惩罚；但是如果是他自己或者是他的朋友，无论是个人还是城邦，需要受到惩罚，以使正义得到伸张，就必须进行审判，他必须受到惩罚，这样他才能得到幸福。在我看来这是一个人应该拥有的目标，一个他与他所在的国家应该全力以赴的目标，这样做，他才能使自己有节制且公正，并且感到快乐，而免受强烈的无节制的欲望的折磨，沉浸在要满足自己的无限渴望之中，而过着强盗般的生活。如此一个人既不是上帝的朋友也不是人类的朋友，因为他无法与人沟通，也无法与人结交。卡里克利斯，我的朋友，哲学家告诉我们，沟通、友谊、秩序、节制和公正把天堂、尘世、神灵和人类连在一起，宇宙因此称为和谐体系或者秩序，而不是无序或者动荡不安。

亚里士多德论自律

——选自《尼各马科伦理学》

亚里士多德告诉我们，我们是我们的行为的总和，因此我们的习惯关系重大。从《尼各马科伦理学》中我们了解到，美德是可以通过不断地练习而获得的，如同掌握任何一门艺术或机械技能一样。那么练习的最佳方法是什么呢？从亚里士多德对"中庸"的解释中我们可以看到他对这个问题的回答。在他看来，在任何情况下，正确的道德行为总是位于两种极端之间的中庸之道。我们应该经常练习如何做到中庸，首先要判断出我们正向何种恶习发展，然后有意识地把自己引向其相反方向，一直到达到两者的中间值为止。

美德分为两种：智力上的和道德上的。智力上的美德可以通过教学一步步地发展起来，因此它需要经验和时间。而道德上的美德则来自于习惯……我们并不是生来就拥有它们，却又不是与我们的天性完全没有关系的。自然赋予了我们接受它们的能力，然后我们通过习惯来发展它们……正如其他艺术课程一样，我们要获取这些美德，首先要练习它们。无论我们学做什么，都是在实际操作中才能真正学会的。比如，人们通过建造才成为建筑者，通过弹竖琴才成为竖琴演奏家。同样的，做出正义的举动，我们才成为正义者；做出自制的行为，我们才成为自制者；做出勇敢的行动，我们才成为勇敢者……

我们如何处理同他人的关系，决定了我们是公正还是偏袒。我们如何面对危急的情况，是只会害怕还是充满必胜的信心，决定了我们是勇敢还是懦弱。贪婪和愤怒的情形也是一样的：有些人在这种情况下可以自制而有耐心地处理，而另外一些人则无法控制自己，意气用事。总之，什么样的行动衍生出什么样的性格气质。因此我们必须为我们的行动赋予一个明确的性质……简而言之，我们从童年就养成的习惯非常重要，甚至可以说是至关重要的。

道德上的美德是两种罪恶——过度和缺乏——之间的中庸之道……其目标是要在感情上和行动上都能达到中庸。因此，要想做到"好"是很难的，因为很明显的，要在任何情

况下，都能找到中庸之道是很困难的，正如要找出一个圆的中心总是不容易的。而发怒或是挥霍金钱却是容易的——每个人都能做到。但是要做到在恰当的时间，以恰当的方式和恰当的理由，对他人做出恰当的举动，而且还要严格地把握住恰当的分寸——这一点并不容易，并不是每个人都能做到的。

因此，对于那些想保持中庸的人来说，其首要任务是远离两个极端之中与中间值背离更远的那一端……因为在两个极端中，总有一端比另一端更为谬误。既然要保持中庸很难，我们就应该退而求其次，将罪恶最少的作为我们最保险的计划……

我们还应该注意那些我们自然而然就会犯的错误。它们因人而异，在这些错误给我们带来喜或悲之后，我们才会意识到它们的存在。在发现这些错误之后，我们必须强制自己向其相反方向发展。因为我们如果想要做到中庸，就必须要远离自己的那些过失，这就好像我们要将一根弯曲的木头扳直一样。但是，在所有情况中，我们要特别注意警惕那些给我们带来愉悦的东西以及愉悦本身，因为我们对它往往无法做出不偏不倚的判断……

那么道理就很清楚了：在我们所有的行为中，中庸之道是最受人称道的状态了。但在实际情况中，我们有时稍微偏向过度，有时稍微偏向缺乏，因为这是我们能保持中庸，做出正确行为的最轻松方式。

走向生活

—— 塞缪尔·朗费罗

走向生活吧，哦！地球母亲的孩子，
依然留恋你神圣的出生，
你在这里不是为了享乐或者犯错的，
而是为了赢得男子汉崇高的王冠。

尽管情感的火在你的灵魂中燃烧，
你的精神却可以控制它们的火焰。
尽管诱惑很大程度上阻碍了你前进的道路，
你的精神比它们的更为强大。
告别青春的单纯无知，
变成纯洁的、真真正正的青年；
上帝的天使依然在你的身边保护你，
上帝本身也确实会帮助那些勇敢的人。

那么走向生活吧，哦！地球母亲的孩子，
不要让你神圣的出生变得不值，
你是为了崇高的贡献才在这里的；
帮助你的兄弟姐妹，尊敬你的上帝！

第二章

同 情

　　正如当有人处于危难时，我们就会自然而然地生出勇气一样，当其他人处于痛苦时，同情也就在我们心中油然而生了。同情是一种美德，是认真对待别人（他们的内心生活、情感以及处境）的美德。同情总是表现在与处于困境或痛苦中的人做伴，为他分忧，并支持他的积极态度。

　　同情心根植于人类的本性之中。大卫·休姆曾说："仁慈无论多么小，都会悄悄潜入我们的心中，它们包含着人类最初的友善的因素，闪烁着人类原始的友爱的火花。这些温和的微粒进入人体，逐渐成了人的天性，随之而来的还有狼和蛇的成分。"与他同时代的让·雅各·卢梭附和说："同情是人的天性，通过调节个人心中对自我的狂热感情，进而对整个人类的生存有益。正是有了这种感情才使我们毫不犹豫地去帮助那些处于困难之中的人。"

　　令人高兴的是，这个18世纪的观点现在已经深入人心。20世纪的人普遍认为婴儿不能区分自己的痛苦和其他人的痛苦。托儿所里一个婴儿哭了，往往其他的孩子都跟着哭起来，于是，由于同情的缘故他们便组成了天然的大合唱。人在婴儿时期，就已经很明显表现出同情的品质，这让我们认识到：我们都在同一条小船里，"为了上帝的荣耀我们前往那里"。

　　因此，同情和道德意识的核心十分接近，即在你的邻居眼里你看到另一个自己。美国哲学家乔西亚·罗伊斯早在100多年前就对这一见解做出令人难忘的表述："那么你的邻居是什么？"他用他那种奇怪而又有些强制性的方式问。然后他做出了回答，从某种程度上说，一个人的邻居"是一种存在状态，是经验、思想、欲望的混合体，正和你一样真实存在……你相信吗？你明白这是什么意思吗？你为他人所做的一切行为的转折点都是针对你自己的。"

　　怎样才能培养儿童同情的品质？关于这点有很多富有教育意义的故事和准则。而且幸运的是，在这里，同情和其他美德一样近似于一种"天然的"性情。我们的主要任务——尽管看起来的确有些艰巨——成人要保护它，不要让仇恨或偏见阻碍了它的自然发展。在这里，一些带有离间性的所谓"某某主义"是主要的障碍：种族主义、性别主义、沙文主义等等。与道德教养的其他方面一样，这里最重要的是持之以恒的榜样力量。对待任何人都不要冷漠和轻视。当受到别人的认真对待时，儿童心里是很清楚的，他们就会效仿这些行为。这也正是我们希望看到的，同时也是危险之所在。

 美德书大全集

对待动物要充满仁慈之心

同情心最先是通过善待世间万物开始的。

> 小宝贝从不给那些
> 有感觉和生命的生物带来痛苦；
> 让温柔的知更鸟来吃
> 你在家里节省下的面包屑，
> 当你把食物抛给它时，
> 它会回报你一首动听的歌；
> 不要伤害从绿色的草窝里
> 向外窥探的胆怯的兔子，
> 让它们在傍晚时分出来，
> 在草地上自由自在地尽情嬉戏；
> 百灵鸟向高空飞去，
> 小小的身体试图穿过云朵的明窗，
> 一边毫不疲倦地扇动翅膀，
> 一边放声高歌，似乎这里永远是春天。
> 啊！让百灵鸟欢快地歌唱，
> 决不要伤害这些温顺的动物。

狮子和老鼠

——伊索

这是最古老、最受人们喜爱的故事之一，讲述的是关于付出善心并获得回报的故事。从这个故事中，我们懂得，无论是强大还是弱小，同情都在发挥它的威力。善良决不是脆弱的美德。

一天，一只大狮子躺在阳光下晒太阳。一只小老鼠从它的爪子边上经过，吵醒了它。大狮子要吃掉小老鼠时，小老鼠哀求说："哦，请放了我吧！总有一天我会报答你的。"狮子嘲笑小老鼠说的话，小老鼠怎么可能帮自己？但它是一只好心肠的狮子，于是便放了小老鼠。

不久后的一天，狮子被一个网套住了。它拼尽全力地拽扯，可是绳子太结实了。于是它高声吼叫，小老鼠听到了喊声，来到它面前。

"不要动，亲爱的狮子，我会救你出来的。我能咬断绳子。"

小老鼠用它锋利的牙齿咬断绳子，救出了狮子。

"你曾经嘲笑我，"小老鼠说，"你认为我太弱小，没有机会帮助你。但是现在，你的性命是一只小老鼠救的。"

爱的阳光

——爱塔·奥斯汀·布雷斯代和玛丽·弗朗西斯·布雷斯代重述

赠予同情就像赠予其他礼物一样，重要的往往是想法本身。

从前有一个叫艾尔莎的小姑娘，她有一位非常老的祖母。老祖母的头发已经全白了，脸上布满皱纹。艾尔莎的父亲在一座小山上有一所大房子。每天阳光从窗户照进来，使所有的物体看起来熠熠发光，漂亮极了。老祖母住在另一侧的房间里，阳光从没有照进过她的房间里。一天，艾尔莎问她的父亲：

"你为什么不让阳光照进祖母的屋子里？我知道祖母喜欢阳光。"

"太阳不能从那边的窗户照进去。"她的父亲回答说。

"那么让我们把房子转个个儿，父亲。"

"房子太大，转不过来。"她父亲回答。

"祖母的屋子里将永远没有阳光，是吗？"艾尔莎问。

"当然不会有，除非你带给她一些阳光。"

从那以后，艾尔莎一直在竭力地想怎样才能把阳光带给她的祖母。当她在田野里玩时，她看到草儿和花儿不停地点头，鸟儿一边轻快地歌唱，一边从这棵树飞到那棵树。所有这一切似乎都在说："我们爱太阳，我们爱明亮温暖的阳光。"

"祖母肯定也喜欢阳光，"小女孩想，"我一定要把阳光带给她。"

一天早上，在自家的花园里，她感到太阳温暖的光线正照射在她的金发上，她坐下来，发现光线照到她的腿上。

"我用裙子盛阳光，"她想，"把阳光带到祖母的房间。"于是她跳起来向房子跑去。

"快看，祖母，看，我带了一些阳光给你。"她喊道。可是当她打开裙子时，却没有看到一缕光线。

"它从你的眼睛里逃走了，孩子，"祖母说，"阳光照进你发亮的金发里，有你和我在一起，我不需要阳光。"

艾尔莎不明白阳光是怎么从她的眼睛里逃走的，但她很高兴她能让祖母快乐。于是每天早上，她都在花园里玩，然后跑向祖母的屋子，把眼睛里和头发上的阳光带给她。

孩子的祈祷

——M. 边沁·爱德华兹

上帝，请把我的生命变成一束光，
有了它世界会更亮，
无论我去哪里，
都像一团火散发着光亮。

上帝，请把我的生命变成一朵小花，
给所有人带来快乐，
虽然它生长的地方小而偏，
却尽情绽放生命的光彩。

上帝，请把我的生命变成一首歌，
去安慰那些悲伤的人，
让他们变得坚强起来，
而这使我异常高兴。

上帝，请把我的生命变成一根拐杖，
让虚弱的人可以靠着休息，
这样，凭着我的健康和强壮，
我就能够最大限度地为周围的人们服务。

宝石和癞蛤蟆

——查尔斯·贝洛重述

这个故事讲了一个古老的道理：和善地与人说话对舌头无害，话语中充满恶意则会招来不幸。

从前有一个妇人，她有两个女儿。大女儿无论相貌还是举止态度都像她，她们娘儿俩既令人讨厌又傲慢无理，没有人和她们合得来。

小女儿长得像她的父亲，心肠好，脾气好，长得很漂亮。正如人总是喜欢和自己相似的人，这个母亲非常喜欢大女儿，非常讨厌小女儿。她让小女儿在厨房里吃饭，一天到晚不停地干活。

每天，这个可怜的小姑娘都不得不出去两次，用罐子到树林里的泉边打水。泉水离家有两英里远。

一天，当小姑娘来到泉边时，一个可怜的妇人走向她，乞求小姑娘让自己喝些水。

"噢，当然，非常乐意，夫人。"这个漂亮的小姑娘回答。小姑娘用罐子舀了一些清凉的泉水，然后举起罐子，这样妇人就可以很方便地喝到水。

妇人喝完水后说："你真是一个漂亮、可爱、善良的小姑娘，我一定要给你一件礼物。"

原来她是一位仙女，变成乡村妇女的样子来看看这个漂亮的小姑娘如何对待她。"我送给你的礼物是——"仙女说道，"凡是从你嘴里说出的字，要么会变成花，要么便会变成珠宝。"

当小姑娘回到家时，她母亲斥责她打水的时间太长。"请原谅我打水时间太长，妈妈。"小姑娘说。在她说这话时，两朵玫瑰、两颗珍珠和两颗巨大的宝石从她的嘴里出来了。

"我看到了什么啊？"她母亲非常惊讶，"我想从她嘴里出来的是珍珠和宝石！这是怎么回事，我的孩子？"这是头一次她把小女孩称为"我的孩子"，也是头一次她这么和善

地对待小女孩。

于是，可怜的小姑娘告诉她母亲在泉水边发生的一切以及那个老妇人的许诺。在她说这话的同时，珍珠和鲜花不断地从她的嘴上落下来。

"这太令人高兴了，"她母亲说，"我一定要派我最亲爱的女儿去泉边。过来，小可爱，看看你妹妹说话时从她嘴里出来的是什么，如果把同样的礼物送给你，亲爱的，你难道不感到高兴吗？你需要做的便是拿着罐子到树林里的泉边。当一个可怜的妇人央求你，讨一杯水喝时，你就给她喝。"

"这样做倒是挺好的，"这个自私的姑娘说，"我不去泉边取水，让她把珠宝给我，她根本不需要珠宝。"

"不，你一定要去，"她母亲说，"你现在就去。"

最后，大女儿去了，抱着家里最漂亮的银制的罐子，一路上一直抱怨个不停。

她刚到泉边就看见一个美丽的仙女从林子里走出来，仙女走到她面前，向她讨要一杯水喝。这位仙女，你肯定知道，就是她妹妹先前遇见的那位仙女，这一次变成一位公主的模样。

"我来这儿可不是为了给你水喝，"这个自负又自私的姑娘回答，"你以为我大老远的带这银罐是打水给你吗？你可以像我这样去泉边打水。"

"你不够礼貌，"仙女说，"既然你无礼又恶毒，我送给你一件礼物：当你说每一个字时，都有癞哈蟆和蛇从你的嘴里出来。"

当这个母亲一看到女儿回来，就叫道："噢，我的女儿，你看见那个好心的仙女了吗？"

"看到了，妈妈。"自负的姑娘回答，当她说这话时，两只癞哈蟆和两条蛇从她的嘴里落下来。

从此之后一直是这样子，小女儿凭着她的善良和好心，因而有珠宝和鲜花源源不断地从她的嘴唇上落下来，而大女儿一说话就会有癞哈蟆和蛇从她的嘴里出来。

老兔子先生的感恩节晚餐

——卡洛琳·莎文·贝莉

似乎每一次都是偶然的，我们在不断地发现一个道理：帮助别人比得到别人帮助更能给我们带来满足。对于第一次发现这个道理的孩子来说，这是他一生中重要的课程之一，其意义超出他个人的范围。

老兔子先生坐在它的矮屋子门口，吃着一根可口多汁的大个儿萝卜。这一天特别寒冷，但老兔子先生用它那条暖和的红色羊毛围巾把脖子围了一圈又一圈，把自己包裹得严严实实，一点也不担心风是否从它的胡须边吹过，或风是否会灌到它的耳朵里。老兔子先生也一直在锻炼身体，这也是它感觉身体暖暖和和的另一个原因。一大早，它便动身了，轻快地走在它门前的褐色小路上，这条路通往农夫杜埃尔的玉米地。这条小路上长满有光泽的红色叶子。老兔子先生在叶子中间费力地走着——叶子不停地绊它的脚，它的背后背着一个大口袋。在玉米地里，它找到两三个杜埃尔农夫遗漏的红穗子的大玉米，放进它的口袋里。再往前走一段，它发现几个紫色的水萝卜和黄色的胡萝卜。它来到果园里，发现好多外皮粗糙的苹果，杜埃尔农夫已经把这些苹果堆放在一起了。老兔子先生又来到谷

仓，进入大门时让自己身体尽量平直一些，从谷仓大门底下挤了进去，把土豆填满口袋，最后，手里拿着两个鸡蛋，它想，这样就可以在晚上搅拌鸡蛋做布丁吃。

于是老兔子先生沿着来时的那条褐色小路回家了，每一次口袋碰到它的背时它都禁不住流口水。一路上也没遇到谁。因为天色还早。

回到小屋，它把口袋倒空，把它的收获在前屋堆放好，玉米放一堆，胡萝卜放一堆，水萝卜放一堆，苹果和土豆放一堆。它打好蛋，和着面粉一起搅拌，又放了很多葡萄干，准备做布丁。它把布丁放在炉子上煮。然后它走到屋外歇一会儿，边吃萝卜边想自己是一个多么聪明能干的老兔子。

老兔子先生坐在它的矮屋前，裹着它的红围巾，嘴里嚼着萝卜，这时候，它听到小路上的红叶子中传来一些声响，原来是比利花栗鼠正往它住的石墙那边走。它走得匆匆忙忙，不停地搓着手，好使手暖和些。

"早上好，比利花栗鼠，"老兔子先生问，"你为什么跑这么快？"

"因为我又冷又饿，"比利花栗鼠回答，"这个冬天将是艰难的，非常艰难的，没有剩下一个苹果。我找了一个早晨也没找到一个。"

比利花栗鼠继续唠叨着，毛都被风吹得竖起来了。

它刚过去，老兔子先生就看见老鼠莫利沿着褐色小路爬过来，尾巴碰着红叶子沙沙响。

"早上好，莫利老鼠。"老兔子先生向它打招呼。

"早上好。"莫利老鼠回答，声音听起来很小、很虚弱。

"你看起来不太高兴。"老兔子先生说着，又咬了一口萝卜。

"我一直在找玉米，"莫利老鼠伤心地尖声说，"但玉米都被收割了，今年冬天将是非常非常艰苦的一个冬天。"

莫利老鼠慢慢地走远了。

不久，老兔子先生听到有动物走近它的房子。这一次是山雀汤姆，蹦蹦跳跳地过来，一路上叽叽喳喳地抱怨个不停。

"早上好，汤姆山雀。"老兔子先生打招呼说。

但是汤姆山雀正被什么事所困扰，以致忘了自己的举止，它一直在埋怨，因为它很冷，又找不到面包屑或浆果或其他什么来吃。它扇动着翅膀来抵御严寒，看起来像一只球。一路走来只听见它说呀说的，抱怨个没完没了。

老兔子先生吃完了萝卜，吃得干干净净一点不剩，连叶子也吃了。然后它走进屋子拨弄一下炉火，看看布丁煮的怎么样了。锅里的水沸腾着，布丁在水里上下翻腾着冒着泡泡，散发出好闻的味道。

老兔子先生看着屋子里堆放的玉米、胡萝卜、水萝卜、苹果和土豆，想出了一个主意。这是一个很有趣的主意，和它以前的想法都不同。它用左后脚挠挠头，边挠边这么想。这个主意太好了，它满意极了。

首先它摘下围巾，然后穿上棉布条纹围裙；它从抽屉里取出红色的桌布铺在桌子上，然后在上面摆放镶着金边的瓷器。这时候布丁已经煮好了，它把布丁取出来，放在桌子中央，布丁散发着甜甜的味道。在布丁周围，老兔子先生摆放了一堆一堆的玉米、胡萝卜、水萝卜、苹果和土豆。

这一切准备好之后，它拿出宴会铃铛，因为很少使用，铃铛已经生锈了。它站在大门口，用力地摇铃，大声地喊：

"宴会已经准备好了，快来，比利花栗鼠，莫利老鼠，汤姆山雀。"

它们全来了，还带来它们的朋友。汤姆山雀带着莱斯提知更鸟，莱斯提因为一只翅膀

第二章 同情

受伤而不能飞往南方过冬；比利花栗鼠带着柴特·奇，柴特·奇是一只瘸腿的松鼠，比利花栗鼠已邀请它和自己同住几个月了；莫利老鼠带来了一位绅士——田鼠，田鼠有着长长的胡须，相貌不凡。它们涌进老兔子先生的家，一看到桌子中央的布丁，便忘了礼仪，全都开始大吃起来。

这下可把老兔子先生忙坏了，忙个不停地招待它们。它把布丁上的葡萄干分给汤姆山雀和莱斯提知更鸟，选了多汁的萝卜给莫利老鼠和它的朋友，把最大的苹果拿给比利花栗鼠。老兔子先生太忙了，根本没有时间坐下来吃饭，但它一点也不在乎。看着它的朋友们在开心地吃，它心里感觉很温馨、很满足。

宴会结束了，桌子上一丁点儿的面包屑也没剩下。汤姆山雀跳到椅子后面叽叽喳喳地说："为老兔子先生的感恩节宴会干杯！"

"好，干杯！"它们异口同声地说。老兔子先生很吃惊，一个星期它都没有明白过来。它真的为朋友做了感恩节晚宴，其实它根本不知道那天就是感恩节。

安德鲁克鲁斯和狮子

——詹姆斯·鲍德温重述

这个古老的故事是寓言《狮子和老鼠》的另一个较复杂的版本。在这个故事里，人的因素被引了进来。它吸引人的地方是尽管安德鲁克鲁斯自己也曾被虐待过，他还是对别人的痛苦表示了同情。站在别人的角度上设身处地地为别人着想，是人类独特的能力。最终，他凭自己的善良获得了自由。

从前在罗马，有一个可怜的奴隶，名叫安德鲁克鲁斯。他的主人是一个残暴的人，残酷地对待他，最后他因无法忍受而逃跑了。

他躲藏在一个树林里很多天，因为找不到食物，身体很虚弱，再加上生病，他想自己会死的。一天他爬进一个山洞，躺下来很快就睡着了。

过了一段时间，一个很大的声响惊醒了他。一只狮子进了洞正在大声地嚎叫。安德鲁克鲁斯非常害怕，他想狮子肯定会吃了他。但是，很快他发现狮子并没有发怒，它走起来一瘸一瘸的，好像脚受伤了。

于是安德鲁克鲁斯变得胆大起来，他握住狮子的爪子察看是怎么回事。狮子一动不动地站着，头摩擦着安德鲁克鲁斯的肩膀，似乎在说："我知道你会帮助我。"

安德鲁克鲁斯抬起狮子的爪子，发现爪子里有一根又长又尖的刺，这让狮子疼痛不已。他用手指抓住刺的末端，用力一拽，把刺拽了出来。狮子非常高兴，像狗一样跳来跳去，不住地舔着它这位新朋友的手和脚。

安德鲁克鲁斯不再害怕了。夜晚来临时，他和狮子挨着躺下睡觉。

这以后有很长一段时间，狮子每天带食物给安德鲁克鲁斯吃，他和狮子成了要好的朋友，他觉得这种生活很幸福。

一天，几个士兵从这儿经过发现了他。他们认出了他，把他抓回了罗马。

按照当时的法律，凡是从主人那里逃跑的奴隶都不得不与饥饿的狮子角斗。因此一头凶猛的狮子被关了起来，在角斗之前不喂给食物。角斗的时间也已定下。

这一天到来时，成千上万的人前来观看角斗比赛。在当时，人们看这种比赛就像今天

的人们观看马戏表演或棒球比赛一样。

门被打开了，安德鲁克鲁斯被带了进来，他能听到狮子的吼叫声，快要被吓死了。他抬起头看到成千上万的面孔，没有人流露出一丝的怜悯。

接着狮子冲了进来，只一跳便到了可怜的奴隶身旁。安德鲁克鲁斯大声呼喊，不是出于恐惧，而是惊喜。因为这正是他的老朋友——洞穴里的那只狮子。那些期望看到人被狮子咬死的观众，对这场面充满好奇。他们看到安德鲁克鲁斯双臂环绕着狮子的脖子，而狮子在他的脚边卧下来，亲昵地舔着他的脚，并把头靠在他的脸上摩擦着，似乎需要他的抚爱。人们不明白这是怎么回事。

过了一会儿，人们要求安德鲁克鲁斯告诉他们这是怎么回事。于是安德鲁克鲁斯站在他们面前，双臂仍环绕着狮子的脖子，述说了他和狮子一起在山洞里生活的经历。

"我是一个人，"他说，"但是没有人把我看做朋友，只有这只可怜的狮子对我好，我们像兄弟一样爱着对方。"

观众并不都那么坏，没有残酷地对待这个可怜的奴隶，"让他活着，给他自由！"他们高喊着，"让他活着，给他自由！"

还有人喊："也释放了狮子，让他们都获得自由！"

因此，安德鲁克鲁斯获得了自由，狮子也归他所有。他们一起在罗马生活了很多年。

拇指姑娘

这个故事是安徒生的《拇指姑娘》的简化版。和寓言《狮子和老鼠》一样，这个故事教育孩子如何培养宽阔的心胸。

从前，有一个小姑娘，个子只有她母亲的拇指那么高，因此人们叫她拇指姑娘。

拇指姑娘并不像你一样睡在雪白的小床上，她的床是半个核桃壳。午后，当她蜷着身子舒舒服服地睡午觉时，她的母亲会用粉红色的玫瑰花瓣当做毯子盖在她身上。拇指姑娘渐渐长大了，能够一个人去她想去的地方，于是一个晴朗的早晨，她出去散步。还没走多远，便听到身后有什么一跳一跳地过来，她转过身，看到一只巨大的绿色蚱蜢。

"你好，拇指姑娘。"蚱蜢向她问好，"现在要不要坐上来兜兜风？"

"当然愿意。"拇指姑娘回答。

"那就跳到我背上。"蚱蜢说。拇指姑娘跳到它的背上，他们便出发了，一蹦一跳、一蹦一跳地在草丛中穿行。拇指姑娘想，这是她最快乐的一次兜风。过了一会儿，蚱蜢停下来让她下来。

"谢谢你，蚱蜢先生。"拇指姑娘说，"你真是太好了。"

"希望你玩得尽兴，"蚱蜢说，"改天我再带你去兜风，再见。"蚱蜢走了，一蹦一跳、一蹦一跳地消失在草丛中。

拇指姑娘又继续散步，来到一条小河边。她站在岸边低头看闪闪发光的流水。一条鱼游了过来。

"你好，拇指姑娘。"鱼儿问候她。

"你好，鱼先生。"她回答说。

"要不要去航海？"小鱼问。

"很想去，"拇指姑娘回答，"可是没有船。"

"等一下。"鱼儿说着，甩了甩尾巴，很快游到水里。不一会儿，它又游回岸边，嘴里叼着一片荷叶的梗。

"跳上荷叶，这可以当做小舟。"

拇指姑娘跳到荷叶上，小心地坐在荷叶中央。

鱼儿叼着荷叶梗，顺着河流游下去。在头顶上，鸟儿在歌唱；河两岸，花儿正争相开放。在荷叶边上，拇指姑娘看到鱼儿们在水里自由自在地游来游去。

他们顺着河航行。最后，鱼儿又把她带回到岸边。

"谢谢你，鱼先生。"拇指姑娘上岸后说，"这是最快乐的一次旅行。"

"我很高兴你喜欢我带你旅行，拇指姑娘，再见。"

鱼儿游走了，拇指姑娘转身往家走。这时，老鼠太太走过来。

"你好，拇指姑娘，"她说，"你愿意到我家看看我的孩子们吗？"

"当然愿意。"拇指姑娘高兴地拍拍手。

老鼠太太的家在地下很深的地方，拇指姑娘爬过漆黑漫长的地道，来到老鼠太太和它的孩子居住的舒适的家。他们在地道里跑来跑去，拇指姑娘闻到一股老鼠太太带回家的干豌豆的味道。

"我想我得回家了，"拇指姑娘终于说，"我妈妈一定在想我去哪儿了呢。"于是她对老鼠一家人说了再见就回家了。

拇指姑娘在田野的小路上还没走多远，就听见"叽叽叽"的微弱的声音，她顺着声音一看，看到在她旁边的草丛里有一只小鸟，小鸟的眼睛闭着，像是生病了。

"你怎么了，小鸟？"拇指姑娘问。

"噢，我的爪子上有一根刺，很疼。"

"让我看看，"拇指姑娘说，"也许我能帮你。"

她仔细地看了看，发现在这只可怜的小鸟的爪子上有根刺。她伸出小手，尽可能温柔地把刺拔了出来，然后她取了一些清水，把小鸟受伤的爪子洗了洗，小鸟感觉好多了，于是睁开了眼睛。

"原来是你呀，拇指姑娘。"它说。

"你怎么知道我的名字呢？"拇指姑娘有些惊讶。

"这很好解释，我的巢就在你窗外的树上，我经常听见你妈妈叫你。这儿离你的家不远吧？"

"是的，我正匆匆忙忙往家赶呢，恰巧发现了你。"拇指姑娘说。

小鸟说："如果你爬到我的背上，我将把你带回家，比你自己跑要快得多。"

于是拇指姑娘爬到小鸟的背上。

"紧紧地抓住我。"小鸟说。然后它展开翅膀，轻快地飞过了树梢。他们飞得是那样高，有时候是在云中穿行，飞得那样快，拇指姑娘几乎无法呼吸，但不管怎么说，拇指姑娘依然认为这是一次很奇妙的旅行，而且一点也不害怕。很快小鸟就落在拇指姑娘房间的窗台上，她从小鸟的背上爬下来，谢过小鸟。她要去找她的妈妈，告诉她这一天她所经历的所有奇妙的事情。

北斗星传奇

—— J. 伯格·埃森韦恩和玛丽埃塔·斯托卡德重述

这个故事告诉孩子，友善的、充满同情的行为总会得到好报。

这里已经有很长时间没有下雨了，天气又热又干燥，花儿凋谢，草儿干枯变黄，甚至连高大繁茂的树也奄奄一息了。小溪和大河的水都枯竭了，井里的水也干枯见底了，泉水也不像往常那样汩汩流出了。无论是牛啊、狗啊、马啊、鸟啊，还是人，都是那样干渴，每个人都感到难受。

有一个小女孩，她的母亲生病了。"哦，假如我能找到水给我妈妈喝，她一定会好起来的。我一定要找到水。"小女孩说。

于是她便拿了一个锡水勺，出去找水。终于，她在山边发现了很细很细的泉水。泉水马上要干了，从岩石底下流出来，嘀嗒嘀嗒地，流得很慢。小女孩小心地拿着勺，接住水滴。她接啊接，等啊等，终于接满了一勺。然后她小心地端着水勺开始下山，因为她不想洒掉一滴水。

回家的路上她遇到一条狗，它几乎走不动了，喘着粗气伸着舌头，天气太热、太干了。"哎，可怜的小狗，"小女孩说，"你一定非常渴，我得给你一些水喝，那样的话还会剩足够的水给我妈妈喝。"于是小女孩倒到她手里一些水，然后把手里的水捧到小狗面前，小狗很快把水舔到嘴里，立即感觉好多了，它摇晃了一下身子，汪汪叫了几声，好像在说："谢谢你，小女孩。"小女孩没有注意到她的锡勺子已经变成了银勺子，并且水还和原来一样满。

她想到她母亲，于是赶紧往家走。她赶到家时已经是傍晚了，天几乎黑了。小女孩推开门，来到她母亲的房间。一直在家里精心地照顾她母亲的老仆人来到门口，她又累又渴，几乎说不出话来。

"一定要给她一些水喝，"小女孩的母亲说，"她已经辛苦一整天了，她比我更需要水。"

小女孩把杯子端到她嘴边，老仆人喝了一些水，她立即感觉好多了，有劲了，她走到小女孩的母亲床边，把她扶起来。小女孩没有注意到水勺已经变成了金勺子，而且水还和原来一样多。

小女孩把水勺端到她母亲的唇边，她喝呀喝。哦，她现在感觉好多了。她喝完水，勺子里还剩一些，小女孩正要把杯子端到嘴边，忽然门口传来敲门声。老仆人打开门，一个陌生人站在门口。他因旅途疲劳脸色苍白，浑身都是灰尘。"我很渴，"他说，"你们能给我一些水喝吗？"

小女孩说："那当然可以，我想你一定比我更需要水喝，全喝了吧。"

陌生人微笑了，接过水勺，当他接过来时，勺子变成了宝石勺子。他把水勺倒过来，里面的水洒在地上，渗进地里。于是，那里出现了一股泉水。清凉的泉水向外喷涌，向外飞溅，足够整个城市的人和动物尽情地喝。

他们注视着水流，忘记了那个陌生人。当他们想起来时，他已经不见了。他们认为刚才可能看见他消失在空中了——高高的湛蓝的天空，在那里，那个宝石勺子在熠熠闪光。至今那个勺子还在闪耀，它被称为北斗七星，提醒人们记住那个善良无私的小姑娘。

卖火柴的小女孩

——安徒生

去感受别人的痛苦，这是同情的核心。这里是安徒生大师讲述的一个简单的悲剧故事，它震撼了所有孩子的心灵。

这是一年的最后一天，天气异常寒冷，天上飘着雪花，夜幕已降临。在寒冷和黑暗中，一个可怜的小女孩赤着脚、没戴帽子在街上走着。

她出家门时，本来穿着一双拖鞋，那是一双非常大的拖鞋，是她妈妈一直在穿的拖鞋，但当她穿过街道时，两辆横冲直撞的马车飞奔过来。为躲避马车，可怜的小姑娘把拖鞋也跑丢了。当她寻找时，一只怎么也找不到，另一只被一个小男孩捡走了，他说将来等他有自己的孩子时可以用来当摇篮。

小女孩现在只好赤着脚走路，一双小脚丫冻得又青又紫。她穿着一件旧围裙，里面放着成把的火柴，手中还拿着一把。可是这一整天也没有人买过她一根火柴，没有人给过她一个铜板。

可怜的小女孩！她因为饥饿和寒冷浑身发抖，这真是一幅令人痛苦的情景。

小女孩有一头卷曲的金黄色长发，披散在肩上，白色的雪花飘洒到她的头发上，但小女孩并未想到自己的漂亮，也没想到天气的寒冷。街道两旁所有房子的窗口都亮起了灯光，一阵阵烤鹅的香味飘过来，她想到今天是除夕夜。

她在两座房子——其中一座比另一座向前突出一些——之间的角落里坐下来，蜷缩成一团，但仍然感到越来越冷。可她不敢回家去，因为她没有卖掉一根火柴，没有赚到一个铜板。没有收入，爸爸肯定会打她；何况家里的房子四面漏风，也同样寒冷。尽管最大的洞已经用稻草和破布堵住了，可寒风还是能从剩下的洞里呼啸而入。

她的小手几乎都冻僵了。这种时候，哪怕是一捆火柴中的一根在擦亮后所发出的微弱的光和热，也能温暖小姑娘的手，给她带来无比的快乐。小女孩终于忍不住抽出一根火柴点燃了，哧的一声，火柴燃烧起来，发出了火光，火光变成了一团温暖、光明的火焰，就像一根圣诞蜡烛，发出多么美丽的光芒！她把手靠近火柴取暖，小女孩觉得自己好像坐在一个铜火炉旁边，它有光亮的黄铜拉手和黄铜炉壁，而炉火在欢乐地跳跃，那么温暖，那么美好！正当她向火炉伸出双脚，打算暖一暖的时候，炉火忽然熄灭了，火炉也不见了，一切都消失了，手中只剩下一根燃尽的火柴。

她又点燃了一根火柴，火柴发出明亮的光，照在墙壁上，于是，墙壁像面纱一样变成透明的，她能够透过墙壁看到屋里的一切。餐桌上摆放着除夕夜的晚餐：桌上铺着雪白的台布，上面摆着精致的碗碟，碗碟中装满了好吃的草莓和苹果，还有散发着诱人香味的烤鹅。更奇妙的是，这只鹅背上插着刀叉，从碟中跳了出来，一摇一摆地走着，一直朝着又冷又饿的小女孩走来。小女孩多高兴啊！就在这时，火柴又熄灭了，好吃的水果、美味的烤鹅都消失了，只剩下那面又厚又湿的墙。

她又点燃了一根火柴，这次她看到了一棵美丽的圣诞树。去年圣诞节时，她曾经透过一扇玻璃门看到过一户有钱人家里的圣诞树，那是她曾经见过的最大一棵圣诞树。可是现在这一棵比那一棵还要高大，还要美丽。圣诞树的绿枝上挂着许多正在燃烧的小蜡烛和彩色的图画，和她在商店橱窗里看到的一样。小女孩伸出双手向美丽的圣诞树伸去，可是，就在这时火柴熄灭了。可是圣诞树上的烛光飞起来了，越升越高，她认为这些是天上的星

星，其中一颗像流星般滑落，在夜空中划出一道长长的光亮。

小女孩低声说："现在又有一个人死去了。"因为她的祖母曾经对她说过：天上每落下一颗星，地上人世间就有一个灵魂升到上帝那儿去了。老祖母是世上唯一对她好的人，但现在已经去世了。

小女孩又擦着了一根火柴，在亮光中，老祖母出现了，被光芒包围着。祖母向她微笑着，显得那么温柔，那么和蔼。小女孩激动地喊起来："祖母呀，请把我带走吧！我知道，只要火柴一熄灭，你就会不见了，你就会像那个温暖的火炉、那只美味的烤鹅和那棵幸福的圣诞树一样不见了！"她一边喊着，一边把手中所有的火柴都点燃了，因为她非常想把祖母留住。这些火柴发出强烈的光芒，把黑暗照耀得无比光明。在光亮中，老祖母显得那样的美丽和高大。祖母把小女孩抱起来，搂在怀里。她们俩人在光明和温暖中快乐地飞走了，越飞越高，飞到了既没有寒冷也没有饥饿和忧愁的地方，那就是天堂。她们和上帝在一起了。

第二天早上，一个寒冷的清晨，人们发现一个赤脚的小女孩坐在墙角，她的双颊通红，脸上带着幸福的微笑。她已经死了，在旧年的除夕之夜冻死了。她坐在那儿，手中还捏着一把差不多烧尽了的火柴。

人们说："可怜的孩子，她曾经燃着火柴，想让自己暖和一下。"但谁也不知道，她曾经在火柴的光亮中看到过多么美丽的东西！在火柴的光亮中，她和祖母一起飞到永恒的幸福中去了。

美女和野兽

——克里夫顿·约翰逊重述

这个受人喜爱的古老故事讲的是关于由同情而上升为爱情的故事。孩子们被美女和野兽之间的感情深深吸引，这是在外表巨大差异下产生的奇妙的感情。这个故事给孩子上了难忘的一课，外表具有欺骗性，深藏在不同外表之下的人的个性各不相同。这个法国的童话故事有许多版本，下面的这个是世纪之交时出现的版本。

从前，有一个富有的商人，他有6个孩子，3个男孩和3个女孩。他爱自己的孩子超过爱他的财富，总是尽可能地使他们快乐。他的3个女儿都长得很漂亮，尤其是最小的女儿，是3个中最漂亮的。她小时候就被叫做"美女"，长大后还用这个名字，因为她的善良抵得上她的美丽。她把大部分时间都用在学习上，当她不看书时，就做力所能及的家务使她父亲开心。而她的两个姐姐却不像她这样。她们因富有而高傲，而且不爱学习，每天不是开车去公园游玩，就是参加舞会，要么就是去看戏或看演出。情况一直这样持续着，直到有一天，商人的生意遇到了麻烦。一天晚上，商人回到家告诉家人说海上的风暴摧毁了他的船只，一场大火烧尽了他的仓库。"我的财产都没了，只剩下乡下的一所农庄。我们必须都搬到那里住，靠我们的双手养活自己。"

他的女儿们听到她们从此要过艰苦的生活都哭了，大女儿和二女儿说她们不去乡下，因为她们在城里有很多朋友，也许这些朋友会邀请她们留在城里。但是她们错了。她们有很多朋友，但那是当她们家富有的时候。现在这些朋友都躲开她们，并相互之间议论说："当然，她们家破产我们都很难过，但是我们还得照顾自己的事，无法帮助她们。其

第二章 同情

实，让那两个大点儿的女儿受些苦，这也是应该的。让她们去挤牛奶、做杂物，看她们做得怎么样。"

于是，他们一家人搬到乡下的一所小农庄，商人和他的儿子们每天在田里耕地播种，小女儿每天4点就起来为一家人做饭，当一家人吃完饭后，她便洗碗。把厨房的事情收拾完后，她便忙着做其他家务。每当家里一切收拾停当，无事可做时，她便坐在纺车前，一边织布一边唱歌，或看一会儿书。刚开始时，她觉得有些难，可当适应了之后，她很喜欢这种生活，她的眼睛比以前更亮，两颊比以前更红润。

而让她的两个姐姐改变她们以前的懒惰习惯并没有那么容易。每天她们都在想她们失去的财富，到10点才起床，起床后也只做一点家务，其余的大部分时间她们都无所事事，不停地抱怨现在的生活。

一年过去了。一天商人收到消息，原来他以为已经沉没的一艘船并没有沉没，现在已安全到达港口。他的两个大女儿听到这个消息都喜出望外，认为她们很快就会回到城里过快乐的生活了。商人要去港口安排货船卸货，并出售货船上的东西。临行前，两个女儿恳求他给她们买新衣服和帽子。商人问小女儿：

"让我给你带些什么，小女儿？"

"我唯一所期望的是看到你平安回来。"她回答道。

她的父亲很欣慰，但是他想她应该告诉他需要从城里给她带什么礼物。"那么，亲爱的父亲，如果你坚持的话，就请你带一朵玫瑰给我吧。自从我们搬到这里以后，我还没见到过玫瑰呢。"

于是，这个好父亲出发了。可当他到了港口后发现，他以前的合作者接管并卖掉了货船上的货物，并且拒绝把钱归还商人。商人不得已把他告上法庭。最终，除去这6个月的开支，还不算这些天的辛苦，他发现所剩的钱只够交诉讼费。当他回家时，他还和来时一样穷。

他日夜兼程地往家赶，一路上一直在想他的孩子们，当他穿过离家只有30里的一片必经的森林时，他迷路了。黑夜来临，天气变冷，又下起雨来。倒霉的商人因饥饿而有些发晕。正在这时，他发现前面树林深处隐隐约约有灯光闪烁。于是他掉转马头，向着灯光驶去。很快他来到一条两边栽种着橡树的路上。这条路把他引到一座宏伟的宫殿前，宫殿里灯火通明。但是当他走进去时，却没有一个人出来迎接他。他大声地询问，也没人应答。他骑着马直接到了马厩，下了马，打开马厩的门，把马牵进去并拴到满是草料和燕麦的马槽边。

商人走进一个大厅里，发现里面生着一堆火，摆放着一张餐桌，桌上摆满了食物，但却没发现一个人。他站在炉火旁把自己的衣服烤干，自言自语道：

"我是多么幸运，找到这个避难所，否则我今夜早就在这场暴风雨中丧生了。可我真不知道这里的主人哪儿去了，我希望他不要因我擅自进来而生气。"

他等啊等，时钟敲了11下，还没有人来。于是，几乎饿晕了的商人坐在餐桌旁，狼吞虎咽地吃了起来。吃饭的同时，他也担心自己是否太冒失，若有人进来严厉地惩罚他怎么办。吃完饭，他的胆子更大了，决定去找个地方睡。于是他出了大厅，穿过几个房间，最后发现一个房间里边放着一张舒服的床，他便躺下来睡觉。

第二天他醒来时吃惊地发现，在床边的椅子上放着一套新衣服，标着他的名字，而且每个衣兜里放着10枚金币。而他自己的那套昨晚淋湿了的旧衣服却不翼而飞了。"我敢肯定这宫殿属于某个仙女，她一定看到并同情我的遭遇。"

在昨晚他吃晚餐的大厅，他发现早餐已经为他摆放好了。吃完早餐后，他走进一个长满鲜花和草莓的花园。当他经过一丛玫瑰花丛时，他忽然停下来，想起一件事来。

"我出城时没有钱给我的两个大女儿买礼物，满脑子想的全是我的麻烦事，也没时间给小女儿摘一朵玫瑰花，现在才想起来，就在这儿给她采一朵吧。"于是他走上前，准备采一朵玫瑰花。

他还没来得及摘下来，一只巨大的野兽就出现在他面前，其实这只野兽一直就躲在旁边小路的树后面。

"这是我的家，你为什么摘我的花？"野兽怒吼道。

"请原谅我，"商人跪倒在野兽面前，"我不想冒犯您，我只想给我的小女儿摘朵花。"

"你有女儿，是吧？"野兽说，"听着，我在这里很寂寞，我要你的女儿来这里住。"

"噢，先生，请不要这样。"

"我需要安慰，"野兽回答，"我保证不伤害她。带着你摘的花马上离开，告诉你的女儿我说的话，如果她们一个也没有来，那么你必须回来，永远被囚禁在宫殿的地牢里。"

商人说："我不会让我的女儿为我受苦，您还是现在就把我锁进地牢里吧。"

"不，你回家和你的女儿商量一下吧。"

"我现在听您的命令。"

于是商人来到马厩，上了马连夜回到了家。他的孩子们都高兴地出来迎接他，但却没有看到他们期待的礼物。商人流下了伤心的眼泪。他把玫瑰花递给小女儿说："你不知道为了这个礼物，你的父亲付出的是什么。"于是他向他们讲起自己的冒险经历。

"明天我得回到野兽那儿。"

"我不让你去，亲爱的父亲，"小女儿说，"我替您去。"

"不行，姐姐，"3个弟弟说，"我们去找到野兽把它杀了。"

"你们战胜不了它，"商人说，"它住在一个施了魔法的宫殿，有很多看不见的人帮助它，你们赢不了它。"

"太不幸了，小女儿，真可惜你没有要些容易买到的礼物。"

"哎，谁能想到摘一朵玫瑰花能导致这么多麻烦？既然错误在我，我应该承担后果。"

她的父亲劝她不要去，但她已下定决心。于是第二天一早，商人上了马，美女坐在他旁边，去了野兽的宫殿。到那里时已是黄昏了，他们骑马穿过两边种着橡树的大道，来到静悄悄的宫殿前院。他们来到马厩，下了马，商人把马牵进去，拴到马槽旁，然后进入宫殿。

大厅里燃着熊熊的火，餐桌上摆着最可口的食物。可他们却难过得吃不下什么，很快晚饭吃过了。这时，野兽进来对商人说："诚实的人，我很高兴你信守诺言，昨天我对你有些粗鲁，不该威胁你。我想你没什么可遗憾的。今晚你在这里睡一觉，明天你就可以回去了。"

"这是我的女儿。"商人介绍说。

野兽向她鞠躬，说道："女士，你能来我很感激，请你相信我不是你想的那种人。但我不能告诉你我是谁，因为我受了魔咒。希望你能帮我解除魔咒。"

说完，野兽就离开大厅，留下商人父女俩坐在炉火旁。"我不知道野兽说的是什么意思，但它说话很有礼貌。"小女儿说。

他们静静地坐在那里，沉默着，最后他们不得不站起来，找到睡房，躺下睡觉。

次日早晨，他们发现大厅里摆着为他们准备好的早餐。他们吃完早餐后，商人和他的女儿依依不舍地道别了。他来到马厩牵马，发现有人已把马备好，使他吃惊的是他发现马鞍上的鞍囊里装满了金子。"哦，我又有钱了，可这并不能弥补我失去女儿的损失。"

小女儿注视着父亲离开宫殿，然后便倒在一个窗边的椅子上大哭起来，哭着哭着她便睡着了。梦中,她梦见她正沿着一条小溪散步,小溪边绿树郁郁葱葱,她边走边哀叹她悲惨的命运。忽然,一个王子出现在她面前,比她见过的任何男人都英俊。王子来到她身边对她说:"美女,你并不像你想的那样不幸,你会得到回报的。"

当她醒来时,她感觉好多了。停了一会儿,她决定四处走走,看看她将要生活其中的这个宫殿是什么样子。这座宫殿富丽豪华,令她叹为观止,她来到一个房间前,门上写着:美女的房间。她推开门进去,这是一间布置得特别豪华的房间,房间里有大量的书和漂亮的图画,一把竖琴,还有几张舒适的椅子和沙发。她拿起一本书,在桌前坐下,打开书,在扉页上看到镶着金边的一行字:您是这里的女王,我们谨遵您的吩咐。

"唉,"她自言自语,"我现在最大的愿望就是见到我可怜的父亲。"

她正在这样想,观察到前面墙上的镜子里有一些东西在移动,仔细一看,看到她的父亲已经到家,她的姐姐和弟弟们正在迎接他。画面一闪便消失了,但美女很感激。"这只野兽对我很好,"她说着,环视了一下布置精美的房间,"它比我们想象的要好得多。"

这一天她直到晚上才又见到野兽,它来问她是否能够与它共进晚餐,她同意了。但实际上,她宁愿自己单独吃,因为她一见到它就禁不住发抖。当他们在餐桌旁坐下来,轻柔悦耳的音乐便响了起来,虽然她不知道音乐是何时开始的,又是谁在演奏。野兽同美女说话时彬彬有礼,言语中透着智慧。尽管如此,每一次它说话时发出的粗哑的声音都吓她一跳。当他们快吃完时,它说:"我想你一定认为我长得很丑。"

"是的,"美女说,"因为我不能撒谎,但我认为你很善良。"

"你有优雅的风度,也没有以貌取人。我会尽力使你在这里生活得快乐。"

"你真是太好了,野兽,"她回答说,"的确,一想到你的善良,你看起来就不那么丑陋了。"

他们吃完晚饭站起来时,野兽问:"美女,你现在喜欢我吗?能不能吻我?"

她支支吾吾地说:"不行,野兽。"于是它长叹一声,转身离开房间,她有点可怜它。

在接下来的日子里,美女除了见到野兽外,没见到过任何人,虽然总有看不见的仆人为她做一切事情,使她过得舒适而愉快。他们总是共进晚餐,而它的谈话也总是令她开心快乐。慢慢地她逐渐习惯了它丑陋的外表,并学会让自己不再介意而多去想想它和蔼可亲的一面。唯一令她痛苦的是,每次当它要离开时,都会问是否有一天她会喜欢上它并且吻它。

3个月过去了,一天美女看镜子时,看到在她父亲的农庄举行了两场婚礼,她的两个姐姐嫁给了当地的两位绅士。不久以后她又从镜子里看到她的3个弟弟报名当上了士兵,只剩下她的父亲孤零零一个人在家。又过了几天,她从镜子里看到她的父亲生病了。看到这情景她哭泣起来。晚上她告诉野兽镜子里的情景,并说她想回家照顾父亲。

"如果你去了,一个星期后会回来吗?"野兽问她。

"是的,我会回来的。"她回答说。

"那我只能同意了,"它说,"明天日出时我会为你准备好一匹快马。"

第二天早上,美女发现院子里有一匹备好鞍的快马。她上了马,马立刻像一阵风似的朝她父亲的小木屋飞驰而去。当她到家时,老商人看到她非常高兴,病马上好了,父女俩一起快乐地生活了一周。7天过去了,她又回到野兽的宫殿,可她到达时已是黄昏时分了。晚饭时间到了,晚餐像往常一样摆放好了,但是野兽却没出现。美女十分惊慌:"噢,我希望它没什么事,它是那么善良体贴。"

她等了一会儿,野兽还没来,于是她便出去找。她找遍了所有房间也没找到野兽。傍晚时,她匆匆忙忙来到花园,在泉水边,她找到了野兽,它躺在地上,像死了一样。

"亲爱的野兽,"她喊道,在它旁边跪下,"你怎么了?"她俯身在它毛茸茸的脸上吻

美德书大全集

了一下。立刻，奇妙的事情发生了：在泉边躺着的野兽变成了一位英俊的王子。

王子睁开眼，用虚弱的声音说："谢谢你，美女，一个邪恶的咒语使我的外貌变成了丑陋的野兽外貌，直到一位美丽的姑娘吻我的那一刻魔咒才会解除。我想你是世界上心地最善良的姑娘，尽管我受魔法诅咒变得这么难看，你却还是喜欢我。当你离开这里去看你父亲时，我很寂寞，吃不下饭，也不开心，所以今天当我在花园里散步时竟然虚弱得晕倒了。"

于是，美女从泉水里舀了一杯水，把他扶起来，喂他喝水。等他体力恢复了一些，又扶他站起来。整个宫殿的咒语也都被解除了，那些看不见的仆人也看得见了。

"去叫仆人来。"王子说。她去叫仆人，立即有好几个男仆跟她来了，把王子扶进了宫殿。王子一进王宫，被温馨、快乐的气氛重新包围，很快就痊愈了。第二天早上，他派人请美女的父亲来和他们一同住在王宫里。不久以后，美女和王子结婚了，从此便快快乐乐地生活在一起。

美 丽

苏格拉底认为美丽是一种"悄悄潜入并渗透我们思想"的东西。这首小诗也表达了这一思想。美国一代又一代的青少年从《迈克亨非中级读本》中记住了这首小诗。

美丽是
漂亮的面孔、乐于助人的双手
和不知疲倦的双脚。
漂亮的面孔，洋溢着快乐的光芒；
乐于助人的双手，做着高尚、真诚、善良的事；
不知疲倦的双脚，永远准备来到悲伤的人身边。

像克罗伊斯一样富有

——詹姆斯·鲍德温重述

这个故事来自于希腊历史学家希罗多德。克罗伊斯(公元前560～前546)，是亚洲古国吕底亚的国王，曾拥有大量的财富。塞洛斯国王是如何赦免了他的传奇故事，说明了怜悯是公正的王冠。对于金钱、权力与幸福的关系，这个故事也给了我们有益的启示。

几千年前，在亚洲曾有一个国王，名叫克罗伊斯。他所统治的国家很小，但他的人民却以富有而闻名。克罗伊斯在当时曾被认为是世界上最富有的人，以致于直到今天人们还习惯地称一个很富有的人"像克罗伊斯一样富有"。克罗伊斯拥有一切能使他快乐的东西——大量的土地、豪华的宫殿以及众多的奴隶；还有漂亮的衣服供他穿，精致的物品

第二章 同情

供他欣赏。他想不出还有任何东西能使他感到更舒适、更满足。于是，他宣称："我是世界上最幸福的人。"

一年夏天，一个有名的人远渡重洋来亚洲旅行。这个人名叫梭伦，他曾是希腊雅典的立法者。他以智慧闻名于世，甚至在他死后的几个世纪，对一个知识渊博的人的最高评语就是说这个人"像梭伦一样聪明"。

梭伦早就听说过克罗伊斯，因此一天他来到王宫拜访克罗伊斯。世界上最聪明的人现在是他的座上客，克罗伊斯比以往更快乐、更高傲，他带领梭伦参观他的王宫，给他介绍王宫里各个装饰豪华的房间：地面铺着精致的地毯，房间里摆放着柔软的沙发和昂贵的家具，墙上挂着精美的画，书架上陈列着各种各样的书。他又邀请他去欣赏美丽的花园和果园，以及他的马厩，克罗伊斯向他展示了从世界各地收集来的各种各样的奇珍异宝。

晚上，世界上最聪明的人和世界上最富有的人共进晚餐。这时，国王问客人："现在，你能不能告诉我，你认为世界上谁是最幸福的人？"他预料梭伦一定会说"是克罗伊斯"。

聪明的人沉默了片刻，然后说："我想起了一个人，他住在雅典，名叫特勒斯。我想毫无疑问他是所有人中最幸福的。"

这并不是克罗伊斯期望的回答，但他没有把他的失望表现出来，而是问道："你为什么这么说？"

"因为，"他的客人回答说，"特勒斯是一个诚实的人，他辛苦劳作了很多年来抚养他的儿女，让他们接受了良好的教育。等他的孩子都长大成人并能独立谋生后，他加入了雅典军队来保卫他的祖国。你觉得还有比他更配得上'幸福'二字的人吗？"

"可能没有吧，"克罗伊斯回答，因为失望几乎有些哽咽，"除了特勒斯，你认为谁是第二幸福的人呢？"他十分肯定这次梭伦一定会说，"是克罗伊斯"。

"我又想起了希腊的两个我所认识的年轻人。他们的父亲死时他们还是孩子，而且很穷，但他们辛苦劳动来维持生活，供养他们虚弱的母亲。他们年复一年地这样劳动，从没有想过其他事，除了他们的母亲。等母亲去世后，他们把他们的爱全部奉献给了祖国，直到他们去世。"梭伦说。

这一次克罗伊斯发怒了："为什么你不考虑我，难道我的财产和权力一无是处吗？你为什么把这些整天都得拼命干活的穷人排在世界上最富有的国王前面呢？"

"哦，尊敬的国王，"梭伦说，"没有人知道你到底幸福不幸福，直到你去世，因为没有人知道不幸会不会降临到你身上，或者显赫过后你会不会遭遇苦难。"

这以后又过了许多年，亚洲出现了一个伟大的国王，名叫塞洛斯。他带领强大的军队打败了很多国家，征服了一个又一个王国，然后把这些王国的国王掳到巴比伦。克罗伊斯国王尽管富有，也无法抵挡这个强大的敌人。他的王国抵挡了一阵，最终还是被占领了。雄伟华丽的王宫被火焚烧，美丽的花园和果园被毁坏，财宝被洗劫一空，而他自己也成了俘虏。

"克罗伊斯很顽固，给我们造成了很大麻烦，让我们损失了很多优秀的士兵。处死他，给那些顽固抵抗、拒不投降的人看看他的下场。"

士兵们捆着他，把他拉到菜市场，一路上一直在折磨他。他们在菜市场上搭起一个很高的架子，架子是用从克罗伊斯的王宫废墟里找来的木板搭成的。当他们搭好架子后就把这个不幸的国王捆在架子中央，然后一个士兵用火炬把木架点燃。

"很快我们就能看到熊熊大火了，"这群野蛮的士兵说，"他的巨额财富现在对他有什么用呢？"

可怜的克罗伊斯身上青一块紫一块，被捆在柴堆上，没有一个朋友来安慰他。他想起

了梭伦很多年前曾经对他说过的话："没有人知道你幸福不幸福，直到你去世。"他嘴里悲伤地念叨着："哦，梭伦，梭伦！"

碰巧塞洛斯正骑马经过这里，听到了他的话。"他在说什么？"塞洛斯问士兵。

"他在说：'梭伦，梭伦，梭伦！'"一个士兵回答说。

于是，塞洛斯骑马上前，靠近克罗伊斯，问："你为什么临死前喊梭伦的名字呢？"起先，克罗伊斯没有回答。塞洛斯又问了一遍，这一次态度温和了许多。于是，他开口讲起梭伦访问他的故事及梭伦曾对他说过的话。

这个故事使塞洛斯触动很深，他想到那句话："没有人知道不幸会不会降临到你身上，或显赫过后你会不会遭遇苦难。"他想是否有一天他也会失去现在拥有的权力，像克罗伊斯一样落在仇敌的手里。

"毕竟，"他自言自语道，"我们应该怜悯和善待处于苦难中的人。我应该善待克罗伊斯，正如我希望将来别人也同样地善待我。"他赦免了克罗伊斯，让他获得自由，并且从此把他当做他最尊贵的朋友来对待。

❧ 遗忘之罪 ❧

——马格利特·E.山吉斯特

对别人的善意有时也会遭到我们的延误而不复存在。我们表达善意时，要警惕这种"延误的仁慈"。

> 不是你已经做的事，
> 而是你留下未做的事，
> 让你心生烦恼，
> 在日落时分。
> 因忘记而没有说出的温柔的话语，
> 没有来得及写的一封热情洋溢的信，
> 该送出却忘了送的鲜花，
> 难道你想夜里被鬼缠住吗？
>
> 挡在一个朋友路上的
> 你本可以搬开的石头；
> 一些发自肺腑的建议，
> 由于太匆忙以至于没有来得及说；
> 一次真诚的握手，
> 柔和而动人的话语；
> 这些，你没有时间也没有精力去想，
> 因为你也有自己的烦心事。
>
> 这些充满善意的小事，
> 很容易被我们遗忘。

第二章 同情

我们这些卑微渺小的人发现，
这些时候我们本可以成为天使。
可是，在夜间，他们来到我们床边，
各个都含着怒气，悲伤而沉默。
希望渐渐模糊消失了，
人类的信仰笼罩在严寒之中。

人生苦短，一闪即逝，
而我们的悲哀却特别沉重，
我们因延误仁慈而内心痛苦，
直到耽搁太久而后悔不已。
不是你已经做的事，
而是你留下未做的事，
让你心生烦恼，
在日落时分。

蒲草中的摩西

——J.伯格·埃森韦恩和玛丽埃塔·斯托卡德重述

这个故事取材于《出埃及记》，讲的是《圣经》中也是整个文学当中关于同情的最感人的一幕。埃及法老的女儿所做出的收养婴儿摩西的决定超越了文化和阶级的界限，终于促成了希伯来国家的建立。

以色列人曾经有许多年生活在埃及。渐渐地，以色列人变得富强起来，势力也变大了。终于，埃及人开始嫉妒起他们来。

"这些外族人占据着我们最好的土地，"他们抱怨说，"他们人口越来越多，势力越来越大，很快就会占据所有埃及国土，并统治我们。"

于是，埃及法老发布了一道命令，每一个以色列人家出生的男孩都要被处死。他想用这种残酷的手段来阻止这个民族的壮大。那些可怜的母亲们伤心地痛哭，把他们的孩子藏起来躲避国王的卫兵的搜捕。

就在这一时期，在其中一个以色列人家里有一个小男孩降生了，这是一个漂亮而且健康的男孩。他的母亲把他藏起来，直到他长到3个月大。母亲害怕残暴的埃及人来到家里搜出孩子，便到河边割了一些蒲草，用蒲草编了一个篮子，外面抹上泥和防水的柏油。这样水就进不到篮子里。然后她把婴儿小心地放进篮子里，把篮子提到河边，藏到河边的芦苇丛中。他的小姐姐就站在不远处，观察会发生什么事。不一会儿，法老的女儿和她的侍女来到河边洗澡。当公主走到河边时，发现了藏在芦苇中的篮子，于是便命令侍女去取来。侍女取来篮子一打开，婴儿就从里面伸出胳膊来。公主把他从篮子里抱出来，搂到胸前。她仔细观察孩子漂亮的小脸，脸上充满对孩子的同情和爱。

"这一定是以色列人的孩子，"她说，"肯定是某一个可怜的母亲把他藏在这里。他真是个不一般的孩子，我要把他带回去当成自己的孩子抚养。"

这时，一直在近旁观察动静的小姐姐走上前来，听到公主的话，欣喜异常。

"请问您要我为您找一个以色列奶妈来照顾这个孩子吗？"

公主微笑着说："去找吧。"

小姑娘飞快地跑回家，告诉她母亲发生的一切。母亲喜出望外，匆匆忙忙赶到公主跟前，现在孩子又回到他的亲生母亲的怀抱。

"替我抚养这个孩子，我会付给你工钱。"公主说，"他的名字应该叫摩西，因为是我从水里把他救上来的。"

于是，有了亲生母亲的爱和照顾，摩西在国王的宫殿里幸福快乐地长大了，他被看做公主的儿子。他长得结实而且强壮，但他从没有背叛他的民族——以色列。多年以后，他长大成人，拥有了作为一个伟大的领袖所应具备的智慧。于是，他带领他的人民离开埃及，回到了自己的国家。

好心的撒玛利亚人

——杰斯·莱门·赫尔伯特重述

耶稣教导我们，要爱我们的邻居就像爱我们自己。有人曾问他："谁是我的邻居？"他讲述了《好心的撒玛利亚人》(《路加福音》10：29～37)的寓言故事来回答。要真正理解这个故事的含义，关键是要明白，在耶稣所处的时代，对于大多数犹太人来说，《好心的撒玛利亚人》是有争议的，因为长期以来，在犹太人和撒玛利亚人之间一直充满敌意。因此故事中路过伤者身边的撒玛利亚人是最不可能同情并帮助伤者的。

耶稣讲述了一个《好心的撒玛利亚人》的寓言故事。他说："有一个人走在从耶路撒冷通往耶利哥的偏僻的小路上，途中他遭到一伙强盗，强盗抢走了他所有的东西，剥去了他的衣服，并打了他一顿，然后丢下半死的他逃跑了。不久，有一个祭司从那条路上经过，看到那个人躺在路上，浑身血迹斑斑，就从路的另一边过去了。又有一个利末人路过那个地方，当他看到那个浑身是血的人时，也从另一边绕过去了。可是，当一个撒玛利亚人经过这里看到那个不幸的人时，十分同情他。于是他来到伤者身边，用酒为他的伤口消毒，又用油涂抹伤口，然后又为他包扎，最后把伤者扶到他的驴背上，而自己步行，就这样把他送到一个客栈，夜里还一直照顾他。第二天早上，撒玛利亚人又从钱包里取出两个银币，交给客栈老板，并说：'请你照顾好他，如果钱不够，下次来时我会补上的。'那么，对于这个受伤的人来说，这三个人中谁是他的邻居？"

律法老师说："是那个可怜他、照顾他的人。"

于是耶稣说："你就照着去做吧。"

通过这个故事，耶稣告诉我们："我们的邻居"就是那些需要我们帮助，而我们又有能力给予帮助的人，不管这个人是谁。

生命之歌

——查理斯·麦基

罗马政治家西尼加曾写道:"只要那里有一个人,就有机会奉献爱心。"任何无私的行为都是有意义的。

> 一位旅客走在一条满是灰尘的路上,
> 随手在路边草地上撒下些橡树籽,
> 其中一颗生根发芽了,
> 长成了一棵大树。
> 于是,夜晚来临时,相爱的人在这棵树下,
> 相互倾吐爱的誓言;
> 老人在正午时分,在大树浓密的绿荫下,
> 乘凉休息,十分惬意;
> 睡鼠喜欢橡树随风摇摆的枝条,
> 小鸟甜美的歌声驱走烦恼;
> 大树长在那里是一种荣耀,
> 是上帝永远的赐福。
>
> 一股泉水,在青草和苔藓中,
> 消失了踪迹。
> 一个路过的陌生人在这里挖了一口井,
> ——疲劳的行人常常在此歇脚;
> 他挖好井,又小心地
> 在井边放了一个舀子,
> 他没去想自己的行为多么高尚,
> 一心考虑辛苦的人也许需要喝水;
> 他又一次路过这里,
> 哇!那口井
> 甚至夏天也没有干枯。
> 曾让成千上万的人解除干渴,
> 或许还挽救过某个人的生命。
>
> 一个不知名的人,随着拥挤的人群,
> 走向熙熙攘攘的市场,
> 发自肺腑地说了句
> 关心和体贴的话语,
> 于是,喧嚣的人群
> 有了片刻的平静。
> 一个跌倒的人听见了,站了起来;
> 一个濒临死亡的人,恢复了健康。

啊，种子！啊，泉水！啊，关爱的话语！
我们不经意间给予别人的关心，
看似微不足道，
但发挥的作用却十分强大。

奶奶的桌子

——节选自《格林兄弟》

也许我们越老，这个故事对我们越有意义。但是我们应该在年轻时就明白这个道理，为的是教育好我们的孩子。

从前，有一个虚弱的老奶奶，她的丈夫已经去世，剩下她一个人，因此她只好和她的儿子、儿媳和孙女生活在一起。老奶奶的身体一天不如一天，视力和听力也每况愈下，有时候，在饭桌上，她的手抖得厉害，以至于把勺子里的蚕豆撒到饭桌上，或者把碗里的汤洒出来。儿子和儿媳看到她总是把饭洒到桌子上很是恼火。终于有一天，当她又碰倒一杯牛奶后，他们再也无法忍受了。

他们在屋角放扫帚的柜子旁边放了一张小桌子，让老奶奶坐在那里吃饭。每次老奶奶坐在那里，都眼泪汪汪地看着屋子里的其他人。有时候，他们也和她说话，但很多情况下都是在责骂她摔碎了碗或把叉子掉到地上。

一天晚上吃饭前，小女孩在地板上堆积木。

她的爸爸问她堆的是什么，小女孩回答说："我在为你和妈妈做一张小桌子，这样的话，等我将来长大了，你们也在屋角吃饭。"

她的父母坐在那里瞪着她，看了好大一会儿才回过神来，突然两人抱头痛哭起来。那天晚上他们把老奶奶又扶回到大桌子旁坐下。从那时起，她重新和家里其他人坐在一起吃饭，而她的儿子和儿媳再也不介意她不小心把饭洒在桌子上了。

战地天使

——乔安娜·斯特朗和汤姆·B.莱昂纳德

克拉拉·巴顿(1821～1912)以她在美国内战期间救护伤员的出色表现而闻名，被称为战地天使。她是美国红十字会的创立者，是美国慈善事业的先驱。

当疼痛稍稍减轻一点儿时，杰克·吉布斯又能够思考问题了。"我再也回不了家了，"他呻吟道，"再也回不去了。"

他现在躺在硬邦邦的地面上，感到身体发冷，叹了一口气。他想挪动一下身体，让自己更舒服些，可是他一动就感到身体里又有一股暖流往外涌，他明白如果他还想活下去的

话，就必须躺在原处不动。

"等到他们把我抬上担架送到后方的医院时，我几乎就要因失血过多而死，即便没死，一条腿也已腐烂而不得不截肢。那样的话，对于我的妻子苏，我将是怎样的一个丈夫？一个只有一条腿的人！"

他眼前一黑，又昏了过去。

等到他又睁开眼睛时，他肯定他早已死了，已经来到天堂。一位年轻的姑娘正俯身看着他。这在战场上是不多见的。没有女人来到战场上，没有女人愿意来，也不允许女人来。

可是现在有一个女人来到了战场，她叫克拉拉·巴顿。

两个士兵帮她把杰克抬到一张刚从马车上卸下来的行军床上，克拉拉从她的药箱里拿出绷带包扎好他的腿。然后她又给他一粒止疼片，他费力吃下，接着有人把他抬上一辆破旧的救护车。

这样的工作，她每天都重复着，为伤员清洗和包扎伤口，减轻他们的痛苦并给他们带来安慰。

自从可怕的战争开始后，克拉拉·巴顿就一直担心在前线打仗的士兵。她知道那些受伤的士兵要等到战斗结束才能被抬下战场，也只有到那时他们才能被送往医院进行救治，而医院往往离前线很远。她也知道即使他们等到了战斗结束，他们还没来得及包扎的伤口也会因马车的摇晃而恶化。她还知道有些伤员往往在到达医院之前就会因失血过多而死。

这些情况令她心碎，她下决心要上战场及时帮助受伤的士兵。首先，她设法得到了一辆马车，把药品和急救用的设备装上去，这之后，她前去面见将军。

克拉拉·巴顿身材娇小苗条，在威严的将军看来，她一点儿也不像是能够上战场的人。事实上，她的这个天真的想法让他甚为恐惧。

"巴顿小姐，这绝对不行。"

"可是，将军，"她毫不泄气，"为什么不行？我自己可以赶车，尽我所能去帮助士兵。"

将军摇摇头："战场不是女人去的地方，你会受不了的。而且，我们正在竭尽全力救治受伤的士兵，不需要其他人帮忙。"

"我能忍受。"克拉拉·巴顿强调说。于是她又把她的计划向将军重复了一遍。

她一次又一次地面见将军，一次又一次地遭到拒绝，可她并没有因此放弃。最后，威严的将军让步了。克拉拉·巴顿得到了一张可以进出前线的通行证。

在整个内战期间，凡是她能到的地方，她都把爱和关心带给受伤的士兵。她不分昼夜地工作着。有一次，她夜以继日地工作了五天五夜，几乎没有休息过。她的名字在军队中成了爱的象征，士兵们提起她的名字，心中都充满感激之情。

政府了解了她的事迹之后，逐渐开始与她合作，给她提供补给。军队配给她更多的马车来运送伤员，还提供了更多的药品和设备。尽管如此，对于勇敢的巴顿小姐，这场战争自始至终都是非常艰苦的。

战争结束后，克拉拉·巴顿本可以好好歇息了。可她又想到那些士兵的亲人，他们的妻子、父母、兄弟，肯定还不知道他们在战争中的情况。她决心去了解失踪士兵的情况，给他们的家庭带去安慰。有很长一段时间她一直在做这项工作。

因此她更进一步地了解了战争，知道了士兵在战场会遭遇什么，以及战争对他们家庭的影响。她听说瑞士有一个名叫吉恩·亨利·杜南的人正在设立一个组织，帮助战争期间的士兵，她便立即去了瑞士帮助他。杜南建立了一个组织——红十字会。这个组织的工作人员均佩戴一个白底红十字图案的标志，这样人们就可以很容易地认出他们。他们可以自由地出入战场，帮助需要帮助的所有士兵，不论他们的国籍、种族或宗教信仰。

这个想法给了她启示。她返回美国后说服美国政府加入这一组织。这时包括美国在内，已有23个国家加入。这些加入国负责给红十字会提供资金资助，红十字会在战争期间救助交战国的伤兵。

但是，除了这个了不起的红十字组织，她还有另一个想法，她称之为"美国修正案"。

"除了战争之外，人类还会面临许多其他灾害，"她解释道，"例如地震、洪水、森林大火、瘟疫、龙卷风等。如果这些灾难突然发生，就会有很多人因此死亡，很多人受到伤害，还有很多人无家可归，饱受饥饿之苦。这时红十字会就会伸出援助之手，去帮助这些受害者，不管这些灾难在哪里发生。"

今天，国际红十字会给世界上成百上千万的人带来了安慰和援助。这都是源于克拉拉·巴顿的伟大思想。她有无比的勇气，对人类有着无私的爱，对需要帮助的人有无限的怜悯和同情。她将永远受到人们的尊重。

如果我能弥合一颗破碎的心灵

——埃米莉·狄金森

埃米莉·狄金森(1830～1886)使我们想起那些充满同情的行动及其对生命的意义。

> 假如我能弥合一颗破碎的心灵，
> 我就没有虚度此生；
> 假如我能消除一个人的痛苦，
> 平息他的悲伤，
> 或者帮助一只迷途的知更鸟，
> 重新回到它的巢中，
> 我便没有虚度此生。

所罗门的智慧

——耶西·莱曼·赫尔伯特

所罗门在公元前10世纪时曾统治以色列王国长达40年之久。据说他有着非凡的智慧，下面这则故事就是有关他的智慧的最著名的故事之一。所罗门的决定起先看起来很残酷，但事实证明这是他作为国王的英明决策。他要表现出他的仁慈，但有时候要通过一种特殊的方式表现出来。他依靠同情的伟大力量辨别出了真正的有罪之人。这个故事来自于《旧约·列王记上》(3:16～28)。

两位妇人各抱着一个孩子来到所罗门面前，其中一个孩子死了，另一个孩子还活着。两个妇人都声称活着的孩子是自己的，而说死了的孩子是对方的。其中一个妇人说："我

们两人都和自己的孩子睡在一张床上，这个妇人睡觉时把自己的孩子压死了，她趁着我还未醒，把她的死孩子放到我旁边，把我的孩子抱走了。早上我醒来发现床上的孩子不是我的，可她硬说是我的，说活孩子是她的。求你命令这个妇人把孩子还给我。"

这时，另一个妇人辩解说："这不是事实，死孩子是她自己的，活的是我的，她一直想把我的孩子夺走。"

年轻的国王听了二人的供述后，命令道："拿剑来。"

剑拿来了。所罗门接着命令："用这把剑把这个活孩子砍成两半，你们一人一半。"

这时，其中的一个妇人哭道："哦，我王啊，求你不要杀死我的孩子，把他判给她，留这孩子一条命吧。"

可是另一个妇人却说："对，把这孩子劈成两半，一人一半。"

听了二人的话，所罗门开口道："把这活孩子判给这不忍杀他的妇人，因为她才是他真正的母亲。"

以色列的百姓惊诧于如此年轻的国王却有这样超人的智慧，于是明白这智慧是上帝赐给他的。

一个北国的传奇：啄木鸟的故事

——非比·凯瑞

这个故事告诉我们当不愿意和别人分享东西时将受到什么惩罚。

> 在遥远、遥远的北国，
> 那里的白天十分短暂，
> 而夜晚又十分漫长，
> 他们在长夜无法入眠。
>
> 于是，当冬天下雪的时候，
> 他们就用迅捷的驯鹿拖雪橇；
> 孩子们穿着多毛的皮袭，看起来
> 像小熊宝宝一样可爱。
> 大人给孩子讲一个奇异的故事——
> 我不相信那是真实的，
> 但你可以从中懂得一些道理，
> 我现在就讲给你听。
>
> 从前，好心的圣徒彼得
> 还曾住在人间，
> 他走遍世界各地，
> 传扬上帝的真理。
>
> 他在地上周游旅行，

这天来到一所农舍前，
看见有一个小妇人在做饼，
放在炉火上烘烤。

那天他十分饥饿，
而白天即将过去，
彼得只问她要一张饼，
既然她已做了一堆饼。

她做了一个很小的饼，
放在炉火上烤；
她越看越觉得大，
不舍得施舍给彼得。

因此她又揉了一个，
这次的饼更小；
可当她翻转时仔细看，
饼还是和第一个一样大。

于是她又捏了一小块面团，
揉了又揉，擀了又擀；
小饼烤得像是一片饼干，
可她还是不愿递给彼得。

她想："我的饼实在太小，
自己吃且吃不饱，
但要是给别人就太大。"
于是又把饼放在架子上。

圣徒彼得发怒了，
他饥肠辘辘几乎昏倒，
而且像这样一个妇人，
足以惹得圣徒气愤。

他说："你太过于自私，
不配做一个人，
给你食物，给你房屋，
又有火使你保持温暖。

现在你必须像鸟一样自己筑巢，
且找到的食物少之又少，
要辛苦地啄呀啄，
每天不停地啄那坚硬的树皮。"

于是她不能再说话，
飘起来穿过了烟囱，
从屋顶飞出了一只啄木鸟，
她已经变成了一只鸟。
只有她头顶的那顶红帽子，
还和原来一样，
其余的衣裳都被熏黑，
像是火燃尽后的木炭。

所有乡村的小学生，
都能够看到她在树林里，
住在树上直到今天，
不停地啄呀啄地找食吃。

这就是她教我们的道理，
活着不能单为自己；
如果别人有困难你不可怜，
有一天这事也会降临到你身上。

当别人有求于你时，
要把你所有的多多施舍给他们。
不要在你给予他人时看小为大，
在你得到时却总以为小。

我的孩子们，现在要谨记，
对人要友好和仁爱，
否则请看啄木鸟的红帽
和她穿着的熏黑的衣裳。

也许即使你在生活中十分自私，
也不愿被变成一只鸟，
但你会变得更微小，
成为一个自私而吝啬的人。

论慈悲

——威廉·莎士比亚

这也许是《威尼斯商人》中最著名的一段。鲍西亚——贝尔蒙特的女继承人，在法庭上辩论说怜悯是神的恩赐，只有怜悯他人我们才能更靠近上帝。这一幕的场景是威尼斯的一间法庭，鲍西亚化装成律师，试图说服放高利贷的夏洛克放弃他要割安东尼奥一磅肉的要求。

慈悲不是勉强的，
它像甘露自天降至人间；
它带来双重的赐福，
赐福给那给予者和接受者；
它在权力最大的人手里威力是最大的，
它比皇冠更适合帝王的身份；
它的宝杖是人间权力的象征，
这威权既是帝王尊严的标志，
也是帝王之所以令人敬畏的缘由；
而慈悲又在王权之上，
占据了帝王的心头，
它是上帝的象征；
执法者如能心存慈悲，
帝王最近似上帝了。

厄科和那耳喀索斯

——托马斯·布尔凡奇

在希腊神话中，那耳喀索斯是一个美少年，是河神刻甫斯和美丽的少女蕾莉俄普的儿子。他虚荣而无情，他的名字是自恋的代名词。总是以自我为中心的人往往缺乏同情心，反之亦然。下面这个故事取材于托马斯·布尔凡奇的《寓言年代》。

厄科是一个美丽的少女，喜欢在田野、树林和山间玩耍嬉戏。她是狄安娜女神最喜欢的孩子，二人常常一起捕猎。但是厄科有一个缺点——爱说话，无论是和别人聊天还是争论，总是以她的话结尾。一天，女神朱诺正在寻找她的丈夫，而她的丈夫却正和一群少女玩耍。厄科出主意说要设法阻止女神，其他少女听了都吓跑了。朱诺知道后，对厄科说了如下咒语："你用舌头欺骗了我，你将永远不能再使用它，除非你用来应答。最后一句话还是你说，但你永远不能第一个说话。"

当美少年那耳喀索斯在山间捕猎时，厄科看到了他并立刻爱上了他，一直在他后面跟

着。她多么希望能用最温柔的话语来和他说话，来赢得他的好感。但她无法第一个说话，只能先把回答的话准备好，不耐烦地等他先开口。一天，年轻人和他的同伴走散了，高声地呼喊："谁在这里？"厄科回答："这里。" 那耳喀索斯环视一下四周，没有看见一个人，大声问："到这里来。"厄科应答道："到这里来。"没有一个人出现。那耳喀索斯高声问："你为什么躲着我？"厄科也重复了一遍他的话。"我们一起玩吧。"年轻人提议。厄科满怀深情地重复了一遍，兴冲冲地来到他面前，张开双臂要拥抱他。他吃了一惊，惊叫道："不要碰我。我宁愿死也不要你抱我！""抱我！"她徒劳地说。于是他走了，而她却羞愧地躲到树林深处。从那时起，她便睡在山洞里或悬崖深涧中。她因悲伤日益消瘦枯萎，身体的肌肉被风吹干了，最终只剩下骨头。她变成了岩石，唯有她的声音留下来了。她仍随时准备回答任何人的呼唤，这也是她总爱说最后一句话的老习惯。

那耳喀索斯的冷酷不仅表现在这一个例子中。他拒绝厄科的热情，也躲开其他的少女。一天，一个想吸引他注意却失败了的少女在祷告中说，但愿那耳喀索斯有一天会爱上一个人，却无法得到这个人的爱。复仇女神听到了，应许了她的祷告。山上有一眼泉水，清澈见底，牧羊人不曾把羊群赶到那里饮水，也从未有林中的野兽到那里饮水，甚至连一片叶子或树枝也不曾掉进过。泉水周围长满青草，岩石为它遮蔽太阳。一天，那耳喀索斯捕猎时来到泉边，又累又渴。他俯身去喝泉水，这时他看到自己在水中的倒影：明亮幽深的眼睛，一头卷曲的头发，和阿波罗的一样，圆润的双颊，脖子是象牙白色，十分优雅，双唇微微分开；除了美貌，浑身还焕发出青春的、健康的光彩。他以为那是生活在泉水中的精灵，愣在那里目不转睛地看着，心中充满了爱慕之情。他不可救药地爱上了他自己。他靠近水中的影子想吻它，伸出双臂去拥抱它，可他刚一碰到它，它就不见了，停了一会儿它又出现了。他无法挨近自己的影子。于是他吃不下饭，睡不着觉。每天徘徊在泉水边，注视着自己的倒影，与他假想的女神说话："为什么，你，美丽的人儿，要躲开我呢？我长得并不难看呀。少女们都爱我，你并不讨厌我，我向你伸出双臂你也向我伸出双臂，我微笑你也微笑，我招手你也招手。"他的眼泪流到水中，影子一晃不见了。当他看见它消失了，呼喊道："我求求你，别离开我，如果我不能碰你，让我至少每天能看到你。"他陷入了无法自拔的深渊，心中珍藏的爱情之火注定要焚烧自己。慢慢地，他原来所发出的青春的光彩消逝了，原来旺盛的精力衰退了，原先让少女厄科深深迷恋的美丽的容颜也不见了。可是厄科依然跟随着他，当他发出"唉，唉"的叹息时，厄科也跟着他哀叹。他很快憔悴了，最后死了。当他的幽灵穿过地狱之河时，还没有忘记从舟中探身瞥一眼水中的倒影。少女们为他哭泣，尤其是河中的女神们。女神们痛苦地捶胸顿足，厄科也痛苦地捶胸顿足。他们准备好了火葬用的柴堆，却怎么也找不到他的尸体。在原来放尸体的地方，长出了一朵紫色的花，被白色的叶子包围着，女神们把这朵花取名为那耳喀索斯，纪念这位英俊却不幸的美少年。

马莱的鬼魂

————查尔斯·狄更斯

每一个即将走入社会，开始职业生涯的年轻人都应该看看《马莱的鬼魂》。它告诫我们，人类就是我们的事业。查尔斯·狄更斯于1843年写成《圣诞颂歌》，《马莱的鬼魂》是其中一章。我们每年都能够从电视上看到这个故事的不同演绎，但小说的精神只有通过仔细的阅读才能更好地体会。

斯库挤跪下来，两手紧握着举在面前，10根手指交叉着。

"天哪！"他叫道，"可怕的幽灵啊，你为什么要和我过不去？"

"真是一个世俗的人，"鬼魂答道，"你到底相不相信我？"

"我相信，"斯库挤连忙说，"不相信也不行。不过，你们幽灵要到世上走动，又为什么要来找我？"

"对于每一个人来说，"鬼魂回答，"他躯体里的灵魂都必须出去和他的同类一起行走交流，游遍五湖四海；如果生前他的灵魂没有走动，那么死后就要罚他这么做。他的灵魂就要浪迹天涯——唉，我真不幸啊！还要眼睁睁地瞧着那些分享不到的东西，那些东西本可以在世上分享到，那该多幸福啊！"

幽灵又发出一声长叹，同时晃动身上的锁链，还不停地搓着一双似乎虚幻的手。

"你还带着脚镣手铐，"斯库挤的声音都打颤，"告诉我，这是为什么？"

"我戴的是我生前亲手为自己打造的锁链，"鬼魂回答，"我锻造的锁链一环扣一环，一码扣一码，然后心甘情愿地把它缠绕在身上，心甘情愿地戴着它。这样使你感到陌生吗？"

斯库挤颤抖得更厉害了。

"你想不想知道，"鬼魂追问，"你身上缠的锁链有多长？7年前这个时候，它就足有我这根这么长这么重了。那以后，你又费了不少功夫，现在它已经沉重无比了。"

斯库挤看看他周围的地板，想知道自己是不是被五六十米长的铁链缠着，但什么也没看到。

"雅各，"他哀求说，"老雅各·马莱，再多说些，说些安慰的话吧。"

"我没什么话好讲，"鬼魂回答，"爱本尼舍·斯库挤，安慰要从另一个世界来，由另外的使者传递，传递给另外一类人。我不能把我想告诉你的话全告诉你，我能说的就是这些。我不能休息，不能停留，也不能耽搁。过去，我的灵魂从来没有走出过我们的账房——注意我的话！——生前，我的灵魂从没有越过我们兑换银钱的那个狭小的范围而出去游荡；可是现在，令人厌倦的旅程就在眼前。"斯库挤有一个习惯，思考问题的时候总要把双手插在裤子口袋。这时，想着鬼魂说的话，他又把手插在裤兜里。不过，他没有抬起眼睛，也没有站起来。

"你的行程一定很慢吧，雅各？"斯库挤问，表情一本正经，虽然也带着谦卑和恭敬的样子。

"很慢。"鬼魂重复他的话。

"死了7年了，"斯库挤沉思着，"一直在旅行？"

"是的，一直，"鬼魂说，"没有休息，没有安宁，忍受永无休止的悔恨的折磨。"

"你速度快吗？"斯库挤问。

"乘着风的翅膀。"鬼魂回答。

"7年中，你大概已经走过很多地方了吧？"斯库挤很好奇。

86

鬼魂听到这句话，长叹一声，同时把它的链条弄得叮当作响，在深夜的寂静中十分恐怖，负责治安工作的监护人完全有理由控告它扰乱治安。

"唉，给拴着，绑着，带着双重的镣铐，"虚幻的鬼魂说，"我不知道，千百年来，那些不朽的人物为这个世界付出了艰辛的劳动，可他们还没有感受这些贡献带来的好处就消失在永恒之中了。也不懂任何一个基督徒的灵魂都在他力所能及的范围内做着好事，不管是什么范围，范围有多大，都会发现生命太短，不够发挥它的巨大作用。我也不懂，一生的机会错过之后，就没有余地能够让后悔来弥补损失！可我过去就是那样的人，唉，就是那样！"

"可你过去一直是一个很诚实的生意人啊，雅各。"斯库挤有些结巴，他联想到他自己。

"生意！"鬼魂大声说，又搓起手来。"人类才是我的生意。公众福利才是我的生意，慈善、怜悯、宽厚和仁爱，这才是我的生意。我在这一行业中的作为只是沧海一粟而已。"

它伸直手臂，举起链条，好像这就是它一切徒劳无益的悲伤的根源，然后又把链条重重地摔在地上。

"在过了将近一年的时候，我最痛苦，为什么我以前走过人们身边时老是低着头，从来不抬头看看曾指引那几位博士到卑微的处所去敬拜主的神圣的星呢？难道那星光不也引导我到穷人的家里去吗？"斯库挤看到幽灵这样说下去，内心很不安，不由得浑身战栗起来。

"听我说，"鬼魂叫道，"我的时间快到了。"

"我听着呢，"斯库挤说，"不要对我太严厉，别说些不着边际的话，求你了，雅各。"

"我怎么会用一种你看得见的形象出现在你面前，我不会告诉你。我已经无影无踪地坐在你身边好多天了。"

这可叫人不舒服，斯库挤身上打着颤，擦着额头的汗珠。

"在我的赎罪过程中，那可不是轻松的事，"鬼魂接着说，"我今晚来这里是要警告你，你还有机会和希望来避免我的命运，是我设法给你带来机会和希望的，爱本尼舍。"

"您一直是我的好朋友，"斯库挤说，"谢谢你了。"

"你将被鬼缠住，"鬼魂继续说，"被3位精灵缠住。"

斯库挤的脸拉得老长，简直比鬼魂的脸还长。

"难道这就是你说的机会和希望吗，雅各？"他用结结巴巴的声音追问。

"是的。"

"我——我想我宁可不要。"斯库挤说。

"没有它们的来访，"鬼魂回答，"你就没有希望来避免走我的老路。明天钟声敲第一下的时候，你等着第一位来访者吧。"

"能不能让它们现在一起来，让此事就此了结，雅各？"斯库挤暗示。

"后天夜里的同一时刻等着第二位。大后天夜里12点钟声敲完最后一下的时候，是第三位。别想再看见我，为了你自己的缘故，谨记我们之间的对话。"

鬼魂说完，就从桌上拿起它包头的布，像刚才一样裹好头。斯库挤知道这一点，因为它裹头时，下巴被勒得紧紧的，牙齿发出刺耳的声音。他壮起胆子又抬起眼看，发现他这位神奇的客人直挺挺地站在他面前，把链条一圈一圈地绕在一只手臂上。鬼魂从他面前向后退去。它每退一步，窗子就自动开一点，因此，等它退到窗口，窗子已经大开。鬼魂招呼斯库挤过去，他走过去了。走到彼此相差不到两步的时候，鬼魂抬起手示意他不要再靠近。斯库挤站住了。这与其说是服从，还不如说是因为惊讶和恐惧，因为在那只手举起来的时候，他听到天空中传来嘈杂的声音。那是断断续续的哀悼和悔恨的声音，是无法形容的悲伤和自怨自艾的哭泣。鬼魂静听了一会儿，也加入了这阕悲悼的挽歌，并且飘到窗外那凄凉而又阴森的夜空中去了。斯库挤跟到窗前，好奇心使他不顾一切地向

空中望去。

空中全是虚幻的幽灵，它们惶惶不安，一刻不停，匆匆忙忙地飘来荡去，一边走，一边呻吟。每一个幽灵都像马莱的鬼魂一样带着锁链，有几个(可能是犯了罪的官吏)被锁在一起。没有一个是自由的，有不少在世时是斯库挤认识的。他十分熟悉其中一个老鬼魂，穿着白色的背心，脚踝上缚着一个巨大的铁质的保险箱。它看见下面门槛上坐着一个怀抱婴儿的妇女，而它无法帮助他们，不由得伤心地哭起来。很明显它们共同的痛苦在于想善意地干涉人间的事务，可是却都永远地丧失了这种能力。

究竟是它们渐渐消失在迷雾中，还是迷雾吞没了它们，他搞不清楚。然而，它们连同刚才的声音一起消失了，黑夜变得和他回家时一样了。

斯库挤关上窗子，然后查看鬼魂进来的那道门。门被两把锁锁得紧紧的，门闩也都没有动过。他刚想说声"胡闹！"可刚说了头一个字就顿住了。也许是由于他刚才情绪过于激动，或者是白天过于疲劳，或者是由于他瞥见了那原本看不见的冥冥世界，或者是由于和鬼魂的谈话使他觉得枯燥乏味，或者是时间太晚，他现在迫切需要休息。他径直走到床边，衣服也没有脱，一躺下去便立刻睡着了。

爱在哪里，上帝就在哪里

——列夫·托尔斯泰

这个故事改写自一个古老的基督徒的传说故事。它的魅力在于它的纯朴，现在依然是托尔斯泰最受欢迎的小说之一，小说讲述的是关于道德的故事。

在俄国的一个小镇上住着一个鞋匠，名叫马丁·艾万维奇。他在一幢房子的地下室有一个属于自己的小房间，房间有一扇窗户朝着街道。通过这扇窗户，他只能看到街上行人的脚。但马丁能靠鞋子认出穿鞋子的人。他已经在这里住了很长时间了，有很多认识的人。周围几乎没有几双鞋子没有经过他的手修理过至少一两次的，因此他通过窗子能欣赏到自己的手艺。其中有些鞋子他重换过鞋底，有些他补过鞋帮，甚至有些他还换过鞋面。他有做不完的活儿，因为他手艺好，舍得用好材料，要价又不高，周围的人都信赖他。如果他能按顾客的要求白天修好，他就接这活儿，如果做不完，他就如实地告诉顾客，从不做虚假的承诺。因此他在这一带很出名，从不缺活儿干。

马丁一直是一个诚实善良的人，可越到老他越琢磨，怎样做才能让灵魂得救，怎样做才能离上帝更近。

从那时起，马丁整个人都变了，他的生活变得平静而快乐。早上他坐下来开始干活，干完一天的活儿后，他把灯从墙上取下来放到桌子上，从架子上取来《圣经》，打开书，坐在桌子旁边看。看得越多他就明白得越多，脑子就越清楚，他也就越快乐。

有一次，已经很晚了，他还没睡，坐在灯下聚精会神地读《圣经》。他正在看路加的《福音书》，读到第六节，他读到下面一段话：

有人打你这边的脸，连那边的脸也由他打；有人夺你的外衣，连里衣也由他拿去。凡求你的，就给他；有人夺你的东西去，不用再要回来。你们愿意人怎样待你们，你们也要怎样待人。

第二章 同情

他琢磨着这段话，准备去睡觉又不舍得放下书。他继续看第七节——关于百夫长、寡妇的儿子和对施洗约翰派来的门徒的答复那一节——读到一个有钱的法利塞人请主到他家里吃饭的那一段。他读到那个有罪的女人如何用眼泪洗主的脚，怎样用香膏抹主的脚，主又怎样赦免她的罪。他读到第四十四节，书上写着：

于是转过来向着那女人，便对西门说："你看见这女人吗？我进了你的家，你没有给我水洗脚，但这女人用眼泪湿了我的脚，用头发把它们擦干。你没有与我亲吻，但这女人从我一进来就不住地用嘴亲吻我的脚。你没有用油抹我的头，但这女人用香膏抹我的脚。"

他一边读着这些话心里一边在想："他没有给主洗脚，没有和主亲吻，没有用油抹主的头，没有用香膏……"马丁摘下眼镜，放在书上，心里琢磨着。

"那个法利塞人肯定就像我，他太考虑他自己了，如何得到一杯茶，如何保暖，如何让自己舒服，从不考虑他的客人。他只关心他自己，根本不关心客人。可谁是那个客人呢？是主啊！如果他来到我家，我该怎么做呢？"

"马丁！"他突然听到一个声音，似乎有人在他的耳边悄悄说话。

他被惊醒。"是谁？"他问。

他转过头朝门口看看，没有人在那里，他又问了一声。于是他听到一个十分清晰的声音："马丁，马丁！明天仔细看着街上，因为我要来。"马丁醒了过来，从椅子上站起来，揉了揉眼睛，但不知道他听到这句话时是在做梦还是醒着。他吹灭灯躺下睡了。

第二天早上，他天亮前起了床，祷告后，生火做白菜汤和燕麦粥。然后把茶壶放到火上，戴上围裙，坐在窗户前开始干活。他比以往朝街上看的次数多，只要有人经过，穿着他不熟悉的靴子，他都要蹲下身向上看看，这样他不但能看到那人的脚而且能看清楚他的长相。一个看门人穿着新毡靴子经过这里，接着过去一个挑水夫。现在一个尼古拉斯统治时期的老兵靠近窗户，手里拿着铁锹。马丁先认出他的靴子后认出他来——皮革的防水套鞋，上面的毡毛已经很破旧了，穿靴子的老头名叫斯坦潘尼奇。附近的一个商人出于怜悯收留了他，让他帮看门人看门。他开始清理马丁窗户前的积雪。马丁瞅了他一眼，继续干活。

他干了一会儿，不由自主地又向外看，这回看到斯坦潘尼奇把铁锹靠在墙上，想休息一下并暖和一下自己。他又老又弱，很显然没有力气扫雪。

"要不我请他进来喝杯茶？"马丁这样想着，"茶已经煮开了。"

他放下锥子，站起来，把茶壶放到桌子上，沏好茶。然后他拍拍窗户，斯坦潘尼奇转过身，走到窗户前，马丁示意他进来，自己则去开门。

"请进来，"他说，"暖和一下，我敢打赌你一定很冷了。"

"上帝保佑你！"斯坦潘尼奇回答说，"我浑身的骨头都疼。"他进来后先掸了掸身上的雪，然后擦了擦靴子，唯恐踩到地板上留下脚印。这时，他踉跄了一下，差点儿摔倒。

"不必擦靴子，"马丁说，"我会拖地的，这活儿一时半会儿做不完。来，伙计，坐下来喝杯茶。"

他往两个平底玻璃杯里倒满茶，一杯递给客人，另一杯他再倒到一个小茶杯里，用嘴吹着。

斯坦潘尼奇把杯里的水一饮而尽，把杯子倒放着，杯子里没有溶化完的糖又到了桌子上面。他开始说一些感谢的话，但很显然，他很想再喝一杯茶。

"请再喝一杯吧。"马丁说着，又给客人的杯子加满，也又给自己倒了一杯。喝茶时，

他继续不停地向外张望。

"你是不是在等人？"客人问。

"我是不是在等人？嗯，说起来不怕你笑话，不能确切地说我真的在等某一个人，但是昨晚我听到了一些声音，我一直琢磨不透。不知道是幻景还是现实。我给你说，我昨晚在读《福音书》，关于主耶稣的故事，他怎样受苦，怎样在世间传道。我敢说你都知道。"

"我听过，"斯坦潘尼奇回答说，"可我不识字，无法读《圣经》。"

"噢，你看，我正在看主怎样在世间传道。我看到那一部分：主走进一个法利塞人家里，可没有受到好好款待。你看，我看到这儿时，就想那人怎么不好好招待主呢？主应该得到隆重的款待。假如这事发生在我身上，我怎么会不好好招待主呢？那个人根本就没有迎接主。我的朋友，想着想着我就打盹了。正在我打盹的时候，我听见有人叫我的名字，我站起来，听见有人在我耳边说：'等明天仔细看着街上，因为我要来。'这事发生了两次，老实说，这让我寝食不安，虽然说出来我有些难为情，我一直在等待他，我亲爱的主。"

斯坦潘尼奇摇摇头，没说话，喝完杯里的茶，把杯子放在一边，马丁站起来要给他再倒一杯。

"不了，多谢，马丁·艾万维奇，谢谢你招待我，我身心都感到温暖。"

"不客气。希望你下次再来，有客人来我很高兴。"马丁说。

斯坦潘尼奇走了，马丁给自己倒了最后一杯茶，一饮而尽。喝完茶，马丁把喝茶用的东西收起来，坐下来接着干活。一只鞋子的后跟接线处裂开了，他用线缝着。他边补边向外看，想着《圣经》里的句子。脑子里全是耶稣说过的话。

两个士兵走过去了，一个穿着官靴，另一个穿着自己的靴子；接着，邻居家的主人走过，穿着闪亮的防水套靴；一个面包师挎着个篮子走过。这些人过去了。又有一个女人走过来，穿着精纺毛袜，外面是好看的鞋子。她经过了窗子，在墙边停下来。马丁透过窗子观察，发现不认识她。她穿得很破，怀里抱着一个婴儿。她背对着风，想把孩子裹起来，其实根本没有什么可用来裹孩子的。她只穿着夏天的衣服，而且又破又旧。马丁在窗户里边听到孩子哭了，那女人想哄哄他，可孩子还是哭。马丁站起来，出了房门，上了台阶，叫她："喂，你好！"

那女人听到声音转过来。

"怎么大冷天里抱着孩子在那儿？快进来，在暖和的地方把他裹好，这边来。"

那个女人看到有个穿着围裙、鼻梁上架着眼镜的老头在叫她。她很吃惊，但还是跟着他进来了。

他们下了台阶，进了小屋子，老人把她带到床边。

"坐下来吧，靠近炉子。自己暖和暖和，喂喂孩子。"

"没有奶。打早起我就没吃东西。"女人说着，可还是把孩子抱到胸前。

马丁摇摇头，端来一个盘子和一些面包。然后打开烤箱门，倒了些白菜汤，又取出盛粥的罐子，粥还没煮熟。他在桌上铺了一块布，准备了汤和面包。

"快坐下来吃，我来照顾婴儿，放心吧，我自己也养过孩子，我知道怎么照顾他。"

女人在胸前划了十字，坐下来吃饭。马丁把孩子放到床上，自己坐到孩子旁边。

他叹了一口气，问："你难道没有暖和一点儿的衣服？"

"我怎么会有暖和的衣服？我把最后一条围巾当了6便士。"

女人走过来接过孩子。马丁站起来，从墙上挂的东西里面找出来一件旧大氅。

"你看，"他说，"虽说是件旧的，可足够包孩子用。"

女人看看大氅，又看看老人，把大氅接过来，突然哭了。马丁转过身，又从床底下找出来一个小箱子，在里边摸索了一会儿，坐在女人面前。她说："上帝保佑你，朋友。"

"是主耶稣要我这么做的。"说着，他给了她6便士让她把围巾赎出来。女人在胸前划了十字，马丁也划了十字，然后他把她送出去。

过了一会儿，马丁看到一个提着一篮苹果的老奶奶停在窗子前，背上还背着一袋土豆。很显然，她在别的地方采集了苹果和土豆，准备带回家去。

袋子硌痛她的肩膀，她想把袋子移到另一个肩膀上。她把袋子放在人行道上，把篮子放在一个柱子上，她晃晃袋子，让土豆往下沉一沉。这时，一个戴破帽子的小孩跑过来，从篮子里抓了一个苹果，转身想溜走。老奶奶注意到了，转过身，一把抓住了他的袖子。小男孩竭力挣扎，试图逃脱，但老奶奶双手抓着他，又拽下他的帽子，抓着他的头发。孩子尖叫着，老奶奶咒骂着。

马丁放下锥子，来不及把它插回原处，就急忙出来。他跟跟跄跄地上了台阶，匆忙中把眼镜也掉到地上了。到了街上，他看到老奶奶正抓着男孩的头发骂他呢，威胁说要把他交给警察。男孩挣扎着，抗议说："我没有拿，你为什么要打我？放开我。"

马丁把他们俩分开，拉着孩子的手说："老奶奶，让他走吧。原谅他吧，看在主耶稣的分上。"

"我一定要惩罚他，让他一年都忘不了。我要把这个小无赖交给警察。"

马丁开始恳求老奶奶："放他走吧，老奶奶，他再也不会这么做了。"

老奶奶松开手，男孩想溜走，马丁叫住他："请求老奶奶的原谅，下一次不要这样做了，我看见你拿苹果了。"

男孩哭起来，请求老奶奶的原谅。

"这就对了，现在给你一个苹果，"马丁说着，一边从篮子里拿了一个苹果，递给男孩，一边说，"我付给你钱，老奶奶。"

"你这样做会宠坏他们的，这些小无赖。"老奶奶说，"应该把他揍一顿，让他长长记性。"

"噢，老奶奶，"马丁劝道，"那是我们的办法，不是上帝的办法。如果他偷了苹果要挨打，那么我们的罪应该受到什么惩罚？"

老奶奶不说话了。

于是马丁给她讲了主耶稣讲过的一个寓言故事，主人是如何宽恕欠债的仆人，而仆人出去却抓住欠他债的人的脖子。老奶奶听着，小男孩也站着听着。

"主命令我们要宽恕人，"马丁说，"否则我们怎么期望得到宽恕？宽恕每一个人，尤其是这个幼稚的小孩。"

老奶奶摇摇头，叹道："的确是这样，可他们会恃宠而骄。"

"这就需要我们长辈教给他们怎么做才能更好。"

"我也这么说，"老奶奶说，"我曾经有7个孩子，现在只剩下一个女儿了。"她告诉他她和女儿一起在哪里住，靠什么生活，以及她有几个外孙。"现在我已经老得只剩一把骨头了，可为了外孙们还得辛苦干活。他们都是乖孩子。小安妮现在寸步不离我，每天'奶奶，亲爱的奶奶'地叫我。"说到这儿，老奶奶的心软了。

"当然这只是由于他的年幼无知。"她指小男孩。

正当她要把袋子背到肩上时，男孩上前来说："让我替您背吧，老奶奶，我也走这条路。"

老奶奶点点头，把口袋放到孩子的肩上，两人沿着街道走了。老奶奶也忘了让马丁付钱。马丁看着他们说着话越走越远。

等到看不见他们了，马丁才回到小屋里。在台阶上找到眼镜，眼镜完好无损。他拾起锥子，坐下来接着干活。刚坐下来一会儿，皮革上的针孔就看不清了，这时他才注意到点街灯的人正顺着路走来点街灯。

"是到了点灯的时候了。"他自语道。他拨了拨灯芯，点上灯，把它挂起来，又坐下来

干活。他补完一只鞋，翻过来检查一遍：完全补好了。于是，他把工具放在一起，把剪掉的碎屑扫到一起，把皮革、线、锥子收拾好，又把灯取下来，放到桌子上。最后，他从架上取下《福音书》，翻到前一天晚上他用摩洛哥草做记号的地方，但书却在另一页打开了。翻开书后，他又想起昨夜做的梦，一想到这儿，似乎听到了脚步声，好像有人在他身后，正朝他走来。他转过身，感觉有人在黑暗的角落里，但他看不清是谁，一个声音在他耳边耳语道："马丁，你不认识我了？"

"你是谁？"马丁有些结巴。

"是我。"这个声音回答，接着从角落里走出了斯坦潘尼奇，朝他笑笑，然后像云一样消失了。

"是我。"声音又响起，从黑暗中走出了抱小孩的妇女，向他微笑，怀里的孩子也在笑，然后不见了。

"是我。"声音又说，老奶奶和背苹果的男孩走出来，俩人微笑着，消失了。

马丁越来越高兴，他在胸前划着十字，戴上眼镜，开始从他打开的地方看《福音书》。这一页的最上边，写着：

我饿了，你给我肉吃，我渴了，你给我水喝。我是个陌生人，你却在家里招待我。

在这页的最下角，他读到：

你帮助了我的任何一个兄弟，甚至他们中间最小的一个，就是帮助了我。

马丁明白他的梦成真了，主真的在那一天来到他的家，他迎接了主。

麦琪的礼物

——欧·亨利

威廉姆·希尼·珀特(1862～1910)，以笔名欧·亨利而为世人所熟知。他指出由爱而产生的同情常常使我们做一些蠢事，但是看起来很愚蠢的事可能对我们的心灵却有益。《麦琪的礼物》写于1905年。

1块8毛7分钱，全在这儿了。其中6毛钱还是铜子儿凑起来的。这些铜子儿是每次一个、两个向杂货铺、菜贩子和肉店老板那儿死乞白赖地硬扣下来的。人家虽然没有明说，自己总觉得这种耍赖的交易未免太吝啬，当时脸都红了。德拉数了3遍，数来数去还是1块8毛7分钱，而第二天就是圣诞节了。

除了躺倒在那张破旧的小榻上号哭之外，显然没有别的办法。于是德拉就大哭了一场。这使她油然而生一种感慨，认为人生是由啜泣、抽噎和微笑组成的，而抽噎占了其中绝大部分。

这个家庭主妇已经渐渐从第一阶段进入第二阶段，我们不妨抽空儿来看看这个家吧。一套配有家具的公寓，房租每星期8块钱。虽算不上家徒四壁，其实离贫民窟也相距不远。下面门廊里有一个信箱，但是永远不会有信件投进去；还有一个门铃电钮，除非神仙下凡才能把门铃按响。那里还贴着一张名片，上面印有"詹姆斯·迪林汉·扬先生"几个字。

"迪林汉"这个名号是主人先前每星期挣30块钱的时候，一时高兴加在姓名之间的。现在收入缩减到20块钱，"迪林汉"几个字看来就有些模糊，仿佛它们正在郑重考虑，是不是缩成一个质朴而谦逊的"迪"字为好。但是每逢詹姆斯·迪林汉·扬先生回家上楼，走进房间的时候，詹姆斯·迪林汉·扬太太——就是刚才已经介绍给各位的德拉——总是管他叫做"吉姆"，总是热烈地拥抱他。那当然是很好的。

　　德拉哭过之后，在脸颊上扑了些粉。她站在窗户跟前，呆呆地望着外面灰蒙蒙的后院，一只灰猫正在灰色的篱笆墙上行走。明天就是圣诞节了，她只有1块8毛7分钱来给吉姆买一件礼物。好几个月以来，她省吃俭用，能节省的都节省了，可结果只有这么一点儿。一星期20块钱的收入根本不经用的，支出总比她预算的要多。总是这样的。只有1块8毛7分钱来给吉姆买礼物，她的吉姆。为了买一件好东西送给他，德拉自得其乐地筹划了好些日子。要买一件精致、珍奇而又货真价实的东西——配得上吉姆的东西。这样的东西固然很少，可总得有些相称才行啊。房里两扇窗户中间有一面壁镜。诸位也许见过房租8块钱的公寓里的壁镜。一个非常瘦小灵活的人，从一连串破碎的片断的反射中，也许可以对自己的容貌得到一个大致的概念。德拉全凭身材苗条，才做到了这点。

　　她突然从窗口转过身，一阵风似的站到壁镜面前。她的眼睛晶莹明亮，可是她的脸在20秒钟之内却失去了光彩。她迅速地把头发解开，让它披落下来。可以说，詹姆斯·迪林汉·扬夫妇有两样东西特别引为自豪，一样是吉姆三代祖传的金表，另一样是德拉的头发。如果示巴女王住在天井对面的公寓里，而德拉假如有一天把头探出去，把头发悬在窗外去晾干，一定会使那位女王的珠宝和礼物相形见绌。如果所罗门当了看门人，把他所有的财富都堆在地下室里，吉姆每次经过那儿时掏出他的金表看看，一定会让所罗门嫉妒得吹胡子瞪眼睛。

　　这时，德拉美丽的头发披散在身上，像一股褐色的小瀑布奔泻闪亮。头发一直垂到膝盖底下，仿佛为她铺成了一件衣裳，她又神经质地赶快把头发梳好。她踌躇了一会儿，静静地站着，有一两滴泪水滴落在破旧的红地毯上。她穿上褐色的旧外套，戴上褐色的旧帽子。她眼睛里还留着晶莹的泪光，裙子一摆，就飘然走出房门，下楼跑到街上。

　　她走到一块招牌前停住了，招牌上面写着："莎弗朗妮夫人经营各种头发用品。"德拉跑上一段楼梯，气喘吁吁地让自己定下神来。那位夫人身躯肥大，肤色很白，一副冷冰冰的模样，同"莎弗朗妮"这个名字不大相称。

　　"你要买我的头发吗？"德拉问道。

　　"我买头发。"夫人说，"摘下帽子，让我看看你的头发。"

　　那股褐色的小瀑布倾泻了下来。

　　"20块钱。"夫人用行家的手法抓起头发说。

　　"赶快把钱给我。"德拉说。

　　唉，此后的两个钟头仿佛是长了玫瑰色翅膀似的飞掠过去。诸位不必理会这种牵强的比喻。总之，德拉正为送吉姆礼物在店铺里搜索。

　　德拉终于把它找到了。它准是专为吉姆制造的，而不是为别人。她把所有店铺都兜底翻过，各家都没有这样的东西。那是一条铂金表链，式样简单朴素，只是以货色来显示它的价值，而不是凭什么装饰来炫耀——一切好东西都应该是这样的。它可以配得上那只金表。她一看到就认为非给吉姆买下不可。它简直像他的为人——沉静而有价值——这句话拿来形容表链和吉姆本人都恰到好处。店员以21块钱的价格交给她，她剩下8毛7分钱，匆匆赶回家去。吉姆有了那条链子，在任何场合都可以毫无顾虑地看表了。那块表虽然华贵，可是因为只用一条旧皮带来代替表链，他有时候只是偷偷地瞥一眼。

　　德拉回家以后，她的陶醉的一部分就被审慎和理智所替代了。她拿出卷发铁钳，点着

煤气，着手补救出于爱情的慷慨而造成的灾害。

那始终是一件艰巨的工作，亲爱的朋友们——简直是了不起的工作。不出40分钟，她头上布满了紧贴头皮的小发卷，变得活像一个逃课的小学生。她对着镜子小心而苛刻地照了又照。"如果吉姆看了不把我宰掉才怪呢，"她自言自语地说，"他会说我像是康奈岛游乐场里的卖唱姑娘。我有什么办法呢？——唉，只有1块8毛7分钱，叫我有什么办法呢？"

到了7点钟，咖啡已经煮好，煎锅也已放在炉子后面热着以备煎肉排。

吉姆从没有晚回来过。德拉把表链对折握在手里，在他进来时必经的门边的桌子角上坐下来。接着，她听到楼下台级上响起了他的脚步声。一瞬间，她脸色变得苍白，不过，一会儿又恢复了正常。她有一个习惯，往往为了日常最简单的事情默祷几句，现在她悄声说："求求上帝，让他认为我还是美丽的。"

门打开了，吉姆走进来，随手把门关上。他很瘦削，非常严肃。可怜的人儿，他才22岁就担起了家庭的担子，他需要一件新大衣、一副手套。

吉姆刚进门就愣住了，像一条猎狗嗅到鹌鹑的气味似的纹丝不动。他的眼睛盯着德拉，所含的神情是她所不能理解的，这使她大为惊慌。那既不是愤怒，也不是惊讶，又不是不满，更不是嫌恶，不是她所预料的任何一种神情。他只带着那种奇特的神情凝视着德拉。德拉一扭腰，从桌上跳下来，走近他。"吉姆，亲爱的，"她喊道，"别那样盯着我，我把头发剪掉卖了，因为不送你一件礼物，我过不了圣诞节。头发会再长出来的——你不会在意吧，是不是？我非这么做不可，我的头发长得快极啦！说圣诞快乐吧，吉姆，让我们快快乐乐的。我给你买了一件多么好、多么美丽的礼物，你怎么也猜不到的。"

"你把头发剪掉了吗？"吉姆问时似乎很是吃力。仿佛他绞尽脑汁之后，还没有把这个显而易见的事实弄明白似的。

"非但剪了，而且卖了。"德拉说，"不管怎样，你还是同样喜欢我，对吧？虽然没有了头发，我还是我，不是吗？"

吉姆好奇地向房内四下张望。

"你说你的头发没有了吗？"他带着近乎白痴般的神情问道。

"你不用找啦，"德拉说，"我告诉你，已经卖了，卖了，没了。今天是圣诞前夜，亲爱的，好好地对待我，我剪掉头发为的是你呀！我的头发也许数得清，"她突然非常温柔地接下去说，"但我对你的爱谁也数不清。我把肉排煎上，好吗，吉姆？"

吉姆好像从恍惚中突然醒过来，他把德拉搂在怀里。我们不要冒昧，先花10秒钟工夫瞧瞧另一方面无关紧要的东西吧：每星期8块钱的房租，或是每年100万元房租——那有什么区别呢？一位数学家或是一个聪明人会给你错误的答复。麦琪带来了宝贵的礼物，可其中没有那件东西。对这句晦涩的话，下文特有所说明。吉姆从大衣口袋里掏出一包东西，把它扔在桌上。

"别对我有什么误会，德拉。"他说，"不管是剪发、修发还是洗头，我对你的爱情是绝不会减少的。但是只消打开那包东西，你就会明白，你刚才为什么使我惊呆了。"德拉白皙的手指敏捷地撕开了绳索和包装纸。接着是一声狂喜的呼喊。紧接着，哎呀声转变成女性神经质的眼泪和号哭，立刻需要公寓的主人用尽办法来安慰她。

因为摆在眼前的是那套别在头发上的梳子。全套的发卡，别在鬓角头发上的，戴在后面头发上的，应有尽有。那原是在百老汇路上的一个橱窗里摆着的，是德拉渴望了好久的东西。纯玳瑁做的，边上镶着珠宝，这个美丽的发卡配那已经失去的美发，颜色真是再合适也没有了。她知道这套发卡是很贵重的，她神往了好久，但从来没有存过能拥有它的想法。现在却居然为她所有了，可是那佩带这些饰品的头发却没有了。

但她还是把这套发卡搂在怀里不放，过了好久，她才抬起迷蒙的泪眼，强笑着对吉姆说："我的头发长得很快，吉姆。"接着，德拉像一只给火烫着的小猫似的跳了起来，叫道："哎呀！"

吉姆还没有见到他漂亮的礼物呢。她摊开手掌，把手里的东西递给他。那无知觉的贵金属闪闪发光，反映着她现在快活的心情。"漂亮吗，吉姆？我找遍全城才发现的。现在你每天要把表看上百来遍。把你的表给我，我要看看它配在表上怎么样。"吉姆并没有照着她的话去做，却倒在床上，双手枕着头笑起来。

"德拉，"他说，"我们把圣诞节礼物搁在一边，先保存起来。它们实在太好啦，现在用了未免庸俗。我是卖掉了金表，换了钱去给你买的发卡。现在请你煎肉排吧。"

那3位麦琪，诸位知道，都是有着非凡智慧的人。他们带来礼物，送给在马槽里出生的圣子耶稣。他们首创了圣诞节馈赠礼物的风俗。他们既然有智慧，他们的礼物无疑也是聪明的，可能还附带一种遇到收到同样的东西时可以交换的权利。我的拙笔在这里告诉了诸位一个没有曲折、不足为奇的故事：那两个住在一间公寓里的笨孩子，极不聪明地为了对方牺牲了他们一家最宝贵的东西。但是，让我们对目前的聪明人说最后一句话：在所有馈赠礼物的人当中，那两个人是最聪明的。在一切接受礼物的人当中，像他们这样的人也是最聪明的。无论在什么地方，他们都是最聪明的。他们就是麦琪。

找出失去的那一天

——乔治·艾略特

我们可以每天审视一下自己度过的这一天：今天是无所事事、虚度光阴，还是忙忙碌碌、有所收获。玛丽·安·伊万斯，更多的人熟悉她的笔名乔治·艾略特(1819~1880)，告诉我们二者之间的区别及怎样做才是有价值的一天。

> 如果你在日落时分坐下来，
> 回想这一天的所作所为，
> 琢磨，寻找，
> 一个忘我的行为，一句体贴的话语，
> 让听到的人心头一热。
> 充满善意的目光，
> 让所到之处阳光明媚——
> 那么，你就能确定这是有价值的一天。
>
> 但如果在整整一天里，
> 你犹豫不决，没有给一颗心带来欢乐；
> 如果整整一天
> 你没有做任何值得回忆的事，
> 没有给任何一张脸带来阳光，
> 没有一点付出，连一个小小的行为也没有，
> 没有给别人任何帮助——
> 你就能确定这一天比失去更糟糕。

亚里士多德论同情

——摘自《修辞术》

　　亚里士多德说怜悯是一种痛苦,是我们由于意识到相似的不幸也许会随时降临到我们或我们的亲人身上而产生的。这一定义似乎过于以自我为中心,有些让人感到不舒服,但是我们应该知道,在《修辞术》里,亚里士多德也教给我们如何去调动观众的情感。亚里士多德下面的观点值得我们注意:同情产生于这样一些基本认识,即痛苦是人类生存不可避免的一部分。

　　我们可以把怜悯定义为一种由明显的灾难所引起的痛苦的情感,这种灾难降临到本不应遭此不幸的人身上,而且往往是毁灭性的。同情者会想象这种灾祸有可能也会落到自己或自己的亲朋好友身上,而且有可能很快就要发生。很明显,一位将会产生怜悯之心的人必定是这样一种人:他们觉得自己或自己的亲友有可能遭受某种灾祸,这种灾祸如上述定义中所提到的那样,或者与之类似。因此那些彻底绝望的人不会有怜悯之情,因为他们认为自己已经饱受创伤,再也没有什么会降临了;那些自以为十分富有的人也不会有怜悯之情,他们拥有的只可能是傲慢无礼,因为他们认为,如果已经获得了世间的一切善,显然就不会遭受任何灾祸了,因为这也包括在内。那些认为自己有可能遭遇不幸的是这样一种人:他们曾经遭受灾祸而又幸免于难;或者是上了年纪的人,由于他的见识及人生阅历就会这样认为;或者是孱弱的人,特别是较为懦弱的人;或者是受过教育的人,因为他们有理智。此外还有那些有父母双亲、子女和妻室的人,因为这些人与他们息息相关,而且有可能遭受上述的灾祸。又如,那些缺乏胆量的人,或者那些从没有体验过发怒与感情失控的人——那样的人是不管将来怎样的,以及那些生性温和的人——这些人想不到将会遭受什么,只有介于二者之间的人才会有怜悯之情。那些处于极度恐惧中的人也不会有怜悯之心,因为他们只感受到自己的痛苦,无暇同情别人。那些认为世上还有贤明之人的人也会心怀怜悯之心,因为若是认为这世上全无好人,那么就会认为所有人受苦受难都在情理之中了。总而言之,只有当人们记得这样的祸事曾经在自己或自己的亲友身上发生过,或者认为将来还会发生时,他们才会心生怜悯。

　　此外,当危险的事情就在周围发生时,人们也会心生怜悯。人们怜悯在年龄、性情、品质、价值或地位、门第等方面同自己相似的人,因为落在这些人身上的不幸都似乎更有可能落在他们自己身上。总体来看,我们可以把这看成一个普遍的原则:如果一件事发生在自己身上自己会感到恐惧的话,当发生在其他人身上时我们就会心生怜悯。

考林斯·格瑞伍思的冒险经历

——约翰·博伊尔·奥莱利

　　这则古老的新英格兰叙事诗描述的是一个有关同情的英勇事迹。1874年5月16日，位于马萨诸塞州汉普夏县磨房河上的大坝被洪水冲毁，洪水淹没了附近124英亩的土地，平均水深达24英尺。威廉姆斯伯格、斯克那维尔和黑单维尔等3个村庄的近200人被困于洪水中。考林斯·格瑞伍思骑马来往于这些村庄，提前告知人们即将来临的危险。

　　　　没有一首歌写到过一个士兵曾骑着马，
　　　　去参加温彻斯特城激烈的战斗；
　　　　没有哪一个时期的故事曾这样震撼国家，
　　　　它所描述的痛苦如同国家诞生时一样。
　　　　但却有一个故事赞扬一个勇敢的人，
　　　　他曾毫不畏惧，像谢里丹和尊敬的保罗一样，
　　　　敢于冒险，没有片刻犹豫，
　　　　甘愿付出昂贵的代价——自己的生命。

　　　　平静的山谷刚刚睡醒，沉睡的生命开始活跃起来，
　　　　呼唤应答声此起彼伏；
　　　　大树和青草上的露珠晶莹透亮，
　　　　劳动者从旁走过，
　　　　不时回望有着雪白墙壁的家，
　　　　或抬头望望周围的山谷，一条小溪欢快地流淌着，
　　　　水面像宝石般闪闪发光，
　　　　此时的太阳徐徐升起并照耀着汉普夏县的群山。

　　　　是什么像不吉利的叹息传来，
　　　　或是一阵颤栗，或死亡的轻触？
　　　　是什么？山谷依然平静，
　　　　山顶的树叶像着了火一样如霞似锦。
　　　　不是声音，不是感觉，
　　　　而是一种痛苦，短暂停歇过后的一阵尖锐的刺痛，
　　　　包围了那些正在观看的人们，
　　　　他们的脚下是永恒的山谷。

　　　　山谷中的空气凝固了，
　　　　干活的人在磨房河边自己的家门口不知所措，
　　　　家庭主妇们，对令人颤栗的气息敏感，
　　　　停下楼梯上的脚步，
　　　　母爱的天性告诉她，
　　　　必须记得楼上甜甜入梦的孩子。

美德书大全集

是什么惊动了听者？
为什么磨房河的河面变宽？那是一匹马——
"听那马蹄声！"人们说——
在威廉姆斯伯格疾驰？
天哪！像是一个人的尖叫，
从弯弯曲曲的山顶上传来？
当可怕的警告像晴天霹雳一样传来时，
难道没有人说话吗？没有人回答那些妇女的呼喊吗？

他们从哪里来？听！现在他们听见
马蹄的疾驰声越来越近；
他们远眺山梁，看见
一个骑马的人挥舞双手，听见
他雷鸣般的呐喊声，充满威胁和提醒。
在围住山谷河流保护家园平安的大坝上，
他不拉马的缰绳，但他的话连同马蹄声，
却震撼了整个大街小巷。

他的话在风中传播，
"快逃到山上，洪水来了！"
他说完，就不见了，但人们知道最糟糕的事发生了——
不可靠的威廉姆斯大坝被冲垮了，
水库曾养育了他们的家园，
现在却变成了一个恶魔。洪水来了！洪水来了！
一个可怕的怪兽，泛着白色的泡沫，
铺天盖地，咆哮而来，

淹没了他们的家园，冲毁了他们拥有的一切，
路上，毫无怜悯之情，在狭窄的山谷横冲直撞，
大浪卷着风嘶嘶作响，
带来死亡的信息，
淹没了村庄、街道和原来拥挤的磨房，
被洪水冲毁、粉碎。洪水还在上涨，
在洪水的前面，可以听到
马蹄的疾驰声和"洪水"的警告声。

感谢上帝保护了这个勇敢的人！
从威廉姆斯城开始，这个无畏的人，一直和洪水赛跑，
洪水的前锋跟在他的后面，像割草机的刀刃。
就这样，洪水咆哮着跟在他身后，
所到之处，一切都被淹没。
但他一直朝前看，下定决心：
"我必须通知他们！"

于是继续他可怕的行程。

以前的英雄们给这个南方的骑士
带来荣誉的王冠。
他的事迹，在时间的河流中，同库尔提乌斯时代的
那个长跑的罗马人一样，是勇敢无畏的行为。
这个高尚的传奇故事，让我们心灵为之一震，
因为他为了大家甘愿冒生命的危险。

守夜：一天夜里我奇怪地在战场上守夜

——沃尔特·惠特曼

　　真正的同情比我们从别人的死亡中感受到的痛苦深刻得多。真正的同情试图去理解，至少去认识突然离去的生命所造成的悲剧后果。

　　沃尔特·惠特曼(1819~1892)于1862年到弗吉尼亚的内战前线去照顾他受伤的弟弟。之后，他在华盛顿特区的战地医院里做志愿工作，护理伤员。依据这些亲身经验，他写下了《鼓点》这本关于内战的诗集。

一天夜里，我奇怪地守卫在战场上，
那天，当你——我的孩子和同志，在我的身旁倒下，
我只看了你一眼，而你回望的一瞥却叫我永远难忘。
你在地上躺着，举起手来，孩子，只轻轻地一握啊，
于是，我立即就投入战斗，更激烈的战斗，
直到深夜撤回，我才终于找到原来的地方，
发现你死了，身体僵冷，亲爱的同志。
你那僵硬的躯体曾任人亲吻啊，(如今已再也不能那样！)
星光照在你的脸上，这是一幅古怪的场景，凉凉的夜风
和缓地吹着，战场周围的一切笼罩在朦胧中，
我长久地站在那里陪伴你，
在芬芳静穆的夜里，这陪伴显得多么奇妙而甜美，
可是我没有掉一滴眼泪，甚至也没有叹息，只是长久地凝视着你。
然后我坐在地上，在你的身旁，双手捧着下巴，
度过这宝贵的时刻，难忘而神秘的时刻，和亲爱的同志在一起。
可是我默默无语，更没有眼泪，
静静的，爱与死的守卫，为了你——我的孩子和同志而守卫啊，
当高空的星辰越来越远，东方的新星又悄悄地升起，
我为这勇敢的小伙子作最后一次守卫，(你死得那样仓卒，我没法救你呀！)
你活着时我真心疼爱你和照顾你，我想我们一定还会重逢，
直到深夜还恋恋不舍，黎明刚刚出现在天际，
我将我的同志裹在他的毯子中，严实地包裹起来，

将毯子合拢，从头到脚小心地裹紧，
此时此地，在初升的太阳下，我的小伙子躺进了坟墓，我把他放进
匆匆挖掘的墓穴里。
就这样，我结束了这次奇怪的守夜，在黑夜笼罩的战场上守夜，
守卫那个曾经报人以亲吻的孩子，(今后再也不会那样了，)
守卫这个突然被杀死的同志——这永远难忘的守卫呀，直到天亮时，
我才从冰冷的地上站起，将我的士兵裹好在他的毯子里，
把他埋葬在他倒下的那片土地上。

亚伯拉罕·林肯总统致比克斯比夫人的一封信

——亚伯拉罕·林肯

　　林肯在听了副官讲述波士顿的一个寡妇的5个儿子都加入了联盟军并先后在战斗中阵亡的故事后，给她写了这封信。正如卡尔·桑德堡所写的："人类的自由往往需要付出极为痛苦的代价。就这点而言，这封信比葛底斯堡演说体现得更深刻。"林肯理解这种痛苦，分担她的痛苦，写了这封著名的信来表达他对这位母亲的问候与安慰。桑德堡写道："他就像是一位船长，在黑夜靠灯光领航，把黑玫瑰抛进大海，为了神秘的记忆和永恒的献祭。"

1864 年 11 月 21 日
华盛顿，总统府

致：比克斯比夫人，马萨诸塞州波士顿市
亲爱的夫人：
　　在送我批阅的陆军部档案中，我看到一份马萨诸塞州陆军副官长送来的文件，得知您便是有5个儿子光荣牺牲在战场上的那位母亲。我深深感到，无论我用什么言辞来安慰您，来排遣如此巨大的损失带给您的悲痛，都一定是无力和徒劳的，可我还是抑制不住要向您表示慰问，这种慰问体现在您的儿子们为之献身所拯救的共和国对您的感谢之中。我祈求我们的天父减轻您的丧子之痛，使您只怀有对过去的美好回忆和庄严的自豪感。您有这种自豪感是理所当然的，因为您为自由的祭坛献上了如此昂贵的祭品。

怀着万分的诚挚和敬意
亚伯拉罕·林肯

　　作为一条历史性的注释，我们现在知道林肯总统当时得到的消息不属实，比克斯比夫人有两个儿子在战争中阵亡，一个儿子成了俘虏，另外两个儿子失散了。但这个错误并不能掩盖这封信的光辉，比克斯比夫人的损失和她作出的牺牲是无法补偿的。

哦，船长！我的船长！

——沃尔特·惠特曼

在这首诗中，沃尔特·惠特曼哀悼倒下的亚伯拉罕·林肯总统。对诗人来说，刺杀行为对于他在许多诗歌中所讴歌的美国同志式的民主精神是一个沉重的打击。

哦，船长！我的船长！我们险恶的航程已经结束，
我们的船安然渡过惊涛骇浪，我们寻求的奖赏已经赢到手中；
港口已经不远，钟声我已听见，万千人在欢呼，
眼睛望着我们的船稳稳驶进港口，我们的船威严且勇敢。
可是，心啊！心啊！心啊！
哦，殷红的血在流淌，
在甲板上，躺着我们的船长，
他已倒下，已死去，已冷却。

哦，船长！我们的船长！起来吧，请听听这钟声，
起来吧，请看，旌旗为你招展，请听，号角为你长鸣；
为你，岸上挤满了人群，为你，无数花环、彩带；
为你，熙攘的人群在呼唤，为你，多少张殷切的脸在左顾右盼。
这里，船长！亲爱的父亲！
你头颅下面是我的手臂，
这是甲板上的一场梦啊！
你已倒下，已死去，已冷却。

我们的船长不回答，他的双唇惨白；
我的父亲已不能感觉我的手臂，他已没有脉搏、没有生命，
我们的船已安全抛锚，航程已经完成，已经结束，
胜利的船从险恶的旅途归来，我们寻求的已赢到手中。
欢呼吧，啊，海岸！轰鸣吧，啊，洪钟！
但是，我的脚步带着悲伤，
行走在船长躺卧的甲板上，
他已倒下，已死去，已冷却。

新的巨像

———埃玛·拉扎勒斯

埃玛·拉扎勒斯(1849~1887)于1883年写成《新的巨像》。当时的艺术家和作家发起了一项募捐活动,筹集资金给自由女神像修建底座。自由女神像是法国政府送给美国政府的礼物。诗的名称指的是罗德斯巨型雕像群——世界七大奇迹之一。这是一组铜制的雕像。雕像中的太阳神赫利俄斯正俯瞰着希腊的港口。拉扎勒斯的诗与自由女神像一起,使美国作为移民的避难地而为世人所熟悉。在这里,同情是美国最伟大的国策之一。

她不像希腊有名的青铜巨人,
征服者的双脚横跨两片土地。
在这浪拍夕照的港口,
屹立着一位顶天立地的女人,
高擎火炬俯瞰无垠的大海。
火炬是被囚禁的闪电,似灯塔放出的光芒。
她是"流亡者之母",伸出双手向全世界召唤,
她那温柔的目光落在连接双城的海港。

"古老的大地,愿你们永葆历史的辉煌!"
她无声地呐喊。
"把你们土地上那些穷困潦倒的
不堪疲惫而渴望自由呼吸的芸芸众生,
连同那些无家可归、四处漂泊的人们送来,
我高举明灯迎候在这金色的大门!

民主的影响

———阿列克西·德·托克维尔

1831年,法国政府派26岁的阿列克西·德·托克维尔前往美国考察美国的刑法制度。结果便是《论美国的民主》一书的问世。在这部宏篇巨著里,托克维尔评价了民主给人们带来的希望及它存在的隐患。在节选的这一章里,他考察了平等对同情的影响。虽然他的考察的准确性有待进一步讨论,但不管怎样,我们不由得问自己:现代的美国人究竟怎样才能做到如同一个半世纪以前托克维尔在本书中所描绘的那样?

我们观察到,几个世纪以来,人们的社会地位逐渐平等。同时我们还发现,在这一过程中,社会民众的举止也逐渐变得温和起来。这两个现象仅是发生在同一时期呢,还是两者之间有一种内在的联系,以致没有一个的发展另一个就不可能前进呢?有几个原因可能

第二章 同情

会同时出现，从而使一个国家的民众举止由粗野变得温和，在这些原因当中，我认为最强有力的原因是社会地位的平等。因此，在我看来，社会地位的平等化和民众举止的温和化不只是同时出现的现象，而且是相互关联的事实。

当一个社会中所有阶层的人在地位上近乎平等，所有人的思考和感受方式大致一样的时候，每个人都可立即判断出其他一切人的所想所感——他只需快速地省察一下自己就足够了。因此，任何他人的不幸他都能很快发觉，一种内在的本能使他很清楚不幸的程度。这并不意味着他会认为陌生人或敌人就应该是受苦受难的人，想象力会把他自己置换到他们的位置上：一种类似个人情感的东西会和他的怜悯心交织在一起，使他在其他同类受苦的时候自己感觉也深受其苦。

在民主时代，很少有一部分人对另一部分人做出牺牲的现象；但是，人人都对同类表达出普遍的同情心。谁也不会让他人受无谓的痛苦，而且在对自己没有大的损害时，还乐意帮助别人减轻悲痛。他们不是漠不关心，而是仁慈并极富同情心。

尽管从某种意义上说，美国人已把利己主义系统化为一种社会和哲学理论，但是他们却仍然富有怜悯心。

当人们对彼此的不幸自然而然怀有恻隐之心，轻松而频繁的交往把他们联系在一起，任何敏感的情绪都不会使他们分开的时候，很可能他们就会在必要的时候立即实施互助。当一个美国人请他的同胞协助的时候，很少有人拒绝。我就屡次见到他们满怀热情地自发助人的行为。如果高速公路上发生车祸，每个人都从四面八方前来帮助受害人。要是某个家庭横遭大难，素昧平生的人也会立即慷慨解囊。每个人的捐助虽少，但积少成多，便可使这一家人摆脱困境。

在世界上的一些最文明的国家里，一个不幸的人往往在人群中孤立无援，就像一个野人在森林里的遭遇一样。而在美国就几乎没有这种现象。美国人的态度虽然一向冷淡，而且往往粗野，但他们却几乎没有冷酷无情的表现。即便他们没有立即主动去帮助他人，他们也不会拒绝帮助人。

这一切同我在前面论述个人主义时所讲的话并不抵触。这两种现象非但不对立，相反，我能理解它们如何互相协调。社会地位的平等在使人们感到自己独立的同时，也使他们感到自己的软弱：他们的确是自由了，但却面临着无数的意外威胁；经验很快使他们懂得：他们虽然不是经常需要别人的帮助，但一定有非要他人帮助不可的时候。

我们在欧洲经常看到，职业相同的人经常相互帮助；他们面临着相同的痛苦，这足以教会他们互相寻求支持与保护，而不管他们在其他方面如何铁石心肠和自私。因此，在他们当中如果有人遇到困难，而别人只要暂时牺牲一下或努力一番就可以挽救时，他们便会奋力支援。这并不表明他们对那个人的命运十分关心，因为他们的努力一旦被证明无效，他们马上就会把这件事置于脑后，而各自去忙自己的事情。但是，他们之间似乎有一种几乎是不由自主的默契，每个人都有暂时支援他人的义务，而在他自己有困难的时候，也有权要求他人的支援。

如果把我就一个阶级的论述推而广之，用于一个民族，大家就会更加了解我的思想。其实，在一个民主国家的所有公民之间，也有一种类似的契约。他们觉得大家面临共同的弱点和危险；他们的利益和他们的同情心使他们彼此之间形成一条原则：在必要的时候互相援助。社会地位越是平等，人们也就越表现出这种互相支援的倾向。在民主国家里，没有人会赠与你大的恩惠，但人们经常会做有益他人的事。一个人很少有效忠精神，但大家都乐于助人。

隐形的唱诗班

——乔治·艾略特

乔治·艾略特曾经问："如果不是为了彼此生活得更好一些的话，那我们还为了什么活着？"在这首诗里，她指出，当生命停止之后，我们还可以拥有同样的力量。我们今天所表现的对他人的同情会在我们死后继续给他们以鼓励。

啊，但愿我能加入这由已逝去的不朽的人
所组成的隐形的唱诗班。
如果他们重又生还，
人们的思想会变得更加高尚。
他们的脉搏跳动着宽容和博爱，
他们的行为勇敢而正直，
他们对自私和卑鄙进行无情的讽刺——
这些注定随个体的死亡而消逝。
他们高尚的思想如星星照亮夜空，
他们不断地坚持推动人们的思想
奔向更远大的目标。

但愿我能达到
最纯洁的天堂——成为别人
面对巨大苦痛时的力量的源泉，
去点燃慷慨之火，播散纯洁的爱，
让人们脸上荡漾善意的微笑，没有丝毫冷酷的情感，
让自己成为美好的存在，去影响他人的行为，
然后使这种美好的影响更强烈。
因此，我愿意加入隐形的唱诗班，
这里的音乐比得上世外仙乐。

第三章

责 任

　　"反应"就是"回答"。同样，"应负责的"就是"应回答的"或"应作出解释的"。不负责任的行为是不成熟的行为。承担责任或有责任感是一种成熟的表现。我们努力培养孩子成为有责任感的人，就是在帮助他们走向成熟。詹姆斯·麦迪逊在《联邦主义者》第六十三号中用极为清楚透彻的语言限定了责任感的各种参数："责任感，为了使其合情合理，必须把要负责的事物限定在负责任一方的能力范围内，为了发挥其效果，必须涉及该权力的实施。"那些还未达到成熟的人还不能完全行使他们的这种权力。

　　我们都知道，历史上发生的所有事情都是由某些具体的个人所为，某些人行使了权力来做了这些事。我们单独或与别人合作做某事的责任大小与社会政治结构变化息息相关，但是有一点是不会改变的，即越是成熟，责任越重。伊甸园中的亚当，被上帝发现偷吃了禁果时，把责任推到夏娃身上，这种行为显然是不成熟的。而夏娃反过来把责任推给引诱她的蛇，这也是不成熟的表现。每代人中总有一些人，当自己做了错事而要受到惩罚时，总是把责任推到兄弟或玩伴身上，并说"是他让我做的"或"他要我这么做"，这真是永远的托词。

　　但是，不负责任的后果还不止于此。这种没有察觉到的不成熟的表现往往会延续到成年时代。几乎每个人做了错事之后都会找借口。在华盛顿特区，政客们避免受谴责的一个惯用的手段是大量地使用被动语态："产生了失误。"却很少有人立即承担责任。对于某项反响良好的事业，多数人都想邀功领赏，尽管关于公益事业有一句非常有名的格言："如果不计较荣誉归属，你有做不完的好事。"

　　归根到底，我们对自己是怎样的人是负有责任的。"我就是这样的人"不能成为自己行为轻率或可耻的理由。这种说法甚至也不够准确，因为我们不可能永远不变。我们成为何种人是我们自己的决定，亚里士多德是第一个持这种观点的人。英国哲学家玛丽·麦金莱雷在《人与兽》中指出，存在主义最有用、最重要的观点就是我们应对自己是怎样的人负责，抛弃各种虚伪的借口。

　　索伦·克尔凯郭尔，19世纪存在主义的先驱之一，批评了群集和帮派对人类责任感的腐蚀作用。他在《作者本人对自己作品的看法》中写道，"对群集的人来说，最重要的概念就是说谎，因为它使个人顽固而且不负责任，至少削弱了他的责任感，使之荡然无存"。圣·奥古斯丁在他的《忏悔录》中回忆了他年轻时的恶意破坏行为，认为责任感的

弱化源于同龄人的压力，因为当其他人说"来吧，我们一起做"时，我们通常会因自己的犹豫感到丢人。但他和亚里士多德及存在主义者一样坚持认为个人应对其所做的事负责。责任感的退化并不能削弱个人的责任感这一事实。

有责任感的人是对自己和自己的行为负责的人，这样的人才是成熟的人。这些人能够控制并坦率承认自己的行为，也就是为自己的行为负责。通过实践和树立榜样，我们帮助孩子培养成熟的责任感，同时也在帮助他们培养其他优良的品格。如果父母的榜样和对孩子的期待是明确的、一贯的，并和孩子的能力发展是相称的话，家务活、家庭作业和课外活动及放学后的工作还有志愿工作等等，都有利于孩子的成长。

在草地上

——奥利弗·A.沃兹沃斯

这首诗指出父母的第一责任是抚养自己的孩子。

在绿色的草地上，
在沙地上，阳光下，
住着一位蟾蜍妈妈
和她的小蟾蜍娃娃。
妈妈说："眨眼吧！"
娃娃说："我来眨眼！"
于是它们眨眼，眨呀眨，
在阳光下的沙地上眨眼。

在绿色的草地旁，
清澈的小溪潺潺流过，
溪中住着一位鱼妈妈
和她的两个小鱼娃娃。
妈妈说："游泳吧！"
两个娃娃说："我们来游泳吧！"
于是它们游了起来，
在清澈的小溪里飞快地游来游去。

在绿色的草地上，
在一个树洞中，
住着一位蓝知更鸟妈妈
和她的三个小知更鸟娃娃。
妈妈说："唱歌吧！"
三个娃娃说："我们来唱歌吧！"
于是它们很高兴地
在树洞里唱了起来。

在绿色的草地上，
在大海边，芦苇中，
住着一位麝鼠妈妈
和她的四只小麝鼠娃娃。
妈妈说："挖洞吧！"
四个娃娃说："我们来挖洞吧！"
于是它们不停地挖起洞来，
在岸边的芦苇中。

三只小猫

——爱丽莎·李·福林

应该让儿童早些在实践当中学到责任带来回报的道理，而奖励会使他们更有责任感。如果我们想吃蛋糕，就必须把手套准备好；如果以后还想吃到，必须洗净手套。

三只小猫弄丢了它们的手套，
于是它们开始哭：
"噢，亲爱的妈妈，
我们非常害怕，
因为我们弄丢了手套。"
"把手套弄丢了！
你们这些淘气的小猫！
那你们就没有蛋糕吃！"
"喵，喵，喵，我们想要！"
"不行，你们将没有蛋糕吃。"
"喵，喵，喵，我们想要！"

三只小猫找到了它们的手套，
它们开始大喊：
"噢，亲爱的妈妈，
快看这里，快看这里！
看，我们找到手套了！"
"那就戴上手套，
你们这些笨小猫。
你们可以吃蛋糕。"
"呜，呜，呜，
我们有蛋糕吃了！
呜，呜，呜。"

三只小猫戴上它们的手套，
很快就吃完了蛋糕。
"噢，亲爱的妈妈，
我们很害怕，
因为我们弄脏了手套！"
"弄脏了手套！
你们这些淘气的小猫！"
于是它们开始叹气：
"喵，喵，喵。"
它们开始不停地叹气：
"喵，喵，喵。"

三只小猫洗净了它们的手套，
挂在外面晾晒。
"噢，亲爱的妈妈，
难道你没有听到，
我们已经洗净了手套？"
"已经洗净了手套！
哦，你们真是可爱的孩子！
噢，我闻到附近有一只老鼠，
嘘，嘘，喵，喵。"
"我们闻到附近有一只老鼠。
喵，喵，喵。"

小孤女安妮

——詹姆斯·惠特科姆·赖利

这首诗告诉我们，如果孩子不去做他们应该做的事情，将会发生什么。

小孤女安妮来到我们家住，
又擦杯子，又洗盘子，又要掸掉桌上的面包屑，
还要把小鸡从门廊赶走、把壁炉周围的灰尘拭去，还要扫地、
生火、烤面包，这样才能在这里吃住。
我们其他的孩子，当晚饭后的杂务收拾停当后，
围坐在厨房炉火前，享受着一天中最大的快乐，
听安妮讲巫婆的故事。
怪物会来抓走你，
如果你不小心。

从前有一个小男孩不愿意做祷告，

第三章 责任

当他晚上睡觉后，一个人在楼上，
他的妈妈听见他的呼喊，爸爸听见他的哭声，
当他们掀开帘子，他不见了！
他们在储藏间找，在阁楼里找，找呀找，
在烟囱边找，我猜到处都找遍了，
但是他们找到的是，他的裤子和紧身上衣！
怪物会来抓走你，
如果你不小心。

从前有一个小姑娘，总是哈哈大笑，
取笑每一个人，包括她的亲戚和家人，
有一次，她和一群人在一起，其中有些老年人，
她嘲笑他们，吓唬他们，并说她不在乎！
可是有两个巨大的怪物站在她的身边，
她还没有明白，它们已钻过屋顶抓住她，然后从屋顶消失了！
怪物会来抓走你，
如果你不小心。

小孤女安妮讲着故事，这时蓝色的火焰燃烧得正旺，
灯芯发出噼噼啪啪的声音，屋外的风呜呜地吹过，
蟋蟀已经停止唱歌，月色皎洁，
亮晶晶的萤火虫也已销声匿迹。
这时，你最好回忆一下父母对你的疼爱，老师对你的关心，
珍惜他们的给予，然后为孤儿把眼泪擦干，
因为他就是那个又穷又需要你关心的人。
怪物会来抓走你，
如果你不小心。

洋娃娃丽贝卡

——艾丽诺·派特

玩耍是孩子的天职，在玩耍中培养他们的责任感再好不过了。

我有一个洋娃娃，名叫丽贝卡，
她需要我很多的照顾，
我要给她戴上丝带，
还要给她梳理柔软的头发。

我为她收拾衣服，
为她洗手洗脸，

为她做大氅和围裙，
还要加上漂亮的小饰物和小花边。

我每天给她做饭，
她不舒服时安慰她，
当她着凉感冒时，
还得打电话为她请医生。

丽贝卡不喜欢这样子，
说她很结实很健康，
还说她要尽力——噢，很难做到，
每天都要做个好孩子。

夜晚来临，她瞌睡了，
于是我们爬上床，
挨在一起躺下，
很快就进入了梦乡。

我没有其他的洋娃娃，
因为你可以很明显地看出来，
为了照顾丽贝卡，
我已经十分忙碌。

圣乔治和龙

——J. 伯格·埃森韦恩和玛丽埃塔·斯托卡德重述

"可能有地方还存在麻烦和恐惧，"故事当中的圣乔治骑马离开时说，"只有骑士到那里才能够消灭它们。"在这里我们看到了一个有道德、有良心同时又充满了抱负的人，他总是竭尽全力去帮助别人。这类想方设法帮助别人的人被称作骑士、圣人和慈善家，有时他们也被称作牧师、教师、教练、警察和父母。

很久以前，骑士们生活在这片土地上，其中有一位骑士名叫乔治爵士。他不仅比其他骑士勇敢，而且是那样高贵、和蔼和友好，所以人们都称他为圣乔治。

没有强盗敢找住在他的城堡附近的居民的麻烦，所有的野兽也都被杀死或赶走，因此小孩子即使到树林里玩耍也不必担心。

一天，圣乔治骑马穿过村子。每到一处他都看到男人们在地里忙着干他们的活，女人们在家里边干活边唱歌，小孩子在玩耍嬉戏。

"这些人都很安全和快乐，他们不再需要我。"圣乔治说。

"可是其他地方可能还有麻烦和恐惧，在那些地方，孩子们不能安全地玩耍，一些女人可能背井离乡——甚或可能还有龙没有被杀死。明天我将骑马离去，直到找到骑士可以有所作为的地方才停下来。"

第二天一大早，圣乔治戴上头盔，穿上全套闪亮的铠甲，把剑挂在腰间，跨上他那匹高大的白马出了城堡的大门，沿着陡峭的、崎岖的路走下去。他身材高大，而且坐得笔直，看上去勇敢而强壮，就像一个英勇的骑士那样。

他穿过山脚下的村庄，又骑马走在乡间，看到富饶的田野里到处谷浪滚滚，到处都是一派和平而富足的景象。

他继续向前走，直到来到一个他从来没有看到过的地方。他注意到，在那里没有男人在田里耕作。他路过的房子静悄悄、空荡荡的，路旁的草已经枯萎，好像刚刚被烧过，田地里的麦子也都被践踏和烧毁。

圣乔治勒住马缰绳仔细观察，到处寂静荒芜。"是什么可怕的事情把人们从家里赶走了呢？我必须找到他们，给他们力所能及的帮助。"他说。

可是一个人也没有，于是圣乔治继续向前走，最后他终于看到了远处的城墙。"这儿一定有人能告诉我原因。"他说着，快马加鞭向这座城市奔去。

就在这时大门开了，圣乔治看到一大群人站在城墙里面，有些人在哭泣，所有人看上去都很害怕。圣乔治注目观看，看见一个美丽的少女通过城门独自走出，这个少女穿着白色的衣服，腰间还束着一条红色的腰带。城门铿地一声关闭了，少女边走边悲伤地哭泣，没有注意到圣乔治骑着马朝她飞奔过来。

"你为什么哭啊？"他来到她身边问道。

她抬头看了一眼骑在马上的圣乔治，那么笔直、高大、英俊。"哦，骑士先生，"她喊道，"快骑马离开这里吧，你已经处在危险当中了。"

"危险？"圣乔治说，"你觉得骑士会逃离危险吗？另外，像你这样一个美丽的姑娘独自在这里，想想一个骑士能撇下你不管吗？告诉我你遇到了什么麻烦，我也许能帮上你的忙。"

"不！不！"她喊道，"快跑吧，你会没命的，附近有个可怕的龙，它随时会来。如果它发现了你，吹口气就能把你杀死，走，快走吧！"

"说详细些，"圣乔治坚决地说，"为什么你在这儿独自与龙对抗，那个城市里就没有男人了吗？"

"哦，"少女说，"我的父亲是国王，年老而虚弱，只有我能帮他照看他的臣民。这个可怕的龙把他们从家里赶走，夺去了他们的城堡，毁坏了他们的庄稼，他们都到城墙内避难。几个星期以来，每到这个时候龙就会来到这个城门口，我们每天被迫给它两只羊作为它的早餐。

"昨天，城里已经一只羊也没有了，因此它说除非今天给它一个年轻的少女，否则它将摧毁城墙，破坏这座城市。人们哭喊着要我的父亲去救他们，可是他无能为力。我打算把我自己交给龙，或许，它拥有了我这个公主，就会放过我们的臣民。"

"勇敢的公主，给我带路，告诉我那个怪物在哪儿。"

公主看到圣乔治那炯炯有神的双眼和强壮的臂膀，她不再感到害怕，转过身，领着他向一个波光粼粼的水潭走去。

"这儿就是它住的地方，"她小声说，"看，水在翻动，它醒了。"

圣乔治看见龙头从池中露出，它盘旋着从水中升起，看见圣乔治后狂暴地咆哮着，朝他冲过来。它的鼻孔喷着烟和火，张开的嘴巴似乎要把骑士和他的马一口吞下。

圣乔治大吼一声，拔出剑在头上挥动着，骑马来到龙的身旁，圣乔治的剑快而有力，这真是一场可怕的战斗。

终于，龙受伤了，它疼痛地咆哮着，扑向圣乔治，张开的大嘴马上就要咬到勇敢的骑士的头。

圣乔治眼疾手快，用尽全身力气向龙的喉咙刺去，龙跌落在马的脚下——死了。

胜利后，圣乔治兴奋地高呼。他呼唤公主，公主来到他的身边。

"把你的腰带给我，噢，公主。"圣乔治说。

公主把腰带给他，圣乔治用它捆住龙的脖子，然后他们用这根柔软的丝带把龙拖回城里，以便让所有的人都看到恶龙已经不能再伤害他们了。

人们看到圣乔治把公主安全地带回，知道龙已经被杀死了，于是大开城门兴奋地呐喊欢呼。

国王听到后，从宫殿里走出来，看看为什么人们会欢呼。

看见女儿平安无事，他比谁都高兴。

"噢，勇敢的骑士，"他说，"我已经老迈多病，留下吧，帮我保护好臣民，使他们免受伤害。"

"如果需要我，我就留下。"圣乔治回答。

从此，他生活在宫殿里，帮助老国王照看他的臣民。老国王死后，圣乔治做了国王。只要有这样一个勇敢的好人做国王，人民就会感到幸福和安全。

我们想要的男孩

一个诚实的、说真话的男孩，
能够自觉地、尽职尽责地工作。
我们不需要遇事退缩的男孩，
这会让我们蒙羞。

我们想要的男孩是——
可信赖的、诚实的孩子。
他尊敬长辈，
爱护年幼的孩子。

他关心自己的家人，
和兄弟姐妹相处融洽。
遇到糟糕的情况时，
他会帮助父母处理。

这些就是我们所信赖的男孩，
我们未来希望之所在，
整个世界在等待，
这些男孩成长为男子汉。

第三章 责任

阿尔弗雷德国王和蛋糕

——自詹姆斯·鲍德温原作改编

在公元9世纪时候的英格兰，阿尔弗雷德是西撒克逊人的国王，他保护英格兰使其免遭丹麦人统治的决心，和对文化和教育的重视使他成为英格兰最受爱戴的统治者。这则著名的故事提醒我们关注小事情是为做大事情做准备，同时还提醒我们将统治和责任联系在一起，真正伟大的领袖不会轻视小事情。

很多年以前，在英格兰有个国王叫阿尔弗雷德，他是一个聪明和公正的人，是英格兰有史以来最伟大的国王之一。甚至几百年以后的今天，他被尊称为阿尔弗雷德大帝，并为人们所熟知。

在英格兰，阿尔弗雷德统治时期是很不容易的，这个国家遭到海外凶猛的丹麦人的侵略。丹麦侵略者不仅数量多而且强壮彪悍，在很长一段时间里他们几乎赢得了所有战斗的胜利。如果他们继续保持这样的胜利，他们不久将主宰这个国家。

最终，经过很多次战斗，阿尔弗雷德率领的英国军队被击溃，每个人不得不想方设法拯救自己，甚至包括阿尔弗雷德国王自己。他化装成牧羊人独自穿过森林和沼泽逃跑。

经过几天的跋涉，他来到一个伐木工的小屋前，觉得又累又饿，他敲门乞求伐木工的妻子给他一些东西吃，并让他在这里睡一夜。

女主人怜悯地打量着这个衣衫褴褛的家伙，不知道他到底是谁。"进来吧，"她说，"如果你能帮我看好炉子上烤着的蛋糕，我就会给你晚餐吃。我要去挤奶了，小心看好它们，在我挤奶期间不要把它们烤糊了。"

阿尔弗雷德礼貌地谢过她，坐在炉火旁。他尽力去注意这些蛋糕，可是不久他脑子里就充满了各种问题：如何把他的军队再集结起来？甚至如果能够的话，如何准备去面对丹麦军队？如何把这么强悍的侵略者赶出英格兰？他越想越觉得前途渺茫，他开始觉得继续打下去毫无结果。阿尔弗雷德只关注自己的问题，忘记了他是在伐木工的小屋里，忘记了饥饿，忘记了那些蛋糕。

过了一会儿，女主人回来了，她发现小屋里充满了浓烟，蛋糕已经被烧焦，然而阿尔弗雷德却坐在炉火旁两眼盯着火焰，他根本没有注意到蛋糕已经被烤糊了。

"你这个懒惰的、一无是处的家伙，"这个女人生气地喊道，"看你都做了什么！你想得到吃的，但你却不想干活，现在我们都没有了晚餐。"阿尔弗雷德羞愧地垂下头。

这时伐木工回来了，他一进门就认出了这个坐在炉火旁的陌生人。

"安静，"他告诉妻子，"难道你没有认出你在责骂谁吗？这是我们高贵的统治者，阿尔弗雷德国王本人。"

这个女人很害怕，她在国王身边跪下，乞求他原谅她所说的尖刻的话。

但是明智的阿尔弗雷德国王让她站起来。"你责骂得对，"他说，"我说过我来看管蛋糕，但我却把它们烤焦了，我应该受到责骂。一个人接受了任务，无论大小都应该忠实地完成，这次我失败了，可是这将不会再次发生，作为国王，我的职责在等着我去履行。"

这个故事没有告诉我们阿尔弗雷德国王那天晚上是否有东西吃，但是不久以后，他将他的士兵再一次集结起来，并将丹麦人赶出了英格兰。

只因缺了一个马蹄铁钉

——自詹姆斯·鲍德温原作改编

　　这个传说取材于英格兰国王里查德三世的灭亡，他在1485年的博斯沃思战斗中被击败，因莎士比亚著名的诗句"一匹马！一匹马！我的王国就因为一匹马而灭亡！"而臭名远扬、身败名裂。这个故事很好地衬托了《阿尔弗雷德国王和蛋糕》的故事，提醒我们忽略小事情有时会带来灭顶之灾。

　　国王里查德三世正在准备他这一生中最关键的战争，由里士满伯爵亨利率领的军队正向他开来，这场战斗将决定谁来统治英格兰。

　　开战这天的早晨，里查德派一个马夫检查他心爱的战马是否完全准备好。

　　"快给它钉蹄铁，"马夫对铁匠说，"国王想骑着这匹马走在队伍的最前面。"

　　"那你得等会儿，"铁匠回答，"这几天我给国王的所有军队钉马蹄铁，现在我不得不再去取一些铁来。"

　　"我不能等了！"马夫不耐烦地叫道，"国王的敌人马上就要进攻了，我们必须和他们在战场上相遇，想一想办法。"

　　因此，铁匠开始了他的任务，一根铁棒可以做四只马蹄铁，他用锤子敲打使它适合马蹄，然后他开始钉钉子，可是当他钉好三只蹄铁时，发现没有足够的钉子钉第四只马蹄铁了。

　　"我需要再多一两个钉子，"他说，"我得费些时间把钉子打出来。"

　　"我告诉你我不能等了！"马夫不耐烦地说，"我都听见号角响了，难道不能只用现成的东西吗？"

　　"我能把这个蹄铁装上，可是不能确保它像其他几只那样安全。"

　　"能支撑一段时间吗？"马夫问。

　　"应该吧，"铁匠回答，"不过不一定。"

　　"那好吧，就这样钉吧，"马夫叫道，"快点，里查德国王要生我们的气了！"

　　敌人冲锋了，里查德在战斗最激烈的时候骑着马在战场上来回奔跑，激励他的部队向敌人进攻。"前进！前进！"他叫喊着，催促着他的部队冲向亨利的防线。

　　远处，在战场的另一边，他看见一些人在后退，如果别人看到了，他们也会撤退，因此里查德驱马朝溃退的防线飞驰过去，召集他的士兵回来继续战斗。

　　他还没有走到战场的中间，其中一只马蹄铁脱落下来，马踉跄着摔倒了，里查德也被摔到了地上。

　　在国王抓住马缰绳前，这匹受惊的马站起来跑了。里查德环顾四周，他看见他的士兵正转身逃跑，亨利的军队正向他围过来。

　　他在空中挥舞着剑，"一匹马！"他喊道，"一匹马！我的王国就因为一匹马而灭亡！"

　　可是他已经没有马了，他的军队瓦解成几部分，忙于自救。不久亨利的士兵追上里查德，战斗结束了。

　　从那时起，人们说：

　　　　因缺少一个钉子，失去了一只马蹄铁，
　　　　因失去一只马蹄铁，失去了一匹战马，
　　　　因失去一匹战马，失去了一场战斗，

第三章 责任

因失去一场战斗，失去了一个王国，
所有这一切都是因为缺了一个马蹄铁钉。

沃尔特·雷利爵士

——詹姆斯·鲍德温改编

歌德说过，没有深厚的道德基础，真正的谦恭和礼貌就不会表现出来。这个关于英国探险家和朝臣沃尔特·雷利爵士(1554～1618)的故事就是其中最有名的例子之一，它告诉我们如果想具有骑士精神应承担责任。

从前，在英格兰有一个勇敢而高贵的人，他的名字叫沃尔特·雷利，他不仅勇敢、高贵，而且英俊又有礼貌。因为这个理由，女王让他成为骑士，称为沃尔特·雷利爵士。我要讲的就是这样一个故事。

雷利年轻的时候，有一天他在伦敦的一条路上行走。那时的道路没有现在铺得这么好，而且没有人行道，雷利穿着非常精美的服装，肩上披着鲜红的斗篷。

当他路过时，发现在泥中行走是一件很困难的事情，而且弄脏了他漂亮的新鞋子。不久他走到一个水坑前，水坑从路一边漫延到另一边，他走不过去了，但或许他还能跳过去。

他正想着应该这么办，猛一抬头，看见有人顺着大路从水坑的另一边走过来，是谁呢？

原来是英格兰女王伊丽莎白，还有跟随的贵妇人和侍女一行人，她看见了路上脏兮兮的水坑，也看见了站在水坑那边披着红色斗篷的英俊的年轻人。她该怎么过去呢？

年轻的雷利看清来人是谁后，把自己抛在脑后，唯一想的就是如何帮助女王。于是他做了一件别人想都不会想到的事情。

他脱下自己的红色斗篷铺到这个水坑上，女王从上面走过，就如同走在美丽的地毯上。女王安全地走过了这个肮脏的水坑，她的脚上却没有粘到一点儿泥，她停下来，谢过了这个年轻人。

当女王和她的队伍继续向前走时，她问其中一个贵妇："那个毫不犹豫帮助我们的勇敢的绅士是谁？"

"他的名字叫沃尔特·雷利。"那个贵妇人说。

"他应该得到奖励。"女王说。

这件事过后不久，女王在宫殿里召见了雷利。

这个年轻人来了，可是他没有披红色斗篷。当英格兰所有的大人物和贵妇人都到场后，女王授予他骑士称号。从那时候起，他被称为沃尔特·雷利爵士，是女王最喜欢的朝臣。

礼节概述

这个关于规矩的列表取材于19世纪末期的一本书，书名叫《适当的礼貌——礼仪完全手册》。这是一些关于日常生活中与人友好相处的一般的准则，它们从不会过时。

不要违反与他人的约定，无论是商业上还是社会交往中。如果你不得不这样做，立刻当面或书面道歉。

一定要严格遵守时间，付报酬时一定要准确，对你所有的客户要诚实和体贴，无论他们是富有还是贫穷。

别人看书时不要去窥视，当没有受到邀请时不要打扰别人谈话。

在任何时间和地点都要说真话，一个坦率的名声比聪明、智慧和有才华更好。

避免把个人评论集中在一个人的衣着、礼貌或习惯上。确保在这些问题上所说的话是得体的，你会发现你还有很多事情需要关注。

总是关心、体贴他人是否舒适和高兴，把你屋子里最好的座位让给女士、老人或残疾人。

不要向朋友打听他人的私事，除非别人征求你的意见。这样，他就会告诉你他想让你知道的所有事情。

一个真正的淑女或绅士，正如其称呼那样，从来不在言辞和行为上蔑视异性。

永远记住借给你的书不是你的，不要再把它借给别人。

提及你的妻子或丈夫时，要怀着最大的尊重，就算是在你最熟悉的朋友面前。

如果你要拜访别人，确保你要准时到达，否则你的朋友自然会认为你轻视他们。

要保持衣服整洁干净，但不必过于讲究。一个过于讲究衣着的人和一个邋遢的人一样令人反感。

如果在饭桌上或在你面前摆着葡萄酒或白酒，不要强劝不想喝酒的人饮酒。

一箱子碎玻璃

父母和孩子的责任随着年龄的增加而互相转化，特别是到了老年。"老年人重新变成了孩子。"希腊剧作家阿里斯托芬说。这个故事就是关于生命中的这段时间，对他们的关心就意味着要好好照顾他们。当父母变老时，孝敬父母的责任更不能停止。

从前有一个老头，他的妻子死了，他独自一个人生活。他是一个裁缝，他一辈子辛辛苦苦，但还是不能摆脱贫穷。现在他已经年老体弱，再也干不动活了。他的手抖得厉害，无法把线穿过针眼，他的视力也模糊起来，针脚都缝得歪歪扭扭。他有三个儿子，但他们现在都已经长大并结婚，他们整日为自己的生活忙碌奔波，只有在周末才有时间和父亲一起吃顿饭。

渐渐地，老人的身体变得越来越虚弱，而他的儿子们来看他的次数也越来越少。"现在他们根本不想留在我的身边，"老人自言自语道，"因为他们担心我成为他们的负担。"他一夜没有合眼，为自己的遭遇而烦恼，终于他想出了一个办法。

第二天早晨，他去找他的木匠朋友，请他做一个大箱子；然后他又去找他的锁匠朋友，请他给自己一把旧锁头。最后他去找他的玻璃匠朋友，让他把所有的没有用的碎玻璃给自己。

老人把箱子带回家，在箱子里填满碎玻璃并把它锁得紧紧的，然后把箱子放到饭桌下面。他的儿子们再一次来吃饭时，他们的脚碰到了这个箱子。

"箱子里是什么？"他们看着桌子底下的箱子问。

"哦，没什么，"老人回答，"只是以前我积攒下来的一些东西。"

他的儿子们用胳膊肘碰了一下箱子，想看看箱子有多重，又踢了踢箱子，听到里边发出哗啦啦的响声。"里面肯定装满了他这些年积攒下来的金子。"他们互相嘀咕。

所以他们商量了一下，认识到他们需要保护这些财宝。于是他们决定轮流和老人住在一起，这样老人也得到了照顾。第一个星期小儿子搬过来和他一起住，照顾他，给他做饭；过了一个星期，二儿子替换了小儿子；一星期后，大儿子换下了二儿子。就这样过了一段时间。

终于，这个老父亲得了重病死了，他的儿子们给他举行了隆重的葬礼，因为他们知道在餐桌下面还有一笔财产，现在他们完全能够负担得起老人葬礼的这点开销。

当仪式结束后，他们就在屋子里到处寻找，他们把钥匙找到并打开了箱子，但是他们只是看到了满满一箱子碎玻璃。

"多么令人恶心的骗局，"大儿子气愤地叫道，"看看你对你自己的儿子都做了些什么！""可是他还能做些什么呢？"二儿子难过地说，"老实说，如果不是为了这只箱子，直到他去世我们可能都会忽视他。"

"我真感到羞愧。"小儿子抽泣着说，

"我们逼着父亲非得采用这种骗人的手段，因为我们没有按照他在我们小时候曾教我们的那样去做。"

但是大儿子还是把箱子倒过来看个究竟，以确保在碎玻璃中有什么值钱的东西藏在里面。他把箱子里的碎玻璃倒在地上，直到箱子空空如也。三个兄弟一言不发，盯着箱子。在箱子底部他们看到刻着一行字：应当孝敬父母。

谁爱你最深？

——乔依·艾黎森

通过奉献，我们表达了对所爱之人的热爱。

"我爱你，妈妈。"小约翰说。
说完，忘了手中的活儿，戴上帽子，
他去了花园荡秋千，
只留下她，又要打水，又要捡柴。
"我爱你，妈妈。"可爱的耐莉说，
"超过我所能表达的。"
她又做鬼脸，又哄妈妈，
直到妈妈心情好了才出去玩。
"我爱你，妈妈，"小范恩说，
"今天，我来帮你干活，

真高兴今天不用上学。"

于是，她拍着婴儿直到把他哄睡。

然后，蹑手蹑脚地，她拿起扫帚，

打扫干净地板，整理了屋子。

一整天她开开心心地忙碌着，

尽她所能帮助妈妈。

"我们都爱你，妈妈。"三个孩子异口同声地说，

然后去睡觉了。

三个孩子中，到底哪个孩子最爱她，

你猜妈妈会选哪一个？

该隐和亚伯

——耶西·莱曼·赫尔伯特重述

　　根据《圣经》所述，这是人类的第一场谋杀。上帝在亚当和夏娃堕落后（"你们这是做了什么事？"）查出了他们并把他们赶出了伊甸园，同样地，在亚伯死后，上帝查出了该隐。正如亚当和夏娃企图逃避惩罚（"是蛇引诱了我"），该隐也矢口否认他的罪。不管相信不相信原罪或神的调解，都不能否认我们内心为承认自己的罪过所经历的多年的挣扎。

　　亚当和夏娃离开了伊甸园，来到这个世界上居住谋生。有一段时间，他们很孤单，后来，上帝赐给他们一个属于他们自己的孩子，于是世界上的第一个孩子出生了，夏娃给他取名叫该隐。过了一段时间，另一个孩子出生了，夏娃给他取名叫亚伯。

　　两个孩子长大后，像他们的父亲一样干活。该隐选择在田里干活，种植谷物和水果。亚伯饲养了一群羊，成了一个牧羊人。

　　以前，当亚当和夏娃在伊甸园里居住的时候，他们能和上帝说话，听到上帝对他们说话的声音。可现在他们离开了伊甸园，再也不能像以前那样和上帝自由交谈了。当他们敬拜上帝时，就把石头堆起来筑一座神坛，拿一些东西作为礼物放在上面烧了，表明东西是给上帝的，不是给他们自己的；然后在神坛前祷告，请求上帝饶恕他们的罪——他们以前犯的罪，祈求上帝赐福给他们，给他们带来好处。这两个兄弟，该隐和亚伯，都把自己的礼物放到神坛上，该隐带来的是他种植的水果和谷物。亚伯从羊群中挑选了一头羊，杀了它，在圣坛上烧了，献祭给上帝。因为某种原因，上帝喜欢亚伯和他的祭物，不喜欢该隐和他的祭物。大概是因为该隐的心不虔诚。

　　上帝表明不喜欢该隐，该隐不是为自己的罪感到难过，请求上帝的宽恕；相反，他恼恨上帝，也恼恨他的弟弟亚伯。一天，当他们二人在田里时，该隐击打亚伯的头部，杀害了他。于是，世界上的第一个孩子长大后成了杀害弟弟的凶手。

　　上帝问该隐："你的兄弟亚伯在哪里？"

　　该隐回答说："我不知道，难道我是看守我弟弟的人？"

　　于是上帝说："你这是做了什么事啊？你兄弟的血从地下向我发声。你没看见地裂开像一张嘴要喝你弟弟的血吗？只要你活着，你就要因此受到诅咒。你将在地上流浪，找不

118

到家，因为你做了这件邪恶的事。"

该隐对上帝说："对我的惩罚超过了我能承受的，你把我从人当中赶走，任何见到我的人必杀我，因为我是一个人，没有朋友。"

上帝对他说："任何伤害该隐的人，必遭到惩罚。"于是上帝在该隐身上做了一个记号，这样任何遇见他的人都能认出他，并且知道上帝禁止任何人伤害他。该隐和他的妻子离开亚当的家，住在他们自己的家，有了自己的孩子，该隐给第一个孩子取名叫以诺，也把这座城叫做以诺。

十条戒律

据说西方的道德开始于这十条在生活中非常古老而有益的法则。

> 1.除了上帝之外，你不可有别的神。
> 2.不可为上帝雕刻雕像。
> 3.不可妄称上帝的名。
> 4.应当纪念安息日，守卫圣日。
> 5.应当孝敬父母。
> 6.不可杀人。
> 7.不可奸淫。
> 8.不可偷盗。
> 9.不可作假见证陷害人。
> 10.不可贪心。

如果你

这首小诗提醒我们首先要对谁负责任。

> 如果你正在忙着帮助别人，
> 不知不觉中，你会发现
> 你早已全然忘记
> 别人曾对你的伤害。
>
> 如果你现在正开开心心，
> 不停地帮助那些悲伤的人，
> 那么，虽然你也偶尔会痛苦，
> 但你很快会把它抛到九霄云外。

如果你正在忙着做好事，
做你力所能及的善事，
你就没有时间去指责别人，
因为他们已做到最好。

如果你正在忙着做正确的事情，
你会发现你没有太多时间
去批评你的邻居，
即使他们做事违背了规矩。

亚述的大钟

——詹姆斯·鲍德温改写

这个古老的故事告诉我们，在民事事务中，公正的核心是人们应履行彼此的义务。

亚述是意大利的一座小城市，它是一座非常古老的城市，修建在一个陡峭的山坡上。

很久以前，亚述的国王买了一口精美的大钟，并把它挂在市场的一个塔里，一根几乎可以垂到地上的长绳子牢牢地拴在这口钟上，最小的孩子也可以通过拉绳子敲响它。

"它是正义之钟。"国王说。

当一切就绪后，亚述的人们度过了一个不同寻常的假期，所有的男女老幼都来到市场上去看这口正义之钟。它是一口非常漂亮的钟，看起来明亮亮的、黄灿灿的，发出太阳的光芒。

"我们多想听一听它的响声！"他们说。

国王正好走在这条街上。

"或许他会敲响它。"人们说，每个人都静静地站在那儿，等着看他会怎么做。

可是他没有敲钟，甚至没有碰那根绳子。他来到塔下站住，高高地举起手。

"我的臣民，"他高声说，"你们看到这口漂亮的钟了吗？它是你们的钟，但是除非的确需要，不要敲响它。如果你们中的任何人觉得受到冤枉，就可以来敲响它，那时法官们就会立即一起来到这里审理案子，并给他一个公道。富人和穷人、老人和年轻人，都将用这样的方式进行审判，但除非知道自己冤枉，否则任何人不能碰这根绳子。"

从那儿以后，许多年过去了，市场上的钟被敲响过很多次，法官们因此集合在一起，许多冤案被纠正，许多做坏事的人受到了惩罚。最后，这根大麻做的绳子几乎要被磨断了，绳子的末端松散开来，有几股绳子断了；绳子变短了，只有高个子才够得着它。

"这可不行，"一天法官们说，"要是孩子受了冤枉怎么办？他们不能敲响钟让我们知道他们的冤情。"

他们下命令，把一根新绳子系到大钟上，绳子的长度应该垂到地面。可是整个亚述都找不到一根绳子，他们不得不派人跋山涉水去购买。但是把绳子买来需要花费很多时间，假如在绳子买来之前发生一些大的冤案怎么办？如果被伤害的人够不到这条旧绳子，法官们怎么知道呢？

"我来把绳子修理一下。"有个人站起来说。

他跑进不远处的一个花园,不久手里拿着一根葡萄藤回来了。

"把它当做绳子。"他说。然后他爬上去,拴到钟上。这根带着叶子和卷须的纤细的葡萄藤垂到地面上。

"很好,"法官们说,"真是一条好绳子,就是它了。"

在半山坡上,住着一个人,曾经是个骑士。年轻时他曾骑着战马征战过许多地方,参加过许多战斗。这期间,他自始至终的好朋友就是他的战马—— 一匹强壮、出身高贵的骏马,曾很多次在危急关头救了他,使他转危为安。

但是,这个骑士年纪大了,就不再考虑去战场打仗、英勇杀敌的事了。除了金子他什么都不关心了,他成了一个吝啬鬼。最后,他变卖了所有的财产,除了这匹马,搬到山坡上的一个草棚里住。整天,他坐在装钱的口袋之间,筹划他怎样能得到更多的金子。一天天过去了,他的马站在光秃秃的马厩里,又饿又冷,浑身打颤。

"留着这匹懒惰的战马有什么用呢?" 一天早上,他自言自语道,"每星期我都要花很多钱来养活它,它根本不值。我想卖了它,可卖给谁呢?甚至送人也没有人要。我就把它赶出去,让它在野地里自生自灭,如果饿死了,那就省事了。"

于是这匹曾经十分勇敢的老马就被他赶了出来,不得不在光秃秃的山坡上、在岩石缝里寻觅吃的。慢慢地,它的腿瘸了,也生病了。它无家可归,只能在尘土飞扬的路边上流浪,每找到一片草或蒺藜都会让它欣喜若狂。孩子们向它扔石头,狗冲着它狂吠,走遍全世界恐怕也没有一个人可怜它。

一个炎热的下午,街上看不到一个人,老马趁机溜进了市场。那里没有一个人,连玩耍的孩子也不见了踪迹,因为天气实在太热了,谁都不愿出来。集市的大门敞开着,可怜的马儿随心所欲地溜达着。它发现了正义之钟上垂下来的当做绳子的葡萄藤。因为还没有挂多长时间,叶子和藤蔓还是十分新鲜的绿色,这对这匹将要饿死的老马将是多么丰盛的一顿午餐!

它伸长脖子,张口咬了一片叶子。可葡萄藤十分结实,很难拽下来。它用嘴使劲地拽。于是它头顶的大钟就被敲响了。亚述城所有的人都听到了钟声。钟声好像在说:

> 有人冤枉我了!
> 有人冤枉我了!
> 哦,快来为我主持公道!
> 哦,快来为我主持公道!
> 因为我被冤枉了!

法官们听到了钟声,立即穿上袍子穿过炎热的街道,来到市场上。他们想知道是谁在这个时候敲钟。当他们走进大门时,立即看到正在细嚼葡萄藤的老马。

"噢,是吝啬鬼的战马。"一个法官开口道,"它来要求公道了。每个人都知道,它的主人总是虐待它。"

"它来伸冤了,每个不会说话的动物都有这个权利。"另一个法官接着说。

"它应当得到公正。"第三个法官说。

这期间,一大群民众涌进了市场,急切地想知道法官将要审理谁的案子。当他们看到那匹马时,都静了下来。过了一会儿,人们都踊跃地想当证人,说他们看到它怎样在山坡上流浪,无人喂养,无人照料,而他的主人却坐在家里数他口袋里的金子。

"去把那个吝啬鬼带来。"法官们下命令。

吝啬鬼被带来了,法官们要求他站着听他们的审判。

"这匹马这么多年来一直为你服务，"他们宣判，"曾多次在危急关头救过你。它帮你赚得你现在的财富。因此，我们命令你把一半的金子拿出来给它买住处和食物，还有绿色的牧场供它散步和一个温暖的马厩供它颐养天年。"

吝啬鬼垂下了他的头，哀叹他将要失去的金子。但是周围的人都欢呼雀跃，马儿被牵到一个新的马厩，一顿丰盛的午餐在等它享用，这样的午餐它已经很多天没吃到过了。

伊卡洛斯和代达罗斯

下面这个希腊神话故事明确告诉我们为什么年轻人有责任顺服父母，以及为什么父母有责任引导自己的孩子：因为成人懂得许多年轻人不知道的事情。古代的希腊戏剧家埃斯库罗斯曾这样说："顺服是成功之母，是安全的保障。"能够拥有一个安全无忧的童年，并顺利地长大成人，需要一定的顺服，伊卡洛斯付出了很大代价才明白了这点。

代达罗斯是古代希腊著名的建筑师和发明家。他技艺娴熟，与他同时期的人无人能与他相提并论。他建造了华丽的宫殿和花园，还发明了许多精妙的东西。他做的雕像十分细致，惟妙惟肖，人们常常误以为是真人。据说他的雕像还能看见东西和走路。人们说像他这样的能工巧匠一定是从诸神那里学到那些手工技艺的。

海上有一个岛国叫克里特，住着一个叫莫尼斯的国王，他有一头可怕的半人半牛的巨兽，叫弥诺坨。国王需要一个地方来关这头巨兽。他听说了代达罗斯的聪明灵巧，便派人请他来到岛上修建一座监狱关押巨兽。于是，代达罗斯带着他的小儿子伊卡洛斯渡海来到了克里特。在那里，代达罗斯建造了有名的莱比伦迷宫，由许多弯弯曲曲的通道组成迷宫，通道之间相互交叉，人一旦进去就再也找不到出来的路。弥诺坨被关在里面。

当莱比伦迷宫建造好之后，代达罗斯想和他的儿子渡海回希腊。可是莫尼斯已下定决心要把他们留在克里特。他想要代达罗斯为他设计更多的机关，于是把他们关在海边的一个高塔内。国王知道从塔中逃脱对他来说并非难事，于是下令所有从克里特岛驶出的船只在开船前必须接受检查，看看是否藏有偷渡者。

要是其他人也许就放弃了，可代达罗斯不会。他从高塔内观察在海面上滑翔的海鸥。"莫尼斯或许能统治陆地和大海，但却无法统治天空。我们从空中飞走。"他下定决心。

于是他调动他所有的聪明才智，开始工作起来。逐渐地，他做了大量大小不等的羽毛，然后用线穿起来。再用蜡把它们一片一片地粘合在一起。终于他做成了一对像海鸥那样的巨大的翅膀。他把翅膀捆在身上，一两次试验之后，他竟然能挥舞着翅膀飞到空中。他让自己停留在空中，随着风向往这边飞飞，往那边飞飞，直到他掌握了如何在气流中像海鸥那样滑翔和高飞。

接下来，他又为伊卡洛斯做了一对翅膀。他教给儿子如何扇动翅膀，如何飞到空中，又让他在屋内练习飞翔。接着又教他如何利用气流，顺着气流的漩涡上升，停在空中。他们一起练习直到伊卡洛斯掌握了这些本领。

终于有一天，风向和风速正合适，父子俩装上翅膀，准备飞回家。

"我告诉你的话你要全都记住，"父亲叮嘱儿子，"首先，记住不要飞得太高或太低。如果飞得太低，海水会溅到你的翅膀上，翅膀会变得沉重。如果飞得太高，太阳会融化翅膀上的蜡，翅膀会裂开。靠近我，你就会没事的。"

于是他们飞到空中，儿子紧紧跟随他的父亲，令他们憎恨的克里特岛被他们甩在脚下。当他们飞过时，地里耕地的人停下来吃惊地看着他们。牧羊人目不转睛地盯着他们，后来，人们都从屋里跑出来，眼看着他们飞过树梢，认为也许他们是神仙吧，阿波罗，或许后面的是丘比特。

刚开始时，他们飞得很糟糕。广阔的天空使他们晕眩，即使是快速地往下瞥一眼，都令他们心跳加速。慢慢地，他们习惯了在云中穿行，不再感到恐惧了。伊卡洛斯感到风儿托起他的翅膀，使他越飞越高，他体会到一种从未有过的自由。他无比兴奋地看着下面的岛屿、岛上的人群，接着，蓝色的大海展现在他下面，海面在他脚下向远处铺开，点缀着白点，那是船帆。他越飞越高，忘记了父亲的叮嘱。他忘记了一切，只感到无比的快乐和兴奋。

"快下来！"代达罗斯惊恐地大喊，"你飞得太高了，记住有太阳。快下来，快下来！"

此时的伊卡洛斯什么也记不得了，陶醉在他的兴奋和光荣中。他渴望离天堂再近些。他离太阳越来越近，翅膀开始变软。翅膀开始脱落，在空中分散开了。突然蜡完全融化开来，伊卡洛斯感觉身体往下落。他挥挥手臂，那些能把他托在空中的羽毛都掉落了。他向他的父亲大声地求救，可是已经晚了。他发出一声尖叫，从高高的空中跌落下来，坠入大海中，顿时消失得无影无踪。

代达罗斯在海面上一圈一圈地盘旋着，但他只看见羽毛漂浮在海面上，知道他的儿子走了，再也不会回来了。终于，尸体浮到海面上，他设法把尸体捞了上来。他满怀悲痛，抱着儿子沉甸甸的尸体，慢慢地飞走了。到达陆地后，他埋葬了儿子，为诸神建了一座庙宇。然后他把翅膀收起来，从此再也不飞翔了。

达摩克利斯之剑

——自詹姆斯·鲍德温原作改编

古语说："怕热就别进厨房。"这个故事就说明了这个道理，它提醒我们不论渴望何种形式的高级职务或工作，必须愿意承受随之而来的所有责任。

从前有一个国王叫狄奥尼修斯，他统治着西拉库斯——西西里最富饶的城市。他生活在豪华的宫殿里，那里有许多精美并且昂贵的东西，一大群仆人侍奉在周围，随时准备照他的吩咐去做事。

因为狄奥尼修斯有这么多的财富和这么大的权力，自然在西拉库斯有许多人嫉妒他的好运气和财富。达摩克利斯就是其中之一，他是狄奥尼修斯最好的朋友，他总是对狄奥尼修斯说："你是多么幸运！你拥有每个人都想要的东西，你一定是这个世界上最幸福的人。"

终于有一天，狄奥尼修斯听腻了这样的话。"好啦，"他说，"你真的觉得我比别人更幸福吗？"

"那是当然，"达摩克利斯回答，"看看你拥有的财富，还有你拥有的权力，在这世上没有一点烦恼，还有什么生活比这更好呢？"

"或许你想和我换换位置吧？"狄奥尼修斯问。

"噢，我做梦都不敢，"达摩克利斯说，"但如果我有你的财富和幸福，哪怕是一天，

我想再没有比这让我更幸福的事了。"

"好吧，那就和我交换一天，这一天里你将拥有一切。"

于是第二天，达摩克利斯被带到宫殿，所有的侍从都像对待他们的主人那样对待他，给他穿上华贵的衣服，给他戴上金王冠。他在宴会厅的桌子前坐下，丰富的食物摆在他的面前，他感到没有什么比这更幸福的了。这里有昂贵的葡萄酒、美丽的鲜花、珍稀的香水和动听的音乐，他靠在柔软的垫子上休息，觉得自己是世界上最幸福的人。

"啊，就是这种生活，"他叹息着对坐在长桌那头的狄奥尼修斯说，"我从来没有这样享受过。"

他举起酒杯正准备喝酒，仰面正好看到天花板，什么东西在头上摇摆？它的尖几乎碰到了他的头。

达摩克利斯的身体僵住了，笑容从嘴角消失，脸色变得苍白，手不停地颤抖。他再也吃不下一点东西、喝不下一点酒了，也听不进去任何音乐了。他只想逃出王宫，越远越好，不管走到哪儿。因为有一把剑正好悬在他的头顶，且只用一根马毛把它吊在天花板上。锋利的刀刃好像正对着他的两眼之间。他想跳起来逃走，但却一动也不敢动，他怕任何突然的动作都会弄断这根细线而使剑落下来，他僵硬地坐在椅子上。

"怎么了，我的朋友？"狄奥尼修斯关心地问，"你看上去食欲不太好。"

"那把剑，那把剑，"达摩克利斯小声说，"难到你就没有看到？"

"我当然看到了，"狄奥尼修斯回答，"我每天都看到它，它总是悬在我的头上，任何人或任何事情的发生都有可能使那条细线断开。或许我自己的朋友都会因嫉妒我的财产和权力而杀死我；或者有人四处散播谣言，让民众反对我；也可能邻国会派军队夺取我的王位；或者我错误的决定会让我倒台。如果你想成为统治者，就得愿意去冒这个险，你看，它与权力并存。"

"是的，我明白了，"达摩克利斯说，"我现在明白我犯了一个错误。除了富有和名誉外，你还思考了更多的东西，请回到你的位置，让我回到我的位置。"

在他活着的时候，达摩克利斯再也不想和国王换位置了，哪怕是一小会儿。

沉默的夫妻

从斯里兰卡到苏格兰，这个故事在世界各地有着不同的版本，这个故事告诫我们心胸狭窄的举动可能会使我们忘记自己的责任。

从前，有一个年轻小伙，人们都说他是这个城镇里最固执的家伙。还有一个年轻姑娘，人们都说她是这个城镇里最顽固的女人。不知道什么原因他们竟然相爱并结婚了。结婚典礼后，他们在新房里举行了个丰盛的宴会，宴会持续了整整一天。

最后，所有的朋友和亲戚都吃不下了，一个一个回家了，新娘和新郎都累得筋疲力尽，准备脱了鞋休息，这时丈夫发现，最后一个客人离开时没有关好门。

"亲爱的，"他说，"你不介意起来把门关上吧？风会吹进来。"

"为什么应该我去关？"妻子打着哈欠说，"我站了一整天，刚刚坐下，你去关吧。"

"果然如此！"丈夫厉声说，"一旦把戒指戴到你的手上，你就变得懒惰而且一无是处。"

"你竟敢这样说！"新娘叫道，"我们结婚还不到一天，你就这样骂我，命令我干这干

第三章 责任

那！我早该知道你是这种丈夫，终于原形毕露了！"

"唠叨、唠叨、唠叨，"丈夫抱怨道，"这样埋怨下去何时是头？"

"那我就必须得听你吹毛求疵和发牢骚吗？"妻子问。

他们坐在那里怒目而视足足有五分钟，一个想法从新娘的脑子里冒出来。

"亲爱的，"她说，"我们都不想去关门，而且听到对方的声音都很讨厌，我提议我们来打个赌，谁先说话谁就起来去关门。"

"这是我今天听到的最好的主意了，"丈夫回答，"现在就开始吧。"

于是他们尽量让自己舒服些，每人坐一把椅子，面对面坐着，一句话也不说。

他们就这样待了两个小时。这时正好有两个小偷推着车子经过，他们看到门开着，就蹑手蹑脚地进了屋子。看起来屋子里好像没有人，于是他们就开始偷他们能拿到的所有东西。他们搬走了桌子和椅子，摘下墙上的画，甚至卷走了地毯，可是这对新婚夫妇既不说话也不动一下。

"我真的不能相信，"丈夫想，"他们就要把我们所有的东西都拿走了，她竟然一声不吭。"

"为什么他不叫喊着求救呢？"妻子暗自思忖，"他就是要打算坐在那儿，让小偷把他们想要的东西都拿走吗？"

最后，小偷注意到这两个一声不吭、一动不动的人，错误地把他们当成了蜡像，还拿走了他们的首饰、手表和钱包，可是丈夫和妻子谁也不发出一点声音。

小偷带着偷来的东西匆匆忙忙离开了。这对新婚夫妇就这样坐了一夜。在黎明时，有个警察正好路过，看到门开着，就进门想问一下是否一切正常。但是毫无疑问，他不能从这一对沉默的夫妇那里得到任何回答。

"现在，看这里，"他喊道，"我是个警察！你们是谁？这是你们的屋子吗？你们的家具都到哪儿去了？"仍然没有得到回答，他抬手要给那个男人一记耳光。

"住手！"妻子一下子跳了起来喊道，"这是我的新婚丈夫，如果你敢动他一根手指头，我就跟你没完！"

"我赢了，"丈夫拍着手叫着说，"现在去把门关上吧！"

雅典人的誓言

这是古代雅典男子到17岁时所要宣誓的誓言。

我们决不会因为不诚实或懦弱的行为而使这个城市蒙羞。

我们会采取单独或集体行动为这个城市的理想和神圣事业而战斗。

我们将敬畏和遵守这个城市的法律，我们将尽最大可能使那些妄图废止或蔑视这些法律的人同样敬畏和遵守这些法律。

我们将力争日益提高公民的公共责任意识。

我们要遵守上述誓言，使这个城市日益强大，日益美好。

童子军的职责

　　这些就是男、女童子军队员发誓要一生遵守的规则，除了十条戒律，很难想象还有什么更好的关于培养年轻人道德目标的规矩。

男童子军誓言

为了荣誉，我要竭尽全力做到：
为上帝和我的国家尽职尽责，
遵守童子军条例，
随时帮助别人，
保持体魄的强壮，
精神的觉醒，道德的正直。

女童子军誓言

为了荣誉，我将努力做到：
为上帝和我的国家服务，
随时帮助别人，
遵守女童子军条例。

男童子军条例

童子军是可信赖的　　　　童子军是听从指挥的
童子军是忠诚的　　　　　童子军是精神振奋的
童子军是乐于助人的　　　童子军是节约的
童子军是团结友爱的　　　童子军是勇敢的
童子军是谦恭礼貌的　　　童子军是讲究卫生的
童子军是善良的　　　　　童子军是虔诚的

女童子军条例

我将尽力做到：
· 诚实
· 公正
· 帮助需要帮助的人
· 乐观
· 友好和体贴
· 对待每个女童子军如同姐妹
· 尊重权威
· 善用智慧
· 保护和改善周围的环境
· 言谈举止尊重他人和自己

美国人的信条

—威廉姆·泰勒·佩奇

1917年，马里兰州的威廉姆·泰勒·佩奇在一个全国性的"美国政治信仰最佳概括"竞赛中胜出。1918年4月3日，美国众议院接受这一信条，并把它定为美国人的信条。这短短两段文字告诉我们权利来源于责任。它值得我们阅读和背诵，今天很少有人再听到过它了。

我相信美利坚合众国是一个民享、民有、民治的政府；她的一切权力皆由所统治的民众赋予；在这一共和国内，人人都享有民主；这是由很多主权独立的州组成的一个主权独立的国家，是一个完整的不可分割的联合体，是建立在先驱们用生命和财产换来的自由、平等、公正、博爱等准则基础上的伟大的国家。

因此我认为，我对我的国家应尽的义务包括：爱国、维护宪法、遵守国家法律、尊重国旗、保卫国家和抵抗一切敌人。

尊敬国旗

美国法典指出："国旗代表一个现存的国家，应被看做是一个有生命的物体。"下面是美国尊重国旗的几条规则，摘自国会出版的一本小册子《我们的国旗》。

在奏响国歌或背诵忠诚誓言时，应当升挂国旗。所有在场的人，穿制服者除外，都要面对国旗立正站直，右手放在胸前。

按照国际惯例，凡悬挂在露天建筑物和固定旗杆上的国旗应当每天早晨升起，傍晚降下。可是有时为了爱国的目的，国旗可以24小时悬挂。在晚间升旗时，应当有充足的照明。

升起国旗时，应当轻快有力；降落时须徐徐降下。

遇到恶劣天气时，不应升挂国旗，升挂可以适用于各种天气的国旗除外。

在每一个公共场所的主要建筑物上，每天都要升挂国旗。

在选举日当天的每一个投票点，都要升挂国旗。

在学校或学校附近，每一教学日应当升挂国旗。

当各州的州旗、地方的旗帜，或各个社会团体的旗帜一起升挂时，美利坚合众国的国旗应当位于最高、最中心的位置。

国旗升挂时不应倒挂，把代表联盟的一边朝下，除非在将要对生命和财产造成危险的紧急关头用作警示的信号。

国旗不应碰到下面的物体，例如地面、地板、水面或其他。

不应把国旗平展或水平放置，而应该竖直放置，让国旗自由飘扬。

国旗不能穿在身上、铺在床上或当做装饰物。

当国旗已不能再作为相称的国家的象征时，应以一种得体的方式销毁，最好是用焚烧的方式将其销毁。

轻骑兵的冲锋

——阿尔弗雷德·丁尼生

　　丁尼生根据1854年10月25日发生在克里米亚半岛战争中的巴拉克拉瓦战役写成了这首著名的诗。在那次战斗中，英国骑兵中的一小股力量对俄军炮火防线进行了勇敢的进攻，但却招来毁灭性的后果。战斗结束后，673名轻骑兵中只有195人回来集合点名。有人用眼下时髦的观点来看待这首诗，认为这首诗美化战争、歌颂这些盲目愚蠢地服从命令的士兵，因而是荒谬的。但事实是，有时候，自我牺牲和勇敢无畏的服从行为是值得我们敬佩和深深感激的。

　　　　半里格，半里格，
　　　　再向前前进半里格！
　　　　六百名轻骑兵
　　　　奔向死亡的幽谷。

　　　　"前进，轻骑兵，
　　　　向敌人的炮火冲锋！"是命令！
　　　　立即，六百名轻骑兵
　　　　奔向死亡的幽谷。

　　　　"前进，轻骑兵！"
　　　　是否有人胆战心惊？
　　　　没有，虽然他们知道
　　　　某人已经酿成大错，
　　　　他们的天职不是答复命令，
　　　　也不是查清真相，
　　　　他们只能服从和牺牲。
　　　　六百名轻骑兵
　　　　向死亡的幽谷前进。

　　　　炮弹在他们的右方爆炸，
　　　　炮弹在他们的左方爆炸，
　　　　炮弹在他们的后方爆炸，
　　　　万炮齐发，声音震耳欲聋。
　　　　炮弹似雨点飞迸，
　　　　骁悍的轻骑兵
　　　　向鬼门关冲锋，
　　　　六百名轻骑兵
　　　　向死亡的幽谷前进。

　　　　他们亮出马刀，

刀光夺人眼目，
砍杀那里的炮兵，
袭击敌人的军营，
使举世感到震惊；
冒着炮火冲锋，
穿过防线进攻，
使哥萨克和俄国兵
在马刀前摇晃不定，
断手残足，伤亡惨重。
他们骑马归来时，
人数却不到六百名。

炮弹在他们的右方爆炸，
炮弹在他们的左方爆炸，
炮弹在他们的后方爆炸，
万炮齐发，声音震耳欲聋，
炮弹似雨点飞进，
击倒了一批战马和英雄；
其余的轻骑兵
在虎口余生，
从死里逃生，
这些幸存的英雄，
时间岂能磨灭他们的英名？
啊，他们冲锋陷阵，无比英勇，
使举世感到吃惊！
光荣属于他们的冲锋！
光荣属于这支轻骑兵，
属于这高尚的六百名！

架桥者

——威利·艾伦·杜姆谷勒

这首诗讲的是每代人对其下一代人的责任。

一个老人，走在一条偏僻的大道上，
傍晚时分，阴冷，昏暗，
他来到一个河谷前，又长，又宽，又深，
河水湍流汹涌，
老人在暮色中安然跨过了河，
上涨的河水并不使他畏惧，

美德书大全集

转过身，他开始
修一座桥，横跨这两岸。
"老人，"同路的一个清教徒走上来，
"为何浪费精力在这里修桥，
天色将晚，你的旅程即将结束，
你肯定不会再过这座桥，
而且，这河谷又深又宽，
你为何要修桥，在这日暮时分？"

架桥者抬起白发苍苍的头，
回答说："朋友，在我来时的路上，
有位年轻人走在我后面，
日落前也要通过这峡谷，
这河谷对我来说没什么，
对那黄头发的小伙子可能是个危险，
我的好朋友，
我在这儿修桥是为了他。"

婴儿的花费

——埃德加·格斯特

父母应尽可能早地用美好的语言和行动影响孩子，这是为人父母的责任。养育孩子的任务之一就是教育他们将来成为称职的父母。

一天晚上，儿子爬上我的膝盖发出询问：
"养小孩要付出多大代价？"
想了想，我回答说："要花费很多很多。
日日夜夜守在他的小床旁，
悉心照顾，不敢放松。
有时候痛苦，有时候烦忧，
为了他担心，为了他流泪，
因为孩子还小无法回报，
可为他付出的心血不会白费。

"日复一日，为了儿女，
父母付出了高昂的代价，
绝对不能偷懒，也不能打折扣。
有时候，他已甜甜入梦，
可你还得悉心守候，
看他是否安然无恙。

你的关心，你的焦虑，
比不上他带给你的快乐幸福，
你愿意尽心尽力，毫不吝啬，
只为得到他一个甜甜的吻。
"养育孩子就要每天花费开销，
费时费力，十分辛苦，
担惊受怕，留在心里，
任劳任怨，无愧无悔。
有寂寞的日子，也有伤心的日子，
都是为了孩子能开开心心。
这就是为孩子付出的代价，
他的微笑就是对你所作一切的回报。"

斯科特·费茨杰拉德给女儿的一封信

在这封信里，我们看到性格的塑造过程：一位父亲委婉但明确地告诉他的女儿自己应该承担的责任。

亲爱的小甜心：

我非常关心你是否完成你的职责。你能否多讲讲你法语的学习情况？得知你很开心我很高兴，但就我个人而言，我并不怎么相信幸福，也不相信痛苦。这些情感你能在舞台上、屏幕上或印刷出版的图书上看到，但在生活中你并不会真正地感觉到。

我相信生活中一切的所得都是美德的回报（按照你的才能大小），而遭到的惩罚则是没有履行责任的结果，为此付出的代价则是双倍的。如果你那里的营地图书馆有莎士比亚的书，可以请求泰森太太让你查阅他的一首十四行诗，里面有这么一句："腐烂的百合花比野草更难闻。"

要是没有思想，今天的事儿好像就是看《星期六晚邮报》上的报道那样轻松。我很想你，一想到你就很快乐。但是如果你打电话叫我"老爹"，我就把你的"白猫"揪出来，狠狠地打它的屁股，你每次无礼我就打它6次。对此你怎么想？

我将付这次露营的费用。

我总结了一下，只是我的理解，你需要担心的事如下：

· 担心缺乏勇气

· 担心不够清洁

· 担心不够高效

· 担心缺乏骑士精神

不需要担心的事如下：

· 不需要担心时下流行的看法

· 不需要担心洋娃娃

· 不需要担心过去

· 不需要担心未来

· 不需要担心成长

· 不需要担心你前面的人

· 不需要担心胜利

· 不需要担心失败，除非是由于你自己的过失

· 不需要担心蚊子

· 不需要担心苍蝇

· 不需要担心一般的昆虫

· 不需要担心父母

· 不需要担心男孩子

· 不需要担心失望

· 不需要担心快乐

· 不需要担心满足

需要思考的事如下：

· 我的目标是什么？

· 在以下方面，和同龄人相比我做得怎么样：

　1. 学问；

　2. 我是否了解其他人，能否和他们和睦相处？

　3. 我是否锻炼身体，使它更有用还是忽视它？

最爱你的父亲

希尔顿一家的假日

——萨拉·奥恩·杰维特

　　下面的故事讲的是为人父母的最基本责任——花时间和孩子待在一起。故事中的父母二人竭力教育他们的女儿待人接物的礼仪。这个故事通过具体的例子教育我们举止端庄、待人礼貌、不忘老朋友和关心所爱的人等美德。我们发现，在履行这些日常生活职责的过程中，我们获得了幸福和快乐。薇拉·凯瑟认为这是萨拉·奥恩·杰维特（1849～1909）最受欢迎的小说。

一

　　已是日落时分，一轮满月挂在湛蓝的天空。此时的阳光暗淡而无力，在西天徘徊，久久不肯离去。黑色的森林围绕着老希尔顿家的房子。山下向西是一块平地，这里隐约可见约翰·希尔顿的田地。曾经，希尔顿和他的父亲——父亲在前面他在后面——开垦了这片土地，在上面辛苦地耕作。这块不大的土地，包含着他们的辛勤汗水、他们的喜悦之情，见证了他们勤恳的生活。

　　约翰·希尔顿坐在门前的台阶上，不时回头和他的妻子说话。他坐在暗处，头一会儿从暗处探出来，一会儿缩回去。他的妻子就坐在门槛里，刚好看得见他那张方方正正的脸，粗犷且有些不够整洁，似乎他真的属于黑暗的树林和褐色的土地，而不属于这个喧嚣的城市。已经是春天了，黑夜还很漫长，天色已经很晚了，他才从地里干活回来，像小孩子一样快活，为种完了土豆而自豪。

第三章 责任

"我摸索着种完了最后一垄,"他得意地对妻子说,"真高兴我坚持着种完了,虽然误了吃饭,这不还是回来了。否则明天上午还得费我一上午的功夫,打乱了我明天的计划。"

"你这样累死累活是不行的,约翰,"女人立即说,"我敢说,没能把男孩子留下来,地里的活更累。他今年秋天就满14岁了,几乎是个大人了,要是在家,现在就能整天跟着你干活了。"

"失去他,地里的活是累些。我真的很想念小约翰,"父亲伤感地说,"我希望这样做是明智的,这样对他最好。我还能干活,有使不完的劲儿。我父亲就是一个结实的庄稼人,干活时总是走在我前面,干起活来像一头牛。这都是过去的事了,今天我在想,要是孩子在我身边做伴儿多好。你知道,他虽然年纪小,我却放心让他和其他人在一起。无论我走到哪儿,他都央求要和我一起去,我说什么,他就听什么,从不惹事。我的小约翰,虽然年纪不大,却有判断力,几乎是个大人了。"

母亲坐到暗处,深深地叹了口气。

"幸好还有女孩子在家,帮我们的忙,和我们做伴。"父亲急忙劝导说,似乎提起伤心事是不对的。"凯特像男孩子一样能干,就是不够有力气。她地里的活样样都行,这个春天帮了我不少忙。你也有苏珊帮你,如果好好学,她会是你的好管家。我虽然没说过,但我们的确比周围的人家要好得多,因为我们每人有一个帮手。"

"是啊,约翰。"希尔顿夫人赞同,有些忧郁,开始不停地摇晃她坐着的那张摇椅子,椅子腿之间钉着木板。她摇晃椅子的时候,说明她心情好。

"女孩们这么晚了去哪里了?"父亲问,"8点早过了,我不记得我们什么时候这么晚睡过。没想到天气这么暖和,这么舒服。咦,她们去哪儿了呢?"

"我告诉过你,只是去贝克家玩了,"母亲回答,"我真不明白是什么事让她们这么晚还不回来,她们晚饭后一直央求我让她们去。她们迷恋这位新来的老师。老师让她们过去玩。她们说新老师数学教得精彩极了。我看啊,新老师看起来过于热心。她要给凯特一些洋娃娃的小饰品,但我告诉凯特她应该为想要洋娃娃的小饰品感到害羞,因为她已经长大了。其实我也不知道她应不应该,这个夏天她不过才9岁。"

"随她去吧,"好脾气的父亲说,"这些东西使她接近老师,可让她们相互了解。凯特见到生人很害羞。苏珊不那么害羞,见到人一本正经的。和她相比,凯特害羞,而且渴望和人交往。"

"我不知道为什么,可她就是这样子,"母亲缓缓地随声附和,"你不觉得奇怪吗?你和凯特那么亲密,而我和苏珊·艾伦关系也很好,有时候我担心凯特将来成了不想结婚的那种人,不管怎样,不是现在。她一个人可以自得其乐,而苏珊一个人就待不住,她总需要伴儿。所有的男孩子都来家里拜访过了,到一定时候她会从中挑选一个,这点我不担心。我希望看到她将来过得好,她看起来像个大人了,但凯特对这类事一点不在乎,她总是想去外面游玩,我敢打赌她能整个下午一直站着听小鸟唱歌。"

"也许她长大能当一名老师,"约翰·希尔顿说,"她比其他孩子爱看书。我希望他们中能有一个成为一名老师,像我母亲那样。她们都是好孩子,和其他孩子一样好。"

"她们的确是这样。"母亲说,语气中透出无限的温柔,她的摇椅发出咯吱咯吱的声音,像钟表的滴答声一样均匀。夜风吹过森林,发出呼呼的声音。一条小溪顺着山势流向山下,在夜里流水声越来越大。不时地能听到小鸟的哀鸣。月亮发出清辉,像是冬天的月亮,照在房子的低屋顶上,所有的小窗户都反射着银辉,几乎能看到长在厨房角落的一丛盛开的紫丁香的颜色。从低地那边传来青蛙连续不断的叫声。

"是不是昏昏欲睡了,约翰?"妻子过了一会儿问。

"唉,是啊,"这个疲惫不堪的男人惊醒过来说,"要是我在这台阶上睡着就可笑了。夜晚这么亮,这么安静,让我的眼皮发沉。我早上4点就得穿衣起床,去地里干活。好了,哎!"他自我解嘲,可还是瞌睡,又揉揉眼睛。"女孩们去哪儿了,我最好顺着台阶

去接她们。"

"再等一会儿吧,她们会安全到家的,但这会儿确实晚了,而且我也不想她们打扰贝克一家休息。那我们再等她们几分钟。"希尔顿夫人提议。

"我一整天一直在想,我要带孩子们出去玩,"父亲说,这时候完全清醒了。"我赶紧干完活就是因为这事。她们不像其他的孩子有这样的机会,我想让她们开开眼界,不要整天像灌木一样在农场上。"

"她们好多了,不像其他孩子一样脑子里尽装着些稀奇古怪的想法。"母亲抗议道,对他的话表示怀疑。

"当然了,"父亲说,"可是她们是聪明的好孩子,应该带她们去见见世面。我们要尽可能提供给她们我们能提供的。我想带她们去看看别人都是怎样过的。"

"是吗?我也这么想。"摇椅声突然停下来,似乎有些反常。"可她们这么久以来很满足。"

"满足不是这个世界上的一切。会跳的癞蛤蟆也许一辈子一直这样过,一辈子不停地眨眼。我想不能只希望一个孩子满足于现状,野心也很重要。"

"你脑子里已经盘算好了,"摇椅声继续响起来。"为什么不直接说出来?"

"也没什么特别的,"这个好父亲说,有点不安。他从来就摸不透妻子来无影去无踪的脾气。"嗯,你是知道的。我只想明天带她们出去逛逛,如果天气好的话。很久以前我答应带她们去托帕姆·可那斯镇。自从很小的时候带她们去过以后,就再也没有带她们去过了。"

"我猜是你想好好玩一玩吧,你一直就是个孩子。"希尔顿夫人打趣道,"那么,你想带她们去就去吧,我给她们准备好了夏天戴的帽子和新衣服。我想没什么事,尽管去吧。要是镇上来个马戏团什么的就更好了。为什么不等她们摘一些草莓或蓝莓,这样她们能带到镇上的商店里卖掉。"

约翰·希尔顿沉思了一会儿,说道:"我想买一些好的黄芜菁种子来种。我对很早以前在艾尔·斯彼得那里买的锄头很满意。我还要再买一把锄头,原来的那把已经用坏了,锄头老是松动,我安不好。"

"都是借口,"希尔顿夫人说,语气中充满宽容。"你用锄头的事掩盖其他的企图。如果你买到了——要是我,我也会买——艾尔·斯彼得这些年他因为那把锄头一直记得你,你买锄头去他那里买,别去其他地方买。"

"我想这是一个自由的国家,"约翰·希尔顿严肃地说,"我也不想让艾尔不高兴。他卖给我们东西时总是很便宜,他挣钱也不容易,他是一个心地善良的诚实人。"

就在这时候,她忽然听到孩子的喊声,两个人影从树林的暗处跑出来,跑到月光下的开阔地带。棚子里的老公鸡大声地叫起来,似乎它是皇家通报官。两个女孩手拉着手,一只活泼的小狗在她们周围跳来跳去,欢迎她们。

"这时候穿过树林回家难道不黑吗?"母亲说话很快,语气中不是没有责备。

"我不愿意你们回来这么晚,你母亲和我很担心你们。我想,你们在那儿,贝克一家人也无法休息,"父亲有些生气地说,"我不想让别人说我的女儿不懂礼貌。"

"老师家里有晚会,"苏珊·艾伦叽叽喳喳地说,她是两个中较大的一个。"从学校回家的时候,她还叫了格如鸟家的孩子,玛丽和萨拉·斯彼得去她家。贝克太太对我们好极了,给我们分吃蛋糕,还用她家最好的盘子盛糖给我们吃,我们一起做游戏,唱了好几首歌。贝克太太表扬我们表现很好。我还在一个小巧的乐器上弹了首曲子,老师说她要教我弹奏乐器。"

"我很想听,亲爱的!"约翰·希尔顿叹道。

"我们玩哥本哈根游戏,还玩拼写游戏,凯特得了第一名。"

凯特没有说话,她不像她姐姐那样外向。当苏珊·艾伦向前跨出一两步,对着感兴趣的观众演说时,凯特则坐在台阶上,靠近她父亲。他搂着她的肩膀,让她靠近他。

"你难道没有故事要讲给我们听吗，女儿？"他看着女儿，眼中充满爱意。凯特快乐地叹口气，然后对苏珊说：

"讲一下学校最后一天发生的事，还有我们怎样整理教室。"于是，苏珊·艾伦又兴致勃勃地讲起来。

当她讲完，母亲说："那真是一段快乐的时光。我不明白为什么人们要去陌生的地方，其实这些在他们周围是司空见惯的事。"孩子们没有注意到她神秘的表情。"来，你们必须马上上床睡觉！"

他们全家都进到黑暗温暖的屋子里。一整夜，月亮都把银色的光辉洒向这片土地。一夜无风，直到黎明才有风惊醒丁香花的美梦。

二

希尔顿一家总是起的很早。他家周围的一切都是如此，比如说邻居呀，树林里的乌鸦呀，会唱歌的小鸟呀，知更鸟呀，四蹄颜色很淡的狐狸呀，还有小松鼠呀，等等。当希尔顿醒来时，还不到 5 点，这比他往常晚起了一个小时，因为他昨晚睡得太晚了。

他打开屋门，来到院子里，匆匆忙忙地穿过绿色的草坪，似乎这一天他已经浪费很多时间了。要带女儿出去玩一整天的重大计划严肃地摆在他面前。天气很好，他的妻子昨晚不太赞成这个计划，她的意见是不能忽视的，但今天早上却很高兴地同意了。看来今天去托帕姆·可那斯是势在必行了。希尔顿夫人正忙着叫醒两个孩子并告诉她们这个好消息。

几分钟之后，两个孩子就蹦蹦跳跳地跑了出来，谈论着这个伟大的计划。牛已经喂过了，她们的父亲正在挤牛奶。这个重大节日的唯一标志就是那辆已经被拉到院子当中的马车，车上放着两排板凳，似乎今天是星期天。可是，希尔顿先生还穿着他日常的工作服，苏珊·艾伦立即感到十分失望。

"我们难道不去了吗，爸爸？"她有些失望地抱怨道。可他点着头，冲她微笑着，尽管奶牛急着去牧场，不耐烦地用它的粗尾巴扫他的脸。他低下头，尽管感到有些烦恼，可还是欢快地说：

"去的，小丫头，我们当然要去，还要痛痛快快地玩。"在那一刻，苏珊·艾伦觉得他看起来像个男孩子，同时立即感到心中产生新的同情和快乐的情感。"你去帮妈妈准备早餐和其他事，我们尽可能早点出发，劝劝你妈，你们两个都去劝劝她，看她是否和我们一起去。"

"她说她才不去呢，"苏珊回答，"她说天气会很热，她也要歇一天，下午去探望她的姑姑泰姆森·布鲁克。"

父亲轻轻地叹了口气，心情又好了。事实上，他的妻子讨厌沉思默想，因此，虽然他常常很在乎她与他同行和她的赞许，但他肯定这次她不去他们会玩得更开心。想到这儿，他因为有点不忠于妻子而觉得内疚。尽管她有时根本不在意他认为最好的想法，他还是一如既往地爱她，可他更爱那些想法。于是他竭尽全力去使她满意，满足她琢磨不定的期待。他的妻子并没有老多少，还保持着大部分年轻时的美丽，这一点可以从苏珊·艾伦身上看出来。一个小时后，一辆最好的马车已经准备好，伟大的探险队伍出发了。小狗被冷落到一边，汪汪汪地叫着，似乎它有责任为这兴奋的时刻大声欢呼。车里放着两排凳子，没人坐的空凳子证实了希尔顿夫人不妥协的性格。她想知道为什么放一排凳子就不行，但是约翰·希尔顿含含糊糊地说放两排凳子，车子看上去会舒服些。两个女孩坐在后排凳子上，穿着节日才穿的漂亮衣服，戴着装饰着蓝丝带的草帽，格子呢的披肩整齐地围住她们小小的肩膀。她们戴着灰色的线手套，坐得笔直。苏珊·艾伦比妹妹高半头，但从后面看，她俩差不多高。而她们的父亲穿着他最好的衣服，一件普通的黑色外套，一顶冬天戴的毡

帽，毡帽在初夏的暖阳中显得沉重而且沉旧。他想，这次在托帕姆要买新草帽、芜菁、种子和锄头，这是他今天去托帕姆的三个重要的原因。

"记住，到那里之后把披肩取下来，搭在胳膊上，"母亲嘱咐她们，像一只兴奋的老母鸡咯咯地召唤自己的小鸡，"当你在路上时，披肩起到挡住灰尘的作用，这样灰尘不会落到你的新衣服上。吃饭时，不要弄到衣服上脏东西，在车上时，不要用手指着别人，盯着别人看，那样的话，别人就知道你是从乡下来的。还有，约翰，你去看望一下爱德兰·马洛表姐，看他们一家过得好不好，告诉她我希望她在晒干草之前来这儿住一段时间。这里的高地对她的肺结核病有好处。还有，约翰，别再给我买些没用的小玩意，我不是孩子，没有钱可浪费的。我希望你去了别买男孩子戴的帽子，戴上看起来很愚蠢。买之前，看看草帽的质地好不好，顺着帽沿往下掉不掉碎屑。你要记住，约翰……"

"知道了，知道了，不用说了！"约翰不耐烦地打断她的话，充满深情地看着她的脸，让她放心。她的脸因匆忙和肩负着教育孩子们有良好举止的责任而变得通红，"我希望你也出去走走。"她微笑着说："我会去的！"于是，老马开始走了，他们出了自家的篱笆，沿着山路小心地往山下走。那只小狗，平时被关在丁香花丛那么小的范围内，发狂地哀求着想和他们一起去。而两个小姑娘，不停地挥手，迫不及待地想快点离开这里。他们的父亲，无数次地回头看，不停地挥手。而她们的妈妈，孤零零地站在那儿，直到看不到他们了。

这条路地势高的这头有一处向外突出很多，站在那里可以最后瞥见一眼马车，她站在那里，等了很长时间，马车才出现，接着又消失在一座小山后。"他们只不过是一群孩子。"她大声说，感到心里空空落落的，比她预料的还要孤独。她甚至蹲下身，拍拍和她一起观望的小狗，才走进了屋子。

这次出行比任何人能预料到的要重要得多，两个小姑娘在路上一言不发。她们似乎穿着新衣服要去教堂或去参加葬礼，她们不知道如何开始这一整天的轻松快乐。她们向路上偶尔遇见的熟人庄重地鞠躬致意。有一两次他们在农舍前面停下来，而她们的父亲则和某些人聊起庄稼和天气，甚至谈论起城里的生意和选举的事情，这些事情本可以选在其他的时间说，而且谈论的时间相当长，也不考虑她们俩的感受。他说的要带她们去旅游的解释是完全不必要的。现在很明显，他在托帕姆·可那斯镇有一些事情要做，正好带着她们俩出来兜兜风。而且她们以前天天上学，他也种完了土豆，今天干不干都行。可是，很快她们就发现，这样的旅行不过是平常的事，于是苏珊·艾伦开始问些她急切想知道的问题，而凯特坐在那里，沉默不语，自得其乐，她以前还没有这样出来过。她饶有兴致地看着那些奇怪的房子和房子前面的孩子，路边的花让她很高兴，这些花从家门口一直延伸到这里，而且，她想，无论她沿着路走到哪儿，花也会延伸到哪儿。每一家的宅院，在初夏季节都呈现出最漂亮、最令人愉悦的一面，分享着这季节赐予的美丽——装点着乡村世界的无边的绿色和五颜六色的鲜花。几乎每一家的庭院都栽种着牡丹或紫丁香花，牡丹花含苞待放，紫丁香则将要凋零了。

从家到托帕姆的距离是17英里，一会儿工夫他们离家已很远了，把那些小山远远地甩在后面。这里的地势平坦了好多，树林已不多见，田地变宽了，庄稼长得也比山上的早熟。这里的房屋外面粉刷过，道路也更宽阔、更平坦。这一路行来很轻松惬意，刚进入一个陌生的城镇，凯特有些害怕，而苏珊·艾伦却还在不停地问些大胆的问题，似乎外面的世界根本不存在。她们经过四座教堂，数着上面的尖塔。过了一会儿，父亲指给她们看托帕姆学院，他们的祖母在里面读过书，父亲说也许有一天她们也会去那里读书。凯特的心莫明其妙地一动，想一想这件事是很奇妙的，但是这个建议却改变了她的人生轨迹，使一切成为必然。她怀着崇敬的心情看着里面高高的钟楼和一排排长长的窗户。钟楼在密密的树中间显得高大洁白。她希望他们能从它前面驶过，可不知为什么她没有说出口。

很快，他们的马车就来到拥挤的住宅区。

她们的父亲转回头亲切地看着她们。

"现在坐直了，表现好一些，"他小声说，"我们已经来到镇上最有礼貌的人中间，我想让别人夸奖你们。"

"我认为我和他们一样好。"苏珊回答说，一边看着一个毫不知情的过路人。虽然有些疑惑，但是凯特却尽可能地坐直了，把手交叉着放在大腿上，一心想让别人喜欢，让父亲开心。正在这时，路边一个上了年纪的老太太注意到马车及车上的一行人，和蔼地对她们微笑。对凯特来说，这似乎意味着托帕姆·可那斯城欢迎他们并接待了他们。她也向她微微一笑，好像这个热心的人是她的一个老朋友，完全没有留意到托帕姆镇里所有人的眼睛都落到她身上。

"看，我们快到一所漂亮的房子前了。我给你们介绍，你们将永远不会忘记。"约翰·希尔顿说，"老法官马斯特森住在这儿，他是一个了不起的律师。人们都说，这所房子是镇上最漂亮的房子。"

"你认识他吗，父亲？"苏珊·艾伦问道。

"当然了，"约翰·希尔顿骄傲地回答，"他和我的母亲年轻时曾在一起学习过，被称为当时最优秀的两个学生。法官曾经拜访过她。他到我们家门口停下车，进来看望她，那时我还是个孩子。然后，你们听我谈起过，几年前，我还曾是陪审团的成员，当叫到我的名字时，他仔细地看着我，问我是不是凯瑟琳·文的儿子，他还赞美你的祖母，并说他还清清楚楚地记得他们年轻时一起上学的时光。"

"我喜欢听这些。"凯特说。

"她年轻时很辛苦，我想是在老农庄时。她在我们那个地区办学校，那是当父亲娶她的时候。这就是为什么我支持拆除这所学校。"约翰·希尔顿说出了心里话，"人们说她要是住到山上来比在其他地方要活得长一些，可她一直没能恢复健康。她去世时我年纪还小。父亲和我一直孤单地生活，直到你母亲来到这个家。那是一段美好的时光，我结婚不像有些人那么早。那段时间过得很糟糕，我给你们说，我父亲失去妻子后很消极沮丧，她长期生病让他变得抑郁，我们整天在地里干活，几乎不说一句话。我想就是早年的这种糟糕的生活使我希望有几个可爱的女儿围在我身边。"

父亲说话的语气使凯特对父亲又增添了新的情感。她隐隐约约地理解了一些，可苏珊不太感兴趣。她们以前常常听此类故事，但对一个孩子来说，故事百听不厌，可对另一个孩子来说，故事则是老生常谈。苏珊总是认为祖母的故事很无聊，她已经死了，再谈论她没什么价值。

"那就是马斯特森的家。"拐过一个街角后，父亲用一种很轻松的方式说，他们迎面看到一幢漂亮的老式白色房屋，屋前是一排翠绿的树，然后是门廊和草坪。孩子们想不出还有比这更漂亮更宏伟的建筑，就连苏珊·艾伦也欢呼起来。这时候，她们看见一位老绅士，沿着院内小路向大门口走来。他表情庄重，令人肃然起敬。

"那就是他，那就是法官！"约翰·希尔顿小声告诉女儿们，然后勒紧缰绳，把车停到路边。"他要去市里的办公室。我们就在这里等他，见见他。我想他不记得我了，已经很长时间过去了。现在你们就要见到这位伟大的马斯特森法官了！"

她们在紧张地等待着，心也随之颤抖。法官在大门口停下来，打开门栓之前犹豫了一下，瞥了一眼路边的乡下马车和后座上的两个整洁的小姑娘，还有前面的赶车人一脸渴望的表情，他们看起来在等待什么。法官已经习惯了别人的注目，在走上人行道的时候冲他们微微一笑算是打招呼。忽然法官走上他们那条路，庄重而礼貌地摘下帽子，冲着他们走

过来。

"早上好，希尔顿先生，"他说，"我很高兴见到你。"小女孩的父亲，希尔顿先生，以同样的礼节摘下帽子，身体微微前屈，和法官握手。

苏珊·艾伦身体向后靠，放松下来，而小凯特坐得比刚才还直，为她父亲感到自豪，苍白的小脸因快乐而熠熠闪光，像花儿一样。

"这两个一定是你的女儿，"老绅士慈祥地说，握了握苏珊·艾伦柔软、不情愿的手，但当他看到凯特时，他的脸放射出光彩。"她真像你母亲！"他很有感触，"我真高兴见到这个可爱的孩子，你一定要和你父亲一起来看我，亲爱的小姑娘，"他补充说，依然看着她，"把两个孩子都带来，让她们在老园子玩，草莓就要熟了。"法官热心地说，"也许下午回家时有空进来坐坐？"

"如果您有空能来我们家，对我将是极大的荣幸。您或许会路过我们家，先生。"约翰说。

"这些天恐怕没空，"法官说，"谢谢你的盛情邀请，我真想站在那里的山上欣赏一下美景。你们在城里时我愿意随时为你们效劳。再见，我的小朋友！"

然后他们道别了，但凯特没有，害羞的凯特。法官说话时一直不自觉地握着她的手，此时，她探身向前，仰起头去吻他。她说不上为什么，只觉得他那张严肃的饱经沧桑的脸使她产生一种莫名的感觉。平生第一次她感到礼仪的魅力，或许她和礼仪之间有一种天生的联系，从而使他对她产生影响，并点燃了她单纯的心灵中高尚而纯洁的火花。当他们走远了，她还一次次回头望他。

"你们已经见过了镇上第一位绅士，"父亲说，"很值得多来几次。"他没有再多说，也没有像平时一样回头看看孩子们的脸。

在托帕姆主要的商业街，有很多辆同希尔顿家一样的马车拴在木桩上，对我们的这几位度假者来说，这里喧嚣而且热闹。

"我要去忙我的事了，让马在这歇歇，喂喂食，"约翰·希尔顿说，"我把马笼头取下来，拴好缰绳。我去买些燕麦好好让它吃一顿。首先，我们去买一顶草帽，我觉得我戴的这顶在这里有些过时了；我们去买想买的东西，然后沿着街走，这样你们往橱窗里看看那些漂亮的东西，你妈妈也喜欢的。你妈妈告诉你们该怎么拿披肩的？"

"取下来搭在手臂上！"苏珊·艾伦尖着嗓子高声说。希尔顿低头一看，发现她们已经走在人行道上，却早忘了披风的事。孩子们站在一个商店门口，他们的父亲走进去，她们想看看托帕姆城流行的帽子式样，妈妈告诉她们这样做的。可是，每样东西都那么令人激动，让人眼花缭乱，她们有些不知所措。希尔顿先生走出来手里拿着一顶帽子，想在亮的地方仔细看看，凯特小声说她希望他买一顶亮晶晶的帽子，像马斯特森法官戴的那样。可她的父亲只笑了笑，摇摇头，说他们是普通人。这家商店还卖绸缎呢绒，一个正在量亚麻布的年轻伙计出于好意，取下一些边上发光的商标和好看的图画，送给这两个小女孩，让她们欣喜异常。他家里也许有小弟弟小妹妹，这个好心的小伙子看到她们脸上喜气洋洋的，又费力地去给她们找了两个漂亮的蓝色小盒子。

这是极好的一天，他们甚至习惯了看到这么多人从他们身边经过。在镇上，人们多在上午做买卖、办事，苏珊·艾伦对她的父亲又多了一层尊敬，这是她自己观察到的结果。因为甚至在托帕姆，也有好些人都认识他，很熟悉地和他打招呼。一位曾经和他们做过邻居的老人见到他最高兴。当他们路过时，老人在房子的门口叫住他们，于是他们进了他家。孩子们很疲劳地在木质的楼梯上坐下，她们的父亲则紧紧地握着老朋友的手，并连连说见到他非常高兴，还说真是个好天气。

"噢，是的，"老人说，声音听起来虚弱而颤抖，"我很惊讶我能活到现在，我没什么

可抱怨的，约翰，没什么可抱怨的。"

他们聊起了以前他们都认识的人，聊了很长时间，凯特有些疲倦，很高兴能在这里休息一下，静静地坐着，两手叠在一起，看着前院的景色。院子里种着一些她从未见过的花。

"就是这个孩子和我妈长得最像，"她的父亲说，拍拍她的肩膀示意她站起来，好让老人看看。"马斯特森法官看出来了，我们在他家大门口遇见了他。"

"是的，她的确长得像你母亲，约翰，"老人说，开心地看着凯特，这让她感觉她比刚来时更喜欢他了。"的确是长得像。下一代这一点最好，就是他们让我们想起上一代人。人们说，这就是生命自然的联系。可对我来说，有时候，我很不耐烦。我认识的人大多数都离世了，我也想随他们一起去。这就是摆在我面前的事，很想和人说说。我希望去那里，和他们一起休息，虽然我也想多活一段时间，这样可以多看到你们几次，约翰。"

约翰·希尔顿愉快地回应着，并让孩子去摘些花。老人提到死的话让孩子们有些恐惧。他周围有那么多城里人，可他似乎很孤单，像是上代人中的最后一个幸存者。直到那一刻，她们才感到一切才刚刚开始。

当孩子们紧紧地拉着父亲的手，顺着大街默默地走下去时，希尔顿先生说："现在，我想给你们的妈妈买些漂亮的礼物。现在那匹老马也许已经吃饱了，正在休息呢。用不了多久，我们就可以坐上马车慢慢悠悠回家了。我将带你们围着学院转一圈，然后去北会议厅，巴斯通博士过去常在那里布道。你们想起来妈妈想要什么了吗？"他突然问，对他来说，这是一个困难选择。

"有一天，她说她想要一个盛胡椒粉的新盒子，旧的那个盒子上面的盖儿不经用了。"苏珊·艾伦建议，"我们要不要买些糖，父亲？"这句话她早就准备好了。

"好的，姑娘，"约翰·希尔顿微笑着说，拉着她的手前后晃着。"我想起来什么最好了，这是什么？"他们正从一家照相馆的门前经过，门口摆着大量诱惑人的照片。"我宣布，"他激动地喊道，"我们进去照相，你妈肯定会更高兴。"

这可能是和法官愉快的会谈之后最让她们高兴的事了。他们坐成一排，父亲坐在中间。毫无疑问，三人的长相惊人的相似。他们不得不摘下漂亮的帽了，因为那样会挡住脸，但他们也没有忘了照完相赶紧戴上。起初他们还担心呢，苏珊·艾伦和凯特两个人都照得很好，两张年轻的面孔，好奇的目光，灿烂的笑容，都永远地定格在照片上了。假日的快乐从这张小小的照片中就可以看出了。她们不明白他们的父亲为什么这么高兴。只有当她们年老时，回想过去竟有这么多美好的事情值得回忆时才会明白。

夜幕刚刚降临时，希尔顿父女三人回到了家，筋疲力尽，心里却很愉快。凯特坐在前面的座位上，紧挨着她父亲，因为当星期天一家人一起去教堂时，她总是挨着父亲坐。晚上天气凉爽，新鲜的海风带来淡淡的雾气，天空很快布满乌云。孩子们却和往常有些不一样，在妈妈看来，自从早上离家后，她们长得更高了，也更懂事了，似乎她们既属于乡村又属于城市。这一天的经历对她们的意义使她无法理解她们，她已经远远地落后了。没有她们俩，家里一天都静悄悄的，她感到孤单。她做好晚饭，从5点就开始焦急地张望。而孩子们，刚开始没什么要说的——她们早在去托帕姆的路上就吃了午饭。苏珊·艾伦变得有些孩子气，光想发脾气，凯特看起来苍白可怜。她们几乎是迫不及待地展示他们的照片，她们的妈妈则很开心，这正是他们所期待的。

"咦，你们是怎么戴披风的？"她过了一会儿大声责问，"你们没有一直戴着？如果我做好衣服，我想让人们看看你们穿的衣服多漂亮。罢了，罢了！我真希望我也去了，好让别人看看你们的新衣服！"

"这是盛胡椒粉的盒子。"凯特说，语气中充满快乐。

"这的确是很漂亮，"希尔顿夫人有些疑惑地看了很长时间，然后说，"我们旧的那个

是锡做的，我从没想过能有一个瓷制的、镶着花的盒子。这是一顶很合适的帽子，是能买到的最好的。约翰，你的新锄头在哪儿？"他从谷仓走向她，满意地微笑着，希尔顿夫人问道。

"我向摩西发誓我完全忘了这件事，"远游的领导人怯弱地说，"还有我的黄色芜菁种子，我全忘了，有太多其他事情要考虑。也不是什么大事，我能买到一把和艾尔·斯彼得那一样好的锄头。"

他的妻子禁不住笑了："你和孩子们的确玩得很快乐，我对这些充满了好奇，希望她们能给我讲一个星期。我想我们是对的，该让她们出去见见世面了。"

"是的，"约翰·希尔顿谦虚地说，"我们今天玩得开心极了。我没料到这么快乐。她们看起来和其他孩子一样好，表现得很谦虚得体。也许她们随着年龄的增长会记得更清楚，我想她们永远不会忘记今天和父亲一起进城的经历。"

又到了晚上，青蛙在低地的草地里高声鸣叫，在山高处的树林里，一只小猫头鹰开始发出沙哑的叫声。强烈的海风，带着咸咸的味道，在炎热晴朗的一天结束后吹到了这里。屋里点着灯，孩子们在愉快地交谈，晚饭已经准备好了。父亲和母亲在屋外徘徊了一会儿，远眺了一下田地，没有说话，然后走进了屋子。重要的一天过去了，他们关上了门。

完美的餐桌

——埃德加·格斯特

这首诗告诉我们，在一天中，家庭成员需要抽出一定的时间在一起度过。晚餐时间不应只是吃饭，还应该是教育、倾听和关爱家庭成员的时间。

餐桌上都是些普通的物品：
一块已经有些弄脏了的桌布，
油乎乎的小手曾在上面摩擦。
雪白的餐巾叠放在银色的餐巾环里，
饭菜是些简单的家常菜；
妻子和儿女团聚桌边，
而我正在往桌上摆饭；
孩子们在叽叽喳喳地谈论
一天里发生的事情，
他们说个没完没了，
四只圆圆的大眼睛闪烁着快乐的光彩，
看着我时总是神采飞扬，
柔软的小舌头不停地转呀转，
讲述他们的烦恼与快乐。
妈妈在耐心地微笑，
她知道她需要等待，
在她有机会开口之前，
讲讲今天她看到了什么。

她站到一边，因为女儿和儿子
正有许多话要对他们的爸爸说。

我们的餐桌礼仪也许不是最好，
我们的肘部可能经常靠在餐桌上，
有时候，我们会犯餐桌礼仪的大忌，
这种行为让我们感到羞愧，
还会频繁地说一些粗鲁的话：
"你把食物掉到桌上了！"
我担心这种话说得太多、太快了。
只是我想，为什么会有餐桌礼仪，
为什么他们有说不完的话？

我曾见过无数的餐桌，
摆放着丰盛豪华的珍馐百味，
我曾在许多华丽的大厅进餐，
在座的都是高贵的客人，
可是谈到就餐时的快乐却很少。
最完美的餐桌就是：
没有陌生人的面孔出现，
一家人一起共度就餐时间，
这时无论女儿还是儿子，
都跑来尽情地向爸爸讲有趣的事情。

孩子们的时间

——亨利·沃兹沃斯·朗费罗

每个家庭，每个晚上至少要有一个小时属于孩子们的时间。

在白天即将过去，
黑夜即将到来的时候，
有一段短暂的交替时光，
被称为孩子们的时间。

我听到楼上的房间，
传来轻快的脚步声，
还有房门打开的声音，
也有甜美轻柔的声音传来。

借着书房的灯光，

我看到庄重的爱莉，嬉笑的雅丽洁瑞，
和一头金发的伊迪丝，
正从宽阔的楼梯上走下来。

先是耳语，然后安静下来，
但我从他们快乐的眼神，知道
他们是在共同商议
给我意外的惊喜。

一阵风似的冲下楼梯，
旋刻又穿过大厅，
这三道门都无人把守，
他们径直闯入我的城堡。

冲上我的炮楼，
他们爬上椅背和把手，
从四面展开包围，
让我觉得无路可逃。

热烈的亲吻让我深陷重围，
紧紧的拥抱使我无法挣扎，
叫我想起主教比根，
在莱茵河边无法脱身。

难道不知道吗，蓝眼睛的小匪徒，
你们已经翻越了城墙，
像我这样的一个老兵，
战斗到底绝不服输。

我要把你们困在我的城堡里，
决不让你们逃跑，
囚禁在深深的地牢里，
这地牢就是我的心。

我要把你们留在那里，
永永远远，直到有那么一天，
城堡变成残垣，
墙壁与土一起归于尘埃。

第三章 责任

伯里克利在阵亡将士国葬礼上的演讲

——斯塞蒂利思

公元前5世纪末在希腊历史上被称为伯里克利时期。这一时期，在伟大的政治家伯里克利的领导下，雅典的民主政治趋于成熟，希腊在军事上、经济上和文化上都进入了强盛时期。在这篇由斯塞蒂利思记录下来的《在阵亡将士国葬礼上的演讲》中，伯里克利"阐释了使我们逐渐统治国家的普遍准则，以及使我们国家走向强盛的公共机构和生活方式"。这篇演讲今天仍然在提醒2500年后民主政府的参与者，政府的特点是由每一个公民所具有的优良品德决定的。

我们享有的政治制度不是和我们邻国的政治制度相竞争得来的，相反，我们的制度是邻国模仿的典范，而不是我们去模仿他们的。我们的制度之所以被称为民主政治，是因为政权不是掌握在少数人手中，而是掌握在多数人手中。在法律面前和许多私人事务中，所有公民一律平等，这是真实的。在公共生活中，每一个人都会因为其能力而获得荣誉，不是因为他的党派，而是他具有的真才实干。而且，只要他能够对城邦有贡献，即使贫穷也不会受到阻碍，因为这不会影响公众对他的良好评价。正因为我们的公共生活是自由而公开的，我们彼此间的日常生活也是这样的。当我们的邻居时不时只图自己快乐而没有考虑别人的时候，我们不至于充满怨气，也不会因此而使他难堪……

我们爱好美好的事物，但是没有因此而变奢侈；我们爱好智慧，但是没有因此而变柔弱。财富属于及时行动的人，而不是夸夸其谈的人。谁也不必以承认自己贫穷为耻，不努力奋斗摆脱贫穷才是真正的耻辱。我们的公民很多，既忠于自己的家庭又忠于自己的国家，即便是那些埋头经商的人对国家大事也是了如指掌。一个对政治不感兴趣的人，我们不说他是一个冷漠的人，而说他是一个无用的人——这是我们特点。在这种公民体系中，我们决定我们的事务，或者把决议提交适当的讨论，因为我们认为言论和行动之间是没有矛盾的；只有没有适当地讨论其后果就冒失开始行动时，言论和行动才会产生矛盾。在这点上我们做得很好。在同一公民体系中，我们既有非凡的勇气去承担责任，同时又能够对此重任进行充分的讨论。而在其他人中，勇敢是出于无知，当他们讨论时就开始疑惧了。但是真正算得上勇敢的人是那些最了解人生的痛苦和幸福，从而不躲避危险的人。在仁爱和善心的问题上，我们和其他大多数人也形成对比。我们结交朋友的方法是给他人以好处，而不只是从他人方面得到好处。……总的来说，我敢说，我们的城市是全希腊的学校；我们每个公民，我认为，都擅长各种各样的活动；并且在从事这些活动时，都特别温文尔雅和多才多艺。这并不是我在这里的空白吹嘘，而是具体事实，正因为这些优良品质，我们的城邦才获得它现有的势力……

正是为了这样一个城邦，这些战士在战斗中英勇地献出生命，他们认为他们肩负着保卫城邦不被掠夺的责任。生于他们之后的人，也应该为了城邦鞠躬尽瘁。

至此，我详细讲述了我们城邦的特点，因为我要很清楚地说明、我们所冒的风险比其他那些没有我们优点的国家要大；还因为，我想用实证来更清楚地表达我对阵亡将士们的歌颂。实际上歌颂他们的最重要的部分，我已经讲过了。我已经歌颂了我们的城邦，但是使我们的城邦光辉灿烂的是这些人和类似他们的人的勇气和英雄气概。他们的英勇行为无法用语言完全表达出来，在所有希腊人中间，像他们这样的人是不多见的。在我看来，像这些人一样的死亡，进一步说明了一个人真正的品质，是初次表现的也好，或是最后证实

143

的也好。甚至他们中间那些在其他方面有缺点的人，他们为祖国而战的英勇行为抵消了这些缺点。他们的行为使人们忘记了他们做过的坏事，而只记住了他们的好处，他们的无私牺牲带给国家的利益大于他们个人失败给国家造成的损失。他们这些人中间，没有一个有钱人过于看重继续享受他们的财富，而逃避他们的死亡；也没有一个希望苟且偷生而变得富有的穷人去延长这种酷刑……在激烈的战斗中，他们认为战死比屈服逃生更为光荣。所以他们没有受到别人的责难，他们在战斗中视死如归；顷刻间，他们在光荣的顶点，而不是恐惧的顶点，就离开我们而英年早逝了。

他们就是这样的人，无愧于他们的城邦。我们这些活着的人会祈祷减少伤亡，但决不会减少对敌人的愤怒。你无法用语言估计他们对城邦的贡献。关于抵抗敌人的好处，任何演说家——包括你在内——都可以详细论述很多。你们应该每天把眼光放在雅典的伟大上，从而去热爱它。当你们认识到它的伟大时，然后回忆一下，是勇敢、责任感、以逃避责任为耻等品质成就了它的伟大。即便他们所从事的事业失败了，他们也不会认为城市被掠夺是应该的，而是为了国家的利益，心甘情愿地献上他们宝贵的生命。

柏拉图论责任

——选自《克里托篇》

在柏拉图所写的这篇著名的对话里，克里托探望被诬陷而遭关押在狱的苏格拉底。按照雅典当时的法律，关押他是合法的，他被起诉犯"不虔诚"和"腐蚀年轻人"罪而判处死刑。苏格拉底被迫喝下毒酒的时刻很快就要来临了，克里托试图劝他越狱逃跑。可是，苏格拉底拒绝违反雅典的法律，选择了死亡。他所作的辩论是关于公民守法和不守法的原则，也是我们学到的关于责任的最好的一课之一。有人认为一个人对社会、对家庭、对自己的第一职责便是听从内心理智的指引，苏格拉底选择死亡便是历史上最伟大的榜样之一。

苏格拉底：请这样看待这件事情，假如我正准备逃离此地(对于我们采取的行为随你怎么说)，那么雅典人的法律和政府会来质问我这样一个问题，"苏格拉底，"他们会说，"你想干什么？你是想要采取行动颠覆我们，颠覆法律和整个国家，你能否认这一点吗？如果公开宣布了的法律判决没有效力，可以由私人来加以取消或摧毁，那么你能想象一个城邦能继续存在而不被颠覆吗？"克里托，我们该如何回答这个问题，或者，诸如此类的问题？任何人，尤其是一名职业的演说家会说一大套理论作为判决必须执行的法律辩护。他会说法律不能被抛到一边，置之不理。我们能说："对，但是国家冤枉了我，给了我不公正的判决。"这样说对吗？我可以这样回答吗？

克里托：你的回答很好，苏格拉底。

苏格拉底：那么假定法律说："苏格拉底，这不正是你和我们之间的某种协议的条款吗？无论国家对你做出了何种判决，你都会执行或遵守，对吗？"如果我对这样的话表示惊讶，法律或许又会说："别把眼睛睁那么大，苏格拉底，回答我们的问题，你毕竟已经习惯于使用问答法。告诉我们，我们指控你企图毁灭我们、颠覆政府，对此，你有何怨言吗？首先，难道不是我们把你带到人世的吗？难道不是通过我们的帮助，你的父母才结婚生下了你？告诉我们，你对我们这些涉及婚姻的法律有异议吗？""没有，一点儿

都没有。"我会这么说。"那么，你对涉及儿童的抚养和教育的法律有什么反对意见吗，而你也是受教育者，不是有关教育的法律要求你的父母对你进行音乐和身体的教育吗？"我会回答说："是的。""很好。既然你是被我们带到人世，接受了我们的培养和教育，你能否认，首先你是我们的孩子和奴隶吗？正如你在你父亲面前吗？如果这是事实的话，你就无法和我们取得平等的地位，你也不能认为你有权利做我们对你正在做的事情。你难道有权力去殴打——诽谤或做其他伤害你的父亲或主人的事情，就因为你曾被他殴打、辱骂或伤害吗？你会不会说，因为我们有权毁灭你，你也就反过来有权利用谎言毁灭我们、毁灭你的国家吗？美德的宣扬者，你会佯装说你这样做是公正的吗？你这样的哲人会发现不了我们的国家比你的父母——祖先更珍贵、更崇高、更神圣，在诸神和全体理性的人中间拥有更大的荣耀吗？愤怒的时候应该镇静地、温和地、虔诚地对待，不论是被说服还是没有被说服，你都应该服从命令。当我们受到国家的惩罚的时候，不管是入狱还是鞭打，都应该默默忍受。如果国家带我们去打仗，无论是受伤或死亡，我们都应跟从。任何人都不能屈服、后退或放弃你的职责。不管在战场上、法庭上或是其他什么地方，一个人必须服从城邦和国家的命令，否则他就必须改变国家对正义的看法。如果一个人不会对父母施暴，他更不会对国家施暴。"对此我该怎么说，克里托，法律说的话是对的还是错的？

克里托：我想是对的。

苏格拉底：法律会继续说："请考虑一下，苏格拉底，我们真的认为你现在想做不利于我们的事情。尽管我们已经把你带到这个世界上来，抚养你长大成人，教育你，凡由我们支配的好东西，其他公民享有的东西，你都享有一份，但是我们仍然公开宣布这样一个原则：任何雅典人在成年之后，了解城邦的生活方式，熟知国家的政体和法律，如果他不喜欢这里，都有自由带着他的财产去他喜欢去的地方。没有一项法律会限制他或干涉他。任何人假如不喜欢我们这座城市，或想移居某个属地，或者移居其他任何城邦，随便他想去哪里，他都不会丧失他的财产。但是，那些目睹我们对待正义或管理国家的方式并留下来的人，就与我们默默达成协议，必须服从我们的命令。我们认为，在这种情况下不服从我们的人犯了三条罪：第一，不服从我们，就是不服从他的父母；第二，是我们给他提供了教育；第三，因为他和我们订有协议，要听从我们的命令；而现在他既没有服从我们的吩咐，也没有说服我们让我们相信我们的命令是不公正的；我们并没有粗暴地强迫他，而是给他选择，要么服从我们，要么说服我们。这是我们所给予他的，但他两样都没做。

"苏格拉底，如果你做了你们想做的事情，那么这就是对你的指控，你将面临惩罚，比对其他雅典人的惩罚更重。"如果我问为什么我跟他人不同，那么法律无疑就会反驳我说我比其他雅典人更早与之达成协议。他们会说："苏格拉底，我们有重要的证据表明你对我们和这个国家是满意的。你是住在雅典最久的居民，从未离开过一步，那就是说你爱这个国家。你从没有离开城邦去看体育比赛，除了有一次去了伊斯梅斯。你也没去过其他地方，除非去执行军务。你从来没有像其他人那样到处旅行，你从来没有兴趣了解别的国家和该国的法律。你的爱从来没有离开过我们和我们的国家。我们是你钟爱的对象。你默许了我们政府的存在。在这个城邦里，你生儿育女，这足以证明你是满意的。还有，即使在审判你的时候，你本可以被流放。现在你拒绝离开国家当时本可以流放你，但是你假装宁可死去也不愿意流放，并说你愿意受死。现在，你忘掉了这些大义凛然的话，不尊重法律，你是法律的破坏者。你现在正在做一个可怜的奴隶做的事情：逃跑——违背公民所签的合同和协议。你首先回答这个问题：我们认为你同意以实际行为而不是口头说法来接受我们的统治，这对吗？"对此我该怎么回答，克里托？我们不表

示同意吗？

克里托：我们无法否认，苏格拉底。

苏格拉底：那么法律会说："苏格拉底，你正在打破我们的协议，这是在你从容不迫、没有强制、没有欺骗的情况下签订的协议，但是经过70年的思索，这期间你有离开城邦的自由，如果我们的城邦不合你的心意或我们的协议不公正的话。你可以选择，你本可以去斯巴达或克里特。这两个国家的政府常得到你的赞赏。你也可以去海勒尼克或者外国。然而，你比其他雅典人似乎更爱这个国家，或换句话说，更爱我们的法律。(谁会关心一个没有法律的国家呢？)你没有离开过她，残疾、眼瞎、受伤的人们都没有你这样坚定。现在，你却要逃跑，违背你的协议。不，苏格拉底，听从我们的建议，别让自己因为逃离这个城邦而被人耻笑。

"请你想一想，如果你以这种方式违法犯罪，对自己、对你的朋友有什么好处呢？显然，你的朋友将被放逐、被剥夺公民权或被没收财产，这是肯定的。至于你自己，如果你去了邻国，比如去底比斯或麦加拉这两个政法严明的国家，那么你会成为他们政府的敌人，政府会抵制你，所有爱国者都会用恶毒的眼光看着你，把你当做法律和政令的摧毁者，法官们的意识里会坚信对你的指控是公正的。因为，一个破坏法律的人更有可能对年轻人和人类中的愚者产生腐蚀作用。那么，你是否打算逃离那些秩序井然的国家和品德高尚的人民呢？在这样的条件下生存还有价值吗？

"你会毫不知耻地奔向他们并和他们讲话吗，苏格拉底？你会对他们说些什么呢？你会说美德、正义、制度和法律是人类中最伟大的东西吗？你这样说得体吗？当然不得体。但是，如果你从这一统治良好的国家逃到克里托在帖撒利的朋友那里——那里充满了混乱和放纵，他们会喜欢听你讲越狱逃跑的故事，听你讲你如何裹着羊皮，或用其他逃跑者常用的方式乔装改扮，十分滑稽可笑。那里没有人会提醒你说，像你这么大年纪的人不知羞耻地践踏神圣的法律就是为了多活几年吗？或许他们不会说，如果你让他们保持好心情的话。但是如果他们发脾气了，苏格拉底，你会听到许多不堪入耳——令你羞耻的评论。你会活着，但怎样活着？去阿谀奉承所有的人，做他们的奴仆？你干什么呢？在帖撒利吃吃喝喝，逃到国外就是为了混顿饭吃。你对正义和道德的高尚情感哪儿去了？或者说，你活着是为了你的儿女，你想把他们养育成人，你会把他们带到帖撒利而剥夺他们雅典的公民权吗？这就是你要赠给他们的好处吗？或者你会认为，只要你活着，虽然远离他们，他们也会得到更好的关照，更好的教育，因为你的朋友会照顾他们。你想过吗？如果你去了帖撒利他们会照顾你的儿女，难道你去了另一个世界他们就不会照顾你的儿女了吗？当然不是，除非那些自称是你朋友的人毫无价值，否则他们会的，肯定会的。

"苏格拉底，还是听听我们怎么说吧，是我们把你养大。不要首先考虑生命、儿女，而把正义放在其次考虑；要把正义作为首先考虑的事情，这样的话，在冥府的判官面前，你也可以得到公正的对待。如果你听从了克里托的建议，你和属于你的人们，在今生来世都不会更幸福、更神圣、更公正。你现在无罪地死去，你是邪恶的受害者，而不是参与者；是个牺牲品，不是法律的牺牲品，而是人类的牺牲品。但是如果你向前多走一步，以牙还牙，以血还血，破坏你和我们之间订立的契约，损害那些你最不该损害的人，也就是说，你自己，你的朋友，你的国家还有我们。只要你活着，我们就会对你表示愤怒，我们的兄弟，冥府的法律也会把你看做敌人。因为他们知道你在竭尽所能摧毁我们。那么，听我们的，不要听克里托的。"

我亲爱的朋友克里托，我仿佛真的听到声音，就好像听到神秘的笛声，在我耳边嗡嗡作响，使我一点儿也听不到其他声音。我知道，你再说什么话都没有用。不过，如果你还

有什么要说的，就请说吧。

克里托：不，苏格拉底，我无话可说。

苏格拉底：那你走吧，克里托，让我们听从上帝的旨意，因为他已指明了道路。

独立宣言

——托马斯·杰弗逊

《独立宣言》开篇为我们提供了最重要的道德基础之一。如果我们真的认为这些自由是上帝赐给我们的礼物，我们应该意识到去尊重、保护和捍卫其他人的权利是我们道德上的责任。

在有关人类事务的发展进程中，当一个民族必须解除它和另一个民族之间的政治联系，并在世界各国之间依照自然法则和上帝的旨意，取得独立和平等的地位时，出于对人类舆论的尊重，必须把迫使他们独立的原因宣布出来。我们认为下面这些真理是不言而喻的：人人生而平等，造物主赋予他们若干不可剥夺的权利，其中包括生命权、自由权和追求幸福的权利。为了保障这些权利，人类才在他们之间建立政府，而政府的正当权力，是经被治理者的同意而产生的。当任何形式的政府对这些目标具有破坏作用时，人民便有权力改变或废除它，从而建立一个新的政府，其得以建立的原则和行使权力的形式，必须使人民认识到这样是他们最可能获得安全和幸福的保障。

《联邦主义者》第五十五期

——詹姆斯·麦迪逊

被称为《联邦主义者文集》中的文章首先刊登在1787年秋至1788年夏的纽约市报纸上，由亚历山大·汉密尔顿、詹姆斯·麦迪逊和约翰·杰伊共同撰写，文章标题是《致纽约州的人民》，署名是"公共家"。他们的目的是说服纽约市民认可最近由费城会议起草的宪法。虽然文章是在匆忙中写成的，这一系列出色的散文仍然是关于美国民主的最有影响的政治文件和评论之一。在这篇文章中，詹姆斯·麦迪逊提出了一个问题，即我们是否应该相信相对来说少数的立法者能够维护公众的自由。这样的一个体系能够做到，麦迪逊辩论说，只要人民的政治和道德责任感仍然保持完整。民主的前提是每一个公民的道德品质依然完好无缺。

现在，要下决心解决的一个真正问题是，作为暂行的条例，是否少数人会对公众的自由构成威胁？是否每过几年选出的65人，和再过几年后选出的100人或200人能对美国的受到限制的且得到良好维护的立法权力起到安全的保障作用呢？我必须承认对这个问题我无法作出否定的回答，如果我还对美国的当代思潮、美国各州的立法精神以及体现各阶

层公民政治性的立法原则还有一些印象的话。我无法想象，美国人民在目前形势下，在任何情况都可能发生的形势下，会选择并每隔两年重新选择65人或100人，让他们来蓄意制定或实施一个专制或叛逆的阴谋。我无法想象，综合考虑多方利益、拥有诸多制衡手段的各州立法机关会无力发现或挫败联邦立法践踏普通公民自由的阴谋。

同样，我无法想象，在美国，在目前或更短的时间内，那些有能力在全体公民面前脱颖而出的、由全体公民选出的65人或100人会愿意或敢于在短短的两年之内背叛赋予他们的高度信任。将来形势或时间会有变化，我国人口会有所增加，又将产生或需要什么样的新精神，这不是我现在考虑的事情。但从摆在我们面前的形势看，从当前这段时期内的可能状态来判断，我断言把权力交在由联邦政府推荐的人手中，美国的自由不会不安全……

在人类的本性中有一种堕落的倾向，需要人们一定程度的谨慎和不信任。同样，在人类本性中还有一些品质值得应有的尊重和信任。共和政府比其他形式的政府更需要这些品质。假如我们中间的某些人出于政治嫉妒所做的描述和人类的特点十分相似的话，那么得到的推论是人类中间没有足够的美德能够自治，只有专制的铁链能够约束他们不去相互毁灭或残杀。

国家的良知必须唤醒

——弗雷德里克·道格拉斯

弗雷德里克·道格拉斯出生于1817年，他生为奴隶，在马里兰州的一个种植园中由祖母带大，8岁时被送到巴尔的摩劳动。在巴尔的摩，在女主人的帮助下，他开始读书，虽然这是法律禁止的。1838年，他逃往马萨诸塞州的新贝得福德，并在那里安顿下来，开始从事反对奴隶制的活动。不久以后，他便成为全国黑人废奴运动的领袖和其中最杰出的演说家之一。

1852年，他应邀在纽约罗彻斯特的一个独立日纪念活动上发表演讲。他抓住这个机会，举起道德的"炙热的烙铁"对美国国民的良知进行了谴责。对道格拉斯和所有美国黑人来说，7月4日并不是欢庆民主所带来的权利和自由的节日。对那些出卖了同胞们最基本的权利的人来说，这是最黑暗、最令人感到耻辱的一天。这篇演说勇敢地指出了美国的罪过。

公民同胞们，对不起，请允许我问一个问题：为什么今天叫我在这里发言？你们的国家独立和我及我所代表的人们有什么关系？我们何时分享过《独立宣言》所赋予的政治自由和生而平等的伟大准则？因此，我是被叫到这里来，向国家的祭坛献上我们卑微的祭品，然后对你们的独立所带给我们的福祉感恩戴德、连声称谢吗？

为了你们，也为了我们，但愿上帝真能让所有人听到这些问题的肯定回答……

但是情况并非如此。我这么说，是因为我深切地感受到我们之间存在差异。今天辉煌的周年盛典并不包括我在内。你们光荣的独立仅仅表明我们之间有着不可逾越的鸿沟。并不是所有人都享受到你们今天为之欢唱高歌的种种幸福。你们分享到了你们的先辈遗留给你们的正义、自由、繁荣和独立等丰厚遗产，而我却没有。阳光带给你们的是光明和抚慰，带给我们的却是鞭痕和死亡。7月4日属于你们，而不属于我，你们可以欢呼雀跃，

第三章 责任

而我却要悲伤叹息。把一个身戴镣铐的人拖到象征自由的宏伟的圣殿，让他和你们一起高唱欢乐的颂歌，岂不是惨无人道的嘲弄和亵渎神明的讽刺？……

公民同胞们，在你们举国欢庆的喧嚣声中，我听到千百万人的痛苦的呻吟。他们身上的镣铐，昨天已让他们感到沉重而悲伤；今天，你们的欢呼声更让他们无法忍受。假如我真的忘记了，假如我背弃了他们，不能牢记那些今日还在伤心流血的孩子们，那么，"就让我的右手瘫痪吧，就让我的舌头粘在上颚上吧。"假如我忘记他们，对他们的屈辱置之不理，置若罔闻，还在这里与众人欢歌鸣唱，就无异于最可耻、最令人不齿的背叛，就会使我在世人和上帝面前受尽谴责。因此，公民同胞们，我今天的主题是美国的奴隶制。我将从一个奴隶的角度看待今天这个日子和它的普遍特点。我身为美国黑奴，他们的屈辱就是我的屈辱。我毫不犹豫地、满腔激愤地声明：这个国家的品质和行为，在今天——7月4日更显得黑暗、肮脏、罪恶累累！不论是回顾过去的宣言还是看今日的声明，这个国家的所作所为都那么骇人听闻、令人作呕。美国过去的历史是虚伪的，现在的行为是虚伪的，未来的发展也必定是虚伪的。此时此刻，我站在上帝和惨遭践踏、鲜血淋漓的黑奴这边，以遭到践踏的人性之名义，以被桎梏的自由之名义，以受到抛弃和践踏的《宪法》和《圣经》之名义，挺身而出，大胆发问并强烈谴责妄图使奴隶制——这一罪孽深重的美国耻辱永世长存的一切邪恶……

什么，难道还需要我证明这些都是错误的吗？把人变为牲畜，剥夺他们的自由，让他们劳而无获，让他们对自己的身世一无所知，而且用棍棒皮鞭殴打他们，用镣铐将他们四肢锁上，带着狼犬追捕他们，在市场上拍卖他们，让他们妻离子散，敲落他们的牙齿，炮烙他们的皮肤，用饥饿迫使他们屈服而听命于主人。一个沾满血腥、臭气熏天的制度是邪恶的，这也需要证明吗？不，我不愿。我的时间和精力要花在更值得做的事情上。这种争论没有意义。

那么，还剩下什么需要证明呢？奴隶制不是天意、上帝并没有建立它吗？我们的神学博士是错误的吗？这样想本身就是亵渎。非人道的东西不会是天意！有谁能够对此进行论证？那些能做到这点的人也许会这样做，但我不能。现在已过了作论证的时候了。

此时此刻，需要的是炙热的烙铁，而不是令人信服的论证。啊！假如我有此能力，假如我能让全国都听到我的声音，那么，今天我就会以滚滚巨流的气势发出我尖刻的讽刺、无情的谴责、严厉的训斥。因为我们需要的不是轻盈的亮光，而是熊熊火焰；我们需要的不是和风细雨，而是电闪雷鸣。我们需要摧枯拉朽的暴风，摧毁一切的地震。国家的感情必须激励，国家的良知必须唤醒，国家的温良必须打破，国家的虚伪必须揭露。它对上帝和人类犯下的罪行必须公之于众，受到谴责。

你们的7月4日对美国黑奴有何意义？我的回答是：一年之中，没有哪一天比今天更让他们感到自己无时无刻不被沦为牺牲品的不公和残忍了。对他们来说，你们的庆典是欺人之道，你们鼓吹的自由是一种亵渎；你们国家的伟大是虚伪而空洞的；你们的欢庆是空虚而无情的；你们对暴君的谴责是厚颜无耻的；你们自由平等的欢呼声是空洞的讽刺；你们的祷告和赞美诗，你们的布道和感恩及你们所有的宗教游行和仪式，都不过是在上帝面前的虚假欺骗、装腔作势、伪善和不敬。不过是在连野蛮人都会感到羞耻的罪行上覆盖了一层薄薄的纱巾。此时此刻，世界上没有哪个民族——即使有野蛮民族——像美国那样犯下了如此骇人听闻、如此血腥的罪恶行径。

致国会的第二篇国情咨文

——亚伯拉罕·林肯

1862年12月，随着北方战争的努力受阻且似乎要被迫中断，公众舆论开始反对林肯。亚伯拉罕·林肯果断地给国会写了这篇咨文，指出联邦政府现在面临道德和政治上的双重义务：维护联邦，释放奴隶。在林肯的心中，这两个目标在这时候变得密不可分。他大声疾呼，尽管有些顾问抗议说他的解放奴隶的计划是草率的和毁灭性的。这篇文章中，我们倾听一个伟人的呼声，呼吁他的同胞们丢掉几个世纪以来的偏见，听从正义和理智的指引。一个月后，林肯签署了《解放宣言》。

一个国家可以说是由它的领土、人民和法律组成的。领土是唯一有一定持久性的部分。

"一代人逝去，另一代人降生，但领土却永远存在下去。"充分考虑和估计这个永远存在的部分是极其重要的。美国人民在地球上占有和居住的这片土地只适合作为一个民族大家庭的家园，而不宜作为两个或两个以上民族大家庭的家园。它那广阔的地域、多样化的气候和丰富的物产在过去不管曾对多少个民族有利，现在却只能对一个民族有利。蒸汽机、电讯、智能已经成为一个统一民族发展的有利因素。

我在就职演说中曾扼要指出把分裂联邦作为解决两个地区人民之间的争端的办法是完全不恰当的。我已经用文字表述过了，不可能说得更好了，因此我希望再次重复一下：

"我们国家的一部分地区认为奴隶制是正确的，应该得以推广，而另一部分地区认为它是错误的，不应该推广。这是唯一的、实质的分歧。……从地理上来说，我们不能分裂，我们不可能把各自的部分与对方的分开，或在二者之间修建一堵不能通过的墙。丈夫和妻子可能会离婚，走出对方的视野，不再和对方联系；可是我们国家的不同部分不能这样做。它们只能朝夕相处；它们之间的相互交流必须继续，不论它们之间的关系是融洽还是敌对。那么，分裂后这种交往会比以前更有利、更令人满意吗？难道异邦人之间制订条约比朋友间制定法律还要容易吗？难道异邦人之间条约的强制执行比朋友间遵守法律更能得到忠实地履行吗？假如你去打仗，不能总在打仗；当双方都有损失而都没有获得好处时，就会停战，而像交往的条件这些老问题，就又不得不重新考虑……"

即使会有一个合适的时间来讨论这个已有定论的问题，那也不是现在。在眼下这个时候，人们对他们不愿意承担的关乎历史的事情应该保持沉默……

我不会忘记一个国家的最高行政长官给国会的咨文的重要性；我也不会忘记你们中有些是我的长辈；或忘记在公共事务上，你们中很多人比我更有经验。可我仍然相信，鉴于我所肩负的巨大责任，在不必要的时候，我认为对国家的责任大于对你们的尊重……

过去平静时期的信条对暴风雨即将来临的现在是不够的。目前的形势困难重重，我们必须随着形势激流勇进。现在面临的情况是前所未有的，我们也必须从新的角度去思考，采取与以往不同的行动。我们必须释放自己，使自己不受任何束缚，然后去挽救我们的国家。

同胞公民们，我们不能逃避历史。我们的国会和我们的政府将永载史册，尽管我们会默默无闻。个人的伟大或渺小都不能使我们逃避。我们所经历的严酷的考验将照亮我们，不论是光荣或耻辱，直到永远。我们说我们是赞成联邦的，全世界不会忘记我们是这样说的。我们知道怎样来保全联邦，全世界知道我们确实知道怎样来保全联邦。我们——即使

在这里的人——拥有力量，也负有责任，我们给了奴隶自由，同时也就保证了自由人的自由——我们给奴隶以自由，维护自身，都是同样光荣的。我们将高贵地保全或卑劣地失去人间最后的、最好的希望。其他方法也许也行，但这个方法决不会失败。道路是清楚的、和平的、大度的、公正的——只要走这条路，全世界就会永远赞美我们，上帝一定会永远赐福给我们。

来自伯明翰市监狱的信

——马丁·路德·金

马丁·路德·金于1963年复活节后的周末写了这封《来自伯明翰市监狱的信》，此时他因领导反对种族歧视的非暴力抗议活动而被单独囚禁起来。这封信是对几名主要牧师发表公开声明呼吁停止示威游行的回答。金认为示威者的行动从道义上来说是负责任的，并且预言总有一天这个国家会承认那些英雄们，"高尚的使命感给予他们巨大的勇气和坚定的意志去面对暴徒的嘲笑和敌视，同时也使他们饱受孤独之苦，而这些正是先驱者的特点。"下面的章节选自美国关于尊重法律和公民违抗法律的正当基础的政治文件，该文件是美国最重要的政治和道德文件之一。

既然你们已经受到反对"外人介入"观点的影响，我想我应当说明我来伯明翰的原因。……我和我的几位助手在伯明翰，是应邀前来的。我来这里是因为我在这里有一些组织关系。

但是，更根本的原因是因为这里存在着不公正。正如公元前8世纪的先知们离开他们居住的村庄，把"上帝是这么说的"的话传到远离他们家乡的边陲角落，也正如使徒保罗离开他的家乡塔尔苏斯，把基督耶稣的福音带到希腊、罗马的每一个城市和村庄，因此我也受到启示被迫去家乡以外的地方传播自由的福音。我必须像保罗那样，不断回应马其顿人的求助。

况且，我已经认识到各个地区和各个州之间的相互联系。我不能无所事事地坐在阿拉巴马而不关心伯明翰发生的情况。任何一个地方的不公正是对其他地方公正的威胁。我们已经被困在一个不可逃避、相互关联的命运之网里。任何事情若是对其中一个人产生直接影响，必然会对另外的人产生间接的影响。我们再也不能忍受地区间的"外界煽动者"的狭隘思想的影响了。每一个美利坚合众国的人，不管是生活在哪一个地方，只要是在国界线里，就再也不能被看做是旁观者了。

你们对发生在伯明翰的游行示威表示痛心。但是，我很遗憾，你们的声明对引起示威的客观形势并没有表示出同样的关切。我相信你们不愿意满足于那种肤浅的社会分析，只看后果而不去设法解决其背后的深层原因。发生在伯明翰的示威游行是不幸的，但是更不幸的是，这个城市的白人政权体制已经逼得黑人走投无路，别无选择。

任何非暴力的运动都包括四个基本步骤：收集情况，判断是否存在不公正；谈判；自我净化；直接行动。在伯明翰我们经历了所有这些步骤。不可否认的事实是，种族不平等的阴云笼罩着该市的黑人社区。伯明翰可能是全国隔离最彻底的城市。该市对待黑人的丑恶行径在全国是尽人皆知。这里的黑人在法庭上也受到粗暴无理的对待。比起其他城市，这里有更多的黑人家宅和教堂爆炸案尚待解决。这些都是令人难以置信的残酷的现实……

你们对我们意欲违反法律表示极大的忧虑，这种考虑当然是合理的。既然我们如此奋力地催促人们服从最高法院1954年关于在公立学校取缔种族隔离的决定，那么现在看到我们要有意识地违反法律就会感到自相矛盾，不可理解。或许有人要问："你们怎么能够既提倡违反某些法律，又遵守某些法律呢？"我想，可以用这样的事实来回答：存在两种法律，公正的法律和不公正的法律。我愿意第一个去倡导遵守公正的法律，因为一个人既有法律上的，又有道义上的责任去遵守公正的法律。反过来说，也有道义上的责任拒绝遵守不公正的法律。我赞成圣奥古斯丁的话："不公正的法律根本就不是法律。"

那么公正与不公正的法律区别何在呢？怎样判断法律是公正的还是不公正的？公正的法律是人们制定的，既符合道德原则也符合上帝旨意的法律。不公正的法律和道德原则不相协调。用圣托马斯·阿奎那斯的话来说，不公正的法律是人为的法律，并非植根于自然法则，不会成为永恒的法律。所有提高人格的法律都是公正的，贬低人格的法律则是不公正的。一切种族隔离条例都是不公正的，因为它扭曲灵魂，损害人格尊严。它给实施隔离者带来虚假的优越感，也使被隔离者产生一种自卑的错觉。用犹太哲学家马丁·布贝尔的说法，隔离用"我——它"关系取代"我——你"关系，最后把人降到物的地位。因而种族隔离不仅在政治上、经济上、社会学上是站不住脚的，而且在道德上也是错误的和有罪的。保罗·蒂利希曾说过：罪恶即是分离，难道种族隔离不是人类悲惨的分离的存在主义表现，不是人类极度的疏远和可怕的罪孽的表现吗？因此我强烈要求人们遵守1954年最高法院的决定，因为它在道义上是公正的，我还呼吁他们不要遵守种族隔离的条款，因为这些条款在道义上是错误的。

让我们来看看更具体的公正和不公正的法律的例子。多数人或权力机构的多数人强迫少数人服从某一条法规而并不约束自己，这条法律就是不公正的。在这里，人与人之间存在差异被看做是合法的。同样的标准，多数人制定的法规要求其他少数人服从，同时自己也遵守，这条法律就是公正的。在这里，人人平等是符合法律的。

让我作另一种解释。不公正的法律是一种强加于少数人的法规，这些人不参与该法规的制定或创立，因为他们的投票权利被剥夺了。有谁能说颁布种族隔离法令的阿拉巴马州立法机关是民主选举产生的呢？ 整个阿拉巴马州用尽各种不正当手段来阻止黑人成为登记选民。在一些县里，黑人虽然占大多数，但却竟然没有一个黑人进行登记。在这种情况下制定的任何一项法律都可以被看做是由于民主而制定的吗？

有时候，一项法律表面上看起来是公正的，而在执行时却是不公正的。例如，我被起诉"未经许可游行"而遭到逮捕。经过许可才可游行的法律不能说是错的，可是，当这项法令应用到维持种族隔离——否定公民拥有第一修正案所赋予的和平集会和抗议的权利时，就不公正了。

我希望你们能够明白二者之间的区别，这也是我信中力图说明的。我从没有鼓励任何人逃避或抗拒法律，那是隔离主义激进分子的做法。那样会导致政府混乱。一个违反不公平法律的人必须做到公开坦率，充满热情，并愿意接受由此带来的惩罚。我的看法是，一个人违反自己认为是不合理的法律，并心甘情愿地准备去接受坐牢的惩罚，由此来唤醒公众对此项法律不公正的良知，这是对法律最大的尊重……

你们把我们在伯明翰的活动称为是极端的。……起初我对你们把我看做是极端主义者感到失望，然而当我继续思考这个问题时，我渐渐为把自己看做是极端主义者而略感欣慰。难道耶稣不是一个在博爱方面的极端主义者吗？ ——"爱你的敌人，祝福诅咒你的人，帮助那些憎恨你的人，为那些恶意利用迫害你的人祈祷。"难道阿摩司不是争取公正的极端主义者吗？ ——"让公正如洪水，正义如激流，一泻千里，滚滚而来。"难道保罗不是传播耶稣福音的极端主义者吗？ ——"我身上带着主耶稣的印迹。"马丁·路德不是极端主义者吗？ ——"我站在这里，我别无选择，所以拯救我吧，上帝。"难道约翰·班扬不是极端主义者吗？ ——"我将留在狱中直到我死去的那一天，免得把自己的良心变

第三章 责任

为屠场。"难道亚伯拉罕·林肯不是极端主义者吗？——"这个国家不能在半奴隶半自由的状况中继续生存。"难道托马斯·杰弗逊不是极端主义者吗？——"我们认为这些是不言而喻的，人人生而平等……"所以，问题不在于我们是不是极端主义者，而在于我们要做什么样的极端主义者。我们要做传播爱的极端主义者，还是散播仇恨的极端主义者？我们要做维护不公正的极端主义者，还是做伸张正义的极端主义者……

总有一天，南方会认识到它真正的英雄是谁。他们将是詹姆斯·梅雷蒂斯们，高尚的使命感使他们勇敢面对暴徒的嘲笑和敌视，同时也使他们饱受孤独之苦，而这些正是先驱者一生的特点。他们将是年迈的、饱受压迫和欺凌的黑人妇女，以阿拉巴马州蒙哥马利市的一位72岁的老妇人为典型。她捍卫尊严、挺身而出，与那些决心不乘坐实行隔离的公交车的黑人同胞们一起步行上班。当有人问她累不累时，她用不规范的语法表达了深刻的思想："我的脚很累，但我的心很安宁。"他们将是年轻的中学生、大学生，年轻的福音传教士，还有他们的年长者，他们坐在便餐柜台边静坐抗议，毫不畏惧，为了问心无愧宁愿坐牢。总有一天，南方会明白，当这些被剥夺了继承权的上帝的孩子们在便餐柜台前坐下时，他们实际上是在为捍卫美国梦这一最佳理想挺身而出，为基督教传统最神圣的准则挺身而出，从而把整个国家带回到民主的伟大源泉——建国的先辈们在拟定《宪法》和《独立宣言》时所深深开掘的源泉……

我希望这封信能使你们坚定信心，我也希望不久形势能允许我和你们每一位见面，以一个牧师和基督教弟兄的身份，而不是作为一个主张取消种族隔离的人或一名民权领袖。让我们共同期待种族偏见的乌云会很快消逝，误解的浓雾将从使我们陷入恐惧的社区中驱散。让我们共同期盼在不远的将来，充满博爱和兄弟情谊的灿烂阳光将照耀我们美丽的国家。

为和平和兄弟团结奋斗的

马丁·路德·金

没有胸膛的人

——C.S.刘易斯

C.S.刘易斯(1898~1963)是近代最伟大的思想家之一。他论述了成人在教育青年中肩负的责任。在他的《人类的消亡》中，他举例说，假如我们没有把一些具体的行为标准传给下一代，如善与恶的区别，什么是值得做的和不值得做的，什么行为令人钦佩和什么行为令人羞耻，那么，我们必须为将来孩子性格上的缺陷受到责备。节选章节的最后一段是整个文学作品当中关于教育的最精彩的论述之一。

直到近当代，所有的知识分子和普通百姓都相信：我们的情感体验要么与宇宙和谐一致，要么与宇宙背道而驰。我们认为，实际上，面对我们的赞同或反对，尊重或鄙视等情感，客观世界不只是承受，还会评判这些情感……

特拉赫恩曾问到："除非你公正地给予事物它们应得的尊重，你能做到公正合理吗？世界万物都是为你而造的，所以你要做到根据它们的实际价值来评价它们。"圣奥古斯丁把美德定义为"爱的秩序"，即一切情感的一种有序状态。在其中，每一事物都能得到与它相称的爱。亚里士多德认为教育的目的是使每个学生都喜欢他应该喜欢的东西，

而讨厌他应该讨厌的东西。这样，当儿童长到可以思考的年龄时，那些已经受过"有序的爱"和"公正的情感"教育的学生就会很容易地接受道德体系中那些最基本的原则；但是，对那些堕落的人，他们永远意识不到这些原则的存在，在道德这门科学上永远无法进步。他之前的柏拉图也持同样的观点。婴儿无法从一出生就对外物有正确的反应。必须用那些真正使他们开心、喜爱、厌恶或憎恨的东西来训练他们感受快乐、喜爱、厌恶或憎恨的情感。在《理想国》一书中，受到良好教育的人能够清楚地看出制作粗劣的人造物及不正常的天然物的缺陷。他们从年幼时起就倾向于批评和厌恶那些丑陋的事物，而热烈地赞美美好的事物，引它进入自己灵魂的深处，并受到它的熏陶，从而成为有教养的人。这种教育在他尚未达到理智的年纪之前就完成了；这样，当理智最终向他走来时，由于已经接受的教育，他就能够伸出双手欢迎她并接受她，因为她能让他产生一种共鸣。在早期的印度教中，人类的善行指的是与梵天的和谐统一、融为一体。梵天，就是自然和超自然的规律，体现着宇宙的规律——纯洁的道德和宗教的仪式。正义、正道、秩序，即梵天，与真实或真理是一个意思，与现实密不可分。正如柏拉图指出的，正义是"超于现实的"。华兹华斯曾说过，美德的存在使星星更高更亮。因此，印度的大师们认为诸神自己也是从梵天所生，并且遵守它的法则。中国人也说到一种至高的境界，称为"道"。它是超于任何推测的真实，是造物主面前的深渊。这就是自然的真谛，是宇宙的运行方式，是人生的大道。正是在这种运行方式中，宇宙运行不息；正是由于这种运行方式的存在，万物才能永恒，从诞生到平稳到永久，最后归于无限的空间和时间；也正是由于这种运行方式的存在，人类才能模仿宇宙的或宇宙之外的进程，与伟大的演示者的行为相一致。《论语》中写到："礼之用，和为贵。"古代的犹太人同样赞美宇宙的法则是"真的"……

但是这些对他们来说普遍的原则，我们也是不能忽视的。这就是客观价值的准则，对于宇宙是何种物质及人类是什么的问题，人类的某些态度是正确的，某些则是错误的……

因此，根据你相信不相信"道"，教育的问题是截然不同的。对那些信仰的人来说，教育的任务是训练他们那些与他们相称的反应，无论这种能力是否正在形成，或塑造人的本性。而对那些不相信的人，如果他们理智的话，必须把人类的情绪看做是同样的不理智，看做是人类与客观事物之间的迷雾。因此，他们要么必须尽可能地把学生心中的所有情绪都赶出去，要么必须培养一些与他们本质的公正——法令无关的情感。而在第二种方法中，则要求这些教育者，在问题百出的教育过程中，必须为不信仰的人提出"建议"或幻想出一个咒符，认为他们自己的理智已经成功地被驱除出去了……

在人类的历史进程中，这一直是人类境况的悲喜剧，我们继续在呼唤我们不可能拥有的品质。几乎翻开任何一本杂志，你都会看到这样的说法，我们的文明需要更大的"动力"，或生机，或自我牺牲，或创造力。由于一种令人瞠目结舌的简单化，我们去除了这一器官，但却要求具有这一器官的功能。我们培养了没有胸膛的人，却希望他充满生机和活力。我们嘲笑荣誉却为我们中间有背叛者而深感震惊。我们阉割了动物，却要求它们产下幼仔。

第四章

友　谊

　　好的故事能让我们设身处地去为他人着想,这是掌握道德观念的关键。从友谊的故事中,我们学会真心地从朋友的角度出发,为他们考虑。从最真挚的友谊中,我们看到的也许正是所有人际关系的道德规范中最纯净的形态。

　　如同本章选取的内容所表明的,友谊不仅仅是相识,也不仅仅是关于情感。友谊往往源于彼此的兴趣相投和目标一致,它因或早或晚产生的善意冲动而得到加强。友谊所要求的——坦诚,自我批评,虚心听取朋友的批评,衷心地接受他们的赞赏,永远守护在对方身旁的忠诚,鼎力相助甚至牺牲自我的精神——对于道德的成熟乃至走向高尚,都是潜在的促进力量。

　　当然,人们可能因美德而结伴,但是也会,甚至更容易由于缺点而臭味相投。这样的关系不配称作友谊,却假借友谊之名招摇。英国散文家约瑟夫·阿狄森将这种关系称为"狼狈之徒,酒肉之交"。双方共同的私欲是滋生这种虚伪友谊的温床。在我们这个时代,人们之间的偶然相识过于容易,亲密的关系也来得过于迅速和随意。但是我们应该要提醒自己,真正的友谊是需要时间慢慢形成的。它需要靠努力来创造,靠耐心来维系。友谊具有深沉的内涵。实际上,它是一种爱。如同C.S.刘易斯所说,它也许是最不具血缘关系的一种爱,但它却是最重要的一种爱。

　　每位父母都深知,对于他们的孩子来说,朋友的选择有多么重要。通过孩子们的友谊,父母能看到他们的趋向。这些友谊重要的原因在于,好的朋友让孩子奋发向上,而坏的朋友将孩子引入歧途,所以孩子们的朋友好不好非常关键。同样,作为孩子们的榜样,父母的朋友也很重要。朋友应该是我们美好天性的同盟。

　　我们必须教会孩子辨别虚伪的友谊,让他们认识到它的危害性,意识到它会让人离高尚越来越远。

　　交朋友只是友谊的一半内容,虽然它往往是孩子和家长最为关心的那一半。然而,成为别人的朋友对于我们的道德发展其实更为重要。"好朋友令人奋发向上"的另一层含义是,你作为一个益友,积极引导你的朋友奋发向上。对一个孤单的人或是一个不幸的同学,能够以朋友相待,那是一个孩子真正成熟的体现。那些熟悉的告诫——如"好友不会让朋友酒后驾车","要拥有朋友,就要以朋友待之"——帮助我们留意到友谊更积极主动的一面。

美德书大全集

这一章中有着一些不同的友谊。我们会看到在逆境中相互支持的朋友，有只讲付出不求回报的朋友，还有互相激励追求更高目标的朋友。我们会看到为了友谊所做的点滴小事，也有伟大的牺牲壮举；我们会看到朋友为彼此的前进让路的细微举动，也有人为朋友冒生命危险甚至付出生命。我们见到结识新朋的欣喜，拥有老友的慰藉，以及失去朋友的痛苦。从这些不同的友谊之中，我们能学会完善自己的友谊。

牧 场

—— 罗伯特·弗罗斯特

这首小诗告诉我们，朋友是我们愿意与之相守的人。

> 我要出去清理牧场的溪泉，
> 我只需驻足，将落叶捞净，
> （或者等待，看泉水变清，）
> 我不会去得太久——你也来了。
>
> 我要出去牵回那头小牛犊，
> 它偎在妈妈身边。如此稚嫩，
> 蹒跚着，享受母亲舐犊情深。
> 我不会去得太久——你也来了。

熊和行人

—— 伊索

在伊索生活的时代，只能共安乐而不能同患难的朋友比比皆是。今天他们依然生活在我们周围，孩子们要学会辨认出他们，并且学会怎样避免成为这种人。

两个行人一起赶路，突然闯出一头熊。就在熊看见他们之前，其中一个人奔向路边的一棵树，他爬上去，藏身在枝叶间。另一个人没有他的同伴敏捷，由于无处可逃，他只好躺在地上装死。那头熊走过来，围着他上上下下地嗅，但是他屏住呼吸，一动也不动，因为他听说过熊是不会碰死尸的。果然，熊把他当成了死尸，就走开了。当危险过去后，藏在树上的行人爬下来，问他的同伴，当熊把嘴凑近他的耳朵时，跟他说了什么悄悄话。同伴答道："它告诉我，以后再也不要和一个遇到危险就扔下朋友不管的人同行了。"

不幸能够测试出友谊的诚挚程度。

猫和老鼠的伙伴关系

—— 格林兄弟

这个故事告诉我们，交错朋友可能会让你失望，甚至带来灾难。

有只猫认识了一只老鼠。猫表达了对老鼠的强烈的爱慕和友谊，于是老鼠终于同意和猫一起居家过日子。

"我们必须为冬天做好准备，"猫说，"不然我们就得忍饥挨饿。而你，小老鼠，你千万不能出门，不然会落入陷阱的。"

经过商量之后，它们买了一小罐蜂蜜。但一开始，它们想不出该把它放在哪里才安全。苦苦思索了好一会儿，猫说没有比教堂更好的地方了，因为没有人会去教堂偷东西的。它们可以把蜂蜜放在圣坛下面，不到山穷水尽的地步决不去动它。它们依计而行，藏好了蜂蜜。

但不久后，猫就抵挡不住想要尝尝蜂蜜的强烈诱惑。

"听我说，小老鼠，"它说，"我的堂姐想要我给它的小儿子当教父，它是只白色的小猫，身上带有褐色的斑点。今天它们要为它进行洗礼，所以我得到场。我出去后你在家里好好看家。"

"好的，没问题，"老鼠回答，"你尽管去吧。不过当你享受美食时可别忘了我。我真想喝一口甜美的红葡萄酒啊！"

但猫说的全是假话。它根本就没有什么堂姐，也没有当教父这码子事。它直奔教堂，取出小罐子，舔干净了上面的一层蜂蜜。接下来，它到城里的屋顶上散了一会儿步，还碰到了几个熟人。然后它躺在阳光下，一边回味着那罐蜂蜜的美味，一边舔着自己的胡须。傍晚时分，它回到家中。

"你终于回来了，"老鼠说。"你今天一定挺开心的。"

"啊，非常开心。"猫回答。

"你给小家伙取了什么名字？"老鼠问它。

"顶光光。"猫的声音干巴巴的。

"顶光光！"老鼠大叫。"真是个特别而奇妙的名字！你家里人的名字都这样吗？"

"那有什么关系？"猫答道。"这个名字总比你那个叫'捡面包渣'的教子要强一点儿吧！"

这之后没多久，猫又犯馋了。

"我又得求你件事，"它对老鼠说，"你得一人在家看一天门。我又被请去做教父了。这次是只脖子上有道白圈的小猫，我真的无法拒绝。"

善良的小老鼠又同意了。猫顺着城墙爬到了教堂，径直找到蜜罐，咕噜噜喝掉了一半。

"没什么比自己藏起来的东西尝起来更香的了。"猫对自己说。它很满意今天的成果。当它回到家中时，老鼠问它给孩子取了什么名字。

"半光光。"猫回答。

"半光光！"老鼠大喊。"我这辈子也没听过这种名字！我打赌黄历上也找不到这种名字。"

这之后很快，猫又对那罐蜜流起口水来了。

"真是三喜临门啊，"它对老鼠说。"我又要去做教父了。这次是只纯黑的小猫，身上

一根白毛也没有，只有四只爪子是白色的。这事可不是天天都能遇上的，你一定会让我去的，对不对？"

"顶光光，半光光，"老鼠嘀咕着，"这么奇怪的名字，真让我觉得不可思议。"

"那是因为你总待在家里，"猫说，"穿着你的灰外套，拖着毛茸茸的尾巴，没见过什么世面，所以才会大惊小怪的。"

于是小老鼠打扫好屋子，把一切都收拾得井井有条。而在这个时候，贪婪的猫却已经将一罐蜂蜜喝了个底朝天。

"现在一切都结束了，我也就没什么可烦心的啦。"它说。傍晚它心情舒适地回到家中，老鼠马上问它给第三个孩子取了什么名字。

"这个名字更难让你满意，"猫回答，"它叫全光光。"

"全光光！"老鼠大叫。"真是个闻所未闻的名字！我从没遇到过这样的事！全光光！这名字究竟什么意思？"它摇着头难以置信，接着它蜷成一团睡着了。从这以后，猫再也没提过要给谁当教父的事。

冬天到了，在外面再也找不到什么可以吃的东西。于是老鼠想到了它们储藏的食物。

"来一下，猫，"它说，"我们要把那罐蜂蜜取回来了。不用说那滋味一定好极了！"

"那是当然。"猫说。

于是它们出发了。当它们来到藏蜂蜜的地方取出罐子时，里面却空空如也。

"啊，现在我一切都明白了，"老鼠哭喊着，"现在我才知道你是个什么样的伙伴！你根本就不是去做什么教父，你把蜂蜜全喝光了。先是顶光光，然后是半光光，最后——"

"你给我闭嘴！"猫尖叫道，"再多说一个字当心我把你也吃了！"

于是可怜的小老鼠，刚说出"全光光"几个字，猫就一跃而上，扑过去结束了它的生命。这就是人情世故。

棉绒兔

——玛杰里·威廉斯

这个讲述一只玩具兔子如何变成一只真兔子的故事帮助孩子们认识到，有时你会为了朋友经历一些折磨和苦难，但是正是这些让友谊变得真诚。友谊常常面临考验，但真正的友谊是经受得住考验的，甚至是从考验中产生的。

从前有只棉绒兔，它真是漂亮极了。它就像一只真的兔子那样胖嘟嘟的，穿着一件点缀着褐色和白色斑点的外套，脸上的胡须栩栩如生，两只耳朵还镶着粉色的棉缎。在圣诞节的早上，它挤在小男孩装满礼物的长筒袜的顶端，爪子间还捧着一枝冬青树枝，真是太逗人喜爱了。

袜子里还有其他的东西，坚果、桔子、玩具机车、杏仁巧克力，还有一只带发条装置的老鼠。但是棉绒兔是它们之中最棒的。至少有两个小时，男孩对它都爱不释手。后来叔叔阿姨来吃晚饭时又带来了好多礼物。在一阵哗哗声中，男孩兴奋地拆开大堆的包装纸和礼物盒，欣赏着他的新礼物，把棉绒兔忘到了脑后。

好长一段时间，棉绒兔都待在玩具柜里，或是躺在儿童室的地板上，没人特别注意到它。自然而然地，它开始变得内向。而且因为它不过是棉绒布做的，那些更有身价的玩具便故意冷落它。那些高级的机械玩具高高在上，根本瞧不起其他玩具。它们满脑子现代思想，真拿自己当回事儿。一艘在这住了半年的模型船，身上的油漆几乎全都剥落了，掌握着这里的话语权。它总是抓住一切机会，满口机械术语地炫耀它的传送装置。棉绒兔没法说自己是什么东西的模型，因为它根本就不知道世界上有真的兔子。它以为其他兔子都和它一样，身体里填满了锯木屑。在它看来，如今锯木屑已经太落伍了，在时尚的圈子里根本就不该提到。就连蒂莫西，那只由残疾军人用木头拼接成的狮子，也装腔作势地摆着架子，好像它和政府有什么关系似的。生活在它们中间，棉绒兔觉得自己普通得一无是处。唯一对它友善的是一匹兽皮马。

兽皮马在儿童室住的时间比其他人都要长。它已经很老了，褐色外套上已经磨秃了好几块，露出了底下的接缝，尾巴上的毛也几乎被拔光了。它见多识广，目睹过许多机械玩具，从最初的夸夸其谈、自以为是，到后来随着时间的流逝而发条失灵、悄无声息。它知道它们只不过是一堆玩具，永远不会成为其他东西。儿童室的魔法是非常奇异的，只有那些像兽皮马这样年长、明智而又有经验的玩具才能完全理解。

一天，奶妈还没来整理房间，玩具们并肩躺在儿童室的护栏旁。"什么是真实？" 棉绒兔问，"是不是指在身体里有嗡嗡作响的东西和一个能伸出去的手柄？"

"真实不是指你是如何制造出来的，"兽皮马回答。"它是降临到你身上的奇迹。当一个小孩很长很长时间地爱着你，不仅仅是把你当玩具，而是真心地爱着你的时候，你就会变成真实的。"

"那会疼吗？"棉绒兔问。

"有时候会，"兽皮马说，因为它总是说实话。"当你成为真实的你就不会在乎疼痛了。"

"那它是一下子完成的，就像上发条那样，"它问，"还是一点一点逐渐地变呢？"

"那可不是一会儿功夫的事儿。"兽皮马说，"你要经历很长一段时间。所以这种事很少发生在那些容易损坏、边角尖锐，或是必须小心存放的玩具们身上。一般说来，到你变成真实的时候，你会因为被爱而变得破旧，毛发稀疏，眼珠脱落，关节松动。但这些都无关紧要，因为一旦你成为真实的你就不会丑陋，除非是那些不能理解的人。"

"那你是真实的吗？"棉绒兔问。但话一出口它就后悔了，它想兽皮马可能会生气。但是兽皮马只是笑了笑。

"这个男孩的叔叔让我变成了真实的，"它说。"那是好多年前的事。但是一旦当你变成真实的你就不会再成为假的了，你永远都是真的。"

棉绒兔叹了口气。它想要是这个叫做"真实"的魔法发生在它的身上肯定得等很长的时间。它渴望成为真实的，想体验一下真实是种什么样的感觉。然而想到它会因此变得破旧，眼珠掉落，胡须脱落——这让它有些难过。它希望既可以变得真实而又不用付出这些代价。

儿童室由奶妈负责。有时，她毫不在意地让玩具摆得满屋都是，可有时没有任何原因，她就像一阵龙卷风，把它们全都胡乱塞进玩具柜里。她把这称为"收拾"，所有的玩具们都恨这种收拾，尤其是那些锡制的玩具。棉绒兔倒无所谓，因为无论被扔到哪儿，它都能舒服地躺下。

一天晚上，当男孩上床时，他找不到那只总是陪他睡觉的瓷狗了。奶妈当时正忙，要她在睡觉的时间去找一只瓷狗也太麻烦了。所以她草草地看了看四周，发现玩具柜的门还开着，就冲了过去。

"给你，"她说，"拿着你以前的小兔兔！它一定能陪着你睡觉的！"她拽着棉绒兔的一只耳朵将它拉了出来，放到了男孩的怀里。

那天晚上，以及之后的很多个晚上，棉绒兔都睡在男孩的床上。起初它觉得很不舒

服，因为男孩紧紧地抱着它，有时会从它身上压过去，有时又把它推得远远的，甚至塞到枕头下面让它喘不过气来。它还很想念在儿童室度过的那些有月亮的晚上，那时整个房子都静悄悄的，只有它和兽皮马说话的声音。但是很快它就喜欢上这种生活了，因为男孩常常和它说话，还在被子底下给它弄出好玩的隧道，据说真正的兔子就生活在地洞里。当奶妈在壁炉上留下夜灯，离开去吃晚餐后，他们就小声地一起玩有趣的游戏。当男孩沉入梦乡，棉绒兔就会依偎在他温暖的小下巴旁入睡，在男孩双手的环抱下度过一整夜。

日子一天天过去，小棉绒兔幸福极了——它甚至幸福得从未发觉它漂亮的棉绒毛渐渐变得破旧，它的尾巴开线了，它粉色的鼻子也因为男孩的亲吻而掉色了。

春天到了，他们整天待在花园里，男孩到哪儿都带着棉绒兔。它乘童车兜风，在草地上野餐，还在花园边的黑莓藤下专门为它做了一个可爱的小屋。一次，男孩突然被叫出去喝茶，棉绒兔被遗忘在草地上很长时间，直到夜幕降临后，男孩发现没有它睡不着时，奶妈才不得不举着蜡烛来找它。等找到时它已经被露水弄得湿透了，身上也沾满了泥土，因为它曾钻到男孩在花坛里为它挖的地道里。奶妈一边用围裙的一角擦拭着棉绒兔一边嘟囔。

"你就非得要你的旧兔子？"她说，"折腾了一大圈儿就为了个玩具？"

男孩从床上坐起来，伸出双手。

"把我的小兔兔给我，"他说。"不许你这么说它，它不是玩具，它是真的！"

当小棉绒兔听到这话时开心极了，因为它知道兽皮马说的事情终于发生了。儿童室的魔法在它的身上起作用了，它再也不是一只玩具了。这可是男孩亲口说的。

那天晚上它几乎高兴得睡不着，它那颗小小的锯木屑做的心里充满了太多的爱，都快炸开了。它那双靴子钮扣做成的眼睛早就失去了光泽，现在却流露出机灵美丽的眼神，连奶妈都在第二天早上发现了它的变化。她捡起它说："这只旧兔子好像真的通人性啊！"

那真是一个美妙的夏天！

在他们住的房子旁有个树林，在六月漫长的下午时光里，男孩总喜欢在喝完下午茶后去那儿玩。他把棉绒兔带在身边，当他要四处去采野花儿，或是在树林里玩抓强盗的游戏时，他总是会先给棉绒兔在灌木丛里做个舒适的小窝将它安置在那儿。因为他是个善良的小男孩，他希望棉绒兔能舒舒服服的。一天傍晚，当棉绒兔独自躺在灌木丛中，看着草丛里的蚂蚁在它柔软的爪子间来来回回地奔忙时，它看到两个奇怪的东西从它身边高大的灌木丛里爬了出来。

它们和它一样是兔子，但却有着一身簇新的茸毛。它们一定制作得非常精美，你根本看不到有任何接缝。当它们移动的时候身体会奇怪地改变形状：前一分钟它们还又瘦又长，下一分钟它们却变得又胖又蓬松，而不是像它总是维持原状。它们的脚柔软地贴着地面，离它很近，抽动着鼻子。棉绒兔使劲地盯着它们想看看它们的发条装置究竟装在哪里，因为它知道通常那些能跳动的玩具都有上发条的装置。但是它却没有发现这样的东西。显然，它们完全是种新型的兔子。

它们盯着它，小棉绒兔也盯着它们。整个过程中它们的鼻子一直抽动着。

"为什么你不站起来和我们一起玩？"其中一只兔子问道。

"我不愿意，"棉绒兔回答，因为它不想告诉它们自己没有发条装置。

"噢！"那只毛茸茸的兔子说，"这非常容易。"它说着朝旁边跳了一大步并用后腿站立。

"我看你做不了这个动作！"它说。

"我可以！"小棉绒兔说。"我能跳得比任何东西都高！"它的意思是当男孩把它抛起来的时候，但是它当然不会这么说。

"你能用后腿跳跃吗？"那只毛茸茸的兔子问。

这可是个讨厌的问题，要知道棉绒兔根本就没有后腿！它的后面是做成一整块的，就像是一个针垫。它一动不动地坐在灌木丛里，希望那两只兔子不会注意到。

"我就是不想！"它又说。

但是野兔的眼睛是雪亮的，这只野兔伸出头看了看。

"它根本没有后腿！"它喊着。"你能想象吗？一只没有后腿的兔子！"接着它大笑起来。

"我有！"小棉绒兔大声喊。"我有后腿！我就坐在它们上面！"

"那么就伸出来让给我看看，就像这样！"野兔说。然后它就转着圈跳起舞来，直到小棉绒兔觉得眼花缭乱。

"我不喜欢跳舞，"它说，"我宁愿一动不动地坐着！"

但其实它一直渴望能够跳舞。一阵奇异的感觉漫过它全身，它觉得它愿意付出任何代价来换取野兔所能做到的事。

那只陌生的兔子停下了它的舞蹈，凑了过来。它挨得这么近，连它的长胡须都碰到棉绒兔的耳朵了。然后它突然抽动着鼻子，扇动着耳朵跳起来。

"它闻起来不对劲儿！"它惊叫。"它根本就不是兔子！它不是真的兔子！"

"我是真的！"小棉绒兔说。"我是真的！男孩这么说过的。"它几乎要哭了。

恰在这时响起一阵脚步声，男孩从它们附近跑过。两只陌生的兔子脚一蹬地，白色的尾巴一闪就不见了。

"回来跟我玩吧！"小棉绒兔喊道，"噢，回来吧！我知道我是真的！"

但是没有人回答它，只有小蚂蚁跑前跑后，还有两只陌生兔子穿过灌木丛时引起的轻微晃动。棉绒兔又是孤孤单单的一个了。

"哦，天哪！"它想，"为什么它们就那么跑了？为什么它们不能停一停和我说会儿话？"

好一会儿它一直静静地待着，看着灌木丛，希望它们会回来。但是它们再也没有出现，很快太阳西沉，白蛾飞舞，男孩过来带它回家了。

几个星期过去了，小棉绒兔越来越破旧，但男孩依旧很爱它。他的爱如此之深，以致棉绒兔的胡须全都脱落了，耳朵里的粉色内衬变成了灰色，外套上的褐色斑点也褪色了。连它的体型都变了，看上去它简直就不像兔子了，除了在男孩的眼中。在男孩眼里棉绒兔永远都是那么漂亮，小棉绒兔最在乎的就是这一点。它不管别人怎么看它，因为儿童室的魔法让它成了真实的，而当你变成真实的，破旧又有什么关系呢？

后来有一天，男孩病了。

他的脸烧得通红，昏睡中说着胡话，当他抱紧棉绒兔时，棉绒兔能感觉到他小小的身体滚烫。陌生的人们进出儿童室，房间里整夜亮着灯。棉绒兔自始至终都躺在那儿，藏在被单的下面，一动不动，因为它知道男孩需要它，它怕有人发现它后会把它拿走。

这真是一长段疲惫的时间，因为男孩病重不能和它玩，小棉绒兔发觉一整天都无事可做，非常无聊。但是它静静地依偎着男孩，盼望着男孩康复的那一天，他们可以和以前一样到花园里的花丛和蝴蝶中去，还可以在黑莓丛里玩好玩的游戏。它计划着各种开心的事，当男孩半睡半醒时，它就爬到枕头边，在他的耳边描述它的计划。不久后，男孩的烧退了，开始好转。他能坐在床上翻看图画书，这时棉绒兔就拥在他身边。一天，大人们让男孩下床穿衣了。

那是个阳光明媚的早晨，窗户开得大大的。他们给男孩裹着围巾，带他到阳台上。小

棉绒兔被裹在被单里，思索着它的计划。

男孩明天要去海边。一切都安排好了，只剩下执行医生的命令了。他们在谈论这些时，小兔子躺在被单下，只露出头悄悄地看着，听着。整个房间都要消毒，所有男孩在床上看过的书和玩过的玩具都要烧掉。

"哇！"小棉绒兔想，"明天我们要去海边！"因为男孩经常说起海边，它非常想看奔涌而来的巨浪，小海蟹，还有用沙子堆建的城堡。

这时奶妈看到了棉绒兔。

"这只旧兔子怎么办？"她问。

"那个吗？"医生说。"它满身都是猩红热的病菌！——立刻烧了它。什么？废话！再买个新的给他。他不能再碰它了！"

于是小棉绒兔被塞进袋子，和旧图画书还有大堆的垃圾待在一起，被扔到花园尽头的鸡圈后面。那可是个适合点火的地方，只是园丁太忙了没顾得上。他要挖土豆，摘豌豆，但他保证第二天会早点来把它们全烧掉。

那天晚上男孩睡在另一间卧室，有只新兔子陪他入睡。那是一只漂亮的兔子，有着白色的长绒毛，逼真的玻璃眼珠。但是男孩太兴奋了都没太注意它。因为去海边这件事太令人激动了，他顾不上想其他的事情。

当男孩梦到海边的时候，小棉绒兔躺在鸡圈后的角落里，在一堆图画书里它觉得很孤单。袋子没有封口，所以它扭动了几下，将头伸出袋口朝外看去。它有点发抖，因为它以前习惯睡在舒适的床上，而且如今它的外套由于拥抱变得破旧单薄，再也不能为它保暖了。它能看到附近的黑莓灌木丛，又高又密就像热带雨林，以往的早上它曾和男孩在下面嬉戏过。它想起那些在花园里度过的阳光灿烂的漫长时光——那时他们多么幸福。一阵巨大的悲伤袭来，以前的美好时光又一幕幕展现在眼前：花坛里的神奇小屋；树林中宁静的夜晚；躺在灌木丛里看蚂蚁在脚爪间忙碌；第一次发现自己变成真实的幸福日子——一幕一幕越来越美妙。它又想起了见多识广、文质彬彬的兽皮马曾对它说过的话。为了成为真实的，需要被爱，需要放弃美丽的外表，但如果最终换来这样的结局，那又是为了什么呢？一滴眼泪，一滴真正的眼泪，顺着小棉绒兔磨旧了的小绒鼻子淌下来，滴入了泥土。

这时，一件奇异的事发生了。眼泪落下的地方长出了一支奇异的花朵，它不像花园里任何其他的花朵。它有着翡翠般的柔嫩绿叶，叶子簇拥下的花骨朵就像只金盏。它美得都让小棉绒兔忘记了哭泣，只是痴痴地看着它。过了一会儿，花朵绽放，从里面走出了一位仙女。

她真是世界上最可爱的仙女。她的裙子由珍珠和露珠做成，秀发和脖子点缀着花瓣，她的脸庞就是世间最美的花朵。她走向小棉绒兔，将它抱起拥在怀中，然后吻着它那因为哭泣而打湿的棉绒鼻子。

"小棉绒兔，"她说，"难道你不认识我了？"

小棉绒兔抬头看着她，觉得似乎在哪儿见过她，却想不起来。

"我是儿童室的魔法仙女，"她说，"我掌管所有孩子们喜爱的玩具。当它们变得破旧，孩子们不再需要它们时，我就会来把它们带走，将它们变成真实的。"

"难道我以前不是真实的吗？"小棉绒兔问。

"对男孩来说你是真实的，"仙女说，"因为他爱你。现在在每个人眼中，你都会是真实的。"

接着，她抱紧小棉绒兔飞进了树林。

月亮已经升起，四周很亮。森林里真美，欧洲蕨的叶子闪着银光。林间空地上，野兔们在柔软的草地上对影起舞。当发现仙女时，它们都停下来，围坐成圈注视着她。

"我给你们带来了一个新伙伴，"仙女说，"你们要好好待它，教会它在兔子王国里需要的一切知识，它要和你们永远永远生活在一起了。"

她又亲了小棉绒兔一下，将它放在草地上。

"来，跑一跑，跳一跳，小棉绒兔！"她说。

但是好一会儿，小棉绒兔都静静地坐在那儿一动不动。当它看到周围跳舞的野兔时，它突然想起它没有后腿的事儿，所以它不想让它们看到它的下身被做成一团没有后腿的样子。它还没意识到，当仙女的最后那次亲吻已经改变了它。要不是后来有什么东西弄得它鼻子痒痒的，它下意识地用后腿的脚趾去挠的话，它可能会一直畏缩地坐在那儿，一动不动。

它真的有后腿了！原来的邋遢棉绒外套变成了柔亮的褐色皮毛，耳朵一下下抽动着，而它长长的胡须甚至擦到了草地。它跳了一下，使用后腿的感觉如此美妙，它忍不住在草地上用后腿来回地跳跃。它太激动了。最后当它停下来寻找仙女时，才发现她已经离开了。

最后它终于变成了一只真正的兔子，和其他兔子们一起生活。

秋去春来，天气渐渐温暖明媚起来。男孩到房子后面的树林里玩耍。正在他玩儿的时候，两只兔子从欧洲蕨里钻出来朝他张望。其中一只兔子通体褐色，另一只的褐色皮毛下却隐隐闪现着奇怪的斑纹，好像很久之前它是有斑点的，而这些斑点仍能看出来。它那小巧柔软的鼻子，还有圆圆的黑眼睛，让人看着眼熟，于是男孩想：

"它可真像那只在我患猩红热之后就不见了的小棉绒兔！"

但是他永远也不会知道，这就是他的小棉绒兔。它是回来看望男孩的，来看望帮助它成为真正的兔子的人。

友 谊

这首诗将告诉我们有关友谊的一些"原则"和它带来的回报。

友谊不需要华丽的措辞，
漂亮的外表，惑人的诡计，
友谊不需要溢美的赞词，
友谊不会披着虚假的笑意。

友谊遵循着自然的语言，
它避开花言巧语的哄骗，
大胆地区分真理与虚假，
倾吐着心灵的肺腑之言。

友谊从不讲求任何条件，
它蔑视小肚鸡肠的私念，
它关爱地履行它的使命，
无论是行动还是语言。

友谊激励虚弱和疲惫者，
让怯懦的灵魂变得勇敢，
警告迷途者，点亮沉闷者，
它将人生的坎坷抚平。

友谊——纯洁而无私的友谊，
它贯穿生命的始终，
呵护、强壮、拓展和延伸着
人与人之间的关系。

青蛙和蛇为什么从不在一起玩耍？

这个非洲的民间故事告诉我们，正是由于人们的"不允许"使得世间失去了很多友谊。

从前，有只小青蛙在灌木丛里跳跃的时候，发现了一个新面孔正横卧在它面前的小路上。这家伙身体长而柔软，皮肤闪烁着彩虹般的光芒。

"嘿，你好，"小青蛙叫道，"你躺在路上干什么？"

"晒晒太阳暖和一下，"这个新面孔一边回答，一边扭动舒展着自己的身体。"我叫小蛇。你呢？"

"我是小青蛙。你愿意和我玩吗？"

于是小青蛙和小蛇一块儿在灌木丛里玩了一上午。

"看我的，"小青蛙说着高高地跃向空中。"如果你想学，我可以教你。"它提议。

于是它开始教小蛇怎么跳跃，它们在灌木丛里的小路上来来回回地跳着。

"现在看我的，"小蛇说。接着它利用它的腹部爬上了一棵高高的大树的树干。"如果你想学的话，我可以教你。"

于是它开始教小青蛙怎样用腹部滑行，怎样爬上树干。

过了一会儿它们都饿了，决定回家吃午饭，但它们约好第二天再见。

"谢谢你告诉我怎么跳。"小蛇说。

"谢谢你告诉我怎么爬树。"小青蛙说。

然后它们各自回家。

"看我能做什么，妈妈！"小青蛙一边大喊，一边用它的腹部爬行。

"你为什么要学这个？"它妈妈问。

"小蛇教我的，"它回答，"我们在灌木丛玩了一个上午，它是我的新朋友。"

"难道你不知道蛇一家都是坏人吗？"它妈妈问道，"它们的牙齿上有毒。不要让我再看到你和它们玩，也不要再让我看到你用腹部爬行。这是不对的。"

与此同时，小蛇也回到了家中。它正跳上跳下地给它妈妈看呢！

"谁教你的？"它问。

"小青蛙教的，"它说，"它是我的新朋友。"

"这太傻了，"它妈妈说，"难道你不知道我们和青蛙一家一直关系恶劣吗？甚至没人记得是从什么时候开始的。下次你跟小青蛙玩的时候，就把它抓住吃了。以后不要再跳

了，这不符合我们家的家风。"

于是第二天，当小青蛙在灌木丛里遇见小蛇的时候，它保持着距离。

"恐怕我今天不能和你一块儿爬了。"它说着朝后跳了一两步。

小蛇静静地看着它，记起妈妈告诉它的话。"如果它靠近的话，我就扑过去把它吃了。"它想。但是它又回忆起它们一块儿玩时的快乐，还有小青蛙教它跳跃时的友好。于是它伤心地叹了口气，滑进灌木丛里走了。

从那以后，小青蛙和小蛇再也没有一起玩过。但是它们常常独自坐在阳光底下，回忆着它们仅仅持续了一天的友谊。

摇摆木马王国

——劳伦斯·豪斯曼

在这个充满想象力的故事里，我们看到好朋友总是会顾及对方的喜好，而且会留给对方成长的空间。

佛瑞德林王子醒了，他一下子睁开双眼，从床上一跃而起冲到了阳光下。王国里所有的时钟和日历都表明，今天早上他就满5岁了。这会是一个美好的日子。每一分钟都像金子一样宝贵。在随从们发觉他醒来之前，王子已经穿戴完毕跑出房间了。

前厅里存放着成堆成堆闪闪发光的礼物，当小王子穿行其中时，礼物的高度直达他的腰际。他的仙女教母送给他一件最好玩的礼物。礼物上标着这样一行字："打碎我，我就会变成另一样东西。"于是每一次王子把它打碎后，都会得到一个比之前更漂亮的新玩具。刚开始的时候，它是一个铁环，接下来王子不断地打碎它，它就随之"砰"的一声变成各种东西——一个陀螺、一个挪亚方舟、一根跳绳、一支军舰、一盒积木、一幅拼图、一对高跷、一面鼓、一支喇叭、一个万花筒、一架蒸汽机，还有其他整整950样不同的东西。然而当王子把军舰打碎之后想再变回来的时候，发现怎么也变不成原来的东西，于是王子不高兴了。他想看看如果把蒸汽机放进挪亚方舟会发生什么，结果不成，因为这个玩具永远也无法变成两样东西。这让王子很不开心。他想教母应该送给他两个这样的玩具才好，这样他就能把两个玩具拼起来玩儿。

最后一次，王子把它打碎之后得到了一只风筝。当他放风筝的时候线断了，风筝拖着断线飞向灰蒙蒙的天空，再也找不到踪影了。

于是佛瑞德林坐到地上朝着教母号啕大哭。教母们多么会伪装自己啊！她们总是在给她们的教子们设下陷阱让他们不开心。但是，当王子被吩咐给教母写一封感谢信的时候，他还是拿起笔，用他满是错误的拼写表达了他的谢意，谢谢教母送给他的漂亮玩具，让他在不断打碎它的过程中度过了快乐的生日。

接下来王子继续拆看其他礼物。当他把其中的一些打碎后，发现它们不会变成让他眼花缭乱的其他东西的时候，王子觉得挺新鲜的。

突然，王子的眼中充满喜悦。他看到在房间的尽头，站着一匹雄赳赳的黑色摇摆木马。马儿的马鞍和缰绳上缀着金子和珊瑚做成的铃铛，它的尾巴和鬃毛几乎垂到了地面上。

王子飞奔过去，张开双臂拥抱着这个美丽动物的脖子。王子温柔地低下头，去亲吻马

儿眼睛中间的地方，这时铃铛都叮当作响。它漂亮的双眼闪烁着火一样的光芒，就好像是活的。只是它一动不动，凝视着墙壁上的挂毯，上面绣着正在作战的全副武装的骑士。

佛瑞德林王子跨上摇摆木马的马背，一整天都骑着它朝挂毯上全副武装的骑士叫喊，一会儿向他们挑战，一会儿又带领他们冲向敌军。

最后，到睡觉的时间了。此时的王子已经得到了太多的荣誉，感到疲惫不堪，被人从马鞍上抱下来放到了床上。

睡梦中佛瑞德林似乎还骑在他的摇摆木马上来回冲杀，耳边缭绕着铃铛优美的敲击声。睡梦中，王子眼前展现出一个辽阔的国度，战斗中充斥着呐喊声和号角声，召唤着他去经历未知的危险和赢取胜利。

半夜里王子慢慢醒过来，心里满是对他的黑色摇摆木马的喜爱。他蹑手蹑脚地从床上下来：他要去看看马儿是不是还雄赳赳地安静地站在房间里，看看在黑夜里它独自一个是否安全，会不会害怕。分开门帘，王子进入丢满玩具的空旷前厅。

月光透过窗户照进房间，地面像是蓄满了月光的方池。突然，王子发现摇摆木马移动过了，它没有待在王子留下它的地方。它穿过房间，这会儿正站立在窗户旁，头朝着窗外，似乎在观察天上的流云和风中摇摆的树木。

王子想不透它是怎么移动的。带着点儿担心，他悄悄地走过去，抓住马儿的缰绳，缰绳上响起的铃铛声让他安心。他又走近一点儿，抬头看着马儿，马儿的脸上阴沉忧郁，眼里满是泪水。他伸出手，一滴温热的泪水滴落在他的掌心。

"你为什么流泪，我英俊的马儿？"王子问。

摇摆木马回答："我哭泣是因为我是一个失去了自由的囚犯。主人，打开窗户，让我走吧！"

"可是如果我让你走的话，我就会失去你，"王子说，"难道你不能留在这儿和我一起快乐地生活吗？"

马儿回答道："让我走吧。因为我的兄弟们在召唤我回到摇摆木马的王国去，我还听到了我亲爱的母马产仔时的嘶叫声。它们都哭喊着，在我的要塞里上上下下地寻找着我的踪迹！亲爱的主人，就让我回去一个晚上吧，天亮的时候，我就会回来！"

接着佛瑞德林王子问道："我怎么知道你会回来呢？我该叫你什么呢？"

摇摆木马回答："我的名字是罗朗德。在我头上的鬃毛里找找，你会找到一根白色的鬃毛，把它拔下来缠到你的手指上。只要你的手指上缠着它，你就是我的主人，无论我在哪里，只要你一声令下，我就一定会回来。"

于是王子按下马儿的头，在它的鬃毛里寻找那根白色的鬃毛，找到后就把它拔下来缠到手指上系紧。然后王子亲吻着罗朗德的双眼之间，对它说："去吧，罗朗德。因为我爱你，想看到你快乐。天亮的时候再回到我身边吧！"说着他打开了窗户。

摇摆木马昂起它黑色的头颅，欢快地发出一声长啸。接着它有力地向前一跃，腾空而起，冲向了眼前的自由世界。

佛瑞德林一直看着马儿，它跳跃着经过如拱的树林，疾驰如风地消失在远方。紧接着听见它在黑暗里的嘶鸣声和遥远的地方隐约传来的马群的应和声。

然后王子关上窗户，蹑手蹑脚地回到床上，整夜沉浸于摇摆木马王国的奇异梦乡。梦中他看到那儿的高山峡谷表面光滑如镜，像打磨过的钢铁，上面没有任何石块或树木，一根强劲的发条驱动着它们的上升、下降。上方的摇摆木马在蜜蜂般的嗡嗡声中飞驰。它们一上一下，一上一下，飘荡的鬃毛闪烁着如火的光泽，但是它们的前后腿却静止不动，只是像钟摆那样迅速地摆动前进。它们长长的身躯一曲一伸，摇摆着头部推动它们的前进。它们大声嘶鸣，声音在山川河谷里回荡："我们谁会得第一？我们谁会得第

第四章 友谊

一？"在它们身后，母马带着高大的马驹们在围观，它们之间也在叫喊着："啊，谁会得第一？"

"罗朗德，罗朗德是第一！"王子大声喊道，在它们抵达终点时鼓起掌来。就在此时，王子立刻醒来，发现天已大亮。于是他跑到窗前打开窗户，竖起那根缠着白色鬃毛的手指，喊道："罗朗德，罗朗德，回来，罗朗德！"

他听到远方传来一声应答，过了一会儿，就看到他那匹漂亮的摇摆木马跳跃着出现在山头。木马穿过树林，纵身越过皇宫的围墙，然后飞入窗户，降落在佛瑞德林王子身边的地板上。在漫长的旅程之后，它轻微地前后摇摆着，好像在微微喘气。

"现在你开心了吗？"王子边问边爱抚着他的马儿。

"啊！亲爱的王子，"罗朗德说，"啊，善良的主人！"然后它就一言不发，又变成昨天那匹一动不动凝视前方的摇摆木马，目光固定，四肢僵硬，只有在王子骑上它的时候，才会在悦耳的铃铛声中上下摇摆。

当天深夜，当皇宫里一切都归于沉寂之后，佛瑞德林又来看他的马儿。这时就像之前一样，罗朗德又从它待的地方移到了窗前，头朝着窗外，等着被放出去。"噢，亲爱的主人，"一看到王子来了它就说道，"今晚也让我走吧，我保证天亮前回来。"

于是王子又一次打开窗户，看着它消失在眼前，听着遥远的地方传来的摇摆木马王国里的马儿们呼唤它的嘶鸣声。到了早上，王子又竖起缠着白色鬃毛的手指呼唤："罗朗德，罗朗德！"罗朗德就嘶鸣着奔向王子，蹦跳着出现在山头上。

同样的事情每晚都发生。而每天早上，马儿都会吻着佛瑞德林，说："噢！亲爱的王子，善良的主人！"然后又变成一动不动的玩具木马。

就这样过了一年，直到有天早上佛瑞德林醒来，发现这天是他6岁的生日。就像6比5大，他6岁生日收到的礼物也比一年之前收到的更多更奇妙。他的仙女教母送给他一只鸟，一只活的真正的鸟。可是当他拽了一下小鸟的尾巴，它却变成了一只蜥蜴；而当他拽了一下蜥蜴的尾巴，它变成了一只老鼠；当他拽了一下老鼠的尾巴，它变成了一只猫。接着他努力尝试，想要看看猫会不会吃掉老鼠，可是他不可能同时变出两只动物。于是佛瑞德林对教母感到很恼火。然而他还是继续拽着动物的尾巴，看它从猫变成狗，由狗变成山羊。后来变出一头奶牛，他拽了一下奶牛的尾巴，它变成了一匹骆驼；他拽了一下骆驼的尾巴，它变成了一头大象；佛瑞德林仍不满意，他又拽了一下大象的尾巴，它变成了一只天竺鼠。而天竺鼠是没有尾巴可以拽的，于是佛瑞德林王子坐到地上，对着他的仙女教母号啕大哭。

不过这次最好的礼物是王子的父亲国王送给他的。它是一匹世上最英俊的马儿。国王说："你已经长大，可以学着骑马了。"

于是佛瑞德林被放在了马背上，由于他已经在摇摆木马上骑了那么久，所以短短一天他就能骑得很好了。所有的朝臣们都称赞他是有史以来最出色的骑手。

驾驭真马带来的愉悦和得到的称赞让王子忘记了一切。那天晚上他很快沉入梦乡，梦到的全是真正的马儿和参战的骑士，完全把要去释放罗朗德的事儿给忘了。第二天晚上仍是这样。

到了第三天晚上，当王子刚要睡着时，他听到床边有哭泣声，一个声音响起："啊！亲爱的王子，善良的主人，让我走吧，为了我的王国我的心都要碎了。"可怜的摇摆木马站在王子的床边，泪水从罗朗德美丽的眼睛里淌到白色的床单上。

王子对自己忘掉老朋友的事感到万分羞愧。他扑过去抱着马儿的脖子，说："别伤心了，罗朗德，我这就让你走！"王子跑着去为马儿打开了窗户。"啊，亲爱的王子，善良的主人！"罗朗德说着扬起头嘶鸣起来，整个皇宫都震颤了。然后它向前摆动直到它的头

几乎碰到地面，紧接着它一跃而起，奔向夜幕中山那头的摇摆木马王国。

佛瑞德林王子站在窗边，若有所思地解开缠在他手指上的白色鬃毛，让它随风飘向黑暗中，直到再也看不见，摸不着。

"再见了，罗朗德，"他轻轻地说，"勇敢的罗朗德，我的好罗朗德！去吧，到你自己的王国里快乐地生活吧。因为我，你的主人，曾经忘记应该善待你。"这时，远方隐约传来摇摆木马王国里马儿们的嘶鸣声。

多年后，佛瑞德林继承王位成为了国王。有一天，到了为他自己的王子庆贺五岁生日的时候了。大清早房间的地板上就放满了礼物，在这些礼物当中，站着一匹英俊的小摇摆木马，它通体黑色，有一双目光深邃炯炯有神的眸子。

直到国王自己发现它，也没有人知道这匹小马是怎么来的，是谁送的。国王看着它，觉得它太像自己小时候喜欢的罗朗德了。于是他微笑着抚摸着小马儿的鬃毛，悄悄地在它耳边问到："你，是罗朗德的儿子吗？"小马驹回答："啊，亲爱的王子，善良的主人！"然后就一言不发了。

接着，国王把这个关于罗朗德的故事讲给他的儿子小王子听，就像现在我讲给你们听一样。后来，国王在小马儿的鬃毛里找到那根白色的鬃毛，他把它拽下来，缠到小王子的手指上，吩咐小王子要守护好小马儿，要永远做一个善待罗朗德儿子的主人。

到这里，我的罗朗德的故事终于有了一个美满的结局。

自私的巨人

——奥斯卡·王尔德

就像这个故事里的巨人一样，只有当我们付出属于自己的某些东西时，才能得到友谊。

每天下午，孩子们放学回来，都会到巨人的花园里玩耍。

那是一个漂亮的大花园。柔嫩的绿色草坪，四处开满星星般的美丽花朵。花园里有12棵桃树，到了春天，树上开满粉红色和珍珠白的精致花朵。到了秋天，树上结满多汁的果实。树上的鸟儿叽叽喳喳叫得悦耳无比，弄得孩子们常常停下游戏来听它们的歌声。"在这儿真开心！"他们互相喊着。

一天，巨人回来了。7年前他去看望朋友——住在康沃尔郡的食人魔，然后在那儿待到现在。这7年里他把要说的都说完了，因为觉得已经无话可说，巨人决定返回自己的城堡。回到家他就看到在自己花园里玩耍的孩子们。

"你们在这儿干什么？"他粗暴地大喊，孩子们一哄而散。

"这是我的花园，"巨人说，"大家都知道。我不准别人到我的花园里来玩，除了我自己。"于是巨人在花园周围砌了一道高高的围墙，然后又在上面挂了一块布告牌：

擅自进入者
将遭到起诉

他真是一个非常自私的巨人。

可怜的孩子们如今没有地方可以玩了。他们想到路上去玩，可路上满是灰尘和坚硬的石子，让他们厌烦。他们常常在下课后围着那道高高的围墙转悠，谈论着围墙里面美丽的

花园。

168

花园。"以前在里面玩的时候多快活啊！"他们说。

转眼春天到了，乡间开满了小花，四处飞舞着小鸟。只有在巨人的花园里仍然是冬天的景象。因为没有了孩子们，鸟儿们不愿意歌唱，树木们忘记了开花。有一回一朵漂亮的小花从草地里探出头来，可是当它看到布告牌，孩子们不能进来玩而感到难过，所以它又缩回到地下，继续睡觉了。唯一对此感到开心的是雪女士和霜先生。"春天已经遗忘了这个花园，"他们欢呼，"我们可以整年都住在这儿了。"雪女士用她厚重的白色斗篷盖住草地，霜先生则将所有的树木染成银色。然后他们邀请北风来和他们住在一起。北风来了，他裹着皮衣，整天在花园里咆哮，把烟囱都吹倒了。"这儿真是个好地方，"他说道，"我们一定要请冰雹来一趟。"于是冰雹来了。每天冰雹都要在城堡的屋顶上飞跑3个小时，直到弄碎所有的石板，然后他又在花园里以他最快的速度一圈圈地疾驰。他身着灰衣，呼出的气息寒冷如冰。

"我不明白为什么春天这么晚了还不到？"自私的巨人边说边坐在窗户旁，朝窗外他那一片白色的寒冷花园看去。"我希望能变变天。"

但是春天没有来，夏天也不见踪影。秋天给每个花园送去了金色的果实，唯独在巨人的花园里她什么也没留下。"他太自私了。"秋天说。于是花园里总是冬天。北风、冰雹、霜先生和雪女士在树丛间起舞。

一天早上，巨人醒着躺在床上，这时他听到了美妙的音乐。这旋律如此优美，令人陶醉。巨人以为这一定是国王的乐队正在附近经过。其实这是一只小红雀在他的窗外歌唱，只不过因为巨人已经太久没有听到过花园里的鸟鸣声，所以才会觉得它是天籁之音。这时冰雹停下了舞步，北风停止了咆哮，一阵沁人心脾的芳香飘入开启的窗户。"我想春天终于来了。"巨人说着从床上一跃而起朝外面看去。

他看到了什么？

他看到了最美妙的一幕。孩子们从一个小洞溜进了花园，坐在树枝上。他看到每棵树上都坐着一个孩子。树木们很高兴孩子们又回来了，于是用满树的花朵来迎接他们，还在孩子们的头上轻柔地晃动手臂。小鸟也开心得叽叽喳喳地飞来飞去，草地上的花朵们也仰头看着孩子们直乐。多么温馨的景象。只是在花园最偏远的一角却仍是冬天。在那儿站着个小男孩。因为他太小了，根本够不着树枝。他急得团团转，哭得伤心极了。那棵可怜的树仍然被霜雪所覆盖，北风依旧在它顶上呼啸狂吹。"快爬上来，小家伙！"树一边说一边尽可能地弯下它的树枝，但男孩实在太小了。

看到这儿，巨人的心都快化了。"我以前太自私了！"他说道，"现在我知道春天为什么不会来了。我要把那个可怜的小家伙抱到树顶上，然后我就去把围墙推倒，让我的花园永远地成为孩子们的游乐场。"他为自己以前做的事感到很愧疚。

于是巨人蹑手蹑脚地走下楼梯，轻轻地推开前门，来到花园里。可是孩子们看到他时都吓得一哄而散，花园里立刻就变回冬天的景象了。只有那个小男孩还待在那儿，因为他的眼里满是泪水，根本就没有看见巨人的到来。巨人悄悄地走到他身后，温柔地把他抱起来放到树上。满树的花朵瞬间绽放，小鸟也飞过来歌唱。小男孩伸出手臂环抱着巨人的脖子亲吻着他。其他孩子们见巨人不再像之前那么恶狠狠的，也都跑了回来。跟在他们身后回来的是春天。"孩子们，花园现在是你们的了。"巨人说着，拿起一柄巨大的斧头砸倒了围墙。中午12点，当人们到市场购物时，他们看到巨人正和孩子们在花园里玩得正欢，而那个花园是他们所见过的最美的花园。

他们玩了一天，到傍晚时孩子们来向巨人说再见。

"你们的那个小伙伴呢？"他问，"就是我抱到树上的那个小家伙。"

"我们不知道，"孩子们回答，"他不见了。"

"你们一定要告诉他明天再来玩。"巨人说。但是孩子们告诉巨人他们不知道他住在哪里，以前也从没见过他。巨人听了很难过。每天下午放学，孩子们都会来和巨人玩。但是巨人喜爱的那个小家伙再也没有出现过。巨人对孩子们非常友善，但是他仍然很想念他的第一个小朋友，时常提起他。"我真想再看到他！"他常常说。

一年年过去，巨人老了，身体也越来越虚弱。他再也不能四处玩了，他坐在一张巨大的沙发上，看着孩子们嬉戏。他赞美自己的花园："我拥有许多美丽的花朵，但孩子们是它们之中最美的。"

一个冬天的早上，巨人一边穿衣一边看着窗外。他已经不讨厌冬天了，因为他知道，这只是让春天睡觉，给花朵们休息的时间。

突然，巨人疑惑地擦了擦自己的眼睛，目不转睛地看着外面。这真是不可思议的一幕。花园里最偏远的一角里，一棵树上开满了可爱的白色花朵，它金色的树枝上垂挂着银色的果实，而在树下站着的就是他喜爱的那个小男孩。

巨人怀着巨大的喜悦跑下楼梯，冲进花园。他飞快地跨过草坪，来到小男孩身边。当巨人靠得足够近时，他突然气得满脸通红，他问："是谁，竟敢伤害你？"因为他看到男孩的两只手掌上有钉子钉过的痕迹，两只小脚上也有。

"是谁，竟敢伤害你？"巨人大喊，"告诉我，我要用我的剑杀了他！"

"不要，"小男孩回答道，"这些是为爱而受的伤。"

"你是谁？"巨人问道，突然对他升起一阵奇怪的敬畏，于是他在男孩面前跪了下去。

男孩微笑着注视着巨人，说："你曾经让我在你的花园里玩过，今天该你到我的花园里去了，人们叫它天堂。"

那天下午，当孩子们跑到花园里玩的时候，他们发现巨人躺在树下，身上覆盖着白色的花朵，已离开了人世。

路得和拿俄米

——耶西·莱曼·赫巴特重述

《圣经·路得记》讲述了这样一个故事：寡妇路得做出了一个勇敢的决定，她离开了自己的祖国摩押(死海东部一个古老的王国)，和她丧夫丧子的希伯来婆婆内奥米一起前往犹大王国(巴勒斯坦南部的古代王国)。路得对内奥米说过的话成为文学作品中最伟大的有关友谊和忠诚的表白："无论你到何处，我都将跟随；你下榻之处即是我的住宿之地；你的同胞也将是我的同胞；你的上帝也是我的上帝。你葬身何处，我也将随你而去，葬于同地。"在犹大，路得的忠实和善良得到了回报，她得到了波阿斯的爱。和波阿斯结婚后，她成为了大卫王(基督教《圣经》中记载的古以色列国王)的曾祖母。

在古代犹太士师时的以色列，一个名叫以利米勒的人住在犹太部落的伯利恒(相传为耶稣降生地)，在耶路撒冷(巴勒斯坦著名古城)以南约6英里。他的妻子叫内奥米，他有两个儿子——玛伦和基连。由于庄稼连年歉收，犹大王国的食物紧缺。以利米勒和他的家人从位于死海西部的犹大迁徙到死海东部的摩押居住。

他们在摩押住了10年。在此期间以利米勒去世了。他的两个儿子分别娶了摩押女人

俄珥巴和路得为妻,但是他的这两个儿子也都死在了摩押的土地上。于是内奥米和她的两个儿媳都成了寡妇。

内奥米听说上帝又再次赐予犹大王国以丰收,于是她决定启程重新返回她的故乡伯利恒。她的两个儿媳都很爱她,都愿意随她前往伯利恒,尽管她们是摩押人,犹大王国对于她们来说是个陌生的地方。

内奥米对她们说:"回去吧,我的女儿,回到你们各自的娘家去吧。愿耶和华恩待你们,像你们恩待已死的人与我一样。愿上帝保佑你们再找到新的丈夫,拥有幸福的家庭。"接着内奥米亲吻着她们向她们告别,3个女人哭作一团。两个年轻的寡妇对她说:"你是我们的好妈妈,我们要跟着你,和你的同胞生活在一起。"

"不,不行,"内奥米说,"你们还年轻,而我已经老了。回去吧,和你们自己的同胞过快乐的生活。"

于是,俄珥巴吻别了内奥米,回到了自己的同胞身边,但是路得却不肯离开她。她说:"不要叫我离开你,我绝不会那么做。无论你到何处,我都将跟随;你下榻之处即是我住宿之土;你的同胞也将是我的同胞;你的上帝也是我的上帝。你葬身何处,我也将随你而去,葬于同地。只有死亡能将我们分离。"

内奥米看到路得如此坚定,就不再去尝试劝说她。于是两个女人一起上路了。她们绕过死海、穿过约旦河,翻过犹大的山脉,回到了伯利恒。虽然离开伯利恒已经十年,朋友们都很高兴再见到内奥米。他们说:"这真是几年前我们认识的那个内奥米吗?"由于"内奥米"这个名字意味着"快乐",内奥米说:"不要再叫我内奥米了,叫我玛拉吧。上帝让我的生活充满痛苦。我走时拥有丈夫和两个儿子,如今回来却空荡荡的,失去了他们3个。所以不要叫我 '快乐',叫我 '痛苦'吧。""玛拉",这个内奥米希望大家叫她的名字,意味着痛苦。但是后来内奥米才明白其实"快乐"才是真正适合她的名字。

当时在伯利恒有一个非常富有的人名叫波阿斯。他拥有大量丰产的田地,他与内奥米死去的丈夫以利米勒是本族。

在以色列收割庄稼时有个传统,他们不会把地里的粮食全部收割完,而是留下一些给穷人。穷人们会跟在收割者后面,收集那些留下的落穗。内奥米和路得回到伯利恒时正赶上大丰收,于是路得就到地里去捡拾收割者留下的落穗。非常巧合的是,她捡拾落穗的田地恰好就属于那个富人波阿斯。

波阿斯从城里出来查看田里收割的情况。他对收割者们说:"愿上帝与你们同在。"他们回答:"愿上帝保佑您。"接着波阿斯问监管收割的仆人:"那个正在田里捡拾落穗的年轻女子是谁?"

监管收割的仆人回答:"那是跟随内奥米从摩押来的年轻女子。她要求跟在收割者身后捡拾落穗,从昨天开始她就在这儿了。"

于是波阿斯对路得说:"听我说,不要去其他田地了,就留在这儿和我的使女们待在一起,没有人会伤害你的。如果你渴,就到我们的罐子里取水喝。"

路得向波阿斯鞠了一躬,感谢他的善意,谢谢他额外照顾她这个在以色列的异乡人。波阿斯说:

"我听说了你对你婆婆内奥米的一片真心。为了她你离开了自己的故乡来到这里。愿一直庇护着你的上帝给予你回报!"中午时,他们坐下来休息吃饭,波阿斯分给她一些食物。然后他对收割者说:

"你们收割时,留下些谷束给她;在捆扎时,落下些谷束给她。"

当晚,路得给内奥米看她捡拾的落穗,还说了富人波阿斯如何善待她的事。内奥米

说:"这个人是我们的近亲,收割期间你就待在他的地里吧。"于是在收割期间路得就一直在波阿斯的田里捡拾落穗。

收割结束时,波阿斯在打谷场举办了一场盛宴。宴席过后,按照内奥米的忠告,路得走到波阿斯面前,对他说:"你是我丈夫和公公以利米勒的近亲,能不能看在他的分上,为我们做点好事?"

波阿斯看到路得时,就爱上了她,很快他就娶她为妻了。然后内奥米和路得住进了他的家里。内奥米的日子也不再是痛苦的,而是愉快的。波阿斯和路得后来生下一个儿子,他们给他取名叫俄备得。俄备得后来生下儿子耶西,而耶西就是大卫的父亲,一个从牧羊人最终成为以色列国王的人。于是路得,这个来自摩押的年轻女子,选择了以色列的人民和上帝,最终成为诸王之母。

约拿单和大卫

——耶西·莱曼·赫巴特重述

有时候,友谊的责任会与其他的义务和情感发生冲突。《圣经》中《撒母耳记》的第一卷中关于约拿单的故事就是这样一个例子:约拿单是以色列国王扫罗的长子,也是王位的继承人,他和大卫是莫逆之交。大卫杀死巨人歌利亚之后,扫罗嫉妒他的声望,害怕大卫最终会成为国王,于是伺机杀害他。约拿单为了保护自己的朋友大卫,不得不忍受双重的痛苦:一方面他不能对父亲尽孝,另一方面是自己对王位的继承权。这个故事是体现朋友间忠诚的最好典范。

大卫杀死巨人歌利亚之后被带到了国王扫罗的面前,他的手中还拎着巨人的头颅。扫罗没有认出眼前这个勇猛的战士就是几年前在他身边玩耍的那个小男孩。他把大卫带到自己的宫殿,让他做了自己部队的军官。在军队里大卫表现得有勇有谋,就像他面对巨人时一样。很快,他就成为一支千人军队的指挥者。大卫具有一种凝聚力,令所有人都喜欢他,无论是扫罗王宫殿上的群臣还是军营中的战士。

大卫从和菲利士人作战的战场上凯旋时,以色列妇女都出城奏着乐曲,跳着舞蹈迎接他。她们唱道:

"扫罗战败数千人,

大卫打败数万人。"

扫罗天性多疑,这自然令他非常愤怒。他不断想着撒母耳的预言:上帝会将王国从他的手中夺走,交给一个更合适的人。扫罗开始怀疑这个人可能就是大卫,因为他在短短的一天里就成为人民眼里的英雄,他有可能自立为王。

扫罗又陷入了痛苦之中。他在房子里咆哮,像个疯子似的大喊大叫。此时,人们得知大卫擅长音乐,就让他为困闷的国王演奏竖琴。但是这一次,疯狂的扫罗王再也听不进大卫的声音。有两次扫罗将长矛投向大卫,都被他跳着躲开了,长矛射入了墙壁中。

扫罗王害怕大卫,因为他觉得上帝不再与自己同在,而是站在大卫一边。他想要杀死大卫,但又不敢下手,因为大家都很爱戴他。扫罗自忖:"虽然我杀不了他,但是我可以借菲利士人的手来杀他。"

于是他把大卫派到危险的战场上,但是他却凯旋而归,并在一次次的胜利之后越来

第四章 友谊

越强大，越来越受到爱戴。扫罗说："如果你能为我打败菲利士人，我就把女儿米拉许配给你。"

大卫前去迎战菲利士人，当他从战场上回来却发现，本该许配给他的米拉已经成了别人的妻子。扫罗还有一个女儿叫米甲，她爱上了大卫，并向大卫表明了爱意。于是扫罗传话给大卫："如果你能杀死一百个菲利士人，米甲就能成为你的妻子。"

于是大卫前去迎战，他杀死了两百个菲利士人，有人将这个消息报告了扫罗。扫罗就将女儿米甲许配给了他。但是他越来越害怕大卫，因为他看到他越来越强大，日益威胁到自己的王位。

虽然扫罗痛恨大卫，他的儿子约拿单却赞赏大卫的勇气。他们两人灵魂相交，约拿单爱大卫就如同爱他自己。他将自己的王袍、宝剑和弓箭都给了大卫。看到父王扫罗如此嫉妒大卫，约拿单非常伤心。他向父王进言："请父王不要伤害大卫。大卫一直对国王忠心耿耿，他为这个国家立下了汗马功劳。他将生死置之度外，与菲利士人拼杀，为国王和人民赢得了伟大的胜利。您为什么要拿取一个无辜之人的性命呢？"

这次扫罗听取了约拿单的话，说："只要国王在，大卫就可以免死。"

大卫又一次坐在国王身边，出现在王子们的身边。当扫罗烦闷时，大卫又为他弹琴歌唱。可是，扫罗的妒火又一次燃起，将长矛投向大卫。大卫警觉地跳向一边躲开了，像以前一样，长矛又插入了墙壁。

扫罗派人去大卫的住处缉拿他，但是扫罗的女儿米甲，大卫的妻子，让他从窗户逃跑了。然后她在大卫的床上放了一个神像，用被单盖上。当士兵到时，她说："大卫生病在床，无法前去。"

士兵把这话报告给了扫罗，扫罗说："把他连床一起抬来见我。"

当士兵发现床上躺的只是一具神像时，大卫已经逃到遥远的安全地带了。他去投靠拉玛的撒母耳，和他们那些信仰上帝、传颂上帝福音的先知们生活在一起。扫罗探知大卫的下落，派人去抓捕他。可是当这些人看到撒母耳和他的先知们在赞美上帝，并向上帝祈祷时，他们也受了感染，开始赞美和祈祷。扫罗又派去一批人，但这些人和前面的人一样，当身处先知们的身边时，感受到了上帝的力量，他们也加入了信仰上帝的行列。

最后扫罗说："如果没有人能把大卫给我抓回来，那么我就自己去抓他。"

当扫罗来到拉玛，来到那群上帝的礼拜者身边，看到他们赞颂主，向主祈祷，传递主的福音时，扫罗也被这种精神感染了。他自己也加入到赞颂和祈祷的队伍，整个白天和黑夜他都在极为虔诚地做礼拜。第二天扫罗回到自己的家中，性情大变，他又一次对大卫友好相待。

但是大卫知道在内心深处，扫罗仍然把他视为仇敌，一旦他的疯狂再次回到心中，他就会想方设法杀了他。大卫在田野里与约拿单见面。约拿单对大卫说："这几天你不要靠近国王，我会去探探国王对你的态度，然后告诉你。也许他现在还有可能成为你的朋友。如果他是你的敌人的话，他是不会成功的，我相信上帝会与你同在。答应我，你活着时要仁慈待我，而且不仅在我活着时，在我死后也要善待我的后代。"

约拿单同很多人一样深信大卫终将成为以色列的国王，因为他对大卫深沉的爱，他愿意放弃自己的王位，让大卫成王。那一天，约拿单和大卫立下誓言，他们以及他们的子孙后代永远都是朋友。

约拿单对大卫说："我会去试探父亲对你的态度，然后把消息带给你。3天后我会带着弓箭来到此地。在靠近你所藏匿的地方，我会射出3支箭，然后打发童子去捡。如果我对童子说：'去把箭找来，箭在你后头。'那么你就可以安全回来。但是如果我对童子说：

'箭在你前头。' 那就意味着你有危险，要避开国王。"

于是大卫连续两天没有与国王同席。开始时，扫罗对大卫的缺席什么也没说，但是最后他说："耶西的儿子为什么昨天和今天都没来赴宴啊？"

约拿单回答："大卫求我准他回到伯利恒的家中去看望他的大哥。"

扫罗听后大怒。他怒斥到："你这个不孝的儿子，为什么要把我的敌人当做你的挚友？难道你不知道只要他活着，你就永远当不了国王吗？派人去把他找来，他不能再活在这个世上！"

扫罗怒火冲天，甚至把他的矛投向了自己的儿子约拿单。约拿单从桌边跳起来，为自己的朋友大卫感到万分心焦，什么也吃不下。第二天，在约定好的时间，约拿单带着童子来到了田野。他对童子说："往前跑，准备去找我射出的箭。"

当童子往前跑时，约拿单将箭射向他的前方，他喊道："箭在你的前头，快去把它们找来。"

童子跑去找到箭，将它们交给约拿单。约拿单把弓和箭都递给童子，对他说："你带着它们回城。我在这再待一会儿。"

当童子的身影消失后，大卫从他藏身的地方出来跑向约拿单。他们紧紧拥抱，相拥而泣。大卫明白，他再也不可能在扫罗的手下安全地生活了。他必须背井离乡，抛家弃子，到远离扫罗王仇恨的地方藏身。

约拿单对他说："我们两人曾发誓说，'愿耶和华在你我中间，并在你我后裔中间为证，直到永远。'如今你平平安安地去吧。"然后约拿单又回到他父王的宫殿，而大卫则出发去寻找藏身之地。

巴乌西斯和菲利门

——托马斯·布尔芬奇改写

古希腊人认为社会的健康发展有赖于公民对待彼此的态度。对他们而言，众神之神宙斯既是国家的守护者，又是文明人之间关系的保护者。所有的社会机构，包括家庭，均在他的庇护之下。旅行者尤其尊崇宙斯，因为他奖赏那些谨记热情待人之道和朋友的职责的人。从宙斯和赫耳墨斯(罗马人称之为朱庇特和墨丘利神)到凡人间寻求庇护的故事中，我们可以看出这一点。

从前，朱庇特幻化成凡人，视察弗利吉亚(小亚细亚中部一个古国)，墨丘利神也收起了他的翅膀，跟随在他身旁。他们装扮成疲惫的旅行者，到凡人家中寻求休息庇护之地。他们试了许多人家，但都吃了闭门羹，因为天色已晚，那些冷漠的人家不愿意起身招待他们。最终，一所小茅屋里的一对老夫妇让他们住下了。他们就是善良的巴乌西斯和她的丈夫菲利门，他们一辈子都生活在这里。他们并不为自己的贫困感到羞愧。他们生性善良，无非分之想，能够忍受贫寒。当两位客人跨过破旧的门槛，低下头进入他们低矮的房屋后，老人给他们搬过一张椅子，巴乌西斯特意在上面铺上一块布垫，请他们坐下。然后，巴乌西斯又在灰烬里拨出炭块，生上火，给他们准备了蔬菜和熏猪肉。并在一只山毛榉制的碗里盛满了热水，以备客人洗漱。在安顿他们的同时，老两口儿还陪着客人聊天消磨时光。

老妇人颤抖着双手开始摆放餐桌。由于桌子的一条腿比其他的短，于是在下面垫了一

第四章 友谊

块小石片以保持水平。桌子放稳后，老妇人用好闻的药草使劲地擦拭着桌面，然后摆上了简单的密涅瓦橄榄，一些用醋蜜腌制的山茱萸的浆果，萝卜和干酪，还有煮得很嫩的鸡蛋。盛菜用的餐具都是些陶碗陶罐，旁边放着木制的杯子。一切就绪后，冒着热气的炖菜端上了桌。杯子里倒上了新酿的葡萄酒，甜点则是苹果和野蜂蜜。

客人用餐时，老两口儿惊讶地发现，装在罐子里的葡萄酒被倒出后，旋即又恢复到原来的高度，一点儿也不见少。目瞪口呆之余，巴乌西斯和菲利门认出了他们的天神客人，连忙跪倒在地，双手紧握，祈求天神原谅他们招待不周。老两口儿想起他们养来看家护院的一只老鹅，想用它来供奉天神。但对于他们来说，这只鹅过于敏捷，它敏捷地躲避着老人的抓捕，最后竟到天神中间寻求庇护。两位天神没让老两口儿杀它，他们说："我们是神。这个冷漠的村庄必须为它的不敬遭到惩罚，只有你们俩除外。离开你们的房子，和我们到那边的山顶上去。"老两口儿立刻遵从他们的命令。他们身后的村庄转眼间沉入湖底，只有他们的房子还在。正当他们为眼前的一幕感到惊讶时，他们发现自己的房子发生了变化。茅屋的支架被圆柱所取代，茅草屋顶变成金黄色的鎏金房顶，地板变成大理石的，门上布满了雕刻和黄金的装饰。朱庇特仁慈的声音响起："善良的老人，还有配得上这样的丈夫的老妇人，告诉我你们的愿望。你们希望得到什么？"菲利门和巴乌西斯商量了一会儿，然后向天神说出了他们共同的愿望："我们想成为您这个神庙的牧师和守护者，并且希望我们俩能在同一时刻离开人世。"天神同意了他们的祈求。他们俩又活了很多年，有一天当他们站在神庙的台阶前，向人们讲述这个地方的故事时，巴乌西斯看到菲利门的身上开始生长出树叶，而菲利门也在巴乌西斯的身上看到了相同的变化。在他们诉说离别之语时，他们的头上长出了茂密的树冠。"永别了，亲爱的。"他们互相说，与此同时，他们的嘴唇被树皮覆盖。至今，那里的牧羊人仍能向游人指出这两棵树——一棵橡树和一棵菩提树肩并肩地站在一起。

路边的屋子

新英格兰诗人萨姆·沃尔特·福斯(1858～1911)的诗再现了一个简陋的小屋这一古老的形象，在那里，疲惫的旅行者会受到热情的款待——这小屋就像巴乌西斯和菲利门的屋子一样——提醒着我们在人生的漫漫旅途中要互相帮助。朋友是彼此"提供帮助的伙伴"。

世上有遁世的灵魂离群索居，
在自足的平静中；
世上有灵魂，如星般，彼此疏离，
在冷清的天空；
世上有先驱的灵魂斩荆劈棘，
大路还没有延伸到那里；
但是让我在路旁结庐而居，
成为人们的朋友。

让我就住在路边的屋子里，

在那路人经过的地方——
这些人有好人有坏人，
或好或坏，同我一样。
我都不会摆出蔑视者的姿态，
或愤世嫉俗横加指责；
让我就住在路边的屋子里，
成为人们的朋友。

我从我路边的屋子向外张望，
在人生的路途旁，
有人满怀热忱地希望，
有人陷入争斗的混乱。
但面对他们的微笑或泪水，我不会转身离去，
上帝的安排本就如此；
让我就住在路边的屋子里，
成为人们的朋友。

让我就住在路边的屋子里，
在人生的路途旁，
他们善良，他们邪恶，他们软弱，
他们强壮，
明智，愚蠢——如我一样。
那么我何必摆出蔑视者的姿态，
或愤世嫉俗横加指责？
让我就住在路边的屋子里，
成为人们的朋友。

达蒙与皮西厄斯

　　这个故事发生在公元前4世纪时的西西里岛的锡拉库扎城邦。罗马的雄辩家西塞罗告诉我们，达蒙和皮西厄斯是哲学家毕达哥拉斯的信徒。即使到了今天，他们的故事也仍然是莫逆之交的典范，他们对彼此充满信心，绝对信任。

　　自儿时起，达蒙和皮西厄斯就是挚友。他们互相信任，情同手足。他们心里明白，为了对方，自己愿意做任何事情。最终，考验他们奉献精神的时刻到了。事情是这样发生的：
　　戴奥尼索斯，叙拉古的统治者，当他听到皮西厄斯的演讲后非常恼怒。这个年轻的学者告诉大众，不该有人拥有无上的权力，凌驾于他人之上，专制的暴君是非正义的君主。戴奥尼索斯一怒之下召来了皮西厄斯和他的朋友。
　　"你以为自己是谁，竟敢在公众间散播动乱的情绪？"他喝问。
　　"我只传播真理，"皮西厄斯回答，"这并没有错。"

"你的真理就是认为君主拥有的权力过大，君主的法律对民众无益，是这样吗？"

"假如这位君主是不经他的人民允许而攫取权力的话，那么我就只能这样说。"

"你的言论无异于谋反！" 戴奥尼索斯咆哮道，"你在阴谋策划推翻我！要么收回你的言论，要么承担谋逆的后果。"

"我不会收回我所说的话。"皮西厄斯回答。

"那么你就会被处死。你还有什么最后的要求吗？"

"有。给我时间让我回家向妻儿告别，安顿好家中的事宜。"

"看来你不但认为我不正义，还认为我很愚蠢，" 戴奥尼索斯轻蔑地笑着说，"假如我让你离开锡拉库扎，我肯定再也见不到你了。"

"我会留下抵押。"皮西厄斯说。

"什么样的抵押让我能确信你还会回来？"戴奥尼索斯问到。

这时，一直在皮西厄斯身边默不作声的达蒙走上前来。

"我愿做他的抵押，"他说，"将我因禁在锡拉库扎，直到皮西厄斯返回来。您深知我们之间的友谊，您应该确信，只要我在您的手上，皮西厄斯就一定会回来。"

戴奥尼索斯默默地看着这对朋友。"好极了，"最后他说，"但是既然你愿意替你的朋友留在这里，那么如果他违反诺言，你就必须代他接受判决。如果皮西厄斯没有回到锡拉库扎，你就要替他去死。"

"他会遵守诺言的，"达蒙回答，"我对此深信不疑。"

皮西厄斯获准离开一段时间，达蒙则被关进监狱。几天过去了，皮西厄斯还没有出现，戴奥尼索斯的好奇心占了上风，他到狱中去见达蒙，想看看他会不会为这次交换感到后悔。

"你快没有时间了，" 这个锡拉库扎的统治者冷笑道，"你是不可能求得我的宽恕的。你竟然傻到去相信你朋友的诺言。你真的以为他会为了你或者其他什么人牺牲自己的性命吗？"

"他只是被耽搁了，"达蒙坚定地回答，"可能是逆风让他无法启航，或是他在路上遇到了什么事故。但是只要人力可达，他就一定会按时出现的。我相信他的人品，就像相信我自己的存在一样。"

戴奥尼索斯对这个因犯的信心感到震惊。"我们马上就可以见分晓。"他说着将达蒙撇在牢房里。

处决之日到了。达蒙被人从监狱里押出来，带到刽子手面前。戴奥尼索斯得意地笑着跟他打招呼。

"你的朋友好像还没有出现，"他笑道，"现在你对他有什么想法呢？"

"他是我的朋友，"达蒙回答，"我信任他。"

达蒙的话音未落，门被撞开了。皮西厄斯摇摇晃晃地走了进来，他脸色惨白，浑身是伤，精疲力竭得几乎无法言语。他冲到朋友的怀抱。

"感谢神明，你还安然无恙。"他气喘吁吁地说道，"命运好像故意和我们作对。我乘坐的船在风暴中失事，后来在路上我又遭到强盗的袭击。但是我没有放弃希望，我终于成功地按时返回了。我已经准备好接受死刑了。"

戴奥尼索斯听完皮西厄斯的话，他惊讶地睁大了双眼，觉得心里豁然开朗。他不得不为眼前这对朋友的友情而感动。

"判决收回！"他宣布，"我以前从不相信朋友之间还存在着这样的信任和忠诚，你们让我意识到了自己错得有多离谱。作为奖赏，我要赐予你们自由。但是作为回报，你们要为我做一件重要的事。"

"您指的是什么？"这对朋友问。
"告诉我怎样才能拥有这样无价的友谊。"

旅行之歌

——亨利·凡·戴克

噢，谁愿陪我走过这一程，
在人生的快乐旅途中？
一个敢于朗声大笑而无所顾忌
并让欢乐的想象飞纵，
无忧无虑的快乐伙伴
像一个幸福的孩子，
穿过蔓延在田间地垄
的艳丽花丛。
在他陪我走过的这一程。

有谁愿陪我走过这一程，
在人生的疲惫旅途中？
一个心明眼亮，能看到
星星落入黑暗的草地上，
在宁静的暮色中闪耀的朋友——
一个懂得并敢于说出
勇敢、甜蜜的话语，
让旅程变得轻松快乐的朋友，
在他陪我走过的这一程。

有这样的伙伴，这样的朋友，
我会愉快地走到旅途的终点，
穿越夏日烈晒，冬日苦寒，
然后？——再见，我们还会重逢！

罗宾汉初识小约翰

—— 根据亨利·吉尔伯特原作改编

　　偶尔，我们会通过绿林好汉的传奇故事向孩子们传授公正、宽容、骑士精神和伙伴之谊。当勇猛的理查德国王带领十字军在远方作战时，贪婪狡诈的约翰王子接替了他的统治地位。当时，罗宾汉和他手下快乐的伙伴们在约克郡舍伍德的森林里游玩。这个故事里的友谊建立在良好的竞争精神之上——胜者的风度，败者的幽默。

　　一次，罗宾汉穿越巴恩斯溪谷的森林时，遇到一条宽阔的溪流。溪上横着一根窄窄的橡木树干，它的宽度只容每次通过一个人，当然，是没有护栏的。罗宾汉在桥上刚走出去两三步远，对面岸上一个高个子跳到桥上，也开始过河。

　　在相距十步远时他们停下脚步，皱起眉头相互打量。

　　"伙计，讲点礼貌好不好？"罗宾汉喊道，"难道你没看到在你把你的大脚丫子放到桥上之前我就已经在桥上了吗？你退回去！"

　　"你自个儿退回去吧，榆木脑袋，"另一个人反驳道，"永远都是小酒杯给大酒坛腾出地方。"

　　"你不是本地人，傻瓜，"罗宾汉说，"因为你狗叫似的语气出卖了你。如果你不后退让我过去的话，我会好好让你领教一下巴恩斯溪谷的规矩的。"说着他取下弓，抽出箭。高个子半是生气，半是幽默地眨着眼，看着弓箭。

　　"如果这就是你所谓的巴恩斯溪谷的规矩的话，"他回答，"那一定是胆小鬼的规矩。你看，你手里握着弓箭，想要射杀一个只能拿拐杖当武器的人。"

　　罗宾汉迟疑了一下。他对这个陌生人非常恼火，但这个大块头身上的那股子坦率劲儿和某些善良的品性又让他喜欢。

　　"那就按你的方式来，"他说，"你在这等一会儿。"罗宾汉转身上岸。他砍了根结实的木棒，把它修成需要的重量和长度。然后他又跳到桥上。

　　"现在，"罗宾汉说，"我们来玩个小游戏：谁从桥上被打到溪流里谁就认输。准备好了？开始！"

　　罗宾汉一挥起木棒，大块头就知道他不是个好对付的对手，紧接着他又发现罗宾汉的手臂和他的一样强壮有力。打了好一会儿，他们手中的木棒挥舞得像旋转的风车一般。当他们的木棒碰撞在一起时，木头的爆裂声在溪流两岸的树林里回荡。突然，大块头向前一刺，他的木棒啪地敲在罗宾汉的头上。

　　"你击中了第一下！"罗宾汉喊道。

　　"第二下来了！"大块头温厚地笑着，又在罗宾汉的左前臂留下了一块新的瘀痕。

　　两人出手快如闪电，他们身上的每一块骨头都咔嗒作响。要想在这狭窄的独木桥上保持平衡几乎是不可能的事，每一步向前或退后都得小心翼翼。他们打出去或是遭受到的每一次击打都几乎将他们掀翻。

　　突然，罗宾汉一棍击中了大块头的头部。但转眼间，大块头猛力一击，打得罗宾汉失去了平衡。扑通一声巨响，罗宾汉掉进了溪里。

　　一时间，大块头奇怪面前的对手怎么不见了，似乎怔住了。他擦去流到眼睛里的汗水，大喊：

　　"嘿，老弟，你跑哪儿去了？"

他焦急地俯身盯着桥面下湍急的流水，"圣彼得保佑，"他说，"但愿这个勇猛的家伙没有受伤！"

"没问题！"下游不远处的河岸边传来一个声音，"我在这儿，大块头。今天算你走运，我不用过桥了。"

罗宾汉从溪里爬上岸，跪下来用溪水洗着脸。当他站起来时，发现大块头在他身边，正在撩水洗头。

"怎么？"罗宾汉叫道，"你没有继续赶路吗？刚才你那么急着要过桥，这会你又回来了！"

"好老弟，不要嘲笑我，"大块头说，"我没地方可去。我只是个从庄园逃出来的奴隶，今晚我无法睡在自己暖和的窝棚里，只能在灌木丛下打盹了。不过在我离开之前，我很想和你握握手，因为我从未遇到过像你这么诚实优秀的对手。"

罗宾汉立刻伸出手，他们怀着对彼此的尊敬和喜爱紧紧地握了握手。

"等一会儿，"罗宾汉说，"也许在你去流浪前想先吃顿晚餐。"

说着罗宾汉将号角拿到嘴边吹起来，号角的回声令山鸟尖叫着飞离逃散，森林里的动物都逃向最近的洞口。然后，响起一阵声音，像是鹿群匆匆穿过灌木丛，一会儿功夫过后，从昏暗的树墙后涌出了一队人马。

"怎么回事罗宾汉？"其中一个喊道，"出了什么事？你怎么浑身都湿透了？"

"没事儿，"罗宾汉笑了，"看到那个大块头儿没？我们拿着木棍在桥上打了一架，他把我掀到溪里了。"

"抓住他，弟兄们！"罗宾汉的人马大喊，朝大块头围过去，"把他扔到水里好好灌一灌！"

"别，别，"罗宾汉笑着大喊，"等一等，兄弟们！我不是那个意思，他是个好样的，很勇猛。听着，伙计，"他对大块头说，"我们是绿林好汉，藏身在这树林里躲避那些残暴的统治者。我们劫富济贫，把富人们从穷人那儿夺走的东西抢回来。如果你愿意的话就加入我们。我保证你能高高兴兴地和我们一起大干一场。"

"让土地和溪水作证，我愿意加入你们，"大块头说着抓住罗宾汉的手，"这是我听到过的最中听的话。我愿意全心全意地跟随你和你的队伍。"

"你叫什么名字，好兄弟？"罗宾汉问。

"约翰·斯塔布斯，"大块头回答，然后他笑着说，"不过大家都叫我小人物约翰。"

其他人也都笑逐颜开，纷纷上前和他握手。然后他们回到露营地，一口大铁锅正架在火上等着他们，从里面飘出来诱人的香味，让林子里的人饥肠辘辘。小人物约翰站在旁边，比所有人都高大。这些绿林好汉们拿着杯子到一个巨大的木桶里，舀上满满一杯褐色的啤酒。

"现在，弟兄们，"罗宾汉喊道，"让我们给新来的兄弟接风，欢迎他加入我们这个绿林好汉的自由大家庭。在这以前他被叫做小人物约翰，是一个天真可爱的家伙。但是从今以后，他就叫小约翰了。来弟兄们，为了小约翰，我们干上三杯！"

黄昏为他们歌唱，头顶的树叶因他们的欢呼而颤动。他们扔掉酒杯，围到大锅边，把碗伸向锅里的美味，开始了晚宴。

海伦·凯勒和安妮·沙利文

　　世间没有比师生间更神圣的友谊，这之中最伟大的当属海伦·凯勒(1880～1968)和安妮·沙利文（1866～1936)之间的友谊。

　　在不满两岁的时候，疾病就夺去了海伦·凯勒的视力和听觉，让她和整个世界处于隔绝状态。她后来这样描述自己的成长状况："粗野而不受拘束，高兴时就痴痴地傻笑，生气时则又踢又挠，发出令人窒息的尖叫声，简直要刺破耳膜。"

　　安妮·沙利文从波士顿的帕金斯盲人机构来到位于阿拉巴马州的凯勒家中，从此改变了海伦的生活。沙利文本人的眼睛因为感染始终未能痊愈，她自己也处于半失明状态。她带着自己的经验，怀着不屈的奉献精神和满腔的爱来到了海伦身边。通过触觉，她能和孩子进行思想交流，3年的时间里她教会海伦运用布莱叶盲文进行读写。到16岁时，海伦的口头表述能力已经很好，可以去上预科和大学了。1904年她以优异的成绩从拉德克利夫毕业，然后以她的老师为榜样，将她的余生都投入到帮助盲人的事业中去。这两位女性的友谊始终不渝，一直持续到安妮离开人世的那一天。

　　海伦在她的自传中记述了安妮·曼斯菲尔德·沙利文来到她家中时的情景，书名为《我的人生故事》。

　　记忆中，我整个生命里最重要的一天，是我的老师安妮·曼斯菲尔德·沙利文来到我身边的日子。每当我想到这一天所连接的那两种生活的难以衡量的巨大反差时，心中都充满了惊异之情。那一天是1887年3月3日，离我满7岁的生日还差3个月。

　　在那个不寻常的午后，我站在门廊上默不出声，满怀期待。我隐约从母亲的手势和房子里人们匆忙地进出中，猜测到有什么不寻常的事情要发生了。于是我走到门前的台阶上等待着。午后的阳光透过覆盖在门廊上金银花的浓密枝叶，照在我仰起的脸庞上。我的手指几乎是下意识地留连于我熟悉的枝叶和花朵上，这些花儿是刚刚长出来向南方的春天问好的。我对将来会出现的奇迹或惊喜一无所知。几个星期以来，愤怒和痛苦不断地折磨着我，心灵深处的忧郁在这次激烈的争斗中占了上风。

　　你是否曾经在海上遇见过浓雾，似乎有可以触及的白色黑暗将你包围？那条大船焦急而紧张地靠测深锤和测深绳摸索着向海岸行驶，而你心脏狂跳，等待着什么事情的发生？在我的教育开始之前，我就像这条船，只不过我没有罗盘或测深绳，无法知道港口有多近。"光明！给我光明！"这是我灵魂的无声的呼唤，而就在那个时刻，爱的光亮照射到了我的身上。

　　我感觉到脚步走近，我以为是妈妈，于是把手伸向她。有人握住了它，我被那个来为我揭示一切事物的人——更为重要的是——来给我以爱的人抱了起来，紧紧地搂在了怀里。

　　老师到后的第二天早上，她把我领到她的房间里，给了我一个娃娃。是帕金斯学院的盲童让她带来的，劳拉·布里奇曼亲手给娃娃做了衣服穿上。不过这一点我后来才知道。我和娃娃玩了一会儿以后，沙利文小姐慢慢地在我手心里拼写了"娃娃"这个字。我马上对这种手指游戏发生了兴趣，试图学着做。当我最后成功地把字正确地写出来以后，稚气的快乐和自豪使我满脸发红。我跑下楼到母亲那里，举着手，写出了娃娃这个字。我不知道自己在写一个字，甚至都不知道有字的存在，我只是像猴子模仿动作一样，让手指移动。此后的日子里，我用这种并不理解的方式学会了拼写许多的字，其中有别针、帽子、

杯子以及一些动词，如坐、站、走。但是直到老师来了几个星期后，我才明白一切东西都有名字。

有一天，我正在和新娃娃玩的时候，沙利文小姐把我的大布娃娃也放到了我的膝上，拼写了"娃娃"，并且力图使我明白"娃娃"对两者都适用。那天早些时候，我们为"杯子"和"水"两个字争了半天。沙利文小姐试图让我记住，"杯子"就是杯子，"水"就是水。但是我总把两者弄混淆。她没办法，只好暂时放弃，结果是碰到这一个机会就再度提起。她这种一再的努力使我烦了，便抓起新娃娃摔在了地上。当我感觉到脚下娃娃的碎片时高兴极了。发脾气之后我既不感到难过也不感到后悔，我并不爱这个娃娃。在我生活的这个寂静而黑暗的世界里，没有强烈的感情或温柔。我感觉到老师把碎片扫到了壁炉的一侧，惹我不高兴的原因被解除了，我获得了一种满足感。她给我拿来了帽子，我知道要到外面温暖的太阳下面去了。这个想法使我开心得又蹦又跳，如果一种无言的感觉可以被称作想法的话。

我们被爬满水井房的金银花的香气吸引，沿小路向水井房走去。有人在打水，老师把我的手放了出水口下面。当沁凉的水流涌过我的手的时候，她在我的另一只手上拼写"水"这个词，先是慢写，然后快写。我一动不动地站在那里，全部注意力都集中在她手指的动作上。突然我有一种遗忘了什么的模糊的意识——一阵记忆回归的激动；不知怎地，语言的神秘性被揭开了。那时我知道了"水"的意思是流过我手上的那美妙沁凉的东西。这个有生命的字眼唤醒了我的灵魂，给了它光明、希望和快乐，使它自由了！确实，仍然存在着障碍，但那是能够被消除的障碍。

我怀着渴望学习的心情离开了水井房。所有的东西都有名字，伴随着每一个名字诞生一个新的想法。在回家的路上，我触摸的每一样东西似乎都充满了活力。那是因为我用刚刚获得的全新的奇特的眼光在看待一切。进门的时候我想起了被我摔碎的娃娃。我摸索着走到壁炉前，把碎片拾了起来。我徒劳地拼命想把碎片拼起来，这时我的眼睛溢满了泪水。因为我意识到自己干了些什么，我第一次感到悔恨和悲伤。

那天，我学会了许多新单词。现在我不记得是哪些单词了，但是还是知道其中有母亲、父亲、妹妹、老师——这些词会使世界为我绽放，"如饰有鲜花的亚伦神杖"，要找到一个比在那个重要日子的我更幸福的孩子会是极端困难的。在这一天结束时我躺在儿童床上，回味这天带给我的欢乐，第一次渴望新的一天的到来。

在安妮·沙利文的信件中，她对看到的发生在海伦身上的"奇迹"进行了描述。

今天早上，我的心因为幸福而欢唱。奇迹发生了！理解之光照亮了我的学生的心灵，她终于能领悟了，一切都在改变！

两个星期前的粗野的小家伙如今变成了温顺的孩子。我写信的时候她就坐在我身边，脸上洋溢着平静幸福的神采，她正在用苏格兰毛线编织一根红色的长带。她是这个礼拜学的编织针法，对于自己的进展她颇为自豪。当她成功地织出一根能够穿过一个房间的长带时，她拍了拍自己的手臂，并钟爱地把她的第一件手工作品贴上自己的脸颊。现在她让我亲吻她了，在特别温顺的时候她会在我的腿上坐上一两分钟，但是对于我的爱抚她还没有回应。重要而关键的一步已经迈出了，这个野蛮的小东西已经上了关于服从的第一课，我发现这对她并不难。美好的智慧已经开始在这个孩子的灵魂里激荡了，我要做的工作就是给它指引和雕琢，对此我感到很愉快。人们已经在评论海伦的变化。她父亲常常在上下班的时间来看望我们，当他看到海伦安心地坐在那儿穿珠子或是在缝纫卡上编织时，他惊讶地说："她这么安静！"我刚来的时候，她总是不肯妥协，以致人们觉得她有点儿不自然。现在我注意到她吃得少多了，这一事实让他的父亲深受困扰，甚至急着把她接回家，他说她是想家了。我不同意他的看法，但我想我们将很快离开我们

的小房间。

这个星期海伦学会了几个名词。"杯子"和"牛奶"这两个词比其他单词更让她困惑。当她拼写"牛奶"时,她指着杯子,当她拼写"杯子"时,她做出倒或者喝的姿势,这说明她把这两个词给弄混了。她还没有意识到每件事物都有自己的名字。

1887年3月20日

今早我必须给你写信,因为发生了一件重要的事情。海伦在她的学习之路上迈出了伟大的第二步。她已经知道每件事物都有自己的名字,还明白手语字母是通向她渴望知道的所有东西的钥匙。

上封信中我告诉你 "杯子"和"牛奶"这两个词比其他单词更让海伦困惑。她把名词和动词"喝"给弄混了。她不知道"喝"这个词,但是却在拼写"杯子"或"牛奶"时做出喝的手势。今天早上当她洗手时,她想知道"水"用什么来表达。每当她想知道什么东西的名字时,她就会指着那样东西然后轻轻拍我的手。我给她拼出了"水"这个词,然后直到早餐过后我都没再想这件事。忽然我想到利用这个新单词的帮助,我可以成功地让海伦分清"杯子"和"牛奶"的不同。我们来到水房,我让海伦举着杯子在水管下接着,我在一旁泵水。当清凉的水向外涌出,装满杯子时,我在海伦空着的手上拼写"水"这个词。这个词和清凉的水冲向她手掌的感觉联系得如此紧密,她似乎震惊了。她扔掉了杯子站在那儿,像是怔住了,脸上焕发出新的光彩。她拼了好几遍"水"这个词。然后她踩踩地,问我它的名字,又指着水泵和棚架,突然她转过身问我的名字。我给她拼出了"老师"这个词。这时保姆抱着海伦的妹妹进了水房,海伦拼出了"婴儿"这个词,然后指着保姆。回房间的路上海伦兴奋不已,学习了每一样她触摸到的东西,于是短短几个小时,她的单词量就增加了30个。其中有:门、开、关、给、去、来等等许多单词。

另外——因为我的信没能及时写完,昨晚就没来得及发出去,现在我要再写几句。海伦今天早上起床后,像个光彩照人的仙女,她掠过一件件物品,向我询问它们的名字,因为极度的愉悦而亲吻我。昨晚我入睡时,她自己悄悄地钻进我的怀中,第一次亲吻了我。我的心因为满载的喜悦而快乐不已。

1887年4月5日

人类的接触

——斯宾塞·米歇尔·弗雷

这首简单的小诗告诉我们真正的友谊应该是手、心乃至灵魂的碰触。它也描述了海伦·凯勒和安妮·曼斯菲尔德·沙利文之间"接触"的深刻含义。

> 世上最重要的是人类的接触
> 你我之手的碰触,
> 对于昏睡的心灵远胜于
> 庇护所、面包和酒。
> 夜晚之后,庇护所便失去作用,
> 面包也只能充饥一时,

但是手的接触和声音的召唤，
永远在心灵间歌唱。

比大人更聪明的小女孩

——列夫·托尔斯泰

所有的友谊都会经历起起落落。学会将争执放置一旁，友谊将会天长地久。

这一年的复活节来得很早。使用雪橇的日子刚刚过去，残雪还堆在院子里，融化的雪水形成细流，淌过村子的街道。

两个来自不同家庭的小女孩，碰巧在两所房子间的小巷里相遇，从农家庭院流出来的肮脏雪水在这儿形成一个大水坑，拦在了她们中间。两个女孩一个很小，另一个稍大一点儿。她们的妈妈们给她们穿上了新外套。小的那个穿着蓝色的外套，另一个穿的是黄色，两个女孩头上都带着红色的方巾。她们都刚从教堂出来，两人先是向彼此展示了自己的漂亮外套，然后就一块儿玩起来。她们突发奇想地玩起水来，小一点儿的那个想要穿着鞋袜走到水坑里面去，这时稍大一些的女孩拦住了她。

"不要这样踩进去，玛拉沙，"她说，"你妈妈会骂你的。我要把鞋子和袜子脱掉，你把你的也脱了。"

于是她们脱掉鞋袜，拎起裙子，开始穿过水坑向对方走过去。水没过玛拉沙的脚踝，她说：

"水很深，阿克莉亚。我害怕！"

"继续，"另一个回答，"不要害怕，水就那么深。"

当她们靠近时，阿克莉亚说：

"小心，玛拉沙，别溅起水花，当心脚下！"

她的话音未落，玛拉沙的脚重重地落了下去，溅起的水花刚好落到阿克莉亚的外套上。她的眼睛和鼻子上也溅得到处是水。当她看到外套上的污渍时，气地追着玛拉沙要打她。玛拉沙见自己惹了麻烦，害怕地赶紧跑出水坑，想要跑回家去。就在这时，阿克莉亚的妈妈恰巧经过，看到女儿的裙子溅湿了，袖子也弄脏了，她说：

"你这个调皮的家伙，弄得这么脏，刚才干什么了？"

"是玛拉沙故意弄的。"女孩回答。

听到这儿阿克莉亚的妈妈逮住了玛拉沙，在她脖子后面打了几下。玛拉沙开始号啕大哭，整条街都听得到。她的妈妈出来了。

"你为什么打我女儿？"她说着开始骂起自己的邻居来。两人吵得不可开交。人们都出来了，在街上围了一圈，每个人都在大喊大叫，却没有人听别人在说什么。她们越吵越厉害，直到一人推了另一人一下，眼看就要为了这件事儿打起来了。这时，阿克莉亚的老奶奶挤到她们中间，想要劝阻她们。

"乡亲们，你们在想什么呢？这样做对吗？而且是在今天这样的日子。这是喜庆的日子，不是做蠢事的时候。"

她们根本不听老太太的话，还差点儿把她撞倒。后来要不是阿克莉亚和玛拉沙，人群是不可能平静下来的。当妇人们相互辱骂的时候，阿克莉亚擦去了外套上的泥浆，她拿起

第四章 友谊

一块石头把水坑前的泥土挖开以形成一条水沟，好把水坑里的水引到街上。马上玛拉沙也加入了她的行列，开始用一片木头帮她挖水沟。就在人们准备开打的时候，水从她们挖的水沟里流了出来，流到街上，朝着老太太力图平息人们争吵的地方流去。两个女孩各站一边，追逐着水流。

"赶上它，玛拉沙！赶上它！"阿克莉亚大声喊着，这时玛拉沙已经乐得说不出话来。

两个女孩兴高采烈地看着漂在水流上的木片，冲进了人群。老太太看着她们对人们说："你们难道不为自己感到羞愧吗？为了这两个女孩吵架，可是你们看，这会儿她们自己都已经忘了这档子事，又在一起高兴地玩了。这些可爱的小家伙！她们可比你们要聪明！"

人们看着两个小女孩，感到很羞愧，然后他们自嘲着回到了各自的家里。

"除非你们变得像孩子们一样，否则你们不会具有进入天堂的智慧。"

魔 壁

——薇拉·凯瑟

这个故事讲述的是在少年时期，那些朋友间共同分享的寻常梦想和经历。那些对共度的美好时光的回忆将使友谊跨越以后岁月和距离的阻隔。

太阳下山前我们在游泳。我们开始做晚餐时，夕阳西斜，映照在我们身边的白色沙滩上，耀眼眩目。我们坐下享用晚餐时，太阳这个半透明的红色圆球已经沉入了那片褐色的玉米田里。一层温暖的空气笼罩在水面和我们洁净的沙洲上，因为那些生长在平坦岸边繁茂的斑鸠菊和向日葵的香味而显得更加清新。棕色的河流缓缓流淌着，和内布拉斯加州的其他6条河流一样，灌溉着这片土地上的玉米地。河岸的一边是裸露的不规则的土崖，上面长着几棵粗粗的胭脂栎，遒劲的树冠在高高的草丛上投下斑驳的树影。河西岸的地势低矮平坦，一望无际的玉米田延伸至天际。沿着河流散布着小小的沙湾和河滩，纤细的棉白杨和柳树苗在沙滩上随风摇曳。

春季，因为春汛河水湍急，磨房无法运转。另外，由于要修缮河上那座陈旧的红桥，忙碌的农夫们无暇关注这条河，于是这儿就无可争议地成为了桑德镇男孩们的天下。秋天，我们沿着在平坦的河岸，在延绵数里的满是玉米茬和草料的野地里逮鹌鹑。冬天，在滑冰的季节过后，冰雪消融，春汛带给我们一年之中极为兴奋的时光。河道与前两季迥然不同。每年春天，暴涨的河水不是冲垮一面东岸的土崖，就是吞噬掉西岸的几亩玉米地，将卷走的泥土又堆积在其他什么地方。到了仲夏，河水消退，露出新的沙洲，在八月的烈日下晒得又干又白。有时这些河岸坚固异常，来年汹涌的洪水也难以撼动；柳树苗们耀武扬威地出现在黄色的泡沫上，春发芽，夏生叶，如网的盘根将它们脚下湿润的沙土捆绑在一起，抵御下一个4月的冲击。很快，稀疏分布的绵白杨便在柳树之间时隐时现，在微风中摇曳。甚至在无风的日子里，哪怕仅仅是令水面微颤的扬尘——就像马车在道上经过时腾起的烟雾——也会让它的叶子轻颤。

就是在这样的一个小岛上，在这黄绿蔓延的第三个夏季，我们点燃了营火，不是在摇摆起舞的柳枝丛中，而是在这个春天新形成的一处平坦的细沙滩上。这是一个小小的新世界，水浪在沙地上留下一道道波痕，点缀着细小的龟壳鱼骨，都是又白又亮仿佛精心加工

过似的。我们小心翼翼地，以免破坏这儿的清新氛围，虽然在夏夜里我们经常游到这里，躺在沙滩上休息。

这是我们今年最后一次燃起营火了，我有理由比其他人更深刻地将它铭记在心。下个星期其他男孩都要回到老地方，也就是桑德镇高中去报到，而我却要前往位于挪威区的第外德，在我的第一所乡村学校执教。一想到就要离开这些从小在一起的玩伴，离开这条河，我就已经开始犯起思乡病了。而我要去的那个地方是个多风的平原，四处是风车、玉米地和大草原，缺乏这样生机勃勃的风景，没有新生的小岛，见不到那些常常随水流迁徙的新奇的小鸟。也有其他男孩们在河边逗留，他们在这儿钓鱼、溜冰，但我们6个是对着河神发过誓的，我们的友谊是靠这条河来维系的。我们之中有两个是海期勤家的男孩，叫佛瑞兹和奥托，他们的爸爸是个矮小的德国裁缝。他们俩在我们中间年纪最小，常穿得破破烂烂，头发晒得焦黄，淡蓝色的眼睛，脸上却是一幅饱经风霜的模样。哥哥奥托是学校里最棒的数学天才，功课上颇有悟性，却总是在春季逃学，似乎这条河少了他水就涨不起来。他和佛瑞兹逮到肥美的本地鲑鱼后就拿到镇上去卖。他们在水里待的时日太多，以至于也像这条河一样，满身褐黄，浑身是沙。

还有一个叫珀西·庞德的胖小子，圆鼓鼓的脸颊上带着雀斑，他身上总是带着六七本小人书，一天到晚地趴在书桌上看侦探小说。提普·史密斯因为长着一脸的雀斑和一头红发，注定他在我们所有的游戏中扮演的都是小丑的角色，尽管他走起路来像个害羞的小老头儿，并且笑声古怪嘶哑。提普每天下午都要在他父亲的杂货店里辛苦干活儿，在早上上学之前还要把店里打扫干净。连他的消遣都很累人。他孜孜不倦地收集香烟卡片和锡制的烟草标签，还会一连几小时地弯腰坐在那儿摆弄他放在阁楼上的缠着纱线的小钢丝锯。他最宝贝的财产是些小药瓶，据说里面装着来自圣地（巴勒斯坦）的麦谷，取自约旦和死海的水，还有挖自橄榄山的泥土。这些无聊的东西是他爸爸从一个向他们兜售的传教士那儿买来的，提普似乎从这些东西的遥远产地上获得了极大的满足。

那个高个子是亚瑟·亚当斯。他那双漂亮的浅棕色眼睛对于一个男孩来说可能过于多愁善感了。他还有一副美妙的嗓音，我们都极爱听他朗读。即使是在学校他不得不朗诵诗歌时，也没有人会想笑。当然，他并不总在学校。他已经17岁了，本该去年就从高中毕业的，但是他时常翘课，带着枪去了别处。亚瑟的妈妈已经去世，他的爸爸专注于自己的提升计划，想把儿子送到别的学校，免得他碍手碍脚；但是亚瑟却总是祈求再给他一年的时间，他一定好好学习。我记得他个头儿高高的，肤色棕褐，神情狡黠，总是在我们这群小家伙中闲荡。他嘲笑我们的时候远多于赞同我们的时候，可当我们为此动怒时，却又觉得他温和、自得的嘲笑颇令人开心。后来听人们说亚瑟走上了邪路，甚至加入了社团。我们确实常常见他和赌徒的儿子们还有那个老西班牙人范尼的儿子在一起。但即使他从那伙人身上沾染了什么恶习的话，他也从未在我们面前显露过。我们愿意跟着亚瑟去任何地方，而且我一定要说的是，他从未领我们去过比香蒲沼泽和玉米茬地更糟糕的地方。这些男孩们，就是那个夏夜里在沙洲上和我露营的伙伴。

晚餐过后，我们敲打着密密的柳木丛寻找浮木。等我们收集到足够多的柴火时，夜幕降临了。在清凉的空气里，岸边杂草的强烈气味愈发浓烈。我们躺在火堆周围，又一次徒劳地指给珀西·庞德看小熊星座的位置。以前我们尝试过很多次，但他总是找不到。

"你看到勺子把儿下面的3颗大星星没？中间有一颗是亮的？"奥托·海斯勒说，"那是猎户座的腰带，那颗亮的就是扣环。"我爬到奥托的肩膀后，顺着他的手臂看向夜空，那颗星星好像就位于他一动不动的食指指尖上。海斯勒家的孩子们在夜里网鱼，他们认识很多星星。

珀西放弃了小熊星座，仰卧在沙滩上，双手扣在头下。"我能看到北极星，"他宣布，

满足地用大脚指指向北极星。"谁都有可能迷路，必须要认识北极星。"

我们都抬头看着它。

"你们猜当哥伦布的指南针不再指向北方时，他想了些什么？"提普问。

奥托摇摇头："我爸爸说曾经还有一颗北极星，可能这一颗也不会永远存在。我想知道万一这颗北极星出了什么岔子的话，我们几个会怎么样呢？"

亚瑟轻声笑了："我可不会担心，奥托。在你这一生中，它不会有事的。看到银河了吗？那儿一定有好多死去的善良的印第安人。"

在黑幕下，我们躺着仰望星空，沉思着。流水的汩汩声愈发响亮。我们经常发现夜晚的水声带着股惆怅埋怨的腔调，和白天轻快的欢乐水声截然不同，这声音仿佛来自一条更深更汹涌的河流。我们的河流总是处于这两种情绪：一种是充满阳光的彬彬有礼，另一种则是难以安慰的痛苦悔恨。

"真是奇怪，所有这些星星都能组成某种图形，"奥托评论道，"你可以用它们来完成几乎任何几何命题，看上去它们似乎有所指。有人说每个男孩的命运都写在星空里，是吗？"

"在古老的国家里人们相信是这样的。"佛瑞兹肯定地说。

但是亚瑟却笑话他。"你是在想拿破仑，佛瑞兹。当他的那颗星星消失时他就开始打败仗了。我看这些星星和桑德镇的人可没什么对应关系。"

我们在想，在金星沉入玉米田之前我们能有几次可以数到一百？这时有人大叫："月亮出来啦，它大得像个车轮！"

月亮从我们背后的悬崖上升起来，我们都跳起来，朝它欢呼。它就像是一艘升起的涨满帆的大帆船，庞大、粗野、赤红，就像愤怒的地狱之神。

"当月亮如此之红的时候，阿兹特克人就会在他们的寺庙顶上将俘虏献祭。"珀西说道。

"继续说啊，珀西。你是从《黄金时代》看到的吧。亚瑟，你相信他说的吗？"我问。

亚瑟很认真地回答："我看很有可能。月亮是他们的神祇之一，我爸爸在墨西哥城的时候，见过他们用来献祭俘虏的石头。"

我们又躺在了火堆边，有人问美国的原始印第安人是否比阿兹特克人的历史更悠久。一旦我们聊到美国的原始印第安人的话题，我们就有说不完的话，当我们仍处于遐想之中时，听到一声巨大的落水声。

"肯定是一只大鲑鱼在跳，"佛瑞兹说。"它们有时会这样。它们肯定是在黑暗里看到了小虫子。看月亮的影子！"

河面上有一道长长的闪着银色光泽的水纹，那儿有一根大原木，水流冲刷着翻腾起来，就像金币四散。

"也许这条古老的河流里曾藏着金币。"佛瑞兹说。他靠近火堆躺着，像个褐色的小印第安人，手撑着下巴，光着脚丫子。他哥哥对他的想法嗤之以鼻，但是亚瑟却很认真地在考虑他的想法。

"有些西班牙人认为，在河流上游的什么地方藏有金子。锡伯拉七城失去了所有的金子，西班牙人得到了它们，科罗纳多和他的人马前去搜寻金子的下落。这个国家曾经四处是西班牙人。"

珀西很感兴趣："是在摩门教徒来之前吗？"

我们都笑了。

"比那要早得多，先于清教徒，珀西。也许他们就是沿着这条河流进入的，他们总是沿着河道前行。"

"我想知道的是这条河的源头究竟在哪儿？"提普思索着。这是一个古老迷人的不解

美德书大全集

之谜，连地图上也没解释清楚。在地图上这条小黑线在堪萨斯州西部的某个地方就断掉了。但是既然河流通常都发源于山峦，我们只能有理由认为我们的河流发源于洛基山脉。我们知道它流向密苏里州。海斯勒家的男孩们坚持认为，我们可以在涨水的时候在桑德镇上船，一直朝前走，最后就能到达新奥尔良。这会儿他们又重弹老调了。"如果我们大家有足够的勇气尝试的话，要不了多久我们就能到堪萨斯城和圣路易斯。"

我们开始谈起我们想要去的地方。海斯勒家的男孩们想去看看堪萨斯城的牲畜围场，珀西要去芝加哥看看那儿的大店铺。提问的亚瑟却没有透露他心里的想法。

"现在轮到你了，提普。"

提普翻转身用手肘撑着地，拨弄着火堆，表情怪怪的小脸上眼神羞涩："我想去的地方可远了，我的叔叔比尔跟我提到过它。"

提普的叔叔比尔是个流浪者，因为采矿热的吸引来到了桑德镇，断了只胳膊，好了之后又外出漂泊了。

"是哪儿？"

"噢，是在新墨西哥州的什么地方，那儿不通火车什么的。你只能骑着骡子去那儿，在你到达之前你会喝光你的水，只好喝西红柿罐头。"

"说下去，小家伙，当你到那儿以后呢？"

提普坐起身来，兴奋地开始讲述他的故事。

"在沙漠上屹立着一块约900英尺高的红色巨石。它的周围全是平地，而它却独自傲立，就像是座纪念碑。他们叫它'魔壁'，因为从来没有白人到过悬崖的顶上。它的四周都是光滑的岩石，笔直向上，就像是一道墙壁。据印第安人说，在西班牙人来之前，悬崖顶上有座空中的村庄。生活在那儿的部落有一种梯子，用木头和树皮做成，从悬崖的正面悬挂下来，勇士们靠它下来打猎，还用大罐子运水上去。他们在上面储存了大量的水和肉干，除了狩猎从不下来。他们是一个爱好和平的部落，善于织布制陶。他们住到上面是为了躲避战争。你们看，如果有任何士兵想要上去，他们就能收起梯子。印第安人说他们是个美丽的民族，拥有奇特的宗教信仰。比尔叔叔认为他们原来是居住在洞穴的古老印第安部落，因为遇到麻烦而离开家园。无论如何，他们不是好战者。

"有一次当勇士们下来狩猎时刮起了剧烈的风暴，是某种龙卷风。当他们返回时发现他们的梯子都被撕成了碎片，只剩几级梯子在半空中悬着。他们就在巨石底下扎营，思考接下来该怎么办。这时从北边来了一群士兵，将他们屠杀殆尽，整个过程都被悬崖顶上的老弱妇孺看到了。然后这群士兵往南边去了，留下了悬崖顶上的村民。当然村民们再也没有下来过，他们饿死在悬崖顶上，当这群士兵向北撤退又经过此地时，他们听到了悬崖上传来孩子的哭声，但他们没有看到任何成年的印第安人。从那以后再也没有人上去过。"

我们坐起来，对这个忧伤的传奇提出了不同的看法。

"那上面不可能有很多人，"珀西反驳说，"提普，悬崖顶能有多大？"

"啊，非常大。大到令巨石看起来不像它实际有的高度。它的顶部大于底部。悬崖底部磨损了几百英尺，这也是它为什么难以攀登的原因之一。"

我问他最初那些印第安人是怎么上去的。

"没有人知道他们是什么时候怎么上去的。有群猎人曾经上去过一次，看到上面有座村落，这就是人们所知道的一切。"

奥托摸着下巴若有所思。"当然，肯定有什么办法上去。难道人们不能先用某种办法甩上去一根绳子然后把梯子拉上去？"

提普的小眼睛兴奋得闪闪发光："我知道一个法子，我和比尔叔叔讨论过它。有种救

188

生索推动器能携带绳子——救生员就使用这种工具，然后你可以升起一根绳梯，在底端用钉子钉牢，再用钢缆在另一端固定。我要去攀爬那座悬崖，我已经计划好了。"

佛瑞兹问他爬上去后想找什么。

"可能是尸骨，或者是村落的遗迹，或者是陶器，或者是他们的神像。那儿可能什么都有。不管怎么样，我都想看看。"

"你确定没有任何其他人上去过，提普？"亚瑟问。

"百分之百地肯定，很少有人到那儿。曾有猎人试过在石头上砍出台阶，但是爬上一个人的高度后他们就再也上不去了。整个悬崖都是红色的花岗岩，比尔叔叔认为它是冰河时期遗留下来的。怎么说那都是个奇怪的地方，周围几百里都是沙漠和仙人掌，但是在悬崖脚下却有充足的水源和丰茂的草地，这就是为什么野牛常常会去那儿。"

突然我们听到火堆上空传来一声尖叫，我们一跃而起，看到天上一只纤细的黑鸟远远地向南方飞去——我们从它的叫声和细长的脖子辨认出那是一只鹤。我们跑到小岛边，希望看到它落下来，但是它却顺着河流一直朝南方飞去，直到在我们的视野里消失。海斯勒兄弟说从天色看来，一定已经过了午夜了，于是我们朝火里扔进了更多的木头，穿上外套，蜷缩在温暖的沙滩上。有几个男孩假装睡着了，但我看我们全都在想着提普说的那个悬崖和那个湮灭的部落。林子里的鸽子悲鸣，远方传来狗吠。"有人进了老汤米的瓜地。"佛瑞兹迷迷糊糊地咕哝着，没有人接他的茬儿。过了一会儿，阴影里的珀西出声了：

"你说，提普，当你去那儿的时候会带上我吗？"

"也许吧。"

"提普，如果我们中有人比你先到那儿呢？"

"不管是谁第一个到了那个悬崖，都必须保证一五一十地告诉我们在上面找到了什么。"海斯勒兄弟中的一个男孩说。对于这一提议我们欣然同意。

再度确认后，我渐渐睡去。我一定在梦中参加了攀上悬崖的比赛。醒来后我还沉浸在担忧之中，害怕别人超过我，让我失去机会。我披着沾满潮气的衣服坐起来看着其他的男孩们，他们在熄灭的火堆边难受地辗转着。夜依然很沉，但天空却带着夜晚最后的一抹奇异的蓝色。星星闪着水晶球般的光泽，一闪一闪，好像它们是在清澈的深水底下发光。就在我注视的时刻，它们开始变得苍白，天开始亮起来。白天一晃之间就降临了。我又看了一眼蓝色的夜，它已经离去了。四下里响起了鸟叫声，柳树林里的小虫子用各种方式唧唧地叫着跳着。一阵微风从西面吹来，带着浓郁的成熟玉米的味道。男孩们翻身醒来。太阳刚刚从多风的土崖上爬起来时，我们脱下衣服跳进河里。

在圣诞节的假期里我回到桑德镇，我们溜冰来到岛上，商议有关"魔壁"的计划，坚定了我们要找到它的决心。

虽然那是20年前的事，可是我们没有一个人攀爬过魔壁。珀西·庞德现在是堪萨斯市的股票经纪人，除了他的红色汽车能带他去的地方之外，他哪儿也不去。奥托·海斯勒在铁轨上行走时，不幸失去了一只脚，之后他和佛瑞兹继承父业，做了镇上的裁缝。

亚瑟在这个乏味的小镇上荒置了他的一生——他不到25岁就死了。我最后一次见到他，是在一次大学假期回家的时候，当时他正坐在桑德镇两个酒吧间的一株棉白杨下的帆布躺椅上。他衣着不整，手抖个不停，但是当他镇定地站起来向我打招呼时，他的眼睛还是清澈温暖如昔。我们聊了一个小时，再度听到他的笑声时，我不由得猜想造物主为何要如此折磨一个人，从他的双手折磨到他的双足。他似乎永远被遗弃在桑德镇。亚瑟拿提普·史密斯的魔壁开玩笑，宣称一旦天气凉爽，他就动身去那儿，他还认为大峡谷也是个值得一去的地方。

当我离开他时心里十分清楚，他再也走不出那高高的木篱笆和绵白杨的舒适树荫了。

果然，在一个夏日的清晨，他就死在那株绵白杨下。

　　提普·史密斯仍谈论着他要去新墨西哥的话题。他娶了个懒惰的大手大脚的乡下女人，之后就被婴儿车绊住，因为饮食睡眠的不规律，他腰也弯了，头发也灰白了。但是现在他渡过了他最大的困难，就像他自己说的，进入了舒适的水域。上次我回桑德镇时，在他结算完关上店铺之后，我和他一起散步回家。那是一个有月亮的深夜，我们走了很远，在校舍的台阶前坐下，我们又谈起关于那个红色巨石和湮灭的部落的传奇故事。提普坚称他还想着要去那儿，只不过现在他想等他的儿子伯特长大后和他一起去。伯特已经被这个故事迷住了，除了魔壁，什么也不想。

让友谊不断修复

——选自《塞缪尔·约翰逊的一生》

　　詹姆士·博斯韦尔(1740～1795)，苏格兰律师，以其为塞缪尔·约翰逊所著的传记著称。他曾经写道："我们无法说出友谊形成的准确时刻，就像往容器里滴水，终有一滴水会使容器溢满；所以在多次的亲切善举之中，也终有一刻会让心灵溢满。"在他的著作《塞缪尔·约翰逊的一生》中，他教诲道："我们应该用新、老友谊来充实一生。"一旦友谊建立后，必须时时补充，这样它才能处于"不断修复"之中。

　　我常想，如同人们普遍渴望长寿一样，我相信人们也普遍认为应该不断地增加朋友的数目，这样就能用新朋友来补充失去的朋友。友谊是"生命之酒"，应该像一座储存得当的酒窖，不断地补充新酒。令人慰藉的是，尽管我们不能如年轻时那样广交新知，但是朋友不知不觉中成为故交，而这种友谊很快就会变得醇美怡人，速度远比我们以为的要快得多。热情毫无疑问会带来天壤之别。生性热情开朗、富于想象的人们，比那些冷漠乏味的人们能够更快地融合在一起，酿出友谊之酒。

　　此处我想阐明的是，在约翰逊的后半生中他所持的见解。他对乔舒亚·雷诺兹爵士说："如果一个人在生命的进程中不去结识新朋友的话，他很快就会发现自己是孤身一人。一个人，一位爵士，应该让他的友谊处于不断修复之中。"

新交和旧知

　　真正能持久的，是和情爱一样真挚的友谊。

　　　结交新朋友，莫忘老朋友，
　　　新交如白银，旧知似真金。
　　　新建的友谊，像新酿的酒，
　　　岁月会令它更加甘美醇香。

经历了考验的友谊——
时间和变故——当然最好。
额头见皱纹，头发变灰白，
但是友谊却决不会衰减。
和历经风雨的老朋友在一起，
我们再次焕发青春。
但老朋友们，唉！可能逝去，
须有新朋友将友谊继续。
在你的心中将友谊珍惜——
新交固然好，旧知更珍贵，
结交新朋友，莫忘老朋友；
新交如白银，旧知似真金。

情人不比旧知

——威廉·巴特勒·叶芝

若以抛弃老朋友的代价结交新朋友，我们将得不偿失。

现在你正是春风得意，
人群里熙熙攘攘，
新朋友对你赞赏不已，
但不要薄情或骄傲，
而最该将老朋友挂记。
时间的苦涩潮水终将席卷，
你的美貌将枯萎凋零。
在所有人的眼中都是如此，
除了老朋友。

聊天的时间

——罗伯特·弗罗斯特

工作总是在召唤我们。但是当朋友召唤我们时，我们也该为他们抽出时间。

一位朋友在路上向我召唤，
他减慢马的速度缓缓徐行，
我没有呆立不动，而是四顾观望，

遥望等待我开垦的山岗。

我在原地大声喊："有何贵干？"

不，不是因为有闲暇交谈。

我将锄头插入肥沃的土壤，

立在土里有五英尺长，

我踏步而行走到石墙旁

因为朋友到访。

亚里士多德论友谊

——选自《尼各马科伦理学》

古人将友谊列入最高尚的美德之列，它是幸福或完满生活的关键元素。"因为若没有朋友，"亚里士多德说，"哪怕拥有其他一切好的东西，也没有人会选择生活。"在这个充斥着转瞬即逝的"物质"的当代社会中，这是值得铭记的话语。

在亚里士多德看来，友谊等同于，或者说它涉及一种品格或一种美德。世上有三类友谊。一种是建立在共同快乐的基础上(享乐之友谊)，一种是建立在相互裨益的基础上(裨益之友谊)，还有一种是建立在彼此倾慕的基础之上(德行之友谊)。这三种朋友对于美好的生活来说都是必不可少的，最好的朋友将不会只是欣赏对方的优点，还会乐于相伴并发现共同的长处。下面是亚里士多德的一段经典论述。

由于形成友谊的动机不尽相同，因此各自的情感和友谊也各不相同。友谊可分为三类，其友爱的对象也有三类，因为每种友谊中都存在着与之一致的"彼此知晓的共同情感"。

如果彼此以友相待的人，其友谊建立的动机是期望从对方那里获得好处，那么怀有实用动机的朋友之间并不存在真正的友谊。他们只不过是为了获取目前彼此之间还存在的一些利益。

那些以快乐为动机的友谊，其情形也差不多。我的意思是，他们的友谊是为了获得轻松的快乐，不是因为朋友本身的某种品性，只是因为他们令人愉快。那些为了获益而爱朋友的人是为了对自己有益。那些为了快乐而爱朋友的人是为了自己快乐。也就是说，不是为了朋友本身，而是为了他所能带来的益处和快乐。所以这类友谊大都是为了一种目的而建立的：一个朋友之所以被爱，并不是因为他本人，而是为了他所能提供的益处和快乐。

当然，只要他们之间的关系不再同以前一样，这类朋友就极易散伙。也就是说，一旦他们不再有趣或不再有用处，当初的朋友就会断交。功利的本性就是变动的，所以，一旦促使其成为朋友的动机消失，友谊也就自然消融了，因为它只因这些情形才得以存在……

完美的友谊存在于那些善良且德行相似的人之间，因为这些人希望彼此拥有相似的善良的德行。由于他们是善良的(他们自身是善的)，那些为了朋友自身而希望朋友为善的才是朋友，因为他们是从朋友自身的角度出发，而不是只为了某个目的。所以只要这些人的善良德行保持不变，他们之间的友谊就会一直持续下去。我们知道善良的德行是

恒久如一的……

　　不过这样的友谊是罕见的，因为这类人不常有。此外，除了这些预定的必须条件之外，它还需要共同的生活和时间。这就如同谚语里说的"只有一起吃够了盐"，人们才能彼此相知。除非各自向对方呈现自我，并证明是成为朋友的合适对象，否则彼此就不能接受，不可能成为朋友。那些很快就开始相互示好的人，也许可以被认为是希望成为朋友，但是同样地，除非他们是友谊的合适对象，并且彼此相知，否则他们是成不了朋友的。也就是说，交友的愿望可能会很快产生，但是友谊本身并不会。

西塞罗论友谊

——选自《莱利乌斯》

　　人们认为希腊哲学是通过西塞罗传到西欧的。这位古罗马的政治家的著作就像是永不枯竭的甘泉，浇灌着后世的思想和情感。他对于"友谊的真正意义是什么"这个问题的审视，直到现代社会也仍是良好操行的有力指导。莱利乌斯，这位对话中的主要发言者，将友谊定义为："对于天地间万物，在情感上的完全一致，相互间的善意和爱慕进一步加强了这种一致。"道德高尚，或"品性善良"，是使得友谊可能产生的要素："一切的和谐、永恒和忠诚都源自于此。"

　　我希望大家明白，我现在陈述的不是世人在泛泛之交中所产生的等而下之的友谊（虽然这种关系也不是没有它的乐趣和长处），而是真正的完美的友谊，这种友谊的实例如此罕见，以致我们会因为它的举世无双而难以忘怀。唯有这种友谊才真的可以被称作是休戚与共，能增加幸福的快乐，抚慰不幸的悲伤。这种关系的众多益处中的主要一点，体现在逆境之时，它能驱散心头的阴霾，鼓起对快乐时光的期许，防止沮丧的心情沦落至虚弱怯懦的悲观境地。拥有真正友谊的人，能在朋友身上看到自己灵魂的翻版。因为彼此间道德品性的相似性，他们亲密如一，没有任何利益能够夹杂其中。他们有力、富有和强大。实际上在任何方面，他们都几乎难分彼此，总是如影随形。我愿意冒险做一个大胆的断言，我肯定哪怕是死亡，他们也将继续共生，只要其中一个还活着。因为在某种程度上来说，幸存者仍然以最崇高的敬意和最痛楚的伤感形式，让已故者活在心中的记忆里。这种情形，令死者含笑九泉，让生者荣耀于世。

　　假如这种粘合两者成为亲密如一的朋友的善良品性从人类心中消失的话，那么世间的私人家庭关系或是公众社群关系也会消失，甚至连这片土地也会荒芜，整个地球都将一片凄凉。难道这论断还需要证据来证明吗？只要想想由于不和与意见相左所产生的破坏性后果，这一点就显而易见了。是什么令家庭稳定、政府坚实？是什么阻止成员间产生常见的敌意和恶意，将政府倾覆甚至最终毁灭？——这充分论证了这种善良友好的友爱之情产生的难以估量的益处。

美德书大全集

～ 思友谊 ～

——威廉·莎士比亚

对朋友的思念和它的价值足以驱走所有的恐惧、后悔和嫉妒。

十四行诗(二十九)

当我受尽命运和人世的白眼，
暗自叹息着自己的身世飘零，
徒用哭嚎去烦扰耳聋的苍天，
打量着自己，诅咒我的命运，
愿我如另一人更加富于希望，
体貌相似，并同样善于交友，
希求这人的渊博，那人的修养，
对于自己的这一份最不满足；
可是，当我正要这样看轻自己，
忽然想起你，于是我的心情
便像那云雀在破晓时
从阴霾的大地飞起，高唱着圣歌在天庭；
想起你甜蜜的爱使我那么富有，
和帝王换位我亦不屑于屈就。

十四行诗(三〇)

当来到那芬芳静默的法庭，
唤起我对已往事物的回想，
我为许多未能实现的梦想痛心，
带着旧恨，我再叹蹉跎的时光；
为了埋在死亡无尽之夜的挚友，
于是我可以淹没那枯涸的眼睛，
痛哭那情爱久已勾消的伤忧，
哀悼着众多消失不见的美景；
于是我为过去的忧伤而忧伤，
并心碎地细算，从痛苦到痛苦
那许多惆怅过的惆怅的旧账，
仿佛从未偿还，现在又来再付。
但是只要我想起你的时刻，亲爱的朋友，
一切都失而复得，悲哀也化为乌有。

爱默生论友谊

——选自《友谊》

　　爱默生写道，友谊是上帝赐给人的礼物。当一个人的神性找到另一个人的神性，他们"一同嘲笑并拆除由性格、关系、年龄、性别和境况构筑的厚墙"时，友谊就形成了。爱默生的随笔《友谊》发表于1814年。

　　我可不想用轻巧的方式对待友情，我想以最狂热的勇气来对待它。如果友谊是真的，它就不会是玻璃丝或者霜花，而是我们所知最坚固的东西。今天，在我们已经有了这么多世代生活经验的积累之后，我们对自然、对人自身理解了多少呢？在对人的命运问题的解答上，人类从未前进过一步。整个人类都因为愚昧而被谴责。然而，那种喜悦与宁静中甜美的真挚，我从与兄弟的灵魂联合中得到了它，本身就是整个自然的核心，而人的种种思想只不过是果壳和果皮罢了。幸福是一所为朋友遮风挡雨的房屋，它也可被建立起来，像建造一间节日的凉亭或一座拱门，为了在那一天接待朋友。如果人们懂得友谊的庄严，并且遵守它的法则，他们将会更幸福。谁主动献出自己，希望与人缔造友谊的盟约，谁就如同走入赛场的奥林匹克运动员，去参加一场伟大的运动会。在那里面，有世界上第一批竞赛者。他推举自己为参赛者，他的对手包括时间、欲望和危险。在这场竞赛中，谁的精神中具备足够的忠诚，以护卫心中易碎的美好，战胜疲惫和泪水，谁就会成为唯一的胜利者。幸运女神也许眷顾你，也许忘记你，但你取胜的所有机会都依赖于内心的崇高以及对琐屑之物的蔑视。朋友就是可以坦诚相待的人。在朋友面前，我可以畅言心声。我终于到达这样一个人面前，他如此真实、平等，以至于我可以脱下最里层的防护衣：装假、礼貌、谨慎，这些人们从未脱下的东西。我可以直率、全身心地对他，好像一个原子和另一个原子。真诚是一种昂贵的东西，就像皇冠和权力，它只授予最高级别的人。他们被准许说真话，如同那是他们最高的追求和服从。每个人独处时都是真的。一旦第二个人介入，虚伪就开始萌芽。我们或恭维，或闲扯，或娱乐，或忙于事务，以这些方式躲避和挡开同伴的接近。在他人面前我们将自己的想法层层叠叠地掩饰在伪装之下。我认识这样一个人，源于一种宗教的热情，他丢弃了自己的伪装，省去了一切恭维和客套话，对每个他所遇见的人说的都是极富洞察力和美德的良心话。起初，他遭到了抵制，大家都以为他疯了，然而他坚持不懈，实际上他是情不自禁。一段时间后他获得了回报，每个他认识的人都和他建立了真挚的关系。没有人会想到要对他说谎，也没有人借市井或阅览室之类的闲扯来搪塞他。他把他对大自然的热爱、对诗歌的衷情和对真理的领悟全都展露给他人，但是如此的坦率真诚让每个人都觉得难以消受。而我们的社会中大多数人不以正面示人，只是侧身和背面。在一个虚伪的时代与人们保持真挚的关系相当于是一项疯狂的举动，不是吗？我们很难直来直往。几乎每个我们遇到的人都需要以礼相待、迁就迎合；他有些声望、天赋和不容质疑的宗教或慈善的冲动，与之交谈索然无味。但朋友应当是一个理智的人，他考验的是我本人而不是我的智力。朋友带给我愉悦而无须与我定约。因此在本质上朋友是矛盾的。我独立存在，看不到任何可以像自己的存在一样肯定其存在的东西，而此刻，却发现了与自己在高度、多样性和新奇性方面相似的东西体现在另一个人身上。所以，朋友完全可以被看做是大自然的杰作。

修　墙

——罗伯特·弗罗斯特

我们应该确保自己没有沾染上将友谊圈在墙内或拒之墙外的恶习。

> 那儿有一种东西，它不喜欢墙，
> 它使得墙脚下的冻地涨得隆起，
> 阳光下把墙头石块弄得纷纷落，
> 墙裂了缝，二人并排都能走过。
> 猎人们工作时又是另一番景象，
> 我总是跟在他们后面进行修补，
> 他们掀开每块石头，
> 把兔子从隐身处赶出来，
> 讨好那汪汪叫的狗。我说的墙缝
> 没人看见或听到它们如何形成，
> 但春天补墙时，就看见它们在那里。
> 于是我通知住在山那边的邻居，
> 有一天我们会面，巡视地界一番，
> 在我们俩之间再把墙重新砌起。
> 我们走的时候，中间隔着这道墙。
> 落在两边的石块，由各自去料理。
> 有些是长块的，有些圆似球，
> 需要一点魔咒才能把它们放稳：
> "好好待在那儿，直到我们转过身去！"
> 我们因搬弄石头，手指变得粗糙。
> 啊！这不过又是一种户外的游戏，
> 一人站一边，此外没有多少用处，
> 在墙那地方，我们根本不需要它。
> 他种的全是松树，我的则是苹果园。
> 我的苹果树永远也不会踱过去，
> 吃掉他松树下的球果。我告诉他，
> 他只是说："好篱笆造出好邻居。"
> 春天在我的心里作祟，我想知道
> 能不能把一个念头注入他的脑子里：
> "为什么好篱笆造出好邻居？是否
> 指有牛的人家？可是这又没有牛。
> 我在造墙之前，先要弄个清楚，
> 圈进的是什么，圈出的又是什么，
> 还有我可能会开罪的是什么人家。
> 那儿有一种东西，它不喜欢墙，
> 它想要推倒它。"我说那可能是"精灵"，

但它也不完全是精灵，我想还是
让他自己说罢。我看见他在那里
拿起块石头，两手紧抓它的上端，
像个旧石器时代的武装野蛮人。
看起来他就像是在黑暗中摸索，
这黑暗不仅是来自森林与树荫。
他不肯探究他父亲留下的谚语，
而且他非常喜欢想到这句谚语，
便又一次说："好篱笆造出好邻居。"

童年和诗歌

——巴勃罗·聂鲁达

智利诗人巴勃罗·聂鲁达(1904～1973)曾经将他的诗歌创作与他在童年时的一次小小的礼物交换联系在一起。就像在罗伯特·弗罗斯特的诗中写到的"那儿有一种东西，它不喜欢墙"，而在这个故事里讲的是后院的篱笆。这个有趣的故事告诉我们，每当我们向陌生人伸出友谊之手时，我们巩固的是整个人类之间的手足情谊。

有一次，在特木科我的家中后院里，我正在巡视着自己的零碎物件——那可是我的世界。我发现在篱笆的木板上有一个洞。我从那个洞朝外看去，和我家周围的景色没什么差别，无人打理，一片荒凉。我又朝后退了几步，隐约觉得会发生点什么。突然间，出现了一只手———一个和我年纪相仿的男孩的小手。当我再次靠近时，手已经缩了回去，只留下了一个好看的白色绵羊玩具。

绵羊的毛已经褪色，它的轮子也不知去向，但这反而令它看上去更加逼真。我从未见过这样美丽的绵羊。我回头看了一下洞口，男孩已经不见了。我进屋拿出一件我自己的宝贝：一枚裂开的松果，满是树脂四溢的香味，我很是钟爱。我把它放在相同的位置，然后抱着绵羊离开了。

我再也没有见过那只手或是那个男孩，我也再没见过那样的一只绵羊。最终一场火灾让我失去了这个玩具。但是直到今天，在1954年，在我年近50岁的时候，我仍会在路过玩具店时偷偷观察橱窗，却徒劳无获。如今他们再也不制作那样的绵羊了。

我是一个幸运儿。感受兄弟之间的亲密无间是人生的乐事，感受到我们爱着的人的关爱，是持续我们生命的火源。但是，感受到我们不认识的陌生人的情谊，他们在你入睡、孤独、危险和虚弱的时候守护着你，这种情感更加伟大和美好，因为它拓展了我们人类的空间，将一切有生命的东西都维系在了一起。

这次交换使我第一次领悟到一个可贵的道理：在某种方式上，全人类都是一个整体。很久以后，我又有了这样的体验，只不过这一次是发生在困境和迫害的背景之下。

当我尝试着用带着松香味的、泥土般芬芳的东西来交换人们的手足情谊，你不会对此感到惊讶，就像当初我留在篱笆旁的松果，我在许多素不相识的人们的门上留下一些话语，他们有的在狱中，有的在逃亡，还有的是孤独一人。

在一座偏僻的房子的后院里，我学到了童年的重要一课。也许那只不过是两个陌

生男孩之间的游戏而已，想要给予对方一些生活中的美好事物。然而也许就是这次微不足道的神秘的礼物交换，一直深深地、不可磨灭地埋藏在我的心灵深处，点亮我的诗歌之路。

托马斯·杰弗逊和詹姆斯·麦迪逊

　　托马斯·杰弗逊和詹姆斯·麦迪逊在1776年相遇，还可能是其他年份吗？他们一起工作，从那时起，他们共同推进美国独立革命，之后又一起规划新的政治体制。两人在工作中建立的友谊可以称得上是举世无双，它的亲密之程度、协作之真诚，以及时间之持久都是无可匹敌的。这段友谊持续了50年。它是亚里士多德所描述的完美友谊的体现。它包含了愉悦和实用性，但超越其上的是他们共同的理想，相同的目标，以及双方矢志不渝的高尚品格。

　　杰弗逊去世前4个半月时贫病交加，卧床不起，为陷于困顿的家人焦虑不已，这时他提笔给自己的老朋友写了一封信。他的信和麦迪逊的回信，告诉我们哪怕到生离死别，朋友也依然是朋友。它们也使我们明白，有些时候友谊的意义会超越它本身。世上还有哪一种友谊，能更大地影响公共事物呢？

　　我们之间持续了半个世纪的友谊，以及我们对于政治原则和追求的和谐一致，长期以来，一直是我幸福的源泉。我相信，你正致力于向后代证明，我们所追求的事业——即为他们维护自治权——是他们的福祉，而这也是我们为他们争取到的，此事对于我而言，也是一个巨大的安慰。如果这个世界存在这样一种行政体系：它始终关注公众的利益和福祉，为民众所认可，受真理的护佑，从不受指摘，那么它就是我们毕生所追求的目标。在生命中你一直是我的支柱。我死后还需要你的照顾，相信我将致以你我最真诚的情谊。

　　一周后麦迪逊回信：

　　在回顾长期以来我们的私人友谊和政治上的和谐一致时，你不可能会比我感触更深。如果它们对于你而言是幸福的源泉，于我而言又何尝不是如此呢？我们不负重任，为了公众利益全身心地贡献，它所带来的幸福感是无法被剥夺的。我坚信，下一代一定会将我们生前所坚持的正义继续坚持下去。

∽ 箭与歌 ∼

——亨利·沃兹沃斯·朗费罗

在这首诗中，朗费罗告诉我们，假若我们向这个世界有所付出——一件善事，一句亲切和蔼的话语，我们的爱，那么最终我们会发现它的作用。它可能会以一个朋友的方式回报我们。

我向空中射箭，
不知它落于何处；
它飞得好快呵，目光
无法追随它飞行的路线。

我向天空歌唱，
不知它飘到哪里；
谁的目光这样敏锐，
能够追得上歌声的飞翔？

很久很久以后，在一棵橡树上
我找到那支箭，未曾损伤；
还有那支歌，也被我寻见，
完完整整藏在朋友的心间。

∽ 遗 赠 ∼

——约翰·格林利夫·惠蒂埃

我相交多年的朋友！
当永恒的沉寂最终降临于我，
我不要给你留下悲痛的苦果，
和一段含泪的记忆，

而仅仅是快乐的回想，
忆起友谊的贵宾，
并请饮下一杯慰藉的红酒，
酿自你所有的悲伤。

我要为你留下感动，
手伸出了，而考验不再那么有意义——

无私的快乐对于给予的帮助，
本身就是丰厚的回报。

得自你的知识，
如同耶稣的圣衣，
给人平静和力量，是令人完善的美德，
治愈伤痛于无形。

还有更多，浓烈的慰藉，
那份爱，在此难以尽诉，
它不朽的歌声，
将永存并将天堂充盈。

第五章

工作

　　"长大后你想干什么？"这是一个关于工作的问题。你将来会从事什么样的工作呢？什么会成为你的工作？这些不是关于职业和收入的基本问题，而是关于生活的问题。工作是付出努力，它是我们全身心投入的东西，是我们为了完成或实现某个目标而全力以赴的东西。从这个本质意义来说，工作不是我们赖以为生的职业，而是我们对待生活的方式。

　　父母和老师都致力于孩子的教育工作，但是只有老师会因此获得报酬。父母从事的家务劳动是实实在在的工作，虽然它并不会带来收入。孩子们的课堂作业、家庭作业和小组作业都是真正的工作，尽管得到的报酬不是以金钱体现的。一个孩子做了家务可能会得到零用钱，但做家务的目的并不是为了钱，而是因为家务需要有人去完成。

　　工作的对立面并不是休闲、玩乐或开心，而是懒惰——是不愿为任何事情付出努力。假如是为了即将到来的行动做准备，即使是睡觉也可以算是一种投入。但是和娱乐一样，睡觉也可以是一种逃避的方式——一种遗忘自我，而不是恢复和更新自我的方式。这样一来，它就是一种时间的浪费。而从另一方面来看，休闲、玩乐或开心也可以成为一种全身心的投入，而不会成为一种浪费时间的行为。

　　我们希望孩子们茁壮成长，兴旺发达和过上幸福的生活。如同很早以前，亚里士多德所指出的，幸福存在于行动中，涉及体力和脑力两方面。一个人在从事他擅长并以之为傲的事情时，就能感受到幸福，同时也正因为如此，他才会乐于做这样的事。将快乐定义为纯粹的娱乐、放松或消遣是个极大的错误。一个人生活中最大的幸福不在于那些脱离工作之外的事，而存在于他一生的工作过程之中。那些错失了工作的乐趣，错失了擅长一份职业所带来的乐趣的人，也失去了一些非常重要的东西。对于孩子们来说同样如此。

　　我们希望孩子们幸福，就要让他们享受生活。我们应该让他们在世上找到并享受他们的工作。

　　我们该怎样来帮助孩子们做好准备迎接这样的生活呢？同样，关键还是在于实践与榜样：一方面我们要在实践当中去尝试那些需要将努力、专注与个人投入相协调的各种工作；另一方面则来源于我们自己生活的实例和榜样。

　　做事的第一步是学会如何去做。(顺便提一下，学会开电视机可不算——但是学会关电视倒是可以算。)一些家务事，例如保持个人卫生的好习惯，在吃饭、铺床或洗衣服时帮忙，或是照看宠物等等，这些都需要学习。这些事情可以做得很棒，也可能弄得一团糟。在做这些事情时，我们可能满怀喜悦和自豪，也可能心不甘情不愿。我们如何去做完全取决于我们自己。这是个选择的问题。这也许是古罗马的斯多葛学派哲学家提供给人类的最伟大的见解：世上没有卑微的工作，只有卑微的工作态度。而我们的工作态度则取决于我们自己。

父母应该和孩子们一起做事，鼓励他们，赞赏他们，见证孩子们的快乐，通过这样的方式来教会孩子们享受那些必须要做的事情。由于幸福和有成就感的生活，在很大程度上取决于在青少年时所受教育的质量和程度，因此父母们，应该极为认真地对待教育问题，这样才能最有效地给孩子们提供能通向美好生活的机会。

工作是为了达到某个目的而去付出的努力。最令人满意的工作，它应该是我们努力完成的一项能体现我们的能力和特质的，能被我们自己认可的有价值的工作。志愿者的服务工作，如果是真正出于自愿，并且在提供服务的过程中锻炼了能力的情况下，就是这样一种典型的令人满意的工作。青少年需要这样的体验，这是我们工作生涯中的一个好榜样。

蜜蜂之歌

——玛利安·道格拉斯

如果你看看早期的美国教科书，你就会在小学生的一级阅读教程里发现这首诗和其他类似的诗歌，它们定下了学校和生活中的工作基调。上帝似乎是要通过创造蜜蜂来激励我们勤奋工作。

> 嗡嗡！嗡嗡！嗡嗡！
> 这是蜜蜂的歌声。
> 它有黄色的小腿，
> 是个快乐好小伙，
> 还是优秀的工人。
>
> 在晴朗的日子里，
> 它就忙着采花蜜；
> 在阴沉的日子里，
> 它就埋头筑蜂巢；
> 在石竹和百合间，
> 快乐的喇叭水仙
> 和耧斗菜的花上，
> 它征集着税款！
>
> 嗡嗡！嗡嗡！嗡嗡！
> 它，哼唱着穿行过
> 气味甜美的苜蓿；
> 玫瑰花儿的味道

美德书大全集

让它的双翅芬芳。

它从不偷懒拖拉，
从蓟花到雏菊花，
到牧场上的野草，
都是它采集的珍藏。
嗡嗡！嗡嗡！嗡嗡！
从黎明第一道晨曦
到夜色笼罩四方，
它一直歌唱忙碌，
贯穿了整个夏日。
哦！我们会觉得疲倦，
对工作感到厌倦，
但更加难以忍受的是：
完全的无所事事。

温肯、布林肯和诺德

——尤金·费尔德

"职责始自梦想"，我们可以用这首尤金·费尔德(1850~1895)的美妙诗歌在将孩子们送入梦乡的同时，把有关工作的责任和乐趣教给年幼的他们。

温肯、布林肯和诺德在晚上
乘坐一只木头鞋子开始远航——
在水晶般璀璨的河流上，
驶向露珠的海洋。
"你们要去哪里，有什么愿望？"
月亮爷爷问他们三个。
"我们来寻找鲱鱼的方向，
它们生活在这美丽的海洋，
我们有金银织成的渔网！"
他们回答，温肯、布林肯和诺德。

月亮爷爷笑着把歌谣欢唱，
当他们在木头鞋子里摇晃，
风整晚上给他们加速前航，
吹起层层的海浪。
这些小星星就是鲱鱼，
它们生活在这美丽的海洋——
"你们随便撒你们的网吧——

我们从来不会恐惧惊慌！"
星星朝三个渔夫大声嚷嚷，
温肯、布林肯和诺德。

整个夜晚他们都在撒网，
朝着星星眨眼的地方——
从天际而来的木鞋前航，
载着渔夫驶向家的方向。
"这是一次太美妙的航行，
好得像不真实的一样，
有人认为这只是他们的梦境，
航行在美丽的海洋——
但我要把你们比作三个渔夫：
温肯、布林肯和诺德。

温肯和布林肯是对小眼睛，
诺德是那小脑袋，
那木头鞋子在天空中航行，
原是装有脚轮的小矮床，
所以闭上眼睛听妈妈歌唱
那些奇异的景象，
你就会看到那些美丽的事物，
好像你在薄雾的海上摇晃，
在那儿木鞋摇晃着三个渔夫——
温肯、布林肯和诺德。

红色的小母鸡

——潘林·W.科森斯改写

从这个流传久远广受喜爱的故事中我们学到，就像在《创世纪》第三章中说的："你必须汗流满面才得糊口。"

有一次，一只红色的小母鸡找到一颗麦粒。"谁来种这颗麦粒？"它问。
"不是我。"小狗说。
"不是我。"小猫说。
"不是我。"小猪说。
"不是我。"火鸡说。
"那我来种。"红色的小母鸡说，"咯咯！咯咯！"
于是它种下麦粒。很快麦子开始生根发芽，长出绿色的叶子。在阳光的照耀下，雨水的灌溉下，小麦长得又高又壮，进入成熟期。

"谁来收割麦子？"红色的小母鸡问。

"不是我。"小狗说。

"不是我。"小猫说。

"不是我。"小猪说。

"不是我。"火鸡说。

"那我来。"红色的小母鸡说，"咯咯！咯咯！"

于是它收割了麦子。

"谁来打谷？"红色的小母鸡问。

"不是我。"小狗说。

"不是我。"小猫说。

"不是我。"小猪说。

"不是我。"火鸡说。

"那我来。"红色的小母鸡说。"咯咯！咯咯！"

于是它给麦子打谷。

"谁来把麦子送到磨房去磨？"红色的小母鸡问。

"不是我。"小狗说。

"不是我。"小猫说。

"不是我。"小猪说。

"不是我。"火鸡说。

"那我去。"红色的小母鸡说，"咯咯！咯咯！"

于是它把麦子送到磨房，不一会儿它带着面粉回来了。

"谁来把它烤成面包？"红色的小母鸡问。

"不是我。"小狗说。

"不是我。"小猫说。

"不是我。"小猪说。

"不是我。"火鸡说。

"那我来。"红色的小母鸡说，"咯咯！咯咯！"

于是它开始烘烤，做出一个面包。

"谁来吃这个面包？"红色的小母鸡问。

"我来。"小狗说。

"我来。"小猫说。

"我来。"小猪说。

"我来。"火鸡说。

"不，我来。"红色的小母鸡说，"咯咯！咯咯！"

于是它吃掉了面包。

小羊和小猪盖房子

—— 卡罗琳·谢尔文·拜利改写

这个斯堪的纳维亚的故事可与《红色的小母鸡》相映成趣。只是在这个故事里，动物们都愿意全力投入，帮助他人。

在一个大清早，一只小羊和一只卷尾巴小猪动身去寻找一座房子。

"我们要给自己盖一座房子，" 小羊和卷尾巴小猪说，"我们可以一起住在里面。"

于是它们走了很远很远，直到遇到一只小兔子。

"你们要去哪儿？"小兔子问。

"我们要给自己盖一座房子。"小羊和小猪说。

"我可以和你们住在一起吗？"小兔子问。

"你能帮什么忙吗？"小羊和小猪问。

小兔子说："我能用我的利齿啃出木钉，我还可以用爪子把它们钉进去。"

"很好！" 小羊和小猪说，"你可以跟我们一起。"

于是它们三个一起又向前走了很远很远，遇见一只灰鹅。

"你们要去哪儿？"灰鹅问它们三个。

"我们要给自己盖一座房子。"小羊、小猪和小兔子说。

"我可以和你们住在一起吗？"灰鹅问。

"你能帮什么忙吗？"小羊、小猪和小兔子问。

灰鹅说："我可以拔苔藓，并用我的扁嘴把它们塞进裂缝里。"

"很好！" 小羊、小猪和小兔子说，"你可以跟我们一起。"

于是它们四个一起向前走了很远很远，直到遇见一只公鸡。

"你们要去哪儿？"公鸡问它们三个。

"我们要给自己盖一座房子。"小羊、小猪、小兔子和灰鹅说。

"我可以和你们住在一起吗？"公鸡问。

"你能帮什么忙吗？"小羊、小猪、小兔子和灰鹅问。

公鸡说："我可以在清晨打鸣，把你们全都叫醒。"

"很好！"小羊、小猪、小兔子和灰鹅说，"你可以跟我们一起。"

于是它们五个一起向前走了很远很远，直到找到一处盖房子的好地方。

于是小羊砍下圆木并搬运它们。

小猪做地下室的砖块。

小兔子用它的利齿啃出木钉，再用爪子把它们钉进去。

灰鹅拔苔藓，并用扁嘴把它们塞进裂缝里。

公鸡在每个清晨打鸣，告诉它们到了起床的时间。

就这样，它们一起住在它们的小房子里，幸福地生活。

蚂蚁和蚱蜢

——伊索

蚂蚁和蜜蜂一样，一直被当做勤劳工作的榜样。《旧约·箴言》第六条说，"懒惰的人啊，你去看看蚂蚁的情形，你就可得智慧：它们没有元帅、官长或君王，尚且在夏天预备食物，丰收时收集粮食。"

在冬天里的一个好天气，一群蚂蚁正忙着晾晒它们储存的玉米，这些玉米在前段长时间的降雨中变得潮乎乎的。不一会儿过来一只蚱蜢，央求蚂蚁分它几粒玉米。"因为，"它说，"我快要饿死了。"蚂蚁们暂时停下工作，虽然这有违它们的原则。"我们可以问一下吗，" 它们说，"上个夏天你干什么去了？为什么你不为这个冬天储存食物？""事实是，"蚱蜢回答，"我忙着唱歌根本就没时间。""如果你在夏天唱歌，"蚂蚁回答，"那你最好在冬天跳舞。"然后它们哈哈笑着继续它们的工作。

织补针

——安徒生

下面我们要看到的，是那些不屑于从事艰苦工作的人的下场。

从前有根织补针自以为精致无比，甚至认为自己适合成为装饰品。

"留心要捏紧我，"它对拿起它的手指们说，"请不要把我弄掉了。如果我掉到地上就会找不到了，要知道我有多纤细。"

"这可不归你管。"手指们说着从腰部紧握着织补针。

"我穿着长摆裙，如你所见。"织补针边说边拉了拉身后的长线，但是线上没有打结。手指们将针尖钉入一双旧拖鞋。这双拖鞋是厨娘的，因为上面的皮革开裂了，需要把它们缝在一起。

"真是粗俗的工作！"织补针说，"我熬不下去了。看，我要断了！我要断了！"于是它真的断了。"我不是说过吗？"织补针说，"对于这种工作来说，我过于精致脆弱了。"

"现在它不能用来缝纫了。"手指们说。但是它们仍然紧紧地抓着织补针，因为厨娘滴了点融化的封蜡在针上，然后用针将她的围巾别在胸前。

"瞧，现在我变成胸针了，"织补针说。"我就知道我应该得到尊重。如果一个人了不起的话，他总会显示出来的。是金子就会发光。"于是它笑了，当然只是在心里，因为没有人能看到织补针笑的样子。它安然自得地坐着，仿佛它正坐在华丽的马车上环顾四周。

"恕我冒昧，请问你是金子做的吗？"它问自己的邻居别针。"你有着华美的外表和美丽的头颅，尽管它很小。你应该尽可能地长大一些——当然，不是每个人都能被滴上封蜡的。"

织补针骄傲地抬起头，结果它从围巾上掉到了水槽里，当时厨娘正在清理水槽。

"现在我要去旅游了，"织补针说，"但愿我不要迷路。"

但它恰恰迷路了。

"对于这个世界来说，我太精致脆弱了，"它说着，发现自己已经来到水沟里。"但我知道自己的身份，这总能给人稍以慰藉！"织补针就这样保持着它的骄傲，丝毫不损它良好的幽默感。现在各种各样的东西都朝它上方涌来——菜叶、稻草和旧报纸的碎片。

"看看它们怎么飘走的，"织补针自言自语，"它们根本没意识到在它们身下是什么，而我，我坚定地坐在这里。瞧！来了块菜叶！它的世界里只有它自己——它眼中的世界只有菜叶！这儿又漂来一根稻草，看它是如何转着圈的。请考虑一下你周围的事物，不然你很有可能会撞上石头。那儿又游来一片报纸碎片，上面印的东西早就被人忘了，可是它竟然还铺展着自己摆臭架子！我要耐心安静地坐在这儿！我知道自己是谁，而且我要保持本色——永远。"

有一天，它的身边躺着样闪闪发光的东西。它想这一定是块钻石，但其实那只不过是一块打碎的玻璃瓶碎片。织补针对着熠熠生辉的玻璃片介绍自己，说自己是枚胸针。

"你是钻石吧，我猜。"它说。

"什么？啊，是的，差不多。"

于是它们互相把对方当做是某样珍贵的小饰品，并且开始谈论世界，评论这个世界是多么地自以为是。

"是啊，"织补针说，"我曾经住在一位年轻女士的盒子里，她恰巧是个厨娘。她的双手上各有五根手指，我可从未见过比这五根手指更自以为是、更傲慢的家伙。而它们之所以存在，不过是为了能将我从盒子里取出来或是再放进去。"

"它们出身高贵吗？"玻璃片问。"它们会发光吗？"

"不，根本不会，"织补针回答。"但即使如此它们仍然无比傲慢。它们是五兄弟——都来自手指的家族。虽然它们高矮不一，却肩并肩地站成一排。最边上的那个叫大拇指，又矮又粗。它经常站出队伍，比其他几个靠前一点儿。它的背上只有一个关节，一次只能弯一下。但它却常常说如果把它从人的手上切掉的话，那这个人就会被剥夺服兵役的权利。第二个是食指，任何情况下总是第一个跳出来，管管食物的酸甜，指指太阳月亮，当手指们写字的时候，压制钢笔的就是它。兄弟老三叫中指，比其他几个都高，因此老摆架子。第四个是无名指，在它的腰上系着根金腰带。最小的小手指整天无所事事，可我看它还以此为傲。在那儿除了炫耀自己以外什么也听不到，就是因为这个我才离开的。"

"现在我们一起坐在这里闪光。"玻璃片说。

就在这时，一阵水流涌入水沟，漫溢的水流带走了玻璃片。

"它走了，"织补针说，"我仍然留在这里。我留下来是因为我太苗条优雅，但这也是我的骄傲，值得敬佩的骄傲。"于是它骄傲地坐在那儿，思绪万千。

"我几乎敢肯定我是出身于太阳的光束。我如此的精致，阳光似乎总在尝试着在水底寻找我。唉，我太精致纤细，连我的妈妈也找不到我。如果我的针眼还在，没有被弄断的话，我想我会哭的——但是不，我不会，哭泣可不是优雅的行为。"

一天，两个街头的男孩在水沟里嬉戏，寻找些旧钉子、便士之类的东西。虽然这活儿挺脏的，但他们似乎从中得到了很大的乐趣。

"喂！"一个男孩捡到了织补针，他叫着，"给你样东西！"

"我不是东西！我是位年轻的女士！"织补针抗议，但是没有人听见。

由于封蜡已经磨掉，它看上去黑乎乎的。"但黑色令人显得更苗条，而且这颜色总是很合适。"它觉得自己比以前更优雅。

"那儿飘来一个蛋壳。"男孩们说，然后把织补针扔进了蛋壳里。

"一位黑衣女士，坐在白色的房子里！"织补针说，"这可太引人注目了。现在所有人

都能看到我。希望我不会晕船，那样我会碎的。"

但这担心毫无必要，它没有晕船，也没有碎裂。

"防止晕船的最好办法是拥有一个铁胃，而且要记住自己可不是个普通人。我的晕船病已经过去了。一个人能够忍耐得越多，它就越优雅可敬。"

当一辆马车驶过它们上方，蛋壳碎了，但织补针并没有断。

"可怜可怜我吧，这么重的重量！"织补针说，"我还是头晕了，我要断了！"

但它没有生病，也没有断。虽然马车的车轮从它身上压过，它还是那样直直地躺在路上，它尽可以这样躺下去。

"打算做"先生

听听本杰明·富兰克林的著名语录："今日事今日毕，你不知道明日要耽搁到几时。一个今天抵得上两个明日，永远不要把今天能做的事情留到明天。"

"打算做"先生有位同伴，
他的名字叫做"没有做"。
你可曾碰巧见过他们?
他们可曾将你拜访过?
这两位仁兄住在一起，
他们的房子叫"从来不赢"，
据说这处房子里闹鬼
幽灵名叫"本可以实现"。

做家务的丈夫

这个古老的斯堪的纳维亚童话告诉我们要尊重他人的辛勤劳动。

从前，有个男人非常粗鲁暴躁，他觉得自己的妻子在家里什么都做不好。割晒牧草的季节的一天傍晚，他回到家中，发现晚饭还没有摆上餐桌，孩子在哭闹，牛也没有牵进圈里，于是他开始抱怨。

"我一整天都在工作，工作！"他咆哮着，"而你只须留在家里照料家务。要是我的话，我会轻易干完这些家务活的。我能按时准备好晚餐，我可以证明给你看。"

"亲爱的，不要发这么大的火，"妻子说。"明天让我们交换一下工作。我跟着割草的人们出去割草，你留在家中做家务。"

丈夫认为这是个很好的主意。"我花不了一天的功夫，"他说，"我只需要一到两个小时就能把你的家务活全干完，然后睡上整个下午。"

于是第二天大清早，妻子扛着镰刀，跟着割草的人们走向草地。丈夫则在家中料理所有的家务。

首先，他洗了几件衣服，接着他开始搅拌黄油。搅拌了一会儿，他突然想起他该把衣服晾起来晒干。他走到院子里，刚把他的衬衣晾到晒衣绳上，就看到猪跑进了厨房。

于是他冲进厨房去看着猪，怕它掀翻搅乳器。可是他刚刚进门，就看见猪已经碰倒了搅乳器。它正在那儿呼噜呼噜地用嘴拱着流了一地的黄油。男人怒火中烧，把晾在绳子上的衬衣一股脑忘了，他狠命地朝猪冲过去。

虽然他抓到了猪，但是猪在黄油里弄得滑溜溜的，它从男人的胳膊间蹦了出去，飞快地跑出门去。男人追到院子里，正准备不顾一切逮到这只猪，可是当看到山羊时，他却呆呆地停了下来。山羊就站在晾衣绳的下方，正在咯吱咯吱地嚼着他的最后一件衬衣呢。他赶走山羊，把猪拴好，并把被咬得破破烂烂的衬衣从绳子上取下来。

然后他又到乳品间找到足够装满搅乳器的奶油，开始搅拌晚餐要吃的黄油。他搅拌了一会儿，想起来他们的奶牛还被关在圈里，整个早上，它连一口吃的一滴喝的都没有得到，而太阳升得已经高高的了。

他想，把它牵到草地去太远了，于是决定把它赶到房顶上。要知道屋顶上铺的可都是草。房子紧挨着一处陡坡，他想，如果靠着山坡放一块宽木板搭到屋顶上的话，他就可以轻易地把牛弄上去。

但是他又不能扔下搅乳器，因为还有个小婴儿在地上爬来爬去。"如果我扔下搅乳器，"他想，"孩子肯定会弄翻它的。"

于是他把搅乳器放在背上背着。接着他又想，最好在把牛赶到屋顶上之前先给它喝点水，于是他找来水桶到井边打水。可是当他在井边弯下腰打水时，奶油从搅乳器里流出来，漫过他的肩膀，淌到背上，最后滴到了井里！这会儿已经快到晚饭的时间了，而他一点儿黄油也没弄好。所以当他把奶牛弄上屋顶后就想着最好煮点麦片粥。他把壶里装满水，放在了火上。

当他在做这些的时候，又担心奶牛可能会从屋顶上摔下来跌断脖子。于是他跑到屋顶上把它拴好。他把绳子的一头系在牛脖子上，另一头打了个活扣从烟囱里扔了下去。然后他进到屋里将另一头拴在自己的腰上。他必须赶快，因为壶里的水已经开了，而他还得去磨麦片。

他开始磨麦片。当他努力工作时，奶牛还是从屋顶上摔下来了，它下落时把绳子另一端的可怜的男人拽到了烟囱里！他被牢牢地卡在里面。而那头奶牛则悬在半空中，在天地之间摇摆，上也上不去，下也下不来。

与此同时，在外面地里的妻子等啊等啊，等丈夫叫她回家吃饭。最后她觉得自己等的时间够长了，决定回家。

她回到家，看到奶牛被奇怪地挂在半空中，她冲过去，用镰刀割断了绳子。这时，她丈夫从烟囱里掉了出来！她走进厨房，看到丈夫头朝下倒立在装麦片的罐子里。

"欢迎回家，"在妻子把他弄出来以后，他说，"我有事要跟你说。"

他对妻子说他很抱歉，并吻了妻子。从此以后，他再也不抱怨了。

第五章 工作

工作的时候工作

这首诗来自《麦加菲的初级读本》，为19世纪和20世纪初的孩子们所熟知。对于现代的孩子们来说——这些孩子们要么在做家庭作业时打开电视，要么在咖啡机上花的时间比在书桌前的还要长——这是一首好诗，另一方面，对于那些非要带着通讯工具去海滩冒险或电影院的人们，它也很有益处。

> 工作的时候工作，
> 玩耍时尽情玩耍；
> 一次做好一件事，
> 那才是正确方法。
> 不论你做任何事，
> 都要尽你的所能；
> 三心二意的做法，
> 怎么能让人满意。

霍利妈妈

——埃塔·奥斯汀·布莱斯德尔和玛丽·弗兰西斯·布莱斯德尔改写

这个由格林兄弟收集的故事告诉我们，在德国，下雪时，人们就会说："霍利妈妈在铺床了。"在这个故事里，懒惰和勤奋的姐妹俩在帮霍利妈妈做家务时得到了公正的待遇，而做家务成了对姐妹俩品行的一种测试。

有一个寡妇，带着两个女儿住在离村子不远的小屋里。两个女儿中一个美丽又勤劳，另一个丑陋又懒惰。

妈妈最爱丑的那一个，因为她是她亲生的孩子。对另一个，妈妈则毫不关心，把一切家务都丢给她，她就好像是家里的灰姑娘。

可怜的女孩，每天都必须坐在大路旁的井边。她必须在那儿坐着不停地纺纱，直到她可怜的手指头累得快要断了。

有一天，纺锤上粘了太多的灰尘没法使用，她站起来，把它放入井水里冲洗。当她清洗的时候，纺锤从她的手中滑落，掉进了井底。

她吓得哭了起来，跑回家告诉后妈发生的事情。

这个女人斥责道："因为是你把纺锤掉到井里的，那你就要去把它弄出来，我是不会再去买一个的。"

女孩回到井边，她根本不知道该怎么办，就跳进井里去找纺锤。

开始时她什么感觉也没有，但当恢复知觉时，她发现自己在一片美丽的草原上，阳光灿烂，成千上万的花朵在开放。

她穿过草地走了好远，来到一个装满新鲜面包的烤面包炉跟前。烤面包们哭喊着：

"噢，拉我们出去！拉我们出去！不然我们就要烤糊了。我们已经烤了好长时间啦！"

于是她走近烤炉，用长长的面包铲把面包们取了出来。

然后她又继续往前走。突然看到一棵结满苹果的树。苹果树哭喊着："摇摇我！摇摇我！我的苹果都熟透了！"

她摇啊摇，直到苹果像雨点般在她四周落下，最后树上一个苹果也没有了。

然后她把苹果收集起来堆成一堆，接着继续前行。

不久她来到一座小房子前。当她观察这栋房子时，发现一位老太太在向外窥视。这个女人的牙齿非常大，女孩吓得转身就跑。

老太太在她身后喊："你怕什么，亲爱的孩子？来和我住在一起，你来做家务，我会让你幸福的。但是，你给我铺床时必须小心，你得使劲地摇晃它，然后羽毛就会四处飞舞起来，在人世间人们就会说下雪了，因为我是霍利妈妈。"

老太太说话时的慈祥神情赢得了女孩的心，于是她同意为她服务。

她铺床时很小心，所以羽毛像雪花一样纷纷落下。她和霍利妈妈一起生活得很快乐。她吃喝不愁，而且从来不挨骂。

在和这位慈祥的老太太生活了很长时间后，她开始感到伤心。开始时她自己也不知道为什么伤心，到后来她才明白自己是想家了。虽然老太太让她生活得很幸福，但是她还是觉得如果能回家会比和霍利妈妈一起生活好上千倍。

回家的愿望如此迫切，最后她不得不说了出来。

"亲爱的霍利妈妈，"她说，"你对我一直非常好，但我心底却十分悲伤，再也待不下去了。我必须回去和我的同胞们生活在一起。"

"很好，"霍利妈妈说，"我很高兴听到你说想回家。因为你一直把我照顾得很好，对我很真诚，所以我要用我的方式来感谢你。"

于是霍利妈妈牵着她的手，领她来到一扇大门前。门开了，当年轻的女孩走过时，一阵金子雨朝她落下来。金子粘到她的衣服上却掉不下来，这样她从头到脚都被金子覆盖了。

"这是对你的勤劳的奖励。"老太太说。然后她把掉到井里的那架纺锤放到女孩的手中。

大门轻轻关上了，女孩发现自己又回到了人世间，而且就在她后妈的房子附近。当她跨进院子时，栖息在院墙上的公鸡大声地打鸣："看！我们的金子姑娘回家了！"

她进门走向后妈。因为她身上覆盖着金子，她的母亲和妹妹都很热情地欢迎她。女孩把发生的一切都如实相告。当妈妈听说她获得财富的经历时，她急切地想让自己那个又丑又懒的女儿也用同样的方式去碰碰运气。

于是妈妈让她也坐在井边纺纱。但这个女孩希望能不劳而获地得到财富，根本就没把心思放在纺纱上。她在做白日梦，梦想着能用她的金子买些什么东西。

当她觉得时间已经足够时，就把纺锤扔到了井里。它沉到了井底，紧接着女孩也跳了下去，像她姐姐一样。然后如同她姐姐所描述的，她发现自己置身于一片美丽的草原。

她按着同样的路走了一段距离，来到一座烤面包的烤箱前。她听见面包们在哭喊："噢，拉我们出去！拉我们出去！不然我们就要烤糊了！我们已经烤了好长时间啦！"

但是这个懒惰的女孩却回答："不，我可不想因为这个脏烤箱弄得满手油污。"然后她又继续往前走，直到看见一棵苹果树。

"摇摇我！摇摇我！我的苹果都熟透了！"

"我可不想这么做，"她回答，"因为有些苹果可能会掉下来砸到我的头。"说着她懒洋洋地继续朝前走。

最后当她站在霍利妈妈的房门前时，她并不害怕她的大牙齿，因为她已经从姐姐那里听说过了。她走向老太太，提出要做她的仆人。

霍利妈妈接受了她的请求。整整一天女孩都很勤劳，因为她心里想着将像雨水一样落在身上的金子。

但是第二天她就向她的懒惰认输了，第三天情况更糟。几天过去，她开始睡懒觉。她也从未摇过床，让羽毛飞舞。

最后霍利妈妈开始讨厌她，她告诉女孩必须离开，她不再需要她的服务了。

这个懒女孩对要走的事感到异常开心，因为她想当霍利妈妈领她到大门时一定会下金子雨。但是当她通过大门时，一大罐烟灰倒在了她头顶上。

"这是给你服务的报酬。"老太太说着关上了大门。

这个懒女孩朝家走去，全身上下沾满了烟灰。当她进入院子时，墙上的公鸡大声喊："看！我们的烟熏姑娘回来了。"

这些烟灰紧紧地粘在她的头发上、身上，而且这辈子也别想把它们弄掉了。

农夫和儿子们

——伊索

有个农夫已经奄奄一息了，他想要把一生的秘密透露给他的儿子们。他把他们叫到身边说："孩子们，我就要死了。所以我要告诉你们，在我的葡萄园里，藏着一样宝藏。去挖吧，你们一定会找到的。"父亲去世后，儿子们拿着铁锹和耙子来到葡萄园，他们把园子里的泥土来来回回翻了好几遍，寻找他们以为埋在地里的财宝。可是，他们什么也没有找到。但是，葡萄树因为得到了彻底的松土，产量比以前任何一次都要多。

不付出劳动就得不到财富。

鞋匠和小精灵

——J.伯格·埃森韦恩和玛丽埃塔·斯托卡德改写

这个故事改编自格林兄弟的童话，它告诉我们，如果得到了别人的服务就应予以回报。

从前，有个鞋匠和他的妻子过着贫穷的生活。他们每天辛辛苦苦地工作才能赚到养家糊口的钱。鞋匠整天坐在板凳上，缝纫、敲打、制作鞋子。他的妻子在家中也一刻不停地工作。他们想存点钱，但是他们能省下来的钱实在太少了。

不久，鞋匠生病了。他们省下的一点钱几乎全都用在买药和食物上，最后几乎用光了。当鞋匠稍有好转，勉强可以下地在屋子里走动的时候，家里的钱所剩无几，只够买一张够做一双小皮鞋的皮料了。鞋匠拿着钱到城里，把皮料买下带回家。接着，他裁剪出一

双小鞋的鞋面，但是他太虚弱了，累得再也做不动了。

"我现在得上床休息一会儿，"他对善良的妻子说，"明天清早我就起来把这双鞋子做完。"

第二天天还没亮，鞋匠就起床继续干活。但他惊讶地发现，工作台上放着一双已经做好的小皮鞋。

"咦，老婆！"他说，"这皮鞋是你做的吗？"

"当然不是我，"妻子说，"我不会做鞋子，不然就能搭把手了。"她和丈夫一样惊讶。

他们看着那些整齐细密的针脚，心里奇怪着，这双鞋子会是谁做的呢？后来鞋匠把它们摆在橱窗里，希望有人会把鞋子买走。其实，他一点也不用担心，当皮鞋刚刚放进橱窗，一位男士从街上走来看到了它们。"这鞋子多漂亮啊，正是我想给我的小女儿买的那种。"他说。

于是他买下了鞋子，他付的钱比鞋匠以前卖出的任何一双鞋子所得的钱都要多。这些钱足够可以买回做两双皮鞋的皮料了。于是当天鞋匠又到城里买回了更大的一张皮料。回家后他开始裁剪，可是就和上次一样，他又觉得很疲倦，需要上床休息，于是他说第二天早上再起来完成工作。可是当他醒来后又惊讶地发现，工作台上放着两双已经做好的漂亮的皮鞋。

"是谁在帮助我们呢？"他说。

"今天晚上我们躲在窗帘后面看一看。"妻子说。

于是这天晚上当鞋匠裁剪好皮革后，就把它放在桌子上，但是他没有上床，而是和妻子躲在了窗帘后面。他们等啊，等啊。10点了，但是什么也没有发生；11点了，仍然没有动静。

"我太累了，"鞋匠低声说，"我等不下去了。"

"哦，再等一小会儿！"妻子说。

于是他们一直等到时钟敲了12下。就在最后一响时，门开了，进来一群棕色的小精灵。他们蹦蹦跳跳地跑过地板，来到放着鞋匠尚未完成的半成品的工作台旁。然后他们开始敲敲钉钉，做起小鞋子来。很快鞋子就完成了，摆在桌上站成了整齐的一排。接着，小精灵们把废弃的边角料都收集起来，因为他们是爱整洁的小精灵，之后他们又一溜烟的消失了。

"啊，"鞋匠说，"我以前常常听说棕仙(译者注：传说中夜间帮人干活的小精灵)会来帮助那些需要帮助的人，但我做梦也没想到他们会来帮助我们。"

"我也没想到，"妻子说。"不过你注意到没有，这些可怜的小家伙们连件衣服也没有呢！在寒冷的夜里，我想他们一定会冷的。他们这么辛苦地为我们工作，我想我们应该给他们做些衣服御寒。我要给他们做些小裤子、小上衣和外套。"

"我来给他们做鞋子。"鞋匠说。

"当然他们还得有袜子和小绒线帽。"妻子说。

于是他们开始工作。他们不停地缝啊缝啊，这些给小精灵的小衣服耗费了他们很长时间。终于，在圣诞节的前一天，他们完成了最后一套小衣服。

圣诞前夜，鞋匠和他的妻子没有在工作台上放未完成的鞋子，而是把做好的衣服和鞋子放在上面。然后他们又藏在窗帘后面，等待着即将发生的事情。

和以前一样，他们一直等到时钟敲响12点。这时门开了，棕色的小精灵们进来了。他们跑到桌上搜寻未完成的工作，但是他们当然找不到。这时一个精灵捡起一条小裤子。他把裤子拿起来察看。接着他伸进去一条腿，然后是另一条腿。其他的小精灵们也欢呼雀跃地抢着穿裤子。他们穿上了上衣，外套和鞋袜。接着他们带上可爱的小绒线帽，把它们一

直拉到耳朵下面。你真应该看看他们大大的圆眼睛，听听他们哈哈大笑的声音。

然后他们开始跳舞。他们不停地跳啊，跳啊，跳啊，脚上的小皮鞋随之发出咔嗒咔嗒的声音，好玩极了。最后他们都把手搭在伙伴的肩上，在房间里绕着圈跳舞，跳出了门，渐渐远去。

后来很多个晚上，小精灵们不再来了，鞋匠和他的妻子开始对他们的去向感到好奇。

"也许这些精灵们正在帮助其他需要帮助的人，"鞋匠说，"我现在已经康复了，所以我们可以自己工作了。"

也许他是对的，因为不管怎样，这些小精灵们再也没有回到过鞋匠的屋子里。

骆驼的驼峰是怎么长出来的？

——卢迪亚·吉卜林

这个故事选自卢迪亚·吉卜林的《奇闻集》。这本故事集从1902年出版以来，一代又一代的人为之着迷。这些异想天开的故事，是吉卜林住在美国时为他的女儿约瑟芬创作的。

在天地开创之初，世界上的一切都是全新的，那时动物们才刚刚开始为人类工作。有一头骆驼，因为不想工作，就住在一片荒凉的沙漠中央。它以荆棘、柽柳、马利筋等为食，还很爱吼叫，无论谁和它说话，它都回答"哼"，而且只说"哼"。

星期一的早上，马儿来找它，马儿的背上戴着马鞍，嘴里装着马嚼子，对骆驼说："骆驼，噢，骆驼，来和我们一起奔跑吧。"

"哼！"骆驼回答。马儿离开它，把这事告诉了主人。

不久狗来找它，嘴里叼着根树枝，狗说："骆驼，噢，骆驼，来和我们一起干活吧。"

"哼！"骆驼回答。狗离开它，把这事告诉了主人。

不久公牛来找它，脖子上套着牛轭，公牛说："骆驼，噢，骆驼，来和我们一起犁地吧。"

"哼！"骆驼回答。公牛离开它，把这事告诉了主人。

这天快要过去时，主人把马儿、狗和公牛召集到一起，说："你们3个，嗯，你们3个，我对你们感到很抱歉(现在的世界还很新)；但是因为沙漠里那个只会哼哼叫的家伙不肯干活，不然这会儿它就在这里了，所以我决定不管它，但是你们必须延长一倍的工作时间，进行补偿。"

这使得它们3个非常生气，它们在沙漠边进行了一次集会，准备好好地谋划谋划，商量商量，合计合计。这时，骆驼悠闲地踱着步，到这儿来吃马利筋。它对它们嘲笑一番后，说了声"哼！"就再次离开了。

不久，掌管所有沙漠的沙漠之神踏着云雾而来(神灵们总是以这种方式出现，因为这能显示他们的神奇)，他停下来与那3个动物说话。

"沙漠之神，"马儿说，"在这个全新的世界里，懒惰的行为正确吗？"

"当然不正确。"沙漠之神说。

"那好，"马儿说，"在你管辖之内的沙漠里有个家伙，它长着长长的脖子，长长的腿，从星期一开始，它什么事儿也没干过，连跑都不愿意跑。"

"唷！" 沙漠之神吹了声口哨，"那是我的骆驼，号称是阿拉伯的金子啊！那它说什么了？"

"它说'哼！'"狗说，"而且它不愿干活。"

"它还说什么了？"

"就说了'哼！'而且它不愿犁地。"公牛说。

"好得很，" 沙漠之神说，"如果你们愿意耐心等上一分钟的话，我就会让它尝尝'哼'的味道。"

沙漠之神穿上防尘罩衣，冉冉上升，穿越沙漠。他发现，懒惰的骆驼正在一潭水边看着自己的倒影。

"悠闲的老朋友，" 沙漠之神说，"听说在这个全新的世界里，你什么活儿也不干，为什么啊？"

"哼！"骆驼说。

沙漠之神坐下来，手撑着下巴，开始思索一个伟大的魔法。而骆驼还在水边看着自己的倒影。

"你让那3个家伙从星期一起就多干了额外的工作，而这全都是因为你的懒惰。" 沙漠之神说，然后继续用手撑着下巴，思索着魔法。

"哼！"骆驼说。

"如果我是你的话，我就不会再说这个字，" 沙漠之神说，"你重复太多次了。魔泡，魔泡，显示你的威力吧！"

骆驼又说了"哼！"但马上它就看到它的背，它无比自豪的背部开始肿胀、隆起，慢慢地，慢慢地，最后肿胀成了一个驼背。

"看见了吧？" 沙漠之神说，"这就是你只会'哼'不愿工作所需要背负的结果。今天是星期四，自从星期一工作开始后你就一直没干活。现在，你赶快去工作吧。"

"我怎么干啊，"骆驼说，"带着个大驼背，怎么工作？"

"那是有原因的，"神说，"谁让你3天不工作。现在开始，你要不停地工作3天，而且不许吃也不许喝，但你可以靠驼背里的养分活着，可别说我什么也没为你做。到沙漠外面去找那3个，要表现得好一点儿。'哼'你自己吧！"

于是骆驼自己一路"哼"着，加入到工作之中。从那天起，骆驼就一直背着个大驼背（为了给它留点面子，如今我们称之为"驼峰"）；但是直到今天，它也没能补上在创世纪时落下的那3天的工作，而且它至今也没学会该如何举止得体。

> 骆驼的驼峰是个难看的驼背，
> 你在动物园里就可以看得到；
> 但我们若变得驼背就更难看，
> 如果我们干的活儿太少。
>
> 无论是大人还是孩子，
> 如果我们无所事事，
> 我们就会变成驼背——
> 骆驼似的驼背——
> 又肿又难看的驼背！
>
> 我们从床上爬起，头脑昏昏沉沉，

第五章 工作

连声打着哈欠。
我们哆嗦皱眉，我们咕哝咆哮
对着浴室，靴子和玩具。

这样的我必会遭到报应，
（我知道你也逃不掉）
当我们变得驼背——
骆驼似的驼背——
又肿又难看的驼背！

治疗的方法不是呆坐不动，
或闷在屋里的炉火边把书看；
而是应该扛上大锄和铁锹，
不停地锄地，直到渐渐出汗。

然后你会发现阳光和清风，
还有花园的神灵，
已经拿掉驼背——
那可怕的驼背——
又肿又难看的驼背！

我也会和你一样变驼背，
如果我也无所事事，
我们都变得驼背——
骆驼似的驼背——
无论是大人还是小孩！

（译者注：英语中表示"哼"的词——humph，和表示"驼背"的词——hump，其拼写只差一个字母，发音也类似，这也是作者创作该故事的基础。）

地毯下的灰尘

——莫德·林赛

这个故事告诉我们，无论别人看得见还是看不见，我们都应该把工作做得一样好。只有这样，我们才能在物质和精神两方面都得到优厚的回报。

从前有位母亲带着她的两个小女儿一起生活。因为丈夫已经去世，她只有不停地辛苦工作才能维持一家人的温饱。母亲是个熟练的工人，她工作的地方离家很远，但是她的两个女儿又乖巧又懂事，总是把家里整理得整洁明亮，就像是一枚崭新的别针一样光鲜。

其中一个小女孩是跛足，不能在房子里跑动，所以她就静静地坐着，做些缝缝补补的

217

活儿。另一个是姐姐明妮，负责洗碗、扫地和整理房间。

她们的家靠着一大片森林；当她们的事情做完后，这对小姐妹就坐在窗边，看着外面高大的树木在风中摇摆。时间长了，姐妹俩就觉得这些树木似乎和人一样在点头、弯腰和相互致意。

林子里春天鸟儿飞舞，夏天野花开放，秋天树叶金黄，冬天白雪皑皑。对于这对快乐的姐妹来说，一年四季都是幸福的时光。但是有一天，妈妈因为生病回到家中，她们很伤心。当时是冬天，有很多东西需要买。明妮和妹妹坐在火边商量着，最后明妮说：

"亲爱的妹妹，我必须在食物吃光之前出去找工作。"然后她吻别母亲，裹上围巾，走出家门。森林里有条小路穿过，明妮决定沿着这条小路走下去，直到能在某个地方找到她需要的工作。

明妮加紧赶路，天色渐暗，在夜幕降临前她终于看到一所很小的房子，这让她很开心。她快步走到房子跟前开始敲门。

没有人来开门。她试了好几次，直到她相信没人住在里面。于是她打开门，走进房子里，打算在里面待上一晚上。

就在她走进屋子的时候，她突然惊讶地退了回去。因为在她的眼前有12张小床，床上的被子乱成一团，还有12张脏兮兮的桌子上摆着12个脏兮兮的盘子，房间的地上满是灰尘，脏得都可以在地上画画。

"我的天啊！"小女孩说，"这可不行！"当她的手暖和过来后，她就开始着手整理房间。

她洗了盘子，铺了床，扫了地，把壁炉前的大毯子摆正，然后把12张小椅子在壁炉前摆成半个圆。就在她完成这些工作的那一刻，门被打开了，12个她从未见过的奇怪小人走了进来。他们只有木匠用的尺子那么高，都穿着黄色的衣服。明妮看到这情景，明白他们一定是看守山里黄金的小矮人。

"太好了！"小矮人们一起说。他们总是一起说话，而且还押韵。

"眼前的美好难道不让人又喜又惊？

我们简直都不敢相信自己的眼睛！"

然后他们打量着明妮，惊讶地大喊：

"这究竟是谁，如此的温柔和漂亮？

我们的帮手是一个陌生的小姑娘。"

明妮看到小矮人就上前说话。"对不起，"她说，"我是小明妮·格雷，因为我亲爱的妈妈生病了，我正在找工作。当天快黑的时候我到了这儿，然后——"

这时小矮人们全都笑了起来，快活地大叫：

"你发现我们的房间一团糟，

但你已让它变得整洁又美丽。"

他们是群可爱又亲切的小矮人！他们谢过明妮的帮助，然后从壁橱里取出白面包和蜂蜜，邀请她一起共进晚餐。

吃饭时，他们告诉明妮因为给他们整理房间的仙女保姆休假去了，所以他们的房间才会乱七八糟。

他们边说边叹气。晚餐后当明妮在洗碗和细心收拾时，小矮人们不停地看着她，并谈论着什么。当明妮把最后一个盘子收好时，他们把她叫过来说：

"亲爱的小故娘，你可愿留下，

一直到我们的仙女结束度假？

如果你能够诚实守信做得好，

第五章 工作

我们自会付给你应得的酬劳。"

明妮很高兴，因为她喜欢这些善良的小矮人，愿意帮他们做事。于是她谢过小矮人，然后上床做起了美梦。

第二天清早，明妮起得和小鸡们一样早，烧了一顿美味的早餐。在小矮人离开后，她开始清理房间，缝补小矮人的衣服。傍晚当小矮人们回来的时候，他们发现有明亮的壁火和温暖的晚餐在等待他们。每天明妮都认真地工作着，直到保姆管家休假的最后一天。

那天早上，明妮目送小矮人们出去工作，这时她在窗玻璃上看到了一幅她从未见过的美丽图画。

那是一幅仙境的图画，画里错落着银色的城堡和美丽的小尖塔。这幅画如此美妙绝伦，明妮看得都忘了还有活儿要干，直到壁炉架上的布谷鸟钟敲响了12点。

她赶紧跑着去把床铺好，把碗洗掉。但是时间太紧迫了，事情做不快，当她拿起扫帚开始扫地的时候，小矮人们都快回来了。

"我想，"明妮大声说，"今天就不打扫地毯下面了。毕竟在看不见的地方灰尘也不碍事。"所以她就忙着做晚餐，而没有翻动地毯打扫下面的灰尘。

不久小矮人们回家了。因为房间看上去和平时一样，他们什么也没说；于是明妮就没有再去想灰尘的事，直到她躺上床看到窗外闪烁的星星。

然后她就想起这件事了，她似乎听见星星在说：

"这就是那个非常诚实善良的小女孩。"明妮转过身对着墙，这时她听见自己心里的小声音：

"地毯下的灰尘！地毯下的灰尘！"

"这就是那个小女孩，"星星大喊，"她把房间整理得如同星星般闪亮。"

"地毯下的灰尘！地毯下的灰尘！"明妮心里的声音说。

"我们看见她了！我们看见她了！"所有的星星欢快地喊。

"地毯下的灰尘！地毯下的灰尘！"明妮心里的声音说，她再也受不了了。于是她从床上冲下来，拿起扫帚，要把地毯下的灰尘扫掉。看！在地毯下面放着12枚闪闪发光的金币，又圆又亮就像月亮。

"呀！呀！呀！"明妮极为惊讶地大叫。小矮人们都跑过来看发生了什么事。

明妮把发生的一切都告诉了他们，当她的讲述结束时，小矮人们快乐地聚在她周围，说：

"亲爱的孩子，金币都给你，
因你已证明你的诚实无欺；
但是你如果没将毯子翻转，
那你就只有一个银币可赚。
我们的爱和这些金币一起，
哦！请你永远都不要忘记，
每人所尽的最小职责里面，
都藏着他的快乐财富之源。"

明妮感激小矮人们的善良相待。第二天清早，她带着她的金币赶回了家。她用这些金币给她亲爱的妈妈和妹妹买了很多东西。

她再也没有见过小矮人，但她永远不会忘记他们教给她的教训，要诚实地工作，所以她总是会去打扫地毯下的灰尘。

一个星期的星期日

　　在这个古老的故事里，我们能看到这样的区别：虚度的时光是我们偷来的，而闲暇的时光是我们挣来的。事实上，那些终日无所事事的人通常是最不开心的人，因为他们是最无聊的。而我们的闲暇时光，是我们颇为享受的，因为我们为了得到它付出了很多辛勤劳动。

　　从前有个人叫博比·欧·布林，他从未干过一点儿活，除非完全是出于迫不得已。
　　"来吧，博比，"他的朋友常说，"干点儿艰苦的工作有什么大不了的？瞧你躲着它的样子，就好像它是病毒似的。"
　　"我的朋友，跟其他人一样，我并不反对工作，"博比会回答，"实际上，没什么比工作更让我入迷的，我可以坐在这儿看着它一整天，假如你能给我这个机会的话。"
　　所以，他在家里是一点用处也没有的人。
　　"你不为自己感到羞愧吗？"一天下午，他的妻子卡蒂抱怨道，"看你给孩子们做的好榜样！你希望他们也长成像你一样的懒汉吗？"
　　"今天是星期天，亲爱的，是休息的日子，"博比指出，"这会儿你干吗要打乱它呢？如果你愿意听听我的意见，我认为这是一周中唯一值得为之起床的日子。星期天唯一的问题在于它一旦结束，接下来的一周就又开始了。"博比是个伟大的哲学家，因为他手中有大把的时间。
　　就在那天晚上，一家人正围坐在火边等着汤烧开。这时，他们听见窗户上传来嗒嗒嗒的声音。博比拖着步子走过去抬起窗子，一个小人跳了进来，他跟昂首挺胸的公鸡差不多大。
　　"我刚路过这儿，"小人儿说，"闻到了股又香又浓的味道。于是我想，也许我能吃上一口。"
　　"如您所愿，非常欢迎。"博比说。他想这么小的人，可能也就能吃个一两勺就足够了。于是这个小家伙坐在火炉边，卡蒂刚递给他一碗冒着热气的汤，他哗哗哗地就喝光了，然后要求再来一碗。卡蒂递给他第二碗，他喝得比第一碗还快。她又盛了第三碗，卡蒂几乎还没来得及装满他就吃光了。
　　"简直是头小猪，"博比暗暗想，"在他吃饱前，他会把我们的晚餐吃光的。不过，是我邀请他来的，他是我们的客人，所以我们得保持沉默。"
　　吃了五六碗之后，小人儿咂咂嘴从凳子上跳了下来。
　　"你们真是太好了，"他笑了，"是我见到过的最好客的家庭。现在我得赶路了，但是作为酬谢，我非常乐意实现你们在这个屋顶下大声说出的第一个愿望。"说完，他从窗户跳了出去，消失在夜色里。
　　每个人都想许下一个与众不同的愿望。一个小孩想要一袋糖果，另一个想要一盒玩具。卡蒂希望能有张新床，因为旧的都快散架了。博比的脑袋里一下子涌现出十几样他想要的东西，也许是根新渔竿，或者是个巧克力蛋糕。
　　"我们需要再花点时间好好想想，"他宣布，"问题是，明天就到星期一的早上了，会有很多工作和杂事妨碍我们思考的。我希望我们能有一个星期的星期日，那我们就有时间好好想清楚了。"
　　"你刚刚许愿了！"卡蒂叫道，"你竟然把我们唯一的希望浪费在一个星期都是星期日的想法上！在你张嘴说出这样的愿望之前，你真应该许愿让你的笨脑子变得聪明一点儿！"

"好啦，好啦，这个愿望也没有糟成那样，你知道，"博比说，这会儿他才意识到自己干了什么。"一个星期的星期日，毕竟是件不错的事。我一直需要休息一下，这可给了我一个机会。"

"你根本就不需要休息，你这个懒骨头！"卡蒂抱怨着，催促着孩子们上了床。

第二天早上，当博比醒来听见教堂的钟声，他才想起他有整整7天的时间不用做任何事，他觉得自己许下了一个世界上最明智的愿望。整个上午他懒洋洋地靠在床上，看着卡蒂领着孩子们去教堂。最后，当他闻到为晚餐准备的肥鸡出炉的味道时，他才起身下了床。

"多么美妙的事！"他坐在桌边打着哈欠伸着懒腰，"就是所罗门国王也想不出7个星期日的绝妙主意。"填饱肚子后，他到外面闲逛，然后在他喜欢的那棵树下打了个盹。

第二天他又在床上躺了一个上午，直到礼拜仪式完全结束。但是在桌上卡蒂只放着一些前一天博比在晚餐时吃剩下的鸡骨头。接下来的一天更惨，当博比饥肠辘辘地坐在桌边，发现桌上只摆着麦片粥和土豆。

"这算哪门子晚餐？"他问，"难道你忘了今天是星期几？麦片粥和土豆可不是星期日该吃的食物，亲爱的。"

"那你还指望吃什么？"卡蒂喊道，"整整7天村里所有的店铺都关门了，你叫我到哪儿再去买只鸡回来？这些就是我们橱柜里剩的全部东西，你最好能将就一下，我的好心人。"

接下来的早上因为肚子咕咕叫得厉害，博比不得不比平常的星期日起得稍早一些。他在厨房转了一会儿，想在哪儿找点儿吃的东西，但他只在食品柜里找到了一块不新鲜的面包。

"你看，亲爱的，"他说，"我想我需要锻炼一下。我要到院子里挖点土豆来做晚餐。"

"你不能做这种事，"卡蒂断然道，"我不许你在星期日的早上挖土豆，那会儿邻居们正纷纷路过门口去教堂呢，这根本不行。"

"但是家里什么也没有了，只有点剩面包！"博比嚷着。

"那你能怪谁呢？难道不是你自己想出来，要过上一个星期的星期日吗？"卡蒂问。

接下来的一天，博比在天刚破晓就起来了，在屋子里来来回回地走，边走边用手指敲打着每个窗台。孩子们跟在他后面一步不离，直到教堂的钟声响起，这时他们开始大哭大叫没个完。

"这些小家伙们怎么了？"博比抱怨着，"怎么一点礼貌和规矩都没有？"

"那你还指望他们怎么样？"卡蒂嚷道，"这些可怜的孩子，他们这一个星期里坐在那儿听的布道，比你在一年时间里打着鼾听完的都要多。他们的背都在教堂里的长椅上坐痛了。这还不算，连他们攒的零花钱都已经一个子儿不剩地全都投进捐款盘了。"

"他们应该去学校才对。"博比说道。

"那么，你说，这能怨谁呢？"卡蒂问。

到第六个星期日，博比烦躁无比，百无聊赖，他决定和家人一起去教堂。当他走进教堂的大门，穿过走廊时，每个人都掉过头来看他。

"这就是那个人！"布道坛上的神父喊道，"这就是那个坏蛋，就是他让我在这个星期里的每个晚上都得为第二天新的布道绞尽脑汁！就是他这个捣乱者，使得唱诗班的每个人都喉咙嘶哑，让可怜的风琴师手指都快弹断了！依我看，你这会儿是来视察你的卑鄙的工作成果的吧，是吗？"

当仪式结束后，博比发现，邻居们都排着队来质问他。

"现在好了，"一个人问，"你有时间好好想想，在这么多星期日的阻碍下，我们怎么才能获得丰收呢？"

"还有我们这些人，整整一个星期关着门不开张，你让我们怎么活？"肉店老板和面包店的老板问。

"还有洗衣、熨烫和修补的活儿该怎么办呢？"一个人喊，"你知道有多少衣服都堆积到下周一了吗？这种事还能再发生吗？"

"顺便问问，"校长说，"你有没有关心孩子们的功课？说不定他们现在已经忘了该怎么读和写！"

博比慌忙跑回了家。

"感谢上帝只剩下一个星期日了！"当他安全地躲到自家门后，他叹了口气。"哪怕再多一个星期日也会危害到人的身体健康的。"

最后一个星期日，是博比·欧·布林这辈子里经历过的最漫长的一天。每分钟都长得像一个小时，而一个小时简直就漫长得没有尽头。博比闲得发慌，一会儿抚弄大拇指，一会儿单脚站立，一儿绕着圈地走，时不时地看看钟。

"这个东西是不是坏了？"他嚷着，一把将钟从壁炉架上拽了下来，使劲挥动着它，直到它里面嘎嘎乱响。"时间怎么可能过得这么慢？"

"什么时候开始你竟然盼望星期日结束了？"卡蒂问，"难道你忘了明天就是星期一了？"

"忘记？我现在满脑子想的都是它！"博比大声说，"我这辈子从来没像现在这么盼望星期一早上的到来。"

树影慢慢爬过草坪，太阳终于落山了。就在第一颗星星刚刚显现在天空中时，那个一个星期前来拜访过的小人儿又来敲窗户了。

"怎么样，享受你的愿望吗？"他问博比。

"恐怕不怎么样。"博比说。

"是吗？"小人儿抬高声音，"那么我恐怕你不会同意，再用一点吃的来交换另一个星期的星期日了？"

"上帝保佑，不！"博比喊，"我只希望我的休息日是我用另外6天的工作挣来的。我花了一个星期才明白这一点，我不会那么快就忘掉的。所以，我的朋友，如果你能带着你的愿望一起走的话，我会很感激的。"

于是那个小人儿就消失了，再也没有出现过。

你今天做了什么？

——尼克松·沃特曼

工作并不等同于工作计划，而拖延工作就跟不工作一样。

> 将来的岁月里我们将要做很多事，
> 但是今天我们做了什么？
> 我们将慷慨地付出手中大笔的金子，
> 但今天我们付出了什么？
> 我们要擦干我们的眼泪，振奋心情，

第五章 工作

我们要在恐惧的地方种下美好憧憬，
我们要向人们诉说爱与快乐的情景，
但是今天我们说了什么？
我们将在以后展现无比的和善友爱，
但今天我们呈现什么？
我们将带给每个孤独的生命以微笑，
但是今天我们带去了什么？
我们将会让真理更为光辉地诞生，
我们将让坚定的信念价值更高，
我们将会拯救地球上饥饿的灵魂，
但是今天我们救济了谁？

不久以后我们将收获不尽的喜悦，
但今天我们播种的是什么？
我们将在天空中建造起大厦宫阙，
但是今天我们建造了什么？
在悠闲的美梦之中我们享受甜蜜，
但是眼下，我们的任务是否完成？
然而，这是灵魂必须面对的问题，
今天我们做了什么？

我本打算今天完成我的工作

——理查德·勒·加列勒

我选入这首诗是为了提醒大家，就像谚语所说："只学习不玩耍，聪明孩子也变傻。"
但我们也应该记住，当我们在完成艰苦而有益的工作之后才玩得最开心。

我本打算今天完成我的工作，
但有只褐鸟在苹果树上歌唱，
还有一只蝴蝶从草地上掠过，
所有的树叶们都在将我呼唤。
风儿在地面的上方叹息喃喃，
来来回回将地上的草叶摇曳，
一道彩虹将华丽的手儿伸展——
除了欢笑向前我还能做什么？

对肚子的反叛

在古典文学中，关于齐心协力共同工作的故事很常见。下面的这个故事告诉我们的是有关工作分工的责任问题。它还告诉我们，勤劳让我们的身体保持健康，而那些整天无所事事，只知道抱怨的人将很快死去。

从前有个人做了个梦，他梦见自己的手、脚、嘴和脑子都开始反叛自己的肚子。

"你这个一无是处的懒鬼！"手说，"我们整天工作，又是锯又是敲，又是扛又是挑。到了傍晚我们身上布满了水泡和伤疤，关节疼痛，全身泥垢。而你只是坐在那里，却获取所有的食物。"

"就是！"脚说，"想想看，我们一整天来来回回地走路有多累。而你只顾将自己填满，你这只贪婪的猪，吃那么多变得那么沉，压得我们走起来累死了。"

"对极了！"嘴抱怨说，"你知道你喜爱的食物都是从哪里来的吗？是我将食物全都咀嚼咬碎的，而当我做完这一切，你就将所有的食物全都吞下。你认为这公平吗？"

"还有我呢？"脑子喊，"你以为待在上面容易吗？必须得考虑你的下一顿饭从哪儿弄来。可我费尽力气却什么也没得到。"

身体的每个部分一个接一个地加入了对肚子的抱怨队伍之中，而肚子什么也没说。

"我有个主意，"最终大脑宣布，"让我们一起反抗这个懒惰的肚子，停止为它工作。"

"好主意！"其他所有的成员和器官都表示同意。"你这只猪，我们要让你知道我们有多重要，然后也许你就会为你自己干点儿活了。"

于是它们都停下了工作。手拒绝搬运拿取任何东西；脚拒绝迈步；嘴保证不嚼也不吞，哪怕只是一口食物；大脑发誓，它不会再想出聪明的主意了。开始，肚子咕噜了几声，就像它以前饿了的时候一样，但是一会儿它就不出声了。接着，让这个做梦的人吃惊的是，他发现自己无法走动，他的手什么东西也拿不了，他甚至连嘴都张不开了。突然间他觉得自己病得不轻。

这个梦似乎持续了好几天。每过去一天，他就觉得自己病得更重。"这次反叛最好不要持续得太久，"他自言自语，"不然我就得饿死了。"

与此同时，手、脚、嘴和大脑就待在那儿，也变得越来越虚弱。一开始它们还能每隔一会儿就撑起劲儿奚落肚子一番，但是不久它们连骂人的力气也没了。

终于，这个人听到从他脚的方向传来了一个虚弱的声音。

"也许是我们错了，"它们说，"看来，肚子可能一直以来都在以它自己的方式工作。"

"我刚才也是这么想的，"大脑低声说，"它获取了所有的食物的确是事实。但是它似乎把大部分的能量都返还给我们了。"

"我们最好是承认自己的错误，"嘴说，"肚子和我们手、脚、大脑、牙齿一样承担着大量的工作。"

"那么让我们都回去工作吧！"它们一起喊。这时这个男人跳了起来。

男人松了口气，他发现自己的脚又可以走路了，他的手可以抓东西，嘴可以嚼，大脑可以清楚地思考。他开始觉得好多了。

"好，这对我来说可是个教训，"他边吃早餐边想，"我们一定要一起协力工作，不然什么也做不成。"

第五章 工作

蜜蜂的王国

——威廉·莎士比亚

　　威廉·莎士比亚在他的《科里奥兰纳斯》中引用了"对肚子的反叛"的这个故事，用来说明当一个国家的臣民拒绝共同工作的时候，它就会陷入混乱。与之形成对比的是，在《亨利五世》中，莎士比亚利用蜂巢描述了一个处在井然有序的工作状态中的王国。

　　蜜蜂就是这样发挥它们的效能，
　　这种昆虫，凭着天性中的规律，
　　把秩序的法则教给万民之邦。
　　它们有国王和各司其职的官员：
　　有些是地方官，在国内惩戒过失，
　　也有些四处历险到海外办货的商人，
　　还有些像士兵，以尾刺做武器，
　　在夏季丝绒似的花蕊中大肆劫掠，
　　高唱着凯歌把战利品往回搬运，
　　运到大王升座的宝帐中。
　　那日理万机的蜂王，正在视察
　　哼歌的泥水匠如何盖上金黄的屋顶；
　　老百姓又正在怎样把蜂蜜酿造；
　　可怜的脚夫们，肩上扛着重担，
　　硬是要把那狭窄的小门挨进；
　　那瞪眼的法官冷冷地哼了一声，
　　就把那无所事事呵欠连连的雄蜂
　　发付给了脸色铁青的刽子手。

果实与玫瑰

——埃德加·格斯特

　　如果想拥有美丽的花园，
　　不论是小还是大，
　　到处都生长着鲜花，
　　那你就得弯腰开垦。

　　世间极少会有事物
　　仅凭愿望就能得到。
　　不论它价值几何，
　　都要靠劳动获得。

无论你追寻的是什么目标，
其秘密都在于此：
你必须一周又一周地开垦，
以得到果实或玫瑰。

赫拉克勒斯的选择

——詹姆斯·鲍德温改写

在赫拉克勒斯面临工作和享乐的选择时，他选择了前者，这是他的一个著名的抉择。他认识到了很多人都没有看到的区别。赫拉克勒斯认识到，选择工作就是选择美德，因此就会获得快乐。但是值得注意的重要一点是，快乐不是他的目的，实际上这是他投身于工作的结果。这是至关重要的一点。许多人将快乐当做目的，因为他们相信，就像这个故事里快乐的化身所说，安逸的状态是"你不会缺少任何令生活快乐的东西"。但是即使你获得了这种快乐，某些最基础的东西还是失去了——那些只有通过人类的努力奋斗才能带来的灵魂上的满足感。当我们看到赫拉克勒斯踏上美德和工作的道路，我们知道他将会获得真正的快乐。

那时的赫拉克勒斯还年轻英俊，在他面前，生活还是一个未知数。一天早上，他外出为他的继父完成一项任务。他走着，但是心中却充满了苦涩；他轻声抱怨着，因为他觉得那些不如他的人都生活得安逸快乐，而他却什么都没有，除了每天辛苦地工作。

他正想着这些事儿，面前出现了一个叉路口。他停下脚步，犹豫着该走哪一条。

右边的那条路起伏不平。路上和路旁都看不到美丽的景色。但是，他发现它直接通往远处的青色山脉。

左边的道路宽阔平坦，两旁绿树成荫，鸟声啾鸣；道路在绿色的草地上蜿蜒，路旁盛开着无数的鲜花。但是它却消失在迷雾之中，不知能否抵达远处壮美的青色山脉。

年轻人站在两条路前，犹豫着该如何选择。这时，他看到两位美丽的女性向他走来，各自站在不同的道路上。从鲜花大道上走来的女子先来到他身边，赫拉克勒斯觉得她如同夏日一样艳丽。

她双颊绯红，波光流转；她的话语温暖热情，极富说服力。"啊，高贵的年轻人，"她说，"不要再为了那些工作和严酷的考验而弯腰，跟我来。我将引你进入快乐的路途，那里没有风暴的阻挠，也没有困难的骚扰。你将在轻松和愉快中生活，整日有音乐和欢笑相伴。你不会缺少任何令生活快乐的东西——香槟酒，柔软的睡床，华丽的长袍，美丽少女的可爱眼睛。跟我来吧，你的生活将像梦幻一样美丽。"

这时，另一位美丽的女子走近了，她对这个年轻人说："我没有什么东西可以许诺给你，"她说，"除了你依靠自己的力量赢得的东西。我将带你走上崎岖不平的道路，要翻过许多座山，越过许多的山谷沼泽。有时你能从山顶上看到壮观雄美的景色，但深谷里一片昏暗，想要爬上去艰辛异常。但是，这条路通向高大的青色山脉，你能从遥远的地平线上看见它。不经历艰辛你是无法抵达那里的。事实上，不需要艰

辛就能得到的东西是不值得拥有的。假如你想获得水果和鲜花，那你就要种植和照料它们；假如你想得到人民的爱戴，那你就必须热爱他们并为他们受苦；假若你希望享受天堂的眷顾，那你就必须使自己配得上这眷顾；假如你想获得永久的声望，那你就必须通过通向它的艰难险途。"

赫拉克勒斯看着这位女士，她和另一位一样貌美，但是她的神情纯净柔和，像是五月里的清晨的温和的天空。

"你叫什么名字？"他问。

"有人叫我工作，"她回答，"但是另一些认识我的人知道我是美德。"

接着赫拉克勒斯转向另一位女士。"那么你叫什么名字呢？"他问。

"有人叫我快乐，"她说，带着迷人的笑容，"但是我选择被称作高兴和幸福。"

"美德，"赫拉克勒斯说，"我将选择你作为我的向导！我将选择那条诚实努力的道路，而且我将不会再心怀痛苦和不满。"

赫拉克勒斯把手交给美德，和她一起走上那条通向矗立在遥远地平线上的美丽青色山脉的险峻之路。

真正的高贵

——埃德加·格斯特

是谁日复一日地工作，
满足任何的要求，
请相信这是上帝的旨意，
在世间找到真正的伟大。

是谁忠于职守，不论在哪里
相信上帝定需要他在这里，
虽然这职位低微艰辛，
却升华到高贵的心境。

对伟大和低微只有一种方法考验：
每个人都应尽最大的努力。
谁在工作中全力以赴，
谁就不会死后把债负。

美德书大全集

汤姆·索亚刷油漆的故事

——马克·吐温

　　这里我们看到的是美国文学史上最为著名的场景之一。我们能从中学到一些关于如何在工作中发挥自己能力的知识。更重要的是我们还能学到对待工作的正确态度。就像汤姆的朋友们向我们所展示的(他们自己并没有意识到),一项任务是否是让人喜欢的"工作",其实很大程度上取决于我们的看法。如弥尔顿所说:"思想有它自己的空间,它完全可以造出地狱般的天堂,也可以造就天堂般的地狱。"

　　马克·吐温的《汤姆·索亚历险记》出版于1876年,故事发生在内战前的密西西比河边的小镇上。这本小说和另一本更杰出的小说《哈克贝利·费恩历险记》是值得每一个美国孩子阅读的书籍。

　　这是一个星期六的早晨。在夏日的世界里,一切都那么欢快新鲜,充满了生机。每个人的心中都洋溢着歌声,假如这颗心很年轻,那么这歌声就会在他的唇齿间唱响。每张脸上都是笑容,每个人的步子都那么轻盈。洋槐花儿正在怒放,空气里弥漫着花儿的芬芳。村庄外面高高的卡第夫山上,草木葱茏,满目苍翠,这山离村子不远不近,就像一块"乐土",宁静安详,充满梦幻,令人向往。

　　汤姆走在人行道上,一只手拎着一桶灰浆,另一只手拿着一把长柄刷子。他打量了一下栅栏,所有的快乐立刻烟消云散,他心中充满了惆怅。那可是30码长、9英尺高的栅栏啊。生活对他来说太乏味无聊了,活着成了一种负担。他叹了一口气,用刷子蘸上灰浆,顺着最顶上一层木板刷起来,然后重复了一遍,接着又重复了一遍。看看刚才刷过的不起眼的那块,再和那一望无际的栅栏相比,汤姆灰心丧气地在一个木箱子上坐下来……

　　不一会儿,那些自由自在的孩子们,就会蹦跳着跑过来,还在一路上做着各种各样开心好玩的游戏。如果他们看到他不得不在这里刷墙干活,一定会大肆地嘲笑和挖苦他——一想到这,汤姆心里就火烧火燎的难受。他拿出他全部的宝贝家当,仔细地看了一阵儿——有残缺不全的玩具、一些石子儿,还有一些没有什么用处的东西。这些玩意儿足够用来让别的孩子为自己干活,不过要想换来半个小时的绝对自由,也许还远远不够呢。于是他又把这几件可怜的宝贝玩意儿装进口袋,打消了用这些东西来收买那些男孩子的念头。正在这灰心绝望的时刻,他忽然灵机一动,计上心来。这主意实在是妙不可言。

　　他将刷子拿起,一声不响地干了起来。不一会儿,本·罗杰斯出现了——在所有的孩子们当中,正是这个男孩讥讽的本事最叫汤姆害怕。本走路好像是做三级跳——这证明他此时的心情轻松愉快,而且还打算干点痛快高兴的事。他正在吃苹果,不时地发出长长的、好听的"呜——"的叫声,

　　每隔一会儿,还"叮当当、叮当当"地学铃声响,他正在扮演一只蒸汽轮船。他越来越靠近时,这时他开始减慢速度,行进到街道中央,身体倾向右舷,吃力、做作地转过船头使船逆风停下——他这是在扮演"大密苏里号",想象自己是一艘吃水9英尺深的大船。他一人同时扮演船、船长和轮机铃3个角色。所以,他就想象着自己一边站在轮船的顶层甲板上发号施令,同时还执行着这些命令。

　　"停船,伙计!叮——啊铃——铃!"船几乎停稳了,然后他又慢慢地向人行道靠过来。

　　"调转船头!叮——啊铃——铃!"他两臂伸直,用力往两边垂着。

　　"右边后退,叮——啊铃——铃!嚓呜——嚓——嚓呜!嚓呜!"

他一边喊着，一边用手比划着画个大圈——这代表着一个四十英尺大转轮。

"左边后退！叮——啊铃——铃！嚓呜——嚓——嚓呜——嚓呜！"左手开始画圈。

"右边停！叮——啊铃——铃！左舷停！右舷前进！停！外面慢慢转过来！叮——啊铃——铃！嚓——呜——呜！把船头的绳索拿过来！快点！喂——再把船边的绳索递过来，你在那干什么呢！把绳头靠船桩绕好，就这么拉紧——放手吧！发动机停住，伙计！叮——啊铃——铃！施特——施特——施特！"（他试图摹仿汽门排气的声音。）

汤姆继续刷自己的栅栏——根本不去搭理那只蒸汽轮船。本瞪着眼睛看了一会儿，说："哎呀，你今天惨了，是不是？"

汤姆不理他，只是用艺术家的眼光，审视着他最后刷的那一块栅栏，然后轻轻地刷了一下。接着又像刚才那样继续打量着。本走过来站在他身旁。看见那苹果，汤姆馋得直流口水，可是他还是坚持刷他的墙。本说：

"嘿，老伙计，你还得干活呀，咦？"

汤姆猛然地转过身来说道：

"咳！是你呀，本！我还没注意到你呢。"

"哈——告诉你吧，我要去游泳了，真的。难道你不想去吗？不过当然啦，你宁愿在这工作——对不对？你当然情愿干活啦！"

汤姆打量了一下那家伙，说：

"你说什么干活啊？"

"难道你不是在干活吗？"

汤姆又重新开始刷墙，漫不经心地说：

"好吧，这也许算是干活，但也不一定。我只知道这很适合汤姆·索亚的胃口。"

"哦，得了吧！难道你的意思是说你喜欢干这事？"

刷子还在不停地挥动着。

"喜欢干？哎，我真搞不懂为什么我要不喜欢干，哪个男孩子能有机会天天刷墙？"

这倒是件挺新鲜的事。于是，本停下来不再啃苹果。汤姆灵巧地用刷子来回刷着——不时地停下来退后几步看看效果——在这里补一刷，在那里再补一刷——然后再打量一下效果。本仔细地观看着汤姆的一举一动，越看越有兴趣，越看越被吸引住了。后来他说：

"喂，汤姆，让我来试着刷点儿如何？"

汤姆想了一下，正打算答应他；可是他立刻又改变了主意：

"不——不行，本——我想这恐怕不行。要知道，波莉姨妈对这面墙可是挑剔得很——这可是临街的一面呀——不过要是屋后面的，你刷刷倒也无妨，姨妈也不会在乎的。是呀，她对这道墙是非常挑剔的。刷这墙一定得小心翼翼。我想在以前，或许在两千个孩子里，也找不出一个能符合波莉姨妈的要求的。"

"不会吧——真是这样吗？哎，得了，你就让我试一试吧。我只刷一点儿——汤姆，如果我是你的话，我会让你试试的。"

"本，我倒是愿意，真的。可是，波莉姨妈——唉，吉姆想刷，可她不叫他刷，希德也想干，她也不让希德干。现在，你知道我该有多么为难？要是你来摆弄这墙，万一出了什么差错……"

"啊，得了，我会小心仔细的。还是让我来试试吧。嘿——我把苹果核给你。"

"唉，好吧……不行，本，算了吧。我就怕……"

"我把这苹果全给你！"

汤姆把刷子递给本，脸上一千个不情愿，可心里却美滋滋的。当刚才那只"大密苏里号"在阳光下干累得大汗淋漓的时候，这位退了休的艺术家却在附近的阴凉下，坐在一只木桶上，跷着二郎腿，一边大口大口地吃着苹果，一边暗暗盘算如何再宰更多的傻瓜。这样的小傻瓜还会有许多。每过一会儿，就有些男孩子从这经过；起先他们都想来嘲笑一

番，可是结果都被留下来刷墙。在本累得精疲力尽时，汤姆早已经和比利·费斯做好了交易。比利用一个修得很好的风筝换来接替本的机会。等到比利也玩得差不多的时候，詹尼·米勒用一只死老鼠和拴着它的小绳子换得了这个特权——一个又一个的傻小子受骗上了当，接连几个钟头都没有间断。下午快过了一半的时候，汤姆早上还是个贫困潦倒的穷小子，现在一下子就变成了腰包鼓鼓的阔佬了。除了以上提到的那些玩意儿以外，还有12颗石子儿，一只破口琴，一块可以透视的蓝玻璃片，一门线轴做的大炮，一把什么锁也打不开的钥匙，一截粉笔，一个大酒瓶塞子，一个锡皮做的小兵，一对蝌蚪，6个鞭炮，一只独眼小猫，一个门上的铜把手，一根拴狗的颈圈——却没有狗，一个刀把，4片桔子皮，还有一个破旧的窗框。

汤姆一直过得舒舒服服，悠闲自在——同伴很多，而且墙整整被刷了3遍。要不是他的灰浆用光了的话，他会让村里的每个孩子都破产的。

汤姆自言自语道，这世界原来并不是那么无聊乏味啊。在不知不觉之中，他已经发现了人类行为的一大重要法则——那就是，如果要让一个大人或一个小孩渴望干什么事，只需想法子让这件事变得难以到手就行了。如果汤姆是位伟大而明智的哲学家，就像这本书的作者，他就会懂得所谓的"工作"就是一个人被迫要干的事情，至于"玩"就是一个人没有义务要干的事。这个道理使他明白了为什么做假花和蹬车轮就算是工作，而玩十柱戏和爬勃朗峰就算是娱乐。英国那些有钱的绅士们之所以会在夏季每天驾着四轮马车沿着同样的路线走上二三十里，正是因为他们必须为这种特权花费不菲。可是如果因此付给他们报酬的话，那就把这桩事情变成了工作，他们就肯定不会干了。

那天在汤姆的小天地里发生的实质性变化，让他思考了好一会儿。然后，他就蹑着步到司令部报告去了。

亚伯拉罕·林肯拒绝借款

这封信是亚伯拉罕·林肯写给他同母异父的兄弟约翰·D.约翰斯顿的。约翰斯顿写信告诉林肯，自己已经"破产"，并且位于伊利诺斯州的科尔斯县家族农场也"危机重重"，因此他需要一笔借款。林肯提供的按比例补助——这是我们今天的叫法——承认了"这种一无是处的浪费时间的习惯，是所有的困难所在"，而让约翰斯顿养成工作的习惯，远比得到一笔借款重要得多。

1848年12月24日

亲爱的约翰斯顿：

对于你借款80美元的要求，我看我最好还是不要答应。这样的情况已经发生多次，每次我接济你之后，你都会说："现在日子好过多了。"但是很快，我就会发现你又陷入了同样的困境。这种情况只能是由于你行事时的缺点造成的。我想我知道这个缺点是什么。虽然你并不懒惰，可是你仍是一个懒散的人。我怀疑从我见到你的那天起，你就没有认认真真地工作过一天，哪怕是一天。虽然你并不是十分厌烦工作，但你却干得不多，仅仅是因为你似乎觉得不能从中得到足够多的报酬。

这种无意义的浪费时间的习惯，是所有的困难之所在。你应该改掉这个恶习，这对你非常重要，对你的孩子则更为关键。之所以对孩子们更重要，是因为他们生活的道路更

长，在他们陷入到游手好闲的恶习之前远离它，远比之后再去改正要容易。

你说眼下急需一笔现金；但我的建议是你应该去工作，为那个能付给你钱的人"拼命干活"。

家里的事——收割前的准备工作和收割——就交给你的父亲和儿子们，你就去找一份报酬最高的活儿或是能以工抵债的活儿干。为了确保你的劳动能得到合理公正的报酬，我在这里向你保证，从今天起到明年的 5 月 1 号为止，你靠劳动每挣到 1 美元，或是每偿还 1 美元的债务，我就额外再付给你 1 美元。

这样一来，如果你每个月自己能挣 10 美元，加上你从我这得到的另外 10 美元，那么你一个月就能赚 20 美元。我并不是让你离家前往圣路易斯州，或是到加利福尼亚州的铅矿、金矿，而是要你在你家附近——就在科尔斯县——去找一份薪水合适的工作。

如果你愿意这么做的话，你很快就能还清债务，更棒的是，你将养成一个让你远离债务的习惯。但是如果我现在帮你还清债务，明年你又会深陷其中。你说你会为了七八十美元就放弃你在天堂里的位置，那你对自己在天堂的席位也估价太低了。我相信按我的提议，在 4～5 个月的时间里你就能得到七八十美元。你说如果我借给你这笔钱你就立下契约转让你的土地，假若你还不了借款，你就将地产赠送——

这简直是胡说八道！如果拥有土地你都活不下去，那又怎么可能在失去它的情况下生活？你一直对我很好，我也不想对你刻薄。相反，如果你愿意听从我的建议，你就会发现它远比借给你 80 个 80 美元更有价值。

挚爱的

你的兄弟

林肯

～ 不可能一步就跃入天堂 ～

—— J.G.霍兰德

天堂不可能一步就跃入，
但是我们建造梯子向上攀登，
从地面直达苍穹，
我们一步步登上最高处。

我认为这放之四海而皆准：
善行是靠近上帝的阶梯——
让灵魂从庸常的肉体升华
至纯净高空的广阔天地。

乡村铁匠

——亨利·沃兹沃斯·朗费罗

朗费罗说，他写这首诗是为了赞颂一位先辈。这让人联想起在马萨诸塞州的剑桥，他家附近那棵栗树下的铁匠铺。诗中的铁匠真诚、勤劳、乐观，是美国诗歌史上最富魅力的形象之一。

在枝叶伸展的栗树下，
立着一个乡村铁匠铺；
那个铁匠，有力又强健，
双手粗大力气壮，
强壮的手臂肌肉隆起，
结实得如铁打的一样。

他卷曲的头发又黑又长，
脸庞呈现古铜色；
眉毛被辛勤的汗水浸湿，
他凭其所能赚取所得，
坦然面对世间的一切，
因为他不欠他人分毫。

一周又一周，清晨到夜晚，
你能听见他把风箱推拉；
能听见他沉重的大锤挥舞，
有节奏地徐徐敲打，
像教堂的司事敲响晚钟，
当傍晚夕阳西下。

孩子们在放学回家路上
朝敞开的门里瞧；
爱看那锻造的熊熊火焰，
聆听风箱的咆哮，
追逐燃烧飞舞的火星，
像谷场的谷壳跳跃。

星期天他前往教堂，
坐在孩子们中间；
他听着牧师祈祷布道，
他听着女儿的声音，
在乡村唱诗班里唱响，
这让他心中欢欣。

他觉得这如同妻子的声音，
在天堂歌唱！
他不禁又一次想起她，
不知墓穴里她睡得怎样？
他用粗糙硬实的手擦去
眼中的一滴泪。

艰辛——欢乐——悲伤
他一一在生命路上体会；
每个清晨目睹工作开始，
每个晚上看到活儿结束；
有的起了头，有的已干完，
给他换来一夜的酣睡。

感谢，感谢你，我可敬的朋友，
为了你给我的教诲和榜样！
在生命火热的锻造过程里，
我们的命运被锤炼敲响；
在铁砧响亮的敲打中塑造
火热的事业和思想！

从奴隶崛起

——布克尔·T.华盛顿

　　《从奴隶崛起》(《Up from Slavery》)是布克尔·T.华盛顿的自传，故事开始于1856年维吉尼亚的种植园，那时他的母亲是个厨娘。故事结束于1915年，此时他已经在阿拉巴马州的塔斯基吉建立了在世界上处于领导地位的黑人教育中心。在这段摘录中，华盛顿描述了他"要以任何代价来保证得到教育"的决心，正是这一决心引领他进入了位于维吉尼亚州汉普顿的汉普顿学院。每一位将要进入大学校园的学生都应该读读这篇文章。这个人在灵魂深处，愿意为了获得教育的机会而工作，工作——不停地工作。

　　一天，在煤矿里工作时，我偶然听到两个矿工谈论到，在维吉尼亚州有一所为有色人种提供教育的好学校。这是我头一次听说还有比我们镇上那个小小的有色人种学校更好的学院或大学。

　　在黑暗的矿坑里我悄悄地爬过去，尽量靠近那两个谈论者。我听到其中一个人对另一个说，这所学校不仅给我们黑人提供教育，还为那些贫困的好学生解决全部或部分的膳食费用，同时他们还教授商业和工业方面的课程。

　　他们继续描述着维吉尼亚州的汉普顿师范和农业学院，在我看来，它就是世界上最美好的地方。在当时，即使是天堂也不见得比这两个人所描述的这所学校更具吸引力。我立刻就下定决心要去这所学院，尽管我根本就不知道它在哪儿，离这里有多少英里，以及我

怎样才能到那儿。我只记得心中如火焰般熊熊燃烧的信念，那就是到汉普顿去。这个想法日日夜夜萦绕在我心头。

听说过汉普顿学院后，我又在煤矿里继续干了几个月。工作期间我打听到刘易斯·拉夫勒将军的家中缺一个人手，他是盐场和矿山的所有者。他的妻子维奥拉·拉夫勒夫人是一个来自佛蒙特州的"北方人"。在当地，拉夫勒夫人以对仆人异常严厉而闻名。他们之中很少有人能在她身边待上超过3个星期以上的。他们离开的原因只有一个：她太严厉了。我决定去试试服侍这位拉夫勒夫人，无论如何，总比待在煤矿里要强。于是我母亲向她申请了这个职位。我受雇的薪水是每个月5美元。

因为听说过太多关于拉夫勒夫人的严厉，我几乎害怕见到她，当我进到她房间时竟然有些发抖。但是在她家待了没几个星期我就了解她的要求了。我很快就弄明白，首先她要求身边的所有东西保持洁净，她希望一切都能正确而井井有条地进行，归根结底她要求绝对的诚实和坦白。她不允许偷懒或马虎；每一扇门、每一节栅栏都必须及时修缮。

我现在已经记不清在我去汉普顿之前在拉夫勒夫人家待了多久，但我想肯定有一年半。无论如何，这里我要再次重申我之前多次说过的话：我在拉夫勒夫人家学到的东西和我在其他任何地方受到的教育一样重要。直到今天，只要我看到房间里或是街道上有纸屑，我就会立刻想把它们捡起来，看到肮脏的路面我就想去清扫，看到脱落的栅栏我就想把它装好，看到没有油漆粉刷的房子我就想去涂刷，甚至一颗脱线的钮扣、衣服和地板上的污渍，都会引起我的注意。

开始我很害怕拉夫勒夫人，但很快我就把她当做我最好的朋友。当她觉得我可以信任时就毫无保留。在我和她一起度过的一两个冬天里，她给了我一个机会，让我在冬季里每个白天到学校去一个小时。但是我大部分的学习都是在晚上进行的，有时候自学，有时候请人教我。拉夫勒夫人对我为了教育付出的努力总是充满鼓励和同情，就是在同她一起生活的日子里我开始"建立"我的"第一座图书馆"。我弄到一个干燥的货箱，取下它的一面，在里面放上几层架子，然后把我手头能搞到的各种书都摆进去，这就是我的"图书馆"。

尽管我在拉夫勒夫人家成功地待了下来，但是我并没放弃前往汉普顿学院的想法。1872年的秋天，我决定尝试前往，尽管如同我之前提到的，我对汉普顿的方位一无所知，也不清楚去那里要花费多少。我并不认为会有人完全赞同我前往汉普顿的雄心，但是我母亲，她非常担心我的举动不过是"竹篮打水一场空"。无论如何，她终于并不情愿地同意了我的追求。我挣的一点钱都被继父和家里其他人花掉了，只剩下区区几美元可以用于添置衣物和旅途的花费。我的哥哥约翰也尽其所能地帮助我，当然数目不大，因为他在煤矿里工作挣不了多少钱，而且大部分都用于支付家用了。

在我准备前往汉普顿的过程中，最让我感动和高兴的是那些年长的黑人们对这件事的关心。他们一生中的黄金时光都是处于做奴隶的状态中，也几乎不指望能活着看到他们种族中的一员离家就读住宿学校。这些老人有的给我5分钱，有的拿出2角5分，或是一块手帕。

终于这个重要的日子到了，我出发前往汉普顿。我只有一个寒碜的小包，装着我仅有的几件衣服。当时我母亲身体很虚弱，我恐怕再也见不到她，因此这次分离就显得格外伤心难过，但是她一直很坚强。那时西维吉尼亚和东维吉尼亚之间还没有直达列车，火车只通了一部分，其他的行程得乘坐四轮马车……

靠步行，搭乘马车、汽车，许多天后，我到了维吉尼亚的里士满，距离汉普顿大约82英里。到达那里时是深夜，我又累又饿又脏。我从未到过大城市，这更加深了我的不幸。我到里士满时身无分文。我在那儿谁也不认识，又不习惯城市的道路，根本不知道要去向

何方。我四处求宿，但都因为没有钱遭到了拒绝。无奈之下我只好在街上溜达。路上经过许多食物货柜，里面堆满了炸鸡和半圆形的苹果派，样子极为诱人。那个时刻我真愿意用将来能得到的一切来换取一只炸鸡腿或是一个苹果派。但我什么也没有，没有任何可以吃的东西。

我在街上一直走到后半夜，最后累得再也走不动了。我疲惫、饥饿，但毫不气馁。我已经到了体力上的极限，这时看到有一段人行道上铺的板子高出地面，我犹豫了一会儿，当确信过路的人看不到我时，就爬到人行道下面，用随身的小包当枕头，睡在地上度过这一夜。整整一夜我都听到头顶上方的脚步声。第二天，我的体力恢复了，但是极度饥饿，好长时间没有饱饱地吃一顿了。天蒙蒙亮，我看到附近有一艘大船，似乎正准备卸下装载的生铁。我马上到船上请求船长让我帮忙卸货，好赚点儿吃早饭的钱。船长是个好心的白人，他答应了我的要求。我干了足够长的时间，换来了我的早饭钱，我觉得那是我吃过的最为美味的早餐。

船长很满意我的工作，他告诉我如果愿意，可以每天都来这里干会儿活。我非常乐意。于是我在船上工作了一段日子。我挣到的微薄薪酬在买过食物之后就所剩无几了，攒不下几个去汉普顿的路费。为了尽可能地节约每一分钱，我继续睡在第一晚到里士满时为我遮风挡雨的人行道下。许多年后，里士满的有色人种非常热情地为我举办了欢迎会，到场的有两千多人。欢迎会的地点离我在这个城市度过第一个夜晚的地方不远。我必须承认，相对于热情愉快的欢迎会，我的思绪更多地集中在那一段最先给予我庇护的人行道上。

当我攒够了我认为足够前往汉普顿的旅费，我谢过好心的船长，又踏上了旅程。我顺利地抵达汉普顿，整整余下50美分用以开始我接受教育的过程。这段旅程漫长艰辛，但是当我第一眼看到那幢宏伟的三层校舍，觉得来这儿的一路上所付出的一切都是值得的。

"我靠的只是辛勤工作！"

——查尔斯·爱迪生

托马斯·阿尔瓦·爱迪生(1847～1931)的一生是典型的美国梦的注解。在密歇根州的休伦湖港口的学校里，年幼的爱迪生才上了几个月的学，就因为被老师叫做"傻蛋"而辍学了。他的母亲在家中教育他，而且，他还在地下室建立了一个化学实验室。

12岁时，爱迪生在大干线铁路站找到一份推销三明治和花生的工作，赚的钱用来购买化学制品和设备。他把实验室搬到了一节行李车厢，买了一架小型印刷机，开始出版有史以来第一份在流动的火车上发行的报纸。一次因为化学制剂燃烧造成车厢起火，爱迪生被开除了。

1869年，爱迪生来到纽约时一文不名，但是他决心成为一个发明家。几个月后因为他对证券报价机做出的改进，他得到了40000美元的报酬。正是这笔钱让他开始了他漫长的发明生涯。多年来不懈地工作使他获得超过1000项的发明专利。下面这篇由他的儿子查尔斯撰写的精彩文章，能够让我们瞥见这位美国最伟大的人物之一的人性光辉。

在新泽西州的门罗公园的实验室里，他挪动着步子，浓密的头发倒向额头的一侧，锐利的蓝眼睛炯炯有神，皱巴巴的衣服上到处是污渍和化学品烧出的洞。单从外表看，托马斯·阿尔瓦·爱迪生一点也不像那个在有生之年里，通过自己的发明改变世界的人。而且

从他的行为举止上看，他也不像个发明家。有一次，一位前来拜访的权贵问他是否获得了许多奖项，他回答："是的，他妈妈在家里收集了好几夸脱呢。""他妈妈"指的是他的妻子，我的母亲。

但是在日常生活中，对于我们这些生活在他周围的人来说，他是一个伟人的典范。他对人类的伟大贡献——一生中1093项的发明专利记录——并不是我纪念他的原因，而是他那无比的勇气、想象力、决心、谦逊和智慧让我无法忘怀。有时他还和普通人一样有点淘气。

因为工作繁忙，他的家庭生活相对有限。但是他仍然会抽出时间和家人一起钓鱼，开车兜风。在我们小的时候，他还和我们一起在地板上玩耍等等。我记得最清楚的一件事是一个独立日，那时我们还住在新泽西州西奥林奇的格能孟特，现在那座三层的尖顶屋已经是国家文物了。独立日是爸爸最喜欢的节日。清晨，他把一挂鞭炮扔进铁桶里，把我们和邻居们叫醒。接下来的一整天我们会用各种不同的组合方式燃放烟花。

"妈妈可不喜欢这样，"他会调皮地这么说，"不过让我们把这20个一起放，看看会发生什么。"

父亲总是鼓励我们进行试验和探索。他拿出各种仪表和其他小配件让我们摆弄，然后用游戏、挑战、提问的方式让我们乐在其中。我6岁时，他叫我帮他冲洗实验室的烧杯。到10岁时，他帮我一起组装一辆实际大小的汽车。它没有车身，但是装有一个小的双频船用发动机和皮带传动装置，可以运行。我们小孩子从中得到了很多乐趣。好几次我和哥哥西奥多在草坪上用球棒和汽车玩"马球"的游戏——这遭到了妈妈和园丁的抗议。

不论是在家中还是工作中，爸爸总能找到激励别人的诀窍。他也的确经常发号施令，但他更愿意以身作则，用自己作为榜样来激励别人。这是他成功的秘密之一。他从来不像其他人认为的那样，是一个在实验室独自埋头苦干的科学家。当他成功地把自己的第一个发明——证券报价机和打印机，以40000美元的价格推向市场后，他开始雇佣化学家、数学家、机械师等等他认为能够帮他解决难题的人。这样他就用"团队"研究的概念，把科学和工业结合到了一起，如今这已经是公认的方式了。

有时因为资金周转困难，父亲无法支付工作人员的薪水。但是，就像其中一人回忆时所说："这没关系。我们都照样来工作，我们不会离开的。"

父亲自己经常一天工作18个小时甚至更长时间。"实现目标是生活唯一的、真正的乐趣。"他告诉我们。正像广为报道的那样，他每天不超过4小时的睡眠，加上偶尔的打盹，决不是夸张。"睡眠，"他认为，"就像药物。一次服用太多就会让你迟钝。你失去的是时间、活力和机会。"

他的成就广为人知。30岁时他发明了留声机，将声音记录在唱片上；他的白炽灯泡给世界带来光明。他发明了麦克风、油印机、医用荧光检查器、铁镍碱性蓄电池和电影。他的其他商用发明还有：电话、电报机和打字机。他构思了整体的电力分配系统。

有人会问："他失败过吗？"当然。托马斯·爱迪生常常碰到失败。在他一文不名时发明的第一项专利是电子投票机记录器，但是那些满脑子投机思想的立法成员拒绝购买。他曾经把所有家当投入到研究一种磁选机械中，用来挑选、分离含量低的铁矿石，结果却因为矿藏丰富的梅萨比山脉的开挖而失去经济效益被抛掷荒废。但是他从来没有因为害怕失败而犹豫。

"嗨，"在一次一系列的繁琐试验过程中，他对气馁的同事说，"我们没有失败。现在我们知道上千种行不通的物质，这意味着我们离找到可行物质的目标更近了。"

他对钱（或是缺钱）的态度也差不多。他认为钱是一种原料，就像金属，是用来使用而不是积攒的。因此他不断地把钱投入到新的项目中去。好几次他都破产了，但是他拒绝成

第五章 工作

为金钱的奴隶。

一次，在他的矿石研磨厂里，父亲对岩石粉碎机的工作方式不满意。"调一下转速。"他命令操作工。

"不行，"操作工回答，"它会出故障的。"

父亲转身去找工头。"这机器值多少钱，艾德？"

"25000 美元。"

"我们在银行里有那么多钱吗？好的，去给机器换一挡。"

操作工加大了马力，过一会儿再加大。"它发出了可怕的重击声，"操作工警告道，"它会打破我们的头的！"

"去他妈的头，"父亲嚷着，"继续！"

敲击声越来越大，他们开始撤退。突然一声爆裂，碎片四处飞散。粉碎机坏了。

"那么，"工头问父亲，"你从中学到了什么？"

"哦，"父亲笑着说，"比制造者提供的承受标准，我能够给它再增加40%的动力——除了最后一挡。现在我可以造出一个同样好的，而且产量更高的机器。"

我对1914年12月的一个寒夜记忆犹新。那时父亲的铁镍蓄电池试验仍然毫无进展，他已经花了10年的时间在上面，我们的经济状况很紧张。实验室依靠电影和胶片生产的利润维持运行。就在那个冬夜，一声"着火了"的呼喊在工厂里响起。生产胶片的车间发生了自燃。顷刻间所有的包装物品，生产胶片用的赛璐珞、胶片和其他易燃物毁于一旦。来了8个城市的消防队，但是燃烧的热量巨大，水压又太低，灭火水龙带根本不起作用。

当我找不到父亲时，我开始担心。他安全吗？所有的资产都毁于一旦，他会不会垮掉？他已经67岁，不可能东山再起。然后我在工厂的院子里看见他朝我跑来。

"你妈妈呢？"他喊道，"去找她！让她把她的朋友们叫来！他们再也没机会看到这样壮观的火势了！"

第二天清晨5:30，火势刚刚得到控制，他就把员工们召集起来宣布："我们要开始重建。"他派一个人到当地所有的机械商店去租机器，派另一个到伊利铁路公司去弄一台救援起重机来，最后他才想起来问，"噢，对了，有没有人知道到哪儿能弄到点钱？"

"人们总能利用灾难，"他说，"我们刚刚清理掉一堆过时的废物，我们要在废墟上建设出更大更好的工厂。"说完他脱下外套卷起来放在桌上，然后躺在上面睡着了。

他的那些非凡的发明使他显得似乎拥有魔力，人们称他为"门罗公园的巫师"。这个称呼让他又好笑又生气。

"巫师？"他会这么说，"哼，我靠的只是辛勤工作。"或者，用他那句常常被引用的话："天才是1%的灵感加上99%的汗水。"懒惰，尤其是精神上的懈怠是他无法忍受的。在他的实验室和工厂里挂着约书亚·雷诺兹爵士的名言："一个人不得找任何理由逃避思想的劳役。"

父亲从不改变他的价值观，就像他永远不变的帽子的尺寸。在波士顿的全美第一家使用白炽灯泡的电影院的开幕式上，当电力无法启动时，他扔掉领带和燕尾服（他讨厌这些），迅速地前往地下室帮助查找原因。在巴黎，刚刚被授予荣誉勋位后，他就悄悄地把那个小小的红色圆形徽章从翻领上取了下来，以免朋友们"认为我是个纨绔子弟"。

第一个妻子故去后，父亲娶了麦娜·米勒，我的母亲。在她身上父亲找到了完美的匹配。她自信、优雅、自立，愿意配合父亲繁忙的工作时间。他们的婚姻让周围的每个人都很羡慕。在他唯一的一本日记里（记录了1885年他们结婚前的9天），他描述了麦娜带给他的震撼感受。他写道："想到麦娜，就好像被电车撞倒了一样。"

他求婚时用的是摩尔斯电码，麦娜在恋爱期间学会了它。后来的日子里，当父亲在家中伏案工作时，她就在他身边忙着她热衷的福利事业。

有时托马斯·爱迪生会被描述成一个没有受过教育的人。的确他只在正规的学校里待

了6个月，但是在密歇根州的休伦湖港，在他母亲的监护下，他在八九岁时就读过类似《罗马帝国的衰落》这样的名著了。在大干线铁路公司成为小贩和报童后，他整天泡在底特律的免费图书馆里——把里面的书读了个"底朝天"。在家里他总是拿着书和杂志，或是一叠日报。

这个后来成就斐然的人从小就几乎听不见，他只听得到巨大的声响和叫喊声，

但他从不为此苦恼。"从12岁起我就听不到鸟叫了，"他曾说过，"但与其说我的耳聋是缺陷不如说是优势。"他认为正是因为这点他才会极早地开始阅读，才能集中注意力，不被小声的谈话所干扰。

人们问他为什么不发明助听器。父亲总是回答："在过去的24小时里你听到了多少你不得不听的东西？"接着他会补充道，"一个必须大声喊叫着说话的人是无法撒谎的。"

他喜欢音乐。如果乐曲强调旋律的话，他会通过拿一只铅笔来"听"，他把另一头顶住留声机的机身，这样的震动和节奏同样能完美地被感知到。顺便提一下，留声机是他最喜欢的发明。

尽管由于耳聋，交谈时必须大声喊叫或是写下问题和答案，记者们还是很喜欢采访他，因为他的话语精炼敏锐。有一次他被问到对年轻人有什么建议，他回答："年轻人不要遵循建议。"他从不认为快乐和满足是值得追求的目标。"找一个心满意足的人给我看看，"他说，"我肯定他是一个失败者。"当被问及科技的进步是否会导致生产过剩，他回答："人类想要的东西永远不会生产过剩。他们的欲望永无止境，除了他们的肚子是个例外！"

父亲得到了许多奖品，其中有两个最令他开心。一个是1929年10月21日得到的金的白炽灯泡的纪念品。当时亨利·福特在密歇根州的迪尔波恩重建了父亲在新泽西州的门罗公园的实验室，那里成为了福特在格林菲尔德村的大型美国展中的永久圣地。这是福特为了感谢父亲而做的，当初在他生产第一辆汽车遭到怀疑和打击几乎放弃时，父亲鼓励了他。我们从父亲的笑容里看出他被深深地感动了。

另一次是在1928年，在西奥林奇他自己的实验室里。他已经得到许多国家的荣誉和奖章，但是这一次，当他被授予这枚特殊的金质"美国国会奖章"时，他特别满足，因为这是对他成就的肯定。

他从未退休，也从不担心自己年纪大。80岁时他进入一门全新的学科——植物学。他的目标是：找到一种本地的橡胶来源。通过对17000种植物进行分类和试验，他和他的助手们成功地发明了一种从秋麒麟草中大量萃取乳胶的方法。

83岁时，他听说纽华克机场是东部最繁忙的机场，于是拖着妈妈去那儿"看看真正的机场是如何运行的"。当他看到他的第一架直升飞机，他笑了："这就是我一直想要的。"然后他开始为改进这架鲜为人知的直升飞机画起了草图。

最后在84岁时因为尿毒症，他才认输。许多记者前来守夜。消息每小时传给他们一次："灯还亮着。"但是在1931年10月18日，消息传来："灯光熄灭了。"

在他下葬的那一天，人们本来计划将全国的电流切断一分钟，以此最后一次向他表达敬意。但是这风险太高而且耗费高昂，后来只熄灭了一些灯。前进的车轮没有停歇过，哪怕一刹那。

我相信，这也是托马斯·爱迪生所希望的。

赞美奋斗的生活

——西奥多·罗斯福

西奥多·罗斯福(1858～1919)，出身于纽约的富裕家庭，从小体弱多病，这使得他有足够的理由沉沦于富足闲散的生活方式。但这并不是他的选择。他投身于严酷的体育运动，成为一个户外运动的热爱者，并且终身致力于公共事业。1899 年，在他担任纽约市市长的几个月后，他在芝加哥发表了这篇演讲。这篇演讲成为他最著名的演讲之一。在他发表这篇演讲时，美国正日趋富足和强大。他告诫人们，要抵制繁荣昌盛给人们带来的那种"可耻的懒散"生活的诱惑。他告诉我们，一个国家的品质就像一个人的品质，是通过工作显示出来的。

我现在所面对的，是西部最伟大的城市的人民，你们为国家奉献了林肯和格兰特这样优秀的伟人，你们身上卓越而清晰地凸现了所有最美国化的独特品质。我在这里要提倡的不是可耻的懒散的生活态度，而是奋斗的生活观，它充满艰辛和努力、劳动和拼搏。最伟大的成功不属于那些只贪图安逸的人，而属于那些不畏危险、困苦、艰辛的人们，只有他们才可能赢得最终的辉煌成就。

可耻的懒散的生活，由于缺乏追求伟大事物的愿望和力量而显得平静，但是无论对于国家还是个人，它都是没有益处的。在此，我只想要求，每个有自尊心的美国人用对自己和子孙的要求，来应对整个国家对他的要求。在你们之中，有谁会教育你们的孩子，说这种懒散和平静是你们眼中的最好的生活方式——是他们应该为之奋斗的最终目标？芝加哥的市民们，你们建造了这个伟大的城市，你们为伊利诺斯州做出了贡献，更重要的是你们使得美国成为了不起的国家，因为你们既不提倡也不奉行懒散的生活观。你们自力更生，也带领后代努力工作。如果你们富有，而且受人尊敬，你们会教育自己的子孙，虽然他们可能会享有闲暇，但决不能游手好闲。因为对那些拥有闲暇的人来说，明智的对待方式应该是，由于他们可以免于为温饱奔波，而将闲暇时间投入到无偿的工作中去——科学、文学、艺术、探险、历史研究——这种工作是我们国家最急需的，这些方面的成就能给我们国家带来无上的荣耀。

我们并不赞赏那些谨小慎微，只图安稳的人。我们所钦佩的人，会为了胜利而付出努力；从不与邻居交恶；乐于帮助朋友；拥有在现实生活中战胜严酷挑战的英勇气概。面对失败固然痛苦，但是不去争取成功则更为可悲。今生不努力，我们将一事无成。眼下可以逃避工作的辛劳，那只是因为有过去积累的成就。一个人能够免除生计之累，那只是因为他自己或是他的父辈在这之前的工作卓有成效。这样获得的自由，若能正确地加以使用，即他仍然从事实实在在的工作，虽然种类不同，但无论是作家还是将军，无论是从事政治还是探险，他都当之无愧地值得拥有这笔自由的财富。但是，如果他不是把这段不必从事生计之苦的自由时间用来为将来做准备，而是整日沉湎于单纯的享乐的话，那么他就只是行走于世间的酒囊饭袋；当生活再次要求我们奋斗的时候，他肯定不配和他的同胞们站在一起。纯粹的懒散生活并不是幸福生活的最终目标，尤其是它不适合那些以认真工作为己任的人们……

因此我告诫你们，我的同胞们，我们的祖国需要的不是懒散的生活，而是奋发向上的生活。在目前的 20 世纪，众多国家面临着重要的转折机遇。如果我们懒散不前，如果我们陷入自大、安逸和可耻的沉寂之中，如果我们畏缩于那些必须以生命和所有珍爱之物为代价的激烈竞争，那么，更为英勇强健的民族就会超越我们，赢得世界的统治权。所以，

让我们下定决心，勇敢地面对生活中的斗争；坚定地履行自己的职责；言行一致地支持正义；以实际可行的方式，诚实无畏地追求崇高的理想。总之，我们不要在斗争前退缩，无论它是思想上的，还是身体上的，也无论它是国家内部的，还是外部的，只要我们确定这斗争是正义的。因为只有通过奋斗，只有通过辛苦艰险的努力，我们才能最终实现建立一个真正强大的国家的目标。

成　功

——亨利·沃兹沃斯·朗费罗

下面的诗行摘自朗费罗的《圣奥古斯丁的阶梯》。

没有翅膀，我们无法乘风，
但我们以脚步丈量攀登，
一点一点，一步一步地爬上
我们一生云雾缭绕的高峰。

宏伟的石山，金字塔般屹立，
楔子般刺入空旷的天际，
越靠近，就越清晰，
那是一级级巨大的阶梯。

遥远的群山，耸然矗立，
坚固的堡垒直达天庭，
山上交错的路径可觅，
当我们攀上更高一层。

伟人们能抵达高峰，
不是靠突然飞到，
而是在同伴酣睡的夜深，
艰辛地攀登不停。

征服魔鬼山

——哈利·科姆斯

　　这是一个伟大的美国成功者的故事。童年时对由皮筋启动的玩具直升机的着迷，最终引领威尔伯(1867～1912)和奥维尔(1871～1948)莱特兄弟实现了堪称人类最伟大的成就之一。1900年，莱特兄弟带着他们的滑翔机来到美国北卡罗来纳州的基蒂霍克，因为那里的海风和沙丘为测试他们奇特的飞行装置提供了理想的环境。1903年11月17日，在经历过多次试验和数次"失败"后，奥维尔首次成功地进行了带有动力装置的飞行，距离是120英尺。那天威尔伯的第四次最长距离的飞行记录是59秒内飞行852英尺，下文对此进行了描述。如果在艰苦追寻某个遥远的难以企及的目标过程中，你需要一些激励的话，可以看看这篇文章。这项伟大的工作起始于天赋，但却成就于努力。

　　基蒂霍克的人们对威尔伯和奥维尔兄弟一直非常友好慷慨。他们提供食物和货物，不遗余力地以各种方式为兄弟俩提供物质上的便利，并且对他们非常尊敬。然而，他们中的大多数并不相信莱特兄弟能够飞起来。在基蒂霍克这个地方，人们对于飞行的看法常常通过一句众所周知的民间谚语体现出来——"如果上帝想要人类飞行的话，那他就会给人类一双翅膀。"

　　比尔·塔特一直是莱特兄弟的挚友，但是在1903年11月17日他却没有出现在露营地。这并不是缺乏忠诚的表现，而是因为他以为"只有疯子才会尝试在那样的风中试飞"。

　　兄弟俩有不同的想法。快到12点的第四次试飞时，威尔伯调整好他在飞行器上的位置，发动机发出雷鸣般的特有的噼啪咔嗒声。尖顶帽暖和地套在头上，地面的强风像砂纸似的打磨着他的脸。就像他之前感受过的，飞机在阵风中颤抖，在60英尺长的跑道上左右摇晃。他将自己固定在臀部的支架上，手握操纵杆，盯着三部测量仪。他看看两侧，确定机翼附近没有人。跟以前不同的是，滑翔机起飞时没有助手扶着机翼，因为威尔伯相信除非非常熟练，一个人最好什么也别碰。而且他坚持独立起飞，因为他知道，在强风中，这机器只需要滑行40英尺的距离就能升入空中。

　　威尔伯调过头，察看海滩的情况。今天有些特别。在他视力所及的范围内，往日云集的鸟群已被寒风驱散。今天醒来时就是这样。铅色的天空下几乎难觅海鸥熟悉的踪影。

　　威尔伯又查看了一下两边，然后看着他的弟弟点点头。一切就绪，威尔伯的手伸向控制杆，接通线路，飞机立刻冲向前方，然后一切如他所料，滑行40英尺后，飞机轻松地升空了。尽管他已经做好应对气流的充分准备，但是风力太强，他得不断地来回调整。飞机像头长了翅膀的公牛，上冲下窜地冲过了100英尺的标志。然后又越过了距出发点200英尺的标志，颠簸得更加剧烈。突然，机身遭遇到一股下沉的气流，朝沙滩栽了下去。就在离地面只有一步之遥时，威尔伯重新控制住了飞机，让它再次飞了起来。

　　300英尺时飞机的晃动减轻了。

　　这时5个见证人和奥维尔都手舞足蹈、大喊大叫，显然威尔伯已经冲过了空中那堵无形的墙壁，控制住了飞机。400英尺后，他仍然将飞机控制在距地面15英尺的安全高度，飞机飞行平稳，不再颠簸摆动，能够在8～15英尺的空中轻松应对强风。

　　时间一秒一秒过去，距离威尔伯起飞已经45秒，一切顺利。目前飞机处在掌控之下，靠自身的动力持续飞行。

　　它在飞翔。

这一时刻来到了。就在这里，就在此刻。

500 英尺。

600。

700！

上帝啊，他想开到 4 英里外的基蒂霍克去！

这确实是威尔伯想要尝试的，他仍然朝着前方的房屋树木飞过去。

800 英尺……

飞行仍在继续。前方的地面突然出现了隆起的沙丘。威尔伯将升降舵推到位，想拉起机头，越过沙丘，之后就能顺利平稳地飞行了。在他的拉升中，机身缓慢抬起。但高速的强风在沙丘的影响下风向发生了突变，从沙地旋转翻腾而上，形成一股看不见的力量把飞机往下拽。机头猛然下倾，威尔伯急忙拉升；机身立刻再次晃动起来，机头上下摇摆。因为风力太强，与地面之间形成强烈的气旋，就像奥维尔后来形容的，飞机"一头扎到地上"。

他们跑过去，明白这次冲撞比正常着陆造成的碰撞要严重。起落架已扎入地面，整个机身受到剧烈的撞击，空中传来木头碎裂的噼啪声。由于风力和自身的冲力，飞机从地面弹起又落回沙地，升降舵前撑歪斜损毁，表面翘起。威尔伯没有受伤，虽然对没能继续飞行有些遗憾，但他知道自己已飞行了相当长的时间。风沙吹磨着他的脸，引擎发出熟悉的咔嗒巨响，威尔伯伸手关闭引擎。随着螺旋桨转速逐渐降低，他能清晰地听到传动链的声音，最后，只剩下了风声。风沙掠过地面和衣服的声音，间或一两声鸟叫，还有他自己的心跳声。

真的发生了。

他飞行了 59 秒。

从起飞到飞行结束的地面距离是 852 英尺。

空中距离，算上飞行速度、风速和其他因素，超过了半英里。

他——他们——成功了。

飞行时代开始了。

就在 56 天前，西蒙·纽科姆，这位自本杰明·富兰克林以后美国唯一的一位法兰西学院的院士，还在《独立报》上发表文章以"无懈可击的逻辑"证明人类的飞行是不可能实现的。

他们冲向飞机，威尔伯站在那里等待他们。没有人记录下那个时刻威尔伯所说的话，如今再怎么追寻也无法猜测他的原话了。这真是令人遗憾，它们永远地随风逝去了……

冻僵了的奥维尔和威尔伯回到住处准备午餐。吃完后他们休息了几分钟，洗好餐具，然后准备去发布他们成功的消息。大约下午两点，他们走向 4 英里外的基蒂霍克的气象站。这个气象站至今仍由约瑟夫·J.多舍掌管，在那里，兄弟俩可以经由政府部门的设备，将电报发送到诺福克，再用电话把消息传到代顿附近的商业电报局。代顿收到的电报内容如下：

北卡罗来纳基蒂霍克，12 月 17 日

莱特牧师

霍索恩街 7 号

周四上午成功飞行 4 次逆风风速 21 英里从平地以引擎为动力平均时速 31 英里历时 57 秒。

奥维尔·莱特　525p

当这段语意有些含糊的消息(甚至把59秒的飞行时间误记为57秒)在传递时,兄弟俩来到附近的救生站,和当值的工作人员聊天。站长S.J.佩恩告诉赖特兄弟他用望远镜看到了他们飞向天空的情景。

奥维尔和威尔伯前往邮局拜访船长和霍布斯夫人,他们一直帮助兄弟俩运送物资和进行其他的辅助工作。接着,他们和郭斯维尔医生待了一会儿,然后动身跋涉回到营地。他们要花上好几天功夫,把他们的飞机拆卸装入一个桶和两个箱子内,还有个人装备要整理,他们和平时一样一丝不苟地工作着。一切显得奇异而安静,好几次他们都跑到外面,凝视着他们起飞的地方。

伊莱亚斯

——利奥·托尔斯泰

"半个世纪以来,我们一直在寻找幸福。"在这个故事里,伊莱亚斯的妻子说,"富有时我们找不到它。现在我们一无所有,靠做工过日子,这时我们才找到无比的幸福,再也不需要其他了。"这个简单但深刻的故事很适合那些正在选择事业、工作的人。为了挣钱而工作当然没有错,但是如果认为有钱就有幸福则犯了大错。

从前有个地方叫乌法,那里住着一个叫伊莱亚斯的人。伊莱亚斯结婚一年之后,他的父亲去世了,留下的财产不多。伊莱亚斯只有7匹母马、两头奶牛和大约20只羊。但是他善于打理,很快他有了更多的牲畜。他和妻子起早贪黑地干活,起得比别人早,睡得比别人晚。他的财产一年年增加。到35岁时,他已经拥有了200匹马、150头牛和1200只羊。他雇来工人照看牛羊,招来女工挤马奶、牛奶,做马奶酒、黄油和干酪。伊莱亚斯丰衣足食,什么也不缺。

当地的人们都很羡慕他。他们说:"伊莱亚斯是个幸运的人,他拥有一切。他一定觉得世界很美好。"

有权势的人听说了伊莱亚斯,都去与他结交。他对每一个远道而来的拜访者都表示欢迎,为他们提供食物饮料。不论来的是谁,总是会有马奶酒、茶、果子露和羊肉摆在面前。不论客人何时到访,主人总会杀掉一两只羊来款待;如果客人众多,他还会杀掉一匹马。

伊莱亚斯有3个孩子:两个儿子和一个女儿,都已经结婚。当初贫困时,他的儿子们都和他一起劳作,亲自照看牛羊。但是有钱之后,他们就被惯坏了,其中一个还开始酗酒。哥哥在一次争执中被人杀死;弟弟娶了一个任性的女人后,不再听从父亲的话,父子俩再也无法生活在一起。

于是他们分了家,伊莱亚斯分给他儿子一栋房子和一些牲畜,他的财富减少了许多。不久后伊莱亚斯的羊群染上疾病,死掉了很多。接着又碰上地里种植的饲料歉收,许多牛在冬季饿死。后来吉尔吉斯人又夺走了他最好的马群。伊莱亚斯的财产急剧减少。财产越来越少,他的力气也越来越小。到他70岁时,他开始变卖他的皮毛、地毯、马鞍和帐篷。最后他不得不放弃剩下的牲畜来解决自己的生计。他还没明白是怎么回事,就已经一无所有了。他和妻子不得不年纪一大把了还为别人去打工。这时的伊莱亚斯,除了身上穿着的皮毛斗篷、一顶帽子、室内的鞋子和套鞋之外,已经所剩无几。他的妻子莎舍马吉也老了。他们的儿子已经离开此地去了一个遥远的国度,女儿也死了,所以老两口没有人可以依靠。

美德书大全集

　　邻居穆罕默德·沙很同情他们。穆罕默德·沙既不富有也不贫困，日子却过得很舒适，是个好人。他记得伊莱亚斯的好客，同时也同情他的遭遇，说："来和我一起生活吧，伊莱亚斯，和你的老伴一起。夏天你可以在我的瓜园里干些力所能及的活儿，冬天就帮我喂喂牛。莎舍马吉可以帮我挤奶和做马奶酒。我会为你们提供衣食。你们需要什么就告诉我，我会解决的。"

　　伊莱亚斯谢过邻居，和妻子一起干活。开始时他们觉得很辛苦，但是后来慢慢习惯了，他们尽量做些力所能及的事情。

　　穆罕默德·沙发现找这样的人做事很有好处，因为他们自己曾经做过管理者，因此知道该如何安排工作，而且从不偷懒，总是尽力而为。但是穆罕默德·沙看到曾经地位如此之高的人沦落至此，还是感到难过。

　　一次穆罕默德·沙的一些亲戚从遥远的地方来看他，同行的还有一位长老。穆罕默德·沙让伊莱亚斯抓只羊杀了好招待客人。伊莱亚斯将羊剥了皮，煮好后端给客人。客人们吃着羊肉，喝着茶，后来又开始喝马奶酒。他们和主人坐在地毯的垫子上交谈、饮酒，这时伊莱亚斯干完活，从敞开的门前走过。穆罕默德·沙看到他经过，对一位客人说：

　　"你注意到那个刚刚走过去的老人了吗？"

　　"看到了，"客人说，"他有什么特别的吗？"

　　"没什么，只是他曾经是我们这里最富有的人，"主人回答，"他叫伊莱亚斯。也许你听说过这个名字。"

　　"当然听说过，"客人回答，"我以前从没见过他，他可是声名远播啊。"

　　"是啊，可是现在他什么也没有了，" 穆罕默德·沙说，"现在他住在我这为我干活，他妻子也在这里——干挤奶的活儿。"

　　客人很惊讶，他咂咂嘴，摇摇头，说："命运就像车轮旋转。一个人升上去，另一个跌落下来！这个老头难道不为自己失去的一切难过吗？"

　　"谁知道呢？他生活得很平静，活干得也很好。"

　　"我能跟他谈谈吗？"客人问，"我要问问他有关生活的问题。"

　　"为什么不行？"主人回答，然后坐在帐篷里喊："巴贝（意思是爷爷），进来和我们喝杯马奶酒，把你的妻子也叫来吧。"

　　伊莱亚斯和妻子一起进来，和主客们互致问候之后，他做过祷告，在门边坐下。他的妻子穿过幔帐和女主人坐在一起。

　　一杯马奶酒递到伊莱亚斯手中，他祝福客人们和主人身体健康，然后低头喝了一点，就放下了杯子。

　　"那么，老人家，"那个想和他交谈的客人说，"我想你看到我们肯定很伤心。这场景一定让你联想起你往日的富有和现在的痛苦吧？"

　　伊莱亚斯笑了，说："如果我告诉你什么是幸福，什么是不幸，你一定不会相信我的话。你最好问问我妻子。她这个女人想什么就说什么，她会告诉你所有的实情。"

　　客人转向幔帐。

　　"那么，老奶奶，"他大声说，"告诉我你对以前的幸福和眼下的不幸有什么感受吧。"

　　莎舍马吉在幔帐后回答："我是这样想的：我的老伴和我一起生活了50年，一直在寻找幸福，却没有找到，直到我们失去了一切，为别人干活度日后，我们才找到了真正的幸福，我们目前的生活无比幸福，别无他求。"

　　客人们都很惊讶，主人也是一样，他甚至起身掀开幔帐，观察老妇人脸上的表情。她双手抱臂站在那里，微笑着看着她的老伴；老伴也满脸含笑看着她。

　　老妇人继续说："我说的是实话，决不是玩笑。半个世纪以来，我们一直在寻找幸福，富有时我们找不到它。现在我们一无所有，靠做工过日子，这时我们才找到无比的幸福，再也不需要其他什么了。"

第五章 工作

"但是你的幸福在哪里呢？"客人问。

"啊，是这样的，"她回答，"当我们富有时，我们需要料理的事情太多了，根本没有时间交谈，反省自己的灵魂，或是向上帝祈祷。因为有客人来访，我们得考虑用什么食物款待他们，以免他们说闲话。他们离开后我们得照看工人，他们总是想逃避工作，而我们则想让他们尽全力干活。于是我们犯了过错。接下来我们还要操心，害怕牛羊被狼吃掉，怕马被窃贼偷走。我们睁眼躺在床上，担心母羊会睡在羊羔身上，于是一次次起身查看。当你照料这一处，另一处又需要你烦心：例如，到哪儿去弄足够的饲料让牲畜们过冬？除此之外，我的老伴还常常和我发生争执。他会说我们必须怎样怎样，而我就会反对，然后我们就开始争吵——这又是罪过。就这样我们经历着一桩桩烦恼，犯下一次次过错，一点儿也不快乐。"

"那么，现在呢？"

"现在，当早上我们醒来，我们总是互相表达爱意，我们生活平静，没什么可争吵的。我们没有烦恼，愉快地为主人干活。我们尽力劳动，希望主人不会因为我们遭受损失，而是得到益处。当我们回来饭菜已经备好，还有马奶酒喝。天冷时有柴烧，有皮衣御寒。我们有时间交谈，反省自己的灵魂，还有祈祷。50年来我们一直在寻找幸福，但是直到最后我们才找到它。"

客人们笑了。

但是伊莱亚斯说："不要笑，朋友们。这可不是玩笑——这是生活的真谛。开始时我们也曾愚笨地为失去的财产哭泣。但是上帝向我们显示了真理，现在我们说出来，并不是为了自我安慰，而是为了大家都好。"

这时长老说："这番话很有智慧。伊莱亚斯确实说出了真理，《圣经》里也是这么说的。"

于是客人们止住笑，陷入沉思之中。

人生颂

——亨利·沃兹沃斯·朗费罗

亨利·沃兹沃斯·朗费罗在谈到这首诗时曾说过："这首诗的原稿我保留了很长时间，不愿给任何人看，它是当我从沮丧中重整旗鼓时，发自心底最真实的声音。"这首诗告诉我们，工作往往是治愈痛苦的最好方法。与朗费罗同时代的另一位美国的伟大作家，纳撒尼尔·霍桑，也曾在他的小说《红字》中描写过："布道！写作！行动！做点什么，免得躺着等死！"

> 不要用哀伤的诗句告诉我：
> "人生不过是一场空梦！"
> 灵魂睡着了就等于死去，
> 事物的真相与外表不同。
>
> 人生真实而且严肃！
> 它的归宿决不是坟茔：
> "你本是尘土，必归于尘土。"
> 这里说的并不是魂灵。

无论是享乐还是受苦；
都不是命定的目标和道路，
而是行动，在每个明日
都发现超越今天的进步。

艺海无涯，时光飞逝；
我们的心，纵然勇敢不屈，
也只如被包裹的鼓，闷声敲响，
通向坟地的葬礼进行曲。

在世界这片辽阔的战场，
在这人生的扎营地，
不要做供人驱使的哑畜，
做一个骁勇善战的英雄！

别相信将来，无论它多美好！
把已逝的过去永久掩埋！
行动吧——行动，趁着现在！
胸中怀赤心，头顶有神灵！

伟人们的生平启示我们：
我们能令生命变得高尚，
而当告别人世的时候，
将脚印留在时间的沙上。

也许会有另一个兄弟，
航行在庄严的人生之海，
遇险沉船，在绝望之际，
看到这脚印而振作起来。

那么，让我们行动起来，
勇于面对任何命运；
不断进取，不断追求，
学会劳动，学会等待。

第六章

勇 气

　　亚里士多德在《尼各马科伦理学》中说过："勇敢的行为使我们变得勇敢。"我们的一些性格，如美德和恶行，是通过行为而逐渐形成的。因此，"通过习惯于鄙视恶行，并且坚定我们的立场反对这些恶行，我们将变得勇敢，而且只有当我们变得勇敢时，我们才能更加坚定我们反对恶行的立场。"

　　然而，不去做某些危险的事情并不意味着胆小。面对恐惧而感到害怕是一种正常的反应。伟大的美国小说家赫尔曼·梅尔维尔，在《白鲸》的故事中生动地解释了亚里士多德的这个观点——当斯达巴克，这个佩科特号的大副第一次对全体水手讲话时说道："我不会让不害怕鲸鱼的人走上我的船。"他这么说的意思不仅仅是指最可靠、最有用的勇气来自于对遇到的危险的正确的估计，而且也说明一个无所畏惧的同伴比一个胆小的同伴要危险得多。

　　勇敢的人并不是从不害怕的人。无所畏惧的人往往是行动轻率、做事不计后果的人，在遇到紧急情况的时候往往带来更多的伤害而不是帮助。很难在危险中"教育"这一类的人。而另一方面，胆小的人，虽然明显缺乏信心，往往会过度害怕，容易受到"鼓励"行为的影响。

　　一个人的令人印象深刻的英勇行为是具有感染力的，能够激励一群人，同时也会让一部分人感到羞愧。这就是古罗马那位站在桥上的贺雷修斯，阿金库尔战役中的亨利五世（1415年英国国王亨利五世于法国北部阿金库尔村打败兵力数倍于己的法军）所激励的英勇。这也是那些默默忍受暴行的人们加入甘地和马丁·路德·金的非暴力抵抗以唤醒公众良心而反对不平等所表现的英勇。

　　当然，他们的成功的另一个关键是判断力——与雄辩一同展现的实际的判断力，这是由一个人对自身文化传统的领悟而激发的，并形成坚强的意志从而采取明智的行动。仅仅知道要做正确的事情是不够的，我们还要知道如何去做。我们需要明智——通常指英明的领导者的智慧——来激发我们的勇气，并加以正确的指导。我们还需要意志，鼓舞人心的领导者有时可以帮助我们发现我们内在的却未必能够发觉的激励力量。

　　如果亚里士多德说的是对的——至少我认为他的话是对的——那么勇气就是一种固有的气质，在充满挑战的环境中能够恰当地意识危险和信心（所谓的"恰当"随着具体情况的不同而变化）。勇气也是坚持立场明智地前进或退却的品质。然而，首先我们要明确这

些品质是什么，才能具有这些品质。也就是说，面对恐惧时，我们首先要表现得勇敢，哪怕我们并不真正觉得自己有胆量。

几乎所有的小孩都怕黑，这就为勇气教育的第一课提供了一个比较安全的机会。在家里，家长们可以帮助年长的孩子培养这方面的品质，让他们在弟弟妹妹们面前做出很勇敢的样子。"明白了吗？这没什么可怕的。"这是一个很好的做法，而且是一个不错的开始。为别人而勇敢的时候——在困难的时候帮助别人，就是我们自己变得勇敢的时候，就会让我们学会如何确立信心，应对恐惧，明白什么是正确的事情并坚持正确的做法。

小鸡的故事

马克·吐温曾经说过他一生中经历过很多困难，但大部分困难后来都没有再遇到过。我们假想了许多恐惧的存在。为了避免愚蠢的怯懦的行为，切勿小题大做。柏拉图说过，勇敢就是知道应该害怕什么。

有一天，小鸡在树林里玩耍的时候，一颗橡子突然砸在它的头上，吓得它全身发抖，身上的羽毛都竖起来了。

"救命啊！救命啊！"它大叫了起来，"天要塌啦！我要去向国王报告！"然后它惊惶失措的跑着去向国王报告。

在路上，它碰到了彭尼鸡。"小鸡，你去哪里啊？"彭尼鸡问它。

"哦，救命啊！"小鸡哭着说，"天要塌了！"

"你怎么知道的？"彭尼鸡又问道。

"嗯，我亲眼看见的，亲耳听到的，而且有一块天空砸到我的脑袋了！"

"这太可怕了，太糟糕了！"彭尼鸡也大叫了起来，"我们还是赶紧跑吧！"然后它俩拼命地跑了起来。

很快它俩又碰到了拉奇鸭。"小鸡，彭尼鸡，你俩这是要去哪里啊？"拉奇鸭问道。

"天要塌了！天要塌了！我们要去报告国王！"它俩大叫着。

"你们怎么知道的？"拉奇鸭问道。

"我亲眼看见的，亲耳听到的，而且有一块天空砸到我的脑袋了！"小鸡说。

"不得了了！不得了了！"拉奇鸭叫着，"我们还是快跑吧！"然后它们三个都拼命地跑了起来。

不久，它们在路上又碰到了正在散步的露斯鹅。

"你们好，小鸡，彭尼鸡，拉奇鸭，"露斯鹅叫住它们，"你们这么急匆匆的是要去哪儿啊？"

"逃命呀！"小鸡大叫道。

"天要塌啦！"彭尼鸡咯咯地叫着。

"我们要去报告国王！"拉奇鸭呱呱地叫着。

"你们怎么知道天要塌了？"露斯鹅问道。

"我亲眼看见的，亲耳听到的，而且有一块天空砸到我的脑袋了！"小鸡说。

"天哪！"露斯鹅嘎嘎地叫着，"那我也得和你们一起逃命！"然后它们慌慌张张地穿过了牧场。

第六章 勇气

很快它们一行遇见了大摇大摆地走着的乐奇火鸡。

"喂，小鸡，彭尼鸡，乐奇鸭，露斯鹅，"它叫道，"你们匆忙地往哪儿去啊？"

"救命！救命！"小鸡大叫着。

"我们在逃命！"彭尼鸡咯咯地说。

"天要塌啦！"拉奇鸭呱呱地叫着。

"我们要赶紧向国王报告！"露斯鹅嘎嘎地说。

"你们怎么知道天要塌了？"乐奇火鸡问道。

"我亲眼看见的，亲耳听到的，而且有一块天空砸到我的脑袋了！"小鸡说。

"老天爷！我一直怀疑总有这么一天的！"乐奇火鸡说，"我得和你们一起逃命！"

大家竭尽全力地跑着，遇见了洛克斯狐狸。

"喂，喂，"洛克斯狐狸叫住他们，"这么好的天气，你们慌慌张张地去哪里啊？"

"救命！救命！"小鸡、彭尼鸡、拉奇鸭、露斯鹅、乐奇火鸡一起大叫着，"今天的天气根本不好。天要塌了，我们正赶着去向国王报告！"

"你们怎么知道天要塌了？"洛克斯狐狸问道。

"我亲眼看见的，亲耳听到的，而且有一块天空砸到我的脑袋了！"小鸡说。

"哦，是这样啊！"洛克斯狐狸说，"你们跟我来，我给你们带路去见国王。"

然后洛克斯狐狸带着小鸡、彭尼鸡、拉奇鸭、露斯鹅、乐奇火鸡走过田野，穿过森林，领着它们进了自己的老巢……它们再也没有机会见到国王并汇报天要塌了这件事了。

小妇人的故事

——詹姆斯·凡·斯克尔和威廉米娜·西格米勒改写

这并不是一个让人毛骨悚然的故事，但是其情节设计是为了吓唬听众的，所以家长们应该在孩子们的年纪到了可以接受悬疑情节的时候才给孩子们讲述这个故事。这是一个流传了很久的传说，不仅因为它好玩，也因为它告诉孩子们夜里听到的声音只是他们头脑中想象的声音。这个故事也告诉孩子们害怕"夜里的声音"是自然的事情，重要的是你如何对待而已。

从前有一个个子矮小的小妇人，住在一座小小的房子里。

一天晚上，当她睡在她那张小小的床上时，她听到了一个声音！

她蹑手蹑脚地从床上爬起来，点燃了小小的蜡烛。

她看了看小床下面，又看了看小桌子下面，再看了看小椅子下面。

什么都没发现。

然后她吹灭了蜡烛，又蹑手蹑脚地回到小床上。

小妇人闭上了眼睛。她刚要睡着，又听见了那个声音！

她又从床上起来，点燃蜡烛，走到楼下。

她走进起居室，看了看桌子下面，又看了看椅子下面。

什么都没有发现。

她回到楼上，吹灭蜡烛，回到床上。

小妇人闭上了眼睛。她刚要睡着，又听见了那个声音！

她爬下床，点燃蜡烛，走到楼下。

她走进餐厅，走到餐桌旁，掀起桌布，偷偷往下看，突然，"嘘"的一声。（编者著：大人讲到此处，突然"嘘"的一声，一定会把孩子们吓一跳。然后便可借小妇人之口告诉孩子："想想吧，什么都没有，'嘘'的一声就吓成这样。"）

"啊呀！"小妇人说道，"想想吧！什么都没有，居然被这声音吓了一跳！"

小风筝如何学会飞翔？

令人觉得神奇的是，世上的美德很大程度上源于一个微不足道的词语："尝试。"第一次尝试总是需要勇气的。另一方面，"试一下，再试试"还需要另一个美德：毅力（参见《小蒸汽机的故事》）。

小风筝说："我做不到。"
它抬头看着其他高高地飞着的风筝。
"如果我飞的话，肯定会摔倒在地的。"
"试试吧，"大风筝说，"只是试一下。
否则你永远学不会飞翔。"
但是小风筝说："我怕我会掉下来。"

大风筝点点头："那么，再见啦！我要飞走了。"
然后它慢慢地向着宁静的天空飞去。
看着大风筝远去，小风筝开始鼓起翅膀，摇摇晃晃地飞了起来。
盘旋着，害怕着，但是越来越勇敢，越飞越高，
大风筝低头看到小风筝在稳健地飞翔。

小风筝激动得颤抖着，因为它可以和大风筝肩并肩地飞翔啦！
它看到地面上，孩子们只有黑点般大小。
它们在安静的高空中休息，
周围只有小鸟飞过，白云飘过。
"哦，我现在真快乐啊！"小风筝大声说道，"这都是因为我很勇敢地尝试了。"

第六章 勇气

大卫和巨人哥利亚

——J.伯格·埃森韦恩和玛丽埃塔·斯托卡德改写

本篇讲述了一个无所畏惧的勇敢的年轻人和一个胆小如鼠的巨人之间的故事。一个英雄凭借其信仰的力量，利用小孩的武器打败了看起来不可战胜的武士。

很久以前，在伯利恒岛上，有个叫耶西的男子。他有8个强壮的儿子，其中年纪最小的儿子叫大卫。

虽然年纪最小，大卫却是长得唇红齿白，高大威猛。他的哥哥们赶着羊群去田里的时候，他也跟在后面跑。每天他都蹦蹦跳跳地翻山越岭，倾听溪流的潺潺吟唱和林间小鸟的欢唱，因此他越来越健壮，越来越快乐，越来越勇敢。有时他会根据他的所见所闻谱写动听的歌曲。他目光敏锐，肌肉结实，目标明确。当他把石头放进他的弹弓，瞄准目标的时候，他从来没有失过手。

他长大后，也负责照管一些羊群。一天，当他躺在山坡上放羊的时候，一只狮子从树林里窜了出来，捉走了一只小羊。大卫立刻跳起来，追了过去。他心里一点都不害怕，想到的只是要救回他的小羊。他"嗖"的一下跳到了狮子的身上，抓住狮子的头，用手里的棍子打死了狮子。又有一天，一只熊袭击羊群的时候，也被手无寸铁的大卫打死了。

不久之后，腓力基人整编了军队，翻过大山，要将以色列的孩子们驱逐出家园。所罗王召集他的兵马，并且接见他们。大卫的大哥、二哥和三哥都入伍了，但是大卫却被留在家中继续放羊。"你年纪太小了，就待在田里继续照管羊群吧。"他们这样对大卫说。

40天过去了，战争的消息一点都没有传来。因此耶西叫来大卫，对他说："把这些吃的给你的哥哥们送去，顺便去军营看看他们的情况如何。"

大卫一大早就出发，马不停蹄地赶到了军队驻扎的山岗。大卫到达的时候，两军正在交战，杀声震天。大卫在队伍中找到了他的哥哥们，正在说话的时候，所罗王的军队突然悄无声息——对面的山坡上站了一个大巨人。他大踏步地走来走去，盔甲在阳光下闪闪发亮。他的盾牌看上去非常沉重，所罗王军队中最强壮的人都未必能举得起；他的佩剑看上去也非常长，所罗王军队中最强壮的人也未必能挥得动。

"他是大巨人哥利亚。"大卫的哥哥说，"每天他都站在那山上，大呼小叫地挑战以色列士兵，可是我们当中没有人敢站在他面前接受他的挑战。"

"什么？以色列人害怕他？"大卫问道，"他们就让这个腓力基人这样挑衅神的军队？难道没有人敢出去迎战？"他一个一个地质问着。

听到大卫这么说，大卫的大哥伊利亚伯非常生气。"你太不懂事了，太妄自尊大了。"他说，"你从家里偷偷跑出来，就是为了要看打仗是怎么回事？你把羊群交给谁照看了？"

"有羊倌看着呢。另外，是爸爸让我来这里看看你们的。当然，我也很高兴我能来这里。"大卫回应道，"我要亲自去会会这个巨人。以色列的神灵会保佑我的，我根本不怕哥利亚，也不怕他的主人。"

站在他们旁边的人听到了这几个兄弟之间的谈话，立刻跑去向所罗王汇报大卫所说的话。

"把他带到我面前来。"所罗王命令道。

当大卫被带到所罗王面前的时候，所罗王看到大卫只是一个小孩，就打算劝阻大卫。可是大卫告诉所罗王他是如何赤手空拳地杀死了狮子和熊。"派我到这儿来的神灵会保佑

我从腓力基人的手里安全地回来的。"他说。

然后所罗王说："去吧，神保佑你！"

他让人拿来自己的头盔、战衣和剑给大卫。但是大卫说："我不能穿着这些去战斗。我不习惯这些盔甲。"他放下了所罗王的盔甲，因为他知道勇士必须用自己的武器赢得战争。

然后他拿着他的棍子，背着牧羊人的背包，斜挎着弹弓，离开了以色列人的战营。他轻快地跑下山坡，来到山脚下的小溪边。他弯下腰从溪流里挑了5个圆圆的石头，放进他的背包里。

山这边的所罗王的军队和山那边的腓力基人的军队，都很安静但又好奇地看着大卫的行动。大巨人大步地朝大卫走去，却发现大卫只是个唇红齿白的小孩而已，他气坏了。

"难道我是狗吗？你居然拿着棍子来！"他咆哮着，"以色列人派一个小孩来侮辱我？你快点滚回去，否则我拿你来喂天上的小鸟和地上的野兽！"然后巨人哥利亚以他的众神的名义诅咒着大卫。

但是大卫丝毫不畏惧，他勇敢地大声说道："你拿着剑，拿着矛，还拿着盾，但是我以上帝的名义，以被你侮辱的以色列人的神的名义来和你战斗。今天上帝将让你死在我的手里。我会打败你，我要让你们知道以色列神的厉害！"

他的话音刚落，哥利亚就猛地向他冲了过来。大卫也迅速地冲向哥利亚。他把手伸进背包里，掏出了一颗石头，把石头放进他的弹弓。同时，他锐利的眼睛瞄准了哥利亚前额上头盔没有遮住的地方。他拉开弹弓，使出全身的力气，弹出了石头。

石头"嗖"的一声，划过空中，不偏不倚的打中了哥利亚的前额。他巨大的身躯摇晃了几下，"轰"的一声倒在了地上。大卫飞速跑到哥利亚的身旁，拔出了大巨人的剑，一下就把他巨大的头颅砍了下来。

以色列军队目睹这一切后，发出巨大的欢呼声，冲下山坡，围剿那些被吓得四处逃散的腓力基人。腓力基人看到他们最厉害的武士被一个小孩打死后，都纷纷逃往自己的国土，把他们的帐篷和财产都留给了以色列人。

战争结束后，所罗王命人把大卫带到他的面前，说道："你不应该再回到你父亲的身边，而应当留在我的身边做我的儿子。"

因此大卫就留在了所罗王的宫中。后来，他成了所罗王军队的将军，所有的以色列人都尊敬他。若干年后，他继承了所罗王的王位。

杰克和豆秆儿

——根据安德鲁·郎原著改编

继大卫之后，杰克可能是另一个最有名的深受爱戴的杀死巨人的英雄了。一开始，他只是个做事轻率的男孩，但是后来出于对他妈妈的责任感而做出了一件勇敢的事情，从而改变了他自己。勇气使人进步，我们迟早都得爬上我们自己的"豆秆儿"。

从前，有个贫穷的寡妇带着她唯一的儿子杰克住在一个小破房子里。杰克是个笨笨的做事欠考虑但好心肠的小男孩。

一天清晨，妈妈交待儿子去市场把家里的母牛卖掉。于是，杰克牵着牛去了市场，但是在路上，他碰到了一个手里拿着漂亮豆子的屠夫。屠夫告诉这个小男孩这些豆子非常值钱，劝杰克用牛和他换豆子。

这样，杰克握着用牛换来的一把豆子回家给他妈妈看，可是妈妈却伤心地落下了眼泪。这个时候，杰克才意识到他做了件多么愚蠢的事情，他很沮丧地想："我还是把这些豆子撒了吧。"他去花园里把这些豆子种在土里后很伤心地去睡觉了。

第二天天刚亮，他就起床了，然后跑到花园里。他吃惊地发现一夜之间豆子已经长出来了，豆秆儿像梯子一样高高地爬向了天空，一眼望不到尽头，消失在云层里。

"这样爬上去应该很容易吧。"杰克想。

于是，杰克开始抱着豆秆儿向上爬。他越爬越高，超过了房子、村庄，甚至超过了教堂的塔。最后他爬到了豆秆儿顶端，发现他来到了一个美丽的国家，草木郁郁葱葱，羊儿白白胖胖。一条清澈的小溪流过，旁边是一座漂亮的城堡。他站在那里看得入神的时候，一位老妇人走了过来。

"夫人，请恕我冒昧，那是你的房子吗？"

"不是，"老妇人说，"那是一个坏心眼儿的巨人的城堡，里面有很多的金银财宝。据说有一天会有一个从下面的村子来的年轻的小伙子挑战这个巨人，把财宝带回去给他的贫穷的妈妈。也许你就是那个小伙子，但是这个任务很艰巨，也很危险。你有胆量去试试吗？"

"如果我做的事情是对的，我就什么都不怕。"杰克说。

"那么，"老妇人说道，"你就是杀死巨人的那个英雄了。如果你进到城堡里面，你会发现一只下金蛋的鸡，一架会说话的竖琴，还有装满黄金的两只口袋。如果你拿了这些东西给你妈妈，她一定会很高兴的。"

于是，杰克走到城堡门口，敲了敲门。一个长相可怕的女巨人打开了门，她的前额中间还长了一只大大的眼睛。她立刻捉住杰克，把他拖了进去。

"哈哈！"她笑得很恐怖，"我一直需要个人来给我干活，擦擦刀子，刷刷靴子，生生炉火。你就当我的仆人吧！但是只要巨人在家，我就得把你藏起来，因为他把我以前的仆人都给吃了。要是给他看见了，你也会成为他的美味的小点心的。"

可以想象，听了这番话后，杰克是多么的害怕，不过他还是壮起胆子，鼓足勇气，抓住这个机会。

"我很荣幸成为你的仆人，"他说，"我只恳求你把我藏好，我可不想被他吃了。"

"真是个好孩子，"女巨人说，"很幸运你看到我的时候没有尖叫，不然他会听见的，然后就会把你当晚餐吃了，就像以前一样。到我这儿来，孩子，藏到我的壁橱里去。他从不看那里面，所以那里很安全。"

她打开房间里的一扇巨大的门，把杰克关了进去。门上面的锁眼很大，所以很通风，而且杰克可以透过锁眼一清二楚地看到外面发生的事情。过了一会儿，杰克听到楼梯上传来重重的脚步声，好像隆隆的炮声，接着传来雷鸣般的说话声：

"咻咻，咻咻，

我闻到了一个英格兰人的味道，

不管他是死还是活，

我要磨碎他的骨头来做面包。"

"老婆，"巨人叫道，"我闻到我们的城堡里进来了人类。捉住他当我的晚饭吧。"

"你真是越老越糊涂啊，"女巨人提高嗓门说，"你闻到的只是我给你做的晚饭。去，坐下，好好吃晚饭。"

巨人坐在了桌边。杰克透过锁眼看着巨人，看到他一口就吞下了一整只烤猪，一口就

喝完了一整桶啤酒，吓坏了。

晚饭后，巨人让他妻子把那只会生金蛋的鸡抱来。不一会儿，女巨人抱来了一只棕色的小母鸡，放在她丈夫面前的桌子上。

"下蛋！"巨人说。那只母鸡立刻下了只金蛋。

"下蛋！"巨人说。那只母鸡立刻又下了只金蛋。

"下蛋！"巨人又说。那只母鸡立刻又下了只金蛋。

然后他把母鸡抱下桌子放到地上，又叫他的妻子把他的钱袋拿来。很快，女巨人肩上搭着两个大袋子回来了，把袋子放在她丈夫面前。巨人从袋子里掏出许多许多的金币，一个个地数着，然后把金币堆放得整整齐齐的。玩累了后，他又一下子把所有的金币撸进袋子里。

"我得打个盹儿休息一下，"他对妻子说。"但是，你先把我的竖琴拿来，我要听会儿音乐。"

女巨人出去拿了一架漂亮的竖琴回来。竖琴的外框上镶满了闪闪发光的钻石和红宝石，琴弦都是金子做的。

"音乐！"巨人说。然后，竖琴轻轻地演奏了一首悲伤的曲子。

"我要听欢快的音乐！"巨人说。于是竖琴弹奏了一首欢快的曲子。

"现在来首催眠曲吧！"巨人命令道。竖琴听话地弹奏了一首甜美的催眠曲，它的主人很快就睡着了。

杰克蹑手蹑脚地从壁橱里爬了出来，向四周看了看，确定女巨人不在厨房里。他爬上巨人那张大椅子，悄悄地收起那两个钱袋，那只神奇的母鸡，还有那架奇妙的竖琴，然后他拼命地向外跑，可是刚跑到门口的时候，竖琴大叫了起来："主人！主人！"

巨人醒了过来！

他怒吼一声，从椅子上跳了起来，两步就追到了门口。

巨人伸出大手去抓杰克。不过杰克异常敏捷，像闪电一样迅速地跑到了豆秆儿那里，抱住豆秆儿拼命地往下爬。

他终于回到了自己家的花园里，刚刚喘了口气，抬头一看，却发现巨人也跟在他的后面向下爬！

"妈妈！妈妈！"杰克大声叫着。"快把斧头拿给我！"

他的妈妈拿着一把斧子跑了过来，杰克接过斧头立刻砍起了豆秆儿。但是巨人离地面越来越近！

"妈妈，站远一点儿！"杰克大叫道。随着最后一下，豆秆儿终于被砍倒了，杰克也立刻往后跳开。

巨人"砰"的一声重重地摔在了地上，脖子断了，死在杰克家的花园里。

当然，杰克的妈妈吓得不知所措，因为不是每天都有巨人摔死在她的花园里的。之后，杰克把他的历险记告诉他妈妈，给她看那两个钱袋里的钱，命令那只神奇的母鸡下金蛋，又让那张奇妙的竖琴演奏给她听。

看到这么多宝贝，杰克的妈妈乐得嘴都合不拢了。但是她更高兴的是她的宝贝儿子安然无恙地回来了，而且她也为他的勇敢而感到自豪。

"昨天我还担心你只是个笨笨的不会思考的小男孩，"她说，"不过，今天你就证明你是如此勇敢。现在我知道你一定会登上成功的阶梯的，就如同你爬上豆秆儿一样。"

他俩一起埋了那个坏心眼儿的巨人，然后回到屋里去看他们的宝贝了。

汉斯尔和格蕾特尔

——根据格林兄弟原著改编

这个深受小朋友喜欢的故事提醒我们，兄弟姐妹必须互相合作，只有鼓足勇气和力量，最终才能找到走出危险丛林的路。

森林附近，住着一个伐木工，还有他的妻子和两个孩子——一个叫汉斯尔的小男孩和一个叫格蕾特尔的小女孩。他们非常穷，经常没饭吃，伐木工很发愁，不知道怎么喂养两个孩子。

"这两个孩子该怎么办呢？"一天晚上，伐木工对妻子说，"我们的食物只够这个礼拜吃的了。"

"我有办法，"他妻子说。她是两个孩子的后妈，而且心眼儿很坏。"明天一大早我们给他们每人一块面包，然后把他们带进森林，把他们留在森林里最黑的地方。他们将永远找不到回家的路，这样他们就不得不学会照料自己了。"

"我不能那样做，"伐木工哭了起来。"把他们留在荒郊野外会让我伤心不已的。"

"哦，你这个笨蛋，"他妻子说，"不那样做的话，他们会挨饿的，因为我们没有足够的食物。他们在森林里反而很有可能遇到一个好心人，同情他们，给他们吃的。如果你没法这样做，我来做。"

最后，伐木工还是同意了妻子的提议，于是妻子决定第二天日出的时候出发。但是两个小孩子因为饿得睡不着，听到了他们的后妈的话。

"不要怕，"汉斯尔对他妹妹说，"我有办法可以找到回家的路。"

第二天一大早，妻子把两个孩子从床上拉起来，说："快起来，懒骨头！我们要去森林砍柴。"她给了孩子们每人一块面包，然后他们一起出发进入了森林。

他们走了一个上午，在森林里兜兜转转，越走越远。但是汉斯尔一直很谨慎地走在最后面。每走几步，他就从他的面包上撕下一小块，扔在地上。

最后，后妈终于不再走了，停了下来，告诉两个孩子坐在一根被砍倒的树干上等她，然后她就消失在森林里。

因为汉斯尔把他的面包都用来做路标了，两人就一起吃格蕾特尔的面包，然后都睡着了。他们醒过来的时候，天已经黑了，但是并没有好心人来把他们带回家。

"再等一会儿吧，格蕾特尔，等到月亮出来的时候，"汉斯尔说，"然后我们就能看到面包屑找到回家的路。"

他们耐心地等到了月亮出来的时候，可是所有的面包屑都没有了！原来是森林里和田野里的小鸟把面包屑都吃光了，这下两个孩子真的迷路了。

他们不停地走，却只是转了一圈又一圈后回到了原点。从夜晚走到白天，他们不停地走，饿了就吃浆果。最后，他们打算要放弃的时候，突然看到了一座小房子。走近房子，他们发现这是姜饼砌成的房子，屋顶是蛋糕做的，窗户是糖做的！"我们来吃点儿东西吧！"汉斯尔说，"我要吃一块屋顶。格蕾特尔，你可以吃点儿窗户。"说完，汉斯尔就爬到了房顶上，掰了一块屋顶，尝了尝味道；格蕾特尔站在窗户边，咬了一口窗户。然后他们听到屋里传来细细的声音："咔嚓，咔嚓，好像老鼠的声音，是谁在啃我的房子？"

门开了，一位拄着拐杖的老妇人走了出来。汉斯尔和格蕾特尔吓坏了，赶紧丢掉了他

们手里抓着的东西。

可是老妇人只是点了点头，说道："啊，亲爱的孩子们，你们怎么会到这里来的？赶快进来，待在我这里，你们会安全的。"

她牵着孩子们的手，带着他们走进她的小房子，给他们拿了很多吃的，有牛奶、糖饼、苹果，还有各种果仁。然后她把他俩带到两张白色的小床那里，汉斯尔和格蕾特尔立刻爬到床上睡着了。他们还梦到自己到了天堂。

事实上，这个老妇人是个邪恶的巫婆，她在森林里建了这个姜饼屋就是为了骗来小孩子，然后再吃掉他们！

第二天一大早，汉斯尔和格蕾特尔还没醒来，巫婆就起床跑去查看，发现他俩睡得很香，脸颊红红的像苹果一样可爱。巫婆自言自语道："看来我有一顿美味大餐啦！"

然后她伸出她那布满皱纹的手，拽着汉斯尔到了马厩，把他关了进去。不管他怎么大声叫喊，都没有人能听见。然后她又回到格蕾特尔床边，把她摇醒，说道："快起来，懒骨头！去打点儿水来，给你哥哥做点好吃的。他在外面的马厩里，必须把他喂肥了。等到那个时候，我就可以吃他了！"

格蕾特尔悲伤地哭着，可是一点儿用都没有，她不得不按照坏巫婆的话去做。可怜的汉斯尔吃着最好的东西，而格蕾特尔只有蟹壳可吃。

每天早晨，老巫婆都去马厩看看："把手伸出来，孩子，让我捏捏，看你是不是胖得可以给我吃了。"

可是，汉斯尔只是伸出一只小鸡的骨头，而老巫婆的视力很差，根本看不清她捏的是什么。她只是奇怪为什么汉斯尔还没有长胖。4个星期过去了，汉斯尔的手捏起来还是那么瘦，老巫婆终于失去了耐心。

"格蕾特尔，"她叫道，"现在赶快去打点儿水来。不管汉斯尔是胖还是瘦，我都要煮了他来吃。"

可怜的小格蕾特尔悲伤得发抖，可是她知道现在她该勇敢点儿。

"我必须勇敢！"她告诉自己，"救出汉斯尔的唯一办法就是发挥我的智慧，寻找机会。"

同时，老巫婆生了火，火苗旺得窜出了灶台。

"爬进去，"她命令格蕾特尔，"去看看火是不是够旺。"

不过格蕾特尔看出老巫婆是想要把她关在灶台里，把她烤熟。于是她说："我不知道怎么做。我怎么才能爬进去呢？"

"你这蠢蛋，"老巫婆说，"你没看见这个灶口很大吗？甚至我都能爬进去！"她弯下腰，把头伸进了灶口。突然格蕾特尔趁其不备推了她一下，于是老巫婆跌了进去，被格蕾特尔关在了里面！紧接着，格蕾特尔跑出去，打开了马厩的门。

"汉斯尔，我们自由了！"她高兴地说，"那个坏心眼儿的老巫婆死了！"

汉斯尔就像飞出笼子的小鸟一样获得了自由，他们高兴得唱歌跳舞。然后他们搜了搜老巫婆的屋子，发现了很多的珍珠和宝石。

"现在，我们赶紧走吧，"汉斯尔装满口袋后说，"如果我们能走出老巫婆的森林就好了。"

他们走了几个小时后，来到了河边。

"我们肯定没法过去的。"汉斯尔说。

"那边游过来一只白色的鸭子，"格蕾特尔说，"也许它能帮助我们。"然后她叫道：

"鸭子，鸭子，请到这儿来，

请到汉斯尔和格蕾特尔的身边来。

我们没有垫脚石，我们没有桥，

你能带我们过河吗？"

于是，鸭子驮着他俩过了河。他俩继续快乐地前行，终于看到了他家的房子。他们一路跑了过去，冲进了家门，一把抱住他俩的爸爸。

自从两个小孩子走了后，这个可怜的伐木工再也没有快乐过。他那坏心眼儿的妻子已经死了。伐木工在森林里走了很多天，想要找回他的宝贝儿女。

接着，汉斯尔把他口袋里的东西都掏了出来，珍珠和宝石掉了满地。他们的苦难日子都结束了，从此以后他们过着幸福快乐的生活。

勇敢的老鼠

——伊索

说出要做的事情是需要勇气的，但是真正去做这件事情需要另一种勇气。真正的勇敢在于行动，而不是言语。

一只老猫常常去捉谷仓里的老鼠。

有一天，老鼠们聚在一起谈论老猫给它们带来的危险。每只老鼠都想了一个赶走老猫的办法。

"照我说的去做，"一只被尊为最有智慧的上了年纪的灰老鼠说，"照我说的去做。在那只猫的脖子上挂一只铃铛。那样，我们一听到铃铛响，就知道是它来了，然后大家就能逃走了。"

"好主意！棒极了！"其他的老鼠都这么说，甚至有一只老鼠立刻找来了一只铃铛。

"那么现在谁去把这个铃铛挂在那只猫的脖子上呢？"灰老鼠问道。

"我不行！我不行！"所有的老鼠都叫了起来。大家都逃回了自己的洞里。

公鸡和母鸡

——J.伯格·埃森韦恩和玛丽埃塔·斯托卡德改写

这个故事来自于乔叟的《坎特伯雷故事集》里的"修女的牧师的故事"。这个故事提醒我们，虚荣心会使我们表现出盲目的勇敢。世界上有一些事情是我们必须畏惧的，小心谨慎地处理这些事情是正确的，我们不应该为此而感到尴尬。

从前，树林附近有个小村庄，小村庄的谷仓前有块空地。那里住着一只叫做强提克立尔的公鸡。它有着珊瑚红色的鸡冠，金光闪闪的羽毛，悦耳的嗓音，是个帅哥。每天天亮时它的报晓声响彻全村，它的7个老婆都很崇拜地听着。

某天夜里，它在它最爱的帕特蕾特夫人旁边睡着的时候，突然发出了很奇怪的声音。

美德书大全集

"怎么了，亲爱的？"帕特蕾特夫人问它，"你好像被什么吓着了。"

"天哪！"强提克立尔说，"我做了个非常可怕的梦。我梦到我在树林边散步的时候，一只像狗一样的野兽从林子里跳了出来，捉住了我。它是红色的，鼻子小小的，但是眼睛看上去像两团火焰。啊，太可怕了！"

"啧，啧，你被一个梦给吓成这样？你是不是吃太多，撑坏了？我希望我的丈夫聪明勇敢，不然我不会爱它的！"帕特蕾特夫人嘟嘟囔囔地说着，又理了理它的羽毛，慢慢地合上了红色的眼睛，很不高兴自己这样被吵醒。

"亲爱的，你当然是对的，而且我也听说过很多梦里的事情会真的发生。我确定我会遇到一些麻烦，但是我们现在不要讨论这个问题了。在你身边我是多么的幸福啊。你真漂亮，亲爱的！"

帕特蕾特夫人慢慢地睁开一只眼睛，满意地哼了一声，然后又睡着了。

第二天，强提克立尔起床后，把它的老婆们叫来一起吃早餐。它每发现一粒玉米时都得意地大叫："我真能干啊！我真了不起啊！"它的妻子都非常崇拜地看着它。它在阳光下大摇大摆地走着，时不时拍拍翅膀秀秀他的羽毛，还摇头晃脑地哼哼小曲儿。它早就忘了那个恶梦，忘了它的"害怕"。

这个时候，列那狐狸正躲藏在谷仓边的树林里。强提克立尔离狐狸的藏身之地越来越近，突然它看见草丛里有一只蝴蝶，正要弯腰去捉蝴蝶的时候，它看见了狐狸。

"啊！啊！"它害怕得大叫起来，转身就逃。

"亲爱的朋友，你为什么要走啊？"列那狐狸温和地问道，"我只是趴在这里听你唱歌，你的嗓音像天使一般动听。你的父母还去过我家玩呢。我非常高兴见到你。不知道你是否还记得你爸爸的歌声？我现在都能想起它当时踮起脚尖，伸长脖子，引吭高歌的样子。它唱歌前总是拍拍翅膀，闭上眼睛。你是不是也有这样的习惯呢？不如你也唱一首给我听听吧！我真的很想知道你是不是比你爸爸唱得好听。"

听了这么一番奉承后，强提克立尔别提有多高兴了。它立刻拍拍翅膀，踮起脚尖，闭上眼睛，开始大声地唱了起来。

它刚一开唱，列那狐狸就猛地往前一跳，咬住它的脖子，往后一甩，搭在肩上，往自己在树林里的家走去。

母鸡们看见强提克立尔被狐狸捉走了，都咯咯大叫起来，村舍附近的人们听到后跑去追狐狸。狗听到后，也去追赶狐狸。母牛、小牛、猪都尖叫着到处乱跑。鸭子和鹅都吓得嘎嘎乱叫。村庄里从来没有发生过这样的骚乱，列那狐狸自己都开始觉得有点儿害怕了。

"你跑得可真快啊！"强提克立尔在狐狸的背上说，"如果我是你的话，我就要嘲笑那些追你的慢吞吞的家伙们。我要大声地嘲笑他们：'你们怎么慢得像蜗牛一样？看看，我比你们跑得快多了，很快就能吃掉这只鸡了，你们全都白费功夫！'"

列那狐狸听了这番话后很得意，张开嘴巴对着后面追赶的人大叫。可是一张开嘴巴，那只公鸡立刻从狐狸嘴巴里跳出来，飞到了一棵树上。

狐狸看到失去了猎物，又开始耍老伎俩："刚才我只是向你证明你在谷仓那里是多么的重要！看看我们引起了多大的骚乱啊！我并不是要吓唬你。快下来，到我家去玩吧。我还有些好玩的东西给你看。"

"不，不，"强提克立尔说，"我不会再让你捉到的。该睁开眼睛保持警觉的时候却闭上眼睛，这样的人就该完全丧失视力。"

这个时候，强提克立尔的朋友们越来越接近了，列那狐狸只好逃走了。"一个人该沉默的时候却开口讲话，只能失去他所得到的。"它边说边飞奔进树林……

美洲豹复仇

在勇敢的同时还要知道什么是应该害怕的,但是这样还不够,正如这个非洲的民间故事所告诉我们的。故事里的美洲豹爸爸可能很慎重,但是它对于一个无辜的弱者的复仇,实在算不上是勇敢的行为。

从前,有一只小美洲豹迷了路,跑进了象群中。尽管以前它的爸爸妈妈警告它不要待在这些大家伙当中,可是它根本不在意。突然,大象惊慌逃窜,其中一只大象无意中踩在了它的身上。不久之后,一只土狼发现了小美洲豹的尸体,去告诉美洲豹夫妻这个噩耗。

"我有个坏消息,"它说,"我发现了你们儿子的尸体。"

美洲豹夫妇听了后立刻伤心地痛哭起来。

"怎么回事?"美洲豹爸爸说,"告诉我谁杀死了我的儿子!此仇不报,我誓不为豹!"

"大象!"土狼告诉他。

"大象?"美洲豹爸爸吃惊地问道,"你说是大象干的?"

"是的,"土狼说道,"我在现场看到它们的足迹。"

美洲豹爸爸来回地踱步,过了几分钟后,它摇摇头,咆哮了一声。

"不对,你说错了,"它说道,"不是大象干的,是山羊。肯定是山羊杀死了我的儿子!"

说完,它立刻冲下山,扑向正在山下吃草的一群山羊,暴怒地杀死了很多只山羊。

我们的英雄

——非比·卡里

看清楚什么是正确的,并且坚定不移地去做,不管别人怎么说。这就是勇敢的标志。

> 勇敢的男孩伸出手,
> 去做他认为正确的事情;
> 当他面对诱惑的时候,
> 他要苦苦奋斗。
> 他同自己以及同伴作斗争的时候,
> 会面对一个强有力的敌人。
> 如果他胜利,他将得到所有的荣誉。
> 敢于说"不"的男孩,应该得到赞美。
>
> 每天有许多的战斗,
> 而我们一无所知;
> 有许多英勇的小战士
> 他们的勇敢能够击退一个军团。

他单枪匹马与罪孽斗争，

我说，他是个英雄，

他比率领士兵的用武力击败敌人的将军还勇敢。

我的孩子，当你面临诱惑时，

坚定地去做你认为正确的事情。

坚定你的立场，表现出男子汉气概，

你会战无不胜。

"坚持真理"将永远是

你人生战役中的口号，

上帝会知道谁是真正的英雄，

将会赐给你斗争的力量。

弥诺陶洛斯的故事

——根据安德鲁·郎原著改编

　　这个希腊神话讲述了一个同情带来勇气的故事：一根细线引导忒修斯走出迈诺斯王的迷宫。这里有两个英雄：一个是为了救出他的雅典伙伴而冒险走进迷宫的忒修斯，另一个是阿里阿德涅，她再三思考后决定背叛她的父亲以帮助那些无辜的雅典人摆脱厄运。正义之心是真正的勇气的根源。

　　这个故事发生在雅典，一个古希腊时期最繁荣昌盛的城市。不过这个故事发生的时候，雅典还只是个座落于悬崖之上的小镇，距离海洋大约两三英里。埃勾斯国王是当时的统治者，刚刚把他那个自出生后就不曾见过的儿子接回了家。这个名叫忒修斯的少年，注定要成为希腊最伟大的英雄之一。

　　埃勾斯接了儿子回家自然是非常高兴，但是忒修斯还是感觉到他的父亲被某些事情弄得心烦意乱。慢慢地，忒修斯感到了几乎所有的雅典人都为某件事情而忧郁。母亲们都沉默不语，父亲们都摇头叹气，小孩子们都整天遥望着海面，好像在等待着什么可怕的事情的发生。有许多雅典青年似乎失踪了，据说是去了希腊偏僻的地方看望朋友。终于，忒修斯按捺不住，决定问问他的父亲究竟发生了什么事情。

　　"恐怕你回来的不是时候，"埃勾斯叹了一口气，"雅典受到了诅咒，一个非常可怕的奇怪的诅咒，即使你，忒修斯王子，也没办法对付。"

　　"那么告诉我是什么情况，"忒修斯说，"尽管我只是一个人类，但众神会保护我，帮助我的。"

　　"这是一个古老的诅咒，"埃勾斯说，"这要追溯到很久以前。当时希腊以及很多其他地方的年轻人来到雅典参加赛跑、拳击、摔跤、竞走等等的比赛。克里特岛国王迈诺斯的儿子也是来参加比赛的选手之一，可是却死在了雅典。到现在我也没有查清楚他的死因。有的人说他是死于意外，有的人说他是被妒忌他的对手所杀。不管怎样，他的同伴连夜逃走，回去把这个死讯带回了克里特岛。

第六章 勇气

"当迈诺斯王率领军队来寻仇的时候，海面上黑压压的都是他的舰队。他的军队实在太强大了，我们根本无力抵抗，只得出城，低声下气地向他求和。'我会宽恕你们的，'他说，'我不会烧毁你的城池，我也不会掠夺你的财富，我更不会让你的子民做我的俘虏。但是每过7年，你必须进贡一次。你必须发誓，你会抽签挑选出7个童男和7个童女，把他们送给我。'我们别无选择，只能同意他的要求。所以每隔7年，一艘挂着黑帆的船只会从克里特岛来带走这些童男童女。今年又是第七年了，那艘船又要来了。"

"那他们到了克里特岛后，会发生什么事情呢？"忒修斯问道。

"我们也不知道，因为他们再也没有回来。但是迈诺斯王的水手说他们的国王把这些童男童女关进了一个奇怪的监狱，一个叫做拉比瑞瑟的迷宫。那里到处是曲折的黑暗的小路，坚硬的岩石，里面住了一个叫做弥诺陶洛斯的可怕的怪物。这个怪物有着人的身体，但却长着牛头，嘴里是狮子的牙齿。他会吃掉他看到的每一个人。看来，我们的雅典青年也难逃厄运啊。"

"等那艘黑帆船来的时候，我们可以把船烧掉，把水手杀死。"忒修斯说。

"是的，我们是可以这么做。"埃勾斯说，"但是那样的话，迈诺斯会率领他的舰队和军队来毁掉雅典。"

"那么把我当做贡品送去吧，"忒修斯边说边站了起来，"我要去杀死弥诺陶洛斯。我是你的儿子，也是王位的继承人，我必须把雅典从这个诅咒中解脱出来。"

埃勾斯告诉他的儿子，这样的计划是行不通的，但是忒修斯心意已决。当挂着黑帆的船到达海岸的时候，忒修斯也跟着上了船。他的父亲特地来为他送行，一心以为这是他最后一次见到儿子了，悲伤地流着眼泪。

"如果你能活着回来，"他对忒修斯说，"那么当船靠岸的时候，你就降下黑帆，升起白帆。这样，我就知道你没有死在拉比瑞瑟迷宫。"

"不要担心，"忒修斯对父亲说，"等待着白帆吧，我会胜利归来的。"他说完，黑帆船就启航了，消失在地平线上。

过了许多天，船到达了克里特岛。这些雅典人被送到了迈诺斯王的宫殿。迈诺斯王坐在他的金色王座里，他的首领们和王子们环绕在他的四周，都穿着丝绸长袍，戴着金银珠宝首饰。迈诺斯，脸庞黝黑，头发和长须略微斑白，胳膊肘放在膝盖上，手托着下巴，正盯着忒修斯的眼睛看。忒修斯鞠躬后，站得笔直，直视着迈诺斯王的眼睛。

"加上你，一共进贡了15个人，"迈诺斯说，"而我只要求进贡14个人。"

"我是自愿来的。"忒修斯回答道。

"为什么？"迈诺斯问。

"雅典人想要得到自由。"

"有一个办法，"迈诺斯说，"如果你们杀死弥诺陶洛斯的话，你们就再也不用向我进贡了。"

"我确实打算要杀了弥诺陶洛斯。"忒修斯的话音刚落，那群首领们和王子们中就有了一阵骚动。一个美丽的年轻女子从人群中悄悄走出来，站在王座后面。她是阿里阿德涅，迈诺斯王的女儿，一个聪慧的温柔女子。忒修斯向她弯了弯腰，又站得笔直，直视着阿里阿德涅。

"你说话的口吻就像是国王的儿子，"迈诺斯笑着说，"也许你从未吃过苦头。"

"我体验过艰辛，我叫忒修斯，是埃勾斯的儿子。我请求你让我独自去见弥诺陶洛斯，如果我不能杀死弥诺陶洛斯的话，再让我的同伴进入拉比瑞瑟迷宫。"

"我明白了，"迈诺斯说，"很好。这个国王的儿子想要单独送死，让他去吧。"

雅典人被领上楼梯，穿过走廊，进了各自的房间。每个人的房间都很豪华漂亮，是他

美德书大全集

们以前根本没法想象的。他们都被带去沐浴，穿上崭新的衣服，然后被带到餐桌旁。不过除了忒修斯，大家都没有胃口，因为忒修斯知道他需要体力和弥诺陶洛斯作战。

当晚，忒修斯正要上床睡觉的时候，突然听到有人轻轻地敲他的门，随后阿里阿德涅，迈诺斯王的女儿，进了他的房间。忒修斯又一次直视着她的眼睛，看到她的眼中有着一种他以前从未见过的坚强和怜悯。

"已经有很多你的同胞进了在我父亲的拉比瑞瑟迷宫后再也没有出来，"她平静地说，"我给你一把匕首，我可以给你和你的同伴指出逃跑的路线。"

"非常感谢你的匕首，"忒修斯回答道，"但是我不能逃走。如果你要给我指路，请指给我进入拉比瑞瑟迷宫的路。"

"即使你强壮得足以杀死那个怪物，"阿里阿德涅低声说，"你也要知道如何走出迷宫。那里很黑，道路蜿蜒迂回，还有很多死胡同，甚至连我的父亲都不知道那里的路线。如果你决意要去，你必须带着这个。"她从她的外套里掏出一团金线，塞进忒修斯的手里。

"你一走进拉比瑞瑟迷宫，"她说，"就把这团线的一头系在石头上，然后一边走一边紧紧地握着线轴放线。你回来的时候，这根线就是给你指路的向导了。"

忒修斯看着她，都不知道该说些什么。"你为什么这么做呢？"他问道，"如果你的父亲知道的话，你会有很大麻烦的。"

"是的，"阿里阿德涅回答道，"但是如果我不这么做的话，你和你的朋友们会有更大的麻烦。"

此时忒修斯意识到他已爱上了这个女子。

第二天一大早，忒修斯就被带到了拉比瑞瑟迷宫。看门人刚把他关进迷宫，他就把那团线的一头系在了一块尖石上，然后开始慢慢地往里走，手里紧紧地握着那根线。他沿着最宽阔的那条通道往前走，通道的左右两边都有很多岔路。他一直走到了尽头，碰到了一堵墙，然后又折回，进了另一条通道，然后又进了另一条通道。他每走几步就停下来听一听。黑暗中，他穿过了很多条蜿蜒的通道，有时又回到了之前刚刚经过的通道，他已经逐渐地走进了迷宫的深处。最终，他进了一个堆满了骨头的房间，他立刻明白他走到了那个怪物附近。

他静静地坐着，听到远处传来很微弱的声音，好像是咆哮声的回音。他站了起来，更加专注地听着。声音越来越近，越来越大，很刺耳，很尖细，不像公牛的号叫那么低沉。忒修斯迅速地弯下腰，从地上抓了一把泥土，另一只手则紧握着匕首。

弥诺陶洛斯的吼声越来越近，几乎都能听到他重重的脚步声的回音。忒修斯先听到一阵沙沙作响的声音，接着一阵呼哧呼哧的喘息声，然后一片寂静。他走到一条通道拐角的阴暗处，蹲了下来。他的心跳得非常快。弥诺陶洛斯来了——它看见了那个蹲着的人影，大吼了一声，冲了过去。忒修斯跳了起来，闪到一边，把手里的泥土往怪物的眼睛里撒去。

弥诺陶洛斯痛苦地哀号着，用它巨大的双手揉着眼睛，不知所措。它一边甩着头一边不停地转圈，又伸出手去扶着墙站着。它完全看不见了。忒修斯拿着匕首，爬到怪物的后面，猛地一刀刺进它的大腿。弥诺陶洛斯大叫着"砰"的一声倒在地上，它的狮子般的牙齿咬着岩石地面，双手在空中乱挥。当怪物的双手不再挥舞的时候，忒修斯抓住时机，用那锋利的匕首刺穿了弥诺陶洛斯的心脏。它蹦了起来，然后，倒在地上，死了。

忒修斯跪下来感谢众神，然后拔出匕首，砍下了弥诺陶洛斯的头颅，抓在手里，然后顺着那根线往迷宫外面走。可是令他沮丧的是，他似乎永远走不出这些黑暗的走道。难道这根线在什么地方断了，还是他迷路了？终于他走回了入口处，回到地面，但是因为打斗和在迷宫里走了很久而筋疲力尽。

"我不知道发生了什么奇迹，你能够活着走出迷宫，"迈诺斯看着怪物的头颅后说道，

262

"但是我会信守我的诺言。我答应过你，如果你杀死弥诺陶洛斯，你就能够重获自由。现在你和你的同伴可以走了。让我们两国之间和平相处吧。再见。"

忒修斯明白由于阿里阿德涅的勇敢，他才能活下来，他的国家才能获得自由，他也知道他想要带着她离开克里特岛。有人说，他请求迈诺斯将她许配给他，而迈诺斯王也欣然应允。也有人说，她在最后一刻偷偷地溜上了忒修斯一行的船只，而她父亲毫不知情。不管哪种说法是对的，这两个相爱的人最终一起坐上黑帆船离开了克里特岛。

但是和很多故事一样，这个幸福的结尾中也有个悲剧的插曲。克里特岛的船长并不知道如果忒修斯胜利回家的话，船上要升起白帆。埃勾斯国王站在高崖上看着远处的海平面，看到远处驶来了黑帆船。他的心碎了，立刻从高高的悬崖上跳入了海(就是现在的爱琴海)中。

尤利西斯和独眼巨人的故事

——安德鲁·郎改写

这个故事选自荷马的史诗巨作《奥德赛》，讲述的是希腊王奥德修斯在特洛伊战争结束后发生于回家途中的故事。在所有的希腊英雄中，奥德修斯因其机智勇敢而著名。当别人陷入绝望时，奥德修斯一次又一次地发挥他的智慧。在这个和独眼巨人波吕斐摩斯遭遇的故事中，他被称为尤利西斯(他的罗马名字)。

尤利西斯和他的船队到达了独眼巨人领地的海岸，那里住着的都是额头正中间只长着一只圆圆的眼睛的巨人。他们不是住在房子里，而是住在山洞里。那里没有国王，也没有法律。他们既不耕田也不播种，但是田里的麦子长得很茂盛。他们也养了很多的羊。

在海湾口有个美丽的小岛，岛上是荒无人烟的沙漠，有很多野山羊；周围有一圈沙洲可以挡住海浪，让船只安全地停靠在港湾里。尤利西斯一行将船只停靠在沙滩边，很多人都下船去猎取岛上的野山羊，然后美美地吃了一顿羊肉，又喝了美酒。第二天，尤利西斯把其他人和船只留在原处，坐着自己的船，带着自己的随从，出去看看大陆上住了些什么人。他发现近海的地方有个巨大的山洞，岩石屋顶上种着月桂树，前面的院子边有一圈用大石块砌成的围墙。尤利西斯把其他人留在船上，只带了12个人，装了满满一羊皮口袋的烈酒，一大袋的玉米粉，进了山洞。那里面没有人，但有很多奶制品，大筐的奶酪，大桶的牛奶，大碗的乳清；外面的羊圈里小孩子们正在和小羊嬉戏。

这一切看起来那么安静而愉悦。尤利西斯很想见见山洞的主人，但是他的随从们都想尽量地多带些奶酪回船上，他们毫不拘束地在洞里升起了火，热了热奶酪就开始吃了起来。过了一会儿，洞口出现了一个巨大的阴影——一个怪物走了进来，扔下一段当柴火用的枯树干。然后他把羊群里的母羊赶进了山洞，把公羊都留在羊圈里；又捡起一块巨大的扁平的石头，装在洞口当门，哪怕是24匹马驾的马车都没法拉开这个门。最后，这个人把挤出的羊奶倒在桶里当晚餐。尤利西斯和他的同伴惊恐地看着这个巨人，不敢出声，因为他们和一个独眼巨人一起关在一个山洞里，而他们刚刚吃了这个巨人的奶酪。

然后，巨人点了火，看见这些人，就问他们是谁。尤利西斯说他们是希腊人，刚刚占领了特洛伊城，却在海上迷了路，请巨人看在他们的主——宙斯——的分上对他们好一些。

"我们独眼巨人，"巨人说道，"才不怕宙斯或者别的什么神呢，因为我们比他们厉害。你们的船在哪儿呢？"尤利西斯回答说他们的船在海边撞坏了。巨人听了这个回答后没有说话，只是抓起了两个人，在地上敲了敲他俩的脑袋，把他俩的四肢扯断，在火上烤了烤，然后吃掉了他们。之后，他又喝了很多桶羊奶，躺下睡着了。此时尤利西斯打算拔出剑想要杀了巨人，可是突然想到即使他杀死了这个巨人，他也不能推开那扇巨大的石头门逃出山洞，最终他和他的随从会饿死的，因为他们之前吃光了所有的奶酪。

第二天早晨，巨人又吃了两个人当做早餐，然后把母羊赶出山洞，又把那扇大石头门关好。对他来说，关上那扇门就好像一般人盖上箭袋一样轻巧。之后他就把羊群赶到山上去吃草了。

尤利西斯并没有绝望。巨人把他的棍子忘在了洞里：一根像船的桅杆那么大的棍子。尤利西斯从这根棍子上砍下了大约6英尺长的一截，大家把这截棍子磨成了一柄矛，尤利西斯又把一端磨尖并在火上烧得很坚硬。大家又抽签决定其中4个人在夜里趁巨人睡着的时候把他们做成的武器插到巨人的眼里。太阳下山的时候巨人回来了，把羊群赶进了洞里后，他关上石门，挤了羊奶，又杀死两个人并且煮熟。

这个时候尤利西斯已经倒了满满一木碗的烈酒，里面连一滴水都没有掺。他把这碗酒递给巨人，而巨人以前从来不知"酒"为何物，所以一碗接着一碗地喝了很多酒。他很高兴地告诉尤利西斯他要送给尤利西斯一个礼物。"你叫什么名字？"巨人问道。"我叫没有人。"尤利西斯说。"我会先吃其他人，最后才吃没有人，"巨人说。"这就是给你的礼物。"然后他倒头就睡着了。

尤利西斯拿起那根木棍，把尖头放在火上烧得滚烫。然后那4个随从把木尖猛地一下插到巨人的眼睛里，用力向下压，同时尤利西斯迅速地转动着木棍，巨人的眼睛咝咝作响，就像炽热的铁块放进冷水里时发出的声音。巨人哀嚎着跳了起来，大声地向住在附近山洞里的其他巨人呼救。"谁在找你麻烦啊，波吕斐摩斯？"他们问，"你为什么把我们吵醒？"巨人回答道："没有人要诈要杀了我，太不公平了。""既然没有人伤害你，那么没有人能帮你，"有个巨人大吼道，"如果你生病了，就向你的父亲海神波塞冬祈祷。"其他巨人都回去继续睡觉了。尤利西斯看到自己的计谋骗倒了他们而笑弯了腰。巨人打开石门坐在门口，伸出胳膊，打算在他的俘虏们出逃的时候抓住他们。

但是尤利西斯另有计谋。他用藤条把3只羊捆在一起，再把一个人绑在中间的那只羊身上，这样失去视力的巨人只能摸到外面的两只羊。尤利西斯抓着那只最大最壮的羊，手脚都抓着羊毛躲在羊肚子下面，然后所有的羊都跑出门外。巨人抓住了羊，但是根本不知道羊把人也带出来了。"亲爱的羊啊，"他对着那只最大的带着尤利西斯的羊说，"和以前不一样啊，你最后一个才出来而不是第一个出来，是因为替你的主人难受才这么慢吗？没有人把你的主人的眼睛弄瞎了！"

所有的羊都走到了外面的空地上，尤利西斯把其他人都解开后，又把羊群都赶到他的船上，然后上了船。其他的水手听说他们的6个朋友的死讯后都伤心地流泪。尤利西斯命令他们赶紧划船出海。当他们行驶到远离山洞但巨人还能听到他们说话的地方的时候，尤利西斯大声地嘲笑着波吕斐摩斯。波吕斐摩斯搬起一座大山的山顶，顺着他声音的方向扔了过去，石头掉在尤利西斯的船的前面，掀起的波浪把船又推回了岸边。但是尤利西斯用一根长杆把船从岸边撑开，水手赶紧把船划远。尤利西斯又对着巨人大叫："不管什么人问你是谁弄瞎了你的眼睛，你就说是伊萨卡国王的儿子尤利西斯干的。"

于是巨人向他的父亲海神祈祷让尤利西斯永远回不了家，或者让他花费很长时间并且孤独一人地回家，失去所有的随从，回家后发现家里发生不幸。然后他又搬起一块大石头往海里丢去，但是石头落在了船尾的海面，掀起的波浪把尤利西斯的船推到了更远的地方。

守桥的贺雷修斯

——詹姆斯·鲍德温改写

贺雷修斯的故事发生在公元前6世纪末期，当时罗马人正在和伊特鲁里亚人交战。英国诗人和历史学家托马斯·麦考利在其《古罗马民谣》中有诗歌体的记载，下文便是据其改写。

很久以前，罗马人和居住在台伯河另一边的伊特鲁里亚人之间发生了战争。伊特鲁里亚人的国王波西那征募军队，行军到罗马。罗马城陷入前所未有的危机。

那时罗马人没有多少战士，他们也明白自己不够强壮，还不能与伊特鲁里亚在战争中抗衡。所以他们都躲在城墙后面，派士兵监视着道路。

一天早晨，有人看见波西那的军队翻越北部的山丘而来，数千的骑兵和步兵向着罗马护城河上的木桥开进。

"我们该怎么办呢？"制订罗马法律的白发神父说，"如果他们夺了桥，那我们就没法阻止他们过河了，那么我们还有什么希望呢？"

守桥的士兵中有个叫做贺雷修斯的人，他非常勇敢。他正站在桥的另一端，看到伊特鲁里亚人越来越近，就转身高声叫喊着他后面的罗马人。

> 勇敢的贺雷修斯
> 城门守卫大声说：
> "这片土地上的人民啊，
> 死神终将会来临，
> 我们该怎样面对可怕的敌人？
> 为了我们的祖先，
> 为了我们的上帝，
> 我们牺牲性命又何妨！"

"快点，以你们最快的速度赶快把这座木桥砍断！"他喊道，"我和我身边的两位勇士，将把敌人阻挡在城外。"然后，三个勇士一手握着盾牌，一手拿着长矛，站在路中间，挡住波西那派来夺桥的骑兵。桥上，罗马人正在砍着桥梁和桥柱，斧子砍出的木屑四处飞扬。很快，桥摇摇晃晃，就要断了。"回来！回来！快点回来！"他们大声叫着贺雷修斯和另外两个人。

"你们快逃命吧！"贺雷修斯对他的同伴说，"我留下来。"

那两个人转身跑过了木桥。他们刚刚到达对岸，桥梁和桥柱"轰"的一声倒了，木桥的一端倒塌了，"哗"的一下掉进了河里。

贺雷修斯听到响声，知道罗马城安全了。他面对着波西那的士兵，慢慢地向后退，一直退到河岸上。波西那士兵的标枪射中了他的左眼，但是他甚至连晃都没有晃一下。他把手中的长矛掷向最前面的骑兵，然后迅速转身，看了一眼河对岸树丛中他自己家的白色门廊。

> 他对着罗马城墙下翻滚的威严的河流说：
> "啊！台伯河！母亲河！
> 罗马人祈祷的台伯河神啊！

今天，一个罗马人，

用他的生命，用他的武器，

保护你。"

　　他跳进了湍急的河流中。他还穿着他重重的盔甲，当他沉入水中后，大家都以为他再也不可能活着了。但是他是非常坚强的人，也是罗马游泳技术最好的人。他很快浮出了水面，游到了河中央，躲过了波西那士兵向他投掷的长矛和标枪。

　　很快他就到了河对岸，他的朋友们都在那里等着他。他爬上岸后，大家发出了热烈的欢呼声。波西那的士兵也在欢呼，因为他们之前从未见过像贺雷修斯这样勇敢强壮的人。他把他们都挡在了罗马城外，他的行为值得他们赞叹。

　　罗马人非常感谢贺雷修斯拯救了他们的城市，把他称为贺雷修斯·考克乐斯，意思是"一只眼的贺雷修斯"，因为他在护桥一战中失去了他的一只眼睛。他们也为他树立了一座铜像作为纪念，还给了他很多土地（他得花一天时间才能走遍）。而此后的几百年——

带着眼泪，

带着笑声，

人们讲述这个故事，

贺雷修斯英勇护桥的故事。

三百勇士的故事

——根据詹姆斯·鲍德温原著改编

　　著名的温泉关战役发生在公元前480年。当时薛西斯率领波斯军队攻入了希腊，尽管战败，斯巴达以少战多的英勇行为在后来的战争中激励着希腊人，而且"斯巴达"从此成为勇敢的代名词。

　　整个希腊都处于危险之中。一支由波斯国王薛西斯率领的大军从东方袭来，他们沿着海岸一路前进，几天内就将到达希腊。一路上薛西斯派遣使者到每个城邦和公国，要求他们送给他水和土以表示陆地和海洋都是属于他的。希腊人拒绝了，并且决心捍卫他们的自由，誓死要和入侵者作战。

　　薛西斯的入侵在希腊境内也引起了很大的轰动，希腊人全副武装地出境迎战，要赶走这些入侵者。

　　波斯人要进入希腊，必须经过山海之间一条叫做"温泉关"的狭长的通道，因其附近有很多温泉而得名。这条通道由斯巴达国王里奥尼达斯镇守。他的军队只有几千人，虽然人数远远少于波斯军队，但是他们都很有信心。他们守在通道最狭窄的部分，在那个地方几个手拿长矛的人就能击退整个军队，一夫当关，万夫莫开！

　　黎明时分，波斯军队发起了第一轮的进攻——攻打温泉关。斯巴达的侦察兵报告说波斯士兵人数众多，射出的箭像乌云一样遮住了太阳。

　　"太棒了，"里奥尼达斯说，"在箭影中我们更有战斗力。"

　　希腊人的盾牌挡住了波斯军队射来的箭，他们的长矛阻止了波斯人入关。入侵者发起

了一次又一次的进攻，但是每次都被击退，而且伤亡惨重。最后薛西斯甚至派出了他最精良的部队——无敌之师，但是他们也没有战胜意志坚强的希腊人。

两天的进攻之后，里奥尼达斯仍然守着通道。但是那天晚上有个人被带到了薛西斯的营帐中。他是个非常了解当地地形的希腊人，打算出售一个秘密：这条通道并不是进入希腊的唯一路线。猎人打猎踏出的小路绕过了这条长长的通道，通向山脊，那里只有为数很少的希腊士兵驻守着。薛西斯军队不费吹灰之力就能打败他们，然后可以从后面偷袭斯巴达军队。

这个叛徒的计策奏效了。驻守在秘密小道的希腊士兵被打得措手不及，只有几个逃出去向里奥尼达斯通风报信。

希腊人知道，如果他们不立刻弃关而逃，他们将陷入绝境。但是里奥尼达斯也知道他必须拖住薛西斯的军队以让希腊各城准备防御。他决定让他的大部分军队悄悄地穿过山区回到各自的城邦准备迎战，而他则带着他三百位忠诚的斯巴达勇士和其他少部分军队，誓死守卫温泉关。

薛西斯带着他的军队来了。斯巴达人奋勇抵抗，但是一个接一个地倒下了，全部壮烈牺牲。他们原来站着的地方成了一座小丘，上面插满了矛和箭。

薛西斯占领了温泉关，但是却牺牲了数以千记的士兵，而且比他的原定计划也多花了几天。这延误的几天让他付出了昂贵的代价。希腊海军召集了队伍，很快就将薛西斯赶回了亚洲。

多年以后，人们在温泉关树立了一个纪念碑，纪念那些在保家卫国的战争中奋勇抵抗的英雄们。纪念碑上刻着：

旅行者，请停下你们的脚步，
听一听我们斯巴达人如何战斗到最后。

补　偿

——西奥多西娅·加里森

泰迪·罗斯福说："敢于挑战强权的人，能够光荣地赢得胜利，即使遭遇失败，也强于那些既不享受快乐也不遭受痛苦的庸人，因为后者那没有胜利也没有失败的生活是灰暗的。"这首诗也告诉我们，拥有勇敢的心才能飞得更高。

我想要得到非凡的天赋，
但无人能给予我，
如今我只能空手而行，
但是我为此而高兴，
我不想要庸俗的目标。

我追求的目标宏远，
高于青天，
如今我孤独前行，
但是我仍感欣慰，
因为我不想要渺小的目标。

没有天赋，也没有达到目标，
但我仍然开心，
因为我虽未得到什么，
但我仍忠于我的理想带来的快乐，
我不要廉价成功的虚假人生。

拉哥尼亚人的回答

　　这又是一个关于勇敢的斯巴达人的故事，发生在马其顿王国菲利普王朝时期（公元前382～前336年），他武力统一了希腊的大部分城邦。

　　很久以前，希腊和现在不一样，并不是一个统一的国家。那时候，希腊境内有好几个城邦和王国，各自有自己的领导人。希腊北部马其顿王国的菲利普国王想要统治整个希腊，所以他征募大军，攻打其他的城邦和王国。很快，除了顽强抵抗的斯巴达，几乎所有的城邦和王国都对他俯首称臣。

　　斯巴达人居住在希腊南部一个叫做拉哥尼亚的地方，所以他们又被称为拉根人。他们生活简朴，骁勇善战，惜字如金，言简意赅，所以现在还经常有人用"拉哥尼亚式的"来形容"简单的回答"。

　　菲利普明白他必须征服斯巴达才能统治全希腊。于是他带领军队来到拉哥尼亚边境，派人去给斯巴达人送信。

　　"如果你们不立刻投降，"他恐吓斯巴达人，"我将攻打你们的国家。如果我占领了拉哥尼亚，我将掠夺和烧光你们所有的东西，并把整个地区夷为平地。"

　　几天后，菲利普得到了回信。他打开信封，发现信纸上只有一个词。

　　那个词是"如果"。

如果——

——卢迪亚·吉卜林

　　勇敢的男人和女人（或者胆小的男人和女人）并不是生来就是如此，他们是经历过一些事情后变得勇敢（或者胆小）。这里提到的事情不但使我们成长，而且使我们健康成长。

　　　　如果你能保持冷静，当你身边所有人
　　　　失去清醒并责怪你；
　　　　如果你能相信自己，当你身边所有人怀疑你，
　　　　但你要体谅他们的怀疑；
　　　　如果你能等待并且能耐心等待，

或者，被别人欺骗却并不欺骗别人，
或者，被别人讨厌却不憎恨别人，
并且，不过分乐观，也不自以为是。

如果你有理想——不要成为梦想的奴隶；
如果你有抱负——不要以空想为目标；
如果你能在成功和失败面前
以同等态度处之；
如果你能忍受听到你讲过的真相
被恶人扭曲来欺骗傻瓜，
或者看到你毕生维护的东西被破坏，
屈身用破旧工具将其修补。

如果你能将所有的筹码
孤注一掷，
输了之后，还能从头再来
绝口不提自己的失败；
如果你能迫使自己的心神，
在失去所有后仍保持清醒，
并且当你一无所有时仍然坚持
仅有意志告诉他们"坚持！"

如果你能与人交谈，保持风度，
随君王左右，不卑不亢；
如果仇敌和好友都不伤害你，
如果所有人对你而言都很重要，但并非缺之不可；
如果你在那无情的一分钟内
尽了六十秒的努力——
你就拥有整个世界，还有这世界中所有的一切，
更重要的是，孩子，你是一个顶天立地的男子汉！

跨过卢比肯河

——根据詹姆斯·鲍德温原著改编

在罗马帝国时期，意大利中北部的卢比肯河，是意大利和高卢之间的分界线。根据法律规定，只有获得元老院的同意，罗马的行政长官才能率军进入意大利。公元前49年，朱利叶斯·恺撒率领着他的罗马军团跨过卢比肯河，去和罗马元老院谈判。

罗马曾经是世界上最强大的城市。当时罗马人征服了地中海北部的所有国家和南部的大部分国家，他们也占领了地中海所有的岛屿以及一部分亚洲领土(现属于土耳其)。

朱利叶斯·恺撒是罗马的英雄。他率领军队攻打占领了高卢(包括现在的法国、比利时、瑞士在内的地区),使之成为罗马的一个省份。他也越过了莱茵河,征服了德国的一部分领土。恺撒的军队甚至到了远离欧洲大陆的英国,在那里建立了殖民地。

恺撒和他的军队为罗马帝国效忠了9年,但是他在国内有许多敌人。他们都害怕他的雄心,也妒忌他的成就,每次听到恺撒被老百姓称为"英雄"的时候,他们都很不舒服。

这些人中有个人叫庞培,也是罗马的强权人物之一。和恺撒一样,他也率领着一支军队,但是他的队伍却无法赢得老百姓的颂扬。庞培知道,如果不出意外的话,恺撒迟早将成为他的长官。因此,他开始密谋要干掉恺撒。

恺撒在高卢的任期还有一年就结束了。不难想象,届时恺撒将回到家乡并且被选为罗马共和国的执政官,那时他将是世界上最有权力的人。

庞培和其他敌视恺撒的人决定要阻止这一切的发生。他们说服罗马的元老院命令恺撒把军队留在高卢,独自回到罗马。"如果你不服从这个命令,"元老院说,"你将成为共和国的敌人。"

恺撒明白他们这么做的目的。如果他单独回到罗马,仇视他的那些人将无中生有地捏造一些罪名指控他。他们将指控他犯了叛国罪,从而阻止他当选为执政官。

他把他最信任的军团召集起来,告诉他们元老院要打倒他的阴谋。这些士兵们一直追随他,和他一起经历过许多危险,也一起取得过很多胜利。他们都说决不离开他,将和他一起去罗马,去看他接受他应得的奖赏。他们愿意不取一分报酬地为他服务,甚至可以分担行军路上的费用。

军队举着战旗向意大利出发,士兵们甚至比恺撒自己还要激动。他们跋山涉水,忍饥挨饿,为了他们的首领而一路奋勇前行。

终于,他们来到了一条叫做卢比肯的小河前。这是恺撒的高卢省的边境线,河对岸就是意大利。恺撒在河岸上停了下来。

他知道跨过卢比肯河就意味着对庞培和罗马元老院宣战。这可能会给罗马带来可怕的战争,而无人能预测这场战争的结果是什么。

"我们也可以回去,"他自言自语着,"回去是安全的。但是我们一旦跨过卢比肯河进入意大利,就不可能回头了。我必须做出选择。"

他并没有犹豫很长时间。他吼了一声,骑着马跨过了那条窄窄的河流。

"我们已经跨过卢比肯河!"他到达对岸后对大家说,"我们没有回头路了。"

很快,通向罗马的大街小巷都传遍了这个消息:恺撒跨过了卢比肯河!一路上,城镇村庄里的人们都出来迎接恺撒归来。他越接近罗马,人们越狂热地庆祝他的到来。当恺撒和他的军队终于到达罗马的城门时,没有军队出来向他们挑战;恺撒进城的时候,也没有遇到任何抵抗。庞培和他的支持者都已经逃走了。

两千多年以来,每当人们要做出大胆的决定,要跨越自己的"卢比肯河"的时候,都会想到当年河边的恺撒。

勇敢之门

——亨利·凡·戴克

勇气将应困难之邀而来。

山谷四周，
高耸而陡峭的岩峰，
呼唤着勇者的攀登，
阶梯一直延伸到天际。

波涛汹涌的深海，
浪花拍打着海岸，
呼喊着晒黑的骑士，
"上船吧，扬帆吧，去探险吧！"

我们为生活中的困难而焦虑，
好像过着被监禁般的生活，
但是勇敢之门，
已经半开了。

不要抱怨"太贫穷了"，要大方地给予，
不要叹息"太软弱了"，要勇敢地尝试，
生命永远不会开始，
直到你敢于死亡。

威廉·泰尔

——詹姆斯·鲍德温改写

这个关于瑞士英雄威廉·泰尔的故事发生在14世纪早期，当时瑞士人正与奥地利人为自己的独立而斗争。这是一个不畏强权专制的英雄，他勇敢而冷静。

以前瑞士人并不像现在这样自由而幸福地生活着。许多年前有一个叫做杰斯勒的暴君统治着他们，使他们生活在痛苦和不幸之中。

有一天，这个暴君在广场上树起了一根高高的柱子，柱子朝上的一头挂着他自己的帽子。然后他发布命令，要求每个到镇上去的人都要在柱子前对着他的帽子鞠躬。但是有个叫威廉·泰尔的人，不打算听从暴君的命令。他站在柱子前，双手交叉在胸前，对着那个挂在空中的帽子大笑。他甚至都不会对杰斯勒本人鞠躬。

杰斯勒听说这件事情后，非常恼火。他担心其他老百姓也不服从他的命令，那样的话

整个国家就会起义推翻他的统治。因此他决定要处罚那个胆大妄为的家伙。

威廉·泰尔住在山区。他是个很有名的猎手,全国没有人的箭法比他更好。杰斯勒也知道这一点,所以他想出了一个很残酷的方法,要让威廉尝到自己的技艺带来的恶果。他命人将泰尔的小儿子带到广场上,让他站在那里,并在他的头上放了一个苹果;然后他吩咐泰尔用箭去射那个苹果。

泰尔恳求杰斯勒不要用这种方法来测试他的箭法。如果小男孩没站稳晃了一下,如果箭手的手抖了一下,如果箭没射准,那将发生什么样的惨剧啊!

"你想让我杀了我自己的孩子?"他问道。

"别这么说,"杰斯勒说,"你必须用箭射中那只苹果。如果你不干,我的士兵就会在你面前杀了那个小孩。"

于是,泰尔没再说话,上箭开弓拉弦,瞄准目标,把箭射了出去。男孩站得笔直,一动不动。他一点都不害怕,因为他对他爸爸的箭法很有信心。

"嗖"的一声,射出去的箭正中苹果中心!围观的人群爆发出一阵欢呼。

泰尔回到杰斯勒面前的时候,藏在他的外套里的一支箭掉落在地上。

"朋友!"杰斯勒说,"你这第二支箭是干嘛用的?"

"暴君!"泰尔不客气地说,"如果我误伤了我的儿子,这支箭是用来射穿你的心脏的。"

据说不久之后,泰尔一箭射死了那个暴君,解放了全国人民。

多丽·麦迪逊挽回民族荣誉

——多丽·麦迪逊

1814年8月,一只英国军队向华盛顿特区进军,想要烧掉美国的首都,从而结束1812年开始的战争。随着红衣纵队的接近,首都弥漫着恐怖的气氛。包括《独立宣言》在内的许多档案文献都被塞进亚麻布袋里用车运往弗吉尼亚,放在那里的一座空房子内。出城的路上都是逃散的美国士兵和政治家,还有带着金银细软坐着马车逃命的老百姓。

多丽·麦迪逊,美国第四任总统的妻子,在白宫冷静地部署撤离任务。如果餐厅里挂着的由吉尔伯特·斯图尔特绘的乔治·华盛顿的大幅肖像落在英国人手里,这将是无法容忍的耻辱。麦迪逊夫人命令守门人和花匠带着肖像撤离,但是画框牢牢地钉在墙上,没人能取得下来。时间一分一秒地过去了,他们又拖又拽,但也没取下画框。终于有人想了一个办法,找来一把斧子,把画框劈开,拿出画布,把它藏到了安全的地方。后来英国人进入哥伦比亚特区后,他们放火烧了国会大厦和白宫。

抢救华盛顿画像的事情很快成了美国人最怀念的英雄事迹之一。这封由多丽写给她的妹妹安娜的信告诉我们当时华盛顿特区沦陷时,这位第一夫人在混乱中还保持着无畏的勇气和冷静的头脑。

1814年8月23日,星期四

亲爱的妹妹:

昨天早晨,我的丈夫离开我去和万英德将军会合了。他很担心地问我是否可以勇敢镇定地留在白宫,等他明天或后天回来。我向他保证我什么也不怕,只是担心他的安危以及我们军队能否取胜,他也请我好好保重自己,看管好内阁的书信(公开的以及私人的信件),然后他才离开。我已经收到了他的两封加急信件,都是用铅笔写的。第二封信里,他告诫我做好准备,随时登上马车撤离华盛顿。看来敌人比之前报告的强大,而且他们打算摧毁

这个城市。我按照他所说的已经做好了准备，内阁的文件塞了满满一车，所以我们自己的东西都只能丢掉，因为没有多余的马车了。

我打算等我的丈夫安全地回来后和他一起走，因为我听说了很多针对他的恶意的事件。我的亲戚朋友们都走了，甚至 C 上校也带着驻守白宫的 100 名士兵离开了。法兰奇·约翰，那个忠心的仆人，在门口架了大炮，放了很多火药，打算炸飞那些进入白宫的英国人。我坚决反对他这么做，但没法让他明白我反对武力的原因。

周三上午，12 点。从日出开始，我一直拿着望远镜焦急地向各处看。我多么希望能看到我亲爱的丈夫带着他的朋友们归来啊！但是，我看到的只是一些步履蹒跚的士兵，他们好像缺胳膊少腿，失去了为自己家园作战的斗志。

3 点，你能相信吗，我的妹妹？我们这里刚刚发生了一场战争，也许只是一场小冲突，在布兰登斯伯格附近。我还活着，四周都是炮声！我的丈夫还没有回来，愿上帝保佑我们！两个风尘仆仆的信使，要我赶快撤离；但是我想留在这里等他……现在有了一辆马车，我已经装满了一车白宫里最值钱的盘子和物品。不管车子是安全到达目的地"马里兰银行"，还是落在英军的手里，都只能这么做了。我们好心的朋友，卡罗尔先生，也来催我赶紧离开，还和我争执起来。因为我坚持要先将华盛顿将军的画像置于安全之地后才离开，而那幅画牢牢地钉在墙上，我们觉得在这危险的时候慢慢拧开螺丝太耗时间了，我命令他们把画框砸开，取出画布。终于成功了！这副珍贵的肖像交给了纽约的两位绅士，很安全。现在，我亲爱的妹妹，我必须离开这座房子了，否则撤离的军队将堵住我要走的那条路，我就被困在这里了。我都不知道我什么时候能再写信给你，也不知道我明天身处何处！

多丽

来自阿拉莫的求助

——威廉·巴雷特·特拉维斯

得克萨斯州圣安东尼奥的阿拉莫教堂，是美国人坚韧不屈的勇敢精神和献身精神的象征。反抗墨西哥独裁者安东尼奥·洛佩兹·德·圣达·安那将军的革命爆发后，一支得克萨斯军队在 1835 年末占领了这个军事要塞。到 1836 年初，威廉·巴雷特·特拉维斯中校和要塞的防守部队发现他们被 6000 人的墨西哥军队包围了。2 月 24 日，特拉维斯派信使去附近的德克萨斯的城镇请求紧急救援。30 多个人突破了敌军的防线加入了阿拉莫教堂的防卫队伍。包围一直持续到 3 月 6 日，圣达·安那的军队占领了教堂。整个防守部队，大约 180 人，都遇害了，其中包括特拉维斯中校、詹姆斯·鲍威和戴维·克罗克特。

得克萨斯州阿拉莫教堂的军令
1836 年 2 月 24 日

致得克萨斯州人民及全体美国人民
同胞们：

我现在被由 1000 或者更多人组成的圣达·安那统领的墨西哥军队包围着。我已经连续 24 小时抵抗敌人的枪击炮轰，目前尚未有伤亡。敌人一直要求我们投降，否则当他们

占领教堂时，我们的士兵都将被处死。我用反击的炮声回答了他们，我们的旗帜仍然高高地飘扬在空中。我决不投降，也不逃跑。现在，我以自由的名义，以爱国的名义，以美国人珍贵的品质的名义，请求你们速来支援我们。敌人每天都增援，毫无疑问，四五天内他们的人数将达到三四千。如果这个求助信没有得到回应，我决定继续战斗下去，像一个永不忘记自己的荣誉和祖国的荣誉的士兵那样死去。

不胜利，毋宁死！

指挥官
威廉·巴雷特·特拉维斯中校

苏珊·B.安东尼

——乔安娜·斯特朗　汤姆·B.莱昂纳德

赋予妇女选举权的宪法第十九条修正案，在苏珊·B.安东尼去世(1906年)14年后才得以批准。提到美国妇女为投票权的长期斗争，人们往往想起她的名字。她坚定的意志使她成为我们政治斗争英勇的代表。

"你究竟要干什么？"坐在大桌子后的男人大声嚷着，"你们女人就该回家做你的家务，快回家刷盘子去！如果你不赶紧离开这里，我就叫警察来把你轰出去！"

商店里的人都停下脚步听着。有些男人转过身去冷笑了几声，其他的看着那15个妇女嘲讽地哄笑着。一个男人吹了声口哨："快回家吧，夫人们，你们的孩子都脏兮兮的了。"然后店里的男人都大笑了起来。

但是这些玩笑并没有使那位为首的仪态威严的高个女士狼狈，她手里拿着一张纸，一动不动地站在那里。

"我来是为了投票选举美国总统的，"她说，"他将成为你我的总统。我们这些生孩子的妇女也能保卫这个国家。我们这些妇女给了你们男人家庭，替你们做面包，为你们生儿育女。我们和你们一样，都是这个国家的公民。我们要求有权利投票选举这个政府的领导。"

她的这番话犹如清脆的钟声，敲到了每个人的心里。在场的男人们一声不吭。那个先前恐吓她的坐在桌子后的男子像石头一样一动不动。然后，苏珊·B.安东尼一言不发地高傲地走到投票箱前，把她的选票投进了箱子。另外14个妇女也同样投了自己的选票，在场的男人们都站在那里默默地看着。

当时是1872年，妇女长久地被否决行使这些她们应有的权利，长久地忍受着一部不公平的法律带来的歧视——这部法律标明她们是属于男人的财产。

妇女能挣钱，但她们并不能拥有她们挣来的钱。如果一个女人结婚后还参加工作，那么她们挣得的每一分钱都是她的丈夫的财产。1872年，男人是家里完全的主宰，他的妻子连自己的事情都无权处理。她只是个没有思考能力的傻瓜而已，所以法律仁慈地为她指定了一位监护人来保护她——当然是位男性监护人——包括监护她所拥有的一切财产。

像苏珊·B.安东尼这样的女性为这种不平等待遇而感到气愤。苏珊不明白为什么女性要受到这样的歧视。"为什么只让男人来制订法律？"她说，"为什么男人用这种枷锁捆住我们？不能这样！"她喊道，"我们女人应该为了我们自己的权利而斗争。"于是她发誓她将进行长久的斗争，直到上帝让她看见在法律面前男女是平等的。

她确实那么做了。苏珊·B.安东尼是美国妇女权利的最伟大的声援者，她毫不停歇地到处奔波，发表了无数的演说，和男人们辩论，鼓励妇女为自己的权利而斗争。她写了上百篇文章和抗议信。她进行的是艰苦而艰难的斗争，因为反对她的人说了很多难听的话，也造了很多关于她的谣言。"没有哪个有教养的女人像她那样说话，没有哪位优雅的女士像她那样挤在法官和男人的面前那样滔滔不绝。她真不要脸！"

许多女人不敢反驳，尽管她们知道苏珊·B.安东尼是位优雅的、聪明的、勇敢的女士。她们害怕被别人瞧不起。但是渐渐地，她们开始喜欢苏珊，因为苏珊一直想要帮助她们。

过了一段时间，许多家庭主妇从苏珊的所作所为中获得了勇气。于是，成千上万的女性加入了苏珊的队伍。受到苏珊鼓励的妇女的丈夫开始改变他们的观念，为女性受到的不平等待遇而感到羞耻。伟大的苏珊·B.安东尼就这样慢慢地打破了男人的顽固的旧观念。

在1872年那个重要的日子，她和她忠实的追随者投下了她们选举总统的第一张选票。但是尽管投票处的男人当时被触动了，他们并没有在思想上接受妇女们的做法。几天后，苏珊被捕了，她被带到法官面前，被指控非法进入投票站。

"你有什么要为自己辩护的？"法官问她。

"有罪！"苏珊大声说，"因为要根除你们男人施加于我们女人的奴隶制而有罪？因为要让你们明白我们做母亲的和男人一样对于这个国家很重要而有罪？因为要提高女性的素质从而使得男人自豪地看待他们的妻子对公共事务的意识而有罪？"

还没等法官从她这番话引起的震惊中恢复过来，她又接着说道："但是，尊敬的法官，我并没有触犯美国宪法，因为宪法说法律面前人人平等。平等！"她大声地说着，"当只有男人才有权制订法律的时候，当只有男人才有权选出你们的代表的时候，当只有男人才有权送你们的儿子去接受高等教育的时候，怎么能说我们妇女也享有平等权利呢！你们，你们这些瞎了眼的人，都成了你们的母亲和妻子的奴隶主。"

法官终于回过神来，他以前从未听过以如此激昂的方式表达的这些想法。但是，法律毕竟是法律！法官很平静地说："我不得不判处你一百美元的罚金。"

"我不会付钱的！"苏珊·B.安东尼说，"记下我的话，法律会被修改的！"说完，她大步走出了法庭。

"我要不要去把她带回来？"法庭书记员问法官。

"不，让她去吧，"年长的法官说，"我觉得她说的有道理，而且法律很快就会得到修改。"

苏珊继续进行她的改革运动，继续到处推广她的想法，在她的足迹到过的各个村庄发表演说，为妇女的权利而申诉。

如今，妇女的投票权是个既得权利。妇女可以保有她们挣得的收入；不管是否结婚，她们拥有自己的财产；她们可以上大学，可以自愿选择自己的职业。但是现在妇女们所享受到的这些权利，是通过苏珊·B.安东尼这些伟大的女性斗士为女性自由的英勇斗争而得来的。

以前没做过的事情

——埃德加·格斯特

那些敢于第一个去做我们现在认为理所当然可以做的事情的人，是我们应该永远纪念的。

以前没做过的事情，
是应该去尝试的事情；
哥伦布梦想的未知海岸
远在天边，
他勇敢的心，坚定的信念，
在前途未卜的旅程中冒险，
他不在乎人们的嘲讽，
也不在乎船员的怀疑。

众人将踏上前人走过的路
沿着路标指示的方向。
他们数年如一日的生活
每天记录航海图。
有人告诉他们
走前人走过的路是安全的，
他们想要体验的
却是前人已经做过的事情。

有人开始行动，没有地图，也没有航海图，
去了从未有人去过的地方。
他们离开那条前人走过的道路，
看见了从未有人看到过的风光。
他们渴望单枪匹马，
尽管受挫又受伤，
他们为许多人开辟了道路，
那些人类不曾有过的任何创新之举。

以前没有做过的事，
现在值得一试。
你是跟随者，
还是开创者？
你是听到众人怀疑的嘲讽
而害怕的胆小鬼，
还是不论输赢
都敢于开辟新路的英雄？

罗莎·帕克斯

——凯·弗雷斯

1955年12月1日的晚上，罗莎·帕克斯拒绝"坐到车后面"的举动，标志了一个历史性的时刻：从南部蔓延到全国的反对合法种族隔离运动的开始。帕克斯当然从未想到她的这个举动打开了美国种族关系历史上崭新的一页。她后来解释说她当时没有动是因为她突然觉得受够了总是任由别人摆布。她这一刻的勇气点燃了变革之火。

1955年12月1日，星期四。一天的工作结束了，下班的人群登上了行驶在蒙哥马利大街小巷里的绿白相间的公共汽车。在蒙哥马利百货商场里做了整整一天的缝补熨烫衬衫的工作后，罗莎·帕克斯觉得非常疲惫。当她登上回家的克利夫兰大道的公交车，在车上找到最后一个空座位坐下的时候，她觉得她真是太幸运了。

很快公交车就挤满了人，有的人不得不站着。车子开过了法庭广场——那是联邦时期拍卖美籍非洲人的地方，在帝国剧院前面停了下来。上车的乘客站在车上的过道前面，他是个白人。

公交车司机詹姆斯·F.布莱克注意到有个白人站着，就大声喊那4个坐在白人区后面的黑人，要他们把位子让给刚上车的乘客。但是没有人站起来。"你们最好有点自知之明，把位子让出来！"司机威胁他们。3个人站了起来，站到公车的后部去了。但是罗莎·帕克斯一动也不动地坐在她的座位上，她觉得受到了侮辱。"这就好像是说，我只是上车买票，然后任由他们把我推到他们想让我待着的地方。"她说。

无巧不成书的是，这天晚上的司机正是以前曾将麻烦的罗莎·帕克斯赶下车的那个司机，当时罗莎拒绝从后门登车——那是1943年的事情了。罗莎·帕克斯不想再被指使得团团转，她告诉司机她并没有坐在白人区，所以她不打算让出位了。

布莱克当然知道这些条例，他知道所谓的白人区是司机指定的地方。如果车子上有很多白人乘客，他可以把白人区扩大到车子后部，让所有的黑人都站着。他对罗莎·帕克斯大吼着，让她到车子后部去。她并没有妥协，再次对司机说她是不会让位的。车里所有人都沉默了，很好奇下面将会发生什么事情。最后，布莱克告诉罗莎·帕克斯她将因为违反种族隔离法规而被捕。但是，罗莎用低沉却很坚定的语气说，他可以采取任何措施。

布莱克下了车，找来蒙哥马利警察局的警察。当警察逮捕罗莎·帕克斯的时候，她很平静地问："为什么你们随意摆布我们？"

所有乘客的眼睛都看着这个警察，他只能尴尬地回答："我不知道，我只是服从法律。"

罗莎·帕克斯被带到了警察局，做了笔录，摁了手印。当警察填完表格，她问她是否能喝一杯水，却被告之警察局里的饮水器只为白人供水。然后一个警察带着她穿过一条长长的走廊，走廊的一边都是铁栏杆。一扇栅栏门打开了，她走了进去。门立刻"喀"的一声关上了，她被锁在了里面。她被拘禁了。

罗莎·帕克斯决定在法庭上对她的被捕提出异议。为了支持她，蒙哥马利的黑人团体组织了不坐公交车的联合抵制运动。

12月5日，星期一的早晨，罗莎·帕克斯醒来后，想着她将要受到的审判。她和丈夫起床后，听到街对面传来的熟悉的城市干线公交车的停车声。平时这个时候都有很多人等车。帕克斯夫妇走到窗前往外看，除了司机，公交车上没有乘客，而且也没有人要上车。公交车在站台停了一分多钟，但还是没有人上车，疑惑的司机只好开着空车走了。

罗莎·帕克斯感到很愉快。她的邻居正在联合抵制乘坐公交车，她都等不及去法院了，那样她就能看看蒙哥马利其他地区的联合抵制运动进展得如何。当弗雷德·格雷开车来接她去法院时，她并没有失望。她预料到有些人会拒绝乘坐公交车，幸运的话，大概有一半的人会拒乘。事实是，那些公交车完全空着，没有乘客。

整个城市里，大家都看到了空空的公交车摇摇晃晃地开着。车里只有一小部分常坐公交车的白人乘客坐在前面，偶尔有一个黑人乘客坐在后面。大家都很纳闷究竟发生了什么事情。街上都是走路去上班的黑人。

在罗莎·帕克斯和她的律师开车去法庭的路上，还有更大的意外在等着他们。大约500人的黑人群众聚集在一起声援她。帕克斯夫人和律师缓缓地挤过欢呼的人群，走进法庭。但是审判并没有持续很长时间。罗莎·帕克斯很快被判违反了公交车上种族隔离法，罚款10美元。7个月前，克劳德特·考尔文也在这里接受了审判，当时考尔文只能接受有罪的判决并且付了罚金。

但是这一次，弗雷德·格雷对罗莎·帕克斯的案子提出了上诉，这就意味着这个案子将被提交给更高一级的法院。同时，帕克斯夫人也获得了自由。

法院外面的人群还没有平静下来，有些人甚至携带了短枪管猎枪，警察也开始紧张起来。E.D.尼克松出来安抚人群，但是在一片吵闹声中没有人能听见他说些什么。人群中有人大叫：如果几分钟内罗莎·帕克斯还没有从法院安全地出来，他们就要冲进去了！当罗莎出来后，人群中又爆发出热烈的欢呼声。

那天上午，先是看见没有乘客的公交车，现在又有这么多人围绕在她周围，罗莎·帕克斯知道她做出了正确的决定。她的黑人同胞正团结起来，向市政当局表明他们受够了种族隔离的侮辱。他们将改变蒙哥马利。

能做到

真正的勇敢是带着一种谨慎的正确的怀疑态度去问："这是最好的做法吗？"真正的胆怯却是带着一种糟糕的疑问态度，总是说："做不到的。"

> 失去所有乐趣的人，
> 是那种总是说"做不到"的人；
> 他神色忧郁，孤独地站着，
> 谴责出现的每一个可能带来危险的事物。
> 如果能够，
> 他将改写人类的历史，
> 我们将没有收音机，也没有汽车，
> 也没有照亮街道的路灯。
>
> 没有电报，也没有电话，
> 我们将在石器时代徘徊。
> 如果由总是说"做不到"的人掌管世界，
> 这个世界将会死气沉沉。

278

征募危险旅程的同伴

——欧内斯特·谢克尔顿

1900年，英国南极探险家欧内斯特·谢克尔顿爵士(1874～1922)为了"国家南极地区探险"计划(他们并没有到达南极点)而在伦敦的报纸上刊登了下面这则广告。后来谢克尔顿提到这次招募志愿者的广告时说："看起来似乎全英国的人都决定陪我去了，回应的人实在太多了。"

征募危险旅程的同伴。工资低，气候严寒，长期不见阳光，常有危险，不知能否安全回来。如果成功，将得到无限荣耀。

——欧内斯特·谢克尔顿

斯考特探险的结束

——罗伯特·法尔肯·斯考特

1910年，英国海军上校罗伯特·法尔肯·斯考特第二次试图去南极探险。两年后，1912年1月18日，经过充满危险的长途跋涉，跨越冰雪覆盖的南极洲，斯考特和他的4个同伴终于到达了他们的目的地，结果却发现挪威探险家罗尔德·亚孟森比他们早35天到达了南极点。他们还发现亚孟森的帐篷被雪吹倒了。

斯考特和同伴又沮丧又疲惫地开始了700英里的回家的艰难旅程——却以悲剧而告终的旅程。食物和燃料都不够了，气温骤然降低，冻伤日益严重。3月3日，斯考特在日记中写道："上帝保佑我们，我们无法继续前行了。表面上看起来我们都很振奋，但是我能猜到每个人真正的感受。"3月16日，他写道："……终于，离终点不远了。"最后，3月29日，他写了："很遗憾，我想我再也没法写下去了。罗·斯考特……上帝啊，请照顾好我们的家人。"

斯考特和两个同伴停止在离补给营地还有15英里的地方。几个月后，一支搜救队在他们的睡袋中发现了他们的尸体，半埋在雪中。在这次探险的记录中，他们发现了斯考特写给公众的最后一封信，斯考特写在便条上的一封告别信。信上写着："英国人带着一直奋战到最后的大无畏的精神死去。"

这个灾难的原因并不是不完善的组织，而是探险过程中发生的种种无法预测的不幸。

1.1911年3月马匹的损失迫使我不得不推迟出发的时间，而且不得不减少随行物品的数量。

2.整个旅程中的天气，特别是南纬83度上长期的8～10级的大风，阻止了我们。

3.冰河下游松软的雪减慢了我们的速度。

我们坚强地克服了这些不幸的困难，但是造成了我们的供应短缺。

在冰天雪地里来回1400英里，我们对食物供给、衣物甚至补给站都做了完美的安排

和部署。根据安排，先遣人员将以较好的状态带着多余的食物先回到冰河，但是我们认为最不可能失败的人却出人意料的失败了。我们以为埃德加·埃文斯是我们当中最强壮的人。

天气好的时候，比尔德莫冰河没有那么危险，但是我们返回的路上几乎没有碰到晴好的天气，而且带着一个生病的同伴也让我们更加焦虑。

我们碰到了崎岖的冰面，埃德加·埃文斯得了脑震荡，并因此而死亡，我们的队伍在这个气候恶劣的季节又遭遇了动摇。

但是和在冰层处碰到的问题相比，上面列举出的这些因素根本算不了什么困难。我认为我们做出的回程安排是正确的，但是世界上没有人能预料到这个时节的温度和地面状况。南纬85度的最高温度是−20℃，南纬86度的最高温度是−30℃。南纬80度的冰层那里，海拔低了1万英尺，白天温度通常是−30℃，夜里为−47℃。而且白天赶路的时候，我们一直顶风前进。这些状况让我们措手不及，所以我们的遇难完全是因为这恶劣的天气，而不是其他的原因。我想不曾有人像我们这样能熬过一个月。如果没有第二个人(奥茨上校)的生病，如果没有补给站燃料的短缺，如果没有那场把我们阻止在离补给站11英里外的暴风雪，我们是能够成功的。

但是厄运还是降临了。我们到了离我们的老营地"一吨营"时，只剩下刚够做最后一顿饭的燃料和能维持两天的食物了。

4天了，我们无法离开帐篷，周围大风在呼号。我们很虚弱，甚至都没有力气写字。但是就我个人而言，我一点都不后悔这次的旅程，因为这次探险证明了英国人能够吃苦耐劳，互相帮助，坚强地面对死亡。我们冒了险，而且我们知道是什么样的危险；路上碰到了很多困难，因此我们没有理由抱怨，虽然我们不得不服从上帝的意愿，我们仍决定坚持到最后。但是如果我们愿意为了我们祖国的荣誉而为这项事业献出生命的话，我请求我的同胞们能够适当照看那些依靠我们的人。

如果我们还能活着，我要讲述一个关于我的同伴们的刚毅、耐力和勇气的故事，一个会打动每一个英国人心灵的故事。这些简单的叙述和我们的尸体将告诉人们这一切。当然，我们富饶的伟大的祖国将能看到那些依靠我们的人得到了正确的对待。

罗·斯考特

火车头

——鲍勃·肯斯戴恩

从1925年6月1日到1939年5月2日，卢·格里克(1903～1941)为纽约扬基队连续出场2130场棒球比赛，被称为"火车头"。但是一种脊柱瘫痪的疾病终结了他的职业生涯。后来他所患的疾病被命名为卢·格里克氏症，不仅因为公众对他的病况的关心，也因为他表现出的非凡的勇气。

1938年扬基队轻而易举地赢得了比赛，这是卢在这个球队的第15年了。接着他们又在世界职业棒球锦标赛中击败了芝加哥童子军队。但是卢的表现只是一般。在常规赛季他的击球率为打出了29.5%以上的安打，在如今的棒球界是个相当了不起的数字，但是对于1938年的格里克来说却是一个很尴尬的数字，因为自从入队以来，这是他第一次低于30%。去年迪麦格打出了比他多的本垒打。世界职业棒球锦标赛中卢参加了对抗童子军队

的整场比赛，但是 14 次击球中只有 4 次击中，而且全是一垒安打。

我得到的第一个线索是一个叫乔·克拉卡奥卡斯的粗犷的华盛顿队的投手提供的，他说那一年卢的问题比一般的低潮期还要严重。在扬基运动场的一场比赛结束后，他告诉《华盛顿邮报》的雪莉·波维奇说他对格里克投球时发生了一件令人吃惊的事情。乔投出一个高内侧快球后，以为卢会向后移动并击中这个球。可是，克拉卡奥卡斯说，卢这个判断准确的击球手，居然向本垒板移动过来。

"我的投球从他的两只手腕中落了下去，"乔边说边发抖，"我真的惊呆了！格里克肯定有什么问题了……"

1939 年卢随扬基队到南方比赛之前的一年，他的薪水减少了 3000 美元。他没有任何牢骚。那一年他没有什么作为，因此对他来说，减薪是应该的。他还会回来的，毕竟他这 22 年来只是比赛，没有好好照料自己……

尽管有个球迷对他冷嘲热讽，乔·麦卡锡在 1939 赛季的开幕日的比赛上还是启用格里克作为一垒手。前几天在埃伯茨球场的一场表演赛上那个球迷在他俩面前大骂："卢，你为什么这样自暴自弃？你想让麦卡锡怎么办，烧掉你身上的那件队服吗？"

卢勉强地打到了 1939 年 5 月 2 日。在对抗底特律队的首场比赛的当天早晨，他在旅馆打电话给麦卡锡，要求见他。

"我要退出比赛，乔。"在经理人的房间里他说。麦卡锡没有说话。

"为了球队，"卢继续说，"我无法形容我有多么感谢你的好意，还有你的耐心……但是看来我不能再继续下去了。到了我退出的时候了。"

麦卡锡深吸了一口气，然后告诉他忘了那连续出场比赛的记录，休息一两个星期之后再回来打球。

"我不是那个意思，乔，"格里克说，"那些年轻人都比我强。没有人说那些会伤害我的话。但是前几天强尼说的话使我意识到我是时候退出比赛了……他本想鼓励我的。"

麦卡锡还是不太高兴，问他究竟怎么回事。

"你还记得上一场我们在体育场的比赛的最后一局吗？"卢问道，"有个球打到了击球区和一垒之间。强尼接到了那个球后，我只能及时赶回一垒接住他投来的球。"

"那有什么问题？"

"嗯……乔，我跑得很辛苦，"卢说，"我本能够有足够的时间跑回一垒的。我出局了，但是当我和强尼回到场外休息区的时候，他说：'打得不错，卢。'我意识到我该退出了。这些年轻人开始为我感到遗憾了。"

在他的妻子埃莉诺的催促下，卢去明尼苏达州的罗切斯特的梅奥诊所做了身体检查。之后他拿到了一份由著名的哈罗德·C.哈宾医生签名的"敬启者"的文件：

"兹证明卢·格里克先生于 1939 年 6 月 13 日至 6 月 19 日在梅奥诊所接受了为期 8 天的身体检查。经过仔细而全面的体检，我们确定他患有肌萎缩性侧索硬化。这是一种中枢神经系统的运动神经和运动细胞的疾病，以非专业术语来解释，就是慢性脊髓灰质炎的一种——小儿麻痹症。

"这个疾病使得格里克先生将无法继续从事剧烈的棒球运动，因为这项运动将损害他的肌肉能量。不过他仍然可以从事一些行政工作。"

1939 年赛季快结束的时候，卢回到了队里，每天慢慢地换好衣服后，在比赛前把麦卡锡的出场名单送给本垒的裁判员。这是他作为队长唯一的工作。扬基队又取得了一个胜利的赛季，但是卢没有胜利。从场边休息区走到本垒再回到休息区这么短短的一个来回已经让他筋疲力尽。但是更使他疲惫的是《纽约每日新闻》的一篇无情的报道（但大部分都是事实），有些队友看了报道后开始不敢和卢共用扬基队休息区的饮水器。

"格里克感恩日"（1939 年 7 月 4 日）是只有棒球运动才能产生的一个充满情感的致敬方式：看台上座无虚席，有望连续两次击败华盛顿参议院队，市长费奥瑞罗·拉·瓜迪亚

的激动人心的演说，扬基队的球迷和格里克的球迷——邮政局长吉姆·法利的出席，现在患有风湿、年老发福的前队友们的到场。家里人都坐在边线的包厢里。礼物和奖品堆满了一桌。

对于现在因病而衰弱的卢而言，还有一个重要人物没有出现，贝·鲁斯没有来。这个他最想见到的老朋友，没有回复他的邀请，也没有回复经理人的电话。

突然，体育馆里出现了一阵骚动，人们交头接耳。鲁斯来了。他吸引了所有人的目光。卢做了感谢上帝的祈祷。

没有人想到比赛前的仪式上会出现这一幕：乔·麦卡锡致词的时候，嘴唇颤抖，声音哽咽。他立刻放弃了准备好的讲稿，脱口而出："我们不要因此而哭泣……"结果却在球迷中造成了相反的效果。

轮到卢发言的时候，他把前一天晚上写好的稿子塞进口袋里。他咽了咽唾沫，清了清嗓子，然后断断续续地说：

"很多人说我的结束是糟糕的，但是如果球队经理和球场管理员，甚至河对岸的巨人队——那个我们应该在世锦赛中挥起我们的右臂击倒的对手——如果他们都还记得我，那就足够了……至少我有辛苦工作供我读书的了不起的父母……一位了不起的妻子……"

他又断断续续地提到了已经去世的杰克·鲁波特和米勒·哈金斯，还有在世的麦卡锡、巴罗和比尔·迪克。

但是没有人错过他最后的几句话。

"我的结束可能是不太辉煌，"他总结说，轻轻地摸了摸鼻子，"但是我已经得到了很多。有了这一切，我觉得我是世界上最幸运的人。"

鲁斯按捺不住地走上去，和卢拥抱在一起，流下了眼泪。

格里克去了辛辛那提州，观看他以前所在的队伍红队在世界职业棒球锦标赛中的比赛。他过得很愉快，但是他的一些老朋友发现和他待在一起给他们带来了麻烦。一天晚上出去吃饭的时候，迪克在他旁边，卢摇摇晃晃地走着，差点从荷兰广场饭店大厅外的大理石台阶上摔下去。迪克做了他一生中最漂亮的一次接球，把卢从一次致命的摔倒中救了回来。

后来，在获胜的扬基队回纽约的火车上又发生了一幕。卢碰到了他的朋友——合众社的亨利·麦克莱莫，于是邀请他去自己的车厢包房喝一杯。桌子已经摆好。卢慢慢地在玻璃杯里放了冰块后，伸手去拿那小半瓶黑牌12年威士忌。他瘦瘦的手抓住瓶塞，想要拔出塞子。瓶塞并不是塞得很紧，但是他却没有力气拔出塞子。亨利没有再接着听卢讲世锦赛的赛况，他被卢如此费力的样子惊得目瞪口呆，但出于尊敬他没敢伸手去帮忙。最后，卢把瓶子举到嘴边，张嘴咬住瓶塞，胳膊肘用力顶住桌面。他终于打开了瓶子，倒了酒，接着他刚才的话题说了下去。

那晚，亨利喝得大醉。

1941年6月2日，卢离开了人世。就在他去世前，他从他的办公室打电话给我。拉·瓜迪亚市长早已派他去纽约市假释管理委员会工作，鼓励那些年轻的犯法者改过自新。卢带着他所有的一切(也许可以说是他仅剩的一切)全身心地投入到工作中。他也一直很有兴趣地研究这个使他离开棒球的疾病。

正是和后者相关的一张字条使他打了这个电话。

"我有些好消息告诉你，"他说，"看来实验室里的小伙子们有了不错的突破。他们在我们10个患有同样疾病的人身上试了某种新的血清。你知道发生什么了吗？对其中9个人有疗效。怎么样？"他很得意。

我本不想问那个问题，但是还是问了出来：

"你怎么样，卢？"

卢说："嗯，对我没疗效。但是这个平均值怎么样？——90%！这是不是非常了不起？"

我说是的，非常了不起。
他也如此！

～ 微 笑 ～

那些打了漂亮一仗并且胜利的人只是勇敢了一次，那些输了的人必须表现出再一次的勇敢。因此我们必须使自己更坚强，迎接比胜利更艰苦的事情。

> 让别人为胜者欢呼吧，
> 我只为一个人庆贺；
> 他尽力而为，
> 却带着微笑输了。
> 尽管被击败，
> 但并没有被击倒。
> 带着微笑面对失败的人，
> 终有一天会胜利。

～ 民族的摩西 ～

——莎拉·布拉德福

大约在1821年，哈里艾特·杜伯曼出生于马里兰州一个种植场的奴隶家庭。和大多数奴隶一样，她没有上过学，不识字。1844年，奴隶主逼她嫁给了另一个奴隶约翰·杜伯曼。1849年夏天的一个夜晚，她为了自由而逃去了北方，后来又回来帮助家人逃走。她大约回了20次南方，利用"地下铁路"带领了300名奴隶去北方获得自由。内战爆发后，她随联邦军队去了南卡罗莱纳州，做过护士、厨师、侦察员、间谍。战后，她为了改善被解放的奴隶的生存条件而继续工作和斗争。

下面讲述的故事选自哈里艾特·杜伯曼的第一本传记(1869年出版，1886年修订)；该书恰如其分地称呼她为"民族的摩西"。

某一天，黑人们脸上都带着恐慌的神色，一个个交头接耳，议论纷纷。没有人知道这是怎么回事，但是有人听说哈里艾特和她的两个兄弟很快，也许今天，或者明天，就要和其他人被送到南方的种植场去干活了。那个时候哈里艾特大概20岁或25岁，以前经常有的那个逃跑的念头又浮现在她的脑海中，而且突然变得具体和明确。以她一贯雷厉风行的作风，她立刻决定采取行动。

她立刻找到她的兄弟商量，她非常兴奋地描述着计划，她的兄弟们也忘了害怕，很高兴地说他们愿意和她在那晚出逃，逃到遥远的北方。在那里，自由等着他们。

兄弟俩和她一起出发了，但是一路上有很多困难：不认识路，路途漫长，许多奴隶主将会追捕他们，他们的命运也许比以前更悲惨。因此，兄弟俩和她分道扬镳了。和她告别后，他们又回到了恐怖的奴隶生活。

哈里艾特现在孤身一人，但是看着她的两个兄弟背影走远后，她又毅然地转头面向北方。利用北极星判断方向，心里祈祷着，继续她漫漫的孤单旅程。黑人的小屋里长久地谈论着她的离开。她的年老的妈妈坐在屋里，为她出走的女儿哭泣。她从未看出哈里艾特有出走的迹象，对她来说，女儿的行动是个冲动之举。知道哈里艾特有计划出逃的人，都听到了这个母亲的哭泣和哀叹。只有北极星做她的向导，我们的女英雄才开始走向自由。

没有钱，也没有朋友，她走过了很多人生地不熟的地方；夜里赶路，白天藏身，必须时刻保持警惕，白天注意来往的人群，晚上注意火光，果断决定是赶路还是休息。不知道可以信任谁，也不知道追捕者在何处，她只能小心翼翼地凭感觉赶路。凭借她天生的聪明，或者说上帝赐予的智慧，她总能从好心人那里得到食物，有时候还能有住的地方。有时候她只能睡在冰冷的地面上，夜里的星星是她的守护人。

漫长而疲惫的旅程之后，她发现她跨过了那条分割奴役之地和自由之土的界线。但是她梦想中的伸开双臂欢迎她回家的和善的白人女士在哪里呢？所有的梦想都是骗人的：她比以前更孤独了。但是她跨过了那条界线——现在没有人能把她带走，她再也不用叫别人"主人"了……

这里我们无法具体地描述这位坚定勇敢的女士在后来的日子里，为了拯救她的亲戚朋友付出了多少艰辛，赶了多少路程。那些年她几乎一直在奔波，夜以继日地赶路，只是为了把她的同胞从奴隶制中解放出来。她所有的收入都花在这个唯一的目的上。攒到足够的钱后，她就会从北方的家里消失，某个夜里突然神秘地出现在某个种植场的黑奴的屋门前。有一群胆战心惊的逃难者按照事先通知的时间和地点去了那里，等待着"运送"他们的人。然后她带着他们逃往北方，夜里赶路，白天藏身，跋山涉水，穿越森林，一路上小心翼翼地躲避着追捕他们的人。她总共来回南方和北方之间19次，帮助300多名黑奴活着逃到了北方。

有一次去北方的路上，某一天天快亮的时候，哈里艾特带着一队逃亡者来到了一个小镇，那里住着一个黑人，他的房子是"地下交通网"的联络处之一。那天，下着倾盆大雨，大家站在路中央，哈里艾特来到那个黑人的门前，按照他们惯用的信号敲门，但是没有像以往那样得到回答。她不得不又敲了几次门。终于，一扇窗户打开了，一个白人伸出头来，粗暴地问："你们是什么人？""你们要干什么？"哈里艾特问她的朋友去哪里了，却被告之他因为"窝藏黑鬼"而被赶走了。

这是无法预料到的麻烦。天就要亮了，而白天就是这些被追捕的逃难者的"敌人"。他们忠心的领路人在街上站了一会儿。就在那片刻功夫，她想到了办法，发了一封电报给她那未曾谋面的保护者。她很快得到了回答，建议她去另一个她差点忘掉的避难所。小镇外的沼泽中有个小岛，那里的草长得很高很密，没有人会想到那里可以藏身。她带着队伍去了那个地方，费力地在沼泽中穿行，挎在胳膊上的篮子里有两个睡着的婴儿（这是一对双胞胎，我见到她俩的时候她俩已出落成大姑娘了），其他人跟在她的后面。她命令大家躺倒在高高的湿草中，然后她祈祷着，等待着解救。这些可怜的人又冷又湿又饿，哈里艾特也不敢留下他们出去找吃的。毫无疑问，她敲门的那房子的主人肯定在镇子上发出了警报，人们将留意他们的行踪。他们当时真的很悲惨，但是哈里艾特的信念从未动摇过。她仍在默默地祷告，她确信会有人来帮助他们。

黄昏后，有个人慢慢地沿着沼泽边的坚硬土地走了过来。他身着贵格会教徒的衣服，正是他们所需要的"朋友"。他似乎在自言自语，但是耳尖的人都听到了他的话：

"我的马车停在路对面第二个农场的谷仓前的院子里。马在马厩里，马具挂在钉子

上。"然后他就走了。夜色降临了，哈里艾特悄悄地潜进了那个院子。那里不仅是一辆马车，而且是一辆装有食物的马车！几分钟后，这伙人都被从悲惨中解救出来，一路兴高采烈地向下一个镇子出发。哈里艾特认识的一个贵格会教徒住在这里，他早已准备好马匹和车子。至于这个好心人如何收到消息，知道他们藏在附近并来帮助他们，哈里艾特无从知晓。但是这些突然出现的解救从来不让她觉得神秘或意外。她的祷告确实应验了。

危急时刻的英雄

——布莱因·哈登

　　1982年1月13日，佛罗里达航空90次航班从华盛顿特区的国家机场起飞后，撞到了第十四大街的桥上，坠入了冰冷的波拖马可河，导致78人丧生。数百名因为华盛顿一场罕见的暴风雪而提早下班回家的路人，站在河两岸，目睹了艰难的营救工作。列尼·斯库特尼克本来也只是旁观者，但是他突然跳进河里救了一个人。"其他人都没动，"后来他说，"我只能这么做。"

　　在飞机坠毁掉进波拖马可河后，列尼·斯库特尼克跳进冰冷的河里救出了一个快要溺死的妇女，以前他从未有过这样的英雄壮举。

　　28岁的斯库特尼克，全名是马丁·伦纳德·斯库特尼克，只是一个普通人。他曾经当过屠宰场工人、房屋粉刷匠、家具厂工人、汉堡厨师，甚至在加利福尼亚的斯密谷的拉尔夫超市的男士脱毛柜台当过服务员。

　　斯库特尼克现在国会预算办公室工作，做些打杂、送信之类的工作，一年挣14000美元。他说，节日晚上，他带着他的妻子琳达还有两个儿子去他们家(他们住在弗吉尼亚州洛顿镇的一座每月租金325美元的房子里)，附近有"兄弟比萨"店，"偶尔我们才会小小地奢侈一下"。

　　斯库特尼克说，他曾经把一生中另一次成为英雄的机会搞砸了。他曾在一次高中比赛中作为一支接力队的压轴选手出场。他本来能够赢得那场比赛的，可是当时他筋疲力尽，跑不动了。教练对他大吼："你退出吧，斯库特尼克，别来了！"

　　周三傍晚的时候，斯库特尼克和其他上百名当时正赶着回家的路人一样，站在波拖马可河看着坠毁的佛罗里达航空90次航班，但是以前从未救过人的他，拯救了一个快要溺死的妇女，当时她已虚弱得无力抓住从盘旋着的直升机上抛下来的救生圈。他的英勇行为通过电视传送到全国各地。

　　里根总统昨天在纽约发表演说的时候，提到了斯库特尼克的英雄事迹："没有人挑选他出来做英雄，但是他毫不犹豫地去做了，他拯救了她的生命。"

　　昨天当他在位于第十四大街桥南20英里处的家里接受采访的时候，斯库特尼克并没有对他的冒险行为作出特别的解释。"其他人都没动，"他说，"我只能这么做。"

　　被斯库特尼克救出的那位妇女叫普里西拉·提拉多，她的丈夫和刚出生的儿子在这次空难中丧生。昨天斯库特尼克以为他救出的人是凯丽·邓肯，一名佛罗里达航空的乘务员，因为有个自称是邓肯的室友的女人从佛罗里达打来电话向他表示感谢。不过，一位佛罗里达航空的官员说她昨夜已与邓肯通过话，邓肯记得她是被直升机救上岸的。提

拉多的父亲说在电视上看到斯库特尼克救出那个人的时候，他们全家认出了那个被救的是他的女儿。

救人之后，斯库特尼克坐在一辆没有毛毯的救护车里，把自己的外套递给约瑟夫·斯提垒——一个两腿受伤、瑟瑟发抖的空难幸存者。斯库特尼克的手表和帽子都掉进了河里，没有穿衣服也在发抖的他被送到了位于阿灵顿的国家整形复原医院检查有没有冻伤，不过他自己却不想去。

"我以前听过一些在医院里发生的可怕的事情。我到那里说的第一句话就是：'你们要收我多少钱？'"斯库特尼克说。他的国会预算办公室的同事说他是个称职的工作人员。

他被送进医院的浴室，在热水里泡了40分钟，逐渐暖和过来，当然是免费的。斯库特尼克从浴盆里出来后，碰到了大批疯狂的面临截稿时间的记者。他们连推带挤地拥在他身边问他"感觉如何"。他以前从未接受过记者的采访，不得不一遍又一遍地回答问题。

周三下午在第十四大街大桥附近，快车道上的包括斯库特尼克乘坐的车子突然全都停了下来。听说河里有人受伤，他跟着很多人赶到河边看一看究竟。他说他根本没有听到飞机坠毁的声音。

斯库特尼克说他在岸边看到一架飞机半浮在水面上，大约6名乘客抓着机身。他看见一个旁观者在自己的腰上系了根绳子，打算救人。

那个打算游到飞机残骸处去救人的男子叫罗杰·奥连恩，34岁，阿灵顿的金属片加工工人，也是在下班回家的路上在大桥附近遇到交通堵塞而到了事故现场。

"我临时拿了一根另一头冻在冰里的绳子，然后跳进河里，"昨天奥连恩说，"直升机来的时候，我离机身还有5英尺远。但是那个时候(他已经在水里待了不止15分钟)我已经不行了，差点沉下去，但是他们把我拉了出来。"奥连恩说。

后来，看到直升机无法救出那个快要溺死的妇女的时候，斯库特尼克说他并没有想到那么多。"我只是这么去做了，"他说，"我从水里出来的时候，我很高兴。我做了我应该做的。"

勇 气

—约翰·高尔斯华绥

勇于承担别人的不幸，这也是一种勇敢。约翰·高尔斯华绥(1867~1933)描述了一个富有戏剧性的故事，但是如果我们观察一下四周的教师、牧师、警察以及其他一生都在帮助别人的人，我们会在他们身上看到同样的坚强和勇敢。

费兰德说，那个时候他很穷，不仅没饭吃，而且是一日三餐甚至连面包都吃不起。他住在威斯敏斯特路上房租仅需4便士的公寓里。一个房间里有3张、5张或者7张床；如果你按时交钱，你就能有自己的一个固定的床位；如果不能按时交钱，那他们就会让别人睡你的床。那里并不是外国人收容所；那里住的几乎都是英国人，还有醉汉。3/4的人都不吃饭——吃不起，他们也不需要固体食物。他们只是不停地喝酒。他们完全不值得你在他们身上浪费一分钱——都是些搬行李的、送报的、卖杂货的，还有挂广告牌的人；3/4的人都不可救药。你能指望他们什么呢？他们只是勉强地让肉体有呼吸地活着；他们没有时间也没有力气去考虑别的事情。他们夜里回来睡觉——睡得非常沉！不，他们从不吃东

第六章 勇气

西——除了一点点面包。他们只要喝酒!

　　曾经有个法国人住在那里,他身材瘦小,眼角布满皱纹,面色发黄;年纪不大,大概30岁的样子。但是他的生活很艰辛——当然如果日子好过,谁也不会来这种地方住的,特别是法国人;一般的法国人不愿意离开自己的祖国。他替我们刮脸——收费1便士。我们大部分人都不记得付钱,所以总的来说他刮3张脸才能收到1便士。他也去其他的收容所替别人刮脸,这样他才能有一些收入。他在隔壁也有个小店,但是他什么也没卖出去。他很勤奋地工作! 他也去你们的一个公共收容所,但是也赚不到什么钱,因为在那里他得刮10张脸才能收到1便士。他曾对我说:"唉! 我简直成了奴隶! 要挣1个便士,朋友,我得花4个便士。你能得到什么? 人得把自己养活了,才有力气去给10个人刮脸挣1便士。"他就像只蚂蚁,在小洞里忙来忙去,就为了活下去;而且总是梦想能够存够钱回到法国,在那里立足。我们的关系还不错。事实上,他是唯一一个——除了那个曾经当过演员的挂广告牌的人,这个人没喝醉的时候是很聪明的——在这个居住区里唯一一个有思想的人。他喜欢音乐厅——可能以前一年至少去两次,而且总是谈论这个。他不太懂音乐,这是事实——因为没有钱——但是他的愿望是美好的。他过去常把我留到最后,慢慢地给我刮脸。

　　"这能让我放松。"他会这么说。这也是我的乐趣,因为我曾经有习惯数天都不张开嘴巴说话。周围只有一个可以说话的人,其他人都只是笑。他们觉得你是个傻子,是个疯子——应该被关起来或者捆住双腿。

　　"是的,"这个瘦小的男人说,"我刚来这里的时候,我以为我很快就会回去,但是现在我不那么确定了。我失去了我的梦想。财富并没有挥动翅膀向我飞来。相信我,朋友,我在把我的灵魂刮进那些躯体。他们是那么的不快乐,可怜的人们。他们肯定很痛苦! 喝吧! 你看。是的,酒精给了他们寄托,他们得到了一些快乐。不幸的是,我的身体不允许我喝酒,这里。"然后他让我看他为什么不能喝酒。"你也是,朋友,看来你也不能喝酒;但是,你还年轻。嗯——但是想象一下这种天气是什么滋味吧,特别是如果你从南方来的。"

　　我把可抵押的东西都给他后,他给了我钱,然后我就离开了。在这些地方借钱不是问题:如果一个人带着他给的钱离开,如果没被抢劫就算是很走运的。那里有些人注意到一双新鞋,或者一件不错的外套的时候就不睡觉,等守到别人睡着的时候,立刻拿走东西就消失了。在穷困面前没有道德可言——像铁一般坚强的人才有道德,这些人只是稻草做的。但是我得说,这些生活在下层社会的英国人没那么冷血,不像那些法国人和意大利人。

　　后来,我找到一份工作,在汽船上当烧火工人,跑了一次不定航线运输,6个月后又回来了。第一天早上,我看到了那个法国人。那天是刮脸的日子。他比以往更像只蚂蚁,手脚并用地忙着给人刮脸。他的面色更黄了一点,皱纹好像也多了一些。

　　"啊!"他用法语叫了我一声,"你来了——又回来了,我知道你会来的。等我把这个人的脸刮完——我有很多话要跟你说。"

　　我们进了厨房,一个铺着石砖地板的大房间,里面放了几张餐桌,坐在壁炉的炉火边。当时是1月份,不过不管夏天还是冬天,那个厨房壁炉的火总是点着的。

　　"那么,"他说,"你已经回来了,有什么好消息吗? 嗯! 耐心点! 你这个年纪多花几天时间不会要了你的命的。不过雾很大! 你看,我还在这里,但是我的朋友皮根,已经去世了。你记得他吧——个子挺高的,黑头发,在街那头有家店的。他是我的好朋友,为人和善,也结婚了。他妻子是个好女人——有些苍老,毕竟生过孩子的,但是出身还不错。他突发心脏病死去的。等一下,听我说完……

　　"你走后不久,10月份的一天,天气不错,我刚刚给这里的人刮完脸,拿着我的咖啡,

想着可怜的皮根——那时候他刚去世3天——听到砰砰的有人敲门，皮根夫人来了！非常冷静。一个出身不错的女人，受过良好教育，身材不错，一个好女人，但是面色苍白，眼睛里布满血丝，失魂落魄。

"'夫人，'我问她，'有什么我能帮你的？'

"看来这个可怜的皮根破产了，店里一个子儿也没有。他刚入土两天，财产查封官就来了。

"'先生！'她对我说，'我该怎么办呢？'

"'等等，夫人！'我拿起我的帽子，跟她回到店里。

"那是怎样的一个场景啊！两个财产查封官——他俩都该好好地刮刮胡子——坐在店里的洗手盆前。天哪！到处都是孩子！咳咳！一个10岁的小女孩，长得很像她妈妈；两个穿着不够长的裤子的小男孩；还有一个小男孩穿了件女式无袖衬衫；其他两个，很小，还在地上爬滚。可怕的吵闹声！——除了那个小女孩，其他的几个都在哭，哭得撕心裂肺的。财产查封官也不知道该怎么办了。一个小孩哭就要让人发疯了！这里有7个小孩在哭闹！而且几个那么小的小孩！那个可怜的皮根，我也没了主意！

"两个财产查封官表现得都不错。

"'好吧，'个子高的那个说，'你可以有24小时想办法解决钱的问题。我的同事将住在这个店里，我们也不想为难你！'

"我帮助那位女士先把孩子们安抚好。

"'如果我有钱的话，'我说，'我可以帮你，夫人，每个正常的人都会有怜悯之心的。但是我没有钱。想想看你有没有别的朋友可以帮你。'

"'先生，'她回答道，'我没有朋友。我有时间去交朋友吗——我，带着7个孩子？'

"'那么在法国呢，夫人？'

"'也没有，先生。我和我家里闹翻了。想想——我们在英格兰待了7年了，因为在法国没有人能帮我们。'

"当时的情况真的糟透了，但是我又能做什么呢？我只能说：'总有办法的，夫人，相信我！'

"我离开了那里。一整天我都在想她是多么镇定啊——真了不起！我对自己说：'好好想想！好好想想！得想个办法！'但是我什么也没想到。

"第二天是我去那个神学院的日子，我出发的时候还在想我能为那个可怜的女人做点什么呢？一路上好像有什么东西抱着我的腿拖住我。我迟到了，为了补上时间，我飞快地刮着。那天早上真热啊——我一直在出汗！10个人1便士！10个人1便士！我想着，又想到了那个女人。终于我结束了工作，坐了下来。我心里念叨着：'太累了！你为什么做这个？你在浪费时间！'然后我突然有了一个主意！我去找了管理人员。

"'先生，'我说，'我不可能再来这里了。'

"'你这么说是什么意思？'他问。

"'我已经受够了你们的10个人1便士，我要结婚了。我不能再来这里了，为了这么一点钱我太辛苦了。'

"'什么！'他说，'如果你有钱到能够丢掉这个挣钱的机会，你真是幸运！'

"'挣钱！对不起，先生，请看看我'——我还是很热——'我为了挣这么1便士，得损失3便士，还不算来回的路费。如果我还是个光棍的话，先生，那只是我一个人的事情，我还能活得下去。但是现在——必须结束了——先生！'

"我离开他，走了。我去了皮根的店。财产查封官还在那里——呸！他肯定一直在那里抽烟。"

"'我不能给他们更多时间了。'他对我说。

"'无所谓。'我回答道。然后我敲了敲门，走进了后面的房间。

"孩子们正在角落里玩耍，那个小女孩，像妈妈一样看着他们。那位女士坐在桌边，手上戴着一副旧的黑手套。我的朋友，我从未见过这样一张脸——平静，但是那么苍白，那么泄气，那么沮丧。你可以说她在等死。真是糟糕，真是糟糕——冬天要来了！

"'早上好，夫人，'我说，'有什么进展吗？你安排好一切了吗？'

"'没有，先生。你呢？'

"'也没有！'我又看着她——一个不错的女人。啊！好女人。

"'但是，'我说，'今天上午我想到一个办法。现在，如果我请求你嫁给我，你会怎么回答？这是最好的方法了。'

"她用她那双黑眼睛注视着我，然后回答道：'非常乐意，先生！'但是然后，朋友，她哭了。"

这个小个子法国人停了下来，用力地瞪着我。

"嗨！"我最后说，"你真有勇气！"

他又看了看我，他的眼神很迷惑，好像觉得我在讽刺他。

"你这么认为吗？"他终于开口问道。我看出这个想法在折磨着他，我好像看到了他内心的忧愁和绝望。

"是的！"他慢慢地说，他那张面色发黄的脸越来越皱，每一道皱纹都变得忧伤。"我这么做的时候真的很害怕。7个孩子！"他又看着我，"而且从此以后，有时——有时——我能——"他停住了，然后大声说，"生活是艰难的！你能怎么办呢？我认识她的丈夫。难道我能让她流落街头吗？"

柏拉图论害怕

——选自《高尔吉亚》

我们应该害怕什么？

苏格拉底说过，勇敢者是知道应该畏惧什么的，他也认为这是美德的一个不可或缺的部分，这在于我们要知道什么是真正美好的，什么是真正邪恶的。而且，如果道德邪恶是唯一真正邪恶的，那么命运或他人带给我们的所谓的不幸，比如贫穷、疾病、痛苦甚至死亡，这些都是不应该害怕的；如果以正确的精神来对待它们，它们就不可能使我们道德低下。

在柏拉图的对话《高尔吉亚》的结尾，苏格拉底冷静而自信地预测他将受到不公正的死刑。他并不惧怕他所想象的这个恶意的审判(该审判实际发生在公元前399年)，因为他人的邪恶行为并不能在精神上伤害到他。苏格拉底真正畏惧的只有一件事，那就是对他人做出不公正的行为。

苏格拉底：不要再重复那套老话了——那个将要杀死我的人会得到我的钱。那样我将不得不重复那老一套的答案——他是一个杀死好人的坏人。钱对他来说也没什么用，但是他会不正当地使用那笔他通过不正当手段得来的钱，如果手段不正当，那他就是卑鄙小人，如果他是卑鄙小人，那他就是害群之马。

卡里克利斯：你真自信啊，苏格拉底，那么你永远不会遭受不幸啊！看来你以为你生活在另一个国家，永远不会被带到正义的法庭上，因为你很可能受到那些卑鄙小人的指控。

苏格拉底：如果我不知道在雅典公国任何人都可能遭受到任何痛苦，那么我，卡里克利斯，就真的成了傻瓜了。如果我受到审判，并遇到你所说的那些危险的话，那么使我受到审判的那个人肯定是个恶棍——我非常肯定这一点，因为好人是不会控告无辜者的。如果我被判死罪，我也不会惊奇。要我告诉你为什么我预料得到这个吗？

卡里克利斯：当然。

苏格拉底：我认为我是唯一活着的，或者几乎是唯一活着的从事真正的政治技巧艺术的雅典人，我是这个时代唯一的政治家。现在，因为我并不是为了得到支持而说话，我注意的是什么是最好的而不是什么是最愉快的，我没心思去应用你刚才推荐的策略和优雅的谈吐，所以我在法庭上没什么可说的。你也许会和我争辩，就像我和普洛斯争辩一样：我受到的审问应该和为一群小孩子做饭的医生所受到的审问一样。如果有人控告他，说："哦，我的孩子，这个人对你们做了很多坏事：他置你们于死地，特别是你们当中年幼的这几个，他用刀割你们，用火烧你们，还让你们挨饿，甚至窒息，一直到你们失去意识；他给你们最苦的药剂，逼你们忍饥受渴。他怎么可能像我一样提供各种美食来款待你们呢！"在这种情况下他会怎么回答呢？你猜这个医生在这个困境之中会如何回答呢？如果他说实话，他就只需说："我的孩子们，我做的所有这一切坏事，都是为了你们的健康着想的。"难道陪审团就不会像那样大声疾呼吗？他们将怎样的大声抱怨啊！

卡里克利斯：可能吧。

苏格拉底：他会不会完全不知道怎么回答？

卡里克利斯：当然不会知道。

苏格拉底：我非常清楚，如果我被带到法庭上，我也会遭到同样的对待。因为我不会向人们列举我为他们带来的愉快的事情，尽管我并不羡慕那些受惠者或者享乐者，我也不会列举他们所认为的我带来的好处和利益。如果有人说我使年轻人道德堕落，使他们思想混乱，或者说我私下或公开地诽谤长辈、挖苦长辈，那我怎么回答都是没有用的，因为我很可能说："我的法官们，我所做的一切不是为了别的，而是为了正义，为了你们的利益。"因此很难说我会发生什么状况。

卡里克利斯：那么，苏格拉底，你是否认为一个不进行辩护的人会处于有利的局势吗？

苏格拉底：是的，卡里克利斯，如果他进行辩护，就是如你所通常认为的他应该有的那种辩护——如果他为自己辩护，从没有对神或人说过不对的话，也没有做过不对的事情；我们多次承认这是最好的辩护。如果有人能够判我有罪，认为我不能够以这种方式为我自己或他人辩护，我将羞愧得脸红，不管我是在很多人面前或是几个人面前或是我自己一个人的时候被判有罪；如果我因为缺乏这种能力而死，那真的使我伤心。但是如果我因为不会阿谀奉承、不会花言巧语而死，我可以保证你决不会发现我在死时有任何的后悔。因为一个不是傻瓜也不是胆小鬼的人不是害怕死亡本身，而是害怕做错了事情。因为让一个完全不讲道义的灵魂进入到下面的世界是最糟糕的事情。

亨利在阿金库尔的演说

——威廉·莎士比亚

　　我们可能很难读懂亨利在阿金库尔的演说，但是也很难不遗憾不能成为在圣克里斯宾节那天"幸运的少数几个人"之一。这场戏(出自莎士比亚的《亨利五世》)发生在战争之前的英军的营帐里。1415 年，年轻的英格兰国王亨利率领一支装备精良的军队在诺曼底登陆，开始了他征服法国的战役。到了阿金库尔之后，英军发现他们面对着的是比他们强大的法国军队。我个人认为，每年秋天，美国所有的足球教练都可以用这篇演说作为中场休息时讲话的范本。

威斯特摩兰德：哦，要是我们这儿能多一万个今天在英格兰无事可做的人就好了！
亨利王：是什么人在许这样的愿望？
　　　　　我的威斯特摩兰德伯爵吗？不，我的伯爵。
　　　　　要是我们注定该战死在疆场上，那我们就会替祖国招来极大的损失；
　　　　　要是我们能够生还，那么人越少，光荣就越大。
　　　　　上帝的意旨！我求你，不要希望再多一个人。
威斯特摩兰德：啊，我并不贪图金银，
　　　　　也不理会是谁花了我的钱，
　　　　　我也不在乎人家是否穿了我的衣服，
　　　　　这一切身外之物都不在我心上。
　　　　　可如果渴求荣誉也算是一种罪恶，
　　　　　那我就是最罪大恶极的人了。
亨利王：相信我，伯爵，别希望再多来一个英格兰人。
　　　　　天哪，我不愿意失去这么人的荣誉，
　　　　　因为我认为，多一个人，就要从我这儿分走一份荣誉。
　　　　　我最美妙的希望啊。哦，别希望再多一个人吧！
　　　　　威斯特摩兰德，你还不如把这样的话晓谕全军：
　　　　　如果有人不想打这一仗，
　　　　　就让他离开，我们发给他通行证，
　　　　　并且把路费放进他的钱袋。
　　　　　我们不愿和这样的人一起战死，
　　　　　他竟然害怕跟我们大家一起牺牲。
　　　　　今天是克里斯宾节，
　　　　　凡是活过了今天，安然无恙回到家乡的人，
　　　　　以后提到这一天的时候，将会肃然起立；
　　　　　以后听到了克里斯宾这个名字，精神将会为之一振。
　　　　　活过今天的人，年老的时候，
　　　　　每年圣克里斯宾节的前夜，将会摆酒宴请他的乡邻，
　　　　　说："明天是圣克里斯宾节啦！"
　　　　　然后，他就挽起袖子，露出伤疤给人看，
　　　　　说："我是在克里斯宾节受的伤啊。"
　　　　　老年人记性不好，可是他即使忘记了所有，

他也会分外清楚地记得

他在那一天的英雄事迹。

他像唠家常一样提着我们的名字：

英王亨利，培德福德，爱克塞特，

沃威克，泰保特，萨立斯伯雷，葛罗斯特，

觥筹交错间，他们会清楚地记起这些名字。

老人家会把这个故事细细讲给儿子听，

克里斯宾节永远不会随时光消逝，

从今天直到世界末日，

而这个节日里的我们也永不会被忘记。

我们这少数的几个人，是幸运的少数几个人，是一支兄弟连。

因为，今天他跟我一起浴血奋战，

他就是我的好兄弟，不管他是否低微卑贱，

今天这个日子将会带给他绅士的身份。

而现在正躺在床上的英格兰的绅士们

以后将会抱怨、悔恨没有来这里。

而且以后只要听到在圣克里斯宾节跟我们一起战斗的人说话，

就会面带愧色，觉得自己不是个好汉。

战 俘

——詹姆斯·邦德·斯托克戴尔

　　詹姆斯·邦德·斯托克戴尔中将在越南战争期间被当做战俘关押了7年半，其中4年是单独监禁。尽管屡受折磨，他仍和其他的美国战俘保持秘密联系，而且是制订战俘反抗监狱管制的方针方法的领袖人物。1976年斯托克戴尔被授予国会荣誉勋章，他也是1992年美国副总统的竞选人之一。

　　当我的最后一节研究课程接近尾声的时候，莱茵兰德博士伸手从他堆满书籍的书架上拿出一本破旧的小册子递给我。"我记得，你是个军人。弗雷德里克将军作战时一直随身带着这么一本书。书的作者是斯多葛学派哲学家埃皮克提图，书名为《士兵的战地参考》，但是你会发现这不是一本简单的指南。这是士兵的哲学。"

　　那晚回到洛萨尔特斯山庄的家后，我迫不及待地打开了那本书。

　　善恶的本质在于意愿的态度。

　　我觉得很有道理，然后接着往下看。

　　有些事情是你力所能及的，而有些事情非你能力所及。你力所能及的是你的看法、目的、欲望、嫌恶；总之，都是你自己的事务。而非你能力所及的是团体、财产、名誉、职

位；总之，都不是你自己的事务。你只要关心你力所能及的事情。

善的本质就是做你力所能及的那些事情；在这个范围内，你不会妒忌别人。在你的生活中，不要想着去当将军，或者参议员，或者领事，而是要不受约束地生活。这么做的唯一方法就是漠视那些非你力所能及的事情。

"莱茵兰德是不是疯了？"我想。

一直到有一天我在越南(我从斯坦福毕业后在那里整整待了3年)参加第二次战役的时候，我才领略了其中的意义。当时我开着飞机飞行在树林上方，向一个火车修车场投掷炸弹。我突然发现除了驾驶舱里的噪音，还传来一声声的枪弹声。我四处看了一下，看到了那些似乎是世界上最大的防空机枪的枪管。我的驾驶舱的红灯都亮了，飞机着火了，操纵系统失灵了，飞机猛地翻转着往下坠落。我拉开把手，在最后一刻被弹了出去，我被降落伞挂在了树枝上，在空中飘荡着，周围一片寂静，只有地面射来的枪声，还有子弹射穿降落伞伞衣的"嗖嗖"声——我很幸运地没有被击中。在接下来的几秒钟内——从树枝上掉落到下面的村庄之前，我的头脑里突然闪过了两个念头。第一个是："我得在这里待5年才能出去。"(我刚刚了解了很多东南亚的历史，足以意识到我们把自己设计进了一个困境——看了我是个乐观主义者，低估了我在这里待的3年。)第二个念头是："你将离开科技世界，进入埃皮克提图的世界。"

嗯，很快我就明白了，我所谓的"埃皮克提图的世界"，是一个骑士精神已经灭亡的世界(如果曾经存在的话)。我进入了一个物质世界，但当我的脚撞到地的时候，我就昏迷过去了。埃皮克提图的世界也是一个讲究实际的政治世界。我刚落地就被一群民众在街上把我的一条腿打断了。我的腿如果不去医院治疗的话，余生就会再也没法弯曲，变成畸形了。几个星期后，一个战俘集中营的官员注意到我拒绝对美国发表批评言论，就先对我进行了审判。"你有身体方面的问题，也有政治方面的问题。在越南民主共和国境内，首先要解决政治问题才能解决身体问题。你先把你脑袋里的政治问题解决了，然后我们给你看病。"我的腿再也没有得到治疗。

我永远也不会忘记在1965年9月我被击落的3个月后的圣诞节和那个越南高级军官的再次对话。他说："你和我年纪差不多大，都是军人，我们的儿子年纪也一样大，但是我俩之间有一堵墙。这堵墙的存在是因为我俩来自不同的社会和政治体系。但是你和我必须看穿那堵墙，结束这场美帝国主义侵略战争。我们知道该如何做，但是你必须帮助我，你必须影响其他的美国战俘。通过这种宣传(在共产主义世界这不是一个"坏词")，我们将在纽约的大街小巷取得战争的胜利。我只要求你通情达理，你会帮助我的。你只是现在还没有意识到，但你会的。"

一个星期后的一个午夜，我听到教堂传来的1966年来临的新年钟声。没有毛毯，我冷得瑟瑟发抖，腿上铐着脚镣，手上戴着手铐，在我自己的排泄物中已经躺了3天。那只是刚刚开始。我处于被隔绝、被勒索、被折磨的境地。每个被单独禁闭的美国战俘都被抓到敲打墙壁互相交流(或者你可以说"密谈")，然后被抓去受尽严刑拷打，直到屈服招供。那真是艰苦的生活，但是我很自豪地说那是他们的唯一的宣传渠道，因为我们团结一致，有组织地反抗，"同官僚作斗争"，没有给他们任何东西，没有妥协。

不自由，毋宁死

——帕特里克·亨利

　　作为弗吉尼亚议院的一员，第一届弗吉尼亚通信委员会的成员，印花税法案的坚定反对者，以及1774～1775年大陆议会的代表，帕特里克·亨利(1736～1799)是殖民地革命事业中的爱国先驱。他的演讲久负盛名，现在人们还记得他那次于1775年3月23日在里士满的圣约翰教堂发表的演说。大会就是否武装弗吉尼亚民兵以同英军作战展开争论。帕特里克·亨利认为各殖民地团结一致、共同作战的时刻已经到来。

　　总统先生，人类生来就沉湎于希望的幻想。对于残酷的真相，我们往往会闭上眼睛装作没看见——听着赛壬的歌声，直到她把我们变为动物。智者的职责是不是应该为自由进行艰苦但伟大的斗争？我们是否愿意对那些关系到我们的世俗的救赎视而不见、听而不闻？对我来说，不管有多痛苦，我都愿意了解全部真相，了解最糟糕的真相，并为此做好准备……

　　不再有希望。如果我们想要自由，如果我们想要保护那些我们长久以来一直争取的珍贵的权利不受侵犯，如果我们不打算下贱地放弃我们长时间的崇高的斗争，我们曾发誓永不放弃、直到取得最后的光荣的胜利的斗争——我们必须战斗！我再说一遍，先生，我们必须战斗！我们要做的就是诉诸武力，向上帝祈祷！

　　先生，有人说我们是弱者，无法战胜这么强大、可怕的敌人。但是我们什么时候才能变强大呢？下周？或者明年？是我们每家每户都有英国士兵驻守而我们却解除武装的时候？难道我们应该优柔寡断、不采取行动增强力量？我们懒散地躺着，并抱着虚假的希望的幻影，直到我们的敌人捆住我们的手脚，就能得到有效的抵抗？先生，我们并不弱小，如果我们正确使用那些上帝赋予我们的能力。300万人，为了神圣的自由事业而武装，在这么一片我们当家作主的土地上，我们是不可能被任何敌人打败的。其次，先生，我们不是孤军奋战的。正义的上帝主宰着我们的命运；我们的朋友们也站在我们这一边帮我们作战。先生，这场战争不是强者就能取胜的，而是警觉的、积极的、勇敢的人们才能取胜。再者，先生，我们别无选择。如果我们卑劣地想要另一个选择，现在退出战争也为时已晚；否则，我们的退路就是投降，进入奴隶制！我们的镣铐已经铸好，镣铐的声音回响在波士顿平原上！战争无法避免——就让它来吧！我再说一遍，先生，让它来吧！

　　先生，掩饰事实是徒劳的。先生们可能会叫喊着，和平，和平——但是没有和平。战争已经真正开始了！下一阵从北方刮来的大风将给我们带来震耳欲聋的炮火声！我们的同胞们已经走上战场！为什么我们还无所事事地站在这里？先生们希望什么呢？他们将会得到什么？难道生命这么珍贵，和平这么甜美，以至于我们要以镣铐和奴隶制为代价去追求？万能的上帝啊，请你阻止这一切的发生吧！我不知道他人将怎么做；但是我——不自由，毋宁死！

第六章 勇气

雨 天

——亨利·沃兹沃斯·朗费罗

人生需要各种各样日常中的坚韧勇敢。它们可能没有面对危险时的英勇那般壮观，但是它们决定了我们是什么样的学生、伴侣、父母、工人或者公民。面对生活的现实，面对生活的沉浮，也是我们必须学会的勇气。

> 天冷、阴暗、沉闷；
> 下着雨，风也刮个不停；
> 藤还缠绕在断壁残垣上，
> 每一阵狂风过后，枯叶纷纷落下，
> 天阴暗而沉闷。
>
> 我的生活寒冷、阴郁、沉闷；
> 下着雨，风也刮个不停；
> 我的思绪还徘徊在消逝的往事中，
> 大风里，青春的希望破灭，
> 日子阴暗而沉闷。
>
> 安静吧，忧伤的心！别再抱怨；
> 云层后面的太阳依旧灿烂；
> 你的命运和大家的一样，
> 每个人的人生都会有风雨，
> 有些日子必然阴暗而沉闷。

论自助

——拉尔夫·瓦尔多·爱默生

《论自助》是拉尔夫·瓦尔多·爱默生最著名的作品之一。这篇文章于1841年出版，当时美国还是一个年轻的国家，它激励美国人认识自己，相信自己的本能，了解自己的天赋。这种神圣的自足就是爱默生的圣战，他提倡大家要有自信的勇气。

> 人是自己的命运之星，灵魂能
> 塑造诚实而完美的人，
> 驾驭所有的光芒，所有的力量，所有的命运，
> 所有的一切发生得不早也不晚。
> 我们的行为，如果善，就是我们的天使，如果恶，就是

悄悄从我们身边走过的夺命魔王。

——选自博蒙特与弗莱彻的《老实人的命运·尾声》

　　前几天，我读了一位著名的画家写的一些独特的充满想象力的诗句。这些作品不管写的是什么主题，心灵总能在字里行间听到一种劝谏。注入在字句里的感情远比字句所包含的内容更可贵。相信自己的思想，相信凡是你内心认为正确的，别人也认为是正确的——这才是天才。说出你内心的信念，它将具有普遍意义；因为心底的想法最终将变为外在的行动，我们最初的想法在上帝对人类的最后审判的号角声中得到回应。尽管我们每个人都熟悉自己心中的声音，但是我们认为摩西、柏拉图和弥尔顿享有最高的精神荣誉是因为他们蔑视书本和传统，不谈论别人在想什么，而是自己的思想。人应该学会洞察、观察自己内心的闪光，而不是关注诗人和圣人的头顶的光环。但是有的人却抛弃了自己的思想，因为那是他自己的思想。在每一部天才的作品中，我们可以看到那些被自己抛弃的思想；它们带着某种疏远的尊严回到了我们身边。这就是伟大的艺术作品给我们最大的教诲。它们教会我们，即使有反对我们的声音传来，我们也要快乐地坚持我们内心自然产生的想法。否则，明天当某人高谈阔论地说着和我们曾经想到的、感受到的一模一样的想法时，我们就只能羞愧地从他那里接受我们自己的想法。

　　每个人在受教育的过程中，总有一天会明白，妒忌是无知，模仿是自杀。不论好坏，每个人都必须接受属于自己的那一份。广阔的世界里虽然充满了各种美食，但是只有种植在他自己耕种的那一片土地上并通过他自己的辛勤劳动收获的谷物才是有营养的。储存在他体内的力量，实际上是新生的力量，只有他本人才知道他能做什么，而且他也只有在尝试之后才能知道答案。某张脸、某个人、某件事在他心中留下了印象，而其他的则没有，这并不是无缘无故的。记忆中的塑像并不是没有预先建立的和谐。眼睛位于某束光线能射到的地方，才有可能感知到那束光线。我们总是半遮半掩地表达自己的想法，对我们每个人所代表的神圣的意念而感到羞愧。我们完全可以认为这些意念是与我们相称的，对我们是有好处的，我们应该忠实地说出来，但是上帝是不会让懦夫展现他的杰作的。当一个人全身心投入到工作中，并且竭尽全力的时候，他就得到了解脱和欢乐；否则，他将为自己的言行而忐忑不安。那只是没有解脱的解脱。在这个过程中，他的天赋抛弃了他；缪斯女神不再与他为友；没有创作，也没有希望。

　　相信你自己。每颗心都随着那根坚定的弦跳动。接受神圣的上帝为你安排的位置，接受同龄人的社会，接受俗事的集结。伟大的人物总是如此，像孩子似地信任时代的天才，披露他们的感知，那位绝对值得信赖的神正在他们的内心，借他们的手在运作，在他们的身心内驾驭世界。我们是人，必须以我们最高尚的精神接受同样的超然的命运；我们不是被保护的小孩或病人，也不是革命时临阵脱逃的懦夫，而是我们自己的领路人，是我们自己的救世主，是我们自己的捐助人。让我们服从上帝的旨意，向着混沌世界，向着黑暗前进吧！

第七章

毅 力

　　"这个世界上最高尚的问题是：我能为这个世界做什么？"本杰明·富兰克林在《可怜的理查德》这本书中说道。"坚持下去"不仅仅是对经历困苦的人的一种鼓励，它对所有的人都有帮助，如果你想在世上获得某种成就的话。不论是去带领或是激励别人，或是要自我提高，又或者是要为某个伟大的事业做出贡献，毅力是成功的关键。

　　亨利·杜鲁门在他的论文集中引用了一个古老的中国谚语，他说当一位总统就好比"骑在老虎背上。你要么驾驭它，要么被它吃掉"。他接着解释说，"总统总是处于风口浪尖，要么你把所有的事解决，要么你就被这些事左右。我从来不敢有一丝一毫的松懈。"坚韧是成为一名卓越领导者所必备的一种品质。仅仅是因为你有过一丝的犹豫、踌躇、摇摆、游移不定或没能坚持到底，本来可以获得的成就就会功亏一篑。

　　看门狗和牛虻要捍卫世界的美好，坚韧同样是其所必备的品质。苏格拉底，自称是古代雅典城里的牛虻，在他的审判期间宣称(在柏拉图的《辩护》一书中讲述)："只要我还一息尚存，我将一如既往地用我的哲学来劝导你。用我惯有的方式去向任何我遇到的人指出这一点：'先生，你是雅典的公民，是这座以其智慧和力量而著名的伟大城市的一员，当你拥有巨大的财富和名望，却不曾思考过什么是智慧或真理，或什么才是你灵魂的理想状态，难道你不为此感到羞愧吗？'"尽管他最终被判死罪，苏格拉底这些话还是深深地撼动了许多雅典人。正如苏格拉底本人指出的：当他被判死刑时，他的审判者也昭示了自己的邪恶。

　　"有恒心的人最终赢得了比赛。"伊索那个家喻户晓的寓言《龟兔赛跑》讲的就是这个道理。希腊的历史家在《圣托瑞斯传》这本书里讲述了这位伟大的罗马战士的故事。公元前100年，他在西班牙当执政官。他对他的士兵发表了如下的演说："我的战士们，你们要明白这样一个道理，毅力比暴力更加具有力量。许多事情，当它们一起袭来时会让人觉得无法战胜。但是如果你一点一滴地去瓦解它们的力量，你会发现它最终会向你屈服。勤勉和毅力是不可抗拒的，无论这股力量目前是多么强大，你总有一天能推翻并摧毁它。朋友们，用你们的判断力去等待恰当的时机，消灭那狂妄、步步进逼的敌人。"

　　和其他的美德一样，坚持和毅力不能和实践的真知脱离。一个人只知道坚持会变得吹毛求疵、纠缠不清、令人厌烦，不会有任何有益的结果。但是在合适的条件下，有其他美德相辅，毅力是人类取得成功必不可少的因素。山姆·亚当在美国创世之初就明白了这一

点。"这个时代比以往任何时候,"他在1771年宣布,"都需要极度的慎重、熟思、坚韧和毅力。"这些话直到今天也是正确的。

我们如何鼓励我们的孩子在学会提高自己、改变自己的同时做到坚持不懈呢?你可以陪在他们身边,或站在他们身后,给他们指导或鼓励,言传身教。现代科技为我们提供了一些更简易的方式。摄像和录音技术能为那些短时间无法看见的长期进步,提供令人信服的证据。

〜 坚定不移 〜

无论是在数学、英语、历史等科目里,还是在人生的历程中寻得正确的答案,毅力都是获取正确答案的有力帮手。20世纪末的美国的年轻人,当他们背诵《麦克加非的读者》这本书里的短短诗句时,从中领悟到了这个道理。

> 过早收起渔网的渔夫,不会捕得任何的鱼儿;
> 过早合上书本的孩子,不会学得任何的知识。
> 如果想要自己的所学持久,那么耐心一些吧——千万不要学得太快;
> 记住,那些一日只旅行一里的人,才会最终走遍全世界。

〜 乌龟和野兔 〜

——伊索

正如伊索所言,坚持不懈能够弥补所有的缺陷。下面就是一个依靠这样的品德战胜松懈的对手的例子。

一只野兔嘲笑一只乌龟:"你爬的多慢呐!瞧你那慢腾腾的样子!"

"是吗?"乌龟回答道,"那就和我赛跑吧,我肯定能击败你。"

"你就大言不惭地吹牛吧!"野兔讽刺地说,"来啊,我就和你比一比。但是我们应该请谁来当裁判,划分终点线并保证比赛的公正呢?"

乌龟建议说:"那就请狐狸吧。"

狐狸非常聪明而且为人公正。它为乌龟和野兔划出起点和终点,定下了比赛的路径。

乌龟不敢懈怠,立刻开始向前爬。而野兔呢,它在开始的几分钟时还用力地跑,把乌龟远远地甩在了后面。它知道自己能够很快到达终点,于是就躺在路边的树荫下打盹去了。

不久以后野兔醒了过来,记起了这场比赛。它一跃而起飞快地向终点奔去,但是当它到达的时候却发现乌龟已经在那里等它了。

狐狸评说道:"做事稳健的人才会赢得胜利。"

小小蒸汽机车头

在这个故事里，小蒸汽机车头说过的话"我认为我能做到"激励了一代又一代的孩子。这里的版本选自21世纪初的读本，它告诉我们什么是自力更生和团结合作，它提醒我们只有努力奋斗，团结一致，才能度过最艰难的岁月，完成最艰巨的任务。

一台小蒸汽机车头要带动一辆满载汽车的火车前进。

一开始它工作得很顺利，直到它来到了一座陡峭的山坡旁。可是，无论怎么努力，它就是无法拖动这辆火车继续向前行进。

它使劲地拉呀，拉呀。它不停地喘息。它向后倒退又重新使劲往前拉，"呜——"它发出一阵阵的轰鸣。

但是仍然没有用，火车的车厢还是无法爬上山坡。

最后，它丢下火车，一个人沿着铁轨向前走了。你肯定以为是它不干了吧？不！实际上它是去寻求帮助了。

小蒸汽机车头对自己说："我一定能找到谁来帮帮我的。"

它翻越了山峰，沿着铁轨一路前行。"呜——呜——"发出了一声声的求助信号。

很快，它就看到旁边的铁轨上站着一个大蒸汽机车头，看起来是又高又壮。于是小蒸汽机车头就抬起头对它说："你能帮助我把我的那辆满载汽车的火车拉上山头吗？它太长，又很重，我带不动它。"

那台大蒸汽机车头低头瞅了瞅它，然后回答道："难道你没看见我才刚刚干完了一天的活儿吗？我已经被擦洗得干干净净等着下一趟的任务了。哦，不，我帮不了你。"

小蒸汽机车头感到很遗憾，但是它没有气馁，继续向前寻找。"呜——"它发出了阵阵的长鸣。

很快，它又遇到了第二台大蒸汽机车头，这台车头正不停地喷出蒸汽，好像已经很累了的样子。

"它也许会帮助我吧。"小蒸汽机车头暗自思忖。它停在一边问道："请问，你能帮助我把我的那辆满载汽车的火车推上山头吗？它太长，又很重，我带不动它。"

第二台车头回答到："我才跑完一趟很长很长的旅程。没有看见我非常疲惫了吗？你为什么不去找别人帮助你呢？"

"好的，我再试试吧。"然后它又离开了。"呜——"它发出了阵阵的长鸣。

过了一会儿，它遇到了和自己一般大小的小蒸汽机车头。它停在一边问到："请问，你能帮助我把我的那辆满载汽车的火车拉上山头吗？它太长，又很重，我带不动它。"

"好的，没问题！"这台车头说道，"如果能帮到你，我会很高兴。"

于是这两台小蒸汽机车头一起回头向火车停靠的位置开去。一台站在火车的前面，另一台则开到了火车的尾部。它们喷出阵阵蒸汽，发出轧轧的声音，一声声长鸣后，开始启动了。

慢慢地，火车开始移动了。慢慢地，它们爬上了陡峭的山峰。在攀爬的同时，这两台小蒸汽机车头开始放声歌唱："我认为我能做到！我认为我能做到！……"

它们确实做到了！很快，它们翻越了山峰，到达了另一侧。

现在，它们又站在了平坦的土地上，那辆小蒸汽机车头自己一个人也能带动这辆火车了。因此它真诚地感谢了帮助了它的朋友，然后自己上路了。

当它欢快地前行时，小蒸汽机车头将那首歌继续唱给自己听："我认为我能做到！我认为我能做到！"

再试一次

这个道理你必须牢记，
不要轻易放弃，再试一次；
如果一开始没有成功，
不要气馁，再试一次；
你会发现如果你坚持到底，
勇气自然会出现，
所以，永远不要畏惧，
你终将战胜所有困难，
只要再试一次。

乌鸦和水罐

——伊索

这是来自伊索的一则著名的寓言，它告诉我们，只要运用实践经验，有志者事竟成。

从前，有一只乌鸦，它非常口渴，它已经飞了很长的一段路找水喝。

突然，它看见了一个大水罐。于是它飞下来向里面查看，发现里面盛有一点水。但是水罐太深，它根本够不着。

乌鸦绝望地喊道："我必须喝到这些水，我太累了，再也飞不动了。该怎么办呢？对了！我想到了，我可以把罐子打翻过来。"

乌鸦用翅膀不停地拍打水罐，可是它太沉了，乌鸦根本推不动它。于是乌鸦又思考了一会儿："我知道了！我可以打碎它！这样我就能喝到流出来的水了。"

可是水罐太坚固了，无论乌鸦怎么用嘴啄，用爪子抓，用翅膀拍打，根本无法打破。

可怜的乌鸦停了下来稍作休息。"现在我该怎么办才好？喝不到这些水，我会渴死的。如果我足够聪明，我一定能想出办法的。"

就这样，又过了一段时间，乌鸦突然有了一个好主意。水罐周围有许多小石子。它将这些石子一个一个丢进水罐里，慢慢地，水罐里的水逐渐升了上来，乌鸦就够得到了。于是它美美地喝了个饱。

乌鸦说："只要你有足够的智慧，你总能寻找到脱离困境的方法。"

荷兰的小英雄

——埃特·奥斯丁·布雷斯迪尔和玛丽·弗朗斯·布雷斯迪尔改编

什么是真正的坚韧？那就是一个人能够不顾痛苦、孤独和危险完成自己的使命，无论要花多长的时间都能坚持下去，他的决心甚至超越了大海的力量。

荷兰是一个大部分国土都低于海平面的国家。只有那一座伟岸的海堤阻挡住了大海，防止海水冲进将大地淹没。几百年以来，荷兰的人民就不停地加固这座大堤，确保国家的安全，不受水患之困。在那里甚至一个小孩子都明白这样的道理，大堤每一刻都必须得到严密的看守。哪怕有一个手指头般大的小洞，都会引起灾难性的后果。

很多年以前，荷兰住着一位叫彼得的男孩。他的父亲是海堤水闸的看守人，每天打开和关闭水闸，这样轮船就能通过荷兰的运河进入大海。

深秋的一个下午，当时彼得只有8岁大，妈妈将正在玩耍的彼得唤回。她说道："我要你穿过海堤，把这些蛋糕带给你的那个盲人朋友。如果你快去快回，路上不要停下来玩耍，这样的话，天黑之前你就能回到家了。

小男孩很高兴去完成这样的使命，愉快地出发了。他和那个可怜的盲人待了一会儿，向他描述了这一路上所看到的美景，太阳、鲜花和大海深处的轮船。然后他想起了妈妈的嘱咐，要在天黑前回家，于是向朋友道别开始往回走。

当他沿着运河走的时候，他注意到连日的大雨使水面上升，海水不停地拍打着海堤。然后他想到了父亲所看守的水闸。"我很庆幸它们非常坚固。"男孩对自己说道，"要是它们被击垮了，会发生什么样可怕的事呢？美丽的大地会被海水淹没。爸爸总是称之为'愤怒的海水'，我猜他是认为自己这么久以来一直把海水阻挡在海堤外，海水才会对他感到愤怒吧。"

在回家的行程里，彼得不时地停下来采摘生长在路边的一种蓝色小花，或者聆听草丛里的野兔跑过时发出的沙沙声。但是更多时候他是在微笑地回想自己对那个可怜的盲人的拜访，他是多么的孤单，无法获得任何乐趣，每次迎接自己都非常开心。

突然彼得注意到太阳开始落山，天逐渐变黑了。"妈妈还在等我呢！"于是他朝家的方向奔去。

就在这个时候，他听到了一种声音，那是水流发出的声音！彼得停下来仔细地查看，发现海堤上有一个小洞，就是通过这个洞，一股细流在涓涓流淌。

在荷兰，任何小孩只要想到海堤上出现了个洞，就会吓得面无人色。

彼得立刻意识到了危险。如果水就这么一直流淌下去，这个小洞就会很快变成大洞，整个国家就会被海水淹没。就在一瞬间，他明白了自己应该怎么做。他扔掉了手中的鲜花，从海堤的一侧滑下，将自己的手指伸进了这个小洞。

流淌的水立刻停止了。

小男孩对自己说："愤怒的海水必须退去。我会用手指将它们阻止，只要我在这里，荷兰就不会被淹没。"

刚开始一切还很顺利，但夜色很快降临，天也变冷了。小男孩大声地叫喊："来人啊！来人啊！"可是没有人听见他的呼喊，也没有人赶来帮助他。

天变得越来越冷，彼得的胳膊开始疼了，然后变得麻木失去了知觉。他又开始呼喊："没有人吗？妈妈！妈妈！"

他的母亲自太阳落山后就朝海堤的方向张望好多次了,现在她已将房门锁上,以为彼得肯定是和那位盲人朋友一起过夜了。她准备第二天早晨好好责备他一顿,居然未得允许就彻夜不归。

彼得试图吹口哨引起别人的注意,但是因为寒冷他冻得直哆嗦,根本吹不出声来。他想到了现在正躺在温暖的床上的哥哥和姐姐,想到了自己亲爱的爸爸和妈妈。"我一定不能让他们被淹死,即便是要待上一整夜,我也一定要等到有人来为止。"

夜空里的月亮和星星温柔地注视着蜷缩在海堤一侧石头上的孩子。他的头虽低着,眼睛虽闭着,但是他并没有睡着。每隔一会儿,他就要动动那只阻挡着海水的手。

他暗自思忖:"无论如何我都要坚持下去。"于是他就在那里待了一整夜,阻止海水的进入。

第二天早晨,一个男子沿着海堤走路去上班,听到了一阵呻吟声。他从边上往下看,发现了一个孩子紧紧地附在大堤的一侧。

"出什么事了?"这个男子喊道,"你受伤了吗?"

"这里有个洞,我在阻止海水进来。"彼得叫着说,"赶快去叫人来!"

警报迅速传开了。人们带着铁铲从四处赶来,这个洞很快就被堵上了。

他们将彼得带回了家,交给了他的父母。不久整个村庄都知道了他在那个夜晚拯救了所有人的性命。从那天起,人们永远不会忘记这个荷兰的小英雄。

你一定不能放弃

总会有些时候,事情会变得糟糕,
当前方的道路崎岖不平时,
当日子过得入不敷出时,
尽管你想微笑面对,却不由自主地发出一声叹息,
当烦恼使你沮丧无助时,
如果必须歇息,可以!但是请记得永远不要放弃。

生活总是难以看清,它总会有坎坷曲折,
但是我们有时候会发现,
其实只要再坚持那么一会儿,失败就能转变为成功;
所以,哪怕速度再慢,也不能放弃自己的使命——
只要再试一次,你就可能成功。

失败会转化为成功——
质疑的乌云将你笼罩——
你永远无法分辨目标离你有多远,
在它看起来似乎很远的时候,其实也许它离你只有咫尺之遥;
所以,哪怕你遭受到了最残酷的打击,也要坚持战斗,
即使一切看上去糟糕透顶,你也一定不要放弃。

坚定的锡制玩具兵

——安徒生

这不是"从此幸福快乐地生活"之类的大团圆故事，因为它有一个又苦又甜的结局。或许这正是这个故事的魅力所在吧。它告诉我们一个道理，只有坚持到最后才会成功。我们不知道命运会带给我们什么，但是我们知道从自己身上能获得什么。在贝纳特的家里，这是孩子们最喜爱的故事。

从前，有25个锡制玩具兵。他们都是同胞兄弟，因为他们都是由一个旧的锡制汤勺做成的。他们肩上扛着刺刀，站得笔直，目视前方。这些玩具兵的制服红蓝相间，非常漂亮，看上去棒极了。当盛装他们的盒子盖第一次被打开的时候，他们听到一个小男孩拍着手欣喜地说："锡制玩具兵！"原来他们是被当做生日礼物送给了这个男孩。然后男孩就将这些锡制玩具兵放在了桌上。

这些玩具兵每一个都一模一样，除了其中的一个——他只有一条腿。因为他是最后一个被浇铸的，而剩下的锡不够用了。但是即便只有一条腿，他也和自己的其他兄弟一样站得笔直。而在随后的日子里，就是这个独腿的玩具兵的命运变得不同寻常。

在放置这些士兵的桌上同时还有一些别的玩具，其中最吸引人的是一座精美的纸制的小型城堡。透过它的小窗户，人们可以直接看到里面的礼堂。在城堡前，有一排小树围绕着一面镜子，这面镜子象征着一面清澈的湖水。蜡制的天鹅在湖面游弋，并且湖水还映出了它们的倒影。

所有这些都非常漂亮，但最美的是那位站在敞开的大门处的一位姑娘。她也是纸做成的。她穿着一件薄纱外衣，一条蓝色的细丝带像丝巾一样围绕在肩头，在丝带的中部镶嵌着一朵金丝玫瑰。这个姑娘双臂伸展，看得出来她是位舞蹈家。她的一条腿是高高抬起的，而这个士兵忽略了这点，他以为姑娘和他一样，也只有一条腿。

"如果她不是这么高傲，她不就正好可以做我的妻子吗？"士兵想到，"但是她住在城堡里，而我呢？就只有个盒子，而且25个兄弟都住在里面，哪里还有地方留给她呢。无论如何，我一定要认识她。"碰巧桌上还放了个鼻烟盒，他就平躺在鼻烟盒的背后，从这个角度他可以尽情地欣赏着这位美丽的姑娘，而她就这么一直一条腿站着，一动不动。

当夜色降临，其他的锡制玩具兵都被放回盒子里去了，房子里的人也都上床睡觉了。现在，是玩具们开始玩耍的时间了。它们互相串门、搏斗、举行舞会。盒子里的锡制玩具兵发出了卡嗒卡嗒的吵闹声，因为他们也想加入，但是盒子的盖子太沉了，他们根本打不开。胡桃钳不停地翻着筋斗，铅笔用一种搞笑的方式跳来跳去。喧嚣声如此之大，金丝雀被吵醒了，于是它开始大声朗诵诗歌。房间里唯一一动不动的只有那个锡制玩具兵和那个舞蹈家。她仍然踮着脚尖，伸展着双臂。而士兵呢，则一条腿站着，眼睛都不眨地看着他心中的公主。

午夜的钟声敲响了——"砰"的一声！鼻烟盒的盖子打开了，但盒子里没有鼻烟，跳出来的是一个小小的黑色小人。原来这不是真正的鼻烟盒，而是一个打开盒盖就会跳出一个奇异小人的玩具盒。

"嗨，士兵，"小人说，"打量打量自己，不要癞蛤蟆想吃天鹅肉。"

但是这个锡制玩具兵假装没听见，并不理睬他。

"你等着，明天有你好看！"小人狠狠地说。

第二天清晨，当孩子们起床的时候，这个锡制玩具兵不知是被小人搞的鬼，还是被风

吹到了窗台上，当窗子打开的时候，他立刻头朝下，从3层楼高的位置摔到了大街上。这一跤摔得可真够惨的！他在空中不停地翻着跟头，直到最后摔到地上不动了，他的军帽和刺刀掉到了铺路石之间，而他则四脚朝天躺着。

女仆和那个男孩赶紧下楼来寻找这个玩具兵，尽管他们离这个士兵已经很近了，但是还是没能找到他。其实只要这个士兵张口喊一声："我在这里！"他们也许就能听见，但他认为作为一名穿着制服的士兵，怎能这么丢脸开口喊救命呢？

天开始下雨了，雨滴越来越密，最后变成了倾盆大雨。当雨停了后，有两个在街上闲逛的男孩经过，碰巧发现了他。其中一个男孩叫道："快看！那里有一个锡制玩具兵！他一定是溜出来划船的。"

于是这两个孩子用一张旧报纸叠了一艘纸船，把玩具兵放在船中间，然后他就顺着水槽漂走了，而那两个孩子则欢呼雀跃地跟在旁边跑。

老天呐！你能想象浪有多大、水流有多急吗？纸船猛烈地摇摆，似乎马上就要翻覆了！它在水中不停地打旋，这个锡制玩具兵立刻就头晕眼花了，但他仍然一动不动，目视前方，双手紧紧握住他的刺刀。

不一会儿，这艘纸船漂到了一条排水沟里，一下子他的眼前就变得跟以前装在那个盒子里一样，漆黑一片。"我会漂到哪里去呢？不用说，这一切都是那个小人捣的鬼。唉！要是此刻那位姑娘和我一起在船上，哪怕眼前会比现在漆黑两倍，我也不在乎。"

突然，住在排水沟下的一只硕大的水老鼠窜了出来。

"你有通行证吗？"老鼠说，"拿出你的通行证来！"

但是这个玩具兵一声不吭，只是将手里的刺刀握得更紧了。

纸船继续向前漂去，但是老鼠不死心，紧紧跟在后面。哇！老鼠咬牙切齿地对着藏在柴棍和稻草里的同伙喊道："截住他！快截住他！他没有通行证，还不缴买路钱！"

但是水流变得越来越急，玩具兵已经能看得到地道尽头处透出的光亮了。同时他却听到了一种急促的轰鸣声，面对这样的声音，即便是世界上最勇敢的人也会不寒而栗。想想吧，地道尽头处会发生什么？地道里的水面突然被拓宽，泄入下水道里。眼前的情景对他而言，就如我们要从一个大瀑布滑落一样危险。

但是已经来不及了，他根本无法使船停下来。纸船迅速地向前冲去，他唯一能做的就是让自己眼都不眨地勇敢面对。这个时候纸船又打了几个旋，船里的水越积越多，看样子船马上就会沉没了。

即便是这样，玩具兵仍然挺着脖子直直地站着；船逐渐下沉，纸变得越来越软；最后水终于淹没了他的头顶。此时此刻，他所想到的不是自己快死了，而是遗憾再也无法见到自己心爱的姑娘了。这时，玩具兵的耳边回响起一阵阵的歌声：

狂热的冒险，致命的危险，
加入其中吧，勇敢的陌生人。

纸船终于从中间裂成两半，玩具兵也沉入了水中。就在这个时候突然游来了一条大鱼，一口将他吞进了肚子里。

天哪，鱼肚子里面黑得伸手不见五指！比起刚才的地道要暗多了，而且狭窄地要命。但是我们的锡制玩具兵仍然充满勇气，在里面他和以前一样，伸直身子躺着，紧握着自己的刺刀。

那条鱼不停地游来游去，忽而向前，忽而折返，在水里翻转，做着各种剧烈的运动，到最后，鱼肚里的玩具兵失去了意识。

不知过了多久，一道日光闪过他的眼睛，他听到一个声音在惊呼："锡制玩具兵！"原来，这条鱼被捕捉了，送到市场上出售，然后被带到厨房，厨师用刀剖开鱼肚后发现了

他。厨师一把抓起玩具兵把他带到了房间里，那里坐满了人，都想见见这个从鱼肚幸存的家伙。但玩具兵可不认为这有什么好自豪的。

人们把他放到了桌上。但是怎么会有这么奇怪的事发生呢？他又来到了一个与他以前所在的一模一样的地方，他看见了同样的孩子们，桌上放着同样的玩具，其中就有那位美丽的姑娘，她还是保持着那样的姿势，一条腿站立着，她可真够坚定的。眼前这一切深深地触动了玩具兵的心，他本来想抹抹眼泪，可好像又不合时宜。他就这么看着姑娘，姑娘也看着他，彼此没有说一句话。

突然，男孩中的一位拿起锡制玩具兵就扔到了火炉里。他没有解释为什么这么做，但是毫无疑问，鼻烟盒里的那个小人肯定与此有关。

锡制玩具兵站在红红的火焰里，感到好热好热，这股热说不清是来自火炉里的火，还是来自他心里的爱。他看见制服的颜色褪去了，不知是这长长的艰辛的旅程造成的，还是因为心里的悲伤使它褪色。他就这么看着她，她也回望着他。他感觉自己在熔化了，但仍然像以前一样坚定地直立着，握着肩头的刺刀。然后突然之间，房间的门"砰"的一下开了，吹来了一阵风，将姑娘吹到了火炉里他的身旁，然后在火焰里一闪，化为了灰烬。锡制玩具兵也熔化成了一个锡块。第二天，在灰烬里，女仆发现他居然熔成了一块小小的心的形状，而那位姑娘什么都没留下，除了那朵烧的像炭一样黑的金丝玫瑰。

～ 坚 持 ～

——罗伯特·瑟韦斯

当一切顺利进行的时候，保持斗志昂扬是件简单的事情，
你为了获得荣誉而疯狂；
当胜利来临的时候，欢呼也是件简单的事情，
请别忘记，战场上血淋淋的摸爬滚打。
但是，当一切不太顺利的时候，
当你精神上恐惧时，
当你以一对十，感到绝望时，
振作起来，小战士，高声唱出这支歌。

坚持！坚持！
打击没有什么了不起。
你怒目而视，奋勇还击；
你浑身泥泞，满身是伤，可是心却一如既往。
坚持！坚持！
你没有显露一点点的畏惧，
哪怕死亡来临，只要还有呼吸，
坚持，我的孩子，坚持！

生活的战争也是如此，
当你胜利的时候，保持斗志昂扬是件简单的事情；

在成功到来前的黎明，面对奴役，挨饿，
勇敢地反抗这一切，也是件简单的事情。
可是，只有那些面对绝望和挫折
仍然保持乐观的人，才是上帝所选择的人；
那些奋斗到底的人，
才能在失败时坚持战斗。

坚持！坚持！
境况不会永远黑暗。
但是要证明你不会像个胆小鬼般落荒而逃，
尽管境遇不好，你永远不会是个弱者。
坚持！坚持！
振作起来，迎接下一个打击。
也许像是在地狱里煎熬，谁知道呢——但是
坚持！坚持！

一些人将自己放逐在怀疑的沙漠，
一些人沉迷于放纵的行为；
而另一些人，虔诚地前行，
因为上帝会跟随在他们身后。
但是要记得，带着热情去工作，尽你最大的努力，
因为给予能带给你甜蜜与快乐；
去帮助人们，哪怕只是唱一首歌曲；
为何要这么做？因为这才是生活的真正的欢乐。

坚持！坚持！
为美好和真理而战；
相信你的使命，愉悦地迎接生活；
这是一项艰巨的工作，也是你存在的理由。
坚持！坚持！
让这个世界因你而更加美好；
在生命的最后一刻，让它成为你最后的呼喊：
坚持，我的灵魂！坚持！

天空的星星

——根据卡洛琳·舍温·贝利、凯特·道格拉斯·维京和诺拉·阿奇博尔德·史密斯原著改编

这个古老的传说提醒我们，我们的目标越高，就越需要付出更长的时间和更艰苦的努力。

从前，有个小女孩，她最大的愿望就是能触摸到夜空的星星。在没有云彩和月亮的夜晚，她会从卧室的窗户探身出去，凝视着那满天一闪一闪的星星，很想知道要是能抓一颗

第七章 毅力

在手上会是什么感觉。

在一个温暖的夏夜，天上的银河般的星星比以往任何时候都要闪亮，女孩再也无法忍耐，她决定——无论如何，她都得去摸摸其中的一两颗星星。于是她从窗户偷偷溜了出去，开始独自上路，看自己能否找到靠近它们的方法。

她走啊走啊，走了好长的一段路，直到来到一个正在吱吱作响的磨坊水车旁。

"晚上好，"小女孩说道，"我想和天上的星星一起玩。在这附近你看见过它们吗？"

"哦，当然，"破旧的水车呻吟着说，"每晚它们的光芒都从这个池塘的水面照耀着我的脸，弄得我睡不着觉。跳进这个池子，我的孩子，你会找到它们的。"

小女孩"扑通"一声跳进了池塘，直到累得再也游不动了，还是没找到任何星星。

于是女孩冲水车喊道："请原谅，可是我不相信这里会有星星，我怎么找都找不到啊。"

"是吗？在你跳进去把水搅浑之前它们确实在那儿啊。"水车疑惑地回答。于是她爬上了岸，把衣服上的水拧干，接着又出发了，跨过了一片片的田野。

就这样走啊走，女孩又来到了一条小溪流边，它正躺在长满青苔的石头上喃喃自语。

"晚上好，小溪流，"女孩很有礼貌地问道，"我在找天上的星星，因为我想和它们一起玩。你在这里见过它们吗？"

"哦，见过，"溪流悄声地回答，"它们晚上在河堤边不停地闪烁，弄得我睡不着觉。涉水过去吧，姑娘，你会找到它们的。"

于是女孩步入溪水，在水里不停地翻搅，她甚至爬上了每一块长满青苔的岩石，但是仍然一无所获。

"抱歉再次打扰你，"她尽量让自己显得礼貌，"但是我想这里应该是没有星星的。"

"你这是什么意思？这里没有星星？"小溪喋喋不休地回答，"这里当然有好多的星星。我一直都看见的。有些晚上，从树林的边缘一直到磨坊的池塘，到处都是星星。这里的星星比我知道的还多……"小溪就这样一直喋喋不休地唠叨着，最后甚至忘记了站在那里的女孩的存在，于是小女孩就踮起脚尖，偷偷地走掉了。

过了一会儿，女孩来到一片草地，于是她坐下来休息。这是一片非常美丽的草地，因为在她意识到这一点之前，她看见有100位小仙女在草地上奔跑着，翩翩起舞。她们最多只有蘑菇那么高，但是她们都穿着金丝银线织成的衣服。

"晚上好，小仙女，"女孩大胆地说，"我想要摸摸天空的星星。你们在这里见过它们吗？"

"哦，星星啊，见过，"仙女们回答道，"每个晚上它们都在草叶的边缘闪耀。过来和我们一起跳舞吧，小姑娘，这里的星星你想要多少就有多少。"

于是仙女们围成圈，女孩就在圆圈的中央里不停地旋转着起舞，可是，虽然草地的叶子发着微弱的光，女孩还是一颗星星都没发现。最后她再也跳不动了，"扑通"一声地坐在了地上。

"我找啊找啊，可是似乎在这里我还是找不到一颗星星，"女孩哭泣着说，"如果你们不帮帮我，最后我永远没法和星星一起玩了。"

仙女们聚在一起低声商量了一会儿后，其中一位走过来，爬到她的身上，拉着她的手说道："如果你真的决定了的话，你就必须一直向前走，一直走，注意不要走错路。请一个'四脚先生'载你到一个'无脚先生'所在的地方，然后请'无脚先生'载你到一条没有台阶的楼梯，如果你顺着楼梯向上爬你就——"

"我就能和天上的星星在一起了？"小女孩迫不及待地问道。

"如果你不在那里，你总会在别的什么地方，不是吗？"仙女笑着回答。接着她和自己的同伴一起消失不见了。

听了这些话，女孩带着愉快的心情又一次出发了。过了一会儿，她遇见了一匹马，它已配好马鞍，拴在一棵树上。

"晚上好，"女孩问道，"我在找天上的星星，而且我已经走了很长一段路，骨头都疼了。你愿意载我一程吗？"

那匹马回答说："对天上的星星我是一无所知，我只是听从小仙女的吩咐。"

"但是我就是从小仙女那里过来的啊，"女孩叫了起来，"她们说让我告诉一个'四脚先生'载着我去找'无脚先生'。"

"四脚？那不就是我吗！"这匹马长嘶了一声，"快跳上来，我带你走。"

他们跑啊跑啊，最后跑出了森林，来到了海边。

"我已经把你载到了陆地边，这就是我所能做的，"马儿说到，"现在我必须回家，和我的伙伴在一起了。"

女孩只好从马背上跳下来，在海边徘徊，想着下一步该怎么做。突然，一条她从来没见过的大鱼游到了她的脚下。

"晚上好啊，鱼儿，"女孩问道，"我在找天上的星星，你能帮助我吗？"

"恐怕不行，"鱼儿在水里发出声音，"除非你能捎来小仙女的消息。"

"可是我能啊！"女孩欢呼道，"她们说过'四脚先生'会载着我去找'无脚先生'，'无脚先生'会把我带到'没有台阶的楼梯'。"

"那就对了，"鱼儿回答道，"骑到我的背上来，抓紧了。"

然后鱼儿出发了，沿着一条波光粼粼的水道向着那遥远的大海与天空交汇的地方游去。在那里，女孩远远地望见了一条美丽的彩虹，它从大海升起，一直延伸到了天空，闪烁着七彩的光芒，看上去非常奇妙。她越接近彩虹，闪耀的光芒就越强，最后她不得不将眼睛眯了起来。

终于，他们来到了彩虹的脚下，女孩发现彩虹其实是一条宽敞明亮的道路，斜斜地向上延伸入云霄。在很远很远的尽头，她看到了有闪亮的东西在舞动。

"我没法再向前走了，"鱼儿说道，"这里就是'没有台阶的楼梯'，尽你所能地向上爬，记得要抓紧了。你知道的，这样的楼梯光用你的脚可是上不去。"于是女孩跳下了鱼背，鱼儿尾巴摆了摆，溅起了阵阵水花，消失不见了。

女孩爬啊，爬啊，一直向上爬，这可不是件容易的事情。每次她向前一步，她似乎向后就要滑两步。即便是这样，女孩还是坚持向上爬，直到身后的大海远远地都望不见了，可是天上的星星看起来似乎比任何时候还要遥远。

"我不会放弃的，"女孩对自己暗暗打气，"我已经走了这么远的距离了，我绝对不会回去。"

于是啊，她就这样向上爬啊爬啊，空气变得越来越凉，但是天空却变得越来越亮。最后，她终于断定她已经靠近了星星。

"我马上就要到了！"女孩激动地喊道。

就在那么一瞬间，她到达了彩虹的顶部，那个最高的地方。无论她朝哪个方向看，四周都有好多的星星在旋转和舞动。它们忽的一会儿向下，一会儿向上，一会儿向前，一会儿又向后，在她周围炫出千变万化的流光溢彩。

女孩就这样痴痴地看啊，看啊，突然意识到自己正冷得发抖。当她向下看去，发现全是漆黑一片，根本看不见大地了。她不知道自己的家在哪里，黑暗中没有一丝街灯的光亮或窗户里透出的灯光，她开始有些头晕了。

"我还没有摸到星星，怎能就这样回去呢。"女孩对自己说。

然后她踮起脚尖，尽可能地将胳膊伸得直直的。她努力地向上探，突然，一颗闪闪发亮的星星箭一般掠过，把她吓了一大跳，于是失去平衡摔了下去。

女孩沿着彩虹的另一端滑了下去，当她越是向下滑，周围就变得越温暖，越是感到温暖，她就越昏昏欲睡。她打了个好大的哈欠，满足地舒了口气，不知不觉就睡着了。

当她醒来的时候，发现自己就躺在每天睡觉的那张床上。阳光透过窗户在照耀着她，

窗外的小鸟在树丛里欢唱清晨的歌曲。

"我究竟有没有摸到星星呢？"女孩暗自疑惑，"难道这只是场梦？"

这时，她感觉有什么东西在手里。当她松开拳头，一道小小的光芒闪过，一下就不见了。于是女孩笑了，因为她知道这是星星在手心里留下的星尘。

刀疤脸的故事

——由艾米·克鲁斯重新改写

韦伯斯特(美国词典编辑家)将"坚韧"这个词语定义为："头脑所具有的力量或坚定的信心，能让一个人在面对危险时保持冷静和勇气，能够承受痛苦或不幸，而没有一丝的埋怨、沮丧或失望。"约翰·鲁克将之称为人应具备的基本品质，它是任何其他美德的守护者。在这个北美印地安人的传说中，我们能从一位勇敢年轻人的坚韧中看到诚实、忠诚、友爱、勇气、自律以及更多的东西。

从前，在一个印第安部落里住着一个贫穷的男孩，他的父母很早就去世了，也没有朋友照看他。善良的印第安妇女们将自己省下来的食物和衣服分给这个可怜的孩子，并且在寒冷的冬日收留他过夜，尽自己所能帮助他。而男人们则允许男孩和他们一起去打猎，教他怎么制作印第安木刻画，就像教育自己的儿子一样。男孩就这样渐渐长大了，勇敢而强壮。部落里的男人们都说他将来一定会成为一位伟大的猎人。

在一次狩猎中，他遭遇了一头硕大的灰熊，经过一场殊死搏斗之后，他最终杀死了它。但是在搏斗中灰熊的爪子抓花了他的脸，等伤口痊愈后，脸上留下了一道重重的暗红色的疤痕。从那以后他就被叫做刀疤脸。

起初，男孩对自己脸上的缺陷不以为意，直到他爱上了部落首领美丽的女儿。当他看见其他英俊而年轻的勇士穿上绚丽的传统印第安武士服，去她父亲的小屋向这位少女求爱时，他的心剧烈地疼痛，因为他是贫穷而孤苦的，更重要的是他脸上有一道可怕的、丑陋的疤痕，怎么会有资格获得少女的爱情呢？

但是这位少女并不理会围绕在自己身旁的那些年轻印第安男子的浮华不实的谈论，他们中的每一个人在鼓足勇气向她求婚时全部遭到了拒绝。刀疤脸根本就不敢靠近这位姑娘，反而是姑娘注意到了他，因为他总是在森林里出入。因此，女孩觉得，和其他的鲁莽的求爱者相比，他更勇敢和真诚。

一天，女孩坐在父亲的小屋外，正好这个时候刀疤脸从旁边经过。他偷偷地看着自己心爱的姑娘，眼睛里满是爱意和尊敬。而这一切却被一位遭拒的求婚者注意到了，他讥笑道："原来刀疤脸也想向首领的女儿求婚啊，她瞧不上我们这些不幸的人，说不定她想要的是一个脸上有记号和疤痕的人。试试你的运气，刀疤脸，看她会不会接受你。"

对于这个人的嘲笑，刀疤脸感到一阵阵气血上涌。他傲然地站着，仿佛不再是那个贫穷、普通、丑陋的武士，而是一位部落首领的儿子。他直直地注视着嘲弄自己的那位年轻人，平静地回答："兄弟，你语气虽不友好，但说的话倒是不错。我当然会向我们伟大首领的女儿求婚，让她成为我的妻子。"

小伙子们立刻放声大笑，带着压抑不住的轻蔑。部落里其他的年轻人听到笑声走了过来，想弄清楚到底发生了什么好笑的事情。当听说了刀疤脸的话后，所有人也一起哈哈大

笑起来，挪揄他，称他为大首领，说他是多么富有，相貌是多么英俊，甚至还假装向他鞠躬行礼。刀疤脸不理会人们的嘲笑，不动声色地安静走开了，可是在他心里，他渴望能狠狠地扑向那些对自己无理的人，就像当年在森林里扑向自己的灰熊一样，好好教训他们一顿。刀疤脸顺着河流，跟随着首领的女儿而去。女孩到河边是为了采集编篮子用的灯芯草。

他的怒火渐渐消失了，他慢慢靠近女孩，明白如果不趁现在立即开口，再过一会儿他的勇气就会离他而去。虽然面对世上最凶猛的武士或最凶残的灰熊，他眼皮都不会眨一下，而女孩非常温柔和善，可是在她的面前，他浑身仍止不住地颤抖。

"姑娘，"刀疤脸结结巴巴地说道，"我是个贫穷的人，无足轻重。不像部落里其他武士，我没有贮藏厚厚的毛皮和干肉饼。每天的所需，我都必须用我的弓箭、我的长矛和硬网去获得。我的脸上有很明显的伤痕，一点也不好看。可是，我的整颗心充满的全是对你的爱。我诚恳地请求你成为我的妻子。你愿意嫁给我和我一起生活在我简陋的小屋里吗？"

少女看着他，从她的脸上，他看到了他所想要的爱。

"我不在乎你的贫穷，"少女说道，"我的父亲会给我很多的嫁妆。但是我不能成为你的新娘，实际上我不会成为部落里任何人的新娘。伟大的太阳神已经给过我指令，我不许嫁给任何人。"

听到这可怕的回答，可怜的刀疤脸的心猛地一沉，然而他还是不肯放弃希望："太阳神会释放你吗？他是如此仁慈，赐予我们那么多的礼物，他不会让我们承担痛苦的。"

"那么去找到他吧，"少女回答道，"将你的祈祷告诉他，让我从对他的承诺中解脱。如果他同意的话，请求他把你脸上的伤疤去掉，这样我就知道了。"

"我会去的，"刀疤脸坚定地说，"我会在他的国度里找到这位光明之神，恳求他怜悯我们。"然后他转身离去。

刀疤脸立刻开始了他的漫漫旅程，走了很远的距离。有些时候，他很乐观，对自己说："太阳神是和善的，他会把我的新娘还给我。"而有些时候，他又很悲观，拖着沉重的步伐前行，想着："或许太阳神会坚持自己娶她，谁会放弃如此美丽的姑娘呢？"他穿过了一片片森林，翻越了一座座高山，寻找两扇金子做的大门，找到这两扇门就能找到太阳神。动物们知道他这次出来不是作为猎人来捕捉它们的，于是它们靠近了，乐意回答他的问题。但是没有谁能告诉它太阳神究竟在哪里。它们对刀疤脸说："我们从来没离开过这片森林。你不妨问问天空的小鸟，它们飞过很多地方，说不定知道什么。"

于是他对着头顶飞过的小鸟呼喊，鸟儿降落了下来，倾听他的问题。但是它们回答道："我们飞过了许多的地方，见过了许多事物，可是还真没看见过两扇闪闪发光的金门，也从没见过太阳神长得是什么样子。"

刀疤脸又一次失望了，但是他继续勇敢地前行。一天，当他极其疲惫之时，他碰见了一头狼獾，于是向它问了那个他已问过无数次的同样的问题。狼獾的回答令他万分欣喜："我见过那闪烁的金门，也走进过太阳神的国度。但是通往那里的道路遥远而艰辛，在你到达旅行的终点时你会筋疲力尽。我会向你指明道路，如果你不灰心，有一天你将会看见我所见过的一切。"

刀疤脸带着全新的勇气再一次上路了。他日复一日地前行，直到走不动的时候才短暂地休息一下。每天清晨他出发的时候，都期望在傍晚的时候就能到达梦想中的金门。就这样过了一天又一天，然后他来到了一面宽广深邃的湖水边，很明显他自己根本游不过去。

现在看起来他付出的一切全都白费了。刀疤脸坐在湖边，感到心中的希望渐渐离他而去。但是很快他看见两只美丽的天鹅从湖水另一边向他游了过来。"我们会带你过去，"天鹅说，"站在我们的背上，我们会带你游到对岸去。"刀疤脸跳了起来，内心再度充满了喜

悦。他小心翼翼地站在天鹅背上，让身体保持平衡。天鹅带着他滑过了湖面，安全地把他载到了湖对面。

"你在寻找太阳神的国度吗？"它们问，"顺着你面前的这条路一直朝前走，你很快就能找到的。"刀疤脸真诚地谢过了天鹅，这个时候他觉得这是他开始旅程后最快乐的一刻。他迈着轻快的步伐朝前走。没走多远，他看见地上有一把非常美丽的弓和几支箭。他暂停下来注视了一会儿。"这些东西一定属于某位伟大的猎人，"他想，"它们比一般人的弓箭要精良。"尽管他那颗猎人的心使他对这些东西向往不已，但他还是没有去拿它们，因为刀疤脸是个诚实的人，不会拿不属于自己的东西。他继续前行，心情比以前更轻松了。很快，他看见一位英俊的年轻人沿着这条路欢快地向他走来。当这位少年停下来和他说话时，刀疤脸感到少年浑身上下都散发着柔和、明亮的光芒。"我在这条路上弄丢了我的弓箭，你看见过它们吗？"

"它们就在我身后不远的地方，"刀疤脸说，"我刚刚经过时看见了它们。"

"非常感谢，"少年说道，"幸好是位诚实的人经过，否则我就再也见不到我的弓箭了。"他对着刀疤脸微笑着，使得这位印第安人感到发自内心的喜悦，仿佛周围的空气都闪耀着金色的光芒。"你这是要去哪儿呢？"这位陌生人询问道。

刀疤脸说："我在找太阳神的国度，我相信它就在不远的地方。"

"确实就在附近了，"少年回答，"我是阿比西拉兹，就是晨星之神，太阳神是我的父亲。跟我来，我带你去见他。"

于是他们两人沿着这条宽广、明亮的道路走下去，穿过了金门。在里面他们看到了一座金碧辉煌、装饰着许多美丽图画和雕刻品的房子。门口站着一位美丽的女人，她用她明亮、清澈的眼睛和蔼地注视着这位因长途旅行而疲惫的陌生人。"请进吧，"她说，"我叫阿蒂米斯，是月亮女神，这个少年是我的儿子。来吧，你累了，脚也酸了，需要休息，吃些东西。"

已经被周围一切美丽的东西震撼得几乎不知所措的刀疤脸和他们一起走了进去，阿蒂米斯温柔地照顾着他，很快他就恢复了元气。过了一会儿，伟大的太阳神回来了。他对刀疤脸也非常和善。"和我们待在一起吧，"他说，"你走了这么长一段路寻找我们，一定非常疲惫了。成为我的客人，在这里待上一季吧。你是一名优秀的猎人，在这里你会找到很好的猎物。我的儿子也爱打猎，他会和你一起去。你会过得开心的。"

刀疤脸高兴地回答："我很荣幸能留下来，伟大的神。"自此后的许多天，他就和太阳神、阿蒂米斯、阿比西拉兹住在了一起。每天早晨他和晨星之神一起出门打猎，晚上回到那所闪亮的房子。太阳神警告他们："不要靠近那面大湖，那里住着凶猛的野鸟，它们会寻找机会杀死晨星之神的。"

但是私底下阿比西拉兹早就想去会会这些野鸟并杀死它们。所以一天他趁刀疤脸不注意偷偷溜走，迅速赶往大湖。刚开始刀疤脸没有注意到，以为他就在附近。过了一会，他朝周围张望时却找不到自己的同伴，这才意识到出了问题。他焦急地四处寻找，然后一种可怕的恐慌感涌上心头。于是他尽快地朝那些野鸟出没的地方赶去。一阵阵可怕的叫声传入他的耳朵里，很快他就看到一群长相怪异的动物包围着晨星之神。动物们步步紧逼，使得晨星无法用手中的武器来保护自己。刀疤脸不敢放箭，担心会伤到晨星。于是他突然地冲进鸟群中，使它们受惊而逃，然后赶紧带着晨星穿过了森林，来到安全的地方。

当晚上回到屋子后，阿比西拉兹告诉了父亲他是如何不遵守他的嘱咐而遭遇困境，刀疤脸又如何勇敢地救了自己一命。听完这一切后，太阳神转过身，对着这位可怜的陌生人说："你救了我的儿子，使他免遭横死。你可以向我提出要求作为报答。你为什么来此寻

找我？你心里肯定是有求于我，否则你不会千里迢迢、历尽千辛万苦来到这里。"

在刀疤脸住在这里的这段时间里，他一直念念不忘他来这里的目的。有好多次他心里想："现在是时候开口了。"但是这是一个如此大的请求，他往往又没有足够的勇气说出口了。于是他又想："我必须再耐心点。现在就对一直善待我的神提出这么大的请求太早了些。"但是现在，当他听到太阳神的这些亲切的话后，他鼓足勇气回答道："啊，伟大的神啊！在我的家乡，我深爱着一位少女，她是我所在部落的首领的女儿。而我呢，只是一位贫穷的武士，正如你所看到的，外貌丑陋，看起来很可怕。然而善良的她不嫌弃我，如果不是因为遵从您所下达的命令，那么她就愿意嫁给我。伟大的神啊，因为她曾答应你不会嫁给任何人。所以我来找你，希望你能让她自由，这样的话她就能来到我的住所，我们也许就能快乐地生活在一起了。"

太阳神笑了，他和蔼地看着这位尽管内心害怕得在颤抖，但仍勇敢地表明心意的印第安人。"回去吧，让这位少女成为你的妻子，告诉她这是我的旨意。至于证据——"他将手放在这位印第安人的脸上，那条丑陋的疤痕立刻消失了。"让她看着你的脸，看看太阳神是如何改变了你的面容。"

他们送了许多礼物给这个印第安人——他现在不再是刀疤脸了；他们还让他脱下了破旧的衣裳，换上了印第安首领才拥有的华丽的服装。然后他们带着他穿过了金门，离开了太阳的国度，并向他指示了一条回家的捷径。

他快步前行，很快就到家了。

部落里所有的人都出来看这位衣着华丽、步伐轻盈、表情急切又充满渴望的年轻勇士。但是没有人知道他就是那个曾被他们嘲笑和奚落过的刀疤脸。甚至首领的女儿一开始也没有认出他来，但是看了第二眼后她就知道他是谁了，并呼喊着他的名字。她看见那条疤痕不见了，想起了这其中的意义，少女发出了一声喜悦的叫声，向他奔去。他向大家讲述了自己的传奇旅程，首领于是非常愉快地将自己的女儿嫁给这位连太阳神都眷顾的武士。他们俩当天就结婚了，首领给了他们一座漂亮的圆形小屋作为女儿的嫁妆。从此以后他们就幸福快乐地生活在一起。人们不再叫他"刀疤脸"，而改叫他"英俊的脸"。

孤 独

——埃拉·惠勒·威尔科克斯

有时候，我们之所以能坚持下去，是因为拥有来自朋友和所爱的人的帮助和怜悯。但有些时候，我们不得不独自面对。这首诗歌讲述了一个我们难以理解，但仍然会接受的道理：与人分享痛苦比分享快乐要难得多。但是如果我们能让自己愉快地去承受痛苦，我们会发现一路走来会有更多的朋友围绕在身旁。

> 你欢笑，世界会随你一同欢笑；
> 你痛哭，却只有你一人独自悲泣；
> 古老而忧伤的大地必须寻找欢乐，
> 尽管它的麻烦已经够多。
> 你歌唱，山谷应你以回响；
> 你叹息，空气答你以寂静；

快乐之声总能回声阵阵，
愁苦之声最终销声匿迹。
你欢喜，人们会与你相随；
你忧伤，人们则会转身弃你而去；
因为人人都愿意分享你的快乐，
却没人愿意分担你的痛苦。
快乐之人会有很多朋友，
愁苦之人只能自己忍受——
没有人会拒绝与你共饮美酒，
然而生活的苦涩却需你独自承担。

热闹盛宴，宾客人头攒动，
禁食斋戒，世界弃你而去。
成功、给予，是你生活的动力，
然而死神降临，没人能助你逃避。
因为快乐的殿堂
宽敞得容得下一列宏大的队伍，
然而我们却不得不一个接一个
穿过这岁月磨难的狭长隧道。

布鲁斯与蜘蛛

——伯纳德·巴顿

　　罗伯特·布鲁斯(1274~1329)是苏格兰的国王。他在赢得了班洛克本(1314)的战役后，最终使苏格兰摆脱了英国的奴役，在北安普敦郡条约签署后，获得了独立。但是这场战役是艰辛而漫长的，就如这首诗歌所讲述的。

为了苏格兰的自由和权利，
布鲁斯曾经尽心竭力，
连续五次在战场上搏击，
也连续五次品尝败绩。
再一次地迎战英军，
结果仍不如意，
他所带领的战士又再次溃退，
他的梦想再次破灭。
从战场上回来，精疲力竭，
成了无家可归的孤单逃犯，
在一所棚屋下躲避栖身。

想要夺取王冠的人，
竟然沦落到这般凄惨的境地：

他没有华美的宝盖，
只有粗陋的房梁；
草铺的条椅是他的唯一的床——
但即使那是天鹅绒的卧榻，
他也难以进入梦乡！
从暗夜到清晨，
为了苏格兰和她的王冠，
他躺在那里彻夜难眠。

太阳升起了，
明亮的阳光照着他那简陋的眠床，
每根粗陋的房梁闪着淡淡的光，
支起了这矮小的棚屋。
抬起渴望的眼睛上望，
布鲁斯看见一只蜘蛛，
用柔细的丝在结网。
从这根房梁到另一根房梁，
这昆虫尽力地奔忙，
启发着苏格兰未来的国王。

那机警的蜘蛛，
一连六次掷出纤细的丝线；
那细线轻飘无力，
一切都是白费力气。
每一次面对目标，它都退后发力。
六次都失败了，却仍不放弃，
那耐心的昆虫继续坚持，
决不动摇它的意志；
不久，布鲁斯急切地注视，
看它准备再一次地尝试，
以它的勇气、力量和技艺。

再努力，第七次，最后一次！
英雄发出敬佩的致意！
在它所期望的梁上，
缠绕紧了那纤细的丝线；
虽然这是个小小的事件，却激起了他的灵感，
这启示实在是恰好，
再明显不过任谁都能领悟：
坚毅者必将获得回报，
忍耐会助你赢得赛跑。

第七章 毅力

穿越荒野的漫长艰辛旅程

——沃特·拉塞尔·鲍文改写

　　这个关于希伯来人逃出埃及、在旷野流浪40年的故事，主要是出自《圣经》的"出埃及记"。这是我们关于忍耐的最伟大的故事之一，它不仅是关于一个民族，也关于这个民族的领导人。摩西是上帝的代理人，他带领希伯来人经过一次又一次的磨难，帮助他们通过饥饿、疾病、急躁和绝望的考验。经过漫长的旅程后，他们来到迦南边境，但是上帝不允许摩西进入应许之地。这个最后的考验，使他成为更令人瞩目的耐力和毅力的代表人物。

　　摩西已经带领希伯来人出了埃及，尽管法老的马车在后面追赶，他们仍然安全地渡过了红海。现在他们认为不会再遇到危险或麻烦了。但是很快地他们就发现，前面的道路是漫长而艰苦的。他们来到的地方是一块狭长之地，地的一边是海，另一边则是巨大的岩山。海和山之间是平坦的沙和碎石地。白天时，酷热的阳光晒得人起水泡，而且那里也没有可以提供树荫的树木。

　　他们走了好几英里，却没有找到水。最后，当他们来到沙漠中的一个水池时，却发现那儿的水很苦，根本不能喝。因此，他们为那地方取名为"玛拉"，因为"玛拉"的意思就是苦。他们问摩西："我们该喝什么止渴？"

　　摩西向上帝祷告，求神指示解决之道。他找到生长在沙漠中的一些灌木，然后将灌木放入池子里。灌木的叶子改变了水的味道，因此人们便可以喝水了。

　　之后，摩西带领他的人民来到一个叫以琳的地方。在那儿，他们看到了12道水泉，而水泉附近则有70棵棕榈树。对于这些拖着沉重步伐走过酷热沙漠的人而言，以琳似乎是一个天堂，因此他们在这个绿洲扎营。

　　但是他们无法长久待在以琳，因为他们已经吃光了从埃及带出来的食物。他们必须继续前行寻找食物。当他们离开绿洲之后，目光所及之处尽是沙漠，情况似乎比以前更为糟糕。大多数的以色列人并不像摩西那样勇敢，其中一些人开始大声抱怨。他们对摩西说："早知这样我们不如死在埃及算了，我们在那儿有肉可吃，也有许多面包。现在你把我们带到旷野来，要让我们活活饿死。"

　　但是摩西并没有发脾气，也没有丧失勇气。他说上帝会帮助他们。

　　那天傍晚，人们在仰望天空时，看到了一团像云一样的东西。当它临近的时候，他们发现那不是云，而是成千上万只鹌鹑，一阵狂风把它们从海里的小岛吹到了这里。当那些筋疲力尽的鸟儿落到地上后，希伯来人抓住它们，美美地吃了一顿。

　　那天晚上起了很重的露水。第二天清晨当人们醒来时，发现地上厚厚一层有如白霜。摩西说："这是上帝给你们的食物。"以色列人称之为"吗哪"。它是沙漠植物流下的一种树脂，要在太阳出来之前去收，否则太阳出来，它们就化了。

　　从他们获得鹌鹑和吗哪的时候起，以色列人就沿着红海边缘走了很远的距离。现在摩西告诉他们要调转头向山区进发。那些山看起来高耸入云，山上全是光秃秃的岩石。以色列人又发怨言了，埋怨摩西："给我们水喝！你为什么带我们离开埃及呢？就是要我们渴死在这里吗？"

　　但是摩西以前曾经到过这里，上帝帮助他学会了在这样的地方该如何生存。他带领他的人民来到了何烈山上的一块大石头面前，摩西用手中的杖击打磐石。忽然，石头裂了一

个大缝，清水从裂口源源流出。有那么一阵子希伯来人对这里很满意，甚至在摩西带领他们去了另外一个绿洲后，还是觉得这里更好。在那片贫瘠的土地上，这里是最有生机的地方，有大片的棕榈树和不断喷涌流淌的泉水。几百年以后，因为它的美丽，这里被称作西奈山的珍珠。

以色列人也许很想在这里安营扎寨，就此待下去，但是在一个地方逗留过久是件危险的事。绿洲是一个沙漠里的野蛮部落最想争夺的地方。为了以防危险的来临，摩西组织了一批年轻人，挑选了一位叫约书亚的人作为战士的首领。

当一群亚玛力人出现的时候，以色列人就不能在绿洲久待了。他们骑在骆驼上，挥舞长矛。这些亚玛力人凶猛地攻击着以色列人。摩西站在山顶，举起手杖，向上帝祈祷。当他祈祷的时候，亚伦和一个叫户珥的人一起扶着他的双手。约书亚和他的战士便将亚玛力人赶走了。

然而他们仍然不能留在绿洲。摩西知道其他比亚玛力人更强悍的部落随时会来。除此之外，摩西想带以色列人寻找的定居之地，是在遥远的山的另一头。

因此，摩西带领以色列人爬上多岩石的小径，穿越了深邃的峡谷。这里的山中有一些是火山，它们不时隆隆作响，有时甚至造成地震。但当摩西第一次逃离法老时，他就是在此地看见了燃烧的灌木，并且听见上帝叫他带领以色列人走出埃及。在同样的地方，摩西将会听见上帝的其他信息——更重要的信息。

以色列人在山谷扎营时，摩西爬上其中最高的一座山——西奈山。以色列人看着他消失在远方。过了许久，他仍然没有回来。摩西独自待在山上思考和祷告，只有周围的岩石和头顶上的大空和他做伴，上帝要他向以色列人教导些什么？上帝要他们做些什么？然后，摩西似乎明白了他想要知道的答案。他看见上帝经过时的荣光，听见上帝的声音对他说他该明白的事。上帝将传给他十诫，自此之后，所有的人都必须遵守这些诫律。

在摩西向以色列人教导十诫之后，他又教导他们许多关于如何一起生存的事情。他教导他们，在行进中如何安排营帐、如何保持清洁、如何维持健康，以及如何照顾病人。他教导他们如何纪念和崇拜上帝。他们制造了一个叫"约柜"的美丽的小柜子，并且将刻着十诫的石板放在柜里。他们也制造礼拜堂，即一种由兽皮做成的帐幕。每当他们扎营时，他们必须搭起这个帐幕，作为他们向上帝祷告的地方。

不久之后，以色列人离开这个位于西奈山下的山谷，重新上路。将约柜抬在他们前面。摩西仍然是他们的领导人。他常常遇到困难，就像最初他带领以色列人出埃及时那样，一些人总是抱怨个不停。他们说他们已厌倦了一直吃吗哪，厌倦了在漫长的旅程中的口干舌燥，因为在不毛之地，他们甚至看不到一个小水池。他们不断想着埃及，告诉着彼此，他们希望能够回到那儿。以前他们住在埃及时，最大的愿望就是离开那个地方，但是现在，他们已经将这件事忘得一干二净了。他们只记得曾吃过的好东西。

他们说："我们记得那儿有鱼，有黄瓜和甜瓜。"在埃及，任何人都可以去捕尼罗河里的鱼。此外，那儿还有新鲜的蔬菜和水果。但是在这儿，他们只有沙土，只有晒得令人起水泡的太阳，以及空虚。有一两次，以色列人几乎要造反。

每当摩西经过营帐，听到里面的人发牢骚，他心里总是非常忧伤。但是他不愿他们认为他灰心了。他独自走到一处，在祷告中将这一切告诉上帝。他认为上帝赋予了他一个没有人能够担负起的重大责任。"我无法单独一人照顾所有的人，我做不到。"然而当他祷告时，上帝重新赐给他力量，让他继续坚持了下去。

在这段时间，以色列人慢慢往北前进，越过群山，即将来到摩西相信上帝要他们前往的地方。许久以前，亚伯拉罕曾经来过那儿，它被叫做"应许之地"，即迦南地。他们已经接近那地方的边缘了，因此摩西可以开始计划如何进入此地。不过首先他必须知道那地

方是什么样子，以及那儿住着什么样的人。他挑选了12名侦察员，其中一名是约书亚，另一名则是迪勒。他差遣他们先秘密地去打探那个地方。"去看看那块地，"他告诉他们，"也看看住在那儿的人。留意他们是强或弱，为数少或多。那块地是否肥沃？是否有树林？那儿的人住在什么房子里？他们是住在帐蓬里还是周围有墙的城镇里？要鼓起勇气，并且带回一些那块地所出产的水果。"

因此，这些侦察员出发了。从西奈山的周围到死海海岸的距离是一百多英里。他们行过那地方，越过摩押高高的岩地，沿着约旦河谷前进。当渡过约旦河之后，他们便来到了迦南地。40天之后，他们回来向摩西报告了。他们都说那是一块肥美之地，和他们经过的山和沙漠相比，那地方似乎是一个天堂。那儿有种着谷物的田地，有橄榄树、葡萄园，以及流着泉水的山丘。他们带回了大串大串的葡萄，也带回无花果和其他水果。

但是之后，他们的意见开始产生分歧。其中10人说那地方的人强悍而好战，绝不会让以色列人进入。他们说住在那儿的人像巨人，和那些人相比，他们就像蚱蜢。但是迪勒和约书亚则说，那是胡说八道，住在那儿的人和其他人没什么两样。以色列人该做的事就是勇往直前，进入该地。

聚集在一起聆听他们报告的以色列人，大半相信那10人的话，他们害怕相信那两个勇敢的人的话。由于怯懦令他们觉得不舒服，因此他们假装认为迪勒和约书亚试图带领他们惹上麻烦。如果他们敢这么做，他们会拿石头将这两名勇士打死。于是，他们又开始说他们希望回到埃及。他们甚至说要自己挑选一位能够带领他们回埃及的领导人。但他们无法找到一位真正的领导人，一切的抱怨都是徒然。

然而，这一切已经让摩西明白这些怯懦的人无法赢得迦南地。现在试图带领他们进入该地是错误的。他必须等一段长长的时间，直至一些曾在埃及当奴隶的年长者死去，而更加勇敢的年轻人长大。

许多年过去了，现在摩西带领的人的确不一样了——他们是在旷野出生和长大的人。他们移到死海之南的"以东地"边界，并且要求以东人让他们平安经过他们的国家。当以东人拒绝时，以色列人绕过这个国家，来到约旦河西岸的亚摩利人之地。

摩西差遣一个使者，要他带个讯息给西宏——亚摩利人的首领。他说："让我们从你们的土地经过，我们不会进入你们的田地或葡萄园。我们不会喝你们井里的水。我们只会沿着你们的大道行进，直至出了你们的疆界。"

亚摩利人是凶悍的战士。他们不但不让以色列人经过他们的土地，甚至骑马到以色列人的营地去攻打他们。但是现在追随摩西和约书亚的年轻人并不是懦夫。他们击败了西宏和他的亚摩利人。之后，当另一个沙漠部落的首领——欧格，试图阻挠以色列人时，他也被击败了。

他们已经接近迦南地了。但是摩西不会和他们一起进入那个地方，现在他是一个老人了。一天，他爬上高于死海4000英尺的尼波山的山顶，他可以看到约旦河对岸城墙围绕的那利哥城，那里的泉水是来自这山上流出的溪流。摩西可以看到他的人民日后将进入的广阔的迦南地。然后，他在那山上死去了。《圣经》上记载着，他被埋在"摩押地的山谷中，直到今日，没有人知道他的坟墓在哪里"。

去吧，摩西

　　这首由不知名的黑奴创作的圣歌是最美丽和生动的美国歌曲之一。《去吧，摩西》这样的歌曲将非洲音乐的特点和《旧约》的主题融合在一起，表达了人类即使在最艰辛的境遇下仍拥有的高贵的忠诚。南北战争后，菲斯克大学的黑人歌手们将这些黑人圣歌介绍给了广大听众。

以色列归属于埃及时，
让我的人民离去，
他们无法忍受残酷的压迫，
让我的人民走吧。
去吧，摩西，
去那远方的埃及，
告诉法老，
"让我的人民离去。"
"主是这么说的。"勇敢的摩西说，
"让我的人民离去，
如果不肯，我就将你头胎孩子杀死。
让我的人民走吧。"
去吧，摩西。

上帝告诉了摩西他的使命，
"让我的人民离去。"
要带领以色列人的子孙离去，
"让我的人民走吧。"
去吧，摩西。

哦，跟我来吧，摩西，你不会迷失在那里，
"让我的人民离去！"
伸出你的手杖，穿越这片土地，
"让我的人民走吧。"
去吧，摩西。

当以色列人来到海边，
"让我的人民离去！"
遵照上帝的命令，红海分离，
"让我的人民走吧。"
去吧，摩西。

当他们到达海的另一岸，
"让我的人民离去。"

他们唱着胜利的歌曲。
"让我的人民走吧。"
去吧，摩西。

我们不需要流泪和呻吟，
"让我的人民离去。"
告别奴隶的枷锁，
"让我的人民走吧。"
去吧，摩西。

这个世界是一片悲伤的荒野，
"让我的人民离去。"
让我们去寻找迦南地，
"让我的人民走吧。"
去吧，摩西。

那会是怎样美丽的清晨啊，
"让我的人民走吧。"
当时光在永恒中消逝，
"让我的人民离去。"
去吧，摩西。

王冠里的秘密

——詹姆斯·鲍尔温

　　古希腊的伟大发明家和数学家阿基米德于公元前290年出生在西西里岛的锡拉库扎。这个故事是关于他的最著名的发明之一。就智慧而言，这个故事提供给了我们一个珍贵的启示。正如美国的阿基米德——托马斯·爱迪生说过的，天才是1%的灵感加上99%的汗水。

　　从前，在锡拉库扎有一位国王，叫海尔罗。他所统治的国家非常小，但就是因为如此，他想要戴世界上最大的王冠。他召来一位善于制造各种精美物品的著名金匠，给他10磅纯金。

　　"拿去，"他说，"把这些黄金做成一顶令全世界的国王都想占为己有的王冠。一定要把我给你的黄金全部放进去，不许掺杂任何其他金属。"

　　"我将遵照您的要求去做，"金匠说，"我从您手中拿了10磅纯金，90天之内，我将带来一顶精美的王冠，而且它的重量将是10磅，不多也不少。"

　　90天之后，金匠遵守承诺将王冠带来了。那是一件美丽的杰作，任何看到它的人都说，它举世无双，独一无二。当海尔罗国王将它戴在头上时，他觉得非常不舒服，但是他不在乎——他相信没有一个国王能像他一样，拥有一顶这样漂亮的王冠。在将王冠仔仔细细地

欣赏一番之后，国王把它放在天平上称了一下，王冠的重量的确是10磅。"你确实应该受到奖赏，"他对金匠说，"你用自己精湛的技术铸成这顶王冠，而且也没少一丁点的黄金。"

在国王的宫廷中有一个叫阿基米德的智者。当他被唤来欣赏国王的王冠时，他将王冠翻来覆去，非常仔细地检查了一番。"你认为怎么样？"海尔罗问。

"技艺的确十分出色，"阿基米德回答，"但……但是这黄金……"

"黄金一点也不少，"国王大声说，"我用天平称过了。""重量的确是不少，"阿基米德说，"但是它没有金块原有的那种饱满的光泽。您可以清楚地看出，它根本不像是赤金，它的颜色是一种闪亮的黄色。"

"大部分的黄金都是黄色的，"海尔罗说，"但是你的话倒是令我想起来原来金块的颜色确实是要深一点。"

"有没有可能是金匠偷拿了一两磅的黄金，然后在里面掺杂了黄铜或银补足分量呢？"阿基米德问到。

"哦，他不会这么做的，"海尔罗说道，"黄金只是在铸造的过程中改变了颜色而已。"

但是国王越想这件事越觉得不对劲。最后他问阿基米德："有没有什么方法能证明金匠确实欺骗了我或他确实是诚实的？"

"我想不出这样的方法。"阿基米德回答。

但是对阿基米德来说，世上没有什么事是绝对不可能的。他能从解决难题中获得极大的乐趣。每当有问题使他迷惑不解，他就会不停地研究，直到找到某种答案。因此，阿基米德冥思苦想了好些天，试图在不损坏王冠的前提下，找到证明王冠成色的方法。

一天，当他洗澡的时候，他仍然在思考这个问题。澡盆里的水很满，当他的身体在浴盆里沉下去的时候，就有一部分水从浴盆边溢出来。同样的现象曾经发生过上百次，但这一次他却注意到了这一点。

"当我进入澡盆，我究竟让多少水溢了出去？"他问自己，"谁都知道溢出的水的体积等于我身体的体积。如果身材只有我一半大小的人，那他使水溢出的体积就只有我的一半。"

"现在假设，不是我进了澡盆，而是把国王的王冠放进去，那它同样会让等同于它的体积的水溢出。哦！让我想想！黄金的密度要比银子大。10磅纯金的体积没有掺杂了3磅银的10磅黄金体积大。如果国王的王冠是纯金的，那它溢出的水就该等于任何其他形状的10磅纯金。但是如果里面掺杂了部分的银，那它溢出的水的体积就要大一些。找到了！找到了！称量皇冠的办法找到了！"

他从澡盆中跳出来，连衣服都没顾上穿，就冲到街上直奔王宫，高喊着："优勒加！优勒加！（发现了！）"

王冠被放进水里进行了试验。结果它溢出的水要比10磅纯金排出的水要多得多。金匠的罪行得到了证实。至于他有没有得到惩罚，我就不知道了，这也不重要。

阿基米德在自己澡盆里的简单发现对于世界来说比海尔罗的王冠要有价值得多。

执 著

——约翰娜·沃尔夫冈·哥德

我们不应该只坐享其成，
去收获成熟的金色谷穗，

第七章 毅力

除非我们已先行耕耘，播种，
用泪水浇灌过条条沟壑。

我们不应该只是索取，
这个我们赖以生存的神秘世界，
生命之田是鲜花绽放还是荆棘丛生，
全看我们怎样去耕作。

向前航行

—— 杰奎琳·米勒

这首是关于克里斯多弗·哥伦布的一首诗，我们敬佩他的想象力，赞扬他的勇气，他的坚定是我们仿效的榜样。

在他身后是灰色的亚速尔群岛，
在赫克利斯之门的后边；
在他面前看不到虚幻的海滩，
有的只是遥望无际的海洋。
虔诚的同伴说："现在我们必须祈祷，
看啊，那些星星已经不见；
说话吧，船长，该怎么办？"
"什么都别说，继续向前航行！"

"水手们逐渐厌倦了海上的漂泊，
他们一天天地苍白虚弱。"
即使是坚强的同伴也思念着遥远的家园；
海里的浪花冲刷着他黝黑的脸颊。
"假如到了黎明时分，我们看见的仍只有海洋，
我该说什么啊，勇敢的船长？"
"如果是这样，在黎明的破晓，
你就说：'向前航行！向前航行！'"

任风吹浪打，他们在大海扬帆远航，
直到最后苍白的同伴说道：
"啊！现在上帝也无法知道，我和大家是否会死亡。
上帝离开了这恐怖的海洋，
所以连风也迷失了自己的方向。
说话吧，勇敢的船长。"
他只是说："向前航行！向前航行！"

他们继续漂洋，向前寻找着希望。
他的同伴又开口埋怨道：
"看吧，这海洋今晚就要显露它的疯狂，
它狰狞地等待着，要把我们吞没。
勇敢的船长啊，告诉我们，
当没有了希望，我们还有什么可做？"
他的话像挥舞的宝剑，激起船员的昂扬：
"向前航行！向前航行！"

尽管脸色苍白，身体疲惫，
他让他的船啊，始终保持前行的航向。
穿过夜色笼罩的夜晚，
然后出现了一丝光芒——
是灯光！是灯光！
那星状的旗帜在随风飘扬！
破晓时分到了，
他赢得了一个全新的世界！
也留给了世界他的口号：
"不要放弃，继续前进！"

不可能

——埃德加·格斯特

"不可能"是一些孩子喜欢说的话。这里是一个劝说你不要说"我做不到"的诗。

"不可能"是世上最糟糕的话语，
比起谣言和谎话，它带给你更大的伤害。
一个强大的灵魂会为此而削弱，
再多的梦想也因此消逝。
清晨，它从不假思索的嘴里跳出，
我们失去了一天里需要的勇气。
它在我们耳旁喻喻作响，
嘲笑我们的挫折与失败。

"不可能"是倦怠的父亲，
它哺育了恐惧和冷漠。
它让一个聪明的工匠放弃，
使一个勤劳的人逃避。
它毒害了一个有梦想的灵魂，
扼杀了尚未成型的规划。

它嘲笑诚实的辛劳，
以及一个人所有的希望与梦想。

"不可能"是使人羞愧的话语，
它一天天破碎理想和勇气；
枯萎你的意志，侵蚀你的目标。
所以，用你所有的仇恨去轻视它，
消除它在你脑海留下的痕迹。
举起双手抗拒，就好像自己是强大的巨人，
总有一天，你将收获你梦想过的一切。

葛底斯堡的演讲

——亚伯拉罕·林肯

　　亚伯拉罕·林肯在1863年9月19号葛底斯堡举行的烈士公墓落成典礼仪式上发表了这个演讲。4个月前，成千上万的南方和北方士兵在这里死去。他想告诉整个国家，如果能坚持战斗下去的信念，联邦终究会获得胜利。在致辞的短短两分钟时间里他讲了很多。他告诉世界，美国将继续战斗，不光是为了自己，也是为了所有想获得自由与平等的民族。下面，就是在美国这片土地上曾经发表过的最伟大、最著名的演讲。

　　87年前，我们先辈在这个大陆上创立了一个新国家，它孕育于自由之中，奉行一切人生来平等的原则。

　　我们正从事一场伟大的内战，以考验这个国家，或者任何一个孕育于自由和奉行上述原则的国家是否能够长久存在下去。我们在这场战争中的一个伟大战场上集会。烈士们为使这个国家能够生存下去而献出了自己的生命，我们来到这里，是要把这个战场的一部分奉献给他们作为最后安息之所。我们这样做是完全应该而且非常恰当的。

　　但是，从更高的意义上说，这块土地我们不能够奉献，不能够圣化，也不能够神化。那些曾在这里战斗过的勇士们，活着的和死去的，已经把这块土地圣化了，这远不是我们微薄的力量所能增减的。我们今天在这里所说的话，全世界不大会注意，也不会长久地记住，但勇士们在这里所做过的事，全世界却永远不会忘记。倒是我们这些还活着的人，应该在这里把自己奉献于勇士们已经如此崇高地向前推进但尚未完成的事业。倒是我们应该在这里，把自己奉献于仍然留在我们面前的伟大任务——我们要从这些高尚的死者身上吸取更多的忠诚，来完成他们已经完全彻底为之献身的事业；我们要在这里庄严宣告，他们的牺牲不会是徒劳；我们要使这个国家在上帝的庇佑下，获得自由的新生，要使这个民有、民治、民享的政府永世长存。

美德书大全集

我们将战斗到底

——温斯顿·丘吉尔

　　1940年5月，德国军队绕过了马其顿防线，突破了法国的防守阵地，在大约几天之内向西横扫，直扑英吉利海峡。在法国的英国远征军受到全军覆灭的威胁，于是退守到了敦克尔刻海滩。在那里约30万的英国和法国军队将要大规模地撤退。在英国皇家空军的掩护下，各种各样大小不一的船只，有些甚至是由平民志愿者掌舵，穿过了英吉利海峡将散落的部队运送回英国本土。

　　6月4日，温斯顿·丘吉尔向下议院报告这次成功的撤退。他对人们英勇的努力的描述，对勇气、团结、决心和牺牲的召唤，鼓舞了英国人民的士气。一周后，当意大利加入轴心国，卷入这场战争，美国总统罗斯福宣布向同盟国提供物质支援。

　　自从法国在色当和默兹河防线在5月第二个周末被攻破起，只有快速退到亚眠和南方才能挽救英法联军，当时他们应比利时国王的请求已经开进了比利时，但是这一战略性的事实并没有被立即意识到。

　　然而德军的爆发之势如一把长柄镰刀围绕北方军的右后方横扫。八九个装甲中队，每中队有400辆不同种类的装甲车，但都经过周密的装配，划分成可补充的，可分的独立作战单位，他们切断了我们同法国主力军以及我们自己部队之间的联系，割断了我们的军火供给。这批军火运到亚眠，经过阿比维尔、奈洛沿海岸到布洛涅和加来，几乎快要到敦克尔刻了。紧随在装甲部队攻击之后，是卡车装运的几个中队的德国兵，之后是接踵而来的一批疲惫不堪的普通德国士兵和德国人民，他们随时听凭调遣去践踏别的自由、幸福的国家，这些连他们自己都感到陌生的国家。

　　与此同时，英国皇家空军已经参战，在航程所及的范围内，作为首都的主要战斗力量，打击了德国轰炸机和德国部队。斗争是长期的、激烈的。突然间形势明朗化了，子弹的爆裂声和轰轰隆隆的炮声，片刻，仅仅是片刻就过去了，突然硝烟散去，枪炮声暂停。奇迹的出现是靠勇敢、坚持，靠纪律严明，靠成功的服务，靠智慧、技能，靠不可征服的一片忠诚，这一点是显而易见的。敌人又向撤退的英法联军反扑过来，联军的部署太草率，并不是当机立断地快速撤离，皇家空军同德国空军的主力作战，最起码使他们损失了4倍于我方的兵力。海军出动了近乎1000只各式各样的战舰，载着超出33.5万英法将士，使他们从死亡和耻辱的境地脱险，回到英国本土去接受新的任务。我们必须十分谨慎，不能把这次抢救当做胜利的标志。战争并不是靠撤退赢得胜利，但是我们同样应该看到，这次抢救本身蕴藏着胜利的希望……

　　这是英国和德国空军实力的一次重大较量。德国空军的目的是要使我们从海滩的撤退成为不可能的事，并且要击沉所有聚集在那里的数以千计的船只。除此以外，你们能想象出他们还有其他更大的目的吗？除此以外，从整个战争的目的来说，还有什么别的更大的军事重要性和军事意义呢？他们竭尽全力，但他们最终被击退了，他们在执行他们的任务中遭到了挫败。我们把陆军撤退了，他们付出的代价是4倍于他们给我们造成的损失。十分庞大的德国空军阵容——我们知道他们是一个非常勇敢的民族——在只有数量于其1/4的皇家空军的打击中转头逃跑，队形被冲击得七零八落……

　　我对这些年轻的空军战士表示敬意。强大的法国军队当时在几千辆装甲车的冲击下大部分溃退了。难道不能这么说，文明事业本身要由几千名空军战士的忠诚和技能去捍卫吗？我想全世界，在整个战争历史上从来没有给年轻人这样的机遇。圆桌骑士、远征军都

成为历史，遥远且被人淡忘了；这些青年人，每天早晨挺身而出保卫他们的家乡以及我们支持的一切，握有具有巨大摧毁力量的工具，也许可以这样说：

每个黎明带来了一个宝贵的时机，

每次良机又造就一位高贵的骑士。

值得我们欣慰，像所有勇士所做的一样，他们用了许多方式，在许多场合下做好了准备，将他们的生命和一切献给自己的祖国。

如果所有的人都能忠于职守，如果我们的工作不出差错，时时都像现在安排的如此周密，那么我充满信心。我们将又一次证明我们能够抵御战争的风暴，抗击强暴的威胁，保卫自己的岛国。如果必要，我们就进行持久战，如果必要，就孤军奋战。无论如何，这就是我们准备做的。这就是英王政府以及政府中每个人的决心。这就是国会和全国国民的意愿。由共同的目标和共同的需要联系起来的英帝国和法兰西共和国，我们将誓死保卫自己的国土，将亲如同胞，尽一切力量彼此支援，即使是欧洲的大片土地和许多文明古国已经或即将沦于盖世太保及一切可憎的纳粹机构之手。我们不会气馁，也不会屈服，我们要坚持到底，我们要在英国国土上作战，要在各个海洋上作战。我们的空军将越战越强，越战越有信心，我们将不惜一切代价保卫我国领土，我们要在滩头作战，在登陆地作战，在田野、在山上、在街头作战，我们在任何时候决不投降，即使整个英伦岛或大部分土地被占，即使我们饥寒交迫。直到上帝认为适当的时候已到，新大陆将挺身而出，以其全部力量支援旧世界，解放旧世界。

我有一个梦想

——马丁·路德·金

1963年8月28日，约有20万～25万人聚集在华盛顿纪念碑和林肯纪念堂之间，为了黑人民权运动举行和平示威游行。当天活动的高潮就是由马丁·路德·金发表的这个久负盛名的演讲掀起的。在这篇演讲里，他号召美国人民带着信念继续战斗，相信改变终究会到来，终有一天所有的人不再依据他的肤色，而是他的品格来作出评价。他那不断重复的"我有一个梦想"至今还感动着美国人的心。他的坚毅和雄辩才略得到了回报。

100年前，一位伟大的美国人——今天我们就站在他的雕塑下——签署了《解放宣言》。这项重要法令的颁布，对于千百万挣扎于不公正待遇中的黑奴来说，犹如带来希望之光的硕大灯塔，恰似结束漫漫长夜禁锢的欢畅黎明。

然而，100年后，黑人依然没有获得自由。100年后，黑人依然悲惨地蹒跚于种族隔离和种族歧视的枷锁之下。100年后，黑人依然生活在贫困的孤岛上。100年后，黑人依然在美国社会中向隅而泣，依然感到自己在国土家园中流离漂泊。所以，我们今天来到这里，要把这骇人听闻的情况公诸于众。

从某种意义上说，我们来到国家的首都是为了兑现一张支票。我们共和国的缔造者在拟写宪法和独立宣言的辉煌篇章时，就签署了一张每一个美国人都能继承的期票。这张期票向所有人承诺——不论白人还是黑人都享有不可让渡的生存权、自由权和追求幸福权。

然而，今天美国显然对她的有色公民拖欠着这张期票。美国没有承兑这笔神圣的债务，而是开始给黑人一张空头支票——一张盖着"资金不足"的印戳被退回的支票。但

美德书大全集

是，我们决不相信正义的银行会破产，我们决不相信这个国家巨大的机会宝库会资金不足。因此，我们来兑现这张支票。这张支票将给我们以宝贵的自由和正义的保障。

我们来到这块圣地还为了提醒美国：现在正是万分紧急的时刻。现在不是从容不迫悠然行事或服用渐进主义镇静剂的时候。现在是实现民主诺言的时候。现在是走出幽暗荒凉的种族隔离深谷，踏上种族平等的阳关大道的时候。现在是使我们的国家走出种族不平等的流沙，踏上充满手足之情的磐石的时候。现在是使上帝所有孩子真正享有公正的时候。

忽视这一时刻的紧迫性，对于国家将会是致命的。自由平等的朗朗秋日不到来，黑人顺情合理哀怨的酷暑就不会过去。1963年不是一个结束，而是一个开端。如果国家依然我行我素，那些希望黑人只需出出气就会心满意足的人将大失所望。在黑人得到公民权之前，美国既不会安宁，也不会平静。反抗的旋风将继续震撼我们国家的基石，直至光辉灿烂的正义之日来临。

但是，对于站在通向正义之宫艰险门槛上的人们，有一些话我必须要说。在我们争取合法地位的过程中，切不要错误行事导致犯罪。我们切不要吞饮仇恨辛酸的苦酒，来解除对于自由的饮渴。我们应该永远得体地、纪律严明地进行斗争。我们不能容许我们富有创造性的抗议沦为暴力行动。我们应该不断升华到用灵魂力量对付肉体力量的崇高境界。

席卷黑人社会的新的奇迹般的战斗精神，不应导致我们对所有白人的不信任——因为许多白人兄弟已经认识到：他们的命运同我们的命运紧密相连，他们的自由同我们的自由休戚相关。他们今天来到这里参加集会就是明证。

我们不能单独行动。当我们行动时，我们必须保证勇往直前。我们不能后退。有人问热心民权运动的人："你们什么时候会感到满意？"

只要黑人依然是不堪形容的警察暴行的牺牲品，我们就决不会满意。

只要我们在旅途劳顿后，却被公路旁汽车游客旅社和城市旅馆拒之门外，我们就决不会满意。

只要黑人的基本活动范围只限于从狭小的黑人居住区到较大的黑人居住区，我们就决不会满意。

只要我们的孩子被"仅供白人"的牌子剥夺个性，损毁尊严，我们就决不会满意。

只要密西西比州的黑人不能参加选举，纽约州的黑人认为他们与选举毫不相干，我们就决不会满意。

不，不，我们不会满意，直至公正似水奔流，正义如泉喷涌。

我并非没有注意到你们有些人历尽艰难困苦来到这里。你们有些人刚刚走出狭小的牢房。有些人来自因追求自由而遭受迫害风暴袭击和警察暴虐狂飙摧残的地区。你们饱经风霜，历尽苦难。继续努力吧，要相信：无辜受苦终得拯救。

回到密西西比去吧；回到亚拉巴马去吧；回到南卡罗来纳去吧；回到佐治亚去吧；回到路易斯安那去吧；回到我们北方城市中的贫民窟和黑人居住区去吧。要知道，这种情况能够而且将会改变。我们切不要在绝望的深渊里沉沦。

朋友们，今天我要对你们说，尽管眼下困难重重，但我依然怀有一个梦。这个梦深深植根于美国梦之中。

我梦想有一天，这个国家将会奋起，实现其立国信条的真谛："我们认为这些真理不言而喻：人人生而平等。"

我梦想有一天，在佐治亚州的红色山岗上，昔日奴隶的儿子能够同昔日奴隶主的儿子同席而坐，亲如手足。我梦想有一天，甚至连密西西比州——一个非正义和压迫的热浪逼

人的荒漠之州，也会改造成为自由和公正的青青绿洲。

我梦想有一天，我的4个小女儿将生活在一个不是以皮肤的颜色，而是以品格的优劣作为评判标准的国家里。

我今天怀有一个梦。

我梦想有一天，亚拉巴马州会有所改变——尽管该州州长现在仍滔滔不绝地说什么要对联邦法令提出异议和拒绝执行——在那里，黑人儿童能够和白人儿童兄弟姐妹般地携手并行。

我今天怀有一个梦。

我梦想有一天，深谷弥合，高山夷平，歧路化坦途，曲径成通衢，上帝的光华再现，普天下生灵共谒。

这是我们的希望。这是我将带回南方去的信念。有了这个信念，我们就能从绝望之山开采出希望之石。有了这个信念，我们就能把这个国家的嘈杂刺耳的争吵声，变为充满手足之情的悦耳交响曲。

有了这个信念，我们就能一同工作，一同祈祷，一同斗争，一同入狱，一同维护自由，因为我们知道，我们终有一天会获得自由。

到了这一天，上帝的所有孩子都能以新的含义高唱这首歌：我的祖国，可爱的自由之邦，我为您歌唱。这是我祖先终老的地方，这是早期移民自豪的地方，让自由之声响彻每一座山岗。

如果美国要成为伟大的国家，这一点必须实现。因此，让自由之声响彻新罕布什尔州的巍峨高峰！让自由之声响彻纽约州的崇山峻岭！让自由之声响彻宾夕法尼亚州的阿勒格尼高峰！

让自由之声响彻科罗拉多州冰雪皑皑的洛基山！让自由之声响彻加利福尼亚州的婀娜群峰！不，不仅如此；让自由之声响彻佐治亚州的石山！让自由之声响彻田纳西州的望山！

让自由之声响彻密西西比州的一座座山峰，一个个土丘！让自由之声响彻每一个山岗！

当我们让自由之声轰响，当我们让自由之声响彻每一个大村小庄，每一个州府城镇，我们就能加速这一天的到来。那时，上帝的所有孩子，黑人和白人，犹太教徒和非犹太教徒，耶稣教徒和天主教徒，将能携手同唱那首古老的黑人灵歌："终于自由了！终于自由了！感谢全能的上帝，我们终于自由了！"

多那拓荒队的故事

——伊莱扎·多那·侯顿

　　1846年4月，由乔治·多那和雅各布·多那兄弟，以及他们的朋友詹姆斯·里德带领的一群拓荒队加入了人数逐渐增多的移民潮，从伊利诺斯州出发前往奥勒岗和加里福利亚。当跨越中西部地区时，其他一些家庭也加入了他们，包括埃迪、派克和麦库三家人。他们希望能在西部买到便宜的土地，开始新的生活。当多那的队伍最后形成时，他们总共有87名男人、妇女和儿童，以及23辆马车和许多家畜。这个队伍在跨越陆地的拓荒之旅的过程中，经历了一场跌宕起伏的著名灾难。

　　7月20日，多那兄弟和他的同伴离开大路转入一条捷径。根据一名叫兰斯弗德·哈斯丁的推销商的说法，那是一条通往加州最直接的道路。但是哈斯丁和其他任何人都没有走过这条新线路，它只是存在于他不严谨的想象中。当多那的队伍穿过瓦萨奇山脉，并迂回曲折地跨过了大盐湖沙漠时，他们已经失去了过多的宝贵时间。当他们在10月底到达内华达山脉时，山上的通道已经积了5英尺的雪。他们在楚奇湖（现已改为"多那湖"）的湖岸停下来，想等到体力恢复时再开始爬山，但是雪连续下了8天，冬天提前来到，多那的拓荒队被困住了。他们进入冬日的营地。一组人在湖滨建了一间小木屋，而其他人，包括多那兄弟，则在道路下方5英里的桤木湾居住下来。天气愈来愈冷，雪愈积愈深，不久之后，他们便面对挨饿的问题了。在接下来的5个月里，4个救援队伍成功来到他们被困的地方。到了4月底，最后一个幸存者才被带出山。87个拓荒者中，只有40人熬过严寒的冬天，其中几人是靠着吃他们死去同伴的尸体才幸存了下来。

　　以下的摘录来自《多那拓荒队的远征及其悲剧命运》这本书，其作者伊莱扎·多那·侯顿是乔治和塔姆生·多那的女儿，在那个冬天，她只有4岁。她和其他幸存者的叙述，描绘了人在面临几乎无法想象的严酷考验时，会有的各种反应——从高尚到可耻。我经常温习这个故事，思考这样一个问题：人类品格中，是什么使一些人伟大，而又是什么使另一些人丑陋？

　　在第一个救援队离开后，我们这些留在山中的人，开始守侯并祈祷第二个救援队的到来，就像我们以前盼望和祈祷第一个救援队来到那样……

　　由于父亲的身体日渐虚弱，因此我们这些孩子就会花更多时间待在营地里玩雪。父亲经常在伤口被包扎好了之后静静地睡去，而我们操劳过度、体谅人的母亲会过来，坐在一根树干上，陪伴着我们。有时候她会拿几张纸出来，在上面写些什么东西；有时候，她会勾勒那些山和高高的树梢，现在树梢看起来就像长在雪中的小树。当她在织补衣物时，我们常常入迷地听着她所讲述的那些奇妙的故事：在埃及的约瑟夫、在狮穴里的丹尼尔、医治寡妇儿子的以利亚，还有说着"上帝啊，请说，你的仆人在倾听"的小塞缪尔，以及将小孩抱在怀里并保佑他们的温柔、慈爱的主——耶稣。

　　我通常坐在母亲的膝盖上，弗朗丝和乔琪雅则依偎在她两旁，她向我们提到父亲的病情和我们寂寞的境地，并且说，当下一个"救援队"到来时，我们小孩子可以被带到安全的新营地，而他们都不会同行。当然，上帝如果愿意的话，他们两人以后也会跟去。当她准备着让我们和陌生人离开，以后独自生活时，谁能比她更勇敢、更温柔呢？她将在没有药物、没有灯光的情况下，留下来照顾我们生病的父亲，将忍受饥俄和严寒，也不再有孩子向她道早安和晚安。她教导我们以后如何和我们将要遇见的人交朋友，当别人问我们是

谁的孩子时，我们该如何回答。

她常常带着企盼的目光，注视着天与山交汇的西方。然后她告诉我们，在那些冰雪覆盖的山顶之外就是加州，这块土地能带给我们食物和安全，是我们幸福的迦南地。在那儿，上帝会照顾我们。啊！在那些巍峨的山上，有些日子过得安静得令人难受，即使在雪地上，人也是寂寞的。松树似乎在喃喃倾诉着乡愁，我们这些孩子则毫无玩耍的兴致。

我记得在第二个救援队到达之前，我在我们的营地所见到的最后一顿食物，是薄薄的一块牛油，那是母亲从第一个救援队带给我们的干牛肉碎屑中提炼出来的。她用一只平底锅让牛脂变硬，然后，在其他的食物都被吃光后，她从那块牛脂切下3个白色的小方块，给我们这3个孩子，我们慢慢地咬掉了4个角，然后再一圈一圈地啃那珍贵的牛脂块，直至它们小到手指无法握住……

当第二个救援队到达时，营地上还有31个人，他们几乎都是孩子，没有人扶着便无法行走，而大人们都太虚弱了，无法在雪地上给孩子更多的帮助。当我的父亲得知第二个救援队是一支仅仅由10个男子组成的队伍时，他感觉自己不可能走到新营地，所以他宁可自己一人留在那里，恳求母亲离他而去，试图保留母亲和我们3个孩子的性命。他提醒母亲说，他活着的日子剩不了几天了，即使她留下来也为他做不了什么，她应该活着，代替他去照顾我们这些孩子。

母亲必须在做妻子和母亲的神圣职责间做出选择，她没有为自己考虑。她先是看了看她的无助的孩子，然后注视着她那痛苦无助的丈夫，然后温柔地、毫不犹豫地宣布她要留下来照顾他，要不两人一起得救，要不死亡才能将他们分离……

母亲害怕我们这些孩子可能熬不过营地上的另一场风雪，于是恳求凯迪先生和斯通先生带我们和他们一起离开，并且给了他们500元钱作为报酬，要他们把我们送到苏特堡的伊利莎和莲娜那里。达成协议后，她收拾了一些纪念品和较轻的物品，希望我们能保留这些东西，而那些男人们也很乐意把它们带出山。接着，母亲怜爱地帮我们梳好头，迅速地穿好衣服，准备上路。当我们一切准备就绪，她带我们来到床边向父亲道别。那些男人帮助我们走上台阶，母亲出来帮我们带好斗篷和头巾，仿佛自言自语地说："我可能再也见不着你们了，但是上帝会替我照顾你们的。"

弗朗丝那时只有6岁零8个月大，已能够勇敢地在雪地里跋涉，但是乔琪雅只有5岁，我呢，还差一周才4岁，我们俩无法在积满雪的小径上行走，所以很快被人背着走了。走了一段距离后，那些男人让我们坐在铺在雪地上的一块毯子上，然后在前面不远处停下来用手势认真地交谈着。我们害怕地颤抖，望着他们，唯恐他们会把我们丢在那里冻死。这时弗朗丝说："别害怕，就算他们丢下我们，我也能带着你俩顺着脚印回到妈妈那里。"

过了似乎很长的时间，他们回来了，抱起我们，带我们来到一间湖滨小木屋，没有说一句道别的话就离开了。

由这些男人组成的第二个救援队在3月3日离开。他们带走了17个难民——布瑞恩一家和格拉夫一家、所罗门·胡克、伊萨克和玛莉·多那，以及里德先生最小的两个孩子马萨和托马斯。

我该怎样描述那间可怕的小木屋呢？对于我们这3个在炫亮的白日进到它里面的人而言，它黑暗如夜。我们没有听到任何人向我们打招呼，或表示欢迎。他们给我们一个可怕的休息处，靠近阶梯底下，就在敞开的门口边。那里有一张由树枝做成的床供我们躺下来，也有一条遮盖身体的毯子。在那儿待了一会儿，等眼睛适应了黑暗后，我们可以辨认出其他树枝床上的人，以及一个头发茂密、斜靠在一堆慢慢燃烧的火堆旁的男人。

不久，一个孩子开始哭叫："给我一些面包，啊！给我一些肉！"

然后另一个孩子也跟着同样哀号。那哭声持续了许久，以致我也受到感染哭泣了，并且用我的手臂，紧紧抱住姐姐弗朗丝的脖子，将我的眼睛藏在她的肩膀里。我仍旧能听到那饥饿的哭声，直至一个沙哑的声音大叫：

"安静，你们这些惹人厌的小鬼，不然我就拿枪打死你们。"

但是寂静一次又一次地被那令人心碎的哭声打断，也一次又一次地被那骇人的威胁声制止。我们这3个刚刚离开爱我们的母亲的怀抱的孩子，相信这个可怕的威胁绝对不只是装模作样而已。

我们很冷，因为太害怕了，反不觉得饿，那一晚也没有人给我们食物。但是隔天早上，里德先生的小女儿用她的围裙包着一些刚烤好的饼干，出现在小木屋里，那是她的父亲刚从营火的热灰烬上面拿来的。她高高兴兴地给小屋里的每个人一块饼干，然后便离开我们，加入那些准备出发前往新营地的队伍。没有人知道那些饼干尝起来是多么可口，也没有人知道我们如何小心翼翼地不让饼干碎屑掉落。给我们饼干的人离开后，这个地方似乎显得更加阴沉可怕，然而我们很高兴她的父亲将带着她到加州她母亲那儿了。

很快地，以前一直减弱的大暴风雪向我们袭来了，我们不会像刚刚离开这儿的人那样，暴露在它猛烈的威势下，但是我们很清楚它是什么时候来临的，因为雪飘落到我们的床上，我们顾不上爬起来，必须先将它们清除。我们无法去烤火，大部分的时间，我们都待在那张树枝床上……

我们不知道那场暴风雪持续了多久，也不知道我们待在那所木屋有多少天了。我们只觉得自己被整个世界遗弃了。这时比弗朗丝大的西蒙·墨非像往常一样爬到位于小木屋上方的瞭望台，去看看是否有任何救援到来。他回到我们那儿，急切地结结巴巴地说道："我看到一个……穿着雪靴的……女人……从另一个营地走来！她个子很小…… 就像多那太太。她没有朝这个方向看……可能会错过。"

他刚一提到母亲的名字，我们立即就包围住他，央求他回到那里，把我们的母亲唤过来。我们太兴奋了，无法跟着他爬上台阶。

她很快过来了，用她的温柔和勇气，减轻了我们的困难和恐惧。啊！我们多么高兴能再见到她，能又和我们在一起，母亲也显得很激动。我们从她的声音和脸上能看出这一点。当我们哀求她不要离开我们时，她无法回答，只是更加紧紧地抱住我们，并且替父亲重新吻我们。然后，她告诉我们这场暴风雪如何令他们苦恼。他们常常希望我们迟一点到达小木屋，来不及加入救援队；然后他们又会伤心痛苦地觉得我们已经加入了救援队了，可能无法活着越过山顶。

她观察着落下的雪，衡量了它的深度，她看到雪在两个营地之间堆积起来，阻塞了通路，直至她出发的那一天才有人敢在上面行走。然后她劝说克拉克先生去探知凯迪和斯通先生是否真的能及时将我们送到小木屋，让我们跟着第二个救援队一起离去。

我们没有看到克拉克先生，但是他确实曾从小屋外往里面观察了一番，然后在天黑之前回去，向她描述了我们的情况。

约翰·巴波提斯特答应替她照顾父亲。早晨当她看得见路时，她便离开我们的营地。她肯定和我们一起过了一夜，因为我在她的怀抱中入睡，而且当我醒来时，她仍然抱着我。那就像是新的一天，因为我们有时间谈许多我们所爱谈的话。她向我们隐藏死亡的恐怖，只是说贝西姨妈和我们的两个小表弟都上天堂了。她说刘易斯先走，紧接着是他的母亲。而就在我们3个小孩被带走的那天，她将小塞米从他病恹恹的母亲身边抱到我们那里，为了让他在暴风雪来袭时能暖和点，她让他躺在父亲身边，他一直跟他们在一起，直到前天。

我问她塞米是否曾哭着要面包。她回答："不，他并不饿，因为我存了两小块救难队带来的饼干。每天，我将一小片饼干泡在水里，然后他想吃多少，就喂他多少，现在还剩了半块饼干。"

对我来说，那半块饼干是很大的一块了！我在想她为何没有带一点给我们。当她和墨非太太谈话时，我仍然满脑子都是这半块饼干。我甚至可以看到那半块饼干边缘凹凸不平的样子，我知道如果我能得到一片，我会先啃掉那些粗糙的边缘。我等得越久，就越想得到它。最后，我悄悄伸出胳膊，抱住母亲的脖子，将她的脸拉近我的脸，悄声地问：

"你打算怎样处理那半块饼干呢？"

"我要把它留给你生病的父亲。"母亲回答。她将我拉近，用她的脸颊轻轻地贴着我的脸，安慰我。我紧紧地抱着母亲，手指在她的发间划过。

以此纪念雷蒙·沃伦

——桃乐西·坎菲尔德·菲希尔

这是一个关于一个人一生的奋斗故事，因为它表现出了同情心、责任感、辛勤工作以及其他许多的美德而显得高尚。它告诉我们这样一个道理：当我们帮助别人坚持下去的同时，我们自己也获得了坚持下去的力量和勇气，找到了坚持下去的目标。佛蒙特州的作家，桃乐西·坎菲尔德·菲希尔(1879～1958)，当她还是个孩子的时候，她就认识了这个故事里的主人公，一位在新英格兰出生的贫穷的农夫。有一天，她认识到他其实是个高尚的人。

他的人生从一开始就被人轻视。当他还是个皮肤白白的、瘦小的大头宝宝时，他的母亲就一边洗去他瘦小胳膊上的肥皂泡，一边向旁边的邻居抱怨他的存在："那窝囊废雷蒙·沃伦，死的时候啥都没留下，居然给我留下了这个孩子。"

"窝囊废"这句话在我们村子里就是无能、不切实际的意思，尤其是指被人瞧不起的人。

后来，当他渐渐长大，相貌逐渐和老雷蒙·沃伦相似时，他那位母亲对他的厌恶也日益增长。因为她认为自己的婚姻就是她犯的一个最大的错误。"看看这个孩子吧，"她朝任何一位愿意听她唠叨的人叫喊，"浑身上下到处都是沃伦的翻版。周围还有其他人会像他一样看上去就是个天生的傻瓜吗？闭嘴，雷蒙，看在上帝的份儿上！这样至少不会吓着别人。"

这个时候雷蒙总是傻傻地，带着些歉意咧嘴一笑，作为母亲对自己非议的回应。他把脑袋偏到一旁，手掌焦虑地一张一合，好像在抓着什么。

沃伦一家住在一所摇摇欲坠的只有两个房间的房屋里。路对面就是校舍，沃伦太太尖锐刺耳的叫喊声直接就钻入耳内。雷蒙在学校的生活就在母亲的叫骂声里渡过。这位相貌丑陋，身材高大，穿着别人丢弃的、不合身的衣服的男孩，如果想要和别的孩子一起玩耍，他只有去扮演游戏里最辛苦、最无趣的部分。在教室里，情况一样的糟。他唧唧咕咕爱说话，可是说话的时候总是断断续续、含混不清。所以他不但在课堂里书背不好，学校的各种娱乐活动也没他的份儿。他所做的就是把柴劈好，再抱进房间，打扫干净地板，把火生好，然后就咧着嘴傻笑，带着羡慕的表情聆听别的同学朗诵诗歌或唱歌。

他在学习方面不仅仅没有天赋，实际上他甚至连课文也读不顺畅。部分原因可能由于他母亲的贫穷，他所看过的书都是学校提供的旧的教科书，学校的书当然不会被允许他带回家看。但是他不擅长学习并不意味着他一无是处。与同龄人相比，他长得相当强壮，主要是因为他常常为母亲劈柴，挑水洗衣服，同时他还是游泳好手，是那些在学校附近的冰冷急促的山间溪流里游泳的人中最棒的一个。而这带来的主要后果就是一到夏天，他就被迫去教每一个小男孩游泳和潜水。他们对他颐指气使，正如所有人对他那样。

没有什么别的东西比他母亲称之为"雷蒙的憨厚"更让她狂怒了。"难道你还不明白吗？"她常常愤怒地告诫他，"在这个世界上如果你自己都不为自己着想，你根本别去指望其他任何人会这样做。"

母亲对他的道德指导是雷蒙唯一能获得的教益，因为在他14岁之前他没有一件足够体面的衣服，所以也没法去教堂。而过了14岁，他就要有别的事做了。14岁是我们称之的"过了受教育的年纪"。这是沃伦太太长久以来所期盼的。从此，漫长的，只有付出没有收益的强制教育阶段结束了，雷蒙可以去挣钱，能获得稳定的收入，而她就可以舒舒服服坐在家里，体面地生活了。

事情的发展往往出乎人的意料。在她儿子14岁生日快到的时候，她因为中风而瘫痪了。这是第一件她无法将其归咎于自己婚姻的不幸事件，因此她怨恨命运对她的不公。看来在接下来的10年里她是无法成为一位令人愉快的人了，雷蒙就这样无声无息地成年了。

他很快被叫到农场去帮工了，因为他力大无比，且对雇主非常忠诚。虽然农场主发现他干活的时候速度慢得气死人，尤其当涉及到牲口的时候，他会不太服从命令。他不像现今我们所雇的帮工，他对马儿非常好。但是他总是学不会如何驱使牲口干活。他常常干这样的傻事，在马车载着沉重的货物上一座陡峭的山坡时，他会放下鞭子，跳下车，用自己强壮的肩膀去帮马推车轮。如果这样做不起作用，他就会卸下部分木头，分两次运上去。你该明白他干活速度缓慢的原因了吧。在终点等候的忙碌而缺乏耐心的农场主和锯木匠的愤怒可想而知了，他们已经说尽了斥责他的话。对于雷蒙，他们的结论是："上帝创造的最笨的人。"

他对牛啊羊啊更加关怀备至。"跟养自己孩子似的"，一次，他的母亲看到他照顾一头生病了的母羊时，这样讽刺地说到。就是这一点，与其他人相比，他在牲口的养殖方面取得了相当的成就。这其实是他以后所拥有的物质财富的基础。一位手头紧的农场主给了他几头母羊和一头公羊作为他一年工作的报酬。他为另一位农场主干活以获得租用一片牧场的租金。正如大家所认为的，第一年下来谁都说他运气太好了。那年春天，几对小羊羔出生了并且都活了下来。因为在小羊羔刚出生的那段时间，雷蒙常常半夜起来，到牧场去看它们是否一切安好。

我记得当我还是一个小女孩时，在一个春天的夜晚，我们从村庄举行的晚宴回家。在路上，看见远远的山边有灯笼的火光在一闪一闪的。家里的一位大人说："雷蒙·沃伦又出门去照料他的羊群了。"在后来，当我们快要到家的时候，我们看见在我们前方的道路上有一盏灯，我们停下了马车，这是乡间相互打招呼的一种方式。从裹着我的披肩向外望去，有一个高大的身影弯着腰，有什么东西在他的大衣下面。灯光照亮他那饱经风霜的脸庞，还有他低头看怀里的白色的小脑袋时眼里温柔的表情。

"你是个笨蛋，雷蒙，"我的叔叔嘲笑他说，"小羊出生的第一天你就把它带走，母羊会不认自己的孩子的。"

"我——我知道，"雷蒙跟往常一样结结巴巴地回答，"但是山上太冷了！小家伙会受不了的。我会把它当成自己的宠物抚养长大。"

这件事情使我模模糊糊地想起了我以前书上读到过的文章，并且它就这样留在了我的

第七章 毅力

记忆里。

　　当我们继续驾车前行时，大家在笑谈老沃伦太太对于带到家里的宠物将会有什么样的反应。既然家里的一切家务活都是雷蒙包下了，小羊当然不会为她带来更多的麻烦。因为双腿瘫痪而坐在椅子上动弹不得，沃伦太太所能做的事情就是对周围的一切挑三拣四，到处抱怨，直到雷蒙回家，为她做好晚饭，抱她上床睡觉。

　　尽管现在的光景比以前要好多了，她还是觉得这个世界是一团糟。雷蒙的羊群不断地繁衍壮大。有好些年村里都没有人养羊，因为那些凶猛的狗群威胁羊群的安全。雷蒙所有的邻居都告诉他说，在某个愉快的早晨，他起来后会发现羊群里的羊都被咬破喉咙，撕成一块一块的。他们还特别指出，那条大型牧羊犬看到羊就会发狂。听到这些话，雷蒙阴沉的脸上显现出焦虑的神色，挤出了一道道奇异的皱纹。他害怕有这样的事发生，于是更加频繁地去山上的牧场照料自己的羊群。

　　一天清晨，天刚刚亮，雷蒙脸色苍白，惴惴不安地来到了那头牧羊犬主人的家里。一家人被他的敲门声吵醒后，从他比平时更加前言不搭后语的描述中揣测出他的意思。原来他为自己杀死了他们的狗而请求原谅。"我看见狗咬着两头母羊的喉咙，而过几天它们就要产仔了。我猜——我一定是疯了。它们是我特别喜欢的，我亲自把它们带大的。你知道，它们全身是血。"

　　那家人在微明的光线里凝视着他，对这个幽灵般的高大身影感到了一些恐惧。"你如何能杀死像杰克那么大的一条狗啊？"他们疑惑地问道。

　　作为一种回答，他伸出了他的双手，胳膊上缠满了带血的绷带，一直到了肘部。"我听见它在攻击另一头羊，于是我就杀了它。"

　　这时候其中的一个孩子喊道："但是我昨晚把杰克关在它的木屋了啊！"

　　有人飞快地跑到木屋那里打开了门，那只牧羊犬一下蹦了出来。雷蒙如释重负地舒了口气。"我太高兴了，"他结结巴巴地说，"这事发生后我感到糟糕透了。我了解，你们年轻人喜欢杰克。"

　　"那你杀死的是什么狗呢？"那家人问。

　　几个男人跟着他上了山，发现了撕成一块块的、散落四处的鲜血模糊的一头灰狼的尸体，就好像被某个巨大的天敌给消灭了。这头狼一定是随着鹿群从加拿大的森林一直流浪到了我们这里。

　　即使那些硬心肠的农夫看到这血腥残忍的一幕，也不由自主地从走路摇摇晃晃的雷蒙身边退却了，生平第一次从心底涌上了对他的尊敬之意。这件事同时也使他获得了乡亲们的钦佩。而雷蒙在之后谈起这件事时，却带着后怕和羞愧的口吻。

　　当然，不是所有他做的事都能获得人们的敬佩，比如他的婚姻。自始至终大家都认为这是他头脑发昏时办的一件愚事。我们这里的说法是村里一位在旅店工作的女孩有了麻烦，她未婚先孕了。她原先是我们这个地方的人，在本地上学。每个人都认识她，都在谈论这件丑闻。老沃伦太太就是议论最多的人："洛蒂是个笨蛋，怎么能放那个鼓手走呢？如果她用些手段的话，事情就不会这样了。"

　　一天夜晚，雷蒙最后一次动身去放羊的牧场时，听到了有人在河边哭泣。于是他停下来再听，却没有声音了。他连手里的提灯都来不及放下，"扑通"一声就从桥上跳下去救人。他对那里的情况很熟悉，一把抓住了在水里挣扎、喘不过气就要沉没的可怜的姑娘。雷蒙把姑娘带回了家，拿了母亲的衣服给她换上。然后他让这个吓坏了的、悔恨不已的孩子烤着火炉取暖，自己出门去了牧师的家，把他沿着崎岖的乡间小路给拽了过去。

　　当沃伦太太第二天早晨醒过来时，发现雷蒙没有像往常一样对她急切的召唤立即做出反应。相反，一位双眼通红、穿着她的睡衣的女子走了过来，畏畏缩缩地回答："雷蒙昨晚睡在谷仓，他把自己的床让给我了。不过他马上就会过来。我看见他在奶牛那里忙乎。"

沃伦太太盯着她，好像预见到了将要发生的不能挽回的罪恶。"你在这里干什么？"她质问道。她的声音听上去麻木且缺乏感情。

女孩低下了头："昨晚雷蒙和我结婚了。"

于是沃伦太太爆发了。

当雷蒙进来的时候，见到的是两个女人激烈争吵的画面，而同样的一幕自此以后不断地在这所房子里上演。

"……居然让他接受你这样的骚货！"他的母亲愤怒地喊道。

他的妻子带着一种让人无法忍受的不屑回答道："好啊，可是我敢保证，除了这样，你休想他还会找到别人当他的媳妇。除了我这样别无选择的女人，不会有人愿意嫁给像雷蒙·沃伦这样的傻瓜。"

这个时候，新郎出现在了门口，两个女人马上将注意力转向了他。

当孩子出生后，洛蒂病得非常严重。雷蒙一个人一天又一天地照顾着瘫痪的母亲、卧床不起的妻子和刚出生的孩子。这时候正好是产羔的时节，尽管他尽可能地挤出一点时间去照看母羊，他的羊群还是因为疏于照料而损失严重。他去杂货店买东西也是赊帐的，因为他没法工作，挣不到什么钱。当然，周围的街坊都尽力帮助这家人。不过清晨去照料那个性情古怪的老女人不是什么让人兴奋的事，而洛蒂病得太严重，除了雷蒙没人能应付。在他最艰难的时候，我们每家人轮流照看婴儿，使他能腾出手来不用管孩子。但是当洛蒂好些了的时候，收割干草的季节到了，每个人都忙得自顾不暇，于是孩子又被送回给了雷蒙。

洛蒂就这样病恹恹地拖了大约一年，然后就死了。临终前的那个晚上，雷蒙握着她的手。当时在场的邻居说，她试图想对他说点什么，但是她喘不过气，说不出话来。她能做的就是躺着，盯着雷蒙看，那双眼睛似乎像是从坟墓的那一端看过来的。

他那时已是债务缠身，还有一个一岁大的不是亲生的孩子。但是他还是为洛蒂举行了一个体面的葬礼，竖立的墓碑上写着："夏洛蒂，雷蒙·沃伦的爱妻"。她只活了18岁。我记得此后雷蒙常常带着那个小女孩去看她，放鲜花在她的墓前。

然后他又像以前一样去干活了。虽然才30岁，但他浅褐色的头发已经花白了。医生说这是他那一年照看病人过度劳累造成的。实际上，在那一段日子里，没人知道他何时才休息。每天，别人醒着的时候，他也醒着。深夜里，别人睡下了，透过窗户，我们看到他的灯依然亮着，知道他在给洛蒂擦背，或是给小苏西喂奶。

当然，现在一切都过去了。苏西是个强壮、健康的孩子。她能在养父床边的婴儿床里呼呼睡上一整夜。白天，她就跟在养父屁股后面，雷蒙去哪儿，她就去哪儿。当他要出门干活的时候，雷蒙总是用一块马毯将她裹起来，放到谷仓的干草堆上，让她小睡一会儿。

当他去山上的牧场时，他用自己发明的一种吊索将苏西背在身上，带她一起去。因为老沃伦太太讨厌这个漂亮的、整天带着笑容的孩子，所以雷蒙不愿将她一个人留在家里。但是有一次，当他在家里听到他母亲又开始抱怨苏西的生母时，生平第一次出言顶撞了她，命令她闭嘴！他的语气如此陌生，带着一种她从未料到的威严，这让她很吃惊。

苏西最初非常喜爱自己的继父，但是当她长大去学校上学，和别的孩子接触后，听到了他们对雷蒙的讥讽和嘲笑。孩童时期简单的、虚荣的自尊使她为自己对他的感情感到羞耻，为他笨拙的步态感到丢脸，还有他那总是下垂张开的嘴，他的口吃，无知的言语，这一切其他孩子都模仿着取乐。虽然他的羊渐渐增多，现在也拥有了牧场，修缮了老房子，甚至还扩建了一间房，但是他一点都不舍得打扮自己。钱全花在了苏西身上，给她买漂亮的衣服、好吃的食物、书籍和图片，带她去马戏团和乡村集市。苏西对这些都明白，并且因此也偷偷地爱着他，但是12岁这个年纪所有的、无法忍受的、敏感的虚荣使她不愿意

和雷蒙一起出现在公众的视线。

当雷蒙感觉到了这一点后，他不再和苏西一起参加学校的野餐和周日的聚会，以往在那样的场合，他是被人使唤、最得力的帮手。现在他只是用他粗糙的大手给苏西穿上她最好的衣服，然后从窗户望着她和一群别的小孩一起离开。他的母亲曾非常恶毒地预言，他这么溺爱这个私生的丫头不会给他带来好结果。苏西15岁的时候，出落成了一位光彩照人、美丽任性的姑娘，有很多纨绔子弟常常找上门来。家里的那位老太太公然得意地在一旁看着雷蒙的焦虑无助。

虽然他现在还不到45岁，但头发基本已经全白了，腰也驼得厉害，所以他走路的时候看上去就像个上了年纪的老人。他拥有一个小小的农场，他羊群的数量是县城里最多的。所以尽管苏西不是他亲生的，她一直指望有个体面的婚礼。

那个时候，法兰克·格瑞得利的大儿子埃迪从商科学院毕业回到家里。穿着漂亮的衣服，带着大城市流行的时髦帽子，脚上是擦得锃亮的棕褐色的皮鞋。整天四处闲逛，和女孩搭讪。起先，他和苏西就像两滴水珠，好的难舍难分。我的一位堂兄布罗森·伯金斯是个个子高高的、安静的、爱思考的小伙子。他喜欢苏西很长时间了，但他一点都没有表现出来。一天晚上，苏西和一群朋友去参加乡村集会，到了晚上10点还没回家。雷蒙就坐在门廊，看着钟在那里焦急地等候。当他听到苏西离去时坐的那辆马车，载着欢笑驶来的声音时，长长地舒了口气；但是马车在他门口并没有停下来。

雷蒙赶紧跟在马车后高声地叫喊。车上的人告诉他说："埃迪·格瑞得利和她去饭店吃晚餐了，他说晚些时候他送她回来。"

雷蒙直接去了马厩，牵出两匹他犁田用的马，骑上跑得较快的那匹就冲了出去。8英里的距离再加翻越一座山他就用了45分钟。当他走进饭店，服务生说他要找的两个人在一个包间里吃饭。雷蒙找到那间房间，用他的肩膀撞开门闯了进去。苏西一看到他，从狼藉不堪的餐桌旁飞快地跑了过来，像个吓坏了的孩子，绝望地抓住他，哭着说埃迪把她吓坏了。

"现在一切都好了，苏西，"他柔声地安慰道，看都不看旁边的那个男人一眼。"爸爸来带你回家。"

埃迪感到自己的尊严受到伤害。他强烈地抗议并且宣布他准备好了要娶苏西——"如果你同意，现在，就这个时候。"

雷蒙用一只胳膊搂着苏西。"我来这里不是要你娶她。我来这里是阻止你这样做。"他一字一句地说到，这一生从来没像现在这样说得这么清楚。"苏西不会嫁给像你这样卑鄙的小人。"当埃迪上前要威胁他时，雷蒙一拳揍在他的嘴上，打得他当场趴在了地上。

接着雷蒙出去，赔了弄坏的锁，赶着那匹由于跑得过猛腿都跛了的马，带着苏西回家了。

第二年的春天，传来了苏西和布罗森·伯金斯订婚的消息。但是大家都说他们不可能结婚，干嘛要订婚。布罗森的父亲伯金斯先生患有癫狂症，但还没到送去精神病院的地步。必须整天得有人看着他，否则他就会弄伤自己。我记得他曾经用过一个恐怖的方式——点着火柴去烧自己裸露在外的胳膊，直到皮肤烧焦的味道被房子里的人闻到，慌忙过来制止了他。显然一位年轻的新娘是不会去这样的家庭的。他们必须等上好多年，直到伯金斯先生去世。可是苏西不是能忍耐这么长时间的人。

事实上，当苏西准备好了一切嫁妆后，他们那年秋天就结婚了。雷蒙把老伯金斯接了过来，让他住在苏西空出来的房间。对于这样做的原因，他只是简单地说："照顾两个老人和照顾一个老人多不了太多麻烦。"

沃伦太太对此的评价永远留在了我们这些人快乐的记忆里。我们很喜欢听她那种独特、有说服力的讲话。

从那时起我们总能看见那个疯疯的伯金斯和驼背的雷蒙形影不离。在雷蒙的精心照料

下，与前些年相比，伯金斯变得安静多了。如果他感到精神病有发作的可能时，他会蹒跚着跑去抓住他的保护者的胳膊，浑身晃动抽搐，直到最后恢复神智。白天有些时候雷蒙经常带着他到山上的牧场去。他本来喜欢自己一人待在那里。也许按照他的说法，"两个人一起去，也许会对'大叔'的病有好处。"雷蒙经常骄傲地对人说，老人能够和别人一样清醒地说话了。确实，当6年后伯金斯去世时，我们几乎已经忘记他是一个精神有毛病的人。他和自己的孙子们一起度过了许多快乐的时光。

苏西和布罗森生了两个男孩，他们都健康活泼。雷蒙羞涩地以此为最令他骄傲的事。他喜欢带着孩子们到树林去玩，对他们的聪慧和强壮的小身体欢呼雀跃。苏西渐渐习惯了让雷蒙照料两个孩子。

雷蒙最先对小弗兰克从地窖楼梯上摔下去的那一跤产生了警觉。不知怎么的他伤到了脊椎，当地的医生说不清是怎么造成的。因为这次受伤只是让他走路有点瘸，起初大家都没当回事。直到他变得路都没法走了，大家才意识到问题的严重性。雷蒙派人去拉特兰郡请了那里的一个医生。当他仔细地为孩子做了检查后，他说出了病因，一串太长的我们以前闻所未闻的医学术语。他说如果不尽快治疗，弗兰克就会终身残疾。他还说一位来自欧洲的名医现在正在美国巡回为病人治病，他对这种病有一种有效的新疗法，但是在这种情况下——他环顾四周，看到的是简朴的农舍——他想还是不要考虑了。

"那位外国医生看病的费用是多少？"布罗森询问。在得知了这个医生做这类手术的一般收费标准后，他绝望地一屁股坐到地上。苏西那漂亮、孩子气的脸也瞬间变得苍白。她抱着自己生病的孩子，求助地望着自己的继父。他从来没有让她失望过。

这次他也不会让她失望。他卖掉了自己一亩亩积攒下来的上地，还有他的羊群，里面的每头羊他都叫得出名字。他不顾自己已卧床不起的母亲的抗议，将房屋抵押。他卖掉了奶牛和马，还有苏西房间里的家具，在那里，孩子们的祖父度过了平静的晚年时光，然后过世。小弗兰克被带到了纽约的医院，接受了一场大手术。他现在还没出院，不过基本上完全康复了，马上就能回家。

现在，雷蒙的生活又一次全部从新来过，像以前一样谦卑地被邻居雇佣，只是要保证有足够的自由时间去照顾他的母亲。3个星期前，她最后一次中风，不能说话，躺了几天后就去世了。直到最后，她的眼里还流露出对这个世界的不满。

在沃伦太太的葬礼后的第二天，雷蒙没有像往常一样来做工。我们去他家里，惊愕地发现他没有起床。

"你病了吗，雷蒙？"我叔叔问。

他从被褥里抬起头，带着歉意傻傻地笑了一下。"我猜是人懒了吧。"他闭上眼睛，喃喃自语。

医生也被这个不正常的病例弄糊涂了。"我找不出是哪里有问题，"他说，"唯一的解释是就像车轮没能正常地运转，非要起个名的话，就是心脏功能衰竭吧。"

这个车轮运转得越来越慢，直到最后我们所有人都意识到不久它就会停下来了。苏西和布罗森还在纽约陪着弗兰克，所以在雷蒙生命最后的日子里，照顾他的事就全依赖于邻居们偶尔的帮助。他已经失去神智了，但从来没有变得狂躁。他整晚都直直地躺着，用他明亮的、空洞的双眼盯着天花板，回想着自己这一生：赶牛群，运送原木，在干硬的地里耕种，锄地，照顾他的羊群，教倔强的羊羔喝水，他给羊起了各种离奇有趣的名字，就像一位母亲对自己的孩子一样。他在牧场待过的时光，回来后向我们描述夜空的星星有多么的明亮。有些时候，当他感到痛苦时，会产生错觉，好像他带着苏西和孩子们迷失在树林里了。

他去世的那晚轮到我照顾他。我们想他熬不了多久了，因为他整天躺在那里一动不动。我们希望这次他从昏迷中苏醒时能恢复意识。近午夜时分，他又开始说话了。刚开始我弄不清他是不是还在昏迷。"抓紧了，抓紧了，大叔。"我听到他喃喃地低语。

第七章 毅 力

他突然惊起，试图坐起来，吓了我一大跳，勺子掉在盘子里发出响声。"是的，妈妈，我来了。" 他嘶哑地喊道，然后用眼睛看着我。"我刚才一定忘记我母亲已经去世了。" 他有点不好意思地道歉。

我赶紧利用他清醒的这一刻，让他服下医生留下的药。"把它吞下去。"我说道，一边把水递到他嘴边。

"这是干什么用的？"他问。

"是强心药。"我解释说，"医生说如果你能熬过这个晚上，你就会好起来。"

他的脸由于焦虑挤出了一条条奇怪的皱纹。"小弗兰克病情变糟糕了？"

"哦，别担心，他很好。"

"苏西好吗？"

"为什么这么问？她当然很好。"我疑惑地回答。

"她的另一个孩子也没什么事吧？"

"当然了，没事，没事，"我告诉他，"大家都很好。来，把药吃了。"

他把头转到一边，低声说着一些我听不清的话。当我问他说些什么时，这次他用一种与他一贯可笑的方式不同的样子，无力地微笑着。"我非常感激你，"他说，"但是如果大家都很好，我想我就不需要吃这些药了。"他认真地看着我，"我——我真的很累了。"

他深深地舒了一口气——显然是最后一口气，因为此后他就再也不动了。他难看的、嘴唇松弛的脸庞一下变得很安详。这样的表情使我想起了小时候所看到的那一幕：在灯光下，他怜爱地看着怀里刚出生的小羊羔。

意 志

——埃拉·惠勒　威尔科克斯

没有什么运气、天意或命运
能阻止或操纵一个坚定灵魂的决心。
天赋微不足道，只有意志伟大。
任何事物在它面前都会退却。
没有什么能阻挡河流寻找大海的力量，
也没有什么能让升起的太阳停歇。

每一个高贵的灵魂必然会赢得它应得的一切。
让那些傻瓜念叨着好运吧，
命运是他们执著不放的指望，
不努力，只能成为梦想的奴仆。
面对这样的意志，
即使是死神来临，
也会为它静静等候。

我拒绝接受人类的终结

——威廉·福克纳

1950 年 12 月 10 日，威廉·福克纳在瑞典斯德哥尔摩为他颁发诺贝尔文学奖的晚宴上发表了这篇简短但精彩的演说。这个演说首先是告诫年轻的作家，提醒他们：艺术创造是一种责任，忘记这种责任会使作品变得平庸。但是同时，他的话也是对每一个读者说的。他提醒我们：我们在学校所学的东西，以及我们在珍贵的余暇所阅读的东西，是非常重要的。那些我们不能错过的伟大的文学作品探讨了"人类心灵自我冲突"的问题。这些作品提醒我们，使我们看到我们拥有的美德，以及我们可以获得的高贵品质，这一切也会帮助我们获得成功。

　　我认为这个奖不是授予我个人，而是授予给我的工作——使我毕生处于人类心灵的痛苦和焦虑的工作。它不是为了名，更不是为了利，而是为了从人类心灵的素材中创造出的先前不曾存在过的东西。因此，我只是受托来接受这个荣誉。要把这笔奖金贡献给符合诺贝尔奖最初用意的事情上并不困难，我也会这样去做。但与此同时，我还要利用这个机会，向那些愿意聆听我的年轻男女作家说几句话，他们已经投入这项痛苦和艰辛的工作中。在这些人之中会有人在某一天，站在我现在所站的位置上，接受同样的奖项。

　　我们今日的悲剧在于一种广泛的恐惧，但时间一长，我们对这种恐惧也就习以为常。我们不再忧心精神上的问题，心里只是想着：我何时会毁灭？对于这一点，今日的年轻男女作家已经忘记，只有描写人类内心的自我冲突，才能创作出好的作品。因为这是惟一值得写的东西，能够回报你的痛苦和汗水。

　　所以每位年轻作家必须再度了解，世界上最懦弱的事就是害怕。他必须告诫自己，应该忘记恐惧，而把所有的注意力都放在属于人类情感的真理上，如爱、荣誉、同情、怜悯和牺牲精神。缺乏这些，任何作品都是短暂的、无法流传久远，而且会遭到人类责骂，因为他描写的不是爱，而是欲，所谓的挫败中也没有人失去任何有价值的东西，所谓的胜利并不包含任何的希望，更糟糕的是它缺乏怜悯和同情。它所描写的痛苦只是为不值得的事情悲伤哭泣，在读者心里留不下任何痕迹。他写的一切并非发自内心。

　　他要能先认清这样的道理，才能和人类一起，观看着他们的终结般地写作。我是不认为人类会灭亡的，因为仅仅看人类对所有危险和困苦的忍耐力，单凭这点我们即可说人类是不朽的。即使是在厄运让最后一块礁石也消失在最后一个血红、消亡的夜晚，人类微弱的、无穷无尽的声音依然会存在。

　　我拒绝接受人类的终结，我相信人类不只会忍受：他们会胜利，他们会永生。不光是因为在万物中只有人类拥有无穷无尽的声音，而是因为他具有灵魂、有同情心、有牺牲及忍耐的精神，而诗人和作家的责任就在于描写这些东西，他们有权利帮助人类升华精神领域，提醒人们过去曾有过的光荣，如勇气、荣誉、希望、自尊、同情及牺牲精神，诗人的声音不应该仅仅是人类行为的记录，它还能成为帮助人类生存及胜利的支柱。

第八章

诚 实

　　做一个诚实的人就意味着要做到真实、守信、诚恳和可靠，而一味地伪装、伪造、作假和虚构都是不诚实的行为。诚实表现了对自己和他人的尊重。不诚实则既不尊重自己也不尊重别人。诚实可以让你的一生开朗、坦率、值得信赖。诚实代表的是一种生活在阳光下的倾向。不诚实者则要不可避免地躲避、掩藏或隐匿。这是一种处于黑暗中的生活倾向。

　　为什么有人不诚实？爱尔兰讽刺作家乔纳森·斯威夫特在《格列佛游记》中"游历慧骃国"（慧骃是统治慧骃国的具有智能的马）一段里向读者深刻阐述了这个问题。慧骃马是一种理性的动物，他们认为不诚实的行为是难以理解的。有匹马向格列佛解释说："言语的作用是促进我们互相理解，帮助我们了解事情真相的。现在如果任何人把没有的事情说成有，言语的那些作用就不存在了。"

　　不诚实行为在一个崇尚真实并且是完全理性的物种所居住的世界里是没有任何立足之地的。然而，正如斯威夫特欣然指出的那样，人类并非完全理性。和慧骃马不一样，人类拥有的是一种完全不同的趋势，并且自发地向背离理性的方向发展。人类需要长时间的磨练和学习才能成为正直和善良的人。在他们达到这个境界以前，他们会做出各种各样的并自认为应该被掩饰的事情。说谎是掩饰的便捷工具，如果经常使用，就会转化成恶习。

　　诚实具有深刻的重要性。荷马史诗《伊里亚特》中愤怒的阿基里斯呼喊道："我痛恨那个口是心非的人，他就如同死亡之门。"如果人与人之间缺乏诚意，需要同心协力才能完成的各项社会活动和事业就会受到阻碍。

　　这里的诚实不仅仅指说实话，而且是指"一分耕耘，一分收获"的真诚工作。这是《圣经》中先知耶利米所追求的诚实。"在耶路撒冷的街道上来回穿行，环顾四周，你能搜寻到广场上处事公正追求真理的人么？"这是愤世嫉俗的希腊哲学家戴奥真尼斯后来在雅典和伯罗奔尼撒半岛北岸的克林斯湾找寻的那种诚实。他的形象被证明是经久不衰的。17世纪一本小册子上这样写着："阳光照耀下，我依然举着蜡烛，打着灯笼，寻找诚实的人。但是一个也找不到。"而说谎鼻子就变长的匹诺曹的形象诞生不到一百年历史，却也能够欣然地在不朽的流行故事中占领一席之位。

　　怎样才是培养诚实的最佳方式？如同大多数美德一样，诚实是在和他人和谐相处中发

展锻炼出来的。锻炼得越多，性情培养得越稳固。有一个简洁的回答可以概括成四个字：认真对待。你要认同这样一个事实，就是诚实是人类真正的交流交际，是结识朋友的基本条件。但是你要确保认真对待诚实本身，而不是把诚实看做是某种最佳策略。

德国哲学家伊曼努尔·康德智慧地指出："诚实胜过所有策略。"这究竟是因为要认真对待自己，还是为了不被人逮住，两个不同的目的体现了道德标准上的差别。父母亲经常恐吓孩子说："不要让我再发现你那样做了！"的确是这样，但是一个好的、诚实的生活更为重要。道德的发展不是"捉迷藏"的游戏。道德应该关注真正有意义的东西，那就是人品。

～ 从不说谎的男孩 ～

诚实的心灵总是能得到友情的灌溉。

曾经有个小男孩，
头发卷曲，眼睛可爱。
男孩总是说实话，
从来不曾说谎。

当他跑进学校，
周围所有的孩子就会呼喊，
"卷发的男孩来了，
这个男孩从来不会说谎！"

每个人都如此爱他，
因为他从来只说实话。
在他成长的过程中，
每天都有人说：
"这是个从来不曾说谎的年轻人。"

当旁边的人转过身来
问他为什么受人喜爱，
人们总是这样回答：
"因为他从来不曾说谎。"

"狼来了"的故事

——伊索

由于某种因素，这可能是伊索最著名的寓言。要丧失我们所说的好品德，最快的方式就是丢弃诚实。

从前有个放羊娃在离村庄不远的地方放羊。有一次，他突然想和村里的人开个玩笑，给他们制造点麻烦，他可以从中取乐。所以，他就向村庄的方向跑，并用尽全身的力气大声呼喊："狼来了，狼来了，救命啊！狼就在羊群里！"

善良的村民丢下手里的活，立即跑过来帮忙。但当他们赶到这里时，小男孩看着他们狼狈的样子开始大笑，周围根本就没有狼的影子。

又一天，这个放羊娃要了同样的把戏。村民们再次跑来帮忙，又遭到了男孩的嘲笑。

结果有一天，狼真的来了。它进入了羊圈，开始吃小羊了。这次小男孩可吓坏了，他跑出去呼救。他大声喊着："狼来了，狼来了，羊圈里有只狼！救命啊！"

村民们尽管听到了他的求救声，但是他们都认为这又是放羊娃的鬼把戏，没有人把他的呼救放在心上，也没有人再去救他。于是，放养娃所有的羊都被狼吃掉了。

这就是发生在说谎人身上的教训：即使有一天他们说了真话，也没有人愿意再相信他了。

诚实的樵夫

——根据《艾米莉·布尔松故事集》改写

这个故事改编自拉·封丹(1621～1695)的一首诗歌。他和伊索一样，都是讲述寓言的大师。

从前，有一片寂静的绿色森林。森林边上就是一条河，闪着浪花，一刻不停地奔流向前。河边住着一个穷苦的樵夫，他靠辛苦的工作来维持家人的生活。每天，他都会扛着结实锋利的斧子到森林里砍柴。一路上他都吹着愉快的口哨，因为他知道，只要他拥有健康和斧头，他就能赚到足够的钱养活家人。

一天，他在河边砍一棵大橡树。每一斧子下去都会木屑飞溅，并发出清脆的声音，在森林里久久回荡，你会以为是几十个樵夫同时在砍柴。

渐渐的，樵夫觉得该休息一会儿了。他就把斧子斜搁在树边，转过身来坐下。可是他突然绊在坑洼不平的老树根上，摔倒了。没等他来得及抓住，斧子已经滑落下去，掉进了水里。

可怜的樵夫盯着流淌的河水，想要看看河底的情况。但是河水太深了。湍急的河流依然欢快地流淌，带走了樵夫宝贵的斧头。

樵夫伤心地说："我该怎么办啊？我丢了斧子。我现在靠什么去养活我的孩子啊？"

话音刚落，河面上升起了一位漂亮的仙女。她是这条河里的女神，听到樵夫伤心的话

语便升到水面上来了。

她和善地问："你有什么伤心事啊？"樵夫一五一十地讲述了自己的遭遇。仙女立即沉下水面。片刻之后，当她再次出现时，她手里拿着一把银质的斧头。

"是你掉的斧头吗？"仙女问。

樵夫一下子就想到用这把精美的银质斧子能给孩子换回多少好东西了。但是这把斧子不是他的，所以他摇着头回答："我的斧子是铁做的。"

仙女把银斧头留在岸边，又潜入水下。一会儿，她站在水面上，给樵夫看了另一把斧头。她问："这把是你的斧头吗？"

樵夫看了一眼，回答说："不是的。这是一把金斧头，比我的那把不知道贵重多少倍。"

仙女把金斧头也留在岸上，再一次潜入水中。当她出现时，手里拿着正是樵夫丢失的那把斧头。

"这就是我的那把。"樵夫脱口而出，"这才是我的斧头啊！"

仙女说："这是你掉的斧头，另外那两把现在也是你的了。你说了实话，所以那两把是河水送给你的礼物。"

那天傍晚，樵夫扛着三把斧头回家了。一想到它们能给家人们换来多少好东西，樵夫就高兴得吹起了欢快的口哨。

有人看到你了

这个民间故事提醒我们，不诚实的行为是隐瞒不了的。

从前，有个人打算溜进邻居家的地里偷些小麦。他心里想：如果我每片地里都拿一点，那就没有人会注意到。但是累计起来，对于我来讲也是很大一堆了。于是他就等待天黑。当厚厚的云层遮住了月亮的光辉，他就溜出了家门，还带上了他的小女儿。

他小声交待女儿说："孩子，你必须站在这里帮我看着。如果有任何人看见我了，你就叫我。"

他走进第一片地开始偷摘小麦。没多久就听到孩子叫："爸爸，有人看见你了。"他向四周看了一下，没有看到任何人。于是，他收好偷割的麦子，溜进第二片地里。

这时，孩子又叫了起来："爸爸，有人看见你了。"

这个人停下来，环顾四周，还是没有看见任何人。他偷了更多的麦子，来到了第三片地里。

过了一小会儿，他的女儿又在喊："爸爸，有人看见你了。"

这个人再次停手，四下张望，但是根本看不到任何人。因此，他捆好了小麦，溜进最后一块地里。

孩子又喊起来："爸爸，有人看见你了。"

这个人停止收割，看看四周，还是没有任何人。他很生气，责问女儿："你究竟为什么总是说有人看见我啊？我明明一个人都没有看到啊！"

"爸爸，"女儿小声地说，"老天在看着你呢。"

华盛顿和樱桃树的故事

——根据J.伯格·埃森韦恩和玛丽埃塔·斯托卡德的故事改编

小华盛顿砍樱桃树的故事确实是美国最著名的关于讲实话的故事。1806年马森·罗克·韦姆编写的华盛顿传记的第五版中第一次讲述了这个故事。传记标题是：《乔治·华盛顿的生平趣事——个人的光荣，国人的榜样》。这里登载的是20世纪早期的再版。

乔治·华盛顿小时候住在弗吉尼亚州的一个农庄里。他的父亲教会他骑马，还常常带小乔治在农场里转悠，这样他长大后就能知道如何照看好庄稼、马匹和牲口。

老华盛顿种了一片果园，有各种各样上好的果树，像桃树、梨树、李树、苹果树和樱桃树等都有。有一次，他得到了一棵从大洋彼岸寄来的品种非常优良的樱桃树。老华盛顿就把它种在果园的边上。他告诉庄园里的每一个人都要小心照看这棵树，千万不要让它折断或有任何地方受损。

小树长得很好。春天来了，树上覆盖着雪白的花。老华盛顿一想到他很快就能从小树上摘下果实就异常高兴。

就在这时候，小乔治得到了一把新的光闪闪的短柄斧。他带着斧子到处砍砍小棍子，或者砍砍篱笆围栏什么的，凡是经过的地方他都要试一下身手。最后他来到果园边上。心里只想着试试斧子怎样，于是他就握着它挥向了小樱桃树。树皮很软，小乔治轻而易举地就把整棵树砍倒了，然后他就到别处玩去了。

那天晚上，华盛顿先生从庄园里检查归来，把马牵进马厩，然后去果园看樱桃树。看到被砍倒的樱桃树时，他惊呆了。谁敢做这样的事情？他问了每一个人，但是没有人能告诉他这一切。

就在这时，小乔治经过这里。

华盛顿先生用生气的口吻问："乔治，你知道是谁砍倒了我的樱桃树吗？"

这是个很难回答的问题，乔治内心挣扎了一阵儿，但是很快恢复了神志。

他说："我不能说谎，爸爸，是我用斧子砍倒的。"

华盛顿先生看着小乔治。孩子的脸色有点苍白，但是他看父亲的眼神非常坚定。

华盛顿先生严厉地说："孩子，进屋去！"

小乔治走进书房，等着爸爸。他心里又难受，又羞愧。他知道自己的行为非常愚蠢，非常鲁莽，父亲是有理由生气的。

很快，父亲也走了进来说："孩子，你过来。"

小乔治走到父亲身边。华盛顿先生久久地盯着乔治说："孩子，告诉我，你为什么要砍这棵树？"

乔治结结巴巴地说："我只是想玩玩，没想到——"

爸爸继续说："现在这棵树死了，我们永远不可能从上面采到樱桃了，但是更糟糕的是，我嘱咐你要看护好这棵树，你却没有做到。"

小乔治的头垂下来，他的脸颊因为惭愧而变红了。

"爸爸，我非常抱歉。"他说。

这时候华盛顿先生把手放在孩子的肩上，"看着我，"他说，"失去樱桃树我很难过，但是让我高兴的是你勇于告诉我实话。与满园的樱桃树相比，我更愿意看到你诚实、勇敢。孩子，你永远不要忘记我的话。"

乔治·华盛顿一辈子都没有忘记。直到他生命的最后一刻，他还是如当年的那个小男孩一样的勇敢、光荣。

玛蒂尔达因说谎而被烧死

——海莱尔·贝洛克

这里我们会知道一个小女孩的故事，她显然没有把《狼来了》那个寓言里的小男孩的事情当一回事。故事发生在作者海莱尔·贝洛克(1870～1953)的家乡英格兰。

> 玛蒂尔达说了一个可怕的谎言。
> 这个谎言几乎令人紧张得停止呼吸，
> 生气得瞪大双眼。
> 她的姨妈从小时候起，
> 就非常重视诚实，
> 也曾试图要相信玛蒂尔达的话，
> 但是这样做几乎要害死她自己。
> 而且，如果她再不发现
> 玛蒂尔达有说谎的坏习惯，
> 她可能会命丧黄泉。
> 因为有一次，当夜晚来临，
> 玛蒂尔达玩腻了，
> 而且发现她独自在家，
> 于是就蹑手蹑脚去打电话。
> 她叫伦敦勇敢的消防队员
> 立刻来她家救援。
> 一个小时内，英勇的队伍就从四面八方涌入。
> 他们来自布特尼、哈克尼当斯或波乌。
> 他们带着热切的心情和十足的勇气
> 迅速赶来，从镇上呼啸而过：
> "玛蒂尔达家失火了！"
> 他们穿过嘈杂的人群，
> 耳畔响彻的是人们的呼喊。
> 他们把梯子伸进客厅的许多窗户，
> 竭尽全力向挂满油画的房子里喷水。
> 最后玛蒂尔达的姨妈总算说服他们没有必要来这里。
> 不过即使这样她也不得不照样付钱，
> 才能让消防队员离开。
>
> 几个星期之后，
> 玛蒂尔达的姨妈要去剧院看出戏：
> 《第二任谭克瑞太太》。

这部戏剧很有趣，
但是她不愿意带玛蒂尔达去。
目的是为了给说谎者
一个公平而明智的惩处。
那天晚上，她家真的着起火来——
你应该听到玛蒂尔达的呼喊！
你应该听到她的哀号和尖叫！
她推开窗户，向街道上
经过的行人大声地呼救——
（室内的温度迅速升高，
这迫使她想尽快得到人们的信任。）
——但这一切都是徒劳。
每一次她喊："失火了！"
他们便回答："你又说谎了！"
因此，当姨妈回来，
她看到玛蒂尔达和她的家已经被烧得精光。

丽贝卡的悔思

——伊丽莎白·特纳

　　在这首诗中，我们欣慰地看到了一个小姑娘的快乐结局。因为她经过认真思考后坚定地选择了诚实。

昨日，独处客厅的丽贝卡·梅森，
不小心打碎了放在壁炉架上的漂亮的瓷盆。
吓了一跳之后，她想到迅速悄然离开，
就没有人知道她曾经到来。

但是丽贝卡忽然想起
曾经有人教导她逃避就是欺骗，
那一刻她觉醒了，
告诉妈妈她刚才的所作所为，
于是大家都肯定她的行为，
给她宽恕，给她更多赞美。

美德书大全集

匹诺曹的故事

——卡洛·罗恩兹尼

因为卡洛·罗恩兹尼在19世纪意大利经典故事《匹诺曹》中塑造的著名情景，所以变长的鼻子就成为我们立刻识别说谎的标志。在这个故事里，小木偶在长着蓝色头发的仙女姐姐的帮助下，摆脱了坏人给他造成的影响。

三个医生走后，仙女姐姐来到匹诺曹面前，摸摸他的前额，觉察出他有点儿发烧。于是她把一包白色粉末放入一杯水中，然后拿给他，温柔地说：

"把水喝了，过一会儿你就好了。"

匹诺曹盯着杯子看了一下，拉长脸问："甜的还是苦的？"

"苦的，但是对你有好处。"仙女姐姐说。

"如果是苦的，我就不想喝了。"

"听话，把它喝了。"

"可是，我不喜欢苦的东西。"

"喝吧，然后我会给你一块糖吃，就能把嘴里的苦味去掉了。"

"那糖在哪里？"

"喏，就在这儿。"

"不，你先把糖给我，然后我再吃药。"

"那你保证吃吗？"

"是的。"

仙女把糖给了匹诺曹，他很快就把糖吃完了。然后，他舔着嘴唇说："如果药有糖那么好吃就好了，我就愿意天天吃药了。"

这时候，仙女说："你现在该信守承诺，把药吃了吧。药能帮你恢复健康啊。"

匹诺曹拿着杯子，用鼻子闻了一下，然后把杯子放到嘴边，再闻一下，最后说："太苦了，太苦了，我没有办法一口吞下去。"

"可是你还没有喝怎么知道苦得喝不下去呢？"

"哦，我可以想象得出来，我知道这个味道我喝不下去。再给我一块糖，我就把药喝了。"

于是，仙女姐姐像一个纵容孩子的妈妈一样，带着所有的耐心，在匹诺曹嘴里放了一块糖，并且把药递给了他。

"我真的喝不下去啊。"小木偶一脸痛苦地哀号起来。

"为什么啊？"仙女问。

"因为枕头靠我腿太近了。"

仙女姐姐就把枕头移开。

"没有用，我还是不会喝的。"

"还有什么让你不舒服呢？"

"门开着呢。"

仙女又把门关上了。

"老实说，我是不会喝苦东西的。"匹诺曹大声吼道，"我不喝，不喝，坚决不喝！"

"孩子，那你会后悔的。"

"我不在乎。"

"你会病死的。"

"没关系，我宁可死去也不吃苦的东西。"

"那好吧。"仙女说。

这时，门开了，四只黑得像炭一样的兔子扛着一口棺材进来了。

"你们来干什么？"匹诺曹说着坐了起来。

最大的那只兔子说："我们是来把你带走的。"

"把我带走？为什么啊，我还没有死呢。"

"没死？是现在还没有死，但是你拒绝喝下能帮助你康复的药，过不了多久你就会没命的。"

匹诺曹惊叫起来："仙女姐姐，仙女姐姐，把药给我，快点给我！把兔子赶走！我不想死，我不想死啊！"

他两手紧紧抓住杯子，一下子就把药吞下肚了。

"咦，"兔子说，"我们搞错差事了。"它们抬起棺材嘟嘟囔囔地走了。

没多久，匹诺曹就完全好了，能从床上蹦下来了。你知道，这个木头孩子很少生病，所以康复起来也是很快的。当仙女看见他在屋子里又蹦又跳，高兴得像破壳的小鸡一样，就问：

"我的药把你治好了吧？"

"是的，真是这样。我当时真的是危险啊！"

"那你吃药为什么还这样大惊小怪的？"

"噢，男孩子都是这样的。和生病相比，我们更怕吃药。"

"羞羞羞！男孩子应该知道及时吃药能治好危险的疾病，包括死亡啊。"

"下一次我不会表现这么差了。我会记住那四只黑兔子和棺材的，有病我会马上吃药。"

"这就对了。现在过来告诉我，你是怎么碰巧落到小偷手里的啊？"

匹诺曹一五一十地把发生的事情讲了出来。讲完了，仙女姐姐问："那你怎么处理那四个金币呢？"

"我弄丢了。"匹诺曹说道。但是他说谎了，其实四个金币就在他口袋里。

话刚说完，他那已经够长的鼻子又长了四英寸。

仙女又问："你掉在什么地方了呢？"

"附近的森林里。"

第二个谎话说完，他的鼻子又在变长。

仙女姐姐说："如果你把它遗落在附近的森林里的话，我们会很快找到的，因为这里所有的东西都能被发现。"

于是小木偶连忙改口说："现在我想起来了，金币没有掉，但是刚才当我吃药的时候，把它们吞进肚子里去了。"

第三个谎话说完，他的鼻子已经长到没有办法转头了。如果转头的话，不是碰到床柱就是窗子，或者撞了墙和门。

仙女姐姐看着他，开始笑起来。

小木偶怯怯地问："你为什么笑啊？"

"我笑你刚才讲的愚蠢的谎话。"

"你怎么知道我说的是谎话？"

"谎话有两种，孩子，一看就知道了。一种会让腿变短，一种会让你鼻子变长。你是后一种，鼻子会变长啊。"

匹诺曹真是丧气啊！他想跑得远远地躲起来，但是他没有。他的鼻子已经长得太长了，他甚至没有办法走出这扇门。

仙女让小木偶又哭又叫折腾了半个多小时，因为他的鼻子太长了。她就是想给匹诺曹一个教训，让他认识到说假话是多么愚蠢。但是当她看到小木偶因为哭泣而肿起来的眼睛和红通通的脸颊，她又有点可怜他。她拍拍手，一大群啄木鸟按她的手势从窗子里飞了进来，一个个轻轻地落在匹诺曹的鼻子上。它们用力地啄着，不一会儿，就把匹诺曹的鼻子啄回原来的大小了。

印第安灰姑娘

—— 赛洛斯·麦克米兰改写

这个流传于北美的印第安人的故事20世纪早期在加拿大被记录下来，讲述的是诚实受到嘉奖，说谎遭到惩罚的事情。故事一开始提到的格鲁斯卡普，是东部森林里的印第安神。

很久以前，在大西洋宽阔的海岸边居住着一个伟大的印第安武士。据说他曾经是格鲁斯卡普最好的帮手和朋友，他为格鲁斯卡普做了很多好事，但是没有人知道这些事情。他的力量大得惊人，他能够让自己隐身。因此，他可以隐身混入敌人中，窃听他们的密谋。人们把他称作隐形人——大风。他和他的妹妹住在海边的一个帐篷里，他的妹妹帮他做很多的活。由于他干了许多惊天动地的大事，许多女孩子都很想追求他，嫁给他。有这样一个传说，晚上大风回家时第一个看到他的女孩就能成为他的妻子。所以，很多女孩都来尝试，但是很长一段时间以来，只有一个姑娘获得了成功。

大风用了一个聪明的办法来测试所有想努力得到他的人的诚实度。每天傍晚，夕阳西下，他的妹妹会和一个前来尝试的女孩在海滩上漫步。他妹妹总是能看见他，但是其他任何人都看不到。当他黄昏结束工作回家时，他妹妹看见他走近就会问追求他的女孩："你是否见到他了？"每一个女孩都会假惺惺地说："看见了。"他妹妹就会追问："他用什么拉雪橇呢？"女孩们或者说是"驼鹿"，或者说是"棍子"、"粗绳子"等等。然后他妹妹就知道她们都说了谎，因为她们的回答都是错的。很多女孩来试运气，都说了假话，也都没有能实现自己的心愿。因为大风不愿意娶一个不够诚实的女孩。

在他们这个村子里住着一个伟大的首领，他有3个女儿，她们的母亲很早就过世了。其中的小女儿比两个姐姐小很多，美丽又温柔，深得大家喜爱。也就是这个原因，姐姐们对她的魅力非常嫉妒，对她很不好。为了丑化她的容貌，她们让她穿破烂的衣服，剪掉她乌黑的长发，用火里的炭烫她的脸。然后姐姐们还对父亲撒谎，说是她自己干的。但是小女孩有非凡的忍耐力，依然保持温柔的心肠，并愉快地工作。

首领的大女儿和二女儿与其他女孩子一样，都想去赢得大风的心。一天，当夜幕降临，她们来到海边和大风的妹妹一起等他归来。很快，大风干完一天的活，驾着雪橇回来了。他的妹妹像以往那样问："你们能看见他吗？"两个女孩都谎称看见了。她接着问："他肩上的带子是用什么做的？"两个女孩胡诌说："是用生牛皮。"接着她们进了帐篷，希望能在这里看到大风吃晚饭的样子。当大风脱下外套和他的鹿皮鞋时，她们看见了这些物品，但是除此之外还是什么都看不见。大风知道她们刚才说了谎，所以就不让她们看见自己。姐妹俩只好沮丧地回家了。

一天，衣衫褴褛、满脸疤痕的小女儿决心来找大风。她用桦树皮碎片把衣服缝缝补补，装饰上她仅有的一点饰品，然后像村里的其他女孩一样前去看这个隐形人。她的姐姐

第八章 诚实

们都嘲笑她，称她是"傻子"。而一路上所有的人都因为她破破烂烂的衣服和伤痕累累的脸颊而嘲笑她。她没有做声，继续前进。

大风的妹妹友善地接待了这个小女孩，并且在黄昏时带她来到海边。很快大风驾着雪橇回家来。他妹妹问："你能看见他吗？"女孩回答："看不见。"大风妹妹非常吃惊，因为这个女孩竟然说了实话。接着她又问："现在你能看见他吗？"女孩回答说："看见了，他真帅啊。"大风妹妹再问："你看见他用什么拉雪橇么？"女孩忐忑地回答："他驾着彩虹啊。"大风的妹妹继续问："他的弓弦是什么？"这回，女孩的回答是："他的弓弦是银河。"

于是，大风妹妹才知道因为这个女孩一开始讲了实话，她的哥哥就在女孩面前现身了。她接着便承认说："是的，你看见他了。"然后她把女孩带回家，给她洗了澡。女孩脸上和身上的所有的疤痕都消失了。她的头发变长变黑，像黑缎子一样。大风妹妹又把美丽的衣服给她穿上，精致的饰品给她戴上，还让她坐上了帐篷里属于大风妻子的专座。很快，大风走进来在她的身边坐下，把她称作自己的新娘。就在第二天，他迎娶她做了自己的妻子。从那以后，这个女孩帮大风做了很多事情。女孩的两个姐姐非常恼火，她们拼命琢磨究竟发生了什么。但是大风知道她们的残忍行为，决心要惩罚她们。

他用魔力把两个姐姐变成了白杨树，永远站在泥土里。并从那以后，白杨树的叶子就抖个不停，她们是因为害怕大风的到来而颤抖，不管他来的时候脚步多么的轻柔，她们依然惧怕他强大的力量，而且依然忘不了很久以前因为说谎、因为虐待妹妹而惹他大发雷霆的情景。

万能的真理永远流传

——埃拉·里曼·卡波特改写

这个故事来自《圣经》中的《以斯拉记》。所罗巴伯是犹太人的领袖，大概在公元前520年，他领导犹太人从巴比伦离开并返回到耶路撒冷。

大利乌加冕成为波斯王之后，他就在127个省的范围里大宴款待臣民。

庆典仪式结束，大利乌回到宫殿就寝。但是他很快被守卫在寝宫之外的3个年轻人的说话声吵醒了。

他们正在为"什么是世界上最强大的东西"而争论不休。他们谈论得很激动，声音很响亮，吵醒了国王。但是，大利乌没有要求他们安静下来，而是继续听他们的辩论。3个年轻人说："让我们每个人写一句话，把自己认为最强大的东西写下来，放到国王的枕头底下。这样，第二天国王和波斯的3位王子就可以决定哪个回答是最明智的。而胜利者将因此获得大量的礼物。"

大家同意后就照做了。第一个写："美酒是最强大的。"

第二个写："国王是最强大的。"

第三个写："真理最强大，因为真理孕育了胜利。"

他们把写下的话放在国王的枕头底下。第二天国王坐在议事大厅里和所有的王子以及各个省的长官聚在一起。3个年轻人也被唤来为自己的观点辩护。

第一个认为美酒最强大的人说："大家知道，美酒是很有威力的，它甚至能让智者变

349

美德书大全集

得愚钝。在它的魔力下面，万能的国王和无知的儿童都是平等的。悲伤的人可以从美酒中获得快乐，贫穷的人会因为喝酒而感觉富有。他们会变得话语增多，记忆模糊。因此，无论他们为美酒引发爱情或发生争吵，都是一回事儿。因为过后就都忘了。如果美酒可以有这样的效果，难道还不能成为世界上最强大的东西吗？"接着，第二个年轻人开始为"国王最强大"的观点辩护："在所有一切中，国王最强大。如果他命令士兵去战场，士兵就会服从。他们会翻山越岭，摧毁城池，攻克堡垒，并把战利品献给国王。同样，农民播撒种子，耕种土地，收割庄稼，他们把收获的最大份额作为税收献给国王。国王只是孤家寡人，但是他命令要某人的命时，那人就会丢掉性命。如果他赦免某人，那人就会得救。所以他所有的臣民都归依于他，他可以为所欲为。各位裁判，难道这一切还不能证明国王是最强大的吗？"

接下来说话的是第三个年轻人，他的名字叫所罗巴伯。

"国王啊，真理才是伟大的，胜过一切。美酒是邪恶的，王权是腐朽的，人类的子嗣是罪恶的，他们都会消亡。但是，真理却永远留存。真理永远是强大的，不会消亡，不会被挫败。真理不会屈服于任何人，不会被收买。它只做正义的事情。真理是各个时代的权威与主宰，它代表着力量和权力。愿上苍庇佑真理之神！"

话刚说完，人们中就爆发出热烈的欢呼声："伟大的真理，具有无比的力量。"

连国王也肯定地说："你是最有智慧的，你可以向我要求一切你想要的。"

年轻人说："国王啊，记住你的承诺吧。你回到自己的王国时，你要重建耶路撒冷，你发誓重建我们的庙宇。而现在，我的王啊，我渴望你能走近真理，并实现你在上帝面前许下的诺言。"

国王亲吻了他，很高兴地把他派往耶路撒冷。年轻人仰头面向苍天，对耶和华祷告："主啊，是你给了我胜利，是你给了我智慧。这是你的荣誉，我永远是你的仆人。"

于是正是因为年轻人所罗巴伯的智慧，波斯王被说服了，耶路撒冷得到了重建。

雷古勒斯的故事

——詹姆斯·鲍德温改写

这个故事的主人公是古罗马军事家及政治家马克斯·阿提流士·雷古勒斯。故事发生在公元前3世纪，即罗马和迦太基间爆发的第一次迦太基战争时期(迦太基，非洲北部，今突尼斯的奴隶制城邦，腓尼基人所建，公元146年被罗马帝国所灭。罗马和迦太基间发生过3次战争)。这个关于雷古勒斯如何信守诺言的故事让他永载罗马史册。

在罗马海边的另一侧有一座很大的城市，叫做迦太基。罗马人对迦太基人一直不太友好，最后两个民族间爆发了战争。相当一段时间内，很难分出哪一方更强大一些。一开始罗马人常常获胜，接着迦太基人又会获得另一场战争的胜利，所以战争延续了很多年。

在罗马人中有个勇敢的将军叫雷古勒斯——据说他从不食言。就是在被俘以后，关在迦太基时他也是如此。他伤病在身，倍感孤独，特别思念海那一边的妻子和年幼的孩子，但是见到他们的希望已非常渺茫。他非常热爱自己的家乡，并且认为他的首要责任是保卫祖国，所以他才抛下妻儿，投入残酷的战争。

350

第八章 诚实

那一次战斗失利后，他被关进监狱。然而他知道罗马人正在收复失地，而且迦太基人很担心最终会失利。他们到其他地方雇佣士兵来援助。但是，即使如此，他们也无法更长时间地抵抗罗马人的攻势。

有一天，迦太基的一个头领来到监狱和雷古勒斯面谈。他说："我们很愿意和罗马人友好相处。我们确信，如果你们的统治者知道战争的走势，他们会愿意和我们达成和平协议的。如果你同意按照我们的吩咐去做，我们会给你自由，让你回家。"

"那怎么做呢？"雷古勒斯问。

他们回答："首先，你必须把你们输掉的那些战役告诉罗马人。你必须使他们明白，战争中他们没有得到任何东西。其次，你必须向我们保证，如果他们没有签订和平协议，你还会回到这里的监狱中来。"

"很好，"雷古勒斯说，"我承诺，如果他们不同意和解，那我还是回到这里。"

于是他们放了雷古勒斯，因为他们知道，一个伟大的罗马人是会信守诺言的。

当雷古勒斯回到罗马，所有的人都很高兴地过来祝贺他。他的妻子和孩子也非常喜悦，因为他们认为现在他们不会再分离了。负责为城市制定法律条文的白发苍苍的元老院议员们也来看他。他们问起了战争的事情。

他说："我是被迦太基人派来劝你们和解的。但是和解并不是件明智的事情。的确，我们有一些战斗失利了，但是我们的军队每天都在发展壮大。迦太基人很害怕。这场战争只要再坚持一段时间，迦太基就是你们的了。至于我，我必须要和妻子、孩子和罗马说再见了。明天我就动身去迦太基监狱，因为我曾经许下了诺言。"

元老院议员们努力劝说他留下。

他们说："我们派其他人代你去监狱。"

雷古勒斯说："难道罗马人可以不遵守诺言吗？我现在身体不好，最理想的情况下也活不了多久了。我还是去吧，我发过誓的。"

他的妻子和幼小的孩子们哭了起来。他的儿子们央求他不要再次离开他们。

雷古勒斯说："我既然答应了，就该履行诺言。"

然后，他和家人告别，勇敢踏上了返回迦太基监狱的征程，去迎接他意料中的残酷的死刑。

正是他的这种勇气让罗马成为了世界上最伟大的城市之一。

幸福生活的特征

——亨利·沃顿

他快乐出生且幸福地成长，
不受其他人的意志的影响；
诚实的思想是他的盔甲装，
简单真实是他的一项绝技！

他人的热情无法将他控制，
他的灵魂为死亡做好准备，
人世的公众名望，私人琐事，

这些都不能将他束缚捆勒；

他从不嫉妒机遇真的到来，
反之，他也不明白
称赞会带来多么深的伤害；
他不懂国家规范，只知善的准则。

他的生活远离那些是非谣言，
他的良心是他最好的静修地；
在他的王国奉承者无以为继，
也没有暴君残暴统治的遗迹；

他每天早晚都向上帝祈祷，
不是为了祈求而是为感恩；
然后与一本好书或者至交
度过有益的一天。

成功的梦想，或失落的恐惧，
不会成为他的奴隶之链；
他是自己的主宰，虽然没有领地。
一无所有，却是拥有一切。

诚实的亚伯拉罕

——荷拉迪奥·艾杰改写

美国历史上最受人们敬爱的两位总统——华盛顿和林肯都有一个关于诚实的故事，这绝非偶然。下面的故事来自荷拉迪奥·艾杰的书：《亚伯拉罕·林肯，乡村男孩》，该书出版于1883年。(而艾杰也是根据早年的作品改编的。)这个故事提醒我们，个人生活中保持诚实可以让我们在处理公众事务时也诚恳起来。更重要的是，这些故事向我们表明诚实的习惯是在年轻时期形成的。

年轻的店员

作为商店里的一个职员，林肯是诚实而勤劳的。我在候兰德博士那些有趣的书中发现了对他早期品德的描述，读者们可能会对此很有兴趣。

一天，有个女士来到店里，买了各式各样的东西，最后结算总共2美元6.25美分，这个年轻人算出来是这么多。我们现在已经听不到6.25美分的说法了，这曾是一种硬币，来自于西班牙的通货。当我还是孩子的时候它使用还很广泛呢。

付了钱，女士非常满意地离开了。但是这个年轻人对自己计算的准确性有点怀疑，所以就把各个款项重新加了一遍。让他沮丧的是，他发现总数应该只是2美元。

亚伯拉罕说："我让这个女士多付了6.25美分。"他为此很心烦。

这其实是件小事情，很多店员都不把这样的事情放在心上。但是亚伯拉罕很尽职，他

觉得一定得把钱还回去。

如果这位女士就住在附近的话，还钱是件轻而易举的事情。但是，正如这个年轻人知道的情况一样，她住在两三英里之外。但即使如此也没有改变事情的发展。晚上，他锁上店门前往顾客家。到了那里，他把事情解释了一下，并补上了多收的6.25美分，然后才愉快地回家了。如果我是个银行家的话，即使没有担保，我也会乐于把钱借给这样的年轻人。

下面是介绍林肯诚实品德的另一个事例。

有位女士来到店里买半磅茶叶。年轻的店员称了一下，然后把茶叶包好递给她。这已经是当天最后一笔生意了。

第二天，开始工作时，亚伯拉罕发现在称上还留着4盎司的砝码。他头脑中立刻闪过一个念头，这是昨天晚上他卖茶叶时用过的，因此，这也就是说他没有给足斤两。可能很多商人即使发现了这个情况也不会太紧张，但我们现在关注的这个年轻人却不这样想。他把剩下的茶叶称出来，关上店门，带着茶叶来到还蒙在鼓里的顾客家中。我认为我们年轻的读者会开始明白，为什么林肯当上了总统还常常被称作"诚实的亚伯拉罕"，他的确做到了名副其实的诚信。一个人年轻的时候能如此恪守诚实的美德，那长大以后这种品质也不可能再丢失了。做商人时诚实待人，从政以后也一定如此。

用劳动赔偿一本书

我们对所能得到的关于林肯早期的信息都是很有兴趣的，因为那时亚伯拉罕·林肯就已经为他以后的杰出奠定基础了。他的心智和性格都在慢慢发展，并为未来做好了准备。

从拉蒙先生的《林肯生平》一书中我引用了一段话，可以用来描述他17岁时的习惯和爱好：

"亚伯拉罕喜欢躺在树阴下，或者爬上屋子的阁楼。在那里看看书，算算题，或者写些什么。晚上，他就坐在烟道边上，借助火光在木制的火铲上做数学题。当火铲的表面写满了，他就用汤姆·林肯的画刀刮掉。在白天，他就写在门板上。板上的刮痕迹永远留存了下来。他的继母经常对人说：'他读完了手边的每一本书。他读书非常勤奋，手边每一本书都读过，当读到的某一页很吸引他时，如果没有纸，他就会记录在门板上，直到他有了纸才把记录的东西擦掉。然后，他会复写、浏览、复习。他有一本抄写本，一本剪贴本。他总是把所有的东西都写下来，好好保存。'"

我也很有兴趣引用约翰·汉克斯的一段回忆。在林肯14岁到18岁期间，他和林肯一家住在一起。他说："当我和亚伯拉罕·林肯工作结束回到家里，他就会到餐柜里拿一片玉米面包，并取出一本书，坐在椅子上，把腿跷得和头一样高，开始读书。我和他一起光脚在田间工作。我们一起挖土、耕种、除草、收割。我们对谷物进行耕作、采集、去皮。亚伯拉罕一有工夫就会立即开始读书。"

然而，我们完全有理由认为他所能得到的书的数量是很少的。附近没有公立或私立的图书馆。他不得不读他能得到的，而不是从大量的收藏品中挑选书来读。但是，他在成长过程中真的读了哪些书是很有意思的一个问题。其中一些肯定也是值得一读的，如《伊索寓言》、《鲁滨逊飘流记》、《天路历程》、《美国史》和韦姆作的《华盛顿传记》等。《华盛顿传记》是林肯向邻居老约西亚·克罗弗德借的(这里我采用的是拉蒙先生而不是荷兰德博士的讲法。后者认为是向他的老师克罗弗德先生借的)。不看的时候，他就把书放在屋子里一个他认为不会损害到书籍的地方。但是碰巧在他放书的架子后面有一条缝——墙上木头间的一条缝。一天晚上暴风雨突然来袭，雨水顺着缝隙渗进来，把这本借来的书全浇透了。书差不多完全损毁了。为此，林肯感到非常不安，在他看来，书是珍贵的东西，就和自己的眼睛一样宝贵。

他带着这本破烂的书，带着混乱的思绪和羞愧的感觉，蹒跚地走到克罗弗德先生的

面前。

克罗弗德先生先开口："嗨，林肯，什么风这么早就把你吹来了？"

林肯苦着脸回答说："我有一个坏消息带给你。"

"坏消息！说啊，什么坏消息？"

"你还记得你借给我的书，就是那本《华盛顿传记》？"

"记得记得，怎么了？"

"是这样的。昨天晚上的雨把书弄坏了。"林肯把书拿出来，里面的纸都湿透了。他解释了损坏的过程。

"太糟糕了。你必须赔偿我的损失，你应该加倍小心的啊！"

"如果我有钱的话，我肯定会赔的，先生。"

克罗弗德说："如果你没有钱，你可以帮我劳动来赔偿啊。"

"好的，我会照你说的办。"

于是，林肯按要求的那样，为克罗弗德先生工作了3天。当时他作为劳力的工资是每天25美分。因为书的价格是75美分，所以这样的结果也算令人满意。他工作了3天，偿还了债务。拉蒙先生认为克罗弗德这样的惩罚太过分了，但是在我看来是公正的，而且我相信林肯乐意这样干，他并不会觉得自己丢了面子。

青蛙王子

——改编自《格林童话》

我们可以从国王那句肺腑之言里捕捉到故事的寓意："你答应别人的就必须做到。"

在愿望还能变成现实的古代，有过一位国王。他的女儿们都长得很美丽，最小的那个尤其漂亮，就连见多识广的太阳每次照在她的脸上时，也会对她的美丽感到惊讶。在皇宫附近有一个广阔幽暗的森林。森林里一棵菩提树下有一口井。天热的时候，国王的女儿就常常走进森林，坐在凉爽的井口上。如果待的时间长了，她就会取出一个金球，抛出去，拣回来。这是她最喜欢的消遣方式了。

一天，女孩把球抛向高处，金球没有落入女孩的小手却落在了井边，一直滚到井里去了。这口井深不见底。小公主眼看着球落进去，开始哭泣。越哭越凶，似乎没有人可以安慰得了她。就在她哭的时候她听到有个声音在对她说："什么事让你这样伤心啊，公主？你的泪水都可以把石头融化了。"

她循声望去，看见一只青蛙伸着丑陋笨重的头探出水面来。

"哦，是你吗，划水老手？"公主问，"我哭是因为我的金球落进井里了。"

青蛙回答："不要哭了，没有关系的。我可以帮助你，但是如果我帮你把球取上来，你答应给我什么呢？"

"亲爱的青蛙，你喜欢的我都可以给你。"公主说，"我愿意把任何衣服、珍珠、宝石，甚至我头上戴的王冠都给你。"

青蛙说："你的衣服、你的珍珠、你的宝石和你的金王冠都不适合我。但是如果你爱我，让我成为你的陪同和玩伴，让我和你坐一张桌子，和你用一个盘子吃饭，用一个杯子喝水，在一张小床上就寝。如果这些你都能答应，我就会潜下水帮你把球捞上来。"

公主嘴上说："可以，我答应所有的要求。只要你帮我取回球，你想要什么都可以。"但是，她内心想，它说什么疯话啊！它只配和别的青蛙一起蹲在井里呱呱叫，做不了任何人的朋友。

青蛙呢，得到了许诺后就往水里一沉，潜下井去。不多一会儿工夫又游到水面上来，嘴里衔着金球。它把球吐在草地上，公主又看见自己的玩具，说不出有多高兴，一拾起来就飞快地跑了。"等一等，等一等！"青蛙大声喊叫。"把我带上，我可跑不到你那么快呀！"可是它尽管拼命地呱呱呱叫喊，一点用也没有。公主不听它的，很快回到家，不一会儿便把可怜的青蛙忘记了，它只好又跳回它的井里去。

第二天，公主跟国王和大臣们正在用餐，正从她的小金盘子里拿东西吃呢，突然听见啪啦啪啦响，从大理石台阶爬上一个什么东西来，它便一边敲门一边喊："公主，公主，给我开门啊。"公主跑过去，想看外边谁在叫，打开门一看，却是青蛙蹲在门前。她赶紧关上门，坐回桌子边，心里怕极了。国王见她心慌意乱的样子，问："孩子，干吗这么胆战心惊，该不是门外有个巨人要抓你走吧？"

"唉，不是的，"她回答，"不是巨人，是一只讨厌的青蛙。""青蛙找你干什么呢？""唉，好爸爸，昨天我坐在森林中的水井上玩儿，突然我的金球掉到了水井里。我哭得很伤心，青蛙就替我把它捞了上来。因为它坚持要求，我就答应让它做我的朋友。可我压根儿没想到，它真能从水井里爬出来，这会儿它就在门外，想要上我这儿来。"这时候，只听外边又敲起门来，并且在喊：

"小公主啊小公主，

快给我把门开开！

难道你已经忘记，

昨天说过什么话，

在清凉的井台？

小公主啊小公主，

快给我把门开开！"

国王听了说："答应别人的事情就得办到。去，给它开门吧。"

公主去打开门，青蛙一蹦就进来了，而且一步一步地紧跟着她，到了椅子前。它蹲在那儿喊道："抱我上来呀！"公主犹豫不决，直到国王命令她抱起来。青蛙起先被放在椅子上，它却想上桌子，上了桌子又说："现在把你的小金盘子推过来一点，我们好一块吃。"公主也这么做了，可谁都看得出来她很不情愿。青蛙倒是吃得津津有味，她却什么都咽不下去。终于，青蛙说："我吃饱了，也累了，现在抱我去你的卧室，整理好你的丝绸被子，咱们躺下睡觉吧。"公主一听哭起来，她怕这只冷冰冰的青蛙，碰都不敢碰它一下，更别提让它在她又漂亮又干净的被子里睡觉了。可是国王生气了，说："在你困难的时候无论谁帮助了你，过后你都不应该瞧不起人家！"这样，她才用两根指头把青蛙拈起来，放到卧室的一个角落上，可是等她在床上睡好了，它却爬起来说："我累了，想和你一样舒舒服服睡一觉。抱我上去，这样我可以好好休息一下。"

它看上去是如此悲伤，公主突然感到了惭愧。她想：爸爸是对的，我应该遵守我的诺言。她把青蛙捧起来，轻轻放到枕头上。

谁知它一落在枕头上，就不再是青蛙，而变成了一位王子，一位长着漂亮温柔眼睛的王子。于是，遵照国王的旨意，他做了公主亲密的伴侣和丈夫。这时候，他才告诉她，他原来被一个恶毒的巫婆施了魔法，只有公主一人能把他救出那口水井。接下来他们将要一起回他父亲的王国去。这时门外已驶来一辆八匹马拉的马车，马头上都插着白色的驼鸟毛，马身上套的链子金光闪闪，车后边站着王子的仆人，他就是忠诚的亨利。在他的主人

被变成一只青蛙的时候，这位忠诚的亨利伤心极了，他让人在自己的胸口上箍了三道铁箍，免得他的心因为痛苦而破碎掉。这会儿，马车来接王子回他的王国去。忠诚的亨利扶着这对夫妇上了车，自己又站到车后边，心中因为王子获救而充满了喜悦。他们走了一段路，王子听见后面发出咔哒咔哒的响声，像是有什么东西破了。他于是调过头，大声说："亨利，车子破了。"但是亨利回答说：

"不，主人，不是车子，

而是我心口上的铁箍；

为了减轻我因失去你而产生的痛苦，

我曾经把心儿绑住。"

路上，咔哒声一声接一声，每次王子都以为是车裂了。其实，只是因为主人获得了拯救和幸福，忠诚的亨利一高兴，心口上的三道铁箍全崩掉了。

哈默林的彩衣吹笛人

——根据约瑟夫·雅各布原著改写

这个著名的德国传说描述的是一宗被中止的交易，其中部分是以真实事件为基础的。在哈默林城一些房子的墙面上留下的古代记述中讲述了在1284年7月的一天，一个吹笛人确实领着大约130名孩子出了城，他们在歌本山附近的某个地方失踪了。有人认为是强盗绑架了孩子，而其他人推测是这个神秘的吹笛手召集了孩子们，并把他们带到了东欧。

很久以前，哈默林这个安静的小城饱受老鼠的骚扰。这样的情形以前从来没有过。可怕的老鼠在街道上窜来窜去，在房间里成群结队。它们能和狗打架，会和猫追逐。它们能爬进摇篮咬孩子，还会躲进口袋，或者在帽子里做窝。情况是如此糟糕，你甚至在任何地方把脚放下来都能听见老鼠在你的脚旁边尖叫。

因此，毫无疑问，市长和市议会成员都感觉到无计可施了。一天当他们坐在市议会大厅里冥思苦想灭鼠方法、感慨自己的命运不济时，警卫官走进来报告说："尊敬的市长先生，有个奇怪的人要求见您。他刚来到城里，所以我不知道他的底细。"

市长说："把他带进来吧。"接着进来的确实是一个长相很奇怪的人。因为个子太高而显得有些笨拙，皮肤黝黑而且干瘪，鼻子是弯弯的鹰勾鼻，胡子细长的像老鼠尾巴，还有眼睛中目光非常犀利。如果你看得足够仔细，你可以发现他上衣和裤子的颜色和彩虹非常相似。

他开始自我介绍："大家称我是彩衣吹笛人。如果我把哈默林城的每一只老鼠都赶走，你愿意给我什么回报呢？"

和害怕老鼠一样，政府官员甚至更怕花善良的纳税人的钱（因为你知道当时和现在的情况不一样），所以他们不停地讨价还价。但是彩衣吹笛人也不是无能之辈，结果他们答应只要看不见任何老鼠再在哈默林城里尖叫跑跳，就愿意支付50美元的酬金（这在那个时候已经是很大一笔数目了，即使对那些官员来说也是如此）。

彩衣吹笛人在议会大厅外走动，边走边把笛子放在嘴边，尖利的曲调立刻响彻整个大街小巷，每家每户。如果你当时在哈默林的话，你就可以看见，随着尖锐的音符在空中回响，奇怪的景象发生了。每个洞里的老鼠都踉踉跄跄地滚了出来。这些老鼠不分大小老少

第八章　诚实

都聚集在吹笛人的身边。带着惊讶的神情，迈着急切的脚步，老鼠们紧紧跟着吹笛人在街上走。吹笛人好像很留心步子缓慢的小老鼠，因为他每走大概50码就会停下来，举着笛子手舞足蹈一番，这样小老鼠就有时间赶上那些年龄大的强壮的老鼠。

他走过银街，来到金街，那里的尽头就是一条河。他神色严峻，沿着金街缓缓地走。城里的人全涌到门口和窗边，把祝福带给他。

当他来到河边，跳上了一条小船。划桨的同时，他还在吹着笛子。所有跟在他身后的老鼠跳入水中，高兴得打着水，摇头摆尾。吹笛人继续吹奏，直到河水的下游，这里水流湍急，所有的老鼠一下子被卷了进去，再也看不见了。

吹笛人划船逆流上岸来到了哈默林城。你可以想象城里人们欢庆的场面，大家塞住了老鼠洞，把帽子扔到了空中，敲响了教堂的钟声，欢呼歌唱。但是当彩衣吹笛人上了岸，所有的老鼠叫声都听不见的时候，市长、议员和全城的人都开始哼哼哈哈，摇头不语。

因为城里的银库早已经空了(我们能从这一点看出来当时的政府和现在的没有什么大的区别)，哪里能弄到50美元呢？而且，彩衣吹笛人的工作就是这么简单，跳上船吹吹笛子就行！如果市长能早点想到就好了，他自己也就能把老鼠赶走了。

因此，市长哼哼唧唧，最后说："唉，好心人，你看我们都是穷人啊。我们怎么付得起这50美元啊？20美元如何，你愿意接受吗？说到底，20美元对于你所付出的劳动而言也算是合理的报酬了。"

彩衣吹笛人干脆地说："50美元是我和你们商量定下的结果。如果我是你的话，我会信守承诺的。我会吹各种各样的曲子，因为有些人有时候会需要为他们的食言付出代价。"

"你是在威胁我们吗，你这个流浪汉？"市长厉声喝道，同时他和议员们使了个眼色。"老鼠现在都淹死了，好心人，你现在想干什么就干什么吧。"说完，他就转身离开了。

"很好，"彩衣吹笛人说，他脸上浮现出很平静的笑容。"这不是我第一次遇上背信弃义的人，我相信，这一定也不会是最后一次。"

他把笛子放到嘴边，重新吹奏起来。这次发出的不是尖利如同打闹、撕咬、尖叫或是急速跑的声音，而是浑厚而欢快的曲调，充满了快乐的笑声和愉悦的情调。当他沿街走来，成年人都在嘲笑他。但孩子们纷纷从学校里、游戏室里、托儿所里和院子里跑出来，应吹笛人的召唤而高兴着。他们携起手来跳舞、欢笑。这个欢乐的群体一路来到金街，走过银街。在银街的那一边有座绿色的幽静的森林，长着茂密的老橡树和山毛榉树。森林的那一边是起伏的山丘，欢乐的队伍来到了这里最高的一个山头时，地上突然裂开了一条缝，就像一扇门，彩衣吹笛人走进去，继续吹奏。所有的孩子们也都跟进去，门关上了。

只有一个小男孩，他是个瘸子，无法像其他孩子走得那么快，在门快速关上之前还没有来得及爬上山来呢。当市长和议员们赶来时，他们发现这个孩子正在哭泣。"究竟发生了什么？"大人们问。

孩子哭着说："我想跟上其他的孩子……当那个人吹笛子的时候，就像在给我们描述一个美丽的地方，那里的太阳总是灿烂的，鸟儿总在歌唱，孩子们不会生病，不会变成瘸子。我就拼命地跑，但是我跟不上他们，现在他们都不见了。"

孩子们的确都不见了。城里的人上上下下找了个遍，市长也派人东南西北各处打探吹笛人的下落。市长说："告诉吹笛人，我愿意给他这个城里所有的金子，只要他把孩子们送回来。"但是这时候有谁还会相信他的话呢？

哈默林城里的父母亲都在等待，但是他们的孩子们永远都没有再回来。据说，现在城里的人都很认真地信守承诺了，尤其是对陌生的吹笛人。

皇帝的新装

—— 安徒生

在这个经典童话中，我们知道说真话常常比保持沉默难多了。而信任我们自己就是坚持真理的最好方式。虚假的恭维如同瘟疫一般可怕。诚实，和新衣不同，永远不会过时。

许多年以前有一位皇帝，他非常喜欢穿好看的新衣服。他为了要穿得漂亮，把所有的钱都花到衣服上去了。他一点也不关心他的军队，也不喜欢去看戏，除非是为了炫耀一下新衣服。他也不喜欢乘着马车到森林里去。他每天每个钟头要换一套新衣服。通常人们提到皇帝时总是说："皇上在会议室里。"但是人们私下里谈论到他时，总是说："皇上在更衣室里呢。"

在他住的那个大城市里，生活很轻松，很愉快。每天有许多外国人到来。有一天来了两个骗子，自称是织工。他们说他们能织出谁也想象不到的最美丽的布。这种布的色彩和图案不仅非常好看，而且用它缝出来的衣服还有一种奇异的作用，那就是凡是不称职的人或者愚蠢的人，都看不见这件衣服。

"这样的衣服真是太珍贵了！"皇帝心里想，"我穿了这样的衣服，就可以看出我的王国里哪些人是不称职的；我就可以辨别出哪些人是聪明人，哪些人是傻子。是的，我要叫他们马上织出这样的布来！"他提前付了许多钱给这两个骗子，叫他们马上开始工作。

他们摆出两架织机来，装作是在工作的样子，可是他们的织机上什么东西也没有。他们要求皇帝发给他们一些最好的生丝和金子。但是这些东西其实都装进了自己的腰包，他们却假装在那两架空空的织机上忙碌地工作，一直到深夜。

"我很想知道他们织布究竟织得怎样了。"皇帝想，不过，想到愚蠢的人或不称职的人是看不见这布的，他心里的确感到有些不大舒服。他也确实相信他自己是用不着害怕的。虽然如此，他还是觉得先派一个人去看看工作进展比较妥当。而全城的人都听说了这种布料有一种奇异的力量，所以大家都很想看看他们的邻居究竟有多傻。

"我要派忠诚的老首相到织工那儿去看看，"皇帝想。"只有他能看出这布料是个什么样子，因为他这个人很有头脑，而且谁也不像他那样称职。"

因此这位善良的首相就到那两个骗子工作的房间去了。他们正坐在空空的织机上忙忙碌碌地工作着。

"天啊，这是怎么一回事儿？我根本什么东西都没有看见啊！首相内心暗想，他的眼睛睁得很大。但是他很小心，不敢把这句话说出来。

那两个骗子请求他走近一点，同时问他，布的花纹是不是很美丽，色彩是不是很漂亮。他们指着那两架空空的织机。这位可怜的老大臣努力地睁着大眼睛，可是他还是看不见什么东西，因为的确没有什么东西可看。

"我的天啊！"他想，"难道我是一个愚蠢的人吗？我从来没有怀疑过自己。我决不能让人知道这件事。难道我不称职吗？——不成，我决不能让人知道我看不见布料。"

"哎，您一点意见也没有吗？"一个假装正在织布的织工说。

"啊，美极了！真是美妙极了！"首相说。他戴着眼镜仔细地看。"多么美的花纹！多么美的色彩！是的，我将要呈报皇上说我对于这布感到非常满意。"

"嗯，我们听到您的话真高兴。"两个织工一起说。他们把这些稀有的色彩和特别的款

式描述了一番。这位老大臣非常注意地听着，以便回到皇帝那里去时，可以照样背得出来。

这两个骗子又继续要了很多的钱，更多的丝绸和金子，他们说这是为了织布的需要。他们把这些东西全装进腰包里，连一根线也没有放到织机上去。但是他们还是继续在空空的机架上工作。

过了不久，皇帝派了另一位诚实的官员去看看织布工作进行得如何，是不是马上就能结束了。可是这位大臣的运气并不比头一位的好：他看了又看，但是那两架空空的织机上什么也没有，他什么东西也看不出来。

"您看这段布美不美？"两个骗子问。他们指着一台空空的织布机，解释了上面美丽的图案和颜色。事实上什么东西也没有。

"我并不愚蠢！"这位官员想，"这大概是因为我不配担当现在这样高的官职吧？这也真是奇怪，但是我决不能让人看出来！"因此他就把他完全看不见的布称赞了一番，同时对他们说，他非常喜欢这些漂亮的颜色和精致的花纹。"是的，那真是太美了。"他回去对皇帝说。

城里所有的人都在谈论这美丽的布料。皇帝也觉得他应该亲自去看一下织布机上的料子。他精心挑选了一群大臣陪同——其中包括已经去过的那两位诚实的大臣。这样，他们来到那两个骗子的住所。这两个家伙正全神贯注地织布，但是一根线的影子也看不见。

"您看这不漂亮吗？"那两位诚实的官员说，"陛下请看，多么美丽的花纹！多么美丽的色彩！"他们指着那架空空的织机，因为他们以为别人一定会看得见布料的。

"这是怎么一回事儿呢？"皇帝心里想，"我什么也没有看见！这真是荒唐！难道我是一个愚蠢的人吗？难道我不配做皇帝吗？这辈子我从来没有碰见过比这更可怕的事情了。"

"啊，它真是美极了！"皇帝高声说，"我非常满意！"他点着头，并装作很仔细地看着织机的样子，因为他不愿意被看出他什么也没有看见。跟他来的全体随员也仔细地看了又看，可是他们也没有看出更多的东西。不过，他们也照着皇帝的话说："啊，真是美极了！"他们甚至建议皇帝用这种新奇的、美丽的布料做成衣服，穿上这衣服亲自去参加即将举行的游行大典。"漂亮啊！真精致！好极了！"每人都随声附和着。每个人都对织工的手艺非常赞赏。皇帝赐给骗子每人一个爵士的头衔和一枚可以挂在纽扣上的勋章，并且还封他们为"御用织布师"。

举行游行大典的头天晚上，这两个骗子整夜不睡，点起16支蜡烛。这样人们会以为他们是在赶夜工，要完成皇帝的新衣。他们装作把布料从织机上取下来，用大剪刀在空中裁了一阵子，同时又用没有穿线的针缝了一通。最后，他们齐声说："请看！新衣服缝好了！"

皇帝带着他的一群最高贵的大臣们亲自到来了。这两个骗子每人举起一只手，好像他们拿着一件什么东西似的。他们说："请看吧，这是裤子，这是外套！这是斗篷！"等等。"这件衣服轻柔得像蜘蛛网一样：穿着它的人会觉得好像身上没有什么东西似的——但这也正是这件衣服的好处。"

"一点也不错。"所有的大臣们都这么说。可是他们什么也没有看见，因为实际上什么东西也没有。

"现在请皇上脱下衣服，"两个骗子说，"我们要在这个大镜子面前为陛下换上新衣。"

皇帝把身上的衣服统统都脱光了。这两个骗子装作把他们刚才缝好的新衣服一件一件地给他换上。他们在他的腰围那儿弄了一阵子，好像是系上一件什么东西似的，他们说系的是裙裾(注：裙裾就是拖在礼服后面的很长的一块布，它是封建时代欧洲贵族的一种装束)。皇帝在镜子面前转来转去。

"陛下的新衣多好啊！穿得多么合身啊！"大家都说，"这套衣服太漂亮了！"

"大家已经在外面把华盖准备好了，只等陛下一出去，就可撑起来去游行！"典礼

官说。

"好，我已经准备好了，"皇帝说，"这衣服合我的身吗？"于是他又在镜子面前把身子转动了一下，因为他要叫大家看出他在认真地欣赏他美丽的服装。那些要托着裙裾的侍从们弯下腰，用手在地上东摸西摸，好像他们真的在拾裙裾似的。他们开始走，手中托着空气——他们不敢让人瞧出他们实在什么东西也没有看见。

这么着，皇帝就在那个富丽的华盖下开始游行了。站在街上和窗子里的人都说："乖乖，皇上的新装真是漂亮！他的裙裾是多么美丽！衣服多么合身啊！"谁也不愿意让人知道自己什么东西都看不见，因为这样就会暴露自己不称职，或是太愚蠢。皇帝以前所有的衣服从来没有得到这样普遍的称赞。

"可是他什么衣服也没有穿呀！"一个小孩子最后叫出声来。

"上帝哟，你听听这个天真的声音！"爸爸说。于是大家把这孩子讲的话私底下悄悄地传开来。"他并没有穿什么衣服！有一个小孩子说他并没有穿什么衣服呀！"

"他实在是没有穿什么衣服呀！"最后所有的老百姓都这么说。

皇帝有点儿害怕，因为他怀疑老百姓所讲的话是对的。不过他自己心里却想："我必须把这游行大典举行完毕。"因此他摆出一副更骄傲的神气，他的侍从们跟在他后面走，手中托着一个并不存在的裙裾。

飞上天的男孩

——卡罗林·S.贝利改写

这个印第安切诺基部落中关于公平游戏的故事发生在蓝色山脊地区，也就是现在的北卡罗来纳州西部。这个故事告诉我们，赛场内外，遵守游戏规则是你如何玩好游戏的重要一环。

从前，有个男孩是切诺基部落一个村庄里的踢球高手。他控球能力很好，跑得又很快，所以，他几乎没有让他所在的那个队伍失利过。有个赛季，他要代表他们村庄和切诺基部落在蓝色山脊另一边的一个村庄比赛。因此，两支队伍在离派罗特不远的地方展开了比赛。

这个男孩想为自己的村庄赢得这场比赛。然而，有段时间，他踢得一直不顺。对方队伍的球员们一次又一次进球了，这让男孩很沮丧，让他忘记了自己的尊严。

他觉得，自己的村庄一定要进球，所以他就做了一个在比赛中属于违规的举动——他用手抓起球，扔进了球门。印第安人是用脚踢球的，在他们的比赛规则中用手碰球是不允许的。

男孩认为没有人会看见，他会得逞的。球直直地进了球门，但是并没有停住，接着，坐在草地上围观的男孩女孩和士兵们都看到了一个奇怪的事情：那颗球跳出了球门，飞上了蓝天。跟在球后面的是那个不遵守比赛规则的男孩，他的脚已经离开了球场的地面。他本来好像是要跳起来抓球的，但是现在他和球都停不下来了，在天空中越飞越高，越飞越远。最后，球看不见了，那个男孩也随之消失了。

这是魔法的力量。观众们起初惊讶地揉着双眼，以为是眼花了。最后他们只好默默地回到了自己的村子。对于他们来说，这看上去是个教训。因为男孩弄虚作假的行为，不仅

切诺基人的神灵看见了，而且其他的球员也都看见了。他们知道这个男孩为什么会从朋友们的身边被带走了。

这个事情发生在遥远的古代，当时空中还没有月亮。但是那天，一件奇怪的事情发生了。深夜，切诺基部落的勇士们围坐在火堆旁，看到一个巨大的银制的圆球升上了天空，悬挂在那里，发出淡淡的柔美的光线，照亮了森林里的树木。而在银球的表面还能看见那个比赛中违规的男孩的脸。原来赛场里那个球升上了天空，并挂在了那里。借着光线可以看到从地球上被带进去的男孩。

有时，我们可以看到月亮变小了，有时候还能看见月蚀。每个人都会对这种现象感到惊讶，因为天会突然暗下来。然后，部落里的人就会聚集起来，点燃火器，敲响锣鼓。他们认为月蚀是因为天上的一只巨大的青蛙要吞噬月亮，而锣鼓声会把青蛙吓走。

而关于月亮的最奇怪的事情就是阴晴圆缺的变化了。有时候大到能看见月亮中男孩的脸，有时候又变成好似空中的一条银线，就挂在松树林的上空。

月亮中的男孩告诉他们，发生的这一切是在提醒所有的球员不要作弊。如果比赛中有人弄虚作假，月亮看上去就变小了，光线变暗了。因此，在切诺基部落，人们都是在满月之后进行比赛。

真理和谎言

正如这个来自希腊的民间传说指出，品德高尚的灵魂只爱真理而唾弃谎言。说谎会因为受到良心的谴责而比忍受伴随诚实而来的苦难更加痛苦。

从前，真理和谎言在路上相遇了。

真理问候说："下午好啊。"

谎言回敬道："下午好。你最近怎么样啊？"

真理叹了口气说："恐怕，不算太好吧。你知道，对于我这样的人来说，日子真是艰苦啊！"

"是啊，我能看出来。"谎言上下打量着真理一身破旧的衣服，说道，"你看起来好像很久没有吃过东西了。"

真理承认说："老实说，我的确很久没吃过东西了。这些日子以来好像没有人想雇我。无论我走到哪里，大多数人都不理我或者嘲笑我。跟你说吧，我有点沮丧。我开始问自己为什么要忍受这些。"

"为什么要做不受欢迎的人呢？你跟我来，我教你如何与别人相处。只要你愿意像我这样，那世界上就没有什么理由吃不饱穿不好。但是，你必须保证和我在一起的时候，不要说对我不利的话。"

于是真理答应了，同意和谎言待在一起。他不是因为喜欢和谎言在一起，而是因为他太饿了，如果胃里再不塞一些东西的话他认为自己很快会晕倒的。他们沿着路一直走到一座城里，谎言立即进到一家最好的餐馆里，坐在了最好的座位上。

"服务员，把你们最上等的肉、最可口的甜点、最甘醇的美酒一起送上来。"谎言吩咐。接下来的这个下午，他们大吃大喝。最后，当他们再也吃不下时，谎言一拳砸在桌上吼道："叫经理过来。"经理马上跑过来。

谎言怒声喝道："这是什么黑店啊！一小时前，我给了服务员一枚金币，但是到现在

还没有把我的钱找回来。"

经理把服务员叫来,但服务员却说谎言连一个子儿也没有给过他。

"什么!"谎言大叫起来,店里的每个顾客都转过脸来看。"我还怎么能相信这个地方啊!无辜的守法公民来吃饭,你们居然掠夺他们辛辛苦苦赚来的钱。你们是一帮小偷加骗子!你们可以欺骗我一次,但是你们在这里再也不会看见我。"他把一枚金币扔给经理说,"这次把零钱找还给我。"

经理怕饭店的名声受到影响,拒绝收这枚金币,而且坚持要把谎言声称的应找的第一枚金币的零钱给他。接着,他把服务员叫到一旁,呵斥他是无赖,并且说要解雇他。服务员坚持说他从未收过一分钱,但是经理拒绝相信他。

服务员叹着气说:"真理啊,你为什么要躲起来啊?难道现在你要抛弃我们这些穷苦的劳动者吗?"

"不,我在这里。"真理内心叹息道,"但是我的判断力因饥饿而丧失了。现在我一张口就会违背我对谎言所做的承诺啊。"

当真理和谎言来到街上,谎言给了真理灿烂的微笑,并拍着真理的后背说:"你明白这世界是怎么一回事了吧?你难道不认为我能将一切尽在掌握吗?"

但是真理从他身边走开了。真理说:"我宁可挨饿也不愿意像你这样生活!"

于是真理和谎言分手了。他们各走各的路,再也没有在一起过。

真理、谎言、水与火

这个真理和谎言永远斗争的故事在埃塞俄比亚和其他非洲东部国家广泛流传着。

很久以前的一天,真理、谎言、水与火一起出行,遇上了一群牛。经过讨论,他们觉得把这群牛均分成4份才算公平,这样,每个人都可以带着相同数量的牛回家。

但是谎言非常贪心,他计划为自己分到更多的牛。

于是,他把水拉到一边,小声对他说:"听我说,火打算把你岸边所有的草丛树木都烧掉,把你的牛赶到草原上,这样他就可以拥有你的牛了。如果我是你的话,我现在就把火浇灭,那么,我们就可以拥有他的份额了。"

水非常傻,他听从了谎言的教唆,把水都浇在火的头上,熄灭了火。

然后,谎言又蹑手蹑脚地来到真理面前,小声说:"看看水都干了些什么!他谋杀了火,吞并了他的牛群。我们不应该与他同流合污,我们应该把所有的牛群带到山上去。"

真理相信了谎言并同意了他的计划,他们就一起把牛赶进山里去了。水一边急急忙忙地追来,一边叫着:"等等我。"但是,他没有办法爬到山上去,所以就独自一人留在山谷中。

当谎言和真理爬到了山顶,谎言转过头来看着真理大笑。他大声说:"我骗你的,傻子。你现在必须把所有的牛都给我,并且做我的仆人,否则,你就甭想活了。"真理承认自己受骗了:"是的,你骗了我。但是我永远都不会做你的仆人。"

于是他们就打起来了。他们之间相互撞击,雷也在山顶上滚来滚去。一次又一次,他们扭打在一起,但谁也没有办法击败对方。

第八章　诚实

最后，他们决定让风出来裁决究竟谁是这场争斗的胜者。所以，风刮上了山的斜坡，听他们讲述事情的经过。

风告诉他们："不是由我来决定比赛的胜者。真理和谎言注定是要斗争的。有时候真理会赢，也有时候谎言会占上风。但是真理不会屈服，真理会一直和谎言斗争到世界末日，永不停歇，直到他取得了永远的胜利。"

所以，直到今天，真理和谎言还在斗争呢。

淑女克莱尔

——艾尔弗雷德·丁尼生

丁尼生(1809～1892)给我们讲述的是一个古老珍贵的道理，也是当今的牧师和顾问一再证实的，那就是，诚实是维持男女之间良好关系的关键要素之一，爱钟情于诚实。

在百合花盛开的时节，
高天上浮着朵朵白云。
罗兰男爵带了只纯白的雌兔
送给堂妹，淑女克莱尔。

我相信他们不会因轻蔑而分离，
他们是早已订婚的情侣，
明天早晨他们就将举行婚礼。
上帝赐福那一日！

"他不是因为我的出身而爱我，
也不是为了我的土地辽阔肥沃。
他爱我是因为珍视我真正的价值，
这令我非常满意。"克莱尔说。

年迈的保姆爱丽丝走了过来，
说："从你这离开的那个人是谁？"
那是我的堂哥，"淑女克莱尔回答，
"明天我们举行婚礼。"

"哦，感谢上帝！"保姆爱丽丝说，
"这一切公正又公平：
罗兰男爵才是你土地的继承人，
你也不应该姓克莱尔。"

"你疯了吗，我的保姆，我的保姆，"
淑女克莱尔说，"为何疯言疯语？"
"上帝在上，"保姆爱丽丝说，

"我说的是实话：你是我的子女。"

"老伯爵的女儿就死在我的怀中。
我说的是实话，就像我以面包为食！
我把她当亲生女儿一样埋葬，
然后让我的孩子冒充了她。"

"错了，你做的都错了。
唉，我的妈妈，"她说，"假如这是事实，
我们竟然让世上最好的男子等了这么多年
才得到早该属于他自己的东西。"

"现在不行，孩子，"保姆爱丽丝说，
"你要终身保守这个秘密，
你的一切都将是罗兰男爵的，
当你们成为夫妻。"

"如果我生来是乞丐，"她说，
"我将会承认这一切，因为我不敢说谎。
取掉这金色的胸针，
扔掉这钻石做成的项链。"

"现在不行，我的孩子，"保姆爱丽丝说，
"要尽力保守秘密。"
她说，"不，我想知道，
男人对于爱情的信念。"

"现在不要说什么信念，"保姆爱丽丝说，
"他会坚守他的权力。"
"他本该拥有它，"她回答，
"而我今晚就该死去。"

"亲爱的，吻一下你的妈妈！
啊！我的孩子，我为你犯下的罪孽多么深重。"
"哦，妈妈，妈妈，妈妈，"她说，
"我实在太难以接受这些。"

"然而我还是要吻你，亲爱的妈妈，
我亲爱的妈妈，如果是这样，
将你的手放在我头上，
保佑我，妈妈，在我离开以前。"

她穿上一件褐色的长袍，
她不再是淑女克莱尔。
她沿着溪谷朝南走，

只在头上戴了一朵玫瑰。

罗兰男爵送的雪白雌兔，
从她歇息的地方跳出来，
把头靠在女孩的手心处，
一路伴她向前去。

罗兰男爵踏着阶梯走下城堡：
"噢，克莱尔，你的打扮有失身份啊！
为什么衣着如同乡村姑娘，
为什么头上还带着野花？"

"我穿得像乡村姑娘，
是因为我的命运如此，
我生来就是乞丐，"她说，
"而不是淑女克莱尔。"

"不要和我开玩笑，"罗兰男爵说，
"无论名义还是事实，我都属于你。
不要和我开玩笑，"罗兰男爵说，
"你出的谜语实在很难猜。"

她骄傲地站起来！
她的心并没有堕落，
她看着罗兰男爵的眼睛，
告诉他所有的故事。

他不以为然地开怀大笑，
他转过身亲吻站在那儿的她。
"如果你生来不是女继承人，
我就是，"他说，"那下一个继承人——"

"如果你生来不是女继承人，
那么我，"他说，"就是法定继承人，
明晨我们将举行婚礼，
那你仍然是克莱尔夫人。"

∽ 真 实 ∾

——本·琼森

本·琼森(1572～1637)告诉我们，真实是信仰和爱的基础。

> 真实就是对它自身的检验，
> 不再需要其他的处理。
> 它比最纯的黄金还要纯，
> 提炼的程度胜过一切。
>
> 它是爱的生命和光辉，
> 是永不熄灭的太阳，
> 是信仰和爱情追求的
> 那种特别优雅的精神。
>
> 它是言辞的根据，
> 散发甜美的香味，
> 授予信仰以力量，
> 踏平脚下所有的虚伪。

∽ 通奸的妇女 ∾

《圣经·新约》中《约翰福音》里有这么一个故事，叙述了耶稣对罪人的宽恕。这个故事表明了人类的伪善是最常见的不诚实的行为。

耶稣来到了橄榄山。一大早，他就来到寺里。所有的人聚在他的身边，他坐下开始训导他们。

这时，文士和法利赛人把一个通奸的妇女带到了耶稣面前。他们让罪人站在人群中，接着对耶稣说："老师啊，这个妇女在通奸的时候被抓住了。现在按照摩西律法的要求，我们要向这样的人砸石头。你说该怎么办？"

他们这么说，目的就是引诱他说错，这样就可以抓住告发他的把柄了。但是耶稣弯下身子，用手指在地上写字，好像他根本没有听见他们的话。

因此，他们又问了一遍。耶稣站起来，对他们说："你们谁认为自己没有罪恶，就第一个站出来用石头砸她吧。"

于是，他又弯下腰，在地上写字。

人们听了他的话，扪心自问，都觉得自己有罪，于是老人带头一个个离开了，就剩下耶稣和原来站在人群中的那个妇女。

耶稣站起身来，眼前看到的只有这个女人了。于是耶稣对她说："女人啊，控告你的

人都去哪里了？没有人再谴责你了吗？"

女人回答说："主啊，没有人了。"

耶稣对她说："我也不谴责你了。走吧，不要再犯罪了。"

问 题

在你质疑邻居的诚实度之前，先检讨一下自己。

> 整个世界都和你一样好吗——没有一点胜过——
> 它是否像你一样纯洁和真实，
> 一样地忠于信仰，勤于工作；
> 一样地远离狡诈和欺骗，
> 远离邻居令人受挫的图谋，
> 远离邻居欺诈的诡计，
> 远离罪犯为之鼓掌的阴谋——
> 这个世界会变得更好吗？
>
> 如果全世界都以你为榜样——依样而行——
> 它会成为一个高尚的世界吗？
> 将一切谎言和虚伪
> 一起扔掉，
> 恶意、自私和贪欲，
> 都从遮盖人们心灵的
> 外壳之下消除掉——
> 告诉我，如果以你为榜样，
> 世界能变得更好吗？

善良的主教

——根据《悲惨世界》改写

　　偶尔一些善意的谎言往往会使真理变得复杂起来。在节选自雨果的《悲惨世界》的这一幕场景中，我们见证了一个谎言。说这个谎的人不仅仅是出于同情，同时也是为了向另一个人的灵魂注入美德之泉。正如詹姆斯·鲁塞尔·路维尔所说："一盏烛火可以点燃其他盏灯，但是其自身的光芒却不会减弱，所以，高贵的品格同样也会影响其他人的高贵人生。"

　　冉·阿让是个伐木工人的儿子，很小的时候就成了孤儿。他的姐姐抚养他长大，但

是当他17岁的时候，姐姐就去世了。所以，冉·阿让不得不承担起抚养姐姐7个年幼的孩子的重任。尽管一身力气，但是他还是觉得自己所从事的穷苦的行当很难养活这些孩子。

一个冬天，他没有了工作，孩子们又哭着要面包吃，他们都快要饿死了。冉·阿让再也无法忍受孩子们的哀求，于是他借着夜色走了出去。他用拳头砸开了面包店的窗子，给饥饿的孩子们带了一条面包回家。第二天，他就因为偷窃罪而被逮捕了，因为鲜血淋淋的手出卖了他。

因为这个罪行，他被囚禁在一艘大型划船上，脖子上套着铁制的脖圈，并且用链条拴着，绑在划船的椅子上。他被判了4年徒刑，这期间他试图逃跑，但不幸被抓了回来，又增加了3年。第二次又尝试逃跑，还是失败了。结果，就因为他偷了一条面包，他在划船上服了19年的苦役。

当冉·阿让离开监狱的时候，他已经变得铁石心肠了。他就像狼一样凶狠，他所犯的众多错误苦苦折磨着他。他现在与其说是人，不如说是一头动物。所以，在我们下文出现的这个善良的主教所负责的教区里，每个人都举手反对他来到这里。

因为知道他是个有前科的危险人物，旅馆里的人都不愿意接受他。他的恶名都早已传播出去，无论他到哪里，每个人都赶他走。他们甚至不允许他睡在狗窝里，也不愿意把给狗吃的东西留给他。他到每个地方，人们都会说："走开，走开！要不然就吃个枪子儿！"最后，他在主教的门外徘徊。

这个主教是个好人。作为主教，他每年可以从政府那里得到3000法郎的补助，但是，他会把其中的2800法郎分给穷苦的百姓。他是个生活简朴、和蔼可亲、充满爱心的人。他爱每一个人，唯独为自己想的少。因此，他深受人们的爱戴。

当冉·阿让走进主教的房子时，他还是个难以接近的危险人物。他用尖利的声音喊道："看这里啊，我是个划船上的奴隶。这是我的身份证明，上面这样介绍我：5年的抢劫罪，14年的越狱未遂加刑。我这个人是很危险的。现在你知道我的为人了吧？你还愿意给我点吃的，让我睡在马厩里吗？"

善良的主教说："坐下来，暖和暖和吧。你和我一起吃顿晚餐，然后就睡在这里吧。"

冉·阿让几乎不敢相信自己的耳朵，他高兴得说不出话来。他告诉主教他有钱，他会支付饭钱和住宿费的。

但是主教说："欢迎你。这里不是我的家，是基督耶稣的家。你给我看你的通行证之前我就知道你的名字了，你是我的兄弟。"

晚饭过后，主教拿出一个银质的烛台，这是他收到的圣诞礼物。他把另一个烛台给了冉·阿让，并带他来到了卧室，这里备有一张很不错的床。半夜里，冉·阿让一下子苏醒过来，他觉得为自己所受的不公惩罚讨回公道的时候到了。他想起了晚饭时用的银刀和银叉，决定去偷来并趁着夜色逃走。因此，他带走了他所有能找到的银器，跳进了花园，消失了。

当主教醒来，发现自己的银器都不见了，他说："很久以来，我一直在想，我不该留着这些银器，我早应该把它们送给穷人的啊。当然这个人也很穷苦。"

早饭的时候，五个士兵押着冉·阿让来到了主教的房前。他们进来后，主教看着冉·阿让说："哦，你又回来了，我太高兴了。我还给了你烛台，也是银的，还有40法郎。你怎么没有带走啊？"

冉·阿让真的被这些话震惊了。士兵们也很惊讶，他们问："这个人说的难道是实话吗？我们以为他是偷了银器逃跑的，所以很快就把他抓住了。"

但是善良的主教只是说："你们把他抓回来是误会啊。让他走吧，这些银器是他的，我已经送给他了。"于是，士兵们离开了。

"是真的吗？"冉·阿让小声对主教说，"我自由了吗？我可以走了？"

"是的，但是你要带走你的烛台。"主教说。

冉·阿让四肢开始发抖，他拿着烛台感觉像在做梦。

主教说："现在，你可以安全离开了。但是不要从花园里出去，因为前门无论是白天还是黑夜都为你敞开。"

冉·阿让看上去好像要晕倒了。

主教拉着他的手说："不要忘记你答应我的话，你要用这钱让自己变成一个诚实的人。"

冉·阿让不记得自己是否做了何种承诺，他只是静静地站着。主教继续严肃地说："冉·阿让，我的兄弟，你已经离开了邪恶的世界，来到善良的世界。我把你的灵魂带了回来，我将它从阴暗的思想和仇恨的情绪中解脱出来，交还给万能的主了。"

伪善的诚实

——瓦伦·霍顿·斯图亚特改写

我们热爱真理是因为真理本身的价值，而不是为了谋取个人私利。正如下面这个中国的民间故事所阐示的那样，夸耀我们对抽象的真理的贡献绝非是一个高尚的行为。

楚国有个年轻人，名叫"诚实"。他的父亲偷了一只羊，于是他便去县令那里告发，将他父亲抓捕。就在处罚他父亲的当口，年轻人前来要求代替父亲受罚。然而行刑前，他又对县令说："我父亲偷了羊，我来揭发，难道不算一个诚实的人吗？当我父亲因此而受罚，我挺身而出，愿意代为受罚难道不是一个孝子吗？如果你惩罚了一个诚实、孝顺的年轻人，那么在这个国度里还有谁不该受到惩罚呢？"县令听了之后，就放了年轻人。孔夫子听说后却说："太奇怪了！这个人竟会通过出卖父亲来使自己获得诚实的好名声。如果这也算诚实的话，那我宁可做一个不诚实的人。"

疑人偷斧

——瓦伦·霍顿·斯图亚特改写

下面这个中国民间故事帮助我们理解了"在证明有罪前人人都是清白的"这一处世原则。我们必须警惕怀疑其他人品格和行为的想法。

有个人掉了一把斧头，他立即怀疑是邻居的儿子偷了它。看着那个孩子经过，他就觉得这孩子像那个偷斧子的人；听到那个孩子说话，也觉得这个孩子像是偷斧子的人。所有的行为和方式都让他觉得这孩子偷了斧子。后来，在挖沟渠的时候，这个人找到了他丢失的斧子。第二天，他又看见了邻居的儿子。但是这一次，孩子的言行举止都没让他感觉像个小偷了。孩子没有改变，改变的是这个人本身。变化的原因在于他的多疑。

一根绳子

——莫泊桑

这个发生在法国农民身上的关于诽谤的故事提醒我们：一个不诚实的人会对他人造成极大的影响。

住在戈德维尔镇沿线的农民和他们的妻子们这天都进城来了，因为这天是赶集的日子。

戈德维尔镇上非常拥挤，到处都是人和牲口。攒动的人群里，时常会露出一对对牛角，或是有钱农民带的长绒高帽和妇女各种各样的头饰。说话声、叫骂声混在一起，或尖锐刺耳，或高亢急促。在这持续不断的粗野的喧哗中，还不时会听到盖过一切声音的大笑，这是壮实的庄稼汉在说着笑话。偶尔，还能听到房子边上拴的牛发出的拖长的叫声。

牲口棚、牛奶、肥料、干草和汗的气味都弥散在空中。人和动物的气息混在一起，是一种特别的乡下人身上的难闻的酸臭味。

布雷奥泰村的奥舍科尔纳老爹也来到了戈德维尔镇。他朝集市走去，这时他注意到了地上的一小段绳子。奥舍科尔纳老爹是典型的诺曼底人，非常的节俭，他觉得任何丢在地上的东西只要有用就该捡起来。所以他十分艰难地弯下腰——因为他有风湿病——从地上捡起了这段细绳子。正当他专心绕绳子的时候，忽然看见马具店的老板马朗丹就站在店门口看着他。他们过去曾经为一个马笼头有过口角，彼此心存不满，因为他们两个谁都不是气量大的人。奥舍科尔纳老爹觉得让他的仇人看见自己在泥浆里捡一段绳子有点丢脸，于是，他急忙把绳子塞进罩衫，然后又取出藏进裤子口袋，接着又装出依然要在地上找什么东西，并找来找去找不到的样子。最后，他伛偻着饱受风湿折磨的身子，低着头走向市场。

奥舍科尔纳老爹很快就消失在嘈杂、缓慢移动的人群中。那里因为永不停歇的讨价还价而显得乱哄哄的。农民们围着母牛，摸摸这里，捏捏那里，始终下不了决心，就怕上当。他们用眼睛偷偷地瞥着卖家，试图想看出对方的骗局，找出牲口的毛病来。

女人们把大篮子放在脚边，取出鸡鸭搁在地上。这些家禽都被捆住了双脚，鸡冠通红，眼神因为紧张而变得凶狠。女人们要么听着买家报的价格，神情漠然地坚持自己的原价，要么会突然觉得可以接受这个价格，当买主慢慢离开时，他们会叫住他："行，就这个价吧！卖给你，昂蒂姆大爷。"

渐渐地，集市上没什么人了。教堂里响起了午间的钟声。离家远的人都分散到各个小酒馆里去了。

儒尔丹小酒馆里宽敞的店堂内挤满了客人，宽阔的院子里也停满了各种各样的车辆，有大车，带篷的双轮马车，带长凳的四轮马车，双轮轻便车，以及一些叫不出名字的车子。车身上沾满黄泥，补的一块一块的。有的车辕朝天，像两条胳膊，有的鼻子朝下，尾部却朝天翘起。

吃饭的人紧靠着一个巨大的壁炉，里面熊熊的火焰把他们的背烤得暖烘烘的。三根叉着小鸡、鸽子和羊腿的烤肉钳在火上翻动，烤得金黄。噼啪作响的肉上流出油来，散发出的肉香让人精神为之一振，引得众人胃口大开，垂涎欲滴。

所有这些种田人中的上等人都在这里吃饭。儒尔丹酒馆的老板同时还开着一家贩卖马匹的店，是个精明的生意人。

一盘盘菜端上来，一只只空盘撤下去。金色的苹果酒喝了一杯又一杯。每个人都在谈论着自己生意上的进出，关心着邻居的收成。

突然，房子前面的院子里传来了一阵鼓声。除了几个懒得挪窝的家伙，其他人都立刻站了起来。他们嘴里还塞着东西，手里抓着餐巾，跑到门口或窗前。

鼓声停下来后，宣读公告的官员就开始用抑扬顿挫的声调念起来。他读得断断续续，其中有几个地方还读错了。

"戈德维尔的居民以及今天上午所有来赶集的人注意了，今天早晨9点到10点之间，有人在波泽维尔遗失了一只黑色皮包，内有500法郎和一些商务文件。如有捡到者请立即送交镇政府或交给马纳维尔德的福蒂内·乌尔布雷克先生。你将会得到20法郎的酬谢。"

说完，他就离开了。过了一会儿，远处又传来沉闷的鼓声和传令官的微弱喊叫声。

大家开始讨论这件事情，盘算着乌尔布雷克先生找回皮包的可能性。

不知不觉，午饭吃完了。

大家正在喝咖啡的时候，宪兵队长出现在门口，他问道："布雷奥泰村的奥舍科尔纳先生在这里吗？"

奥舍科尔纳老爹正坐在桌子的另一头，回答道："我在这里。"

这个宪兵队长又说："奥舍科尔纳老爹，请你和我去一下镇政府，好吗？镇长先生有话和你说。"

这个乡下人吃了一惊，他感到非常不安。他把面前的白兰地酒一口吞下，然后站起身来。他的背驼得比早晨更厉害了，因为每次休息之后，起身的头几步都走得特别痛苦。他一边嘴里嘟囔着说："好吧，我来了。"一边跟着宪兵队长走了。

镇长正坐在椅子里等着他。镇长是当地的公证人，长得矮矮胖胖的，态度很严肃，说话却不大实在。

"奥舍科尔纳老爹，"他说，"今天早晨，有人看见你在波泽维尔的路上捡到乌尔布雷克先生丢失的皮包。"

这个乡下人完全傻了，他愣愣地看着镇长。这个无端的怀疑给了他沉重的一击，让他怎么也回不过神来。

"我，我……捡到了那个皮包？"

"是的，就是你本人。"

"我以自己的人格保证，我没有啊！怎么回事啊，我压根儿不知道啊！"

"有人看见你捡到了。"

"看见我捡的？谁啊？"

"马具店的老板马朗丹先生。"

老爹终于想起来了，他明白了这一切。他的脸因为生气而涨得通红，他说："啊，他看见我捡了？他这个畜牲！他看到我捡的是这段绳子，你看，镇长先生。"

他在口袋里摸来摸去，掏出了那一小根绳子。

镇长摇着头不肯相信："你不要骗我了，奥舍科尔纳老爹。马朗丹先生是个诚实的人，他不会把这段绳子看成皮包的。"

这个老农民火了，他举起手，吐了口唾沫来显示他的真诚。他又重复了一遍说："以上帝的名义起誓啊，我说的是实话。我还可以拿我自己的灵魂和我的名誉再发誓。"

镇长又说道："你把东西捡起来以后，还在烂泥地里搜寻了好一会儿，看看是不是还有零钱掉出来了。"

这个可怜的老农民由于愤怒和恐惧而被噎得几乎说不出话来："居然这么说！……他怎么能……咳，这样撒谎诬陷好人！他怎能这样啊！……"

尽管他拼命辩解，但是没有人相信他。后来，他们让老爹和马朗丹当面对质。马朗丹

重复了他的证词，并且一口咬定奥舍科尔纳捡了皮包。两人互相谩骂了一个小时。根据奥舍科尔纳的要求，搜了他的身，但是什么也没有发现。

最后，镇长也糊涂了，只好把他打发走，并且警告他说，这件事会上报检察机关，听候指示再做处理。

消息很快传开了。老爹一走出镇政府，就被大家围住了。各种各样的问题扑面而来，有询问经过的，有挖苦嘲讽的，就是没有人替他表示义愤的。他开始讲绳子的故事，但是没有人相信他。每个人都在笑。

他继续走。一路上，要么被人拦着问，要么他也拦着认识的人说，一遍又一遍，不厌其烦。他还把口袋翻出来给大家看，想证明他什么东西也没有拿。但是得到的唯一的回答就是："得了吧，老滑头！"

他又生气又担心，急得火冒三丈。因为没有人相信他的话而伤心，又不知道该怎么做好，只得反反复复讲述他的故事。

天黑了，该回家了。他和3个邻居一起回去，一路上唠叨着他的这件意外经过，还指出他捡绳子的具体地点给他们看。

晚上，他在布雷奥泰村转了一圈，把这件事讲给所有的人听，但是没有人相信。

他苦恼了整整一夜。

第二天下午大概1点的时候，伊莫维尔的一位农庄主——布尔通先生的雇工马力于斯·伯梅尔把皮包和里面的东西全部归还了失主乌尔布雷克先生。

这个人声称，他是在路上看见皮包的，但是他不识字，就把东西带回去交给了自己的主人。

消息在附近传开了。奥舍科尔纳老爹知道了这个消息后立刻到处转悠，讲述他这个有了圆满结局的故事。这是他的胜利啊！

"真正触动我的，"他说，"不是这个事情本身，而是谎言的力量。你知道，没有什么比被别人看成骗子更伤人的了。"

整整一天，他都在说他的经历。他告诉路上遇到的人，告诉酒馆里喝酒的人，甚至到了星期天，他还在教堂门口讲给做礼拜的人听。就连一些陌生人他也拦着讲。他现在思想放松了——但是还有一点困扰着他，尽管他自己也没有完全意识到那究竟是什么。人们在听他讲述的时候，脸上总会有一丝取笑他的神情，他们似乎不太相信他。他觉得背后好像有一些人在说他的闲话。

接下来的这个星期二，他又来到戈德维尔集市，目的还是想宣扬他的经历。马朗丹站在自己的店门口，看见他经过就笑了起来。这是为什么啊？

他开始和克里克托的一个农场主交谈。但是对方没有等他说完，就当胸拍了他一下，冲着他的脸说："算了吧，老滑头！"然后转身就走了。

奥舍科尔纳老爹迷惑地站着，越发感到不安。为什么别人都喊他"老滑头"了呢？

他来到儒尔丹小酒馆，坐下之后，他又开始解释这件事了。

蒙蒂维利埃的一个马贩子冲他大声说："得了，得了，你那套把戏我清楚得很。我知道你的故事。"

奥舍科尔纳结结巴巴地说："那个皮包不是已经找到了吗？"

但是那个人接着说："嗨，甭说了，老爹，捡到的是一个人，送回去的又是另一个人，私下里说好的嘛！"

这个乡下人再次惊呆了，但是他也总算明白过来了，原来人们认为那个送还皮包的人是他的同伙，是他叫同伙把皮包送回去的。

他想辩解，但是所有的人都笑起来。

他吃不下去了，在别人的嘲笑声中起身离开了。

他回到了家里，内心仍然感到羞愧又愤怒。这种生气和困惑的感觉越来越噎得他喘不过气来。最使他担心的是，凭他诺曼底人的狡猾，他的确是能够做出别人指责他的这种事来的，甚至他还会为此自豪，吹嘘自己手法了得呢。他渐渐意识到他的清白已经很难证实了，因为他狡黠的品性是人所共知的。这次的不白之冤让他觉得仿佛心上被人捅了一刀。

于是，他又重新开始讲他的故事，每一天讲的内容都会比前一天长点，每次都要补充一些新的理由，更加振振有词地辩护，信誓旦旦的声明。这些都是他一个人的时候想出来的，因为他的脑海里想的就是绳子的事情。但是他的辩护越严密，论据越细致，人们越不信任他。

"哼，这些理由都是他编出来的。"人们在他背后这般议论。

他能感觉到这一点，但是仍然竭力去辩解。结果搞得自己疲惫不堪，却一点好转也没有。

在大家的眼里，他开始一天天衰弱了。

爱开玩笑的人为了逗乐，见了他就要他讲绳子的故事，就像人们要那些参加了战斗的士兵讲打仗的故事一样。他的精神一点点萎靡下来。

年底的时候，他终于卧床不起了。

1月初他死了。他在临终时意识混乱，可他还在喃喃地为自己的清白辩解："一小段绳子……一小段绳子……看，在这里呢，镇长先生。"

高 尚

——爱丽丝·卡里

这首诗让人想起亚历山大·蒲柏的话："一个诚实的人是上帝最崇高的作品。"

真正的价值在于存在，而不是表面——
在每一个度过的日子里都去做
一些小善——而不是梦想
干一番伟业而将时光错过。
无论盲目的人们怎么描绘，
也不管年轻人有何种梦想，
世上没什么比善良更高贵，
也没什么比真实更为高尚。

通过测量，我们找回我们的界限——
我们无法做下错事还感觉良好，
我们也不能以痛苦去换取欢颜，
因为任何轻视都会遭到公正的惩罚。
天空任麻雀展翅遨游，
灌木丛供知更鸟和鹩鹪栖息，
而让人类的孩子们行走的道路
却总是又窄又直。

故事书里没有出现
掩饰心中邪恶的方法，
为求得美人一笑，
求婚者倾尽自己的所有。
啊！这也只是证明——
没有什么比荣誉更崇高，
没有什么比爱更忠诚！

我们不能为了幸福讨价还价，
也不能像网中捕鱼那样将它们抓住。
有时我们在生活中失去的东西
比我们得到的东西更有助益。
因为美好并不在于追求什么，
也不是伟大或渺小中获取什么，
它只存在于做的过程里，
像别人对待我们的那样去做。

我们迟早会经历
嫉妒、恶意或憎恨这个世界的过程。
但我们的勇气不会减退——
我们的任务就是工作和等待。
如果个人的获得少于他的价值，
他会经历轻微的苦痛。
无论他的财产或是出身如何，
只要他是诚实的，
他就是高贵的。

广告的真实性

——P.T.巴纳姆

　　宣传家P.T.巴纳姆(1810~1891)的形象常常错误地和他的一句有名的口号联系在一起，那就是："每天都有一个蠢货诞生。"他是最早完全认识到公共宣传价值的美国商人。我们现在生活在一个受媒体影响日益深重的时代，对广告真实度的关注也逐渐增加。读一下巴纳姆在1866年写的《世界欺骗面面观》中的选段是很有益处的。在该文中，他将欺骗公众和吸引大众注意做了区分(巴纳姆对环境和文化问题的敏感性显然不及他对真实性的关注)。

　　在认真撰写《世界欺骗面面观》这本书时，我发现自己一直为如何对"humbug(欺骗)"这个词下个定义而感到困惑。可以肯定的一点是，韦氏词典上对"humbug"的注解是：作为名词，指的是强迫接受虚假的东西；作为动词，表示欺诈、欺骗。尽管韦伯斯特

先生确实应该受到我们的尊重，但是我不得不承认，根据现在的用法，这不是唯一的，甚至称不上普遍为人所接受的用法。在一般的理解中，这个词包含使用光鲜的包装、闪亮的外观、新颖的手法从视觉和听觉等方面来吸引公众的注意的意思。

因为某种显而易见的原因，牧师、律师和医生要想借助这样的方式吸引公众的话，并不一定会取得成功。银行家、保险代理和其他人如果渴望成为客户货币托管人的话，则需要其他形式的宣传。但是还有些行当和职业只需要知名度就可以确保成功，一旦客户们被吸引了，他们掏钱买的东西总是物有所值。所以，一个诚实的人靠这样的方式而得到公众注意的行为会被称为是"炒作"，但是他不是骗子或谎话家。

伦敦一位著名的黑色鞋油制造商曾经派自己的代理到埃及，在吉萨金字塔上写了这样的大字："请认准购买瓦伦牌鞋油，产地是伦敦斯特兰德大道30号"。他并没有欺骗来尼罗河的游客们。他的黑色鞋油的确是上等货，物有所值，但是他通过这种奇特的方式吸引公众目光是一种炒作行为。正如他预料的那样，到埃及游玩的英国游客对这个有辱胜地的行为很愤怒，他们写信向《泰晤士报》投诉(每个英国人都有这个习惯，就是看到不合理的事情都要写信或者威胁说要写信给《泰晤士报》)，说这些"欧洲野蛮人"在历史悠久的金字塔上写如此丑陋的大字，有碍观瞻。星期日的《泰晤士报》把这些来信刊登出来，并配上了几篇严肃、郑重、言辞凌厉的社论。文章将斯特兰德大道30号的瓦伦先生丑化成对古老帝王大不敬的人，并且暗示说如果有利可图的话，他甚至会毫不犹豫地把自己的鞋油卖给石棺里的法老或其他木乃伊。事实上，瓦伦出人意料地被称作骗子。这些愤怒的文章被转载到各份报章。英国的每份报纸很快以这种方式传递信息：尝试一下伦敦斯特兰德大道30号的瓦伦鞋油吧。民众的好奇心被充分激发了出来，他们确实做了尝试，并且发现这是一款很好用的鞋油。于是他们就会继续购买使用，而且会推荐给朋友。因此，瓦伦先生赚了很大一笔钱。后来，他总是把他的成功归因于这次在埃及为鞋油作广告而引发的炒作效应，这真是一个奇特的方式。但是他没有欺骗顾客，没有强制客户消费虚假产品。他进行了炒作，但是他是一个诚实而正直的人，没有人再叫他骗子或谎话家了。

柏拉图的正义论

——摘自《理想国》

《理想国》中探索的一个主要问题就是：正义是什么？我们人类在社会中如何获得正义，为什么要争取正义。但是古希腊词汇中所说的"正义"对于现代的翻译者来说是一个很难捉摸的词。根据语境不同，它可能意味着诚实、尽责、公正、合法、正确，履行义务等几种情况。总之，柏拉图的"正义论"中提到的意思可能接近我们现在所说的"正直"。对于"为什么我要做个正直的人"这个问题，柏拉图的回答简而言之就是："因为这是健康的方式"。正直——正如我们所说的，会让人心理健全，"让人身心融合"——是身体健康的心理反应。这种生活状态是任何真正理性的人都乐于选择的，如果他能明白这种状态的意义的话。对正直的追求可以让人保持良好的状态。

下面是苏格拉底和格劳孔之间的对话。

苏格拉底：这样，我们的梦想已经得以实现了。我们构建国家之初怀疑一定是某种神圣的力量引导我们获得正义的原始形式，现在也得到了证实，是吗？

格劳孔：是的，确实如此。

苏格拉底：因此，木匠做木匠的事，鞋匠做鞋匠的事，其他的人也都这样，各人承担各人的责任，不做别人的事情。这种分工就是正义的影子——这也正是它有用的原因，对吗？

格劳孔：显然是的。

苏格拉底：但是，事实上正如我们所描述的这样，正义关心的不是外在的，而是内在的，即关于自身的真正重要的事情。因为正义的人不允许自己灵魂里的各个部分相互干涉，承担别的部分的作用。他应当安排好真正的自己的事情。他首先要做到能够主宰自己，拥有自身内部秩序，保持内心平和。他要将内部的这三个准则融合在一起，就仿佛将高音、低音、中音以及其间的各音阶合在一起加以协调那样。当他将这一切融合时，当所有这些部分不再是分散的，而是变成一个完全适度的、非常和谐的整体时，于是，如果有什么事情必须要做的话——无论是涉及财物、照料身体方面，还是在处理某种政治事务或私人事务方面——他就都会去做。而且，他始终相信并把凡保持和符合这种和谐状态的行为称作是正义的好的行为，把指导这种和谐状态的知识称作智慧，而把任何时候破坏这种状态的行为称作不正义的行为，把导致不和谐状态的意见称作愚昧无知。

格劳孔：苏格拉底，你说得很对。

苏格拉底：好的，如果我们可以确定我们已经找到了正义的人、正义的国家以及这两者身上体现的正义的话，我想，我们就应该没有说错。

格劳孔：是的，没有说错。

苏格拉底：那么，我们就这么说吗？

格劳孔：让我们就这么说吧。

苏格拉底：而现在，我认为我们必须研究一下"不正义"。

格劳孔：显然是的。

苏格拉底：不正义应该就是三个原则之间的冲突：即相互管闲事和相互干涉，部分灵魂反对整个灵魂，或者属下企图取得领导地位——他们生来属于奴隶却要反叛王子的统领。这一切的混乱和错觉，如放纵、懦弱和无知等一切的邪恶不就是不正义吗？

格劳孔：正是这样。

苏格拉底：如果我们了解了不正义和正义的本质，那么，"做不正义的事"、"成为不正义的人"，以及"做正义之事"等说法的涵义不都完全清楚了吗？

格劳孔：你说的该怎么理解呢？

苏格拉底：我的意思是，它们就像健康和疾病。正义和不正义反映在心灵上，疾病和健康则是反映在身体上的。

格劳孔：这怎么讲？

苏格拉底：我是说，健康的人才能保持健康，疾病才使人成为病态的人。

格劳孔：是的。

苏格拉底：同样，做正义的事让我们保持正义，做不正义的事使我们成为不正义的人，不是吗？

格劳孔：确实是的。

苏格拉底：但是健康的形成在于身体内各部分自然有序的互相控制和被控制。而疾病的形成则是自然秩序被打乱后出现的产物。

格劳孔：是这样。

苏格拉底：正义的形成也就是在灵魂里各部分自然有序的相互控制和被控制，不正义的形成是由于自然秩序被破坏，难道不是吗？

格劳孔：的确是的。

苏格拉底：因此看来，美德就是心灵的健康、美丽和安定，而邪恶则是心灵的疾病、

第八章　诚实

软弱和残缺。

格劳孔：是这样。

苏格拉底：因此，好的行为能养成美德，恶的行为能养成邪恶，不是吗？

格劳孔：这是必然的。

苏格拉底：现在关于正义和不正义的比较问题中还有一个没有得到答案，那就是：究竟是做正义的事，实践做好事、培养美德(不论是否有人知道他这样做)有利呢，还是做不正义的人、做不正义的事(如果不会受到惩罚和纠正)有利呢？

格劳孔：苏格拉底，在我看来这个问题现在已经变得可笑了。因为，若肉体腐坏，生命不复存在了，纵然拥有一切食物和饮料，拥有所有财富和权力也将无济于事。若我们赖以活着的生命要素的本质已遭破坏和灭亡，活着也没有价值了。不正义的人可以做任何他想做的事，只是不能摆脱不正义和邪恶，不能赢得正义和美德了。这两者我们都已经描述过了。

苏格拉底：是的，正如你说的，这个问题是变得可笑了。

培根论真理

——摘自《论真理》

1625年，弗朗西斯·培根(1561～1626)著名的随笔第一次出版。他在书中声称哲学、神学以及世事间的真理乃是人类本性中至高无上的美德。

唯有真理能够评判真理。真理教导我们：研究真理(即要向其追求示爱)、认识真理(即要与之同处同在)、相信真理(即要享受其中之乐)乃是人性中最高的美德。在上帝创世的那几日中，他所造的第一件东西就是感性的光明；他所造的最后一件东西就是理性的光明。那以后直至安息日，他创造了昭示世人的心智之光。上帝首先把光明吹进浑沌的物质世界，然后又将光明吹入人类的面庞，并且至今他还在把神圣的光辉赐予他所恩宠的那些选民。有派哲学在其他方面都逊于别派，可是其中一位诗人为这派哲学增光添彩，他曾说过："居高临下遥看颠簸于大海中的航船是愉快的，站在堡垒中遥看激战中的战场也是愉快的，但是，没有能比攀登于真理的高峰之上(这座山峰高于一切，山峰上的空气永远清新而宁静)而俯视尘世中的种种谬误与迷障、烟雾和风雨更令人愉快了！"只要俯看者对这种情景永存同情，不自傲自满，那么这些话的确说得好极了！是啊，一个人如能在心中充满博爱，并以天意为归宿，永远围绕真理的枢轴而转动，那么他的生活真可谓是人间天堂了。

从神学中的真理和哲学中的真理再说到世事间的真理。即使那些行为并不坦荡正直的人，也会承认光明正大是一种崇高的美德。真假相混有如金银币中夹杂合金一样，使用或许更方便，但真正的价值受损。曲折狡诈就像蜿蜒的小路，只有靠腹部爬行而非双腿行走的毒蛇才会选择这样的道路。没有什么恶行能如同被察觉出虚伪背叛一样使人蒙羞了。因此蒙田在探讨"说谎"一词为何如此让人感到羞耻可憎的时候，总结得极好。他说："仔细考虑起来，说某人说谎就等于说他对上帝很大胆，对世人很怯懦。"因为谎言是要直面上帝而躲避着世人的。曾经有个预言，说基督降临的时候，他将在世间找不到信仰了。谎言可以说是请上帝来裁判人类全体的最后的钟声。所以，对于虚伪欺骗和背信弃义，再没有比这个说法表达得更高明的了。

真理永不消亡

　　这首诗在阐述真理永存的问题上是很鼓舞人心的，但是更有价值的可能在于它提醒我们："智慧的力量可以发现并且传播真理。"所以，朋友与朋友间、老师与学生间、父母与孩子间确实应该把真理永远流传下去。

　　真理永不消亡。岁月来去匆匆。
　　高山可以消退，群星可以陨落。
　　灾难的力量可以破坏繁荣的城市，
　　帝国、城邦和王朝都会灭亡。
　　但是真理掌握在智者的手中，
　　永不消亡。

　　尽管无人接受并倍受嘲弄，
　　尽管成为荒诞和讥笑的对象，
　　尽管会因嘲笑与讽刺而显得曲高和寡，
　　尽管会被暂时的力量所掩盖，
　　尽管会被傲慢的谎言所侮辱，
　　真理永不消亡。

　　真理不作回答，真理不会反击，
　　它在极度的沉默中等待时机的到来。
　　在智者的拥护下，
　　它站在孕育勇敢的高山之巅，
　　虽经历狂风暴雨，
　　依然永不消亡。

　　如埃及沙漠中的斯芬克斯那样沉寂，
　　如白雪覆盖的高山山顶那般朦胧，
　　如直布罗陀海峡那样坚定而持久，
　　真理，永不疲倦地等待自己的春天，
　　等待人们怀着无比的惊喜投入自己的怀抱。
　　真理将永不消亡。

第九章

忠 诚

忠诚是我们希望成为的那类人的重要标志，它表明了我们在与其他人、团体、机构或理想的联系中的一种稳固与坚定的态度，而这些事物是我们经过慎重考虑后决定要将自己与它们联系在一起的。成为一个忠诚的公民或朋友，意味着你的行为总是处在真切关注着某个国家或同志的安康的某种固定框架内。这可跟做橡皮章完全不同，忠诚的尺度在更高层次上发生作用。例如，总统宣誓忠于美国宪法，其他联邦政府职员、执法人员以及军队服役人员也是如此。全国的公民也会宣誓效忠于国旗。这些表达方式除了他们强调的基本道理外也留下了许多争议的空间。

除了仪式上的表现方式，忠诚也像勇气一样，当我们经受压力时最能清晰地自我体现出来。真正的忠诚能忍受麻烦、抵制诱惑，并且在别人的攻击下不畏缩。而真正的忠诚所产生的信任却会贯穿我们的一生。

《圣经》给我们举了很多启发性的例子：波提乏（基督教《圣经·创世纪》中埃及法老之护卫长）让约瑟管理他的全部家务，约瑟在拒绝波提乏妻子的求爱时解释说："他把他所有的一切都交给我掌管了。"（《创世纪》 39：8）他是一个忠实的管家，怎么也不愿意背叛波提乏的信任。

然而波提乏也是一个忠诚的丈夫。他听信了妻子无中生有的控诉而把约瑟送进了牢里（《创世纪》39：19～20）。所以美德本身并不保证你行为的正确，因为仅仅有好的意愿是不够的，我们还需要智慧以了解什么是正确的事情，以及去做这件事的意义。

在另一个启发性的例子中，大卫始终忠于国王扫罗——也是他最好的朋友约拿单的父亲，尽管扫罗想要杀他（见《友谊》一章中关于约拿单和大卫的故事）。有两次大卫都有良机除掉扫罗，但出于忠诚他并没有这样做（《撒母耳记上》24、26）。扫罗和约拿单死于战争后，大卫著名的悼词"英雄因何陨落"同样献给了这两人（《撒母耳记下》1：17～27）。我们不需要喜欢那些我们为之效忠的人，他们也不必喜欢我们。因此，忠诚完全不同于友谊，尽管两者经常是紧密相连的。

与我们的家庭关系、友谊、宗教或政治关系、职业生涯等相关的各种忠诚都会随着这些联系的发展而改变，有时候忠诚发生的变化可能会非常剧烈，就如保罗在去大马士革的途中的悔改归主一样（《使徒行传》9：1～22）。其他的变化例子也许不那么极端，但却经过更加慎重和规划性的考虑，就像摩押人路得甘愿陪伴内奥姆回到犹大的家乡一样（见《友谊》那一章有关"路得和内奥拿俄米"的故事）。

发生冲突的忠诚有时也会使人作出不情愿的决定，但重要的是要记住：不情愿的决定与困难的决定之间是有实质区别的。

发生冲突的忠诚偶尔也可能证明仅仅是表面上的，具有足够机敏智慧的人有时会找到解决困难的办法，尽管这些困难对其他人来说是无法克服的。因此耶稣在经受其中的一个忠诚考验时制定了著名的困境解决法则："凯撒的东西当归凯撒，神的东西当归神。"（《马太福音》22：21）许多情况与但以理这样的个别例外不同，实际上一个人无法"既为上帝又为国家"的时候并不多。

小男孩布卢

——尤金·菲尔德

我们最早、最忠实的一些朋友是我们儿时的玩具。愿我们都能像小男孩布卢的伙伴那样具有坚定的忠诚之心。

玩具小狗蒙上了灰尘，
但它站得坚定稳当；
玩具士兵锈迹斑斑，
但他手中紧握步枪。
玩具小狗崭新之时，
玩具士兵还行动自如；
那时我们的小男孩布卢
亲吻了他们，又将他们放在那儿。

他说："喏，等我回来，
不要走开，也不要吵闹！"
说完蹒跚走向脚轮矮床，
在梦中他遇见了漂亮的玩具。
梦中天使的歌声
唤醒了我们的小男孩布卢——
哦，光阴悠长，岁月正长，
但我们的玩具小朋友真诚忠实！

啊，为了忠于小男孩布卢啊，
他们依旧站在原地——
等着小手的抚摸，
和小脸上的微笑。
他们只想知道，在漫长的等待中，
在那小椅子的灰尘中，
自从他亲吻他们，把他们放在那儿，
我们的小男孩布卢长成了什么模样。

妈妈做的帽子

——卡洛琳·含温·贝利改写

这则瑞典故事提醒我们：在我们的情感中所表达的忠诚——即使是对妈妈做的帽子这样简单的事物上——也是我们塑造自我时所选择的那类人的重要因素。

从前，有个小男孩名字叫安德思，他有一顶新帽子，你从来没见过这么漂亮的帽子，因为这是安德思的妈妈亲手编织的，也没有人能做出像妈妈做的东西这样好看！帽子是红色的，只是中间有一小块绿色(因为安德思的妈妈没有红线了)，而帽穗是蓝色的。

安德思戴着帽子在屋子周围走了一会儿，让兄弟姐妹们羡慕羡慕他，然后，他双手插在口袋里出去散步了，因为他想让每个人都看看他妈妈做了一顶多么漂亮的帽子。

他见到的第一个人是个农夫，正跟着一辆装着木头的马车在路上走着。农夫把腰弯得那么深，安德思觉得他快要摔倒了。

"哎呀，这不是安德思吗！"快乐的农夫喊起来，"戴着这么漂亮的帽子，起先我还以为是个公爵或者是个王子呢！你愿意坐到我的马车上来吗？"

但是，安德思礼貌地笑了笑，摇摇头，然后高昂着头骄傲地走开了。

在路的转弯口，他遇到了制革工的儿子拉思，他是个身材高大的男孩，所以他穿着高筒靴，带着小刀。当看到安德思的帽子时，他忍不住停下来张着嘴盯着，情不自禁地走近安德思，用手摸摸蓝色的帽穗。

"我们交换帽子吧，"他提议说，"我还可以把我的小刀送给你。"

这把小刀可是个好东西，虽然一半的刀刃都没了，刀柄也有一点裂了。安德思虽说以前常常想要拥有这把刀，但它仍然比不上妈妈做的新帽子。

"不，我可不愿做这样的交换。"他告诉拉思，然后点点头继续走路。

不久，他碰到了一个年纪很大的老婆婆向他行屈膝礼，腰弯得使她的裙子像个气球。

"啊呀！啊呀！你真像一个小绅士，"她说，"我敢说你打扮成这样是去参加皇家舞会的。"

"是啊，为什么不呢？"安德思想，"既然我看起来这么高贵，我不如去觐见国王吧。"他真的去了。

王宫院子里站着两个头戴锃亮头盔、肩扛步枪的士兵。当安德思走近大门时，两把步枪都对准了他。

"你要去哪儿？"其中一个士兵盘问他。

"我要去参加皇家舞会。"安德思回答道。

"不，你不行，"另一个士兵走上前来说，"没有穿礼服的人不能参加皇家舞会。"

然而，正在此时，公主穿过院子走过来，她身着缀着金色缎带的白色丝绸衣服。

"这小伙子的确没穿礼服，"她对士兵说，"但他头戴一顶漂亮的帽子，那也行啊。"

于是，她牵着安德思的手，领他走上宽阔的大理石台阶，每隔两个台阶都有士兵站岗，富丽堂皇的大殿里站着身着丝绸和天鹅绒衣服的侍臣，无论他走到哪儿，他们都会向他鞠躬。毫无疑问，当他们看到他漂亮的帽子时肯定以为他是一位王子呢。

在大殿远远的尽头有一张桌子，上面放着一排排金色杯碟，大大的银色盘子里高高地堆着馅饼和蛋糕，闪闪的玻璃杯中红葡萄酒起着泡沫。

公主坐在长桌一头的主人位上，安德思坐在她旁边的金色椅子上。

"不过，你不必戴着帽子吃东西。"她说完伸出手想把帽子摘下来。

"噢，可以的，我也能戴着它吃东西。"安德思说着，紧紧抓着帽子，因为他想，一旦把他的帽子拿掉，他们就不再相信他是个王子了。而且，他也不敢肯定他能再把它拿回来。

"好啦，好啦，把它给我吧，"公主说，"我会亲你一下的。"

公主真的很美丽，安德思很想让她亲吻一下，但是世上任何东西都不能使他放弃妈妈做的帽子，所以他还是摇摇头。

公主在他口袋里装满了蛋糕，甚至把她自己的金项链套在他脖子上，并且弯腰亲吻了他。

"现在你愿意把你的帽子给我吗？"她问。

但安德思仅仅把身子往后靠了靠，并没有把双手从头上移开。

突然门"砰"的打开了，国王和所有身着闪亮制服、戴着镶有羽饰的帽子的绅士们鱼贯而入，国王自己披了一件拖地的紫色大氅，白色的鬈发上戴着一顶硕大的金色王冠。

当他看到金色座椅里的安德思时，脸上露出了微笑。

"你戴的这顶帽子很漂亮。"他说。

"是的，"安德思答道，"妈妈用她最好的线织成的，每个看到它的人都想从我这儿拿走它。"

"不过，你肯定愿意跟我交换帽子吧？"说话间，国王把他沉重的王冠从头顶上拿下来。

安德思一声不响地坐在那儿，尽可能一动不动，用手抓着他的红帽子。当国王双手捧着金王冠朝他走来时，他忽然感到了前所未有恐惧。如果不留神，国王就会抢走他的帽子，因为国王是可以为所欲为的。

安德思从椅子上一跃而起，箭一般冲出一间间富丽堂皇的大殿，跑下大理石台阶，穿过院子。

他像鳗鱼一样扭着身子从侍臣张开的手臂中穿过，像小兔子一样跳过士兵的步枪。

他跑得飞快，公主的项链从脖子上滑落了，蛋糕也都从口袋里蹦出来，但是他的帽子还在！无论如何，他保住了他的帽子！当他冲进自家的小屋时双手还紧抓着帽子。

"嘿，安德思，你到哪儿去了？"妈妈问。他便爬上她的膝盖，把他所有的冒险经历以及每个人如何想要他的帽子的事一股脑儿告诉了她。他的兄弟姐妹围成一圈，目瞪口呆地听着这一切。

当大哥听到安德思拒绝用帽子换国王的金色王冠时，他又是吹口哨又是叫喊。

"唉，你真蠢啊！"他叫道，"你本来可以把那王冠卖掉换回一大堆金银财宝，然后买一座城堡、一辆配马的马车和可以在河里航行的小船。然后，剩下的钱仍然足够可以让你去买一顶伸出紫色羽毛的崭新的帽子！"

安德思从未想过这个，他的脸红了又红。他双臂环着妈妈的脖子问："妈妈，我是不是很傻？"他妈妈紧紧搂着他亲着他说："不，我的小儿子，即使你从头到脚穿金戴银，你看起来也不会比戴着你的小红帽更漂亮了。"

就这样，安德思又觉得好受了，他现在完全明白了，妈妈做的帽子是世上最好的帽子。

第九章　忠诚

辛辛那提思的故事

——詹姆斯·鲍德温重述

这则关于罗马政治家及将军卢修斯·昆克提思·辛辛那提思的故事发生在公元前458年，当时的罗马正处于一个名为埃桂的意大利部落的围困之中。这是一个值得我们记住的最著名的故事之一，它告诉我们，忠诚的公民为了救援国家不图重酬。每当我去辛辛那提思，我都尽量在那儿的辛辛那提思雕像前停留一会儿，它是我最喜爱的雕塑之一。

在离罗马城不远处的小农场里，住着一个叫辛辛那提思的人，他曾经很富有，并担任过该地区的最高长官，但不知怎地他失去了全部的财富。现在他一贫如洗，不得不靠自己的双手干着农场里所有的活儿。但在那个时代，人们认为从事土地耕作是件高贵的事。

辛辛那提思是如此的睿智，每个人都很信任他，找他出主意。一旦有谁遇到麻烦不知该怎样做时，他的邻居们就会说："去告诉辛辛那提思，他会帮你的。"

这时，在不远处的山里居住着的一个凶猛的、半开化的部落正与罗马人交战，他们还说服了另一个拥有骁勇武士的部落来援助他们，然后向罗马城挺进，一路上烧杀劫掠。他们夸下海口，说他们将捣毁罗马城墙，烧毁房屋，杀掉所有男人，并让妇女儿童沦为奴隶。

一开始，骄傲勇敢的罗马人并没有意识到危险，因为罗马的每个男子都是勇士，在外与强盗征战的队伍是世上最优秀的队伍，没有人待在家里，除了为这座城市制定法律的白发苍苍的被称作"元老"的人和一小队守城的人。人人都认为把这群山地部落赶回到他们自己的领地是件轻而易举的事。

然而一天清晨，5个骑兵从山里沿路疾驰而来，人和马均灰尘满身，血迹斑斑。城门的看守认识他们，在他们飞驰进城时喊问："为什么这般匆忙？罗马军队怎么了？"

他们没有回答，径直催马入城，沿着寂静的街道而行。大家都跟在他们身后跑，急切地想知道发生了什么事。罗马当时是个不大的城市，不久他们就到达了白发元老们的集会场所。跳下马后，他们就讲述了他们的经历。

"就在昨天，"他们说，"我们的军队正沿着两座陡峭的山峰之间的狭窄山谷行进，突然，千余名野蛮人从我们前方和上方的岩石堆里跃出，他们堵住了路，而通道又如此狭窄，我们无法作战，企图后撤，可他们把我们的后路也切断了。我们的前前后后都是这些山里的野蛮人，他们从上面向我们投掷石头，我们陷入了埋伏。随后，我们10个人策马前行，其中5人杀出重围，但另外5人倒在对方的矛下。如今，噢，罗马元老啊！请立即给我们的部队增援，否则每个人都将被杀戮，我们的城池也将被占领。"

"我们该怎么办？"白发元老说，"除了守卫和男孩子我们还能派谁呢？而且，谁有智慧领导他们拯救罗马呢？"

所有人都摇摇头，表情凝重，似乎没有希望了。忽然有人说："去找辛辛那提思，他会帮助我们。"

当被派去请他的人十万火急地赶到那儿时，辛辛那提思正在田里犁地，他停下手中的活儿，友善地招呼他们，并耐心等他们讲话。

"披上斗篷，辛辛那提思，"他们说，"听听罗马人民的呼声吧！"

辛辛那提思开始疑惑他们是什么意思。"罗马一切可好？"他边问问题，边喊妻子把斗篷拿来。

妻子拿来斗篷后，辛辛那提思擦去胳膊和手上的灰尘，扬起斗篷披上双肩。然后，那

些人禀告了他们的使命。

他们告诉他由罗马最优秀的士兵组成的军队是如何在山中小道被困的，他们还告诉他罗马城是如何岌岌可危的。然后他们说："罗马人民希望你成为他们以及这座城的统治者，做任何你决定做的事。元老们请你立即就去，出城去抵御我们的敌人——野蛮的山地部落。"

辛辛那提思听完，把他的犁竖在原处，匆匆进了城。当他穿过街道发号施令时，有些人害怕了，因为他们知道，他在罗马拥有了一切权力，足可以为所欲为。然而他武装了守卫及男孩子，一马当先地去跟凶猛的山里部族作战。最终，他把罗马军队从困境中解救了出来。

几天后，罗马城里欢欣鼓舞，从辛辛那提思那儿捷报频传：山里部族被击败，损失惨重，他们被赶回到了自己的领地。

现在罗马军队，包括守卫和男孩们，正旌旗飘飘，一路高歌猛进，凯旋而归。骑马走在部队最前面的就是辛辛那提思，他拯救了罗马！

辛辛那提思那时是可以立自己为王的，因为他的话就是法律，也没有人胆敢举手反对。

但是，人们还没来得及感谢他为他们所做的一切，他就把权力归还给了罗马的白发元老们，又回到小农场重新拾起了他的犁。

他仅仅当了16天罗马的执政官。

忠实的朋友

——奥斯卡·王尔德

忠实是朋友之间的双向车道——奥斯卡·王尔德的故事这样提醒我们。

一天早上，一只年迈的水鼠把头伸出洞来。它有圆亮的眼睛和硬硬的灰色胡须，它的尾巴像一长段黑色印度橡胶。小鸭子们在池塘里悠然地游来游去，看起来像一群黄色金丝雀，它们的妈妈则一身纯白的羽毛，鲜红的腿，正教它们如何在水中倒立呢。

"你们要是学不会倒立，就永远别想进入上流社会。"妈妈不停地对它们念叨，并不时地给它们做示范，但小鸭子们却并不在意。它们太年轻了，根本不懂进入社会后这对它们会有什么好处。

"多不听话的孩子啊！"年迈的水鼠叫道，"它们真该被淹死。"

"这不算什么，"鸭妈妈回答说，"每个人都有起步的时候，做家长的再怎么耐心都不为过。"

"呵，我对父母的情感无从体会，"老水鼠说，"我是个没有家庭的人，实际上从未结过婚，也没打算结。爱情诚可贵，但友谊价更高。的确，在这世上我不知道还有什么比忠诚的友谊更高尚、更珍贵了。"

"那请问你对于忠实朋友的责任是怎么看的？"一只停在附近一棵柳树上的翠绿色朱顶雀正好听到了它们的谈话，便问道。

"是啊，这也正是我想知道的。"鸭妈妈说完，游到了池塘那一头，倒立着，为的是给它的孩子们做一个优美的示范。

"多愚蠢的问题啊！"水鼠喊道，"我当然应该希望我忠实的朋友对我忠诚。"

"那么，你怎么回报呢？"小鸟扑棱着小翅膀，在一根银色枝条上摇摆着说。

"我不明白你的意思。"水鼠答道。

"我给你讲个与这有关的故事吧。"朱顶雀说。

"这故事是关于我的吗？"水鼠问，"如果是，我就愿意听，因为我非常喜欢故事。"

"可以适用于你。"朱顶雀答道。然后它飞下来落到岸上，讲了"忠实的朋友"的故事。

"很久很久以前，"朱顶雀说，"有一个诚实的小伙子名叫汉斯。"

"他很出色吗？"水鼠问。

"不，"朱顶雀答道，"除了他的好心肠和一张有趣的快乐的圆脸外，我认为他一点儿也不出色。他自己一个人住在一座小房子里，每天都在花园里干活。全村没有一个花园像他的这么可爱，那儿长着美洲石竹、康乃馨、荠菜和玉柏，还有大马士革蔷薇、黄玫瑰、丁香、藏红花和金色、紫色、白色的紫罗兰。随着四季的更迭，耧斗菜、牛膝草、野罗勒、莲香花、鸢尾花、水仙花及粉丁香相继盛开，各种花生生不息，所以，园子里总有美丽的东西可欣赏，有芳香的气味可闻到。

"小汉斯有很多朋友，但是，最忠实的朋友要算大块头磨坊主了。真的，富有的磨坊主对小汉斯如此地忠实，所以，他每次经过汉斯的花园都要从墙头探过身去拔一大束花或者割一把芳香草料，如果正是水果季节，他还要在口袋里装满李子和樱桃。

"'真正的朋友就该分享每样东西。'磨坊主常说，而小汉斯总是点头微笑，为拥有一位具有如此高尚思想的朋友感到骄傲。

"有时候，邻居们觉得很奇怪，因为富有的磨坊主从不给小汉斯任何东西作为回报，尽管他的磨坊里存放着上百袋面粉，他还有6头奶牛和一大群绵羊。可是，汉斯从未费神去想这些，只要经常听听磨坊主阐述真诚而无私的友谊的妙处，他就觉得没有比这更快乐的事了。

"就这样，小汉斯继续在花园里辛勤劳作。在春天、夏天和秋天，他都很快乐，可是冬天来临时，他就没有水果或鲜花可以拿到集市上去卖了，这时候，他总是饥寒交迫，经常不吃晚饭，就啃些干梨或嚼些坚果就上床睡觉了。在冬天他也异常孤独，因为那时磨坊主从不来看他。

"'只要雪继续下，我去看小汉斯就没什么用处，'磨坊主常对他妻子说，'因为人在困境时我们应该让他们独处，不被打扰。这至少是我对友谊的看法，而且我确信我是对的。所以，我要等到春天来临时再去拜访他，他就能给我一大篮子的报春花，这会使他快乐的。'

"'你真会替别人着想，'他妻子坐在松木柴燃起的大火炉边的一个舒适的扶手椅上回答说，'真的非常体贴。听你谈论友谊是件乐事，我敢肯定牧师本人都说不出这么美妙的言论，尽管他住在三层楼的房子里，小拇指上还戴着金指环。'

"'可是，我们不能把小汉斯请到这儿来吗？'磨坊主最小的儿子问，'如果可怜的汉斯有困难，我会把我一半的粥给他，并带他看我的小白兔。'

"'你真是一个傻孩子！'磨坊主叫起来，'我真不知送你去上学有什么用，你好像什么也没学会。瞧，如果汉斯到这儿来看到我们温暖的火炉、可口的晚餐以及大桶的红葡萄酒，他会嫉妒的。嫉妒可是个可怕的东西，它能毁掉一个人的本性。我当然不想让汉斯的本性被毁掉，我是他最好的朋友，要永远监督他，确保他不受任何诱惑。还有，如果汉斯到这儿来，他可能会让我赊给他一些面粉，我可不能这么干。面粉是一回事，友谊又是另外一回事，两者不能混为一谈。哎呀，这两个词的写法不同，也表示不同的东西，每个人都能明白这一点。'

"'你讲得多好啊！'磨坊主妻子给自己倒了一大杯热乎乎的麦芽酒说，'我真的昏昏欲睡了，就像在教堂里听牧师布道似的。'

"'很多人举止良好，'磨坊主答道，'但很少有人言谈出色，这说明言谈是两者中更难

的事，也是更优雅的一件事。'然后，他严厉地看了看桌子那头的小儿子，那孩子正羞愧地低下头，脸越来越红，并开始对着茶杯哭起来。不过，他这么年轻，你应该原谅他。"

"故事就这样结束了吗？"水鼠问。

"当然没有，"朱顶雀答道，"这只是开始呢。"

"那你真落伍，"水鼠说，"如今每个善于讲故事的人都从结局讲起，然后回到开头，再在中间结束。这是新方法，我是从一个评论家那儿听到这一切的，当时他正与一位年轻人绕着池塘散步。他详细谈论了这个方法，我确信他肯定是正确的，因为他戴着蓝色眼镜，头发都快掉光了。每当那个年轻人发表见解时，他就总是回答'呸！'。不过，请继续讲故事吧，我特别喜欢磨坊主，我自己也有各种美丽的情感，因此我们之间有着强烈的共鸣。"

"好啊，"朱顶雀用这只脚蹦蹦，又用那只脚蹦蹦，说，"冬天一结束，报春花开始吐露出它们淡黄色的小星星似的花苞，磨坊主就对妻子说他要下山去看望小汉斯了。

"'哎呀，你心真好！'他妻子叫道，'你总是想着他人。对了，别忘了带个大篮子装花。'

"磨坊主就用一条粗铁链把风车的翼板拴在一起，胳膊上挎着篮子下山了。

"'早上好，小汉斯。'磨坊主说。

"'早上好。'汉斯倚着锹，笑逐颜开。

"'这个冬天你是怎么过的？'

"'唉，真是的，'汉斯叫道，'你真好，这么关心我，你真的太好了。我恐怕这个冬天会过得很艰难，不过现在春天来了，我很高兴，花儿也长得很好。'

"'冬天我们常谈起你，汉斯，'磨坊主说，'不知道你怎样了。'

"'你太好了，'汉斯说，'我都怕你已经把我忘了呢。'

"'汉斯，你这么说太令我惊讶了，'磨坊主说，'友谊是永不遗忘的，那正是它的美妙之处，不过，恐怕你不懂这种生活的诗意。顺便提一句，你的报春花多么可爱啊！'

"'它们确实很可爱，'汉斯说，'我真是很幸运，今年开了这么多的报春花。我要把它们拿到集市上卖给市长的女儿，再用这笔钱把我的独轮手推车赎回来。'

"'赎回手推车？你的意思是你把它卖了？多傻的一件事啊！'

"'唉，'汉斯说，'我是迫不得已啊。你看，冬天对我来说是段非常艰难的日子，我真的一点钱都没有了，面包都买不起。所以，我就先卖了我礼服上的银扣子，然后又卖了我的银链子，再后来又卖掉了我的大烟斗，最后把手推车也卖掉了。不过，现在我要把它们都赎回来了。'

"'汉斯，'磨坊主说，'我愿意把我的手推车给你，虽然它年久失修，实际上，一边已经残缺不全了，轮辐也坏了，但尽管如此，我还是愿意把它送给你。我知道我很慷慨，很多人都觉得我把它送人很愚蠢，不过，我可不像世间俗人。我认为慷慨是友谊的精髓，而且，我自己也有了一辆新的手推车。好了，你尽可放心好了，我会把我的手推车送给你。'

"'哎呀，真是的，你太慷慨了，'小汉斯有趣的圆脸上喜气洋洋，'我很容易就能把它修好，我屋子里正好有张厚木板。'

"'厚木板！'磨坊主道，'哎呀，我正需要一块那样的放在我家谷仓顶棚上，顶棚上有个大洞，要是我不把它堵上，谷子都会变潮。幸亏你提到这个！一件好事总会带来另一件好事，这是多么奇妙啊！我把我的手推车送你了，现在你又送我木板。当然，手推车比木板值钱多了，但真正的友谊从不在意这些。请你马上把它拿来，我今天就开始动手修谷仓。'

"'当然可以。'小汉斯说着，跑进棚子把那张木板拖出来。

"'这木板不太大，'磨坊主看着它说，'恐怕我修好谷仓顶棚之后就剩不下什么给你修手推车了。不过，那当然不是我的错。现在我已经把手推车给你了，你肯定也愿意送我些

花作回报，这是篮子，千万要把它装得满满的。'

"'满满的？'小汉斯问道，心里有些难过，因为这是个很大很大的篮子，他知道如果装满了，他就不会有剩的拿到集市上去卖了，他可是急切地想赎回他的银扣子啊。

"'唉，真是的，'磨坊主说，'我都给你我的手推车了，我觉得向你要些花不算什么。我可能错了，但我本以为友谊，尤其是真正的友谊，是没有任何的私心掺杂在里面的。'

"'我亲爱的朋友，我最好的朋友，'小汉斯叫道，'我园子里所有的花你都随便拿。比起我的银扣子，任何时候我都宁愿倾听你的良言。'说完，他跑过去摘下他所有美丽的报春花，装满了磨坊主的篮子。

"'再见，小汉斯。'磨坊主肩上扛着木板，手里提着一大篮子花上山了。

"'再见！'小汉斯说，接着他就开始快快乐乐地挖起地来，一想到手推车就令他高兴。

"第二天，小汉斯正在把一株忍冬钉在门廊上方的时候，忽然听见磨坊主在路边喊他。他立刻跳下梯子，穿过花园，从墙头看过去。

"原来是磨坊主正背着一大袋面粉站在那儿。

"'亲爱的小汉斯，'磨坊主说，'你能帮我把这袋面粉拿到集市上去吗？'

"'噢，真抱歉，'汉斯说，'我今天实在很忙。我得把所有的藤蔓钉好上架，把花都浇了，把草地翻一翻。'

"'唉，真是的，'磨坊主说，'看在我送你手推车的分上，我认为你拒绝我真是太无情无义了。'

"'噢，别这么说，'小汉斯叫道，'我无论如何也不会无情无义的。'说完，他跑去取了帽子，肩上扛着大袋子吃力地走了。

"那天天很热，路上尘土飞扬，还没走出6英里，小汉斯就累得想坐下来歇歇，但他还是勇敢地继续往前走，终于到了集市上。在那里等了一会儿，他就把面粉卖了个好价钱，然后立即往家赶，因为他怕如果停得太久，路上没准儿会碰到强盗。

"'这真是累人的一天，'小汉斯上床时自言自语，'不过，我很高兴我没有拒绝磨坊主，他是我最好的朋友啊，而且，他还要送我手推车呢。'

"第二天一早，磨坊主来取那袋面粉的钱，但小汉斯累得还没起床。

"'照我说，'磨坊主说，'你太懒了。说真的，看在我要送你手推车的份上，我认为你该更努力地干活。懒惰是一大罪，我当然不喜欢我的任何一个朋友游手好闲、懒惰散漫。你别介意我这么直截了当的跟你说话，假如我不是你的朋友，我肯定不会这么做，但是，若是一个人不能讲真话，友谊还有什么用呢？人人都能说些美妙动听的话去取悦讨好别人，但真正的朋友总会说些不中听的，也不管对方会不会痛苦。实际上，倘若他是真正的朋友，他就会喜欢这样，因为他知道朋友在做好事。'

"'我很抱歉，'小汉斯一边说，一边揉着眼睛，摘掉睡帽，'可是我实在太累了，所以想在床上多躺一会儿，听听小鸟唱歌。你知道吗？听完小鸟的歌唱我总是干活干得更棒。'

"'噢，这我很高兴，'磨坊主拍着汉斯的背说，'因为我要你一穿好衣服就上山到我的磨坊帮我修补谷仓顶棚。'

"可怜的小汉斯急着去花园干活，因为他的花两天没浇水了。不过他又不想拒绝磨坊主，对他来说，磨坊主是多好的朋友啊。

"'如果我说我很忙你会认为我无情无义吗？'他怯怯而羞愧地问道。

"'哎呀，真是的，'磨坊主答道，'看在我要送你手推车的分上，我觉得求你做件事一点也不过分。当然，如果你拒绝了，我就回去自己干。'

"'噢，决不会拒绝你的。'小汉斯叫着从床上一跃而起，穿好衣服上山去谷仓了。

"他在那儿干了整整一天的活儿，一直干到太阳落山。日落时分，磨坊主前来看看他

美德书大全集

干得怎么样了。

　　"'小汉斯，你把屋顶的洞补好了吗？'磨坊主欢快地问。

　　"'修好了。'小汉斯边爬下梯子边答道。

　　"'啊！没有什么比为其他人干活更令人愉快了。'磨坊主说。

　　"'听到你谈论真是幸事，'小汉斯坐下来擦着额头的汗说，'一大幸事啊。但恐怕我永远不会有你这样高明的见解。'

　　"'噢，你会有的，'磨坊主说，'但你得多加努力。目前，你只有对友谊进行体验，将来有一天你才会归纳出自己的理论。'

　　"'你真的认为我能吗？'小汉斯问。

　　"'对此我毫不怀疑。'磨坊主答道，'不过既然你修好屋顶了，你最好回家休息，明天我还要你把我的羊赶上山呢。'

　　"可怜的小汉斯对此不敢说什么，第二天一大早，磨坊主就把他的羊赶到小屋，然后汉斯带着它们进山了。他花了一整天把它们赶个来回，等到家时，他累得坐在椅子上就睡着了，一直睡到第二天天大亮。

　　"'在我的园子里干活的时光是多么快乐啊！'他说完，立即就开始干活了。

　　"但是不知怎地，他再也没法照看他的花了，因为他的朋友磨坊主总是来喊他到老远的地方去给他跑腿，或者让他去磨坊帮忙。有时小汉斯很苦恼，他怕他的花会认为自己把它们都忘了，但想到磨坊主是他最好的朋友，他的心中就颇感安慰。'而且，'他常说，'他要送我手推车，那可是绝对慷慨的行为。'

　　"就这样，小汉斯不停地为磨坊主干活，磨坊主也不停地发表着关于友谊的各种漂亮话。这些汉斯都记在了笔记本上，晚上常拿出来读一读，他可是个很好学的人。

　　"事情发生在一个夜晚，小汉斯正坐在火炉边，忽然传来很响的敲门声。这是个暴风雨的夜晚，狂风呼啸着在屋外盘旋，因此，起初他还以为是暴风雨声。但不久又传来第二声、第三声敲门声，一声比一声响。

　　"'大概是某个可怜的赶路人。'小汉斯边跑向房门，边自言自语道。

　　"门口站着磨坊主，一手提着灯笼，一手拿着一根大棍子。

　　"'亲爱的小汉斯，'磨坊主叫道，'我遇到大麻烦了。我的小儿子从梯子上摔下来受伤了，我要去叫医生。不过他住得那么远，天气又这么恶劣，又是晚上，我就想如果你替我去一趟会更好些。你知道我要送你手推车的，所以你得为我做些什么才公平。'

　　"'当然啰，'小汉斯叫道，'你来找我真让我感到荣幸，我立即就出发。不过，你得把灯笼借给我，夜太黑了，我怕我会掉到沟里去。'

　　"'我很抱歉，'磨坊主回答道，'这是我的一盏新灯笼，如果它有什么损坏，对我来说可是损失惨重。'

　　"'噢，那算了，我就不用它了吧。'小汉斯说完，取下他的大毛皮外套和暖和的红帽子，脖子上围了条厚围巾就出发了。

　　"这是一个多么可怕的暴风雨的夜晚啊！外面一片漆黑，小汉斯几乎什么也看不见，风势强劲，吹得他几乎站立不住。然而，他非常勇敢，步行了三个小时后，终于到达了医生家。他敲了敲门。

　　"'谁呀？'医生把头伸出卧室窗子大声问。

　　"'是小汉斯，医生。'

　　"'小汉斯，你想干什么呀？'

　　"'磨坊主的儿子从梯子上摔下来受伤了，磨坊主让你立刻去一趟。'

　　"'好的。'医生说完，叫人取来他的马，穿上靴子，提着灯笼下楼来，骑上马朝磨坊

388

主家奔去，留下小汉斯在后面蹒跚而行。

"但是暴风雨越来越猛烈，骤雨倾盆，小汉斯看不见他走到哪儿了，也追不上马，最后他迷了路，走进了沼泽地，那是一个很危险的地方，到处都是深坑，可怜的小汉斯就被淹死在那儿了。第二天，一些牧羊人找到了他的尸体，尸体漂在一个大水塘里，他们把他运回了他的小屋。

"所有人都去参加了小汉斯的葬礼，因为他很有人缘。磨坊主担当了首席送葬者。

"'我是他最好的朋友，'磨坊主说，'所以，只有我占了这个位置才是公平的。'因而，他穿着长长的黑袍走在殡葬队伍的队首，不时地用一方大大的手帕擦擦眼睛。

"'小汉斯的离去对每个人来说确实都是一个巨大的损失啊。'葬礼结束后，当他们都舒舒服服地坐在小酒馆里，喝着加调料的美酒，吃着香甜的蛋糕时，铁匠说。

"'无论如何，对我来说是个巨大损失，'磨坊主接过话儿说，'哎呀，我本来可以把我的手推车给他的，现在我都不知道拿它怎么办了。放在我家里很碍事，它又破得没法修了，要是我把它卖了也什么都得不到。我得当心，不能再送掉什么东西了，人总是因为太慷慨而吃亏。'"

"后来呢？"长长的一段停顿后，水鼠问。

"噢，这就是结尾了。"朱顶雀说。

"但磨坊主后来怎么样了？"水鼠问。

"噢，我真不知道，"朱顶雀答道，"而且我敢肯定我并不关心。"

"很显然你天性中没有同情心。"水鼠说。

"恐怕你还不太明白这则故事的寓意。"朱顶雀评论道。

"明白什么？"水鼠尖叫道。

"寓意。"

"你的意思是说这故事里含有寓意？"

"当然。"朱顶雀道。

"哎呀，真是的，"水鼠恼怒地说，"我认为你在讲之前就应该告诉我。如果你事先说明了，我肯定就不会听你讲了。实际上，我应该像那个评论家那样说'呸'。不过，我现在可以说了。"说完，他提高嗓门，大叫一声"呸"，尾巴一扫，钻回洞里去了。

"你觉得水鼠怎么样？"几分钟后，鸭妈妈划过来，"它有很多优点，但从我这方面来讲，我具有一个母亲的情怀，所以，每当我看到一个顽固的单身汉时就忍不住落泪。"

"恐怕我惹恼它了，"朱顶雀答道，"事实是，我给它讲了一个寓意很深的故事。"

"哈！那可是件危险的事。"鸭妈妈说。

我很赞同鸭妈妈的观点。

天堂之门前的尤迪西拉

这则故事来自于《罗摩衍那》，它与《摩诃婆罗多》并称印度两部伟大史诗。在这里，忠诚正是进入天堂的门票。

贤君尤迪西拉统治了潘德瓦人民很多年，并领导他们打了一场与强大的邪恶之军旷日持久的胜仗。耗尽精力之后，尤迪西拉觉得他将不久于人世，快到了去天国的时候了。安

排好一切之后，他启程前往高耸的梅路山，准备从那儿去天国。他美丽的妻子卓帕迪以及他的4个兄弟与他同行。不久，一只狗安静地跟在后面加入了他们的队伍。

但是，去梅路山的旅途漫长而悲伤，尤迪西拉的4个兄弟在途中相继死去，接着，他的妻子——美丽的卓帕迪也没能幸免。这时，只剩国王孤零零的一个人了，那条狗继续忠实地跟着他攀爬在通往天国的陡峭而漫长的路上。

最后，他们虚弱而筋疲力尽地停在天堂之门前，尤迪西拉谦恭地鞠躬请求进入。

当千眼之神印卓驾临接见尤迪西拉，并欢迎他进入天堂时，天地间充满轰鸣之声，但尤迪西拉并不是很情愿。

"噢，众神之主啊，不与我的兄弟以及我挚爱的妻子——无辜的卓帕迪一起，我不想进天堂。"他说。

"别害怕，"印卓答道，"在天堂你会见到他们所有人的，他们在你之前就来了，已经都在那儿了。"

但尤迪西拉还有另一个请求：

"这只狗一路跟着我来，它对我忠心耿耿，为了它的这份忠心，我当然不能把它留在外面！而且，我心中对它钟爱无比！"

印卓摇摇他硕大的头颅，一时间地动山摇。

"你本人可以获得不朽、财富、成功以及天国的所有快乐，"他说，"你靠这次艰难的旅行赢得这一切，但你不能把狗带进天堂。抛弃这条狗吧，尤迪西拉，这是无罪的！"

"可是它能到哪儿去呢？"国王问道，"谁又会和他一道走呢？他放弃了尘世间所有的享乐成为我的伴侣，我现在不能抛弃它。"

上帝听完这番话恼怒了。

"你必须一身洁净地进入天堂，"他坚决地说，"触摸狗就会抵消祈祷者所有的功德。想想你在做什么，尤迪西拉，让这条狗走！"

但尤迪西拉坚持道："噢，千眼之神啊，让一个一向都竭力保持正直的人去做明知不正义的事是很困难的，即使此举是为了进入天堂。如果不朽意味着抛弃对我忠诚的人，那我宁愿不要它。"

印卓又一次规劝他：

"你把你的4个兄弟和你的妻子丢在路上，为什么不能也把狗丢掉呢？"

可是尤迪西拉说："我抛弃他们是因为他们已经死去，我既不能再帮助他们，也不能使他们起死回生。但只要他们活着，我就不会抛弃他们。"

"那你难道愿意为了这只狗而放弃进入天堂吗？"上帝问。

"伟大的众神之主啊，"尤迪西拉答道，"我曾坚守这样的诺言——我永不抛弃恐惧和寻求我保护的人、痛苦和穷困的人，或者弱小不能保护自己而渴望生存的人。现在我增加了第四条：我发誓永不遗弃忠于我的人。我不会抛弃我的朋友的。"

尤迪西拉伸手摸了摸狗，正准备悲哀地离开天堂，忽然眼前奇迹发生了，这只忠诚的狗变成了达玛——正义与公正之神。

印卓道："尤迪西拉国王，你是个正直的人，你显示了对忠心者的忠诚之心和对一切生命的同情之心，你做到了这一点，放弃了众神而没有放弃你的伙伴——这只卑贱的狗。噢，尤迪西拉国王，你在天堂应受尊敬，因为没有什么行为比对卑贱者的同情更会受到崇高的敬意和丰厚的报答了。"

就这样，正义之神陪着尤迪西拉走进了天堂，在那儿，他与他的兄弟及挚爱的妻子团聚，共享永恒的幸福。

雷鸣瀑布

——阿兰·麦克法兰重述

　　这个故事来自美国中西部的一个印地安部落基卡普人,该部落曾经以不断游牧而出名,他们的部落名称源自一个词,意为"不断迁徙,一会儿站在这儿,一会儿站在那儿的人"。

　　黑暗中夜幕笼罩着基卡普村,人们聚拢在火堆周围,等着听故事。听的人知道这个故事不是关于战场上的战士的,也不是关于冒着生命危险突袭敌人的勇士的,他们将要听到的是关于勇气的故事。故事讲的是人们载歌载舞歌颂的两个勇敢的妇女,人们歌颂她们巨大的勇气以及为部落所做的崇高的牺牲。以下是人们听到的故事。

　　当冰雪消融、大地回春、河水丰沛、水流湍急时,我们部落的一队人在狩猎,妇女们跟随着男人们一起出猎,帮助他们剥去猎物的皮,收拾剔下的肉。他们打了3天猎,一只只鹿倒在他们的箭下。

　　当他们游走到远离自己地盘的国家时,总是有被敌人袭击的危险。虽然武士们一直在巡逻,但并没有做到足够的警惕。一天,酋长说最好回部落去,这队人就准备在太阳升起后往回赶。然而,一些武士及妇女们再也没有看到太阳升起。当黑暗渐渐褪去,黎明即将来临时,肖尼族的一大股作战队包围了营地,向他们发动了袭击。

　　幸存的及受重伤的基卡普人逃进了峡谷,他们曾在那儿打过猎,并找到了一个大山洞,山洞位于一条大河的雷鸣般轰响的大瀑布下。酋长决定如果他们再遇到敌方的大股作战队,那么就躲在那儿,因此,所有的基卡普人都知道这个藏身之处。

　　凶残的肖尼族人杀掉了受伤的人,而把我们的两名妇女作为俘虏带回了他们的营地。这两名妇女很年轻,可以为他们干活。肖尼族人的营地远在他们袭击我们之处的上游,他们的住处在一条宽阔的、水流湍急的河岸边。

　　袭击过后的6天里,肖尼武士到处搜寻从那次突袭中逃脱的我们的人,远处的几个点都布了岗哨,这样的话,基卡普人就不可能逃出他们的视线,肖尼族的作战队也会立即获悉他们的行踪。敌人搜寻得很仔细,但我们的人藏得更隐蔽,没被发现。我们的酋长没让他的队伍离开洞窟,他们也没必要离开,因为他们有大量的水和肉干。

　　几天后,人们请求酋长允许他们离开瀑布下的大山洞。在那儿他们的确觉得安全,但瀑布可怕的轰鸣声损伤了他们的耳朵,就好像洞前的一幕雷电在咆哮。他们心里也很害怕,因为他们担心魔鬼的魂灵盘踞在包围着他们的黑暗的峡谷间。

　　酋长是个勇敢的人,但他深知手下人的感受。能离开这个有着巨大的咆哮轰隆声的地方,即使逃离时许多手下倒在肖尼人的箭下,他也乐意。"明天,也就是我们遭袭后的第七天,将是我们躲在这儿的最后一天,"他对手下人说,"当夜幕降临时,我们尽力突围出去,回到我们自己的地盘。做好准备吧!"

　　我们的酋长知道,全身而退的机会很小,因为肖尼族人多势众,而且对于我们有人逃脱了袭击,他们一定感到非常恼怒。"他们肯定会气急败坏,"基卡普酋长想,"因为虽然他们能追踪林中足迹,但即使最好的追踪者也无法看到河谷岩石地上的脚印。"

　　第七天的清晨,肖尼族人的巫师到酋长那儿,向他讲述了自己做的梦:他的图腾鸟,一只红尾鹰,在梦中来到他面前,绕着他飞了一圈又一圈,同时发出尖利的叫声,怂恿他跟自己走。巫师无法拒绝他的图腾鸟,所以当它迅捷地在前面飞时,他的灵魂紧随其后,

直到鹰到达了林中的一块空地。就在这儿，巫师在梦中看到了一群人影。

"我能跟着人影到敌人躲藏的地方吗？"巫师问鹰，"这些人中谁知道那队人藏到哪儿了？"

鹰径直飞到肖尼族人俘获的两名妇女那儿，绕着每个人的头顶转圈。

"这些妇女肯定知道，"巫师在向酋长讲述他的梦时断言，"我的图腾鹰从不朝错误的方向引导我。"

肖尼族酋长对巫师和他的图腾鸟非常信任，所以他叫来一群武士，向他们讲述了巫师的梦，并命令他们把那两个被俘妇女带到他面前。盘问中，两名妇女称她们并不知道自己队伍的藏身之处。

"她们在说谎，"巫师叫道，"严刑拷打能让她们说实话。"

两名妇女受尽折磨，武士们把燃烧的树枝扣在她们手腕上，在火苗的舐咬下，她们喊道愿意说出自己队伍的藏身之处。她们用本族语轻轻耳语了一番，然后，用手势表示她们准备带肖尼族作战队前往基卡普人的藏身之处。

当肖尼族人武装起来准备跟这两名妇女走时，她们指向了河的方向，而不是领他们进到森林。她们用手势表示我们的人离这儿还很远，肖尼族人只有乘独木舟才能尽快追到他们。但酋长朝森林指了指，他手下武士便推着她们朝那个方向走去。这时，她们用手语表示从陆上无法给肖尼族人领路，只有走水路她们才知道通向基卡普队伍藏身之地的路。

酋长相信了妇女，把她们带上了搁在河岸上的大型独木舟。这两名妇女连比带划地告诉他们：靠近瀑布有一条大河主流的小支流，他们必须沿着这条支流才能找到基卡普人。酋长命令妇女坐上打头的独木舟，他自己和巫师以及6个最棒的武士也坐了进去，队伍里的其他人分坐在许多独木舟中紧随其后。船桨激起阵阵水花，独木舟像顺流而游的鱼儿般飞速前行。

划了很远之后，酋长问两名妇女是否接近敌人的藏身之处，妇女打手势说那地方已经很近了。于是，船桨继续上下舞动，但现在武士们已不必划得太用力了，独木舟飞逝而行之间，水流愈发湍急强劲。独木舟越行越快，从远处传来瀑布的雷鸣般巨响，地动山摇的轰鸣声越来越近。

尽管酋长很勇敢，但他也害怕湍急水流的强大威力。两名被俘妇女坐在船头，他坐在她们的身后，便用手碰了碰她们的肩膀，她们立即回过头。当他看到她们面带微笑，也就不再害怕。两名妇女中的年长者用胳膊朝南岸挥了挥，表示再过一会儿他们就会到达岔流，在那儿划桨者可以把独木舟从急流中转舵，驶入小溪的平静水面。

独木舟的速度越来越快，越来越快。它冲过飞沫扬起的激流，激流在两岸坚硬的石壁间吼声如雷，河道越来越窄。没有机会再调转船头了！

现在酋长和他的武士们知道中计了，但已经太晚了。狂暴的急流吞没了在威力无比的瀑布浪尖上被撕成碎片的独木舟，这之前最勇敢者也仅仅来得及唱了几句丧歌的音符。正是那两名勇敢的基卡普妇女骄傲地引领敌人的队伍葬身于河底参差嶙峋的石块中。

我的故事讲完了，但只要山还青、水还转，把我们的队伍从死亡中拯救出来的两名妇女的事迹就会继续为人们所传唱。

第九章 忠诚

以斯帖王后拯救她的族人的故事

——沃特·拉塞尔·鲍威重述

《圣经》中《以斯帖记》的事件据传发生在波斯国王亚哈随鲁统治期间，《圣经》学者们常把他当做薛西斯一世(公元前519～前465年)。以斯帖和她的亲戚末底改是滞留在东部的犹太族人，其余犹太人被巴比伦人放逐返回到了耶路撒冷。这则故事讲述的是一个年轻的王后独自面对危险、拯救她的族人的故事。

《以斯帖记》的故事要从一个名叫亚哈随鲁的波斯国王讲起。故事中讲，一天，亚哈随鲁决定在他的御花园里举办一次盛大宴会，他邀请了全国所有的要人前来赴宴。花园是宫墙之内最漂亮的地方，有大理石柱和铺满红、蓝、白、黑色石子的小径，白、绿、蓝色的幔帐系在银色圆环上，美酒用金子做的高脚杯盛装。

筵席连摆7天，那时候每个人，包括国王自己在内都吃饱喝足了。王后名叫瓦实提，是个非常美丽的女子。国王忽然想让她在客人面前一展她的容颜。当时，王后正在内宫与侍女们待在一起，国王派了7名仆人去请她到宴席上来。

见国王传来这样一个旨意，瓦实提又羞又怒。她不想在一大群半醉的男人面前露面，就让仆人们告诉国王她不愿去。

国王听后怒火中烧，他曾夸耀过王后的美丽，如今在客人面前他感到尴尬，便问其中一些人他们认为他该如何做。这些人并不很尊重女性，他们开始意识到如果自己的妻子听说连王后都敢违抗国王的命令，那么她们也会违抗自己的丈夫。所以，他们告诉国王必须废掉瓦实提，重立一位新王后。

这正合亚哈随鲁的心意，他把瓦实提赶走，随后就是挑选新王后的问题了。国王的侍从在国内到处寻访，把他们所能找到的最美的少女带到宫中。其中有个少女来自犹太家庭，名叫以斯帖，年轻、纯洁而可爱，她从未想到自己能成为波斯王后。国王一见以斯帖，就爱她甚于其他少女，于是就立她为后。但他不知道她来自犹太族。

以斯帖有个堂兄名叫末底改，他待她如亲生女儿一般并把她抚养大，因为以斯帖的父亲早就去世了。以斯帖事事信任他，对他言听计从。末底改嘱咐她不可告知国王她是个犹太人。

末底改常常来到王宫与以斯帖聊天，他经常坐在人来人往的宫门前，人们总站在那儿一起闲聊。一天，他看到两个怒气冲冲的人，他们激动地交谈着。末底改无意听到他们正合伙密谋害死国王。

末底改就把这事告诉了以斯帖，以斯帖又提醒了国王，国王便命人逮捕了那两个人，并将他们处死。通过这次的提醒，末底改救了国王一命，按理说国王应当对他非常感激才是，但国王对除自己以外的任何人都不感兴趣。因此，尽管别人告诉他是末底改报的信，他却很快将这事忘记了。

与此同时，另一个人渐渐成了国王的宠臣，他的名字叫哈曼。哈曼所到之处，国王的侍从们都要向他鞠躬，但末底改从不向哈曼鞠躬，也根本没有表示出注意到他的样子。每天都有人警告末底改，说如果他不仿效国王侍从的做法，总有一天他会有麻烦的，但对此末底改并未在意。过了一阵，有人问哈曼他是否注意到末底改——那个犹太人，在他经过时从不向他鞠躬。这一说，哈曼恼怒万分，他是个骄傲、好猜忌的人，一听说有人胆敢藐视他，就难以忍受，他开始琢磨如何对末底改实行最严厉的惩罚。想了一段时间后，最后他认为对末底改单独实施惩罚并非是最厉害的：既然末底改是个犹太人，那么哈曼将使所有的犹太人受苦。

　　于是，有一天，哈曼到国王那儿讲尽了他所能想到的有关犹太人的谗言。他提醒亚哈随鲁说，犹太人遍布全国，人数太多，对国家已没有好处。难道国王已经忘了犹太人与波斯人不同？忘了他们有自己的法律？他建议除掉有可能成为波斯敌人的犹太人。哈曼还说倘若国王签署一份下令消灭所有犹太人的文件，他就把10000塔兰特（希伯来的货币单位）的银子及巨额的钱财捐入国王的银库。

　　亚哈随鲁不仅性情急躁，还很愚蠢，他相信了哈曼所有的话，于是勃然大怒，让哈曼杀掉犹太人。

　　哈曼听完，心中充满了邪恶的喜悦。他抓紧一切时间以确保计划的实施。他以国王的名义向全国各地的执政官发出盖有国王玉玺的命令，下令在某一天将每个犹太人——男人、女人、儿童——都处以死刑。做完这一切后，哈曼进宫与国王一道饮酒庆祝。

　　宫外听到这些消息的城里的人们既震惊又担心，不久，消息传到了末底改耳中，他便身着粗麻衣，头上洒灰，以示悲痛，而后来到宫门口恸哭哀号。

　　一位侍女把这事告诉了以斯帖，以斯帖大为困惑，派人到末底改那求他脱掉麻衣，赶快告诉她发生了什么事。末底改跟传信人说了那个可怕的事情——国内所有的犹太人都面临死亡，只有她可以到国王那儿请求他更改命令，以此来拯救犹太人。

　　以斯帖似乎面临着超出一个女人所能承受的困难。她是王后，深知波斯朝廷严酷的法律，她明白没有一个人，尤其是女人，胆敢忤逆国王。以斯帖遣回信使，问末底改难道不知道倘若冒昧去见国王，任何人都可能被处死？除非国王心情好，伸出节杖示意靠近，否则此人必死无疑。以斯帖没有理由认为国王会如此善待她，因为已有很多天国王未召见她，她也未见过国王了。

　　末底改回话说，波斯的犹太人只有一个希望，也只有一个人能够做这件事，这个人就是以斯帖。此外，他又说，她必须想到，如果屠杀犹太人的命令执行起来，她也逃不掉，别人会发现她也是犹太人，她也会像其他人一样被处死。但是，她一个人就能做到其他所有人加在一起都无法做到的事，也许这是一个机会，去显示很少有人敢于显示的一种勇气。"谁知道呢？"末底改说，"也许你来这个国家就是为了这样一个时刻。"

　　当以斯帖接到末底改的口信，她心中充满了勇气，承受如此重托，她不能再胆怯了。她传话给末底改，让他把犹太人集合在一起斋戒祷告，而她和宫中的侍女也是如此。然后她将去觐见国王，努力说服他。"如果我会死，"她说，"那就死吧。"

　　她冒着巨大危险的最后时刻到来了。亚哈随鲁威仪堂堂地坐在宝座上，以斯帖身着最华丽的服装走到了御座宫门外。门开着，她就站在那儿，美丽安静地望着国王，等待着。如果他恼怒起来，那么一切也就完了。

　　然而，国王伸出金色的节杖指向她，"以斯帖王后！"他说，"你想要什么？你有什么请求？哪怕是半个王国，我也会给你！"

　　看来国王并未生气！他喜欢她，也许比起邪恶的哈曼，他更乐意听她的话。但此刻她还不能说出她真实的愿望，而是说："如果陛下觉得合适，您和哈曼能否赏光参加我今日备好的筵席呢？"

　　国王说他愿意去，哈曼也应该参加。

　　他们入座后，国王又一次对以斯帖说无论她要什么他都会满足。但以斯帖请求国王不要让她那时候说出她想要的，可以等到明天吗？他和哈曼第二天能亲临另一个宴会吗？"可以。"国王说，"我们会来。"

　　哈曼自豪而欣喜地走出宫去，他应邀单独与国王和王后赴宴，而明天他又被邀请了！但当他离开王宫时，看到坐在宫门前的末底改，末底改既没有站起来，也没有向他鞠躬，甚至根本对他视而不见。哈曼的好兴致立即被破坏了，他紧咬嘴唇，一言不发地从末底改身旁走过去。一到家，他就叫来妻子和几个朋友，跟他们大发牢骚起来，他向他们讲述了国王赐予他的所有荣耀，人人都可以看出他是个多了不起的人，可这个末底

改竟敢藐视他。

哈曼的妻子和朋友跟他一样脾气暴躁。"为什么不立即到国王那儿去请求绞死末底改？""请国王建一个50英尺高的绞架。"他们建议道。这对哈曼来说是个好主意，他没有请示国王便让人建了绞架，准备用来绞死末底改。

然而，事情的发展并未如哈曼所料。那一夜国王无法入睡，焦躁地辗转反侧，最后他决定读一会儿书，便命人拿本书来，侍从拿来的恰巧是记载前几年宫廷事件的历史书，国王令人读给他听。这期间他听到了关于两人密谋要害死他，以及末底改如何无意听到而向他通风报信的那一段。

国王忽然记起他从未因此而奖赏过末底改，想到一直以来他把这事忘得一干二净，不禁就有些懊恼。他问侍从们："这个末底改怎样了？他有没有得到什么奖赏？"

他们答道："什么也没有。"

"现在何人在宫内？"国王问。

碰巧就在此时，哈曼来到王宫向国王禀报他为末底改建了绞架的事，仆人们便告诉国王哈曼在外面。

"让他进来。"国王说。

哈曼进来时，国王满脑子想的都是刚才他听的历史事件。"哈曼，"他问道，"对一个国王非常想犒赏的人该做些什么？"

"他肯定指我！"哈曼想。他竭力掩饰住他的兴奋。

"对一个国王非常想犒赏的人该做些什么？"哈曼重复道，"把陛下穿的王袍拿来，还有陛下的御马，以及陛下自己的王冠。让最尊贵的一个王侯负责这一切，让王侯把王袍披在陛下欲犒赏的人身上，然后让他骑上御马，由王侯领着这人巡游全城，并向人们宣布他是陛下乐意犒赏的人。"

"好主意！"国王道，"现在火速照你的话去办。拿一件我的王袍来，把我的马牵来，找到那个犹太人末底改，领他巡游全城。"

哪怕国王用榔头在哈曼双眼间敲一下，哈曼也不会被震得比这更目瞪口呆。但国王的命令是不可违抗的，哈曼甚至不敢露出吃惊的神色来。阴郁愤恨中，他狂怒地冲出宫去，给予末底改本以为属于自己的荣耀。他牵着御马的缰绳，而末底改身披王袍坐在马上，他还要向挤满街道的人们喊道："这就是陛下乐意犒赏的人！"

不过这没什么，他还等着与国王和王后的宴会呢。

三人入座后，亚哈随鲁再次问以斯帖想让他做什么，这次她说了实话，她提起以国王的名义颁发的命令：全国所有的犹太人都必须被处死。然后，她告诉国王她本人也属于犹太族，她请求国王收回那可怕的命令，赦免他们。"如果我在陛下眼中还受宠爱的话，"她说，"请答应我的恳求吧。"

国王看到以斯帖可爱而悲伤的样子，他愤怒地意识到自己被某人欺骗了，他几乎忘记了是谁劝他发布的那个命令。"谁干的这件事？"他问道，"他在哪儿？"

王后以斯帖直视着哈曼说："就是这个恶毒的哈曼。"

国王怒火中烧，站起来大踏步走向花园。哈曼胆战心惊，摔倒在王后坐的榻椅上，这时国王又走进来，见此情景，以为哈曼企图伤害王后。"什么！"他叫起来，"在我自己的宫中你还想袭击王后吗？"他叫来侍从，命令把他带出去。

此时一名大臣进来，问国王是否知道哈曼在自己家附近建了一个绞架，一个几乎有100英尺高的绞架。国王一点儿不知此事，不过现在知道了，他也知道这件事该怎么处置了。"把哈曼带过去绞死。"他命令道。就这样，哈曼自己被绞死在他为末底改准备的绞架上。

美德书大全集

这就是《以斯帖记》中的故事，从那天起，饱受磨难的犹太人民总会充满喜悦地想起真诚的末底改和全凭一己之力完成了危险使命的年轻王后。

犹大和彼得

这是《马太福音》中关于背叛的最著名的故事之一。犹大为了30枚银币所做的事当然令我们尤为惊骇，而同时我们也为彼得的不认主感到另一种截然不同的震惊。尽管彼得在橄榄山上发誓——"我永不会不认你"，但他在恐惧、悲痛中却犯了一次相对于犹大来说更可原谅、更人性化的背叛。犹大的背叛似乎无法理解，而彼得不认主的做法在我们所有人身上都是有可能发生的。

当下，十二门徒之一犹大去见祭司长，并对他们说："如果我把他送到你们面前，你们愿意给我多少钱？"他们便和他定下30枚银币的契约。

于是，从那时起他就找机会出卖耶稣。

现在是除酵节的第一天，门徒们来到耶稣面前对他说："我们为您准备好逾越节的筵席后，您在哪儿吃呢？"

耶稣说："你们进城去，到某人那里，对他说：'主说，他的时刻即将到来；他将与门徒在你家里过逾越节。'"

门徒听完耶稣的嘱咐，就去预备逾越节的筵席了。

当黄昏来临，他与十二门徒入座。

进餐时，他说："我肯定地对你们说，你们中有一个人将要出卖我。"

他们都甚思忧愁，一个一个地开始问他："主啊，是我吗？"

耶稣回答说："同我蘸手在盘子里的，就是他要出卖我。人子必要去世，正如经上所写的，但出卖人子的人有祸了！那人不生在这世上倒好了。"

然后，出卖他的犹大回答说："主啊，是我吗？"耶稣对他说："你说的是。"

他们吃的时候，耶稣拿起饼来，祝福，然后掰开，递给门徒说："你们拿着吃，这是我的身体。"

他又拿起杯子，祝福了，递给他们说："你们都喝这，因为这是我立约的血，为多人流出来，使罪得赦。但我告诉你们，从今以后，我将不再喝这葡萄汁，直到我在我父的国度里与你们重新喝。"

他们唱了诗，就出来往橄榄山去了。

那时，耶稣对他们说："今夜，由于我的缘故，你们都要犯错。因为经上记着，我要击打牧羊人，羊群就散开了。但我复活以后，我将在你们之前去加利利。"

彼得回答说："虽然所有的人会因为你的缘故而犯错，我却永不犯错。"

耶稣对他说："我实话告诉你，今夜鸡叫以前，你会三次不认我。"

彼得说："我就是与你同死，也不会不认你。"众门徒也都这样说。

随后，耶稣同他们来到一个地方，名叫客西马尼，就对他们说："你们坐在这里，等我到那边去祷告。"

于是，他带着彼得及西庇太的两个儿子同去，他开始悲伤起来，心情极其沉重。

他就对众门徒说："我心里甚是忧伤，几乎要死。你们在这里等候，和我一起警醒。"

他稍往前走，俯伏在地，祷告说："我父啊，如果可能，求你不要让我喝下这杯苦酒，

然而，不要照我的意愿，而要照你的意愿。"

　　然后他来到门徒那里，发现他们都睡着了，就对彼得说："怎么样，你们就不能跟我一起警醒片刻吗？

　　要警醒祷告，你们就不会陷入迷惑。你们的心灵固然愿意，但肉体却软弱了。"

　　他第二次走开去祷告说："噢，我父，如果这杯苦酒不能离开我，必要我喝，就愿你的旨意得到成全。"

　　他来到门徒那儿，又见他们睡着了，因为他们的双眼困倦。

　　他又离开他们去了，作第三次祷告，说的话还是与先前一样。

　　随后他来到门徒那里，对他们说："现在你们依然睡觉安歇吧。看哪，时间到了，人子被出卖到有罪的人手里了。起来，我们走吧，看哪，出卖我的人走近了。"

　　说话间，瞧，那十二门徒里的犹大来了，跟他在一起的还有许多带着刀棒的人，他们都是祭司长和民间的长老派来的。

　　这时，出卖耶稣的人给了他们一个暗号，说："我亲吻谁，谁就是他。你们快速拿住他。"

　　他随即来到耶稣面前说："请安，主啊。"说完就亲吻他。

　　耶稣对他说："朋友，你为何而来？"那些人上前，下手拿住耶稣。

　　这时，看，跟随耶稣的其中一个人伸手拔出刀，砍了大祭司的仆人一刀，削掉了他一只耳朵。

　　耶稣就对他说："收刀入鞘吧，因为凡是动刀的，必死在刀下。你想，难道我不能求我父，现在派遣十二营多的天使来吗？但若是这样，经上所说的事情必定这么发生的那些话如何应验呢？"

　　同时，耶稣又对众人说："你们带着刀棒来捉拿我，如同捉拿强盗吗？我天天坐在圣殿里教诲民众，与你们在一起，你们并没有捉拿我。"

　　但这一切事情的发生，为的是应验先知经上的话。当下，所有的门徒都离开他逃走了。

　　捉拿耶稣的人把他带到大祭司该亚法那里去，文士和长老已经聚集在那里。

　　但彼得远远地跟着耶稣，一直到大祭司的院子，就进去同差役们一起坐着，想看看这事到底如何了结。

　　祭司长、长老们和全公会寻找假证据控告耶稣，要治死他。

　　可是他们找不到。的确，虽然好些人来作假证，但都得不到实据。最后来了两个假证人，说："这人曾说，他能拆掉上帝的殿，并在三日之内重新建造起来。"

　　大祭司就站起来，对耶稣说："你什么都不回答吗？这些人作证指控你，你有什么话说？"

　　耶稣却不言语。大祭司又对他说："我指着永生的上帝叫你起誓告诉我们，你是不是上帝的儿子基督。"

　　耶稣对他说："你说的是。然而，我告诉你们，将来你们要看见人子坐在那权能者的右边，驾着天上的云降临。"

　　大祭司就撕开了他的衣服，说："他说了亵渎的话，我们何必再用见证人呢？这亵渎的话你们都听见了。你们的意见如何？"

　　他们回答说："他是该死的。"

　　然后他们就把唾沫吐到他脸上，又用拳头打他，其他人用手掌打他的耳光。

　　他们说："基督啊，你是先知，告诉我们打你的是谁？"

　　这会儿彼得在外面的院子里坐着，有一个使女前来说："你也是同那加利利人耶稣是一伙的。"

　　但彼得当着众人的面否认说："我不知道你在说什么。"

　　于是走出去，到了门口，又有一个使女看见他，"就对那里的人说：这个人也是同拿

撒勒人耶稣一伙的。"

彼得又不承认，并起誓说："我不认得那个人。"

过了不多时，旁边站着的人前来对彼得说："你果真是他们一党的，你的口音把你暴露出来了。"

彼得就又是发誓又是赌咒说："我不认得那个人。"随即，鸡叫了。

彼得想起耶稣曾对他说的话：鸡叫之前，你将三次不认我。于是跑出去，放声痛哭。

到了早晨，众祭司长和民间的长老们商议要治死耶稣。

他们把他捆绑押解到总督庞提斯·彼拉多那里。

这时候，出卖耶稣的犹大看见耶稣已经定了罪，竟后悔起来，把那30枚银币拿回来交给祭司长和长老，说："我出卖了无辜人的血是有罪的。"他们说："那与我们有什么相干？你自己承担吧。"

犹大就把银币丢在圣殿里，出去吊死了。

卡斯托耳和波吕丢刻斯

雅典剧作家米南德说，人并不是仅仅为自己活。卡斯托耳和波吕丢刻斯的故事阐明了"手足之情"这个词所包含的伟大意义。

冬天的夜晚，双子星座高高地在头顶上空闪烁，其中两颗主星——卡斯托耳和波吕丢刻斯是夜空中最明亮的星星。我们知道他们是孪生兄弟，不过，据希腊英雄时代的古老神话称，他们只是同母异父的兄弟，勒达是两人的母亲，而卡斯托耳的父亲是廷达雷乌斯，斯巴达国王；波吕丢刻斯的父亲则是众神之王宙斯。因此，卡斯托耳的寿命是有限的，而波吕丢刻斯是永生的。

所有的传说都说，兄弟俩从未分开过，他们彼此无限忠诚，也共同经历了许多艰险。他们与伊阿宋和亚尔古英雄们一同航行去寻找金羊毛。姐姐海伦被特修斯绑架后，他们救了她——正是这位美丽的海伦，她的容颜后来"发动了千艘战舰"，引发了特洛伊战争。他们也参加了著名的卡莱敦的野猪围猎，与许多希腊勇敢的英雄们合力把一只巨大的野猪赶出了国土。

关于卡斯托耳和波吕丢刻斯最著名的传说是他们如何结束俗世生命的事。希腊诗人品达告诉我们，卡斯托耳在战斗中受伤，他的兄弟冲到他身边，却发现他已奄奄一息，卡斯托耳短促地呼出最后几口气，耗尽了他的生命。波吕丢刻斯尽了一切努力想要救他，但却毫无希望。

"噢，父亲宙斯啊，"波吕丢刻斯叫道，"拿走我的生命，让我代我的兄弟去死吧！如果不能，就让我也死去吧！没有了他，我的余生就只有悲痛了。"

说话间，宙斯走近他回答说：

"你是我的儿子，波吕丢刻斯，因此好好享受永恒的生命吧。你的兄弟生于凡胎，注定要像所有的人类那样品尝死亡的滋味。但我会给你一次选择的机会，你可以来奥林匹斯山，与雅典娜、阿瑞斯以及其他诸神住在一起，这是你的权力；或者，如果你愿意与你的兄弟分享永生的话，那么你必须有一半的时间待在地下，另一半时间待在天堂金色的家园。"

波吕丢刻斯没有片刻动摇，放弃了在奥林匹斯山的生活，而选择了永远与他的兄弟一起分享光明与黑暗。因此，宙斯让卡斯托耳睁开了双眼，恢复了呼吸。即使现在我们也能看到他们，把他们称为双子星座，他们一半的时间停留在星光闪烁的天空，另一半时间却沉落在地平线之下。

珀涅罗珀的布

——詹姆斯·鲍德温改写

珀涅罗珀经历了漫长的时光，等待着丈夫从特洛伊战争中归来，这也许是我们所说的忠诚的最高体现。伊萨卡王后的坚韧、机智、忠贞和爱情使她成为希腊神话中最令人难忘的人物之一。这则故事来源于荷马史诗《奥德赛》，在下面讲述的故事中，我们用奥德修斯的拉丁名字称呼他，即尤利西斯。

在与特洛伊人交战的所有英雄中，最有智谋、最精明的是尤利西斯——伊萨卡的国王。然而，他参加战争并非情愿，他渴望与妻子珀涅罗珀及襁褓中的儿子忒勒马科斯一起待在家中。但希腊的诸王请求他去帮助他们，最后他同意了。

"去吧，尤利西斯，"珀涅罗珀说，"我会保证你的家和王国都平平安安，直到你归来。"

"去履行你的职责吧，尤利西斯，"他的老父亲拉厄耳忒斯说，"去吧，愿智慧的雅典娜保佑你快快归来。"

因此，告别了伊萨卡和所有亲爱的人，他扬帆远去，投入了特洛伊战争。

漫长的10年过去了，有消息传到伊萨卡，说令人筋疲力尽的特洛伊之围结束了，那座城市被夷为废墟，希腊诸王正返回他们自己的国家。所有的英雄们都陆续回到了家园，但尤利西斯和他的随行人员却杳无音信。每天，珀涅罗珀和年幼的忒勒马科斯以及羸弱的老拉厄耳忒斯都会站在海边，双眼酸疼地凝视着远处的海浪，但他们始终没能看到归航的船帆和闪亮的船桨的踪迹。又是几个月过去了，几年过去了，依然没有任何消息。

"他的船遇难了，他已葬身海底。"老拉厄耳忒斯叹道。这以后，他把自己关在自己狭小的房间里，再也不去海边了。

然而，珀涅罗珀依旧在盼望着、盼望着。"他没死，"她说，"在他回家之前，我会为他治理这个美丽的王国。"

每天桌旁都为他备好座位，他的外衣皮挂在椅边，他的卧房被打扫得干干净净，他挂在客厅的弯弓被擦得雪亮。

珀涅罗珀望眼欲穿地又过了10年，忒勒马科斯已经长成了高大、文雅的年轻人。这时，整个希腊的男人们谈论的唯一话题就是珀涅罗珀的高贵和美丽。

"一辈子都在等候尤利西斯，她真傻啊！"希腊的王公贵族们说，"人人都知道他已经死了，她现在应该嫁给我们中的一个人了。"

因此，意欲娶妻的希腊王公贵族们一个接一个地来到伊萨卡岛，希望赢得珀涅罗珀的垂青。他们都是些傲慢专横的家伙，自恃拥有地位和财富而盛气凌人。他们未经邀请就直接去了王宫，因为他们认为不管自己是否受欢迎，都将会受到尊贵客人的待遇。

"算了吧，珀涅罗珀，"他们说，"我们都知道尤利西斯已经死了，我们是作为你的求婚者来的，你是不敢把我们赶走的，从我们中选一个吧，其他人就会离开。"

然而，珀涅罗珀悲伤地说："王侯英雄们，这是不可以的。我很肯定尤利西斯还活着，

我必须替他治理王国，直到他归来。"

"他是永不可能归来的了，"求婚者们说，"现在就作选择吧。"

"再给我一个月的时间等待他，"她恳求道，"我的织布机上还有尚未完工的用柔软亚麻织成的布，是我为我们的父亲拉厄耳忒斯织的一件寿衣，他年事已高，在这世上的日子不多了。倘若这匹布织完之时尤利西斯还未归来，那么我就作出选择，尽管非我意愿。"

求婚者们同意了，并在宫中毫无拘束地住下来。他们掠取了所有好的东西，每日就在大殿内大摆盛宴，大肆铺张浪费，把酒窖内所有美酒拿出来痛饮。他们举止粗鲁，在往昔宁静的宫殿中喧嚣吵闹，这对伊萨卡的人民来说真是个侮辱。

每天，珀涅罗珀坐在织布机前织布："看我的布又加长了多少。"每当夜晚来临她都要这么说，但到了夜里，当求婚者睡去，她就会拆掉所有白天织的布。因此，虽然她总是在忙忙碌碌，布却总也织不完。

然而，几周过去后，求婚者开始焦躁起来。

"那匹布什么时候才能织完啊？"他们不耐烦地问。

"我每天都在忙着织，"珀涅罗珀答道，"但进展很慢。这样精巧的活儿是不可能这么快完工的。"

其中的一个名叫艾格劳斯的求婚者大为不满。那天夜里，他蹑手蹑脚地穿过宫殿往织布房里窥视，他看到珀涅罗珀借着一盏小灯正忙着拆布，嘴里还轻声呼着尤利西斯的名字。

第二天早上，这个秘密传到了每个不受欢迎的客人那儿。"美丽的王后啊，"他们说，"你很狡猾，但是我们已经发现了你的计谋。那匹布必须要在天亮之前织完，明天你就要做出选择。我们不会再等了。"

次日下午，这些不受欢迎的客人们聚集在大殿内。他们摆起宴席，狂饮滥吃，又唱又叫，比以往还肆无忌惮。他们发出的喧嚣声使宫内的屋梁都晃动起来。

骚动达到顶峰时，忒勒马科斯进来了，后面跟着他父亲最年长也是最忠实的仆人欧迈俄斯，他们开始协力把所有挂在墙上被喧闹震得格格作响的盾和剑摘下来。

"你们要把这些武器拿下来做什么用？"求婚者最终注意到了这一老一少，喊道。

"烟雾灰尘使得它们失去了光泽，"欧迈俄斯说，"放在藏宝室会保存得好一些。"

"不过，我们得把我父亲挂在首厅的弯弓留下，"忒勒马科斯又说，"我母亲每天都把它擦得雪亮，如果把它拿走，她会悲伤地怀念它。"

"她不会再擦拭它了，"求婚者大笑，"在今天结束之前，伊萨卡就会有一位新国王了。"

正在此时，一个奇怪的乞丐走进院子，他光着脚，没戴帽子，衣衫褴褛。他走到厨房门边，那儿有一只年老的猎犬阿格斯正躺在一堆灰上。20年前，阿格斯是尤利西斯最宠爱也是最忠诚的猎狗，而现在，牙齿掉光、双眼几乎失明的它只能被求婚者虐待。

当看到这个乞丐慢慢穿过院子时，它抬起头来注视着，忽然一种奇怪的神情闪过它昏花的双眼，尾巴无力地摇动着，它竭尽全力挣扎着想站起来，充满热爱地看着乞丐的脸，发出一声长长的却是欢快的叫声，就像它年轻时迎接主人曾发出的声音一样。

乞丐弯下腰来拍拍它的头，低声呼唤道："阿格斯，老朋友。"

猎狗摇摇晃晃地站起来，又跌倒了，眼中带着无限的欢乐死去了。

过了一会儿，乞丐站在大殿的门廊，人们看到他对忒勒马科斯和忠实的欧迈俄斯耳语了几句。

"你想在这儿做什么，老乞丐？"求婚者喊着，把面包皮扔到他头上，"滚出去！滚开！"

但就在这时，珀涅罗珀走下楼梯，端庄美丽，仆人和侍女簇拥着她。

"王后！王后！"求婚者们叫道，"她来选择我们了！"

"忒勒马科斯，我的儿子，"珀涅罗珀说，"被我们的客人粗暴对待的那个可怜人是谁？"

第九章　忠诚

"母亲，他是一个流浪的乞丐，昨夜大浪把他抛在了我们的海岸，"王子答道，"他说他带来了我父亲的消息。"

"那他得告诉我，"王后说，"不过首先他必须休息。"说完，她让人把乞丐领到屋内远处的一个座位上，命人给他拿来食物，让他恢复精力。

一个老妇人端来一大盆水和几块毛巾，她是尤利西斯儿时的奶妈。她跪在陌生人面前的石地上，开始给他洗脚。突然间，她向后跌倒，困惑间打翻了水盆。

"噢，主人！这伤疤！"她轻声咕哝着。

"亲爱的奶妈，"乞丐悄声道，"你真是心细而聪明，你从我童年时代留下的膝盖上的伤疤认出了我。好好保守秘密，我要等待时机，复仇的时刻就要到了。"

这个衣衫褴褛的人的确就是国王尤利西斯。就在这天早上，他独自乘坐一艘小船，被一个浪头抛到了自己岛屿的岸边。他只向忒勒马科斯和老欧迈俄斯透露了自己的身份，并且他们依照他的吩咐搬走了悬挂在大殿墙上的武器。

此时，求婚者们又聚拢在宴席桌周围，更加吵闹。"来吧，美丽的珀涅罗珀！"他们喊道，"这乞丐可以等到明天再讲述他的故事。现在是你选择一个新丈夫的时候了！现在就选吧！"

"王公大人们，"珀涅罗珀用颤抖的声音说，"我们让神来作出决定吧。看，尤利西斯的弯弓挂在那儿，只有他才能拉开弓弦。你们每人都尝试拉一拉，我将选择最熟练地用它射出一箭的人。"

"说得好！"所有的求婚者嚷嚷道，然后站成一排比试臂力。第一个人双手拿着弓，费了很大劲想拉弯它，但他终于失去了耐心，把弓扔到地上大步走开了，嘴里说着："只有巨人才能拉开那样的弓。"

然后，其他求婚者一个接一个地尝试了一遍，但都是徒劳。

"也许这个老乞丐愿意参加这场比赛。"一个人用讥笑的口气说。

于是，尤利西斯穿着他的乞丐破衣从座位上站起，步履蹒跚地走到大殿前方，他摸索着弯弓，凝视着擦得锃亮的弓背和长长的如铁条般结实、形状优美的弓臂。"我想，在我年轻的时候，我曾见过这样一张弓。"

"够了！够了！"求婚者嚷道，"快滚出去，你这个老蠢货！"

忽然，这个陌生人身上发生了巨大的变化，几乎没用力，他就拉弯了弓拉紧了弦。然后他站直了身子，即使穿着破衣烂衫，举手投足都像一位君王。

"尤利西斯！尤利西斯！"珀涅罗珀喊道。

众求婚者们哑口无言，突然他们醒悟过来，转身想要逃出大殿，但尤利西斯的箭快速精准，无一错失目标。"现在我向那些想要毁掉我家园的人报仇了！"他叫道。就这样，这些无法无天的求婚者一个个接连丧命。

第二天，尤利西斯与珀涅罗珀、忒勒马科斯和家里所有的成员兴高采烈地坐在大殿里，他向他们讲述了他在海上漫长漂泊的经历。而珀涅罗珀也讲述了她是如何遵照自己的誓言忠实地保住了这个王国的，尽管她被侮慢恶劣的求婚者所苦苦纠缠。然后，她从卧室拿出一卷异常精美的柔软白布说："尤利西斯，这就是那匹布。我发誓在织完它的那一天选择一位丈夫，现在我选择了你。"

忠于兄弟

——沃尔特·麦克皮克

家庭成员之间的忠诚包含着某种责任，我们出于爱而履行着这些责任，就如一本名为《童子军》的古老图书中记载的这则简单的故事所要告诉我们的。

有一对兄弟在法国的同一个连队作战，其中之一倒在了德军的子弹下，另一个脱险的人汤姆请求长官允许他去把自己的兄弟救回来。

"他可能已经死了，"长官说，"你没有必要冒着生命危险把他的尸体运回来。"

但经过再三请求，长官答应了。但是，当这个士兵背着他的兄弟回到战壕里时，身负重伤的兄弟死了。

"嗟，你看，"长官说道，"你冒着生命危险，却什么也没得到。"

"不，"汤姆说，"我做了他希望我做的事，我获得了回报。当我向他爬过去，把他抱在怀里时，他说：'汤姆，我知道你会来——我就是觉得你会来。'"

此刻，你们明白这个故事的真正含义了吧？有些人希望我们身上具有美好、高尚、无私的情操，有些人希望我们忠诚。

只是一位父亲

——埃德加·格斯特

我们不能忘了为奉献的父亲们唱赞歌——尤其是我们自己的父亲。埃德加·格斯特的这首诗可能会让我们记住：全心奉献的父亲追求的唯一回报是他家庭的兴旺。愿我们也永远不要忘记，如莎士比亚的《李尔王》中所说："有一个忘恩负义的孩子比毒蛇的牙齿还要尖利得刺人心肠。"

只是一位满脸疲惫的父亲，
在每日的劳碌奔波后归家，
没有带回财富与荣誉
来展示他劳作的成功。
但他内心的喜悦
是孩子们看他回家、听他声音时的快乐。

只是一位有四个孩子的父亲，
是千万人中普通的一个。
在每日的拼搏中步履沉重，
承受着生活的打击与嘲弄，
却从未发出痛苦或憎恨的怨声，
只为在家中等待的亲人。

只是一位父亲，既不富有也不骄傲，
只是芸芸众生中平凡的一个。
辛苦操劳日复一日，
独自面对所有坎坷，
默默忍受残酷磨炼，
只为家中他们所关爱之人。

只是一位父亲，但他付出所有，
为他幼小的孩子铺平道路，
以勇气、坚定与不屈
做着他父亲曾为他做过的一切。
这是我为他而写的诗句：
只是一位父亲，却是最最优秀的男人。

家，甜蜜的家

——约翰·霍华德·佩恩

家是我们能够找到舒适、安全、回忆、友谊、殷勤以及最重要的一样——家庭的地方，这个地方值得我们奉献与忠诚。

我们在欢乐奢侈中徜徉，
家虽简陋，却无可比拟。
且有魔力让我们被它吸引，
寻遍千山万水也找不到这样的魔力。
家，家，甜蜜、甜蜜的家！
没有地方能像我的家一样！没有地方能像我的家一样！

离开了家，光芒不再炫目。
啊，再给我那低矮的草屋！
一声招呼，有鸟儿在欢叫——
把它们还给我——心灵的宁静比什么都重要！
家，家，甜蜜、甜蜜的家！
没有地方能像我的家一样！没有地方能像我的家一样！

在慈父的微笑中安坐有多甜美，
任母亲的手抚慰，给我温暖。
让别人在新的享乐中尽情徜徉吧！
但给我，噢，给我家的快乐！
家，家，甜蜜、甜蜜的家！
没有地方能像我的家一样！没有地方能像我的家一样！

美德书大全集

带着疲倦，我要回到你的身边；
心灵最珍贵的平静会在那儿对我微笑；
我再也不会离开草棚流浪远去。
家虽简陋，却无可比拟。
家，家，甜蜜、甜蜜的家！
没有地方能像我的家一样！没有地方能像我的家一样！

保罗·里维尔星夜飞驰

——亨利·沃兹沃斯·朗费罗

　　这首诗首次出现于1863年，几代的美国学童从背诵中领略了美国独立战争的精神。据历史记载，故事是有破绽的。(保罗·里维尔事实上从未一路直达康科德，在从列克星敦出来的途中他被一队英国巡逻兵扣留了，而他的一个同伴逃脱了，并把"英军即将到来"的消息传送出去。)然而，作为一个为了美国的独立而冒险、施计的英勇故事，它是其他故事无法超越的。

　　故事发生在1775年4月18日的夜晚，当时，700英军部队从他们占领的波士顿出发，准备摧毁据称藏匿在康科德镇的殖民军隐藏地。英军本希望秘密行动，但美方间谍非常警觉，不久，银匠保罗·里维尔就赶在英军到达之前去向列克星敦的约翰·汉考克和塞缪尔·亚当斯通风报信。任务完成后，里维尔飞驰在前往康科德的路上，把警报传递得更远。

　　听，孩子们，你们会听见——
　　保罗·里维尔夜半骑马而来，
　　在1775年4月18日。
　　如今在世的人几乎没有一个
　　还记得那著名的日子和年代。

　　他对朋友说："今夜如果英军
　　从镇子由陆路或海上向我们进攻，
　　就在北教堂楼顶的钟塔拱门上
　　高高悬起信号的灯笼——
　　一盏，如果经陆路；两盏，如果经海上。
　　而我将在对岸
　　时刻准备骑马传递警报，
　　将警报传到米德尔塞克斯的每一个村庄和农场，
　　为了让同胞们武装起来。"

　　然后他说："晚安！"拿起布包的船桨
　　悄悄地划向查尔斯敦岸边。
　　当月亮从海湾升起，

那儿停泊处剧烈摇摆的，
是萨默塞特，英军的军舰。
它有如幽灵，每一根桅杆船柱
在月光中都如监牢的横杆，
在波涛的倒映下，
笨重的船身越发庞大。

与此同时，他的朋友穿过大街小巷，
四处走动，急切地打听，
直至在周围万籁俱寂中，他听到
军营门口士兵的集合声、兵器声、脚步声，
以及士兵们整齐的踏步声，
挺进到岸边的船队旁。

随即他爬上老北教堂的塔楼，
顺着木质楼梯，蹑手蹑脚地
来到塔顶钟楼里，
惊起了在暗色中的橡木上栖息的鸽子
周围扬起片片黑暗中惊飞的影子
沿着摇摇晃晃、狭窄陡峭的楼梯，
他爬到墙上最高的窗户，
一时间他驻足聆听，
低头望一会儿镇里的屋顶，
看着月光将全城洒遍。

塔下是教堂墓地的死者，
长眠在他们山中夜晚的宿营地，
笼罩在深深的静寂中。
他能听到，那警觉的夜风
像是踏着哨兵的脚步，
在帐间徐徐穿行，
似乎在轻语："一切正常！"
那一刻只有他能感到，
此时此地迷惑的咒语，以及孤独的钟楼与死者
暗藏的恐惧。
因为他突然凝神于
远处的影影绰绰，
那儿水域宽广，连接着海湾
一条黑线漂摇荡漾在
起伏的波涛上，似一座船搭的桥梁。

这时在对岸的保罗·里维尔，
已穿好马靴，套上马刺，

踏着沉重的步伐走来走去，
焦急地等待着上马飞驰。
他时而拍拍马腹，
时而凝视远近的山水，
焦躁地跺脚，急不可耐，
又转身收紧马的腹带。
但他主要还是急切地监视着
老北教堂的钟楼，
钟楼高耸在山岗的墓地上头，
孤独，昏暗，静止，有如幽灵。
瞧！他看到塔楼顶上
一丝闪烁，接着是一线光亮！
他跃到鞍上转过马勒，
但他只是徘徊注视着，直至完全看到
塔楼里燃起第二盏灯！

在乡村的街道上马蹄匆匆，
月光下一个身影，黑暗中一团东西，
底下一匹骏马无畏而轻快地飞驰而去，
在鹅卵石上将火星溅起，
那一夜的情况就是这些！可是，那天晚上国家的命运
却骑着马穿过黑暗见到光明，
那飞驰的骏马踢出的火星，
其热量足以使火焰燃遍这片土地。

他离开了村子，登上陡坡，
在他下面，幽深，寂静，宽阔，
是梅斯蒂克河与海潮汇合。
在那环绕河边的赤杨树下，
可听到他的坐骑马蹄声声，
时而轻轻踏在沙滩上，
时而在礁石上嘚嘚作响。

村里的钟已敲过十二点，
这时他过桥进入麦得福德城，
他听到雄鸡啼叫，
农舍里犬吠声声，
他感觉到河上薄雾的湿气，
升起在太阳下山之后。

一点的钟声响起，
这时他飞驰进入列克星敦地区。
当他经过时，看到镀金的风信标
在月光里转来转去，

第九章 忠诚

会议室的窗户，空空荡荡，
紧盯着他射出幽灵般的光芒，
仿佛面对即将见到的血淋淋的厮杀
它们已经惊恐万分。

村里的钟敲了两响，
当他来到康科德镇的桥上，
他听到羊群咩咩的叫声
和树间鸟儿的鸣啭，
他感受到了晨风的气息，
轻轻吹拂着枯黄的草地，
此刻正安然熟睡的同胞，
但现在可能在桥边第一个倒下，
他可能被英国人的子弹穿透，
就在那天倒下死去。

你们知道后来发生的事。在你们读过的书里，
你知道英国正规军是如何开火和逃命，
农夫们如何从每一堵篱笆和院墙的后面，
用子弹以牙还牙，
把英军士兵赶进小巷，
接着又越过田野重新出现在
路边拐弯处的树下，
只有开火和装弹药才会停下脚步。
保罗·里维尔一整夜都骑着马，
一整夜都能听到他警告的喊声，
喊遍每个米德尔塞克斯的村庄和农场——
那是蔑视的喊声，不是害怕的呼号，
把人们唤醒，把门户敲开，
寻声音响彻千秋万代！
因为往昔的夜风载着这个词，
跨越历史，贯穿永恒，
在黑暗中，在危险时，在需要时，
人们就醒来倾听那
骏马匆匆的马蹄声
和保罗·里维尔夜半的报信声。

～ 康科德颂 ～

—— 拉尔夫 · 沃尔朵 · 爱默生

爱默生所作的这首《康科德颂》是为了颂扬"换上戎装的农夫"，1775年4月19日他们在康科德抗击英军正规部队，这些应召民兵的坚定意志成为"响彻世界的枪声"，激励了其他殖民地人民扛起步枪，为了争取独立事业进军。1837年7月4日在庆祝纪念列克星敦和康科德战斗的纪念碑的落成典礼上，这首诗以颂歌形式被首次吟唱。

河上那简陋的拱形桥旁，
旗帜在四月的微风中招展，
这里曾屹立着整装待发的农夫，
鸣放的枪声响彻世界。

敌人早已在寂静中长眠，
胜利者也在幽寂中沉埋。
残破的桥梁经历了岁月的冲刷，
随着幽暗的溪水流淌入海。

在翠绿的堤岸旁，在缓流的小溪边，
今日我们竖起一块纪念石碑，
当子孙和先祖一样消逝，
愿英雄的伟业丰功在记忆中永驻。

英雄们以无畏的精神，
为后代的自由慷慨赴死，
别让碑石在岁月里凋残，
我们为他们和你们竖起这座丰碑。

～ 内森 · 黑尔 ～

—— 选自《美国传统》杂志

美国人在审视独立战争时注意到，有两个名字分别标志着对国忠诚的两个极端的例子，一端是本尼迪克特 · 阿诺德，这也许是美国历史上最为人所不齿的名字，在另一端矗立的是内森 · 黑尔。

1776年9月22日上午，内森 · 黑尔被英国人处死，那一刻一直都被看做是美国历史上爱国主义的最伟大时刻之一。已故的乔治 · 达德利 · 西摩几年前搜集了所有他能找到的有关这位年轻英雄的生平记述，并私下把它们印成《内森 · 黑尔生平记录》一书。在以下

的节选片断中，我们可以从他朋友和敌人的言谈中读到一个故事，一个鼓舞了黑尔几代同胞的故事。

黑尔于1773年毕业于耶鲁大学，当时他18岁，这以后他在自己的故乡康涅狄格州教了一段时间书。然后，在1775年的7月1日——仅在列克星敦和康科德战役爆发两个月后——他被任命为大陆军陆军中尉，便关闭了位于新伦敦的只有一间教室的学校，此建筑物仍由当地镇子自豪地保存着。我们首先在他的一个战友以利沙·波斯特韦克中尉的回忆录中可以见到他的形象。

至今我的记忆中还浮现着他的音容笑貌——他的人，我得说，比普通人身材高一些，中等肩宽，四肢结实。普通的相貌特征：皮肤白皙、眼睛湛蓝、亚麻色或淡色的头发一直理得很短；他的眉毛颜色比头发颜色略深，嗓音尖锐，有些刺耳；他身体的灵敏度非常出色，我曾在纽约的鲍威利区看到他盘带一只皮球，并把它踢过树梢（这是他喜欢的一项运动）；他的智力似乎要超出普通人；他稳重理智，并且无疑很虔诚，因为据说每当他连队中有任何一个士兵生病时，他都要去探望他们，在他们身边为他们祷告或与他们一起祷告。

早在1776年的秋天，在长岛遭受毁灭性的失败后，华盛顿需要探明英军的部署与作战意图，上级期望黑尔和其他几名军官主动报名参加一项在敌人后方的情报任务，他们均来自被称为诺顿突击队的精选团。第一次号召之后，无人响应；第二次，内森·黑尔一人走上前。稍后，他将此事告诉了他的朋友威廉·赫尔上尉（后为将军）：

（黑尔）问我真实的看法（赫尔的回忆录中写道），我回答说，这是一个会带来严重后果的行动，而其妥当性也值得怀疑……战争中人们需要智谋，可能是佯攻和规避战术，但都是在无伪装的情况下……而且，从军事观点考虑，它们都是合法、有利的……但谁会尊敬一个间谍呢，在友谊的外表下做出背叛的事？……我最后说，倘若他要承担这项使命，他短暂而光明的生涯将会随着他不名誉的死亡而终结。

他答道："我完全清楚在这样的情形下被揭穿和逮捕的结果……然而……我希望自己能有用处，希望为公众利益所必需的每一种形式的效力都因其必要性而受到尊敬。如果我的祖国在危急关头需要有人执行一项特殊的任务的话，那么对我们承担那种任务的呼吁也是迫切的。

当他从康涅狄格州诺沃克出发，开始执行他的使命时，新伦敦的斯蒂芬·汉姆斯戴德中士陪伴着他：

黑尔上尉下令给所有的武装舰艇载他到任何他指定的地点：他按指令要穿过位于亨廷顿（长岛）的桑德海湾……黑尔上尉换下制服，换上了一件褐色的平民衣服，戴着一顶宽边圆帽，扮成一个荷兰籍校长的模样，把他所有其他的衣服、授衔令、政府及私人文件都交给了我，另外还有他的银鞋扣，他说这些扣子跟他校长的身份不符。他只留下了他的大学文凭作为他进入伪装职业的介绍凭证。如此装备停当之后，我们便分手了。

仍然留在后方的黑尔的随员阿舍·赖特告诉了我们此后发生的事：

他通过了长岛所有的卫兵岗哨，乘了一艘渡船到了纽约，混过了所有的哨卡，现在只剩最后一个了。他们截住他并搜了身，在他穿的橡皮底帆布鞋鞋底内侧发现几幅工程绘图，上有拉丁文说明。有些人说他的堂兄塞缪尔·黑尔，一个亲英派分子，出卖了他。我不知道，但我猜是这么回事。

"背叛"一词可能用得过于强烈，"认出"更贴近当时的实情。当这个故事在新贝里港报纸上传开，塞缪尔，这个哈佛毕业生(1776)在保存下来的一封信中似乎否认犯下了任何过错，至少是否认了任何犯罪的行为——但随后他就逃往英格兰，再也没有回美国，即使是战后也没回来看望妻儿。

第二天，一个好心的英国军官约翰·蒙特梭上尉举着停战旗来到美军阵地，报告了这个不可避免的结局。赫尔上尉记录下来蒙特梭的话：

黑尔立即报出他的姓名、他在美军中的军衔以及他深入英军阵地的目的。

威廉·豪爵士未经任何形式的审判，就下令在第二天上午处决他。他被羁押在宪兵军官那儿。宪兵军官……冷酷无情，对人们的痛苦及心灵的各种温柔的情怀均麻木不仁。得不到同情与支援，黑尔上尉除了独自忍受以上的折磨，在死亡临近时请求牧师来为他祈祷，却遭到拒绝。而后他索要一本《圣经》，这个残忍的看守同样拒绝了他。

处决他的那天上午……我的岗位靠近行刑处，在那名宪兵军官进行必要的准备工作时，我请求他允许犯人坐在我的营帐里。黑尔上尉进来了：他很镇静，举止散发着文雅高贵的气质，充满正义及崇高。他要了一些书写工具，我给了他，他写了两封信……不久他就被传唤到绞架那儿，仅有几个人围在他身边，然而他独特的临终讲话却让世人难忘，他说："我只遗憾我为我的祖国仅能奉献一次生命。"

内森·黑尔的父亲理查德，这位6个儿子都一起参加了独立战争的老人，在第二年春天于康涅狄格州的考文垂写了一封信，以下的简要摘选流露了这位未受过多少教育的老人深深的悲痛：

你希望我告诉你有关我儿子内森的一些事……根据我们已经获得的情况，他于去年9月22日被处死了。那是一个我期望很高的孩子，但他已经去了……

这封信是于1777年3月28日写给理查德·黑尔的兄弟——新罕布什尔州朴次茅斯市的塞缪尔·黑尔市长的，该信被收藏在市长办公桌的一个隐秘的抽屉里。1908年，这张古老的办公桌在一次拍卖会上作为古董被出售。3年后，新主人新罕布什尔州巴灵顿的弗兰克林·L.豪阁下偶然发现了它。历史的发现是如此令人激动。

华盛顿拒绝王位

美国在约克镇获胜不久，独立军中的一名军官致信给华盛顿说：新获解放的殖民地"永远不能成为共和政体下的国家"，并提议"建立一个以华盛顿为首的王国"。华盛顿迅速撰写了回信。像两千多年前辛辛那提思同样拒绝了执政一样，华盛顿的忠诚是为国家的利益，而不是自己的利益。

纽堡，1782年5月22日

尊敬的先生：

在巨大的惊奇与诧异交织中，我仔细拜读了你提交给我考虑的意见。请相信，先生，

第九章 忠诚

在战争期间给我最痛苦的感觉都莫过于你告诉了我军中存在着像你信中所表达的这种看法。我必须深恶痛绝地看待并严厉地谴责这种观点——目前，针对这些观点的交流只藏于我心中，除非事态的进一步激化令我们必须使之公开。

我非常不能理解是我的哪些行为促使你给我写这封信，对我来说这很严重，而且会是降临于我的祖国的最大灾难。如果我还有些自知之明，你可能发现你的计划对我来说是最不合适的——同时，为了对我的感情作出公正评价，我还要说，没有人比我更真诚地希望看到我们的军队得到充分的公平对待，如果一个政体内扩大了我的权力和影响，我就要竭尽全力，恪尽职守——如果有机会的话。因此我恳求你，如果你关心你的国家、关心你自己或你的子孙后代，或是尊敬我，就请你打消这些念头，并且再也不要从自己或其他任何人那里流露出类似的想法。

顺致敬意

乔治·华盛顿

〜 美 国 〜

——塞缪尔·史密斯

1832 年 2 月在马萨诸塞州的阿姆赫斯特，尊敬的塞缪尔·史密斯牧师写下了《美国》一歌的歌词，那年的晚些时候，这首歌在波士顿一个独立日的庆祝活动中被首次演唱。从那以后，一直到今日，它被配上了《神佑君王》的曲调传唱，大多美国人对第一节都很熟悉，实际上，整首歌词都是值得了解的。

> 我的祖国——是你
> 充满自由的美好土地，
> 我为你歌唱。
> 这是我们父辈逝去的土地，
> 这是前辈移民为之自豪的土地，
> 从每一处山坡
> 让自由歌唱！
>
> 我的祖国——是你
> 充满崇高的自由乐土。
> 我爱你的名字，
> 我爱你的山石和小溪，
> 你的森林和山峦。
> 我的心随着它们
> 狂喜震颤。
>
> 让音乐扬起微风，
> 从树林中响起的
> 是甜蜜的自由之歌。

让所有呼吸的人分享，
让临终的人苏醒，
让山石打破他们的静默，
歌声悠长。

我们先辈的上帝
你是自由的缔造者，
我们为你歌唱。
在自由的神圣光辉照耀下，
愿我们的土地永远光明，
用你的神力保护着我们，
伟大的上帝，我们的君王。

巴巴拉·弗瑞奇

——约翰·格林利夫·惠蒂尔

  有时候，我们的忠诚感要求我们即使身处敌军也高举我们的国旗。约翰·格林利夫·惠蒂尔(1807～1892)在美国内战期间于1863年创作了这首诗，并称诗中的故事是真实的。

丰饶的田野上长满了玉米，
九月的清晨晴朗凉爽。
弗雷德里克林立的尖顶，
如绿色屏障般矗立在马里兰的山边。
周围果园连绵，
苹果、桃树果实累累，坠弯枝头，
在饥饿的叛乱者眼里，
这一切美丽如上帝的花园。
在那初秋愉悦的清晨，
李将军率领队伍越过屏障。
他们越过山峦蜿蜒而下，
马蹄声声开进了弗雷德里克镇。
四十面旗帜银星闪闪，
四十面旗帜缀着红带，
在清晨微风中飞扬。
正午的阳光下，不见一人。
这时，年老的巴巴拉·弗瑞奇站出来，
九十年的岁月催弯了她的腰，
她是弗雷德里克镇最勇敢的人，
她举起了被扯落的国旗，
把旗杆安在了她的阁楼窗上，
向人们展示一颗依然忠诚的心。

从街上传来叛乱者的脚步声，
斯通沃尔·杰克逊一骑领先。
低垂的帽檐下他左右又看，
破旧的国旗映入眼帘。
"停"——灰褐色军服的队伍骤然停下。
"开火"——步枪扫射响声阵阵。
枪声震动，摇晃着玻璃与窗框；
子弹飞梭，国旗撕开了道道裂痕。
当它从折断的旗杆坠落，
飞快地，巴巴拉老人一把抓住光滑的旗面。
她从窗沿探出大半身子，
怀着忠诚之心舞动着旗帜。
"开枪吧，如果你觉得必要，向我灰白的头颅开枪，
但别让国旗受到伤害。"她说道。

一丝悲伤，一阵羞愧，
掠过将军的脸庞，
更高尚的天性在他内心涌动，
老妇人的言行使之复苏。
"动这位老人一根头发者，
将如狗般悲惨死去！前进！"他下令道。
整整一天，在弗雷德里克的街道上，
行进的足音不绝于耳；
整整一天，自由的旗帜飘扬在
叛乱者的头顶上空。
撕裂的褶皱上下飞舞，
随着热爱它的阵阵忠诚之风；
落日的余晖透过山头的空隙，
照耀着它，预示着温暖的美好之夜。

巴巴拉·弗瑞奇的任务完成了，
叛乱者再也不踏入该镇。
向她致意！让一滴泪水
洒落在斯通沃尔的棺木，只为她的缘故。
在巴巴拉·弗瑞奇的墓上，
自由与团结的旗帜，在飘扬！
和平、秩序和美丽
环绕着你们光明与法律的标志；
天上的星星俯望着下面
弗雷德里克镇旗帜上的星星！

美丽的美利坚

——凯瑟琳·李·贝茨

1893年，马萨诸塞州的教育家和作家凯瑟琳·李·贝茨站在科罗拉多州派克斯顶峰眺望，美丽的景色激发了她的灵感，由此写下了《美丽的美利坚》。歌词几易其稿，直至1911年她才定稿，歌词配上了塞缪尔·A.沃德的《母亲》的旋律。

啊，广袤的天空，
金黄色的麦浪，
雄伟的紫色山峰，
矗立于硕果累累的平原之上，
一切多么美丽！
美利坚！美利坚！
上帝赐予你荣耀
用四海间的手足之情
来酬报你的良善！

啊，前辈移民用坚定、热烈的足迹，
在莽莽苍苍的荒原之上
开拓出通向自由的大道，
一切多么美丽！
美利坚！美利坚！
上帝纠正了你每一个瑕疵，
坚定了你们灵魂的自制力，
以及你们合法的自由！

啊，为争取解放而奋斗的英雄们，
爱自己的祖国甚于自己，
爱善行甚于生命，
一切多么美丽！
美利坚！美利坚！
愿上帝将你的善良净化，
直到一切成功皆为高尚，
所有收获皆为神圣！

啊，爱国者的梦想，
对它的渴望超越了岁月，
大理岩砌成的城市闪烁着光芒，
人们的泪水不曾使它暗淡，
一切多么美丽！
美利坚！美利坚！

上帝赐予你荣耀
用四海间的手足之情
来酬报你的良善！

在弗兰德斯战场

——约翰·麦克雷

　　加拿大内科医生、军人兼诗人约翰·麦克雷(1872～1918)于1915年发表了这首关于死后葬在比利时的盟军战士的著名的诗，它提醒我们：其他人的自我牺牲是我们忠于事业的一个原因。

　　　　罂粟花怒放在弗兰德斯战场上，
　　　　一排排十字架林立的墓地——
　　　　这就是我们居住的地方。
　　　　勇敢歌唱的云雀仍在天空中翱翔，
　　　　歌声淹没在阵阵枪声之中。

　　　　我们是已故之人。
　　　　几天前我们还活着，感受黎明，凝望晚霞，
　　　　爱，并被爱着，
　　　　而今我们却横卧在弗兰德斯战场上。

　　　　我们要继续与敌人战斗，
　　　　你从我们垂落的手中接过火炬，
　　　　并把它高高举起。
　　　　如果你背弃我们的遗愿，
　　　　即使罂粟花开满弗兰德斯战场，
　　　　我们也将无法安眠。

国旗日

　　这是1940年6月14日《纽约时报》上刊载的一篇纪念国旗日的社论。最近几年，这个节日似乎渐渐为人所忽略。国旗日是为了纪念1777年大陆国会采纳了星条旗作为合众国国旗的那一天。

　　什么是国旗？它代表着对国家什么样的爱？也许，首先是从对土地的热爱开始，是伊

斯特波的浪涛上翻滚的水雾，或是穿过金门大桥盘旋在圣弗朗西斯科塔间的雾气；是太阳从怀特山后冉冉升起，照耀着大草原，把闪耀的光辉洒在尚普兰湖面，笼罩在阿迪朗达克州立公园上；是充满传说的密西西比河急速浑浊的河水翻滚过圣路易斯，穿过开罗，涌过新奥尔良的大堤；是卡罗莱纳州松林间慵懒的正午；是西堪萨斯州翻滚的麦浪；是亚利桑那州生机勃勃、一览无余的平原以北矗立于遥远的圣弗朗西斯科的群峰；是大峡谷和从新英格兰山脉奔流而下的小溪，鲑鱼跳跃其中。

它是工作的人们；是来到格洛斯特、普罗维登斯以及阿斯托里亚的历经风暴颠簸的渔民；是丰收的土地上驾驶着大型机器的农夫；是在日出前赶往牛舍的挤奶工；是检修故障线路的线务员；是钻井爆破的矿工；是阿勒格尼河与莫农加希拉河之间的匹兹堡烟雾弥漫下一丝光亮中的消防员；是卡车隆隆驶过，声音划破夜空；是列车司机驾驶火车及时到站；是云中穿行的飞行员；是打铆工在100英尺高的空中焊接横梁；是办公室的职员；是做饭、送孩子上学的家庭主妇；是只有微薄报酬，却全身心关心帮助人们的教师、医生、牧师。

它是难忘的小事，是土地上小小的角落，是房子，是人人爱戴的人民。我们热爱我们的国家，因为山上的一棵小树和坡上如茵的草地，山下有可爱的峡谷；因为在阳光明媚的早晨，城市的街道上有一个行走的手风琴手；因为一片海滩、一个农场、一条小巷或一座房子，对别人来说也许平淡无奇，而对我们每个人来说，却是我们创造的神奇。它是仅存在记忆中却再也听不到的声音；是父母、朋友，是街道、商店及办公室的闲聊，是使生活安宁的悠闲心态；它是冬季和夏季，是雨水、太阳和暴风雨。这些都是我们肉中之肉、骨中之骨、血中之血，是我们每个人以及所有人一起的生命延续。

它是流传的故事。是在第一个严冬死去的清教徒移民；是康科德桥上坚守阵地并阵亡于此的独立战争时的民兵；是伏奇谷中衣衫褴褛、受病痛折磨、饥寒交迫的军队；是马车和徒步跋涉的人们西行越过坎伯兰关隘，在条条大河中漂流，在大平原上颠簸；是定居者在他自己的新土地上披荆斩棘，开辟原始森林；是瓦尔登湖边的梭罗；是库珀联盟的林肯；是从阿波马托克斯策马归乡的李将军。它是腐败与耻辱总是受到不愿让国旗落入尘埃之人的质疑，这些人冒着毁灭或失去生命的危险，从每一代人中站起来，为古老的信念和权力而战。

它是大批朝圣的人，普通平凡，有着人类常见的弱点，然而心中充满了一个希望，这个希望以往从来没有被世上其他任何一个民族的幻想与心灵所达到，这是对自由的希望，对公正的希望，希望在一片土地上人类可以毫无畏惧、无须怨恨地挺直腰板。

土地、人民和国旗——土地是我们的大陆，人民是各个种族的人民，国旗是战争结束樊篱打破时人类所追求的事物的象征；这些是每一代人为之献身并不懈地奉为神圣的东西，是需要的时候用自己的生命来捍卫的，但首先，是在友爱、希望、勇气中为之而生存。

道德忠诚

——理查德·加布里埃尔

在理查德·加布里埃尔撰写的关于军事伦理学的论文《怀着道义之心服役》的节选中，作者对盲目的效忠与理智的忠诚进行了细致的区分，并指出后者是有道德的军人的职责。

无论我们审视15世纪的"有责任的上级"（即"上级负责制"）的信条，或是正义战争的理念，亦或是距今更近一些的美莱村大屠杀或处决山下奉文大将的例子，以及纽伦堡审

416

第九章 忠诚

判，我们都可以清晰地看出西方社会长期奉行的观点，即人不能把责任转移到他人身上，从而逃避对自己的行为所应当承担的道德责任。接受道德责任的信条早在1863年就在美国军界正式被铭记在《美国陆军作战手册》第一百条守则中："在国家战争中，拿起武器对抗另一方者仍需承担对他人的道德义务。"个人对自己的行为在相互冲突的道德义务中做出的选择，以及由此而产生的后果始终负有道德责任。否认军人具有道德责任就是否定了道德应用于军事中时的道德本质……

军界人员必须制定正确的军事行为标准并且审视其标准，能够清醒地意识到为何行事应受这些责任的束缚。倘若仅仅执行法规的戒律却不知所以，他们只会停留在行为上的服从。原本包含着判断、选择、责任的道德行为是与服从相对立的。从事军事职业之人必须明白，对固定章程的盲目忠诚是毫无意义的，除非理解了规则而自愿履行义务……

简而言之，一个军人的道德职责超越了对他的直属上级的义务，在某种情况下甚至超越了对军界外民众上级的义务。马歇尔将军，这位忠诚战士的典范，曾说："在任何时候，一个军官最基本的绝对忠诚是对他的国家而言，而不是对他的军队或是他的上级。"这番话与麦克阿瑟将军的观点是一致的。在危急时刻，战士必须发挥他的忠诚感，而且这种忠诚永远要领先于服从感。实际上，这个问题要复杂得多，在严重的道德危机中，军人为了对自己的人性忠诚，甚至可能推翻他对军队、对宪法的誓言。

德国人对此可能有更直接的体验，军官和士兵们都在誓言的约束与非道德的行径间被压垮，他们在处理忠于上级的问题上形成了一个饶有趣味的区分方法，即"hochverrat"和"landesverrat"的区别。"Hochverrat"一词指不忠于上级，在德语里意味着不忠于元首或其他国家首脑；反之，"landesverrat"一词指不忠于或背叛国家。在这样的区分下，便有了进行道德选择的策略空间，为了效力于国家或宪法，军人有时可以不忠于上级或拒绝执行上级的命令。德国人对两种忠诚概念的区分将军中每个成员内心深知的一点摆上了台面，即从根本上来讲，一个军人首要的忠诚是行为符合道德与人性，而在严重的道德危机中，他必须准备好遵从更高的道德标准……

实质上，成为一名有责任感的军人就要履行自己对于符合正确道德的事物的义务，并理解这些道德规范为何约定。义务并非是盲目束缚于规则的。

～ 最后一课 ～

—— 都德

19世纪70年代发生的普法战争促使法国作家都德写了这篇故事，但故事中的事件可能在几乎任何一场战争中发生。这是一个悲剧，却激发了一种忠诚，一种因其高尚性而让我们不可忽视其重要性的忠诚。这则故事也是一种警示：我们不能等到我们热爱的习俗与传统消失时才开始感受到对它们的挚爱。

那天早晨上学，我去得很晚，很怕被哈默尔先生责骂，况且他说过要检查我们分词，可我连最基本的东西都不懂。有一刻我想到了逃学到野外去逛逛。天气是那么暖和，那么可爱，我能听到画眉在树林边婉转地唱歌，锯木场后面的瑞帕特草地上，普鲁士兵正在操练。所有这些对我来说都比分词法则有趣多了；但我还是抵制住了诱惑，飞快地向学校跑去。

我走过镇长办公室的时候，看见有些人聚在小布告牌前边。两年来，我们的一切坏消息都是从这块牌子传出来的——败仗啦、征兵啦、司令部的各种命令啦。我没停步，心想："这次又会是什么事？"

这时，当我跑过广场时，正和徒弟一起站在那儿看布告的铁匠沃西特冲我喊：

"用不着这么着急啊，孩子，你反正很快就能赶到学校的！"

我想他在拿我开玩笑，便上气不接下气地冲进哈默尔先生的小院子里。

通常学校开始上课时，总有一阵喧闹，就是在大街上也能听到。开课桌啦，关课桌啦，大家为了记得更快捂着耳朵一起大声朗读啦……还有老师拿着大戒尺在桌子上紧敲着："安静一点儿！"

我本来打算趁那一阵喧闹偷偷地溜到我的座位上去的，可是那一天，一切偏安安静静的，跟星期日的早晨一样。我从开着的窗子望进去，看见同学们都在自己的座位上了，哈默尔先生胳膊底下夹着那怕人的铁戒尺踱来踱去。我只好推开门，在肃静中走进教室。你们可以想象，我那时多么脸红，多么害怕！可是什么也没发生。哈默尔先生见了我，没有表现出任何恼怒的样子，很温和地说：

"快坐到你的座位上去，小弗郎士，我们就要开始上课，不等你了。"

我一纵身跨过板凳坐到我的课桌前。直到那时，当我从恐惧中稍微平静下来，我才注意到，我们的老师今天穿上了他那件漂亮的蓝色大衣，打着皱边的领口，戴着那顶绣边的黑绸小圆帽。这套装束，他只在督学来视察或者发奖的日子才穿戴。此外，整个教室有一种不平常的严肃的气氛。但最使我吃惊的是，我看到教室后边一向空着的板凳上坐着好些镇上的人，他们也跟我们一样肃静。其中有奥泽尔老头儿，戴着他那顶三角帽，有前任镇长，从前的邮递员，还有些旁的人，个个看来都很忧愁。奥泽尔还带来一本边角破损的旧的识字课本，他把它翻开摊在膝头上，书上斜放着他那副大眼镜。

正当我为这一切感到诧异时，哈默尔先生已经登上讲台，像刚才对我说话那样，用又柔和又庄重的语气对我们说：

"我的孩子们，这是我最后一次给你们上课了。柏林已经来了命令，阿尔萨斯和洛林的学校只许教德语了。新老师明天就到。今天是你们最后一堂法语课，所以请你们专心一些。"

这几句话使我万分难过。啊，那些坏蛋，他们贴在镇长办公室布告牌上的，原来就是这么一回事！

我的最后一堂法语课！

我几乎还不会写作文呢！这么说我再也不能学法语了！我的法语学到这儿就得戛然而止了！想起我浪费的时间、我旷的课，到处找鸟窝，或到萨尔河上去溜冰，我多么生自己的气啊！我这些课本，语法啦，神圣的历史啦，刚才我还觉得那么讨厌，带着又那么沉，现在都好像是我的老朋友，跟它们分开我会异常悲伤的。还有哈默尔先生也一样，他就要离开了，我再也不能见到他了，想起这些，我忘了他给我的惩罚，忘了我挨的戒尺。

可怜的人！他穿上那套漂亮的礼服，原来是为了纪念这最后一课！现在我明白了，镇上那些老年人为什么来坐在教室后面。这好像意味着，他们也懊悔当初没常到学校里来，他们像是用这种方式来感谢我们老师40年来忠诚的服务，来表示对就要失去的国土的敬意。

我正想着这些的时候，忽然听见老师叫我的名字。轮到我背书了，如果我能把那条出奇难学的分词用法从头到尾说出来，声音响亮，口齿清楚，又没有一点儿错误，那么任何代价我都愿意拿出来啊！可是开头几个字我就弄糊涂了，我只好站在那里靠着我的板凳晃来晃去，心情沉重，也不敢抬起头。我听见哈默尔先生对我说：

"我也不责备你，小弗郎士，你肯定已经觉得自己受的惩罚够多了。事情就是这样，大家每天都对自己说：'哼！我有的是时间，明天再学也不迟。'现在看看结果吧。唉，总要把学习拖到明天，这正是阿尔萨斯人最大的不幸。现在那些家伙就有理由对我们说了：'怎么？你们还说自己是法国人呢，你们连自己的语言都不会说、不会写！'所有这一切，可怜的小弗郎士，你也不是责任最大的人，我们大家都有许多地方应该责备自己。

"你们的父母对你们的教育不够关心。他们为了多赚一点儿钱，宁可叫你们到地里、到厂里去干活儿。而我难道就没有应该责备自己的地方吗？我不是常常让你们丢下功课替我浇花吗？我去钓鱼的时候，不是也毫不犹豫地就让你们放学回家吗？……"

接着，哈默尔先生从一件事谈到另一件事，开始跟我们谈到法国语言上来了。他说，法语是世界上最美的语言，最明白，最严谨；又说，我们必须把它在我们中间保留下来，永远不要忘了它，因为一个民族亡了国沦为了奴隶，"只要牢牢记住自己的语言，就好像掌握了一把打开监狱大门的钥匙"。说到这里，他就拿起语法书讲课。我很惊奇地发现我很轻松就能听懂。他讲的对我来说似乎都这么容易。我也觉得我从来没有这样仔细听讲过，而他也从来没有这样耐心讲解过。可以说，这可怜的人好像恨不得在他离开之前把自己知道的所有东西全教给我们，一下子塞进我们的脑子里去。

语法课完了，我们又上习字课。那一天，哈默尔先生准备了一些新的字帖，帖上都是美丽的圆体字："法兰西"，"阿尔萨斯"，"法兰西"，"阿尔萨斯"。这些字帖挂在我们课桌的铁杆上，就好像许多面小国旗在教室里飘扬。你可以看到我们多么专心，教室里多么安静！除了钢笔在纸上沙沙作响的写字声，什么也听不到。有时候一些金甲虫飞进来，但是谁都不注意，连最小的孩子也不分心，他们正在专心致志地努力画直线，好像这些笔划也算是法国字。教室屋顶上的鸽子咕咕咕咕地低声叫着，我听着心里想：

"他们该不会强迫这些鸽子也用德国话唱歌吧！"

每当我时不时地从作业纸上抬起头来，总看见哈默尔先生坐在椅子里，一动也不动，盯着周围的东西，好像要把这小教室里的所有东西都装在眼睛里带走似的。

只要想想！40年来，他一直待在这里，前面是他的小院子，面前是他的学生！用了多年的课桌和椅子已经磨光了，磨损了；院子里的胡桃树长高了；他亲手栽的紫藤，如今也绕着窗子又一直爬到屋顶了。可怜的人啊，离开这一切，对他来说是多么伤心啊！何况又听见他的妹妹在楼上房间里走来走去收拾行李！因为他们明天就要走了——永远离开这个地方了。

可是他有足够的勇气把今天的课坚持到底。习字课结束后，我们又上了一堂历史课。接着初级班一起读他们的 ba，be，bi，bo，bu。那边，在教室后面，奥泽尔老头儿已经戴上眼镜，两手捧着他那本识字课本，跟他们一起拼这些字母。我可以看出他也很投入，感情激动，连声音都发抖了。听着他的声音真有趣，我们都又想笑，又想哭。啊！我永远也不会忘记这最后一课！

忽然教堂的钟敲了12下，祈祷的钟声也响了。同时，在我们窗外响起普鲁士士兵收操的号声。哈默尔先生从椅子上站起来，脸色惨白，在我心目中，他从来没有这么高大。

"我的朋友们啊，"他说，"我的朋友们，我——我——"

但是他哽住了，他说不下去了。

随后，他转向黑板，拿起一支粉笔，使出全身的力量，写下了几个没法再大的字："法兰西万岁！"

然后他站在那儿，头靠着墙壁，话也不说，只向我们做了一个手势：

"课上完了，你们走吧。"

克努特·洛克尼

——弗郎西斯·华莱士

忠诚于球队和学校的伟大的运动员和伟大的教练终将取胜，没有人比克努特·洛克尼更明白这点。

从1918年到1930年，克努特·洛克尼——这个鼻子上长满雀斑的朴实的挪威人，在圣母大学有着非凡的橄榄球执教记录：胜105场，负12场，平5场。然而，使他成为历史上最伟大的教练的并不是他做了什么，而是他如何做的。像别的教练一样，他也考察小伙子们的体重、速度和反应，但他做得更多：他观察他们的心灵和思想，了解他们的性格并加以培养，他用敏锐的洞察力把一群普通的天才组成非凡的团队——大多靠言论。忠告、哲理、妙语、讽刺的评论像"敲碎的酒罐中汩汩流出的香槟"一样从他口中蹦出，韦斯布鲁克·佩格勒曾这样评论他。

洛克尼橄榄球系统并没有什么"秘密"，他曾向参观者竖了一块牌子："秘密训练，来访者带上笔记本。"另一次，一个陆军队的球探误了搭乘联运的火车，没有赶上他要看的圣母大学比赛，洛克尼热心地将自己打算用来对阵西点队的一些比赛战术寄给他。陆军队的人认为这些阵形图只是花招，于是准备着看到不同的比赛战术。但在比赛中洛克尼采用了与先前完全一样的战术——并且赢了。"获胜并不是靠战术，"他对我说，"而是靠对战术的运用。"

洛克尼开始做教练时，橄榄球只是体力比赛。他宣扬并证明了灵活、快速思维以及团队合作能够打败个头和力量。他的队员通常并不是身体素质突出的（他著名的1922、1923、1924年的"四骑兵"平均体重都在160磅以下），但他们经常能取胜，因为洛克尼能激发他们以超常的状态进行比赛。

他的赛前鼓动讲话全国有名，讲话中，他无论对球队还是对自己都很严格。我目睹过一次这样的讲话，那时洛克尼患了严重的静脉炎，但他如此渴望击败卡内基工学院队，便置医生的命令于不顾，随队来到匹兹堡。更衣室里的空气紧张凝重，一瘸一拐的洛克尼阴郁地坐到桌上，盯着手下队员。在衣帽柜后面，队医悄悄对我说："倘若他不控制情绪，血块就会从腿部上行至心脏或大脑，他可能就永远不能活着从这间屋子出去了。"

突然之间洛克尼激动起来，我从未听到过这样的爆发，他的声音如充了电一般发出爆裂声，他吼着、咆哮着，以重新燃起的热情鼓励着。他施展出了他的魔咒，最后喊声变成了口号："我们要上场战斗、战斗、战斗——我们要全力取胜！"他一结束他的激情讲话，球队队员便吼叫着冲进球场，而洛克尼冷汗涔涔地退回去。后来他被人扶上球场，在那儿他坐在轮椅上观看了被他点燃士气的球队以7：0大获全胜。

洛克尼明白何时要给队员的自大情绪泼冷水，何时要拍拍他的背以示鼓励。如果一个明星后卫有些过于看重他的名气，洛克尼可能就会在训练中抽掉最好的几个前锋，让这个明星艰难地体会到没有了前面的能干队员他能跑多远。只要明星抗议，洛克尼就吼道："把你的剪报亮给那些抢截的球员看啊！"

如果洛克尼没有进入教练行业，很可能他会成为出色的化学教授——在圣母大学他的确教过几年这门课程。少年时从挪威被带到这个国家，他早早地显露对知识的渴求。洛克尼家有个习惯，即任何家庭成员都可以从家里的钱包取钱为家里其他人买礼物，年轻的洛克尼会为他的姐姐们买些书——然后自己先看。

家里没钱送他上大学，所以，洛克尼在芝加哥邮局工作了4年，以挣得1000块钱去上学。他来到了圣母大学，因为听说这是个"穷孩子学校"，在那儿他能找到一份工作的

机会很大。1910年秋天，他出现在南本德时不像个新生：超龄(22岁)，个头过小(5英尺8英寸，145磅)，已经开始谢顶。他把自己描述为天主教学校的一个"孤独的挪威新教徒"。(15年后他皈依天主教)。尽管他艰难地靠勤工俭学读着大学，他还是成了橄榄球队的队长(全美边锋第三队队员)、一部年鉴的编辑、戏剧俱乐部的明星。而且，工科专业的他4年的平均成绩都在90分以上，并以优等成绩毕业！

无论是作为教练还是队员，洛克尼都在橄榄球革新上作出了贡献。

暑假时，他与一名队友格斯·多瑞斯在一处避暑胜地作救生员。他们消磨空闲时间的方法是抛接球——那时球通常只是用来踢或抱着冲。1913年秋天，在国内默默无闻的圣母大学队去东部与强大的陆军队交手，身强力壮的陆军队在场上比圣母大学队占有优势，但当圣母大学队拿到球后，多瑞斯就传球给洛克尼或其他队友以获得最好的效果，洛克尼获得两个底线得分，圣母大学队以35:13赢得了比赛。这场胜利使人们对于橄榄球的普遍态度发生了变化：它不再被人们看做是横冲直撞的蛮力的较量，而成为一项技巧和速度与块头和力量同等重要的运动。

作为教练，洛克对体能训练一丝不苟，他痛恨软弱和自我放纵。他禁止队员吸烟，喝酒更是想都别想。然而，在严厉的外表下，他是一个大好人，常把校门外孩子们放进训练场观看比赛。(这些小孩子中的一个是乔·库哈瑞，那时才5岁，后来成了圣母大学队的主教练。)他为他的队员做了很多了不起的事。不久前，我遇到了他其中的一个"老伙计"，他说："我母亲死于癌症，直到我们打开保险柜，我才发现很多年来洛克尼一直写信激励她。"

他在很多方面帮助过我。在我还是个新闻工作者时，我得决定是继续做一份有固定薪水的工作还是走一条新路，做一个自由撰稿人。当我考虑这个问题时，我似乎听见了洛克尼在其他场合说这番话的声音："不要过于正统，不要害怕冒险。如果你相信一件事，不要仅仅由于没有其他人会去做就犹犹豫豫，不敢去尝试。"

我放弃了安稳的新闻工作，不久就凭自己的力量做得更好了。他帮我撰写了我的第一篇在杂志刊载的文章，而我的第一本书《鼓动》就是以洛克尼和圣母大学队为原型的小说。

尽管洛克尼总能吸引男人，鼓舞小伙子们，但如对女人却总是感到畏惧。学生时代的约会中他总是红着脸，张口结舌，所以女孩们很快就放弃跟他交往下去了。不过，终于他在俄亥俄州的桑达斯基附近的避暑胜地暑期打工时，碰到了一个名叫邦妮·斯基尔斯的同事，邦妮也许是洛克尼第一个也是唯一一个女孩。在他毕业后不久他们就结婚了，他成了3个儿子和一个女儿的父亲，从来没有哪个丈夫和有家室的男人比洛克尼更尽心尽职了。

洛克尼宣扬忠诚，并且身体力行：尽管其他学校给出了更有诱惑力的条件，但他依然留在圣母大学队。1921年发生的一件事越发坚定了他的忠诚。他的球队连赢了20场，成为最有希望击败爱荷华州的球队，然而，爱荷华队在比赛中以10:7爆冷击败了圣母大学队。"我难辞其咎。"吃了败仗后的洛克尼厉声说。

星期天凌晨一点我们到达南本德，火车上，教练和球员情绪都很低落。忽然，从黑暗中传来我们熟悉的圣母大学队名为《冲天火箭》的啦啦队歌——这是胜利的欢呼。由学生组成的人群一同行进了3英里到镇上迎接战败的球队。洛克尼从火车远远的另一头悄悄下车，但人们认出了他，把他举到一截行李车厢的车顶。

千余名学生站在黑暗中朝他欢呼，这位顽强的教练显然被感动了，在热烈的欢呼之后，好不容易才冷静下来。"经过这一次的事情，"他说，"只要你们需要我，我就永不离开圣母大学队。"他后来的确没离开。

我最后一次见到洛克尼是1931年3月在佛罗里达的一次短期假期中，他从那儿出发前往加利福尼亚，因为好莱坞正试着说服他在一部电影中参演。飞机飞过堪萨斯州上空时

在一个山头坠毁,机上所有人员遇难。灾难发生后举国震惊,"只有极大的灾难才会在一瞬间使这个国家震惊,"他的朋友威尔·罗杰斯写到,"但是,克努特,你做到了。"

为洛克尼举办的葬礼在他热爱的校园教堂举行。大学校长——尊敬的查尔斯·奥唐耐尔宣读了最后的悼词,他说:"在一个打上'进取者时代'印记的时期,(这是一个可怕的词,代表的通常是很无情的东西),克努特·洛克尼是一个'奉献者'——并不是个更好的词,但却意味着神圣。"

在南本德洛克尼的墓前只有一块小石碑做标记,很难找。然而,每年在举行纪念弥撒后成百或更多的他的老队员和朋友都会去那儿。为了纪念他,还有其他的纪念碑:宏伟的圣母大学体育场,他创造的光辉传统,成千上万从未见过他的人们心中依然为他留有一块温暖的地方。

在启程前往加利福尼亚之前,洛克留下了一双准备打前掌的高筒靴,没有人要求得到那双鞋,橄榄球队中也没有人能凑合着穿上这双鞋。

第一千个人

—— 卢迪亚·吉卜林

吉卜林的这首诗提醒我们:忠诚和可靠有时会是稀有之物,该诗体现了《圣经》的《传道书》中的一句:"在一千人中,我找到了那一个。"

> 所罗门说,千人中的一个
> 会比兄弟更加亲密。
> 他值得你用半生去寻觅,
> 如果你在他人之前将他找到。
> 九百九十九人对你的看法
> 都是人云亦云,
> 但哪怕全世界都反对你,
> 第一千人依然是你的朋友。
>
> 许诺、祈祷或外表
> 都不能帮你找到他。
> 九百九十九人判断的依据
> 是你的容貌、你的行为、你的辉煌,
> 但如果他找到了你,你找到了他,
> 世上的其他一切皆不重要,
> 因为这第一千个人愿意
> 同你一起在水中沉浮。
>
> 你可用他的金钱,不需多言,
> 他也可以用你的钱支付开销,
> 在每日的散步中笑着与你相遇,

就好像从未有过借贷一事。
九百九十九人要求
在交往中得到金银财富，
但第一千个人抵得上他们全部，
因为你可向他敞开心扉。

无论何时，
他的错误就是你的错误，他的正确也是你的正确。
在所有人的目光中站出来支持它——
那，就是你唯一的理由！
九百九十九人不能经受
羞辱、讥讽或嘲笑，
但第一千个人将站在你身旁
陪你走向绞刑台——直到最后！

美德书大全集